Die Briefe an die Galater, Epheser, Philipper,
Kolosser, Thessalonicher und Philemon

Das Neue Testament Deutsch

Neues Göttinger Bibelwerk

In Verbindung mit Paul Althaus, Horst R. Balz, Jürgen Becker,
Hans Conzelmann, Joachim Jeremias, Friedrich Lang, Eduard Lohse, Ulrich Luz,
Helmut Merkel, Karl Heinrich Rengstorf, Jürgen Roloff,
Wolfgang Schrage, Siegfried Schulz, Eduard Schweizer, Gustav Stählin,
August Strobel und Heinz-Dietrich Wendland

herausgegeben von Gerhard Friedrich und Peter Stuhlmacher

Teilband 8

Die Briefe an die Galater, Epheser, Philipper, Kolosser, Thessalonicher und Philemon

15., durchgesehene und ergänzte Auflage

(2. Auflage dieser Bearbeitung)

63.–66. Tausend

Göttingen · Vandenhoeck & Ruprecht · 1981

Die Briefe an die Galater, Epheser, Philipper, Kolosser, Thessalonicher und Philemon

Übersetzt und erklärt

von

Jürgen Becker, Hans Conzelmann,
Gerhard Friedrich

Göttingen · Vandenhoeck & Ruprecht · 1981

Verzeichnis der Abkürzungen

Abkürzungen und Reihenfolge der neutestamentlichen Schriften im Gesamtwerk

Mk.	Joh.	1.Kor.	Eph.	1.Thess.	1.Tim.	Hebr.	2.Petr.	3.Joh.
Mt.	Apg.	2.Kor.	Phil.	2.Thess.	2.Tim.	Jak.	1.Joh.	Jud.
Lk.	Röm.	Gal.	Kol.	Phlm.	Tit.	1.Petr.	2.Joh.	Offb.

Abkürzungen alttestamentlicher Schriften in diesem Band

1., 2.Chron.	= 1., 2. Buch der Chronik		1.Kön.	= 1. Buch der Könige
Dan.	= Daniel		Mal.	= Maleachi
Esth.	= Buch Esther		1.-5.Mose	= 1.-5. Buch Mose
Hab.	= Habakuk		Neh.	= Nehemia
Hes.	= Hesekiel		Ps.	= Psalm
Hos.	= Hosea		Sach.	= Sacharja
Jer.	= Jeremia		1., 2.Sam.	= 1., 2. Buch Samuel
Jes.	= Jesaja		Spr.	= Sprüche
Jos.	= Josua			

Jüdische Schriften 2./1. Jh. v. Chr.

äth. Hen.	= äthiopisches Henochbuch		4QpNah.	= Höhle 4 von Qumran: Nahum-Kommentar
Dam.	= Damaskusschrift (Qumran)			
Jub.	= Buch der Jubiläen		1QS	= Höhle 1 von Qumran: Gemeindeordnung
LXX	= Septuaginta (griech. Übersetzung des AT)		Sir.	= Buch Jesus Sirach
1.-4.Makk.	= 1.-4.Buch der Makkabäer		Test.Dan, Levi,	= Testament der 12 Patriarchen:
Or. Sib.	= Sibyllinische Orakel		Naph., Seb.	Dan, Levi, Naphtali, Sebulon
Ps. Sal.	= Psalmen Salomos		Tob.	= Buch Tobit
1QH	= Höhle 1 von Qumran: Loblieder		Weish.	= Weisheit Salomos
1QpHab.	= Höhle 1 von Qumran: Habakuk-Kommentar			

Jüdische Schriften 1./2. Jh. n. Chr.

4.Esra	= 4. Buch Esra		Philo, Rer. div. her.	= Philo, Wer ist der Erbe?
griech.Hen.	= griechisches Henochbuch			
Jos., Ant.	= Josephus, Altertümer		Philo, Spec. leg.	= Philo, Über die Einzelgesetze
Jos., Bell.	= Josephus, Jüdischer Krieg		Philo, Vit.Mos.	= Philo, Über das Leben Mosis
Philo, Leg. all.	= Philo, Allegorische Erklärung der Gesetze		syr. Bar.	= syrische Baruchapokalypse

Christliche Schriften 1./2. Jh.

Barn.	= Barnabasbrief		Ign., Trall.	= Ignatius, Brief an die Trallianer
1., 2.Clem.	= 1., 2. Clemensbrief		Justin, Dial.	= Justin, Dialog mit dem Juden Tryphon
Did.	= Didachē (Kirchenordnung)			
Herm., Mand.	= Hirt des Hermas, Gebote		Polykarp, Phil.	= Polykarp, Brief an die Philipper
Herm., Sim.	= Hirt des Hermas, Gleichnisse			
Ign., Eph.	= Ignatius, Brief an die Epheser			

CIP-Kurztitelaufnahme der Deutschen Bibliothek

Das Neue Testament deutsch : neues Göttinger Bibelwerk / in Verbindung mit Paul Althaus ... hrsg. von Gerhard Friedrich u. Peter Stuhlmacher. – Göttingen : Vandenhoeck und Ruprecht

NE: Friedrich, Gerhard [Hrsg.]; Testamentum novum ⟨dt.⟩

Teilbd. 8. → Becker, Jürgen: Die Briefe an die Galater, Epheser, Philipper, Kolosser, Thessalonicher und Philemon

Becker, Jürgen:
Die Briefe an die Galater, Epheser, Philipper, Kolosser, Thessalonicher und Philemon / übers. u. erkl. von Jürgen Becker ; Hans Conzelmann ; Gerhard Friedrich. – 15., durchges. u. erg. Aufl., (2. Aufl. dieser Bearb.), 63.–66. Tsd. – Göttingen : Vandenhoeck und Ruprecht, 1981.

(Das Neue Testament deutsch ; Teilbd. 8)
ISBN 3-525-51324-0

NE: Conzelmann, Hans:; Friedrich, Gerhard:; Paulus ⟨Apostolus⟩: Die Briefe an die Galater, Epheser, Philipper, Kolosser, Thessalonicher und Philemon; Paulus ⟨Apostolus⟩: Epistolae ⟨dt.⟩

Umschlag: Karlgeorg Hoefer, Offenbach. © Vandenhoeck & Ruprecht, Göttingen 1936; 1976. Printed in Germany. Ohne ausdrückliche Genehmigung des Verlages ist es nicht gestattet, das Buch oder Teile daraus auf foto- oder akustomechanischem Wege zu vervielfältigen. Gesamtherstellung: Hubert & Co., Göttingen

DER BRIEF AN DIE GALATER

Jürgen Becker

Einleitung

1. Daß der Galaterbrief ein *einheitlicher und echter Paulusbrief* ist, kann heute nahezu als allgemein anerkannte Überzeugung für die Auslegung vorausgesetzt werden. In der Tat: Wer den Galaterbrief als nachpaulinisch beurteilen würde, müßte schon den im Gedankengang so verwandten Römerbrief ebenfalls Paulus absprechen. Auch die autobiographischen Angaben in Gal. 1,11-2,21 tragen deutlich das Siegel der Echtheit, nicht zuletzt wegen ihrer Sperrigkeit zu den Angaben in der Apostelgeschichte (vgl. dazu die Einzelexegese). Was die Einheitlichkeit betrifft, so ist in jedem Fall für Gal. 1,1-4,20 ein der galatischen Situation angemessener, gut komponierter Aufbau festzustellen. Daß hingegen 4,21ff. über 3,6ff. hinaus sachlich nichts Neues bringen und auch relativ abrupt angeschlossen sind, wurde oft beobachtet. Aber zu literarkritischer Trennung besteht trotzdem keine Veranlassung (vgl. z. St.).

2. Die Bestimmung der *Adressaten* hat in der Forschung eine bereits „klassisch" gewordene, viel diskutierte Alternativlösung ergeben. Im Unterschied zu allen anderen Gemeindebriefen des Paulus ist der Galaterbrief nicht an eine einzelne Ortsgemeinde gerichtet, sondern an eine Gruppe eng miteinander verbundener Gemeinden (1,2). Der Brief ist also als Rundbrief geschrieben und setzt dabei für diese der Zahl nach nicht bestimmbaren Gemeinden dieselbe Situation voraus. Aber wo sind nun diese Gemeinden zu suchen? Hier stehen zwei Möglichkeiten zur Diskussion: Meint Paulus die Landschaft Galatien, also das alte Siedlungsgebiet der Kelten am Halys mit der Hauptstadt Ankyra (heute: Ankara), oder die seit 25 v. Chr. nach dem Tode des letzten Galaterkönigs gebildete römische Provinz Galatia, die im Süden bei wechselhafter Geschichte durch Pisidien, Isaurien sowie Teile von Lykaonien und benachbarte Gebiete erweitert wurde? Entsprechend diesen Möglichkeiten spricht man von der nord- bzw. südgalatischen Hypothese oder besser von der Landschafts- bzw. Provinzhypothese.

Nun sollte man zugestehen, daß der Nutzen dieser Diskussion für die Exegese im ganzen nicht besonders ertragreich ist. Denn die religionsgeschichtliche oder allgemeiner die soziokulturelle Situation der gesamten Region kann man aus Quellenmangel nicht aufhellen, geschweige denn hierbei zwischen der Landschaft und der Provinz unterscheiden. So hat die Fragestellung überhaupt nur beschränkten Wert im Rahmen der Erörterung, wann die Gemeinde gegründet wurde. Entstanden die angeredeten galatischen Gemeinden auf der sog. ersten Missionsreise des Paulus (Apg. 13-14) und wurden sie dann auf der sog. zweiten (Apg. 16,1ff.) erneut

besucht, wäre aufgrund der Angaben der Apostelgeschichte (vgl. z. B. Apg. 14,6 f.
24) die Provinzhypothese im Recht. Oder soll man mit Apg. 18,23 zur Zeit der sog.
dritten Missionsreise in der Landschaft Galatien Gemeinden voraussetzen, die dann
wohl anläßlich der Ereignisse in Apg. 16,6 entstanden und mit den Gal. 1,2 Angeredeten identisch sind? Heute gibt man im allgemeinen der Landschaftshypothese
den Vorzug. Zwei Begründungen dominieren dabei: Mit der Anrede in Gal. 3,1:
„O, ihr (unverständigen) Galater?“ können sich schwerlich Pisidier und andere
Völker angesprochen fühlen, sondern nur die hellenisierten Kelten (= Galater).
Da die Provinzhypothese im Sinne der Apostelgeschichte die Gründung der Gemeinden auf der ersten Missionsreise voraussetzt, ist es unverständlich, daß Paulus dann
davon Gal. 1,21 nichts erwähnt (etwa so: „Danach ging ich in die Gebiete Syriens
und Kilikiens und kam auch zu euch“). Dies geschieht aber offenbar bewußt nicht,
weil ihm und den Gemeinden bekannt ist, daß Paulus erst zur Zeit der sog. zweiten
Missionsreise die jetzt angeredeten Gemeinden aus der Landschaft Galatien gründete.

    Nun hängt diese ganze Diskussion daran, daß man aus Gal. 4,13 herausliest,
Paulus sei (mindestens) zweimal in Galatien gewesen: der Gründungsaufenthalt
sei als „erster“ bezeichnet, weil noch ein zweiter nachfolgte. In diesem Fall wird
man in der Apostelgeschichte nach zwei Aufenthalten des Paulus suchen. Aber
Gal. 4,13 kann das „erste Mal“ auch allgemeiner im Sinne von „einst“ verstanden
werden. Es kommt hinzu, daß Gal. 2 und die entsprechenden Daten aus der Apostelgeschichte (vgl. die Einzelexegese) oft voneinander abweichen und auch sonst z. B.
die paulinischen Aussagen über Korinth und Ephesus (1. und 2. Kor.) mit Apg.
18-20 nicht harmonieren, so daß man an der lukanischen Reiseroute des Paulus
auch dann, wenn Paulus selbst keine direkten Möglichkeiten zur Überprüfung gibt,
vorsichtige Zweifel hegen muß. Dann aber sind auch Apg. 16,6 und 18,23 als Daten
im Missionsplan des Paulus nicht ganz sicher. Ebenso spricht Apg. 16,6 – streng
genommen – nur von einem Durchzug durch Galatien und Phrygien, nicht aber
von einer Missionstätigkeit. Kurzum: Wegen Gal. 1,21; 3,1; 4,13 wird man die
Gemeinden um den Halys herum suchen müssen, aber zur Sicherheit offen lassen,
ob Paulus sie zweimal besuchte und wann er sie gründete. In jedem Fall geschah
dies später als die Reise, von der Gal. 1,21 spricht, und – wie noch dargestellt wird –
vor der Kollektenanordnung in Galatien (1. Kor. 16,1).

    3. Für das Verständnis des Galaterbriefes von weitaus ausschlaggebenderer
Bedeutung ist die Beurteilung der eingedrungenen Missionare, die die Gemeinden
vom paulinischen Evangelium abwenden und die die primäre Veranlassung sind,
warum Paulus den Gemeinden schreibt. Die möglichst präzise Einschätzung dieser
gegnerischen Front ist konstitutiv für das Verständnis aller Argumentationsketten
im Brief selbst. In der Forschungsgeschichte wurden bislang vier Deutungen vorgeschlagen. Traditionellerweise sieht man in den Gegnern Judaisten, d. h. strenge
Judenchristen, in deren Heilslehre die Befolgung des Gesetzes eine grundlegende
Funktion einnimmt. Dann hat als erster W. Lütgert 1919 die These aufgestellt,
Paulus müsse sich im Galaterbrief gegen zwei verschiedene Fronten zur Wehr
setzen, einmal gegen Judaisten – so in den Partien, in denen das Gesetz eine heraus-

ragende Stellung einnimmt – und zum anderen gegen Enthusiasten, mit denen sich Paulus über das Geistverständnis auseinandersetzt. Zum Teil hat ferner die These von W.Schmithals Anklang gefunden, nach der die Häretiker in Galatien judenchristliche Gnostiker sind. Im Verlauf der Diskussion um sie wurde dann endlich die Judaistenthese soweit modifiziert, daß man vorschlug, an synkretistische Judenchristen zu denken (vornehmlich wegen 4,9f.).

In der Regel wird die zweite und dritte Position heute abgelehnt. Dies geschieht auch mit guten Gründen: Eine Doppelfront läßt sich im Galaterbrief nicht erkennen. Paulus behandelt zwar verschiedene Sachprobleme, aber es fehlt schlechterdings jedes Indiz, daß diese mit zwei zu unterscheidenden Personengruppen zusammenhängen. Paulus spricht vielmehr durchweg mit der Gemeinde über eine einzige Front, deren innerlich zusammenhängende Position er aspektweise nacheinander behandelt. Aber auch die Gnostikerthese vermag nicht zu überzeugen. Sie hängt von drei Voraussetzungen ab: der Vorwurf paulinischer Abhängigkeit von den Jerusalemer Autoritäten, der aus Gal. 1,10ff. erschlossen wird, sei typisch gnostisch; die Mahnungen in 5,13-6,10 seien konkret gegen eine gnostische Front formuliert; die paulinische Polemik in 4,9f.; 6,12f. könne nur auf gnostische Missionare zielen. Nun legt aber 1,10ff. ein anderes Verständnis nahe (vgl. die Auslegung), die Mahnung zum christlichen Verhalten in 5,13-6,10 ist schwerlich konkret polemisch zu verstehen, und von den Stellen 4,9f.; 6,12f. bezeugt die letztere gerade die judaistische Grundposition, die erstere bringt keineswegs sichere gnostische Indizien.

Dann aber bleibt nur zu fragen, ob die Judaisten synkretistischer Beeinflussung unterlagen. Aber diese Fragestellung trägt eine doch wohl falsche Optik an die Problemlage heran. Seit der Entstehung der Diadochenreiche unterliegt das Judentum überhaupt hellenistisch-synkretistischen Einflüssen. Man kann allenfalls fragen: In welchem Maße ist das bei den einzelnen Strömungen und Gruppen der Fall? Aber man muß noch einen Schritt weitergehen. Das Judentum vor 71 n.Chr. hat religiöse Sondermeinungen nicht als Problem empfunden, solange die traditionelle Gesetzesauslegung nicht bezweifelt wurde. Es war eine Religion unter dem Gesetz, jedoch keine Gemeinschaft, die sich an eine „Normaldogmatik“ gebunden wußte. Hier gab es geradezu erstaunliche Differenzen zwischen Pharisäern, Sadduzäern, Zeloten, Essenern, apokalyptischen Gruppen usw., gerade auch solche, die durch synkretistischen Einfluß hervortraten. Nur weil das Gesetz Maßstab war und nicht die „Dogmatik“, konnte das Judenchristentum im Synagogenverband bleiben. Weil primär seine Gesetzestreue beargwöhnt wurde, entstanden Spannungen, die zur teilweisen Verfolgung oder zum angedrohten Ausschluß führten bzw. führen konnten. Die galatischen Judaisten waren aber im Falle der Gesetzesbefolgung sicher eine judenchristliche Gruppe, die dem harten jüdischen Kurs am nächsten stand. Insofern waren sie „orthodox“ (vgl. zu 6,12f.). Auch ihre Elementenlehre – soweit sie erkennbar ist (vgl. zu 4,3.9f.) – unterstützte das Gesetz. Mit ihr handelten sich die Judaisten in Palästina gewiß keine Probleme ein. Daß nicht jeder in Judäa eine Elementenlehre vertrat, ist ebenso klar wie die Beobachtung, daß das hellenistische Judentum (z.B. Philo) sie als synkretistische Vorstellung kannte. Was außerdem rekonstruierbar ist, ist dieses: Die Judaisten scheinen unter dem Druck nationalistisch-zelotischer Ideen von Heidenchristen die Beschneidung zu fordern. Daß sie selbst den Zeloten zuneigten, muß stark bezweifelt werden, weil keine christliche Teilnahme am jüdischen Aufstand (68-71 n. Chr.) bekannt ist. Es reicht auch aus, bei den Judaisten eine heilsgeschichtliche Theologie zu vermuten, die die strikte Gesetzesbefolgung begründete und die der politische Druck gerade besonders hart forderte. Weiteres zu den Gegnern steht im fortlaufenden Kommentar und im Exkurs nach 5,12.

Doch muß an dieser Stelle noch von einer geistreichen Variante in der genaueren Bestimmung der judaistischen Gegner gesprochen werden: Nach H.D.Betz ist die Gemeinde durch ihren anfänglichen Enthusiasmus mit dem „Fleisch", d.h. also durch Übertretungen in ihrer konkreten Lebensführung, in Kollision geraten. Die judenchristlichen Fremdmissionare lösen dieses Problem, indem sie die verderblichen Auswirkungen zügelloser Freiheit wieder unter die Botmäßigkeit des Gesetzes stellen. Dabei sollen sie eine Theologie vertreten, die im wesentlichen 2.Kor. 6, 14-7,1 zutage tritt. Paulus bekämpft die Gegner, indem er – der Gnosis verwandt – zum Wandel im Geist zurückruft. Diese skizzierte Gesamtsituation wird vor allem aus 5,13ff. erschlossen. Hier liegt auch zugleich eines der schwerwiegenden Probleme der These. Die Exegese wird aufweisen, daß 5,13ff. schwerlich situationsgebundene Mahnung entfaltet. Sie könnte so zu jeder paulinischen Gemeinde gesprochen sein und enthält nichts, was nachweisbar unmittelbar an die galatische Situation erinnert. Auch der Rückgriff auf 2.Kor. 6,14-7,1 zur Erhellung der Gegner ist kaum möglich: der grundlegende Dualismus dieses Textes hat nach dem Galaterbrief bei den Gegnern keine Entsprechung. Die 2.Kor. 6,16 geforderte kompromißlose Trennung von den Götzen ist auch nur schwer mit dem Gal. 4,8ff. erkennbaren Synkretismus in Einklang zu bringen. Auch etwa die heilsgeschichtliche Komponente der judaistischen Theologie im Galaterbrief und viele andere ihrer Spezifika (vgl. den Exkurs zu Gal. 5,12) fehlen in dem Text aus dem zweiten Korintherbrief. Überhaupt wird die Exegese immer wieder zeigen: Man sollte die galatische Christentumsgeschichte aus dem Brief selbst rekonstruieren und nicht Aussagen der korinthischen Korrespondenz (oder anderer Paulusbriefe) vorschnell heranziehen.

4. Nur durch hypothetische Kombination kann man auch die *Abfassungszeit* des Briefes und die *äußeren Umstände* erschließen, unter denen Paulus bei seiner Anfertigung stand. Aus 1.Kor. 16,1 geht hervor, daß Paulus dieselbe Kollekte für die Gemeinden in Jerusalem, die er jetzt in Korinth gesammelt wissen will, zuvor in Galatien bereits angeordnet hatte. Daraus ist zweierlei zu entnehmen: Beide Kollekten müssen Teilaktionen sein zur Vorbereitung der großen, Röm. 15,26ff. geplanten Kollektenreise des Apostels nach Jerusalem. Zur Zeit der Abfassung des ersten Korintherbriefes ist die Kollekte in Galatien erst angeordnet, noch nicht abgeschlossen. Dies sagt so der Text selbst. Außerdem hätte Paulus einen Erfolg in Galatien ebenso ausgenutzt wie im Falle Mazedoniens (2.Kor. 8,6.10f.; 9,2-5), also zur anspornenden Motivation für die Korinther. Umgekehrt wäre ein vorzeitiger, bereits abrupt erfolgter Abbruch der Kollekte in Galatien (Ankunft der Gegner) wohl eher für Paulus Veranlassung gewesen, in 1.Kor. 16,1 davon ganz zu

schweigen. Nun hat es aber Paulus im ganzen mit der Kollekte sehr eilig (1.Kor. 16,2; 2.Kor.8,6.10f.; 9,2-5). Also wird man die Anordnung derselben in Galatien nicht sehr weit vor der Abfassung des ersten Korintherbriefes ansetzen dürfen. Weiter ist der erste Brief an die Korinther aus Ephesus geschrieben. Paulus plant einen Besuch in Korinth für den nächsten Winter (1.Kor.16,5f.) und schreibt offenbar im Frühjahr (16,8). Der ephesinische Aufenthalt von rund zweieinhalb Jahren (Apg.19,8-10; 20,31) kann demnach nicht gerade erst begonnen haben. Hier kann man nun den ersten Sprung in die absolute Chronologie wagen (vgl. dazu H.Conzelmann, Geschichte des Urchristentums, ²1971, S.17-20): Ist der erste Korintherbrief aus diesen Erwägungen heraus im Frühjahr 55 (evtl. ein Jahr früher oder später) geschrieben, dann erfolgte die Anordnung der Kollekte in Galatien kurz zuvor. Ob Paulus zu diesem Zweck persönlich in Galatien war, ist völlig ungewiß. Näher liegt es wohl, daß Paulus dies über einen Boten (mit Brief) von Ephesus aus besorgte. In jedem Fall: es gibt offenbar Kontakte zwischen Paulus in Ephesus und den galatischen Gemeinden.

Nun spricht auch Gal.2,10 von der Kollekte, ohne allerdings unmittelbar die galatische zu erwähnen. Ist demnach der Brief vor der Sammlung der Kollekte geschrieben? Das ist ganz unwahrscheinlich, weil dies entweder die gesamte Chronologie des paulinischen Lebens erheblich erschweren (nämlich wenn man den Brief zu einem ganz frühen Paulusbrief macht) oder zu sachlichen Unmöglichkeiten führen würde (wenn nämlich der Brief kurz vor der Kollektenanordnung von Ephesus aus geschrieben wäre). Man muß also die Verhältnisse durchdenken, die sich aus der Abfassung des Briefes an die Galater nach dem ersten Korintherbrief ergeben. Die Kernfrage dabei ist: Warum verschweigt Paulus Gal.2,10 die Kollekte in Galatien? Die Exegese zur Stelle wird die Meinung begründen, daß dies wahrscheinlich daran liegt, daß die Kollekte bereits vor Eindringen der fremden Missionare mit Erfolg abgeschlossen war.

Unter Voraussetzung dieser Erwägungen kann dann der Abfassungstermin des Galaterbriefes näher bestimmt werden. Die Kollekte, die vor 1.Kor.16,1 eingeleitet wurde, benötigte eine gewisse Zeit, bis sie zum erhofften Ziel gelangte. Daß die Eindringlinge in Galatien eher kamen, ist ganz unmöglich, denn sie hätten die Kollekte sicher durch ihre antipaulinische Agitation gestört. So können sie frühestens kurze Zeit nach der Einsammlung der Kollekte eingetroffen sein. Ferner mußten Paulus erst Nachrichten über die Unruhen in Galatien erreichen. Dies geschah wohl kaum durch einen Brief (Paulus nimmt darauf nirgends Bezug), sondern eher durch Paulus vertraute Gemeindeglieder. Da Paulus recht erregt und überrascht ist (vgl. Gal.1,6-9; 3,1-5; 4,8-20; 5,12; 6,11ff.), wird die Reaktion des Apostels auf die Nachrichten schnell erfolgt sein. Setzt man diese Erwägungen in die absolute Chronologie um, wird der Brief etwa – bei Einrechnung einer nötigen zeitlichen Distanz zum ersten Korintherbrief – frühestens ganz am Ende des Aufenthaltes in Ephesus oder besser schon vom Weg durch Mazedonien nach Korinth (1.Kor.16,5f.; Apg. 20f.), also 56 (weniger wahrscheinlich 55) geschrieben worden sein.

Für diese These spricht auch Gal.4,20. Der unerfüllbare Wunsch, in Galatien anwesend zu sein, erklärt sich nun nämlich durch die festgelegten paulinischen Reisepläne bzw. noch besser dadurch, daß Paulus von Ephesus schon aufgebrochen ist, um über Mazedonien nach Korinth und von dort nach Jerusalem (Kollekten-reise Röm. 15,23 ff.) zu reisen. Darum gibt es im Galaterbrief auch nicht den lei-sesten Hinweis auf einen möglichen späteren Besuch. Paulus muß die Gemeinden mit diesem Brief gewinnen oder wird sie für immer an seine Gegner verlieren. Auch dies motiviert den unerbittlichen Ton im Brief.

Noch eine weitere Beobachtung kann diesen zeitlichen Ansatz stützen. Es ist schon mehrfach ausdrücklich für die chronologische Frage herangezogen worden, daß von allen Paulusbriefen der Galater- und der Römerbrief sich besonders eng berühren. Man vergleiche Gal. 1,15f. mit Röm. 1,1-5; Gal. 2,16 mit Röm. 3,20.28; Gal. 3,6-18 mit Röm. 4,1-25; Gal. 3,22 mit Röm. 11,32; Gal. 4,4-7 mit Röm. 8, 12-17; Gal. 4,21-31 mit Röm. 9,6-13; Gal. 5,12-25 mit Röm. 8,2-25; Gal. 5,14f. mit Röm. 13,8-10. Nun läßt sich zusätzlich z. B. etwa an der Deutung der Abraham-überlieferung in Gal. 3 und Röm. 4 zeigen, daß Röm. 4 der spätere Text ist. Dann ergibt sich: Beide Briefe fordern von ihrem Inhalt eine zeitliche Nähe ihrer Abfas-sung, und zwar in der Reihenfolge: erst der Galater-, dann der Römerbrief. Ist der Brief an die Römer beim letzten Aufenthalt in Korinth geschrieben, dann der an die Galater etwas eher. Dies trifft sich mit den bisherigen Beobachtungen gut.

5. Die *Bedeutung* des Galaterbriefes kann unter mehreren Gesichtspunkten bedacht werden. Gal. 1-2 sind für die Erforschung der Geschichte des Urchristen-tums von grundlegender Relevanz und zugleich ein unentbehrlicher Prüfstein, um die Angaben der Apostelgeschichte zu kontrollieren. Auch wüßten wir von den galatischen Gemeinden schlechterdings nichts Konkretes ohne diesen Brief. Für die Darstellung der paulinischen Theologie gebührt dem Brief ebenfalls eine hohe Beachtung, weil er nicht zu Unrecht der „kleine Römerbrief" genannt wird. Die Ausführungen zur Rechtfertigung des Menschen ohne des Gesetzes Werke allein aufgrund des Glaubens an Jesus Christus sind nur noch im Römerbrief ähnlich intensiv und weit ausholend anzutreffen, freilich hier – anders als im Galaterbrief – verbunden mit einer ausführlich entfalteten anthropologischen Begrifflichkeit und einigen anderen Differenzierungen, auf die die Exegeten nicht immer scharf genug geachtet haben. In der Kirchengeschichte stand der Brief an die Galater immer leicht im Schatten des Römerbriefes, doch überall dort, wo man das gesetzesfreie Evange-lium zur theologischen Mitte erhob, stand der Brief hoch im Kurs. Im gegenwär-tigen Streit um die Auslegung der Rechtfertigung und Kreuzestheologie wird man gut beraten sein, wenn man Ausformung und Konsequenzen derselben gerade auch gesondert am Galaterbrief überdenkt. Die Klarheit über den Ansatz, die Schärfe der Argumente und die Schlüssigkeit der Bewertung werden dabei sicher verbessert.

Wissenschaftliche Kommentare: H. Lietzmann, An die Galater (Handbuch zum NT 10). Mit einem Literaturnachtrag von Ph. Vielhauer, ⁴1971; A. Oepke, der Brief des Paulus an die Galater, bearbeitet von J. Rohde (Theologischer Handkommentar zum Neuen Testament IX), ³1973; H. Schlier, Der Brief an die Galater (Kritisch-exegetischer Kommentar über das NT 7), ⁵1971. F. Mußner, Der Galaterbrief (Herders Theologischer Kommentar zum NT IX), ³1977.

Allgemeinverständliche Auslegungen: H. W. Beyer–P. Althaus, Der Brief an die Galater (NTD 8), ⁵1972; G. Dehn, Gesetz oder Evangelium? (Die urchristliche Botschaft 9), ²1934; M. Kähler, Der Brief des Paulus an die Galater (Neutestamentliche Schriften ... 2. Lieferung),

1884; O. Kuss, Die Briefe an die Römer, Korinther, Galater (Regensburger NT 6), 1940; A. Schlatter, Die Briefe an die Galater, Epheser, Kolosser und Philemon (Erläuterungen zum NT 7), [5]1928; D. Lührmann, Der Brief an die Galater, Zürcher Bibelkommentare, 1978.

Ausgewählte wichtige Abhandlungen und Aufsätze: H. D. Betz, Geist, Freiheit und Gesetz, Zeitschrift für Theologie und Kirche 71 (1974) S. 78 ff.; Ders., The Literary Composition and Function of Paul's Letter to the Galatians, New Testament Studies 21 (1974/75) S. 353 ff.; G. Bornkamm, Paulus, Urban Bücher 119, [2]1969; V. Borse, Der Standort des Galaterbriefes (Bonner Biblische Beiträge 41), 1972; R. Bultmann, Exegetica, 1967, S. 394 ff.; H. Conzelmann, Geschichte des Urchristentums (Grundrisse zum Neuen Testament 5), [2]1971; J. Eckert, Die urchristliche Verkündigung im Streit zwischen Paulus und seinen Gegnern nach dem Galaterbrief (Münchener Universitätsschriften 6), 1971; J. Friedrich—W. Pöhlmann—P. Stuhlmacher (Hrsg.), Gerechtigkeit (Festschrift E. Käsemann) 1976; E. Güttgemanns, Der leidende Apostel und sein Herr (Forschungen zur Religion und Literatur des Alten und Neuen Testaments 90), 1966, S. 170 ff.; F. Hahn, Das Gesetzesverständnis im Römer- und Galaterbrief, Zeitschrift für die neutestamentliche Wissenschaft 67 (1976) 29 ff.; R. Jewett, The Agitators and the Galatian Congregation, in: New Testament Studies 17 (1970/71) S. 198 ff.; E. Käsemann, Paulinische Perspektiven, 1969; G. Klein, Rekonstruktion und Interpretation (Beiträge zur evangelischen Theologie 50), 1969, S. 99 ff.; 145 ff.; 180 ff.; 225 ff.; K. Löning, Die Saulustradition in der Apostelgeschichte (Neutestamentliche Abhandlungen 9), 1973; I. Lönning, Paulus und Petrus, in: Studia Theologica 24 (1970) S. 1 ff.; W. Lütgert, Gesetz und Geist (Beiträge zur Förderung christlicher Theologie 22, 6), 1919; O. Merk, Handeln aus Glauben (Marburger Theologische Studien 5), 1968, S. 66 ff.; Ders., Der Beginn der Paränese im Galaterbrief, in: Zeitschrift für die Neutestamentliche Wissenschaft 60 (1969) S. 83 ff.; J. P. O'Neill, The Recovery of Paul's Letter to the Galatians, 1972; W. Schmithals, Paulus und die Gnostiker (Theologische Forschung 35), 1965, S. 9 ff.; E. Schweizer, Beiträge zur Theologie des Neuen Testaments, 1970, S. 147 ff.; P. Stuhlmacher, Das paulinische Evangelium I (Forschungen zur Religion und Literatur des Alten und Neuen Testaments 95), 1968, S. 65 ff.; U. Wilckens—J. Blank, Was heißt bei Paulus: „Aus Werken des Gesetzes wird kein Mensch gerecht"?, in: Evangelisch-Katholischer Kommentar zum Neuen Testament (Vorarbeiten 1), 1969, S. 31 ff.; 79 ff.; U. Wilckens, Rechtfertigung als Freiheit, 1974.

Eingangsgruß und Gerichtsrede 1, 1-9

1. Briefeingang 1, 1-5

1 **Paulus, Apostel – nicht von Menschen noch durch einen Menschen, sondern durch Jesus Christus und Gott, den Vater, der ihn von den Toten auferweckt hat – 2 und alle Brüder, die bei mir sind, an die Gemeinden Galatiens. 3 Gnade sei mit euch und Friede von Gott, unserem Vater und dem Herrn Jesus Christus, 4 der sich für unsere Sünden dahingegeben hat, um uns herauszureißen aus der gegenwärtigen bösen Weltzeit nach dem Willen Gottes und unseres Vaters, 5 dem die Ehre sei in alle Ewigkeit; amen.**

Die Struktur des Briefeingangs ist in den paulinischen Briefen stets gleich und 1 f. nicht neu konzipiert. Dies erlaubt es, gerade auch beim Galaterbrief die Besonderheiten leichter zu erkennen. So hat man seit langem gesehen, daß Paulus gleich eingangs der speziellen Situation in Galatien Rechnung trägt. Er wählt durchweg eine zweiteilige Eingangsformel: Der erste Satz hat eine von Haus aus unpersönliche Form, die allerdings bei Paulus persönliche Aussagen enthalten kann (vgl. Röm. 1, 5 f.; 2. Kor. 1, 2 c; Gal. 1, 2 a). Die Grundform zeigt 1. Thess. 1, 1: „Paulus ... an die

Kirche der Thessalonicher." Sieht man vom Brief an Philemon ab (Privatbrief!), weisen bis auf die begründete Ausnahme des Römerbriefes alle Briefköpfe Mitadressaten auf. Ebenso V.2: und alle Brüder, die bei mir sind. Allerdings nennt Paulus sonst Namen wie Sosthenes, Timotheus oder Silvanus. Nie formuliert er so allgemein wie im Galaterbrief. Wohl richtet er gern am Schluß seiner Briefe die Grüße von allen Brüdern aus (1.Kor. 16,20; 2.Kor. 13,12; Phil. 4,22). Da auch am Schluß des Briefes eine Grußliste fehlt, kann man vermuten, daß Paulus angesichts der harten Auseinandersetzung mit den Galatern eine namentliche Nennung von Mitautoren ebenso wie den Austausch von Grüßen meidet. Er reduziert den Kontakt zwischen den Galatern und anderen Gemeinden auf das formale Minimum.

Abgesehen vom ersten Brief an die Thessalonicher und vom Brief an Philemon, begegnet in jedem Briefkopf der Aposteltitel. Immer wird er näher bestimmt, doch nur im Galaterbrief durch eine polemische Wendung: nicht von Menschen noch durch Menschen, sondern durch Jesus Christus. Also war in Galatien das paulinische Apostelamt angegriffen. Dies erinnert zunächst an die korinthische Situation (1.Kor. 9; 2.Kor. 11-12). Doch wenn es in Korinth um die apostolischen Rechte, um Spezialoffenbarungen, Wundergaben und Fähigkeiten wie z.B. die Redegewandtheit geht, und Paulus dem Vergleich mit den „Überaposteln" standhalten muß, so ist davon im Galaterbrief nichts zu erkennen. Hier prallen nicht widerstreitende Vorstellungen vom Apostelamt aufeinander, sondern es geht um eine sachliche Alternative: um die inhaltliche Bestimmung des apostolischen Evangeliums. Nur weil dieses und das Apostelamt zusammengehören, ist Paulus auch als Apostel gefordert. So führt Paulus die Diskussion im Brief auch am Leitbegriff des Evangeliums, nicht am Apostelbegriff. Dies beweist ein Vergleich von 1,1 mit 1,11f.: was 1,1 dem Apostelbegriff angefügt ist, taucht 1,11f. bei der Bestimmung des Evangeliums fast wörtlich nochmals auf.

Paulus nennt sich positiv Apostel durch Jesus Christus und Gott, den Vater, der ihn von den Toten auferweckt hat. Vgl. dazu 1,15f.: Gott beruft Paulus zum Apostel, indem er ihm seinen Sohn offenbart mit dem Ziel, daß Paulus nun das Evangelium unter den Heiden verkündigt (Röm. 1,5; 11,13). Gott kann seinen Sohn offenbaren, weil er der ist, der ihn von den Toten auferweckte. Damit greift Paulus auf die wohl älteste Stufe der urchristlichen Bekenntnisformulierung zurück (vgl. Röm. 8,11; 10,9; 1.Thess. 1,10 u.ö.). Die Auferweckung Christi charakterisiert Gott nach diesem urchristlichen Bekenntnis so ausschließlich, daß dies die Wesensbestimmung Gottes schlechthin ist. Zugleich sind damit für Paulus aber auch Welt und Geschichte bestimmt: Weil mit Christi Auferstehung die endzeitliche Totenauferweckung aller anhebt (1.Kor. 15,20), gibt es die Trennung zwischen der alten vergehenden Welt und dem Evangelium.

Die Auferstehungsbotschaft scheint in Galatien im Unterschied zu Korinth (1.Kor. 15) in Geltung zu stehen. Paulus sieht sich nirgends genötigt, sie im Brief zu entfalten. Wenn jedoch das Evangelium strittig ist, müssen Paulus und seine Gegner verschiedene Schlüsse aus der Osterbotschaft abgeleitet haben. Für die galatischen Missionare ist Ostern wohl nur eine vorweggenommene Ausnahme für Christus. Welt, Geschichte und Gesetz bestehen bis zum Ende aller Dinge weiter (vgl. Mt. 5,17-19). Paulus hingegen sagt: Die Auferstehung Christi ist nicht ein vorgezogener Sonderfall, sondern „zeitgemäß" (Gal. 4,4). Welt, Geschichte und Gesetz sind seither veraltet. Darum ist das Gesetz für den ohne Bedeutung, der zu Christus gehört (Röm. 10,4; Gal. 3-4).

Der zweite Teil des Briefeingangs (V. 3) ist immer ein persönlich formulierter 3f. Segenswunsch. Er ist bei Paulus sonst kurz und lautet meistens gleich: Gnade sei mit euch und Friede von Gott, unserem Vater, und dem Herrn Jesus Christus. Nur im 1. Thessalonicherbrief ist er noch kürzer: Gnade sei mit euch und Friede. Die Aussage klingt formelhaft, ist gemeinchristlich und durch entsprechende Reihungen in jüdischen Segenswünschen vorbereitet (z. B. syr. Bar. 78,2; Esth. 9,30). Warum gestaltet Paulus nur im Galaterbrief diesen Satz aus? Er will offenbar durch eine weitere urchristliche Bekenntnisaussage Christi Heilstod für uns („der sich für unsere Sünden dahingegeben hat", vgl. Röm. 5,6.8; 14,15; 1. Kor. 8,11; 15,3 u. ö.) und die dadurch erfolgte Herausnahme der Christen aus dem gegenwärtigen Äon anklingen lassen, um so den Hauptinhalt seines Briefes anzugeben: Das „für uns" ist Basis der paulinischen Rechtfertigungsbotschaft (2,15-21; 3,13f.; 4,5f.; 5,1f.). Zugleich klingt V.4b indirekt die paulinische Stellung in dem anstehenden Streitfall an: Für ihn folgt aus dem „für uns" die Freiheit vom Gesetz als Teil dieser Weltzeit.

Auch diesem Bekenntnis werden die judaistischen Missionare zugestimmt, es aber wiederum anders als Paulus ausgelegt haben: Nach ihnen bringt Christus vermutlich nur die Vergebung der einzelnen Gesetzesübertretungen. Gerechtfertigt wird man, wenn man das Gesetz generell befolgt und Christus einem einzelne Gesetzesübertretungen vergibt (vgl. zu 2,17). Anders Paulus: Christus starb nicht für einzelne Sünden, wie das Bekenntnis – wohl ganz im Sinne der paulinischen Gegner! – lehrte, sondern bewirkt „neue Schöpfung" (6,15) und bringt den Geist (3,2). Beides kommt nicht „aus Gesetzeswerken" (2,16), sondern dadurch, daß man „dem Gesetz stirbt" (2,19). Jede Art von Rechtfertigung aus dem Gesetz bedeutet, daß Christus umsonst starb (2,21).

Paulus beendet den Briefeingang mit einem Lobpreis. Dieser steht im Urchristen- 5 tum gern als Schlußformel von Hymnen oder Gebeten (z. B. Röm. 11,36; Eph. 3,21; 1. Tim. 6,16) und in den Briefen als Abschluß eines Teiles (z. B. Hebr. 13,21; 1. Petr. 5,11), auch Offb. 1,6 als Ende des Briefeingangs. Der Apostel benutzt ihn nur im Galaterbrief in diesem Sinn. Vielleicht soll dieser Lobpreis den nach dem Eingangsgruß zu erwartenden Dank ersetzen, dessen Platz 1,6-9 eingenommen haben: Da Paulus Gott nicht für die Gemeinde danken kann, preist er ihn für seine Heilstat in Christus.

2. Anklage der Gemeinde und Verfluchung der Irrlehrer 1,6-9

6 Es befremdet mich, daß ihr so rasch von dem abfallt, der euch durch die Gnade Christi berufen hat, zu einem anderen Evangelium, 7 das es gar nicht gibt. Vielmehr gibt es gewisse Leute, die euch verwirren und das Evangelium Christi umzukehren trachten. 8 Jedoch auch wenn wir oder ein Engel vom Himmel gegensätzlich zum Evangelium verkündigten, das wir euch gebracht haben, der sei anáthema (d. h. verflucht). 9 Wie wir früher gesagt haben, sage ich auch jetzt

nochmals: **Wenn euch jemand entgegen dem verkündigt, was ihr empfangen habt, der sei anáthema (d. h. verflucht).**

Im harten Kontrast zur stilgemäß zu erwartenden Danksagung (z. B. Röm. 1,8 ff.; 1. Kor. 1,4 ff.) oder analogen Preisung (z. B. 2. Kor. 1,3 ff.) folgt eine unversöhnliche Anklage der Gemeinde und Verfluchung der eingedrungenen Missionare. Der Stil prophetischer Gerichtsrede ist wiederzuerkennen. Für sie ist die Abfolge von Anklage (vgl. 1,6 f.) und Gerichtsandrohung (vgl. 1,8 f.) typisch.

6 f.   Der Apostel sieht sich genötigt, sein Befremden über die Gemeinde auszudrücken, die sich zum schnellen Abfall bereit findet. Dieser rapide Prozeß ist beschrieben als Abwendung von Gott, der die Gemeinde aufgrund der paulinischen Erstmission in die Gnade Christi (vgl. 1,3-5) berufen hat, und als Hinwendung zu einem Unding, das man hilfsweise ein „anderes Evangelium" nennen kann, .das aber kein Evangelium ist. Weil es mit dem Evangelium nicht identisch ist, besteht zwischen ihm und dem eigentlichen Evangelium ein ausschließender Gegensatz. V.7 fügt hinzu: Das Nichtevangelium ist nur eine Verfälschung des Evangeliums Christi. Ihm fehlt die Eigenständigkeit und Originalität. Was ist das Evangelium Christi? Der Begriff wird ausgelegt durch V.6 als Geschehen, in dem Gott die Gemeinde in die Gnade Christi ruft. Evangelium ist also Bezeichnung für das Heilshandeln Gottes (vgl. Röm. 1,16). Dieses gründet in den im Bekenntnis (1,1b.4a) ausgelegten Ereignissen von Kreuz und Auferstehung Christi und ereignet sich als Ruf Gottes, wie er z. B. bei der Missionierung Galatiens durch Paulus erging (V.8 f.).

Wenn Paulus das Evangelium Ereignis der Gnade Christi sein läßt, interpretiert er das Evangelium mit Hilfe eines Wortes, das seinerseits bereits eine lange Geschichte hinter sich hatte. Dabei ist in diesem Fall speziell der Sprachgebrauch von „Gnade" in der weisheitlichen und apokalyptischen Tradition des antiken Judentums für Paulus aufschlußreich. Danach ist „Gnade" u. a. Inbegriff der Heilserkenntnis und des endzeitlichen Heiles (Spr. 8,17; Weish. 3,9; Sir. 6,18; Test. Levi 18,9 f.; griech. Hen. 5,4-8). Sachlich können zwei jüdische Konzeptionen das Spezifische bei Paulus schlaglichtartig verdeutlichen. Das pharisäisch-rabbinische Judentum interpretiert die Gnade Gottes als erbarmendes Vergeben von Gesetzesübertretungen. Zwar schuldet der Mensch dem Gesetz Gottes gegenüber Gehorsam, und nur so kann er vor ihm Gerechtigkeit erlangen, aber um Abrahams willen gibt es für den Frommen die Ausnahme der gnädigen Vergebung einzelner Verfehlungen. Jeder ist auf solche freie Gnade Gottes auch angewiesen, doch ist die Gnade dem Gesetz als Ausnahme im Rahmen der gesetzlichen Heilsordnung zugeordnet. Wer außerhalb des Gesetzes steht, kann keine Gnade erwarten (Ps. Sal. 3; 9; 10; Aboth 1 2; 2,1; 3,7. 19). Erheblich radikaler redeten die Essener von der Gnade Gottes. Die dem Menschen von Gott her zuvorkommende Gnade, die als unabdingbare Grundlage des ganzen Lebens gilt, ist schlechterdings überwältigend. Aber darum gerade kann und soll der Mensch den schuldigen Dank durch besonders rigorosen Gesetzesgehorsam abstatten. So führt die Gnade unter das verschärft ausgelegte Gesetz und hilft bei etwaigen Verfehlungen aus (1QS 11,2-23; 1QH 16,8-13). Beide jüdischen Positionen sind typisch, denn das Judentum kann Gesetz und Gnade nur so zu einem Ausgleich bringen, daß es beide Größen in einem mit sowohl … als auch beschreibbaren Verhältnis in Harmonie bringt. Ein Entweder…oder ist für Juden eine Häresie. Genau das denkt aber Paulus, wenn er Gal. 1,6; 5,4 Gesetz und Gnade zu sich ausschließenden Heilswegen erklärt und – statt sich Sorge um die Bewahrung des Gesetzes zu machen – allein eine mögliche Verkürzung der Gnade als Gefahr ausschließen will (2,21; vgl. auch die Ausführungen zu 1,15). Die Gegner des Paulus in Galatien werden an diesem Punkt jüdisch denken. Sie beziehen Christus und die Gnade so aufeinander, daß dabei keine Alternative zum Gesetz entsteht.

V. 7 sagt noch ein weiteres: Der Vers unterscheidet zwischen der Gemeinde und den bei ihr wirkenden Missionaren. Die Abwendung der Gemeinde vom paulinischen Evangelium ist kein aus ihr selbst geborener Entschluß, sondern Fremdeinwirkung. Die galatischen Christen sind von einigen, die der Apostel offenbar nicht näher kennt (vgl. 5,10), verwirrt worden. Paulus redet übrigens von Irrlehrern so nur in diesem Brief (1,7; 5,10).

Der Anklage folgt die Verfluchung. Im ersten Fluchsatz erwägt Paulus den Even- 8 tualfall, er oder ein Engel könnten entgegen dem bisher von ihm vertretenen Evangelium verkündigen. Für diesen irrealen Fall vollzieht er die Selbstverfluchung und die Verfluchung des betreffenden Engels. So bekräftigt er seine unbeugsame Haltung. Darüber hinaus macht V. 8 einsichtig, daß es gar nicht um Paulus geht, sondern um das Evangelium Christi: Jeden Erden- und Himmelsbewohner würde die Fluchandrohung im Falle der Evangeliumsverfälschung treffen.

Nach dieser vorbereitenden Klarstellung folgt der nunmehr real und effektiv zu 9 verstehende Fluch über die Irrlehrer.

Anáthema: Die Grundbedeutung dieses griechischen Wortes ist: das (der Gottheit im Tempel) Hingestellte, das Weihegeschenk. Zu diesem positiven Sinn tritt der negative als Bedeutungserweiterung: das dem göttlichen Zorn Ausgelieferte, das Verfluchte. Während im Griechentum die negative Verwendung bisher nur durch eine Fluchtafel aus Megara (1./2. Jahrhundert n. Chr.) belegt ist, hat die griechische Übersetzung des Alten Testaments diese Bedeutung häufig (z. B. 5. Mose 7, 26; Jos. 6,17 f.; 7,11 f.). Die Belege des Urchristentums zeigen, daß nur Lk. 21,5 von jüdischen Weihegeschenken spricht, im übrigen der negative Sprachgebrauch sich durchsetzt. Das Urchristentum kennt für den positiven Sinn keinen eigenen Sitz im Leben, denn es fehlt die Sitte, Weihegeschenke aufzustellen.

Bei der Verfluchung kann man verschiedene Funktionsbereiche unterscheiden: 1. In Apg. 23,12.14.21 hat sich eine jüdische Verschwörergruppe durch einen Flucheid gebunden; etwa so: „Wir wollen verflucht sein, wenn wir zu fasten aufhören, bis wir Paulus getötet haben." Damit stellen sich alle Glieder unter den Fluch Gottes (nicht einer irdischen Gerichtsbarkeit!): Gott möge jeden bestrafen, der das Vorhaben nicht einhält. Im Judentum war das zeitlich beschränkte Gelübde unter der verschärften Bedingung des Fluches eine übliche Praxis (vgl. z. B. äth. Hen. 6, 4 f.). Aus dem Urchristentum sind keine vergleichbaren Eide bekannt. – 2. Eine andere Fluchsituation ist an Mk. 14,71 ablesbar. Ein Beschuldigter (hier Petrus) unter dringendem Verdacht beschwört seine Unschuld und erhöht das Gewicht des Schwurs durch Selbstverfluchung. Auch hier ist der durch den Fluch eingesetzte

Ahnder Gott. Solche Unschuldsbeteuerungen waren wiederum im Judentum gebräuchlich. Erneut kennt das Urchristentum dies nicht als Sitte in seiner Gemeinschaft. Dies mag auch mit dem Einfluß zusammenhängen, den die Tradition aus Mt.5,33-37; Jak.5,12 hatte. – 3. Eine ungewöhnliche Form der Selbstverfluchung begegnet Röm.9,3: Paulus möchte im Selbstopfer im Endgericht „von Christus weg" verbannt sein, wenn Gott stattdessen Israel das Endheil gewährt. Paulus weiß, Gott nimmt solches Selbstopfer nicht an. – 4. In 1.Kor.12,3 setzt sich der Apostel mit den korinthischen Enthusiasten auseinander. Dabei bindet er – in Übereinstimmung mit den Korinthern – die Geisterfahrung an das Bekenntnis: „Herr ist Jesus!", denn es ist ja vom Geist Christi gewirkt. Gehören Geisterfahrung und Christusbekenntnis in dieser Weise zusammen, kann keine Geistwirkung – im hypothetischen Fall – sich so äußern, daß sie einen Fluch über Jesus ausspricht. Der Geist als Geist Christi kann sich nicht selbst verleugnen. – 5. Eine typische Verfluchung anderer liegt Offb.22,18bf. vor. Der Verfasser der Apokalypse will unter Anlehnung an 5.Mose4,2 einer möglichen Veränderung seiner Prophetie dadurch wehren, daß er alle Abänderer der endgerichtlichen Verurteilung Gottes übergibt. Anáthema steht dabei nicht wörtlich da, aber sinngemäß. Im übrigen zeigt die Apokalyptik auch sonst die Sorge um den genauen Erhalt des Schrifttums (äth.Hen. 104, 10-13; slav.Hen.48,7f.; darüber hinaus kann man 5.Mose13,1; Spr.30,6 und Josephus (Contra Apionem 1,8,42) vergleichen. Man wird dies als eine selbstvollzogene Kanonisierung des eigenen Werkes bezeichnen dürfen; denn so soll der besondere Wert gegenüber anderen heiligen Schriften und die dauerhafte unverfälschte Bewahrung gewährleistet sein. Kanonisierung ist eigentlich eine sakralrechtliche Funktion der Gemeinde. Ein schönes Beispiel dafür findet sich im Aristeasbrief (§ 308-311). 6. Drei weitere Stellen (1.Kor.14,38; 16,22 und Gal.1, 8f.) gehören zusammen. Jeweils geht es um prophetisches heiliges Recht als Verfluchung von Gliedern der Gemeinde, die im Prinzipiellen als falsche Christen entlarvt und durch den Fluch dem Endgericht als innerer Konsequenz ihres Verhaltens unterstellt werden. Der Fluch des Propheten droht ihnen real und effektiv an, daß ihr illegitimes Christentum im Endgericht so bloßgestellt wird, daß der Christus, den sie jetzt schon verloren haben, sich dann auch nicht zu ihnen bekennen kann. a) Dabei gehört 1.Kor.16,22 mit hoher Wahrscheinlichkeit in die Abendmahlsliturgie: „Wer den Herrn nicht liebt, sei verflucht! Komm, unser Herr!" Der erste Satz ist wohl an die Gemeinde gerichtet, der zweite ihre eigene Antwort (unser!). Im ersten Satz betrifft die Bedingung für den Fluch nicht einen einzelnen Fehltritt, sondern die grundsätzliche Störung im Christusverhältnis, nämlich die Unmöglichkeit, Christ zu sein ohne aufrichtiges Verhältnis zum Herrn. Die Beurteilung solchen Falles übersteigt zutiefst die Möglichkeiten der Gemeinde. So folgt die Auslieferung an das Gericht Christi, wo alles offenbar wird. Die Gemeinde nimmt diese wohl von einem Propheten gesprochene Verfluchung auf sich, indem sie den Herrn zum Gericht herbeibittet. Danach beginnt die eigentliche Feier des Herrenmahls. Aus dem liturgischen Gut der Qumrangemeinde ist eine Analogie bekannt: In 1QS2, 11-18 ist eine jährlich sich wiederholende Verfluchung derjenigen beschrieben; die in der „Verstocktheit des Herzens" in den essenischen Bund eintreten. Sie sollen zu den „ewig Verfluchten" gehören. b) Ein weiterer Fluch (ohne anáthema) steht

1.Kor.14,38. Die Turbulenz von Zungenreden und prophetischer Mahnung im korinthischen Gottesdienst zerstörte nach Paulus, der solche Geistäußerungen für sich selbst durchaus in Anspruch nahm (14,18), den Grundsinn christlichen Gottesdienstes (14,3f.12.24f.26.33.40). Gegen diesen ungeordneten Enthusiasmus greift er mahnend ein. Er erwartet, daß die Geistbegabten den Verweis auf diesen Grundsinn als Gebot des Herrn erkennen werden (14,37). Jedoch: „Wenn jemand (dies) nicht (als Gebot des Herrn) anerkennt, so wird er (vom Herrn im Gericht) nicht erkannt" (V.38). Damit kündigt Paulus die endgültige Scheidung an, die nur fixiert, was jetzt schon im Verhalten solcher Leute latent ist. c) In Gal.1,8f. geht es um die Abwehr von Irrlehre. Hatte Paulus in V.8 sich selbst und sogar die Engel für den Fall einer Verfälschung des Evangeliums unter den Fluch gestellt, so trifft nun die Irrlehrer nicht einfach nur die Warnung vor dem Gericht (wie z.B. Gal.5,10b; Phil.3,19), sondern der effektive Fluch. Nach Paulus ist der, der aus dem Gesetz Gerechtigkeit erlangen will, aus der Gnade gefallen (5,4) und hat schon Christus verloren. Dies schließt ihn vom Endheil aus. Solche Konsequenz legt der Fluch fest. – 7. Die meisten besprochenen Stellen setzen direkt voraus: Der endgültige Heilszustand wird nichts Verfluchtes enthalten. Dies spricht Offb.22,3 aus: Im „neuen Jerusalem" fehlt dergleichen. – 8. Zur Vorstellung, daß der Gekreuzigte verflucht ist, vgl. zu Gal.3,12f. – 9. Die Exkommunikationspraxis des katholischen Kirchenrechts spricht zwar ihr anáthema in Anlehnung an Gal.1,9 aus, doch beruht solcher Bann viel eher auf einer Neuinterpretation der alttestamentlichen Bannpraxis, auf der Ausdehnung von Aussagen wie Mt.18,17; 1.Kor.5,1ff.; Tit.3, 10f. und hat seine Analogie im jüdischen Bann. Es ist also zwischen Kirchenzuchtmaßnahmen und einem Spruch heiligen Rechts zu unterscheiden wie zwischen gesetzlich geregelter Buße und prophetischem Urteil über die sebstvollzogene grundsätzliche Trennung von Christus, die Endgerichtsfolgen hat.

Paulus ist seinem Selbstverständnis nach also nicht nur mit höchster Autorität versehener Apostel seines Herrn (1,1), sondern auch Prophet, nimmt er doch hier prophetisches Recht in Anspruch. Als Prophet aufzutreten, ist für ihn ein Aspekt seines apostolischen Amtes. Durch V.9 bricht er kraft apostolisch-prophetischer Vollmacht das Gespräch mit den Missionaren, die er durch den Fluch als unbelehrbare Irrlehrer hinstellt, von vornherein ab. Was Paulus bisher und im folgenden tut, ist ein argumentierendes, verzweifeltes, auch ratloses, aber immer wieder neu ansetzendes Werben allein um die Gemeinde (3,1; 4,12ff. u.ö.). Deshalb sollen durch den Fluch Gemeinde und Eindringlinge getrennt werden. Diese sind verflucht, jener gilt noch die brüderliche Anrede (1,11; 3,15; 4,12.28 u.ö.) und das Erinnern an ihren Heilsstand, aus dem sie zu fallen drohen (3,1-5; 4,6-11.28; 5,13.25). Ist es Zufall, daß Paulus neben den Fluch über die Gegner zu Eingang des Briefes am Ende den Segenswunsch für die Gemeinde stellt (vgl. die Ausführungen zu 6,16.18)? Endlich ist zu erkennen, mit welchem Maßstab Paulus wahres und falsches Evangelium mißt: an dem, was er zuvor bei seiner Missionierung oder seinem möglichen zweiten Besuch (vgl. Gal.4,13; Apg.18,23) verkündigte (ähnlich Röm.16,17; vgl. auch 1.Kor.12,2; 1.Thess.4,6.11; Gal.5,21). Demnach muß das, was der Apostel jetzt schreibt, und das, was er damals verkündigte, für die Galater in überprüfbarer und einsichtiger Weise sachlich identisch sein. Die spezielle Ausprägung der paulinischen Verkündigung als Rechtfertigungsbotschaft, die im Galaterbrief erstmals literarisch in Front gegen die Irrlehrer (später dann ähnlich im Römer- und Philipperbrief) entfaltet wird, kann für die Galater wie für Paulus der sachlichen Grundausrichtung nach keine völlige Neubildung sein (vgl. weiter zu 2, 15 ff.).

ERSTER HAUPTTEIL

Der göttliche Ursprung des paulinischen Evangeliums, seine Anerkenntnis in Jerusalem und seine Bewährung in Antiochia 1, 10-2, 21

1. Der göttliche Ursprung des paulinischen Evangeliums 1, 10-24

10 Überrede ich denn jetzt Menschen oder Gott? Oder versuche ich, Menschen zu gefallen? Wollte ich noch Menschen gefallen, wäre ich nicht Christi Diener.
11 Denn ich teile euch mit, Brüder: Das von mir verkündigte Evangelium ist nicht menschlicher Art. 12 Ich habe es ja auch nicht von einem Menschen empfangen noch gelernt, sondern durch Offenbarung Jesu Christi.
13 Ihr habt nämlich von meinem früheren Wandel im Judentum gehört, daß ich die Gemeinde Gottes maßlos verfolgte und sie zu vernichten suchte; 14 auch brachte ich es in der jüdischen Lebensweise weiter als viele Altersgenossen in meinem Volk, weil ich in besonderem Maße ein Eiferer für die Überlieferungen meiner Väter war.
15 Als es aber dem gefiel, der mich von meiner Mutter Leib an aussonderte und durch seine Gnade berufen hat, 16 seinen Sohn mir zu offenbaren, damit ich ihn unter den Heiden verkündige, habe ich mich alsbald nicht mit Fleisch und Blut beraten, 17 noch zog ich hinauf nach Jerusalem zu denen, die vor mir Apostel waren. Vielmehr begab ich mich nach Arabien und kehrte wieder nach Damaskus zurück.
18 Danach, drei Jahre später, zog ich hinauf nach Jerusalem, um Kephas kennenzulernen, und blieb fünfzehn Tage bei ihm. 19 Einen anderen der Apostel suchte ich nicht auf – nur (noch) Jakobus, den Herrenbruder. 20 Was ich euch schreibe, bei Gott, ich lüge nicht.
21 Danach ging ich in die Gebiete von Syrien und Kilikien. 22 Hingegen blieb ich den christlichen Gemeinden Judäas persönlich unbekannt. 23 Sie hatten nur gehört: Der uns einst verfolgte, verkündigt nun den Glauben, den er einst zu vernichten suchte. 24 Da priesen sie um meinetwillen Gott.

Der erste Hauptteil 1, 10-2, 21 trägt als seine besondere Note die biographische Ausrichtung. Sie ist als Mittel eingesetzt, die nicht von Menschen abhängige paulinische Verkündigung in ihrem göttlichen Ursprung und Inhalt auszuweisen. Dabei geht es zunächst vor allem um die Antithese: nicht von Menschen, sondern von Gott allein (V. 12.15). Sie wird illustriert am vorchristlichen und christlichen Lebensabschnitt des Apostels bis vor den Apostelkonvent (1, 10-24). Danach stellt Paulus in 2, 1-10 heraus, wie gerade auch auf dem Jerusalemer Treffen seine von Gott autorisierte Selbständigkeit festgestellt und anerkannt wurde (2, 7 f.). Endlich soll der Streit in Antiochia (2,11-21) bezeugen, wie Paulus seine Position selbst Petrus gegenüber festhält. Zugleich eignet sich diese Begebenheit besonders gut dazu, den gesamten Hauptteil mit der ersten programmatischen Darstellung des paulinischen Evangeliums abzuschließen (2, 16 ff.).

In allen drei Teilen geht es um den Gegensatz zweier Heilswege: um das gesetzesfreie Christentum und um die jüdische Lebensweise, wie sie im Judentum und strengen Judenchristentum für heilsnotwendig angesehen wird (1, 13 f. 16; 2, 2. 4. 7 f. 12. 14). Diese ist für Paulus unchristlich. Jene vermag allein zu garantieren, daß Christus nicht umsonst gestorben ist (2, 21). Damit wird in der Geschichte des Urchristentums erstmals in literarischer Darstellung der Heilsweg aufgrund des Gesetzes als dem wahren Christentum entgegengesetzt ausgesperrt und mit Hilfe der Rechtfertigungslehre das Wesen des Christentums durch ein pointiertes „Christus allein" bestimmt. Diese Position steht konträr zu den galatischen Irrlehrern. Sie nehmen die Gegenposition ein: Man muß sich erst unter das alttestamentliche Gesetz stellen, um Christ sein zu können. Denn das Judentum ist nicht nur einfach die geschichtliche Voraussetzung des Christentums, sondern heilsgeschichtlich für es die Grundlage. Wer dieses ewig geltende Fundament außer Kurs setzt, verändert das Christentum als wahres Israel zu einer antijüdischen Sekte. Der konkrete Ausdruck dafür ist die Beschneidungsforderung der Gegner (5, 2 ff.; 6, 12 f.), die ja nichts anderes bedeutet als Inkoporierung in das jüdische Heilsvolk mit der selbstverständlichen Konsequenz des Gesetzesgehorsams. Die Missionare sind also strenge Judaisten im Unterschied zum ersten und zweiten Korintherbrief, wo Gesetzesgehorsam und Beschneidungsforderung bei den paulinischen Gegnern fehlen.

Paulus setzt in sarkastischem Ton ein. Doch ist V. 10 inhaltlich schwer zu deuten. 10 Wahrscheinlich wehrt sich Paulus gegen einen Vorwurf der eingedrungenen Missionare. Er mag gelautet haben: Paulus überredet (im negativen Sinn von „beschwatzen") die Heiden zum Christsein, indem er ihnen durch Gesetzesfreiheit den Übertritt erheblich erleichtert. Die fehlende Verpflichtung auf das Gesetz erspart ihnen Beschneidung und Gesetzesbefolgung. Dies ist ein zu billiges Christentum, das die Ahnungslosigkeit der Heiden über das wahre Christentum ausnutzt. An Ähnliches mag Paulus mit seiner Frage denken: Wenn ich diesen Fluch ausspreche, betöre ich dann etwa Menschen oder – nun überspitzt der Apostel absichtlich ins Unvorstellbare – sogar Gott, an den sich der Fluch richtet? Die gedachte Antwort lautet etwa: Natürlich nicht, denn zwischen Beschwatzung und Verfluchung gibt es keine Brücke.

„Oder versuche ich, Menschen zu gefallen?" Diese zweite Frage ist eine weitere Reaktion auf denselben Vorwurf, der sich eventuell auch mit einer Fehldeutung der 1. Kor. 9, 19-23; 10, 32 f. beschriebenen paulinischen Haltung paaren könnte. Nicht nur Betörung anderer, sondern auch eigene Gefallsucht kann im Spiel sein. Paulus fragt: Ist dies das Motiv meiner Verkündigung (vgl. 1. Thess. 2, 3-7)? – Dann bin ich

Christi Knecht (Röm. 1, 1; Phil. 1, 1) nicht mehr! Der bin ich aber, denn nach Ausweis der Selbstverfluchung V. 8 stehe und falle ich allein diesem Herrn. Wie der Apostel sein Knechtsein versteht, wird 2, 19-21, also am Ende des Hauptteils, den er hier einleitet, beschrieben.

11   Dieses Evangelium, bei dem sich Christus und Gesetz ausschließen, ist nicht menschlicher Art. Die betonte Einleitung und der polemische Ton machen klar, daß Paulus sich weiterhin mit gegnerischen Angriffen abmüht. Die Missionare sagen wohl: Mag Paulus sich sogar auf eine Offenbarung berufen (V. 15)! Solche Privatoffenbarung muß an der objektiven Größe des Gesetzes gemessen werden. In ihm hat Gott seinen Willen ein für alle Mal verbindlich festgelegt. Setzt Paulus das Gesetz außer Kraft, kann seine Verkündigung nur menschlich sein. Daß die Judaisten am Alten Testament messen, kann aus 3, 6-29; 4, 21-31 erschlossen werden, wo Paulus das Alte Testament für seine Auffassung des Gesetzes heranzieht, um es seinen Gegnern zu entwinden. Offenbar war in diesem Zusammenhang die von Paulus beanspruchte Christuserscheinung als Faktum kein Streitfall. Er spricht von ihr wie selbstverständlich als dem zeitlichen Ausgangspunkt seines Auftrags in V. 15 f. Von den Schwierigkeiten, wie sie in 1. Kor. 15, 8 angedeutet sind, ist also keine Rede. Nur dies ist die Frage: Ob Paulus durch sie seine antigesetzliche Haltung begründen darf. Das wird verneint.

Man hat angenommen, weil Paulus V. 13 ff. so dezidiert von seiner Unabhängigkeit von Jerusalem redet, müsse ihm der Vorwurf gegolten haben, er sei von den Jerusalemer Autoritäten abhängig. Doch solcher Vorwurf ist als judaistischer Vorwurf nicht verständlich, weil gerade Judaisten engste Kontakte zu Jerusalem pflegten. Nun wehrt sich Paulus auch gar nicht gegen solchen Vorwurf! Die Lage ist vielmehr dadurch gekennzeichnet, daß er die Hochschätzung der Jerusalemer durch die Gegner entwerten muß (2, 6)! Die Betonung seiner Selbständigkeit gerade auch Jerusalem gegenüber hat also andere Gründe.

12   In V. 11 zielte die gegnerische Spitze gegen den zum Gesetz konträren Inhalt des paulinischen Evangeliums. Aus V. 12, der polemischen Fortsetzung, kann man nun wohl erkennen, daß auch am Ursprung desselben ein Makel gesehen wurde. Der Apostel schließt ausdrücklich aus, daß er es durch Traditionsweitergabe empfing oder als Schüler darin unterrichtet wurde. Auch hierbei brauchte man Paulus die Christuserscheinung nicht abzusprechen, sondern nur zu verneinen, daß sich seine antigesetzliche Haltung damit begründen ließe. Die Gegner weisen also den nur menschlichen Ursprung dieser Haltung nach. Paulus gehörte ja entscheidende Jahre zur antiochenischen Gemeinde. Gerade zu dieser Zeit war Antiochia aber keinesfalls legitimer Hort am Gesetz orientierter Lehre (2, 11 ff.)! Wahrscheinlich hatte Antiochia sogar seine gesetzesfreie Praxis unter petrinischem Einfluß als menschlichen Irrweg anzusehen gelernt. Dann war Paulus das Relikt dieses Irrtums in der antiochenischen Gemeindegeschichte. In diesem Sinn ist dann das paulinische Evangelium nur menschlich, also ohne erkennbare Legitimation.

Paulus stellt polemisch dagegen, daß außer Christus wirklich gar keine Autoritätsbegründung für ihn in Frage kommt. Dabei schillert die Formulierung wohl bewußt: Nach 1, 15 f. muß Gott der Offenbarende und Christus das Objekt der Offenbarung sein, jedoch fordert die Antithese in V. 12 („nicht von einem Menschen empfangen"), daß Christus Urheber der Offenbarung sei. Paulus scheint beide Gesichtspunkte in der Genitivverbindung: „Offenbarung Jesu Christi" vereinen zu wollen (vgl. 1,1). Wer also sein Evangelium angreift, hat es ausschließlich mit dem Herrn des Evangeliums selbst zu tun. Eine mögliche Zuordnung zu Jerusalem oder Antiochia ist darum gegenstandslos. Er kann es den Galatern schriftlich geben, daß er gerade von Jerusalem absolut unabhängig ist (V. 15 ff.). Seine Unabhängigkeit hat gerade Jerusalem wiederum auch bestätigt (2, 1 ff.). Also ist auch die Abhängigkeit von Antiochia ausgeschlossen, wofür gleichfalls 2, 11 ff. bürgt. Es führen demnach längst nicht alle Wege nach Jerusalem, wohl jedoch zu dem Gott, der Petrus und Paulus berufen hat (2, 8).

V. 13 f. erhärten das Gesagte. Die Galater wissen wie offenbar alle Christen, daß 13 f. Paulus in seiner vorchristlichen Zeit in aktueller Feindschaft zum Christentum stand. Sein harter antichristlicher Kurs ließ ihn nicht nur die Gemeinden verfolgen, sondern sogar den Versuch machen, sie zu vernichten. Der Apostel kann sich auf dieses so skizzierte Wissen in der Gemeinde beziehen, weil es wahrscheinlich eine relativ feste Saulus-Verfolger-Tradition gab (vgl. Apg. 8, 1 b. 3; 22, 4; 26, 9 ff.; 1.Kor. 15, 9; Phil. 3, 6 und Gal. 1, 23 f.), die allgemein verbreitet war, und die Paulus nunmehr anklingen läßt in der Annahme, den Galatern sei der Anspielungscharakter einsichtig. Paulus verwendet diese Tradition hier, um mit ihr zu erhärten, daß er also in seiner jüdischen Zeit kein Mitglied der christlichen Kirche gewesen sein kann. Damit hat Paulus die Möglichkeit, seine Verfolgertätigkeit, die ihm immer besondere Schwierigkeiten machte (1.Kor. 15, 9), zugunsten seiner Position auszunutzen. Analog zu Phil. 3, 6 f. gibt Paulus unmittelbar dabei den Hinweis auf seine gesetzliche Untadeligkeit als Jude. Er übertraf seine Altersgenossen in vorbildlicher Weise, da er ein besonders strebsamer Eiferer für die Überlieferung der Väter war. Man wird hierin das Motiv für seinen antichristlichen Kampf sehen. Dem Pharisäer (Phil. 3, 5), der jede Lauheit dem Gesetz gegenüber als Verstoß gegen den göttlichen Willen auslegte, war die christliche Gemeinde ein Ärgernis, insofern sie in (relativer) Freiheit vom Gesetz lebte. Sicherlich stimmte Paulus auch dem nicht zu, daß die Christen Jesus als Heilsbringer verkündigten, aber diesen möglichen Anstoß erwähnt er nie; er stand darum kaum im Vordergrund. Dann aber vertrat Paulus unter jüdischem Vorzeichen einen analogen Standpunkt wie die Judaisten in Galatien.

Nach diesen Erwägungen kann nun präziser der Kreis ermittelt werden, dem die Verfolgung galt. Sagt der Apostel, er habe „die Kirche Gottes" verfolgt, denkt man zunächst an eine allgemeine Christenverfolgung. War aber die Stellung zum Gesetz primärer Anlaß, hat Paulus nicht einfach die Urgemeinde verfolgt, sondern die hellenistischen Judenchristen in der Umgebung von Damaskus (vgl. 1, 16. 22). Sie waren eine Missionsgründung des Teiles der Urgemeinde Jerusalems, den die Apostelgeschichte „Hellenisten" nennt und den man gern als „Stephanuskreis" kennzeichnet (vgl. Apg. 6-8; 11, 19 ff.). Dieser Teil der Urgemeinde war gesetzeskritisch eingestellt. Durch ihn war in ihren Gemeindegründungen in Syrien und Kleinasien der Christenheit erstmals die Frage vorgelegt, ob Christentum etwas Eigenständiges außerhalb des Synagogenverbandes oder nur eine Spielart des Judentums sein kann. Die „Hellenisten" und ihre Gemeinden hatten für sich entschieden:

Christentum kann nur unter Vernachlässigung des Gesetzes ausschließlich von der Person Jesu Christi her bestimmt werden. Dies war der eigentliche Affront, den der Jude Paulus nicht hinnahm.

Wieweit können die detaillierten Angaben in Apg. 7, 58; 8, 1ff.; 9, 1ff. 13f.; 22, 4f.; 26, 9ff. die paulinische Verfolgertätigkeit illustrieren? Klar ist, daß das paulinische Selbstzeugnis den Vorrang verdient vor den auf lukanischer Darstellung oder christlicher Tradition beruhenden Angaben der Apostelgeschichte. Geht also etwa aus V. 22f. hervor, daß der Apostel den judäischen Gemeinden, d. h. den Christen in Jerusalem und Umkreis, persönlich unbekannt war, dann wird er weder dort Christen verfolgt haben noch von Jerusalem nach Damaskus gezogen sein (gegen Apg.). Vielmehr war er dann offenbar von der Synagoge in Damaskus aus in dieser Stadt und ihrem Landkreis tätig. Diese Annahme wird durch Gal. 1, 17 gestützt. Denn wenn Paulus hier sagt, er sei „wiederum nach Damaskus zurückgekehrt", kann dies nur heißen, daß Paulus vor seiner Bekehrung in Damaskus wirkte. (Zur weiteren Kritik an Apg. s. u.)

15f.   Zwischen dem Christenverfolger aus gesetzlicher Strenge und dem Heidenapostel mit Gesetzesfreiheit liegt ein Bruch. Paulus kommt auf ihn nur ausführlicher zu sprechen, wenn er von anderen dazu genötigt wird (1. Kor. 15, 8ff.; Phil. 3, 4ff.). Mit keiner Silbe deutet er einen längeren inneren Kampf an, der mit einer Bekehrung endete. Er läßt den Wechsel abrupt erfolgen. Allerdings war klar, um welche Entscheidungen es gehen mußte: für Christus und gegen das Gesetz (Phil. 3, 7). Dieses Umdenken ist Gnade Gottes (1. Kor. 15, 10; Gal. 1, 15). Aber Paulus wird nicht einfach christlicher Privatmann. Er versteht den göttlichen Zwang zum Umdenken immer zugleich als apostolische Sendung zu den Heiden (V. 16; Röm. 1, 5. 13f. u. ö.). Die Gesetzesfreiheit seines Evangeliums und das „Christus allein" kommen damit in seinem Apostelamt unmittelbar zur Geltung. Dann aber ist die Rechtfertigungslehre, was ihren Ansatz und ihre Grundposition betrifft, direkte Konsequenz seiner Berufung und wurzelt in diesem Anfang seines Christseins, mag sie ihre begriffliche Ausformulierung auch später erhalten haben.

Paulus läßt weiter keinen Zweifel darüber aufkommen, daß die plötzliche Kehrtwendung und die Berufung zum Apostel auf eine Christophanie, eine Vision des erhöhten Herrn, zurückgehen (V. 15; 1. Kor. 9, 1; 15, 8). Der Apostel beschreibt diesen Vorgang selbst nirgends. Auch die aus Apg. 9, 1ff. möglicherweise rekonstruierbare Tradition (vgl. Apg. 22; 26) erzählt mit legendarischen Stilmitteln. Sie ist zudem Fremdbericht und läßt sich schwerlich bis an die Ereignisse selbst zurückverfolgen. Man wird darum mit derselben Konsequenz wie Paulus sich nicht bei dem Ereignis selbst und seinen Modalitäten aufhalten, vielmehr die daraus abgeleiteten Konsequenzen bedenken.

Nur im Galaterbrief beschreibt Paulus seine Berufung außerdem mit Anklängen an prophetische Berufungen. Der Wortwahl am nächsten steht Jes. 49, 1 (vgl. Jes. 49, 5; Jer. 1, 5). Vom Aussondern spricht Paulus auch Röm. 1, 1. Daß es „vom Mutterleib" an geschah, ist von der Berufung her rückgeschlossen. Eigentlich sollte man in diesem Zusammenhang den Apostelbegriff erwarten. Er ist mit der Zielangabe, den Sohn als Evangelium unter den Heiden zu verkündigen, indirekt mitgesetzt.

Daß Paulus auf ihn verzichten kann, zeigt erneut, daß sein Evangelium, nicht primär sein Apostelamt, strittig ist.

Die Formulierung in V. 16 erweist sich übrigens zum Teil als vorgeprägt. Man muß nämlich „… seinen Sohn mir zu offenbaren, damit …" mit dem Eingang der Offenbarung (Offb. 1, 1) vergleichen: „Offenbarung Jesu Christi (vgl. Gal. 1, 12), die ihm Gott gab, zu zeigen …", um zu sehen, daß folgende Elemente gemeinsam sind: die Offenbarung, Christus als Inhalt derselben, Gottes Urheberschaft und die Dienstverpflichtung durch die Offenbarung. Außerdem läßt sich anläßlich dieses Vergleiches auch nochmals die alttestamentliche Reminiszenz in V. 15 in einen größeren Rahmen stellen: Der urchristliche Prophet, der sich nach Offb. 1, 1 beauftragt sah, die Zukunft aufzuhellen, tut dies durchweg mit Hilfe des Alten Testamentes. Nun läßt sich diese Vergleichsbasis erweitern: Nachdem z.B. Petrus Christus als den Sohn des lebendigen Gottes bekannt hatte, antwortet Jesus nach Mt. 16, 17: „Nicht Fleisch und Blut (vgl. Gal. 1, 16) haben dir das geoffenbart, sondern mein Vater im Himmel." Mt. 16, 18 f. bringt dann die Beauftragung des Petrus. Endlich gehört auch der Offenbarungsbegriff in Mt. 11, 25-27 par in diesen Zusammenhang. D.h. die Texte zeigen, daß Paulus in V. 16 typische Sprache verwendet, die im allgemeinen dazu diente, urchristliche prophetische und/bzw. apostolische Autorität und Legitimation zu begründen. Diese Beobachtungen verwehren es nochmals, hinter den Formulierungen unmittelbar das paulinische Erleben wiederzufinden. Sie sind nicht primär biographisch orientiert, sondern sachlich auf die Legitimation seines Evangeliums ausgerichtet. Dieses wird zugleich gegenüber 1,6-9.11 weiter charakterisiert: Der Inhalt des Evangeliums ist der Sohn. Also ruft nach Paulus Gott in die Gnade Christi (1,6), indem er den Sohn als Evangelium ausrufen läßt, um so die Hörer zu verändern. Zu dieser Veränderung gehört konstitutiv wie bei der paulinischen Berufung der Entscheid zur Gesetzesfreiheit.

Der Berufungsvorgang steht nur dafür, die jüdische Phase zeitlich vom Anfang 16f. der folgenden Unternehmungen abzugrenzen. Er ist nicht selbständiges Thema oder Streitobjekt. Er ist der Sache nach den Christen bekannt, zumal Paulus seine Missionstätigkeit durchweg mit seiner apostolischen Sendung begründet hat. Um so mehr liegt der Ton auf dem Hauptsatz der Periode: Mit Fleisch und Blut, d.h. mit Menschen, hat Paulus sich nicht beraten. Weder die christliche Gemeinde in Damaskus, in deren geographischem Bereich die Berufung statthatte, noch die Apostel in Jerusalem, deren apostolische Autorität der seinen zeitlich vorausging, waren seine Gesprächspartner.

Er zieht nach Arabien, also in das Nabatäerreich des Königs Aretas IV., das im Südosten bis kurz vor die Tore von Damaskus reichte. Wiederum entsteht durch diese Angabe ein Unterschied zu Apg. 9, 19 ff., wonach Paulus in Damaskus blieb. Was Paulus im Nabatäerreich tat, bleibt ungenannt. Nach der Berufung zur Sendung an die Heiden lag eine erste Mission nahe. Vielleicht gehört hierher 2. Kor. 11, 32 f., wonach der Statthalter des Aretas in Damaskus (aufgrund einer wohl kurzen Beherrschung der Stadt) die Inhaftierung des Paulus betrieb, so daß dieser die Stadt fluchtartig verlassen mußte. Ist Paulus im Nabatäerreich wegen seiner Mission aufgefallen, ergäbe dies ein gutes Motiv für seine Verfolgung. Der Rückzug aus Arabien und die Abwendung von Damaskus können auf diese Weise motiviert sein.

18   Dann gilt für diese erste Zeit nach der Berufung schon die für den Apostel unumstößliche Abfolge: Berufung zum Apostel – Sendung zu den Heiden ohne menschliche Zwischeninstanz. Erst drei Jahre später zieht er nach Jerusalem, nur um
Kephas/Petrus einen persönlichen Besuch abzustatten und nur für eine runde Zeit
von zwei Wochen. Hieß es V. 17 betont, daß der eben berufene Apostel nicht nach
Jerusalem zog, so entspricht dem nun die Einleitung: danach, erst drei Jahre später.
D. h. vom Zeitpunkt der Berufung ab bis zu seiner ersten Reise in die Metropole
sind mindestens zwei volle Jahre vergangen (das Anfangsjahr ist üblicherweise mit-
gezählt). Die meiste Zeit davon wird Paulus im Nabatäerreich gewesen sein, so daß
er sich als Christ nur kurz in Damaskus aufhielt, an dem Ort, wo er die Christen
verfolgte. Weder Lukas noch Paulus berichten irgendwo von einem weiteren Kontakt mit Damaskus oder Arabien.

Was wollte der Apostel bei Petrus? Auszuschließen ist vom ganzen Duktus der
Darstellung her, daß Paulus sich in Abhängigkeit zu ihm stellen wollte oder daß es
19   zu ernsthaften Meinungsverschiedenheiten kam. Der Besuch trägt überhaupt keinen
offiziellen Charakter. Wesentlich ist Paulus allein noch die Bemerkung, daß er
keinen weiteren Apostel aufsuchte. Nur mit dem Herrenbruder Jakobus machte er
noch Bekanntschaft. Jakobus zählt hier wohl (noch) nicht unter die Apostel, wie
der Satzduktus vermuten läßt. Die führende Stellung des Herrenbruders in der Jerusalemer Gemeinde wird dieser wahrscheinlich auch erst nach dem Fortgang des
20   Petrus aus der Hauptstadt eingenommen haben. Diese magere Ausbeute des ersten
Besuchs in Jerusalem mag den Galatern befremdlich klingen, doch Paulus nimmt
sie auf seinen Eid: So und nicht anders war es.

21   Nach dieser kurzen Episode zieht der Apostel nach Syrien und Kilikien. Im
Gegensatz zu Jerusalem, wo er nur einzelne Christen aufsuchte, betreibt er hier
Heidenmission. Syriens Hauptstadt war Antiochia. Hier lernte Paulus Barnabas
kennen. Die Gemeinde in Antiochia war wahrscheinlich von ihrer Gründung an,
und in verstärktem Maße noch durch Paulus, besonders gesetzeskritisch eingestellt
(Kap. 2) und wohl Zentrum der Heidenmission. Als Abgesandte dieser Gemeinde
treten Paulus und Barnabas beim Apostelkonvent auf (2, 1). In Antiochia findet
Paulus vorerst im Gegensatz zu Damaskus seine Wahlheimat neben der natürlichen
Heimat Tarsus im benachbarten Kilikien. Von dieser Metropole aus wird er Mission betrieben haben, wohl nicht absichtslos bis in seine natürliche Heimat Kilikien.

Nach Apg. 13, 1-14, 28 fällt in diesen Abschnitt die sog. erste Missionsreise, die
Barnabas mit Paulus nach Zypern, Pamphylien, Pisidien und Lykaonien unternimmt. Nun ist es verständlich, daß Paulus die Bedeutung des Barnabas und seine
eigene Zuordnung zur Gemeinde von Antiochia herunterspielen will, um den Nach-
weis seiner Selbständigkeit nicht zu gefährden. Man wird also in bezug auf die
Person des Barnabas mit Hilfe der Apostelgeschichte Paulus etwas korrigieren müssen. Auch die Reiseroute bei Lukas und die geographischen Angaben bei Paulus
(nur Syrien und Kilikien sind genannt) kann man schwerlich miteinander ganz zur
Deckung bringen. Da aber in diesem Fall Paulus sich kaum hätte entgehen lassen,
die umfangreichere Reiseroute als Beweis seiner Unabhängigkeit gegenüber Jerusalem zu verwenden, wird man die Ortsangaben des Paulus denen des Lukas vor-

ziehen müssen. Dies hat dann zugleich Konsequenzen für die Frage, wann Paulus in Galatien missionierte (vgl. die Einleitung).

Mit V. 22 zieht der Apostel eine Summe, was sein Verhältnis zu Jerusalem 22 während der Zeit von der Berufung bis zur Tätigkeit in Antiochia angeht: Er war den Gemeinden in Judäa (natürlich einschließlich Jerusalems als Vorort dieser Provinz) persönlich ganz unbekannt. Sein eigentlicher Wirkungskreis war Antiochia und Umgebung, daneben am Anfang Arabien. Allerdings hatte man in Judäa Kunde bekommen, daß Paulus aus einem Christenverfolger zu einem Verkündiger des 23 Evangeliums geworden war (vgl. V. 13-16). Diese Kunde beruhte auf einer alten, weitverbreiteten und relativ festen Tradition (vgl. oben V. 13), die Paulus hier anklingen läßt (vgl. V. 23 f. mit Apg. 9, 20 f.). Nur auf diesem Wege war er also in Judäa bekannt. Diese Tradition sagte aus: Den Glauben – hier im objektiven Sinn wie 3, 23. 25; 6, 10 (so bei Paulus nur im Gal.!) als christliche Botschaft oder auch Christentum –, den Paulus einst zu zerstören trachtete, baute er nach seiner Berufung auf. Die christlichen Gemeinden Judäas priesen Gott wegen dieser Wende. Damit 24 – so soll man in Galatien nunmehr die Schlußfolgerung ziehen – erkannte man im Grunde die Selbständigkeit des Paulus dort an.

2. Die Anerkenntnis der paulinischen Selbständigkeit auf dem Apostelkonvent 2, 1-10

1 Danach, nach Ablauf von vierzehn Jahren, zog ich erneut mit Barnabas hinauf nach Jerusalem und nahm auch Titus mit. 2 Ich zog aber hinauf aufgrund einer Offenbarung. Und ich legte ihnen das Evangelium vor, das ich unter den Heiden verkündige, in gesonderter Unterredung den Angesehenen, um nicht vergeblich zu laufen oder gelaufen zu sein. 3 Aber auch nicht Titus, mein Begleiter, der Grieche ist, wurde zur Beschneidung gezwungen. 4 Wegen der eingedrungenen Falschbrüder, die sich eingeschlichen hatten, um unsere Freiheit, die wir in Christus Jesus haben, zu belauern, um uns in die Knechtschaft zu zwingen, 5 denen haben wir uns keinen Augenblick in Gehorsam gefügt, damit die Wahrheit des Evangeliums bei euch Geltung behielte.

6 Von den Angesehenen, die etwas darstellen – was sie einst waren, daran liegt mir nichts; Gott sieht die Person des Menschen nicht an –, mir nämlich haben die Angesehenen nichts auferlegt, 7 sondern im Gegenteil: Als sie sahen, daß ich mit dem Evangelium an die Unbeschnittenen beauftragt sei wie Petrus mit dem an die Beschnittenen, 8 denn der, der durch Petrus für das Apostelamt unter den Beschnittenen wirkte, war auch bei mir wirksam für die Heiden, – 9 und als sie die Gnade erkannten, die mir gegeben war, da gaben Jakobus und Kephas und Johannes, die als Säulen galten, mir und Barnabas die rechte Hand zur Gemeinschaft, daß wir zu den Heiden, sie zu den Beschnittenen (gingen). 10 Nur der Armen sollten wir gedenken; genau das habe ich mich auch bemüht zu tun.

Der Apostelkonvent als wichtigstes Ereignis der urchristlichen Geschichte liegt nur von einem der Hauptakteure, Paulus, in einer Darstellung vor; diese ist zudem polemisch. Die zweite Schilderung (Apg. 15) weist z. T. gravierende Differenzen dazu auf (vor allem in Apg. 15, 13 ff.) und ist noch viel weniger ein Geschichtsbericht. Aufs ganze ist es gut, Paulus gegenüber der Apostelgeschichte den Vorzug zu geben. Doch bleiben Fragen offen: Wie verlief die Geschichte der Gemeinde in Antiochia? Wie sah das frühe Verhältnis zwischen Juden- und Heidenchristen aus? In jedem Fall: die Lösung ist die wahrscheinlichste, die Paulus richtig berichten läßt. Anderenfalls geriet Paulus den Galatern gegenüber, die solches überprüfen konnten, in eine unmögliche Position.

1   Schon die Zeitangabe stellt vor Probleme: Man kann die vierzehn Jahre ebenso wie die anderen Einsätze mit „danach" (V. 18. 21) auf V. 15 beziehen. Besser scheint es, man rechnet (entsprechend V. 18!) vom ersten Jerusalemer Besuch ab. Setzt man dann den Apostelkonvent um 48 n. Chr. an, wurde Paulus um 32/33 (oder erst 34/35) berufen.

Im Unterschied zur ersten Reise zieht Paulus nicht allein. Er und Barnabas sind offenbar als gleichrangige Wortführer Antiochias gesandt (so Apg. 15, 2. 12). Die paulinische Darstellung läßt Barnabas zurücktreten. Doch spielte Paulus wohl auch historisch die erste Rolle. Barnabas ist als hellenistischer Judenchrist einer der führenden Männer aus der Gründungszeit der antiochenischen Gemeinde. Er kam, vielleicht aus dem Stephanuskreis stammend, nach dem Tod des Stephanus dorthin (Apg. 4, 36 f.; 13, 1). Persönlicher, innerhalb der Delegation zweitrangiger Begleiter ist noch Titus. Paulus hat für Barnabas (vgl. V. 13) und Titus (vgl. V. 3) spezielle Gründe, sie anzuführen; darum muß offen bleiben, ob die Delegation damit voll-
2   ständig genannt ist (vgl. Apg. 15, 2). Man geht nicht grundlos nach Jerusalem. Allerdings wird sofort wie Apg. 15, 2-4 ausgeschlossen, die Jerusalemer hätten die Antiochener zu sich bestellt oder die Initiative ergriffen. Paulus zieht dorthin aufgrund seiner geistgewirkten Äußerung aus der Gemeinde oder einer direkten Sonderoffenbarung an ihn. Streitobjekt ist das paulinische Evangelium an die Heiden mit seiner Pointe der Gesetzesfreiheit, wie er es bisher verkündigt. Die Gesprächspartner sind die „Angesehenen". Dazu gehören – wohl als Sprecher der „Säulen" – Jakobus, Kephas und Johannes (V. 9; Johannes fehlt in Apg. 15). Das zeigt wohl auch eine veränderte Gemeindeleitung Jerusalems gegenüber 1, 18 f.

Wie später bei der Kollektenreise (Röm. 15, 30-33) ist trotz des erfochtenen Sieges die Erinnerung wach, daß Paulus mit schlimmer Befürchtung dem Gespräch entgegensah. Es ist klar: Paulus kann nicht nach rund siebzehn Jahren betonter Selbständigkeit nun endlich doch noch um Anerkennung nachsuchen und eine Verweigerung solcher Autorisierung befürchten. Will er sein Evangelium vorlegen, kann er dessen Ursprung (V. 8!) und Autorität von Gott nicht verschweigen. Ebenso wichtig ist die Feststellung, daß es nicht um sein Apostelamt ging, sondern um das Evangelium. Die Furcht, bei fehlender Einigung umsonst gelaufen zu sein, bezieht sich darum nicht eigentlich auf ihn selbst, sondern auf den Bestand der heidenchristlichen Gemeinden (vgl. 1. Kor. 3, 4-15; 1. Thess. 2, 19 f.), die aus seiner Evangeliumsverkündigung erwachsen sind. Das „umsonst" weist demnach auf den Ertrag seines Wirkens. Für den Apostel ging es darum, ob er seinem unbezweifelbaren göttlichen Auftrag gemäß heidenchristliche Gemeinden gründen dürfe oder vor Gott mit leeren Händen dastünde, wenn man ihn zu einer fatalen Alternative zwischen kirchlicher Einheit und Wahrheit des Evangeliums zwingen würde. Paulus will die kirchliche Einheit nicht aufgeben, keinesfalls eine selbständige christliche Sondergruppe gründen. So will er einen Konsensus aller ohne Preisgabe seines

Evangeliums erreichen. Er weiß, dies wird nicht leicht sein. Scheiterte dieses Vorhaben, dann würde er – um einer Kirchenspaltung aus dem Wege zu gehen – lieber seinen Auftrag unausgeführt lassen wollen. Das wäre freilich eine irrsinnige Wahl, die er nur als fremden Zwang fürchten, aber nie wollen konnte. Es gilt zu beachten: Paulus hat so nur deshalb gedacht, weil er sich eine Kirche ohne Jerusalem nicht denken konnte. Diese gefürchtete Alternative war aber für ihn z.B. im Falle der galatischen Missionare (1,6-9) keine auch nur jemals denkbare, weil umgekehrt eine Kirche ohne sie ihm geradezu als das Normale erschien.

Warum muß Paulus für Antiochia um Klärung in Jerusalem nachsuchen? Antiochia war Missionsgründung Jerusalemer hellenistischer Judenchristen und bald Metropole der Heidenmission. Im Unterschied zur Mutterkirche hatte man seine Selbständigkeit bald dadurch dokumentiert, daß man die Einheit der christlichen Gemeinschaft nicht gefährdet sah, wenn alle „ungesetzlich" lebten. Paulus hatte an dieser Entwicklung maßgeblichen Anteil. Sein Entscheid für das Evangelium und gegen das Gesetz (vgl. zu 1,15f.) ließ ihn von Anfang an für Gesetzesfreiheit kämpfen. So war die „Freiheit in Christus" (V.4) wohl ein Schlagwort in Antiochia, um sich von einem am Gesetz orientierten Judenchristentum abzugrenzen, dessen Position Apg. 15,1.5 steht. Paulinische Aussagen, wie sie Gal. 2,16a; 3,27f.; 5,6; 6,15 als Gegenposition zu den Galatern verwendet werden, können gut aus dieser Zeit stammen. Sie alle versuchen, unter Ausklammerung des Gesetzes die Einheit der Gemeinde allein in Christus zu bestimmen.

Aus V.3-5 kann dies noch konkreter begründet werden. Im Blick auf die Galater 3 (6,12) erwähnt der Apostel zuerst, daß man den Griechen Titus nicht zur Beschneidung zwang. Auch die „Angesehenen" sind der Meinung: Man muß nicht Jude werden, um Christ zu sein. Die galatischen Irrlehrer, die sich wahrscheinlich auf Jerusalem beriefen, um diese These zu rechtfertigen, bekommen eine klare Abfuhr. Paulus hat aber wohl auch damals Titus, der Apg. 15 ungenannt bleibt, nicht von ungefähr mitgenommen. Er sollte Testfall sein, wie Jerusalem zu unbeschnittenen 4f. Christen stand. Man entscheidet gegen die eingedrungenen „Falschbrüder" (so auch Petrus Apg. 15,7-11). Damit kommt die Partei ins Blickfeld, die der akute Anlaß des Streites war. Offenbar drangen in Antiochia Judaisten ein (Apg. 15,1-5), d.h. radikale Judenchristen, die als Wanderprediger missionierten und das Judentum als Basis des Christentums für konstitutiv hielten. Sie glichen den galatischen Irrlehrern dem Typ (Wanderprediger) und der Verkündigung (judaistische Theologie) nach und forderten die Beschneidung, um die Heiden in das Gottesvolk einzugliedern (zu V.4c vgl. Apg. 15,10). Christentum war für sie heilsgeschichtliche Erfüllung des Alten Testaments. Als wahres Israel steht es unter dem Gesetz, wenn es nicht vom Willen Gottes abgeschnitten sein will. Traten die Antiochener für Gesetzesfreiheit ein, mißachteten sie nach ihrer Ansicht den göttlichen Willen, ignorierten die Heilsgeschichte von Abraham bis Christus und lebten ein Heidentum mit pseudochristlicher Verkleidung. Denn Christus ist nicht an Israel vorbei zur Selbstbestätigung des ungesetzlichen Heidentums zu haben (vgl. 2,17).

Die judenchristlichen Repräsentanten, vertreten durch die „Säulen", gestanden de facto dem Heidenchristentum Legitimität zu. Doch war damit im Einzelfall die Gemeinschaft aller beim Herrenmahl nicht problemlos: Sollten die Judenchristen das Gesetz für solchen Einzelfall um Christi willen suspendieren? Sollten die Heidenchristen jüdische Minimalforderungen um der Einheit willen auf sich nehmen? Wenn Antiochia programmatisch ausgab, das Gesetz sei für den Christen überholt, wurde dann nicht der heilsgeschichtliche Vorzug des Judenchristentums aufgehoben? Die Judenchristen lebten zudem in Palästina im Synagogenverband. Im Judentum erstarkte aber gerade bis hin zum Aufstand 68-71 n. Chr. das zelotisch-nationalistische Element. Man vertrat sogar die Zwangsbeschneidung wie früher die Makkabäer (1.Makk. 2, 45-48). Dieser restaurative Nationalismus war gesetzesstreng und antiheidnisch. Wenn nun die palästinischen Christen, die schon wegen Jesus Ärgernis genug erregten, auch noch gesetzliche Laxheit übten oder anerkannten, drohte ihnen Verfolgung. So erstarkte das radikale Judenchristentum, und die „Säulen" mußten versuchen, zwischen diesen und den Heidenchristen eine mittlere Linie zu vertreten.

Antiochia schickte Paulus, der theologisch – obwohl Judenchrist – antigesetzlich dachte und dem dies jüdische Verfolgung eintrug. Wiedereinführung des Gesetzes war für ihn Versklavung. Darum gab es für ihn in Jerusalem keine Unterordnung unter die Judaisten, auch nicht für einen kurzen Augenblick. Dies war auch die einmütige Haltung der ganzen Delegation aus Antiochia („wir", vgl. Apg. 15, 3 f. 12) im Unterschied zu 2, 11 ff., jedoch analog zu 1, 6-9.

6   Die „Angesehenen" einigten sich mit Paulus der Sache nach. Doch waren sie nicht einfach Paulusanhänger. Paulus drückt die Distanz zu ihnen z. B. in der vielumrätselten Parenthese aus. Man versteht sie wohl am besten aus der polemischen Briefsituation. Paulus verwahrt sich dagegen, daß die Judaisten Galatiens die Jerusalemer gegen ihn ausspielen könnten. Mögen die Jerusalemer auch früher gesetzesstrenger gewesen sein, auf dem Konvent haben sie das Heidenchristentum anerkannt, denn die offizielle Einigung besagt: Es gibt keine jüdischen Auflagen für Heidenchristen. Paulus kennt also die Abmachung Apg. 15, 20. 28 f. nicht. Er hätte ihr auch nie zugestimmt und sie erst recht nicht gegenüber den Galatern verschweigen können. Also ist Apg. 15, 13 ff. lukanische Konstruktion.

7   Das Erreichte läßt sich auch positiv formulieren. Doch hat die knappe offizielle Einigungsformel am Schluß von V. 9 eine Vorgeschichte in der Diskussion, die Paulus in einer umständlichen Satzperiode aufs knappste zusammenfaßt. In dieser Diskussion hat die Parallelisierung zwischen Petrus und Paulus den Hauptgesichtspunkt für die Einigung abgegeben. Petrus, den Paulus nur hier mit griechischem Namen „Petros" nennt und sonst immer aramäisch „Kephas", galt als erster Osterzeuge (1.Kor. 15, 5). Die Ostererfahrung machte ihn zugleich zum ersten Missionar und zum berufenen „Felsen" der Kirche. Um dies den griechischen Lesern stichwortartig zu verdeutlichen, wählt Paulus die griechische Namensform. Erstmission und erste Gemeindegründung (wohl in Galiläa) – das bedeutete zunächst, daß Judenchristentum entstand. Die Gesprächsrunde setzt dies als unbestrittenes Faktum voraus. Das Neue, was sie „sieht", ist dies: Wie Gott Petrus die Judenmission, also das eine Evangelium für die Beschnittenen, anvertraute, so hat er in einem selbständigen zweiten Berufungsvorgang Paulus zum Heidenapostel, also mit dem einen Evangelium an die Unbeschnittenen, betraut. Damit steht das Juden- wie das Heidenchristentum je für sich unter dem *einen* Evangelium göttlichen Ursprungs (so

8f. sachlich auch Apg. 15,7-9), erkennbar an der Berufung des Petrus und Paulus. Doch nicht nur unter dem Aspekt des Ursprungs, sondern auch unter dem des Missionserfolges gilt: Wie Gott durch das Judenapostelamt des Petrus wirkte, d. h. durch es Gemeinden zum Entstehen und Wachsen brachte, so durch das Heidenapostelamt des Paulus ebenfalls. Dies setzt voraus, daß Paulus dargelegt hat, wie sich unter seiner Verkündigung Heiden zu dem einen Gott und Christus bekehrten (1.Thess. 1,9f.) und wie den Gemeinden der Geist gegeben wurde (vgl. Gal. 3,2-5; 1.Thess. 1,5; außerdem Röm. 15,17-19; 2.Kor. 12,12). Sachlich ist dies auch Apg. 15,4.8.12 zentral. Wenn Gott so wirkte, hat er für die Heiden die Beschneidung nicht zur Voraussetzung ihres Christseins gemacht, ihnen vielmehr die „Ungesetzlichkeit" zugestanden. Also: als man diese Gnade, d. h. hier speziell das paulinische Heidenapostolat (vgl. Röm. 15,15) in seiner Selbständigkeit neben dem des Petrus erkannte, da war eine Einigungsformel praktisch gegeben. Die „Säulen" als Vertreter des Judenchristentums und die Antiochener Paulus und Barnabas besiegeln mit Handschlag die Übereinkunft. Dabei ist Jakobus vielleicht wegen 2,12 vorausgestellt: selbst er stimmte uneingeschränkt zu (gegen Apg. 15,13ff.). Eventuell ist er auch Erstgenannter aufgrund seiner Stellung in Jerusalem. Petrus wäre dann schon als wandernder Missionar zu denken. Wie immer man deutet, eine Konkurrenz zur Herausstellung des Petrus in V.7f. entsteht nicht, weil Petrus dort unter dem Aspekt des Urmissionars gesehen ist.

Die knappe Einigungsformel besagt: Die Antiochener missionieren unter den Heiden, so daß dabei heidenchristliche Gemeinden ohne Gesetzesabhängigkeit entstehen; die Jerusalemer missionieren unter den Juden mit dem Ziel, am Gesetz orientierte Gemeinden zu gründen. Die Formel birgt Probleme, die vornehmlich das Zusammenleben von Juden und Heidenchristen betrifft (2,11ff.). Sie ist zwar offen, im Sinne der paulinischen Aussagen 2,15-21 ausgelegt zu werden, enthält aber wohl bewußt das Thema des Gesetzes nur indirekt. Sollen Judenchristen in der Diaspora nunmehr wie Heidenchristen leben (Antiochia als Normalfall oder gerade noch zulässige Ausnahme)? Soll Paulus die Judenmission, Petrus die Heidenmission meiden? Werden die Judaisten, die keine Vertragspartner sind, die Regelung nicht ablehnen? Mag auch der Ausgang für Antiochia gut sein, werden aber die judenchristlichen Gemeinden Palästinas unter dem Druck des strengen gesetzlichen Judentums solcher liberalen Haltung auf die Dauer beipflichten können?

Trotzdem hat die Abmachung hohen Wert: sie bestätigt die Einheit der Kirche aus Juden und Heiden unter dem einen Evangelium. Sie versperrt den Weg, das Heidenchristentum zum bloßen Appendix des Judenchristentums zu machen, selbstverständlich auch den (von Paulus nie gewollten) Weg, daß Heidenchristen eine eigene Kirche gründeten. Sie gestattet Gesetzesfreiheit und respektiert die paulinische Mission, darum kann das Gesetz nicht mehr notwendige Basis des alle einenden christlichen Selbstverständnisses sein. Die Befürchtung des Paulus (vgl. V.2) ist nicht eingetreten, offenbar zur Erleichterung aller Gesprächspartner, die die Übereinkunft abschlossen. Dabei haben wohl, aufs ganze gesehen, Petrus und die Seinen mehr nachgegeben als Paulus.

Abgehoben von der eigentlichen Abmachung folgt eine Zusatzbestimmung: 10 „Wir" – also die Vertreter Antiochias – „sollen der Armen" Jerusalems durch eine (einmalige) Kollekte „gedenken" (vgl. Röm. 15, 25 ff.; 2. Kor. 8; 9). Diese Gabe ist keine Kirchensteuer, sondern Diakonie an den notleidenden Brüdern und insofern Ausdruck der Einheit der Kirche. Paulus hat sich an diese Verpflichtung stets gehalten, auch in Galatien (1. Kor. 16, 1). Doch fällt auf, daß er nicht andeutet, wie es z. Z. in Galatien mit ihr bestellt ist. Sie steht wohl jenseits der Diskussion, ist also auch z. Z. des Briefes kein Streitobjekt. Auch Mißhelligkeiten ihretwegen werden nicht angedeutet (vorzeitiger Abbruch). Wahrscheinlich ist sie also schon vor längerem noch während des Paulusaufenthaltes in Ephesus (vgl. die Einleitung) zu einem guten Abschluß gekommen, und Paulus hat sich für sie auch bereits bedankt. Diese Annahme erscheint jedenfalls als die beste, wenn man bedenkt, daß Paulus auf V. 10 hätte ganz verzichten können, weil seine eigentliche Absicht beim Eingehen auf den Apostelkonvent mit V. 9 erreicht war. Da V. 10 nicht zum Einigungsprotokoll gehörte, wäre ein Übergehen der Kollekte auch kein sachlicher Fehler (sie fehlt Apg. 15). Wenn Paulus sie dennoch erwähnt, tut er es offenbar in dem sicheren Wissen, daß sie sein Verhältnis zu den Galatern nicht belastet. Doch gibt es noch ein weiteres Problem: Nach Apg. 20, 4 gibt es unter den Überbringern der Gesamtkollekte keine Namen aus der Landschaft Galatien. War die Kollekte also doch ein Fehlschlag? Einmal kann man dem entgegenhalten, daß Apg. 20, 4 überhaupt ungenau ist: Vertreter aus Achaja vermißt man z. B. ebenfalls, obwohl sie nach 1. Kor. 16, 1 ff. unter den Delegierten zu erwarten wären. Möglich wäre aber auch folgender Gang der Ereignisse: Die Kollekte in Galatien ist eingesammelt. Danach bemächtigen sich die Irrlehrer der Gemeinden. Das Verhältnis zu Paulus ist dadurch so schlecht, daß Galatien keine Delegation entsendet. Die Apostelgeschichte schweigt also an dieser Stelle mit Recht.

3. Die Bewährung des paulinischen Evangeliums anläßlich des Streites in Antiochia 2, 11-21

11 Als jedoch Kephas nach Antiochia kam, stellte ich mich ihm persönlich entgegen, weil er sich schuldig gemacht hatte. 12 Denn bevor einige Leute von Jakobus eintrafen, hielt er Tischgemeinschaft mit den Heiden(christen). Als sie jedoch kamen, zog er sich zurück und sonderte sich ab aus Furcht vor denen aus der Beschneidung. 13 Und mit ihm heuchelten zusammen die übrigen Juden(christen), so daß auch Barnabas von ihrer Heuchelei mit fortgerissen wurde.

14 Als ich aber sah, daß sie nicht den geraden Weg im Blick auf die Wahrheit des Evangeliums gingen, sagte ich zu Kephas vor allen: „Wenn du, der du ein Jude(nchrist) bist, nach heidnischer und nicht nach jüdischer Weise lebst, wie kannst du dann die Heiden(christen) zur jüdischen Lebensweise zwingen? 15 Wir (Judenchristen) sind von Geburt Juden und nicht Sünder aus den Heiden. 16 Doch wissen wir, daß ein Mensch nicht aus Werken des Gesetzes gerecht gesprochen wird, sondern allein durch Glauben an Christus Jesus. So kamen wir an Christus Jesus zum Glauben, damit wir gerecht werden aus Glauben an Christus und nicht aus Gesetzeswerken, denn aus Gesetzeswerken ‚wird kein Fleisch gerecht werden'.

17 Wenn wir (Judenchristen) jedoch danach streben, in Christus gerecht zu werden, auch selbst (dabei) als Sünder entdeckt werden, ist dann Christus ein Diener der Sünde? Das sei ferne! 18 Doch wenn ich das, was ich eingerissen habe,

wieder aufrichte, dann stelle ich mich als einen Übertreter hin. 19 Denn ich bin durch das Gesetz dem Gesetz gestorben, damit ich Gott lebe. Ich bin mit Christus gekreuzigt. 20 So lebe nicht mehr ich, vielmehr lebt in mir Christus. Was ich jetzt im Fleisch lebe, lebe ich im Glauben an den Sohn Gottes, der mich geliebt und sich für mich dahingegeben hat. 21 Ich setze die Gnade Gottes nicht außer Kraft. Denn wenn Gerechtigkeit durch das Gesetz (kommt), dann ist Christus umsonst gestorben."

Die Auseinandersetzung des Paulus mit Petrus in Antiochia ist um der Bewährung 11 des paulinischen Evangeliums willen gegenüber dem Urapostel Petrus erzählt und bietet zugleich die Gelegenheit, erstmals im Brief das Evangelium programmatisch zu entfalten (V.15ff.) und so den ersten Hauptteil abzuschließen. Der Zwischenfall ereignet sich nach dem Apostelkonvent. Könnte man der Chronologie der Apostelgeschichte trauen, läge es näher, den Termin nicht unmittelbar danach (Apg. 15,35) zu legen, sondern nach der sog. zweiten Missionsreise (Apg.18,22). Aber zu dieser Zeit ist Barnabas wohl nicht in Antiochia, wie Paulus voraussetzt. Darum erscheint es besser, den Zeitraum gemeinsamen Wirkens von Paulus und Barnabas in Antiochia (Apg.15,35) etwas zu dehnen und an sein Ende den Zwischenfall mit Petrus zu stellen. In der absoluten Chronologie sähe das so aus: Setzt man den Apostelkonvent 48 n.Chr. an, den ersten Aufenthalt in Korinth in die Zeit 50/52 n.Chr., dann liegt das fragliche Ereignis etwa 49/50 n.Chr. In jedem Fall: man kann zeitlich die Ereignisse kaum direkt an das Apostelkonzil knüpfen, da Petrus nicht unmittelbar danach den erreichten Konsens aufs Spiel gesetzt haben wird. Paulus zeichnet die Begebenheit nur mit groben Strichen. Der Abschnitt ist betont auf die paulinische Rede konzentriert. Vielleicht kannten die Galater die Begebenheit, doch ist dies nicht notwendig. Lukas erwähnt den Konfliktfall überhaupt nicht.

Petrus kommt (auf einer Missionsreise?) nach Antiochia. Bevor Paulus die Einzelheiten andeutet, gibt er vorweg sein Urteil ab: Der Apostel tritt Petrus direkt entgegen, weil dieser sich schuldig gemacht hat. In vorzüglicher Weise ist die paulinische Unabhängigkeit damit bewährt.

Daraufhin folgen wenige Angaben zum Tatbestand: In der antiochenischen 12 Gemeinde, die aus Juden- und Heidenchristen gemischt war, pflegte man im allgemeinen Konsens ohne Beachtung der gesetzlichen rituellen Vorschriften zusammenzuleben, vor allem das Herrenmahl einzunehmen. Die Gemeinde bildete ihre Einheit also auf „ungesetzlicher", heidenchristlicher Basis. Petrus hat dagegen nichts einzuwenden, er nimmt vielmehr unter derselben Voraussetzung als Jerusalemer Judenchrist am Gemeinschaftsmahl teil. Er zeigt, daß das Gesetz keine das Heil begründende Bedeutung mehr hat, sondern die Gemeinde allein auf Christus gründet. Dann treffen aber Parteigänger oder wahrscheinlicher unmittelbare Abgesandte des Herrenbruders Jakobus ein, die wohl den „Falschbrüdern" (2,4) verwandt sind. Sie verlangen Gesetzesbeachtung. Doch dies offenbar nur von den Judenchristen, die ihnen auch Folge leisten (V.13). Dem heidenchristlichen Teil wird das Recht, gesetzlos zu leben, nicht bestritten. Die Folge ist dann aber, daß in der einen Gemeinde zwei Herremahle gefeiert werden müßten und der Kontakt zwischen beiden Gemeindeteilen auf das vom Gesetz her mögliche Minimum beschränkt würde. De facto würden zwei Gemeinden entstehen. Diese Trennung

wäre Folge der Aufrechterhaltung der Gesetzesforderungen. Sie haben also heils-
konstitutive Bedeutung, sonst könnte man kaum so kompromißlos auf ihrer Einhaltung beharren. In der Sicht der Jakobusleute ist die judenchristliche Gemeinde dann
auch die heilsgeschichtlich vorrangige. Dies setzt die Heidenchristen herab und
zwingt sie, wollen sie keine Kirchentrennung, judenchristlich zu leben. Erst dann
ist die Gemeinde wieder zusammen – allerdings auf gesetzlicher Basis. Die Forderung an die Judenchristen ist also zugleich Zwang für die Heidenchristen, um der
kirchlichen Einheit willen einem zumindest geringen Maß gesetzlicher Forderungen
an sie (von Beschneidung und totaler Gesetzesbeachtung ist keine Rede) zuzustim-
men. Dann wäre also die von Paulus als fatal empfundene Alternative vor dem
Apostelkonvent (vgl. zu 2,2) doch noch nicht erledigt?

Petrus sondert sich beim Eintreffen der Jakobusleute ab, d.h. er überläßt die
Heidenchristen sich selbst und feiert mit den Jakobusanhängern das Herrenmahl
getrennt, weil er die Vertreter der Beschneidung fürchtet. Damit werden die Jakobusanhänger selbst gemeint sein. Manche denken auch an nichtgläubige Juden.
Dann ginge es um die Furcht vor ihnen, daß er (und die Jerusalemer Brüder) wegen
Ungesetzlichkeit verfolgt werden könnten (vgl. 6,12f.). Dies ließe sich aus der politischen Situation in Palästina (Erstarken der gesetzlichen Strenge und nationalen
Selbständigkeitsidee) möglicherweise erklären (vgl. 1.Thess.2,14). Warum
bekommt Petrus diese Furcht dann aber beim Eintreffen der Jakobusleute? Sollte
er gerade ihre Denunziation fürchten? Das ist unvorstellbar. Er fürchtete vielmehr
die Jakobusleute, weil diese in der Jerusalemer Gemeinde, die aus theologischer
Überzeugung streng judenchristlich lebte und der er von Haus aus angehörte, sein
ungesetzliches Verhalten zum Diskussionsfall machen würden. Dies setzt voraus,
daß Jakobus indessen in Jerusalem tonangebend ist und einen gesetzlich harten
Standpunkt vertritt. Dabei braucht er den Wortlaut der kargen Einigungsformel
des Apostelkonvents nicht aufgekündigt zu haben, denn sie hatte die Gesetzesproblematik, wohl schon aus möglichen ähnlichen Schwierigkeiten, unausgesprochen
gelassen. Damit sind Jakobus und seine Anhänger noch keine Judaisten wie die
galatischen Eindringlinge. Sie fordern nirgends von Heidenchristen die Beschneidung (eher einen Minimalkatalog wie Apg. 15,20.28 f.).

13   Petrus wirkt als Vorbild für alle Judenchristen einschließlich Barnabas, der auf
dem Konvent die paulinische Position vertrat. Paulus, der als einziger Judenchrist zu
den Heidenchristen der Gemeinde steht, nennt das Heuchelei, weil man vor Eintreffen der Jakobusanhänger „ungesetzlich" lebte, nun aber sich doch dem Gesetz
wieder unterordnet. Durch diese Heuchelei ist die Trennung der Gemeinde in zwei
Teile vollzogen und damit die auf dem Apostelkonvent erreichte Einheit praktisch
14 zerstört. Fehlt auch die Meinung der Heidenchristen, so wird Paulus ihre Position
V.14 als seine wiedergeben: Dies ist nicht der gerade Weg im Blick auf die Wahrheit des Evangeliums. Damit ist unabhängig von der folgenden paulinischen Rede
klar: es geht um den Kampf zwischen Gesetz und Evangelium. Die Jakobusleute
sagen: die Judenchristen Antiochias gehen nicht den geraden Weg des Gesetzes. Die
Heidenchristen messen in Alternative dazu an einem anderen Bezugspunkt, nämlich der Wahrheit des Evangeliums. Dieser Ausdruck begegnet bei Paulus nur noch
2,5 (mit gleichem Sinn; vgl. verbal 4,16). Er besagt den Ausschluß des Gesetzes aus

den Grundbedingungen des Christentums (vgl. 6,15 und S.2-4). Diesem Orientierungspunkt gegenüber verhalten sich die Judenchristen falsch.

So kommt es zur Gemeindeversammlung. Auf ihr soll geregelt werden, wie die Gemeinde ihre Einheit wiedergewinnen kann. Paulus (als Sprecher der Heidenchristen) berichtet nur von seiner Anklagerede gegen Petrus. Alles andere bleibt unerwähnt, insbesondere die petrinische Gegenrede und das Ergebnis der Gemeindeversammlung. Paulus hätte es sich wohl schwerlich entgehen lassen, einen Sieg mitzuteilen. So wird also Antiochia über Petrus mit Jerusalem seinen Frieden geschlossen haben (vielleicht im Sinne von Apg.15,20.28ff.?). Darum macht sich Paulus wohl danach von Antiochia und Barnabas selbständig (Apg.15,35ff.) und hat zu Petrus ein distanziertes Verhältnis. Doch interessiert sich Paulus jetzt nicht für die damalige Geschichte, sondern reinterpretiert seine damalige Position angesichts der galatischen Gegner. So wird seine Rede Basis für Gal.3-4.

Der Einsatz in Form der anklagenden Frage mit dem in ihr ausgesprochenen Zwang gegenüber den Heidenchristen paßt sehr gut auf die galatische Situation (6,12; vgl. auch 2,3). Darum ist auch diese Schärfe gewählt, denn Petrus hat keinen direkten Zwang auf die Heidenchristen ausgeübt. Dennoch geht die Frage an der Situation in Antiochia nicht einfach vorbei: Wollen die Heidenchristen keine Spaltung, sind sie durch das judenchristliche Verhalten gezwungen, ihre Position zu revidieren (s.o.). Dieser eingangs der Rede geäußerte Vorwurf wird alsbald auf seine theologische Berechtigung hin ausgewiesen. Dies geschieht in einer sehr gedrängten, manches nur andeutenden Form.

Zunächst sichert V.15 eine Gemeinsamkeit ab, die zwischen Petrus und Paulus 15 gilt, aber ebenso für alle Judenchristen zutrifft: Gebürtige Juden wie Petrus und Paulus sind keine sündigen Heiden. Denn Juden von Geburt unterliegen nicht dem alttestamentlichen und für Paulus nicht bestreitbaren Urteil, gesetzlose Sünder zu sein. Röm.2,17ff.; 3,2; 9,4f.; Phil.3,5f. machen den Sinn klar: Weil Gottes erwählendes Handeln Israel traf, besteht zwischen dem erwählten Volk und der restlichen Menschheit eine nicht verwischbare Grenze. Kraft göttlicher Setzung ist jeder Jude von Geburt Glied des Heilsvolkes und jeder Heide von Geburt Sünder. Dieses für Paulus geschichtliche Faktum wird auch durch das Evangelium nicht aus der Geschichte ausgelöscht. Vielmehr begegnet die Menschheit mit dieser Vorgabe dem Evangelium.

Doch Paulus nennt noch einen weiteren Tatbestand, der nach ihm zum allgemei- 16 nen Konsens gehören sollte und zwischen Petrus und ihm nicht strittig zu sein scheint. Er wird wie ein unstrittiger allgemeiner Grundsatz eingeführt (vgl. Röm. 2,2; 3,19; 5,3; 6,9; 8,28; 1.Kor.8,1.4 u.ö.), entbehrt im Gegensatz zu seinem vorangehenden und nachfolgenden Kontext das „wir" und ruht in sich: „Kein Mensch wird aus Gesetzeswerken gerechtfertigt, sondern allein durch Glauben an Jesus Christus." Dies deutet auf feste Formulierung, zumal der umständliche Satz V.16 nicht zuletzt durch diese Aussage syntaktisch schwerfällig wirkt und die Aussage in dem ebenfalls formelhaften Satz Röm.3,28 eine deutliche Entsprechung hat (vgl. noch die Formel in Röm.3,25f., zu der vielleicht schon vor Paulus V.24 gehörte). Mußte die Gemeinde von Antiochia ihre Gesetzesfreiheit – die ja eine Neuerung war – legitimieren, lag nichts näher, als es in solchen Sätzen zu tun. Paulus selbst

wird vielleicht daran wesentlichen Anteil gehabt haben (vgl. zu 2, 2). Auch das Auftauchen der Rechtfertigungsterminologie ist dabei kein Zufall. Denn dies galt ja
bisher als Aufgabe des Gesetzes: Gerechtigkeit durch seine Befolgung zu ermöglichen. Das ist auch in Qumran nicht bestritten, so sicher hier die Sündhaftigkeit
des Menschen als Gesetzesübertreter und die Gnade Gottes als heilschaffend besonders pointiert herausgestellt ist (1 QS 10-11; 1 QH 1, 27 f.; 3, 27 f.; 7, 28 f. u. ö.). Erst
mit der Ausklammerung des Gesetzes aus den Grundbedingungen der Kirche, also
erst mit dem Weg von einer judenchristlichen zu einer heidenchristlichen Gemeindebasis war die Formel V. 16 a denkbar und notwendig.

Paulus bringt diese Formel als unmittelbaren Widerspruch im Anschluß an V. 15.
Dieser Widerspruch muß verarbeitet werden. Dazu setzt Paulus beim Bekehrungs-
vorgang der Judenchristen ein: Wir Judenchristen kamen zum Glauben an Jesus
Christus mit dem Ziel, durch ihn, nicht durch die Gesetzeswerke gerechtfertigt zu
werden, sonst hätten wir Juden bleiben können. Diese Zielsetzung zeigt an, daß wir
vorher unter dem Gesetz keine Rechtfertigung erlangten. Juden und Heiden sind
sich darin gleichgestellt, daß beide bei verschiedener Ausgangsbasis (Heilsvolk
– Sünder) im Blick auf das Glaubensziel (Rechtfertigung) nicht unterscheidbar sind.
Beide sind eins und gleich in Christus und sodann auch darin, daß sie die Werke des
Gesetzes aus der Erlangung des Heils ausklammern. Damit wird nicht die Gabe
des Gesetzes an Israel herabgesetzt; denn auf ihr beruht u. a. weiterhin Israels Sonderstellung. Wohl aber wird deklariert, daß alle Israeliten im Blick auf ihr Tun des
Gesetzes Übertreter sind, also Sünder wie die gesetzlosen Heiden. Dies wird außer-
dem durch eine Begründung, die sich in der Formulierung bewußt eng an das Alte
Testament anlehnt (Ps. 143, 2), dargetan: Schon die Schrift ist der Meinung, daß aus
Gesetzeswerken kein Fleisch, d. h. kein Mensch, gerecht wird (vgl. Röm. 3, 20), also
weder Jude noch Heide.

17   Wenn wir Judenchristen aber – so fährt Paulus fort – in Christus Gerechtigkeit
erstrebten und demzufolge auch wie die Heiden damit im Status der Sünder ein-
zustufen sind, ist dann Christus nicht ein Diener der Sünde, weil er die Juden den
Heiden gleichstellt? Paulus übernimmt damit wohl wie Röm. 6, 1.15 einen typisch
judenchristlichen Einwand, der die Ablehnung des Gesetzes als Heilsweg durch eine
christologisch absurde Konsequenz abblocken will. – Das sei ferne, denn Christus
rechtfertigt nicht die Sünde, sondern begnadet Juden und Heiden als Sünder.

18   Aber wenn Petrus das, was er in zu lobender gesetzeskritischer Haltung eingerissen hat, nämlich die gesetzliche Schranke zwischen Juden- und Heidenchristen,
nun wieder aufrichtet, dann erweist er sich mit dieser gesetzlichen Restitution als
Übertreter. Christus ist kein Diener der Sünde, wohl aber rehabilitiert Petrus mit
dem Gesetz eine Norm, vor der der Mensch sich immer wieder als Übeltäter erweist
(3, 19). Paulus formuliert diesen Sachverhalt bewußt im Ich-Stil. Petrus ist nur
geschichtliches Demonstrationsobjekt. Dieses Ich, das die Situation jedes Glaubenden einschließt, herrscht von V. 18 bis V. 21. Das „Wir" in V. 15-17, das schon
in seiner Differenzierung durch V. 16 a.d aufgehoben wurde, macht damit einem
19 Stil Platz, der die typische Situation des einzelnen Glaubenden festhält. So fährt
Paulus, die negative Darstellung aus V. 18 verlassend, positiv fort: Der Glaubende,
der mit Christus gestorben ist, ist wie sein Herr dem Gesetz gestorben, d. h. für es

ein Toter und somit außerhalb seines Herrschaftsbereiches, und zwar durch das Gesetz selbst, also insofern das Gesetz selbst nach Gal. 3, 13; 4, 4 zum Mittel wurde für die Rechtfertigung durch Christus (vgl. noch Röm. 6, 6 f.; 7, 4). Dies geschah als Gottes vollendete Tat durch Christus, damit der Christ für Gott lebe und nicht für das Gesetz oder die Sünde – denn auch Christus ist nicht der Sünde Diener! Also 20 gilt, daß der Glaubende als seine Identifikation nur noch den rechtfertigenden Christus kennt. Was er in der natürlichen Lebenszeit noch lebt, lebt er im Glauben dem Gottessohn (vgl. Röm. 6, 10; 7, 4; 14, 7 f.; Phil. 3, 7 ff.). Dieser wird mit diesem Bekenntnis nicht als Sündendiener, sondern als solcher charakterisiert, der den Sünder liebt und sich für ihn dahingegeben hat (vgl. Joh. 3, 16; Röm. 8, 32; Eph. 5, 2.25). Damit hat Paulus den Grundsatz aus 2, 16 a mit allen Konsequenzen bis hin zum einander ausschließenden Gegensatz von Gesetz und Rechtfertigung ausgezogen. Abschließend faßt er dies zusammen (zum Stil vgl. 3, 18.29; 4, 7.31): Ein so 21 verstandenes Christenleben setzt die Gnade Gottes nicht außer Kraft. Wer jedoch vom Gesetz Gerechtigkeit erwartet, soll wissen, daß dann Christus umsonst gestorben ist. Denn jedes Aufrichten des Gesetzes führt in die Übertretung, das „Christus allein" zur einzig möglichen Rechtfertigung des Sünders.

Daß dies den Frontalangriff gegen die galatischen Judaisten bedeutet, bedarf keines weiteren Belegs. Daß Paulus außerdem sinngemäß in Antiochia den Gegensatz von Gesetz und Evangelium angesprochen haben wird, legt sich von der damaligen Situation her nahe. Wenn wirklich in ihr das Gesetz und die Wahrheit des Evangeliums als Glaube an Christus in ihrer Zuordnung kontrovers waren, wenn zudem Paulus seit seiner Berufung (vgl. 1, 15 f.) hier eine klare Position vertrat, wenn endlich 2, 16 a geprägte Formulierung enthält, ist kaum etwas anderes zu erwarten. Wir kennen wie die Galater (vgl. 1, 9) keinen Paulus, der zu diesem Problemkreis je anderes lehrte.

ZWEITER HAUPTTEIL

Glaubensgerechtigkeit und Freiheit als Gegensatz zu Gesetz und Knechtschaft 3, 1-5, 12

1. Die Herkunft des Geistes in den galatischen Gemeinden 3, 1-5

1 O, ihr unverständigen Galater, wer hat euch verzaubert, denen Jesus Christus vor Augen gemalt wurde als Gekreuzigter? 2 Das allein will ich von euch erfahren: Habt ihr aufgrund der Werke des Gesetzes den Geist empfangen oder aufgrund der Botschaft des Glaubens? 3 Seid ihr so unverständig? Im Geist habt ihr begonnen, jetzt wollt ihr im Fleisch vollenden? 4 So Großes habt ihr vergeblich erfahren? Wenn denn nur vergeblich? 5 Der euch den Geist gibt und Wunder unter euch wirkt, (vollbringt er das) aufgrund der Werke des Gesetzes oder aufgrund der Predigt des Glaubens?

Mit 3, 1 beginnt ein neuer Hauptteil. Nicht mehr der göttliche Ursprung des paulinischen Evangeliums und seine anerkannte Selbständigkeit sind leitendes Thema,
sondern nun tritt Paulus in die Auslegung des Evangeliums selbst ein, wie er es
schon 2, 15 ff. programmatisch angedeutet hat. Der Begriff des Evangeliums, der
bisher alles beherrschte, tritt ganz zurück (nur noch verbal 3, 8; 4, 13). Der Glaube
an Christus als Gekreuzigten, der Geistempfang, die Verheißung Abrahams, die
Rechtfertigung und Freiheit des Christen im Gegensatz zum Leben nach dem
Gesetz, das unter die Kategorien des Fluches und der Knechtschaft gestellt wird,
sind thematisiert. Mit diesen Leitbegriffen entfaltet Paulus in verschiedenen An-
läufen, die gegen Ende nur noch locker aufeinander folgen, immer wieder den Inhalt
des Evangeliums. Auch die biographische Note aus 1, 10-2, 21 verschwindet. Der
Stil einer argumentierenden Erörterung dominiert. Nur die Geschichte, die Paulus
bisher mit der Gemeinde erlebte (4, 12 ff.; 5, 7 ff.), wird zusätzlich in die Waagschale
geworfen. Das Gewicht dieses Abschnittes macht klar: 1. Paulus hat noch Hoffnung, trotz aller Aporie, die Gemeinde sachlich zu überzeugen. 2. Er sieht hier in
diesem breit angelegten Hauptteil die eigentlichen Entscheidungen fallen. 3. Somit
ist der Angriff gegen seine Person (1, 10 ff.) Folgeerscheinung aus einer sachlich
begründeten Theologie der Irrlehrer, die 3, 1 ff. zerstört werden soll. 4. Dann kann
man sich kein Bild der Gegner entwerfen, das z. B. von dem die Gegner treffenden
Abraham-Abschnitt 3, 6 ff. absieht. Man muß vielmehr davon ausgehen, daß es
3, 1-5, 12 um den Kern der Auseinandersetzung geht. Das aber führt abermals zur
Erkenntnis, daß die Gegner Judaisten sind.

1   Paulus setzt ein mit einem Rückgriff auf 1, 6 f., wie es in der betont vorangestellten Anrede und der rhetorischen Frage zum Ausdruck kommt, und knüpft zugleich
an das Motiv des Gekreuzigten (2, 21) an. Die unverständigen, ja verzauberten
Galater sollen ihm, der ihnen einst die Botschaft des Gekreuzigten intensiv als ihren
2 einzigen Heilsgrund auslegte, wenigstens noch eines beantworten: Wie ist es zur
Geisterfahrung in ihren Gemeinden gekommen – sie ist für das Urchristentum allgemeine Erfahrung aller Christen, vgl. 5, 25; 6, 1; Röm. 8, 23; Eph. 1, 13 f.; Apg. 11,
17; 15, 8 und viele Stellen –: aufgrund der Predigt des Glaubens oder als Folge einer
gesetzlich orientierten Lebensweise der Gemeinden? Die Antwort ist selbstverständlich: Natürlich aufgrund der paulinischen (antigesetzlichen) Evangeliumspredigt.
Wenn die Gemeinde im Nachherein nun sich um Gesetzesbefolgung abmüht, kann
sie an ihrer eigenen Entstehungsgeschichte sehen, daß sie damit ihrem Anfang
untreu wird. Jedenfalls läßt sich dieses chronologisch spätere Einlassen auf Gesetzeswerke nicht als mögliche Fortentwicklung des Anfangs ausdeuten, weil dann
die theologische Bestimmung des Geistes verkehrt werden müßte: Kommt der Geist
mit der Botschaft des Glaubens, ist er Gabe, sollte er widersinnigerweise mit den
Gesetzestaten in Verbindung gebracht werden, wird er zur selbst erworbenen Lei-
3 stung degradiert. Darum fragt Paulus, ob die Gemeinden so unverständig geworden
sind, daß sie dies nicht mehr einsehen können. Ob sie also das Leben, das sie mittels
der Gabe des Geistes lebten, nun verkehren wollen in ein ungeistliches, fleischliches,
d. h. außerhalb des Evangeliums stehendes Leben. „Fleisch" hatte bisher im Galaterbrief neutralen Sinn (1, 16; 2, 16. 20), wird aber nun (wie oft im Folgenden: 4, 23.
29; 5, 16 f. u. ö.) zum scharfen Unwertbegriff und kennzeichnet die Sphäre des

Gegengöttlichen, des Unheils, des Sündigen. Verstehen die paulinischen Gegner ihren gesetzlichen Weg als christliche Vollendung, so Paulus als Abfall vom Christentum. Geist und Fleisch, Evangelium und Gesetz schließen sich aus als Heil und Unheil. Wollen die Galater diesen Weg des Abfalls (1,6) wirklich begehen? Haben sie so Großes – Evangelium und Geist – wirklich vergeblich erfahren? Aber man 4 kann Gottes Geist nicht vergeblich empfangen! Ein Abfall vom Glauben ist keine wertfreie Angelegenheit. Galt den Irrlehrern 1,8f. die Verfluchung, so der Gemeinde die Drohung. Ihr schließt sich eine letzte Frage an, die sachlich die Zielrichtung 5 des gesamten Abschnittes nochmals anvisiert: Gott gewährt der Gemeinde den Geist und wirkt in ihr (Heilungs)wunder durch diesen Geist (vgl. Röm. 15, 18f.; 1.Kor. 12, 9f. 28f.; 2.Kor. 12, 12). Geschieht das wegen der Gesetzesbefolgung oder aufgrund der Predigt des Glaubens? Damit ist nicht nur als Letztes das Stichwort „Glaube" für den nächsten Abschnitt genannt, wie es dann direkt in V.6 aufgegriffen wird, sondern auch noch einmal an einer kleinen Nuance beobachtbar, daß die Gegner andere sind als z.B. im zweiten Korintherbrief. Dort tobte der Streit gerade auch um die apostolische Wundergabe. Hier kann Paulus ganz ungezwungen und problemlos an Wunder erinnern, die in der Gemeinde geschahen.

Man hat versucht, den ganzen Abschnitt auf ein betont ekstatisches Geistchristentum in Galatien zu deuten (so wie im 1.Korintherbrief). Aber das trifft kaum zu: 1) Paulus spricht genauso vom Geist, wie er alle Gemeinden auf ihn anspricht (Röm. 5,5; 8,9-11. 14f.; 1.Kor. 2,12; 3,16; 2.Kor. 1,22; Phil. 2,1; 1.Thess. 1,6). 2) Paulus sieht nicht die geringste Notwendigkeit, sich im Galaterbrief von einem Geistchristentum zu distanzieren (wie z.B. 1.Kor. 14). 3) Es gibt keinen Unterschied zwischen der Geistauffassung des Paulus und der Gemeinde. Gerade darum kann er sie wie 3,1-5 anreden! Also: die Erfahrung des Geistes aufgrund der Christuspredigt des Paulus am Anfang der Begegnung der Galater mit dem Christentum mag vielleicht auch einige ekstatische Phänomene mit sich gebracht haben – wiewohl wir davon nichts wissen –, jedoch hat dies in keinem Fall zur Ausprägung eines Geistchristentums analog zur Geschichte der korinthischen Gemeinde geführt.

2. Der Segen Abrahams gehört unter Ausschluß des Gesetzes den an Christus glaubenden Heiden 3,6-18

6 Wie (es bei) Abraham (war): „Er glaubte Gott, und das wurde ihm als Gerechtigkeit angerechnet." 7 Erkennt also, daß die aus Glauben (leben), das sind Söhne Abrahams. 8 Weil aber die Schrift voraussah, daß Gott die Heiden aufgrund des Glaubens gerecht macht, hat sie Abraham das Evangelium zuvor verkündigt: „In dir werden alle Heiden gesegnet werden." 9 Also die aus Glauben (leben), werden gesegnet zusammen mit dem glaubenden Abraham.

10 Alle jedoch, die aus Gesetzeswerken (leben), stehen unter dem Fluch. Denn es steht geschrieben: „Verflucht ist jeder, der nicht bei allen Geboten bleibt, die in diesem Gesetzbuch geschrieben sind, um sie zu tun." 11 Daß aber durch das Gesetz niemand gerecht wird bei Gott, ist klar, denn „der aus Glauben Gerechte wird leben". 12 Das Gesetz jedoch ist nicht (bestimmt vom Grundsatz:) „aus Glauben", sondern „wer sie (die Gebote) getan hat, wird durch sie leben".

13 Christus hat uns freigekauft vom Fluch des Gesetzes, indem er für uns zum Fluch geworden ist – denn es steht geschrieben: „Verflucht ist jeder, der am Holz hängt" –, 14 damit zu den Heiden der Abrahamsegen in Jesus Christus käme, damit wir den verheißenen Geist empfingen durch den Glauben.

15 Brüder, ich verwende ein Beispiel aus dem Menschenleben: Ein rechtskräftig gewordenes Testament eines Menschen setzt niemand außer Kraft oder versieht es mit einem Zusatz. 16 Nun sind die Verheißungen Abraham „und seinem Samen" gegeben. Es heißt nicht: „und seinen Samen", als ob es sich um viele handelte, sondern um einen: „und seinem Samen"; das ist Christus. 17 Das sage ich allerdings: Ein Testament, das zuvor von Gott rechtskräftig ausgefertigt wurde, kann das 430 Jahre später erlassene Gesetz nicht außer Kraft setzen, so daß es die Verheißung zunichte machen könnte. 18 Denn wenn aufgrund des Gesetzes das Erbe käme, dann nicht aufgrund der Verheißung. Dem Abraham aber hat sich Gott durch die Verheißung gnädig erwiesen.

V. 6: 1.Mose 15, 6;   V. 8: 1.Mose 12, 3;   18, 18;   V. 10: 5.Mose 27, 26;   V. 11: Hab. 2, 4;   V. 12: 3.Mose 18, 5;   V. 13: 5.Mose 21, 23; V. 16: 1.Mose 13, 15; 17, 7 u. ö.; V. 17: vgl. 2.Mose 12, 40 f.

Paulus hat in 2, 15 ff. und 3, 1-5 die Unvereinbarkeit von Glaube und Gesetz vorausgesetzt. Das versucht er bis zum Ende des Hauptteils zu verdeutlichen. Ein erster Gedankenschritt liegt dazu 3, 6-18 vor. Daß so und nicht – wie gemeinhin angenommen – nach 3, 14 die Zäsur zu setzen ist, ergibt sich aus folgenden Beobachtungen: V. 19 a setzt mit der Frage nach der Bedeutung des Gesetzes neu ein. Bis dahin regiert das Stichwort „Abraham", ab da das Stichwort „Gesetz". Vorher stehen in auffälliger Häufung Schriftzitate, in 3, 19-4, 20 keines. Vor allem aber fordert auch der Gedankengang (s. o.) diese Grenzziehung.

Wegen des Abrahamthemas unterlagen die Exegeten häufig der Versuchung, Röm. 4 in Gal. 3 einzutragen. Doch ist es ratsam, Gal. 3 für sich auszulegen: Hier fehlt die Problematik Juden – Heiden, also auch die Erörterung über den Zeitpunkt, an dem Abraham die Verheißung empfing. Bis auf 1.Mose 15, 6 sind jeweils andere Schriftzitate eingearbeitet. In Röm. 4 tritt nicht nur die Christologie an den Rand, sondern der Gesamtakzent ruht auf der Rechtfertigung. Gal. 3 wird die Gerechtsprechung nur unter dem kontextgebundenen Aspekt der Segenszueignung als Geistmitteilung ausgelegt. In Röm. 4 wird Abraham als exemplarischer Repräsentant des Glaubens gesehen und beherrscht so die Ausführungen. In Gal. 3 ist er als Glaubender Objekt göttlichen Handelns, so daß er ins Blickfeld tritt unter der übergeordneten Frage, unter welchen Bedingungen Gott – er ist fast durchweg direkt oder indirekt Subjekt – am Menschen zu dessen Heil handelt.

6   Im ersten Gedankenschritt V. 6-9 belegt Paulus aus 1.Mose 15, 6 (zitiert wird wie immer im Folgenden die LXX), daß Gott dem glaubenden Abraham Gerechtigkeit zuerkennt. Nicht Abraham als natürlicher Ahnherr Israels steht unter diesem Zuspruch Gottes, sondern Gott erhebt allein den Glauben zur Bedingung seiner Heils-
7 zuwendung. Dann aber gilt es zu erkennen, daß nur dort, wo dieselbe Bedingung waltet, Gott in gleicher Weise handelt. Also: die aus dem Glauben leben, sind Söhne Abrahams. Die Sohnschaft ist damit nicht als genealogische Abfolge interpretiert, sondern als Ausdruck dafür, daß die gleiche Bedingung vorliegt wie bei Abraham.
8   Dies hat auch die Schrift vorhergesehen: Gott rechtfertigt aus Glauben. Weil aber die glaubenden Christen aus allen Heidenvölkern kommen, bringt Paulus

diesen Aspekt gleich mit ein: Gott rechtfertigt die Heiden aus Glauben. Damit kann er die Vorhersage der Schrift einführen und zitiert 1.Mose 12,3 in einer Mischung mit 1.Mose 18,18 (vgl. auch 1.Mose 22,18; 26,4). Dort liegt als göttliche Verheißung an Abraham vor: Durch dich werden alle Heiden gesegnet werden. Aufgrund von V.6f. versteht das Paulus so: Der glaubende Abraham erhält die Verheißung Gottes, die unter der Bedingung des Glaubens sich bei den Heiden erfüllt. Auffällig ist noch, wie Paulus dieses Zitat einführt: Die Schrift sieht vorher, d.h. sie ist Subjekt der Verheißung (vgl. auch 3,22; Röm. 4,3; 9,17). Dies erinnert an rabbinische Formulierungen und setzt ein Schriftverständnis voraus, nach dem zwar Gottes Wort und Wille nicht in Differenz zur Schrift treten, wohl aber unter der Voraussetzung recht unmittelbarer Identität beider das Alte Testament eine gewisse Selbständigkeit als fixierte Autorität erhalten hat. Paulus redet hier offenbar so, um den doppelten, im zeitlichen Abstand aufeinander folgenden Akt der Vorankündigung durch Gott, wie ihn die Schrift bezeugt, und den Akt der Erfüllung, wie ihn die Gemeinde jetzt erlebt (3,2.5), auch im Ausdruck zu markieren. Mit dem so ein- 9 geführten Zitat kann Paulus den ersten Beweisgang abschließen und das Ergebnis festhalten: Die aus Glauben leben, werden gesegnet mit Abraham, d.h. zusammen mit ihm und zugleich unter der Glaubensbedingung wie er.

Die Ausführung enthält – wie übrigens der ganze Teil – keine offene Polemik gegen die Judaisten. Doch wäre es verfehlt zu meinen, Paulus rede, von der Situation gelöst, an den galatischen Problemen vorbei. Dagegen sprechen schon 3,1-5. Gerade der formal unpolemische, sachlich argumentierende Stil muß die Gegner treffen.

Warum ist ausgerechnet die Verheißung an Abraham so geeignet, im galatischen Streit weiterzuhelfen? Abraham gilt als Garant der jüdischen Heilsgeschichte. Die Position der Judaisten steht und fällt mit ihm. Man wird schwerlich nachweisen können, welches konkrete Abrahambild, welche speziell heilsgeschichtliche Vorstellung die Irrlehrer vertraten. Doch soviel ist klar: Paulus zieht ihnen das Fundament weg. Ihr Beschneidungsgebot (6,12) läßt näherhin erkennen, daß ihnen der israelitisch-jüdische Volksgedanke und damit die leiblich-natürliche Abfolge von den Erzvätern wesentlich waren. Den leiblichen Nachfahren Abrahams galten Bund und Verheißung. Übertritt zum Judentum mit Beschneidung kann ausnahmsweise diese Bedingung, die den Heiden fehlt, ersetzen. Paulus schneidet dieses heilsgeschichtliche Denken ab. Er orientiert sich überhaupt nicht an solcher Geschichtstheologie, sondern am verheißenden und die Verheißung einlösenden Gott. Die ganze Geschichte Israels zwischen Abraham und der galatischen Gemeinde rückt so sehr ins Dunkle, daß Paulus außer dem Fixpunkt Abraham und denen, die jetzt aus Glauben gesegnet werden, irdisch nur die Kontinuität der Schrift kennt. Darin zeigt sich aber nicht nur ein rein darstellerisch bedingtes fehlendes Interesse an Israels Heilsgeschichte, sondern eine grundverschiedene theologische Position zu den Gegnern. Wer Abraham unter der Bedingung des Glaubens allein zum Objekt göttlichen Handelns macht und ihm als Söhne die glaubenden Heiden unter Überspringung von Isaak, Jakob und Israel, kurz von einigen Jahrhunderten israelitischer Geschichte, zuordnet, verordnet dieser Geschichte theologische Ranglosigkeit. Paulus weiß wenig später von zwei Ereignissen zu berichten, die aus diesem

Zeitabschnitt dennoch Bedeutung haben: das Gesetz und Christus. Wie er beides behandelt, bestätigt bzw. ergänzt das Gesagte.

10　　Der zweite Gedankenschritt 3, 10-12 bringt die Antithese. Sie wird V. 10 a thetisch gesetzt: Die aus den Werken des Gesetzes leben, d. h. die durch Tun des Gesetzes vor Gott Gerechtigkeit und Segen erlangen wollen (wie die Galater), stehen unter dem exakten Gegenteil, dem Fluch. Diese These wird in einem doppelten Beweis begründet: Nach 5. Mose 27, 26 in der LXX-Fassung (vgl. 28, 58; 30, 10) ist jeder verflucht, der nicht das ganze Gesetz beachtet. Schon die geringste Übertretung bringt Unheil. Man muß voraussetzen, daß damit alle verflucht sind, weil volle Gesetzeserfüllung unerreichbar ist. Dieses verschärfte Sündenbewußtsein ist bei Paulus Konsequenz aus seiner Christologie (vgl. Gal. 2, 16 f. 21; 3, 22; 5, 3 und Röm. 1, 18-3, 20). Die LXX-Lesart in 5. Mose 27, 26 ist also ein geeignetes Mittel, das als schriftgemäß zu erweisen. Zwar kennt auch Qumran den unbedingten Appell zur ganzen Gesetzesbefolgung (z. B. 1 QS 1, 13 f. 5, 8 f.), aber hier ist die Gnade nicht Antithese zum Gesetz, sondern Mittel, beim Menschen die ganze Forderung desselben einzutreiben (1 QS 11, 2-15). Die paulinische Argumentation von der Sündhaftigkeit des Menschen her gibt allerdings nur ein negatives Urteil über die Fähigkeiten des Menschen ab. Sie trifft das Gesetz jedoch auch insofern, als sein möglicher Weg zum Leben zu schwer und darum für den Menschen unbrauchbar ist.

Aber es soll von Paulus nicht nur begründet werden, daß de facto keiner sich von seinem Tun her Gerechtigkeit und Abrahamsegen erwerben kann. Vielmehr muß grundsätzlich klar werden, daß das Tun des Gesetzes als Existenzgrundlage und

11　　das Leben vom Glauben her unvereinbare Gegensätze sind. Darum folgt in V. 11 f. ein zweiter, das Prinzipielle herausstellender Gedankengang. Die Basis für ihn findet Paulus in Hab. 2, 4. Für ihn liest sich die Stelle so: Leben wird (nur) der aus Glauben Gerechte. Das ist der einzig mögliche Heilsweg! Dies erfordert für Hab. 2, 4 (wie in Röm. 1, 17) die Auslegung: Ausschließlich der, der durch den Glauben Gerechtigkeit erlangt, wird leben. Dieses Leben ist vom gesamten Kontext her im qualifizierten Sinn zu verstehen als Anteilhabe am Segen Abrahams. Aber darauf ruht jetzt nicht der Ton. Wesentlich ist Paulus dabei allein, daß Gerechtigkeit und Glaube so zusammenstehen, daß ausschließlich durch den Glauben die Gerechtigkeit kommt. Doch gibt der zitierte Text diesen Sinn nicht eigentlich von selbst her, denn der hebräische Text lautet: „Der Gerechte wird aus seinem Glauben (d. h. aufgrund seiner Treue) leben". Dieser Text ist als Grundlage der paulinischen Auslegung nur dann denkbar, wenn Paulus (oder schon eine judenchristliche Tradition vor ihm) seinen Sinn erheblich umgedeutet und dabei vor allem auch das Pronomen „seinem" unterschlagen hätte. Das ist ebenso unwahrscheinlich (hat auch in 1 QpHab. 8, 2 keine Parallele!), wie es analog den bisherigen Beobachtungen relativ sicher erscheint, daß Paulus wohl erneut die Septuaginta benutzt. Sie übersetzt: „Der Gerechte aufgrund meiner (d. h. Gottes) Treue wird er leben." Diese Stelle hat einen variantenreichen Text („meiner" wird zum Teil ausgelassen, oder dieses Pronomen steht wie Hebr. 10, 38 beim Subjekt). Paulus kennt den LXX-Text offenbar ohne das Pronomen (so auch Röm. 1, 17). Dann deutet er in einer selbständigen Exegese die „Treue" im Sinne von „Glauben" (im Hebräischen und Griechischen dasselbe Wort) gemäß Gal. 3, 6 = 1. Mose 15, 6. Dies ist als Argument für ihn und seine Leser sinnvoll, weil der Grundsatz gilt, daß die Schrift sich gegenseitig auslegt und einen einheitlichen, „widerspruchsfreien" Sinn hat. 1.Mose 15,6 zeigt aber ferner, daß und wie Glaube und Gerechtigkeit zusammengehören. Dies muß dann aber ebenfalls für Hab. 2,4 gelten. Also kann Paulus exegetisch festhalten: Der aufgrund des Glaubens Gerechte wird leben. Nunmehr kann er mit seiner Auslegung für den ganzen Gedankengang folgenden Gegensatz erreichen: Gerechtigkeit auf der Gesetzesgrundlage ergibt sich als Folge des Tuns (V.10). Gerechtigkeit, wie Abraham sie erlangte und der Gerechte sie in Hab. 2,4 besitzt, sind Gaben Gottes, die nur der Glaubende empfängt. Dann besteht aber zwischen der Existenzweise aus dem Gesetz und dem Leben aus dem Glauben nicht nur der Unterschied, daß die Gesetzeserfüllung als Voraussetzung der Gerechtigkeit unter dem Gesetz praktisch nicht erreichbar ist, sondern zugleich ein viel gravierenderer Differenzpunkt: Gesetzesgerechtigkeit ist ein Fabrikat des Menschen, Glaubensgerechtigkeit eine ihm von Haus aus fremde Gabe.

Eben dies schärft abschließend V.12 ein: Da das Gesetz nicht nach dem Glau- 12 bensprinzip seine Beziehung zum Menschen setzt, sondern – wie 3.Mose 18,5 (LXX) nochmals erweist und aus V.10 schon erkennbar war – jenseits des Glaubens das Leben als Produkt des eigenen Tuns versteht (Hillel: „Wo viel Gesetz ist, (da) ist viel Leben."), ist der Gegensatz von Selbsterwerb und Gabe aufgewiesen. Es ist eines, dem Gesetz und dem Tun zugeordnet zu sein, ein anderes, vom Glauben her Sohn Abrahams zu sein. Auf der ersten Seite ist der Fluch, auf der zweiten Gerechtigkeit, Leben und Segen. Die Unvollkommenheit des Menschen und der Zwang unter dem Gesetz, immer im Tun des Gesetzes sich zu üben, lassen dieser ersten Seite nur den Dauerzustand des Fluches. Bei Abraham und seinen eigentlichen Söhnen ist das anders: Gerechtigkeit und Segen basieren auf einem Fundament, das von der Unvollkommenheit des Menschen und dem Zwang zur Gesetzesbefolgung nicht mehr berührt wird: auf dem empfangenden Glauben. Hier garantiert einzig die Verheißung Gottes an Abraham das Heil. Aber wie steht es dann mit dem Fluch, unter dem sich doch schon alle immer vorfinden?

Hier knüpft der dritte Gedankenschritt (V.13-14) an: Stehen alle unter dem Fluch, ist die Sohnschaft Abrahams unerschwinglich. Erst Christus schafft, daß wir Abrahams Söhne werden können. Damit wird deutlich, daß der Mensch sein Leben nicht nach eigenem Belieben auf den Glauben gründen kann, sondern daß die Existenz im Glauben erst durch ein geschichtliches Ereignis möglich wird. Daher erörtert V.13f., was das Kreuz Christi für Gesetz und Glauben, Fluch und Segen bedeutet. Dabei bedient sich Paulus eines festen Darstellungsschemas. Vielleicht hat er 13 an der Stelle auch so viel aus bekannten Traditionen übernommen, daß sogar einzelne Formulierungen geprägt sind. Zum Schema gehört: „Christus ... für uns ..., damit wir ...". Paulus greift häufig auf dieses Schema zurück (vgl. z.B. 2.Kor.5, 14f.; Gal.4,4f.; 1.Thess.5,9f.). Es ist ihm der Form nach vorgegeben (vgl. Joh.17, 19; 1.Petr.2,11.24; Ign., Trall.2,1). Die inhaltliche Aussage bringt regelmäßig eine Paradoxie: Christus, der Unbelastete, wird für uns belastet, damit wir als Belastete entlastet werden. Es ist typisch, daß Paulus in dem Augenblick, wo er christologisch reden muß, sich auf bekenntnisartige Formulierungen einläßt. In 3,6-12 tat er das nie, wie überhaupt seine Rechtfertigungsbotschaft auf dem Schriftbeweis beruht, seine Christologie vornehmlich vom Bekenntnis her entfaltet wird.

Inhaltlich verbindet Paulus zunächst zwei Aussagen. Die eine gewinnt er aus V. 10-12: Alle Menschen stehen unter dem Fluch. Die andere ist Tradition, nämlich daß Christus uns loskaufte (1.Kor. 6, 20; 7, 23; Gal. 4, 5; vgl. 5, 1). Aus beiden Elementen entsteht dann die Aussage: Christus, als außerhalb des Fluches stehend (2.Kor. 5, 21), wurde an unserer Stelle zum Fluchobjekt, so daß ein Tausch stattfinden konnte. Wir, die Verfluchten, wurden frei vom Fluch des Gesetzes, indem Christus unseren Fluch ablöste. Dafür mußte er von Gott verflucht werden. Denn der Fluch des Gesetzes ist Tat Gottes (V. 10 f.). Dies geschah am Kreuz. Daß Christi Kreuzigung als Verfluchung Christi durch Gott auszulegen ist, belegt 5.Mose 21, 23 (LXX). Dort sagt die Schrift: Jeder, der am Holz hängt, ist (von Gott) verflucht (vgl. Apg. 5, 30; 10, 39). Nun bezieht sich 5.Mose 21, 23 f. jedoch nicht auf die Kreuzigung, sondern auf die nachträgliche Pfählung von Delinquenten, die durch Steinigung hingerichtet wurden. Doch ist Paulus nicht der erste, der die Stelle auf die römische Kreuzigung bezog (vgl. Tempelrolle von Qumran 64, 6-13; vgl. auch 4 Qp Nah. 8). Möglicherweise stammt aber auch die Aussage, daß der gekreuzigte Christus ein Verfluchter Gottes ist, nicht erst von Paulus. Did. 16, 5 ist Christus formelhaft (?) „der Verfluchte", der zur Rettung der Gemeinde wird. Allerdings ist diese Aussage wohl nachpaulinisch. Doch auch nach Justin (Dialogus 32, 1; 89, 1-90, 1; vgl. noch Evangelium Nicodemi 16) nimmt das Judentum daran Anstoß, daß unter Bezug auf 5.Mose 21, 23 Christus als Verfluchter Heilsperson sei. Paulus fängt diesen vielleicht traditionellen Anstoß ab, indem er den Heilssinn des Kreuzes in den beiden das Schema fortsetzenden Finalsätzen herausstellt.

14   Die Verbindung zu V. 13 ist nicht ganz einsichtig. Vorerst ist jedoch deutlich: Die Befreiung vom Fluch bedeutet nicht nur, daß der Fluch aufgehoben ist, sondern zugleich positiv, daß die Heilsgüter anwesend sind. Das heißt zunächst: Zu den Heiden (damit wird nachträglich klar, daß in V. 13 Juden und Heiden unter dem Fluch des Gesetzes standen; vgl. Röm. 1, 18 ff.; 2, 12 ff.) kommt der Segen Abrahams durch den gekreuzigten Christus. Dies ist so lange These ohne Begründung, als das Verhältnis zwischen Abraham und Christus im Dunkeln bleibt. Das aber wird Paulus V. 16 f. klären. Also gehört der vierte Abschnitt 3, 15-18 notwendig noch als Abschluß hinzu. Abgesehen von diesem Problem hat Paulus nun das Ziel seiner Argumentation erreicht. Er begründet, wie durch Christus der Segen Abrahams (V. 8 b) angesichts der totalen Fluchsituation (V. 10-12) dennoch zum Zuge kommt. Der zweite finale Satz ist dazu Ergänzung und Auslegung in doppelter Hinsicht. Das betont nachgestellte „durch den Glauben" zeigt an, daß Fluchbefreiung und Segensausteilung keine kosmische Generalamnestie sind, sondern es möglich machen, daß der Glaubende in den Genuß der Befreiung kommt. Damit kehrt Paulus zugleich zu dem für V. 6-8 konstitutiven „aus Glauben" zurück. Hier war auch den aus Glauben gerechtfertigten Heiden die Segensverheißung zugeordnet (V. 8). Nun in V. 14 b wird ferner dieser Segen entfaltet. Er ist Geistverleihung, die auch die Galater (3, 1-5) erfuhren. Dann läßt sich die Frage in V. 3 nunmehr so formulieren: Was ihr als Abrahamsöhne begonnen habt, wollt ihr das durch Rückfall

unter die Gesetzeswerke fortsetzen? Dann ist Christus für euch umsonst gestorben (2,21b)!

Ein letzter Gedankenschritt (3,15-18) klärt die offene Frage, wie sich Abraham und Christus zueinander verhalten. Paulus muß ferner einen möglichen Einwand abfangen: Wenn das Gesetz zeitlich später als Abraham kam, ist es dann nicht im Gegensatz zur Argumentation des Paulus, der die Geschichte Israels souverän übergeht, die legitime Interpretation des Abrahambundes? Mit hoher Wahrscheinlichkeit werden die Judaisten Galatiens auf dieser Linie heilsgeschichtlich fortschreitender Entfaltung der göttlichen Zuwendung an Israel gelehrt haben. Wenn Paulus hier nichts zu entgegnen weiß, hätte er ab 3,6 schweigen können. Doch er versucht, 15 seine Thesen mit Hilfe eines Beispiels aus dem menschlichen Leben zu erhärten. Dazu schafft V.15 die Basis: Ein Testament eines Menschen, das Rechtskraft besitzt, kann weder ungültig gemacht noch verändert werden. Nun nennen als 16 Adressaten der Abrahamverheißung Stellen wie 1.Mose 13,15; 17,7 Abraham und seinen Samen. Paulus folgert daraus (gegen den ursprünglichen Sinn des Textes, jedoch aufgrund rabbinischer Auslegungsmethode berechtigt), daß der Same im Singular nur eine Person meine, nicht aber auf Isaak und alle weiteren Nachkommen Abrahams ziele. Die eine Person kann nur Christus sein, weil über ihn die Heiden (V.8) den Segen, d.h. den Geist (V.14) erlangten. Gehören Abraham und Christus auf diese Weise zusammen, und zwar „schriftgemäß", dann war, seitdem an Abraham erstmals die Verheißung erging, von diesem Anfang an die dazwischenliegende Geschichte, vom Testamentsstifter her gesehen, ein heilsgeschichtlich unbedeutendes Intermezzo, weil das rechtskräftig eingesetzte Testament keine Veränderung oder Ergänzung ermöglichte.

Dies gilt dann auch vom Gesetz, das 430 Jahre nach Abraham hinzukam. Dabei 17 dient die Zahlenangabe nur zur Kennzeichnung des geschichtlichen Abstandes. Paulus hat sie nicht selbst errechnet, sondern von einer Sonderüberlieferung einiger LXX-Handschriften zu 2.Mose 12,40f. entlehnt (andere Handschriften geben 435 Jahre an; 1.Mose 15,13 und Apg. 7,6 sprechen von runden 400 Jahren). Diese Zeitangabe garantiert, daß das Gesetz viel zu spät kommt, um das schon längst rechtskräftig eingesetzte Testament für Abraham und seinen Samen zu annullieren. Die Gültigkeit, Unverletzbarkeit und Abgeschlossenheit des Abraham-Christus- 18 Testaments macht so klar, daß nur von ihm die Segensverheißung kommen kann. Zwischen Gesetz und Verheißung gibt es also keine Beziehung, weil das Gesetz außerhalb des an das Abraham-Christus-Testament gebundenen Segens steht. Das Gesetz ist ein Fremdkörper gegenüber den Größen Glaubensgerechtigkeit, Verheißung, Segen, Geist.

Paulus und das Alte Testament: Der Abschnitt 3,6-18 mit seinem extensiven Schriftgebrauch legt es nahe, die Verwendung des Alten Testaments bei Paulus näher zu charakterisieren. Zunächst ist festzuhalten, daß Paulus mit dem Urchristentum und dem aramäisch und griechisch sprechenden Judentum seiner Zeit sehr viel gemeinsam hat. Paulus hat keine eigene Theorie über seinen Schriftgebrauch aufgestellt, sondern lebt wie selbstverständlich in den Voraussetzungen, die er mit seiner Zeit teilt. Zu diesen gehört zunächst, daß das Alte Testament als

Ganzes heilige Schrift ist, hinter der Gottes Autorität und Wahrheit steht. Dies zwingt ihn z.B. dazu, selbst dort, wo er von der Überholtheit des Alten Testaments als Gesetz spricht, dies mit Hilfe des Alten Testaments selbst zu beweisen. Bürgt also Gottes Autorität für die Wahrheit des Alten Testaments insgesamt, dann muß dieses heilige Buch einen einheitlichen Sinn haben, also eine in sich widerspruchslose harmonische Einheit sein. Darum können Zitate aus ganz verschiedenen Schriften und Zeiten aus diesem Buch von ihrem Kontext isoliert werden, und über einen gemeinsamen Begriff in ihnen kann dieselbe Aussage gefunden werden. Zu diesen Voraussetzungen gehört weiter, daß die griechische Übersetzung des Alten Testaments (LXX) dieselbe Autorität besitzt wie der Urtext. Paulus benutzt mit dem ganzen hellenistischen Juden- und Christentum die Septuaginta (LXX) in der ihm gerade zugängigen oder geläufigen Lesart als autoritatives Gotteswort. So entstehen nicht nur zur hebräischen Bibel, sondern überhaupt zahlreiche Varianten zu unserem kritisch ermittelten heutigen Text. Auch dort, wo er mit Hilfe einer Zitationsformel eine Stelle anführt, dürfte er sehr häufig auswendig zitieren, weil er zum einen im Alten Testament sehr gut Bescheid weiß, und zum anderen es oft zu umständlich oder, wie z.B. auf Reisen, auch gar nicht möglich ist, nachzuschlagen. Auf diese Weise schleichen sich Abweichungen vom geschriebenen Text ein. Auch hier ist festzuhalten: So verfuhr seine gesamte Umwelt. Wie in ihr so ist auch bei Paulus zwischen richtigem Zitat und freier Anspielung zu unterscheiden. Da man im Alten Testament lebte, sind die Anspielungen viel zahlreicher als in heutigen Texten. Doch fällt es besonders schwer festzustellen, ob Paulus hier oder dort bewußt allgemein alttestamentliche Sprache oder speziell einzelne Stellen anklingen lassen will. Wirklich sicher ist dies nur bei den ausgewiesenen Zitaten, die Paulus allerdings nur im Römer-, ersten und zweiten Korinther- und Galaterbrief verwendet und die er hier jeweils mit traditionellen Einleitungsformeln einführt.

An wenigen Stellen geht Paulus auf einzelne hermeneutische Grundsätze ein, die seine Schriftauslegung leiten. Dies geschieht mehr zufällig, aber läßt doch den Ansatz seiner Schriftauslegung erkennen. Wenn er etwa 1.Kor.1,11 (vgl. Röm. 15,4) ausführt, daß das im Alten Testament Berichtete zum Vorbild für die jetzt lebende Generation geschrieben sei, „auf die das Ende der Zeiten gekommen ist", dann gibt er damit einen im Judentum (vgl. z.B. 1QpHab.7,3-8), vor allem aber im Urchristentum grundlegenden hermeneutischen Ansatz wieder: Das Alte Testament ist nicht für vergangene Generationen geschrieben, sondern legt die Endzeit aus (vgl. z.B. auch Apg.2,16f.24f.; 3,22ff.). Seine Abfassung geschah von Anfang an um der letzten Generation willen. Insofern das Urchristentum und ebenso Paulus selbst sich als endzeitliche Gemeinde verstanden, fühlen sie sich ermächtigt, das Alte Testament auf sich zu beziehen. Daneben oder auch eng damit verbunden verläuft eine andere Linie im Juden- und Christentum: Die Schrift weissagt vom Messias. Dementsprechend finden das Christentum und Paulus mit ihm im Alten Testament Christus und sein Heil wieder (vgl. Röm.1,2; 3,21f.; 1.Kor.15,3f.). Nun wissen Paulus wie das Christentum überhaupt, daß das Judentum nicht zuletzt in diesem Punkt die Schrift anders auslegt, ja der Deutung auf Christus geradezu widerspricht. Dies führt zu der Vorstellung, daß die Juden erst dann das Alte Testament richtig verstehen können, wenn sie sich auch zu Christus bekehren (2.Kor.3,

14-16). Die christliche Deutung des Alten Testaments ist also aus dem Glauben gewonnen, und das Glaubensverständnis muß solcher Deutung vorausgehen.

Auch einzelne Auslegungsregeln lassen sich dem paulinischen Schriftgebrauch entnehmen. Sie entsprechen durchweg bekannten Regeln seiner Zeit, vornehmlich des palästinischen und hellenistischen Judentums. Generell gehört dazu, daß Paulus seine Schriftzitate eklektisch verwendet, ohne sie aus ihrem Textzusammenhang zu deuten. In 2.Kor.3,10f. stößt man bei ihm auf den rabbinischen Grundsatz, in der Schriftauslegung gelte der Schluß vom Geringeren auf das Größere. Auch den Analogieschluß von einer Textstelle auf die andere benutzt er (z.B. Röm.4,3.7f.). Selten hingegen bringt er eine eindeutige allegorische Deutung wie z.B. 1.Kor.9, 9f., häufiger stößt man auf die Typologie (1.Kor.10,1ff.; 2.Kor.3,7ff.). Aber auch damit ist sein Schriftgebrauch noch nicht eindeutig und vollständig bestimmt. In der Regel begründet er argumentierend mit der Autorität des Alten Testaments.

Überschaut man diese Hinweise zum paulinischen Schriftgebrauch insgesamt, wird deutlich: Paulus ist darin Kind seiner Zeit. Für sich genommen, überzeugen heute solche Exegesen nicht mehr. Das liegt an dem Problembewußtsein, wie es die historisch-kritische Forschung und die neueren hermeneutischen Bemühungen erbracht haben. So dienen die paulinischen Auslegungen des Alten Testaments dem heutigen Exegeten lediglich dazu, die paulinische Theologie aus ihrer Zeit heraus zu verstehen. In welchem Verhältnis das Alte Testament wirklich zu ihr steht, muß mit neuen Mitteln erörtert werden.

Die paulinische Theologie weist dem Alten Testament eine bestimmte theologische Bedeutung mit auffallend radikalen Akzenten zu: Negativ zeigt gerade der am gründlichsten ausgeführte Schriftbeweis, nämlich die Auslegung der Gestalt Abrahams (Röm.4; Gal.3), wie die Bedeutung der israelitisch-jüdischen Heilsgeschichte, auf der leiblichen Abfolge von Abraham her aufgebaut, für den christlichen Glauben zerstört wird. Wenn die Adressaten des Testaments Abraham und Christus sind und über letzteren die Heiden die Segensträger, aber zwischen Abraham und Christus solche Segensträger nicht namhaft gemacht werden können, dann ist die Geschichte von Abraham bis Christus für das Heil bedeutungslos. Positiv stellen Röm.4; Gal.3 zugleich heraus, wie der Akzent des paulinischen Schriftgebrauchs darauf liegt, die Gerechtigkeit Gottes, also die Rechtfertigung des Sünders zu entfalten (vgl. außerdem: Röm.3,10ff.; 15,9ff.; Gal.4,21ff.; 2.Kor.3, 7ff.). Im Unterschied zu einer Erwartung, die vornehmlich den christologischen Schriftbeweis bei Paulus anzutreffen hofft, stößt man bei Paulus gegenüber dieser Thematik auf Zurückhaltung (Ausnahmen z.B.: Gal.3,13.16). Die Deutung Abrahams und die Entfaltung der Rechtfertigung haben aber noch eine weitere konstitutive Konsequenz für Paulus: Das Alte Testament als Gesetz und das Gesetz als Heilsweg sind seit Christus irrelevant. Dies erweist schon die Schrift selbst. Davon wird Paulus Gal.3,19ff.; 4,1ff. ausführlich handeln.

3. Das Gesetz war nur Zuchtmeister, bis Christus kam 3,19-29

19 Was (ist) dann vom Gesetz (zu halten)? Der Übertretungen wegen wurde es hinzugefügt(. Es gilt,) bis der Same käme, dem die Verheißung gegeben wurde. Angeordnet (wurde es) durch Engel. Durch die Hilfe eines Vermittlers

(übergeben). 20 Ein Vermittler vertritt jedoch nicht nur einen einzigen, Gott aber ist einer.

21 Steht nun das Gesetz gegen die Verheißungen Gottes? Nein. Denn wenn ein Gesetz gegeben wäre, das Leben schaffen könnte, so käme die Gerechtigkeit wirklich aus dem Gesetz. 22 Doch hat die Schrift alles unter der Sünde eingeschlossen, damit die Verheißung aufgrund des Glaubens an Jesus Christus den Glaubenden gegeben würde.

23 Bevor jedoch der Glaube kam, wurden wir unter dem Gesetz bewacht, eingesperrt bis zum zukünftigen Glauben, der geoffenbart werden sollte. 24 Daher ist das Gesetz unser Zuchtmeister geworden bis zu Christus, damit wir aus Glauben gerechtfertigt würden. 25 Nachdem aber der Glaube gekommen ist, stehen wir unter keinem Zuchtmeister mehr.

26 Denn alle seid ihr durch den Glauben Söhne Gottes in Christus Jesus. 27 Denn ihr alle, die ihr auf Christus getauft seid, habt Christus angezogen: 28 Da gilt nicht Jude oder Grieche, nicht Sklave oder Freier, nicht Mann oder Frau, denn alle seid ihr einer in Christus Jesus. 29 Wenn ihr jedoch Christus gehört, so seid ihr folglich Same Abrahams, Erben gemäß der Verheißung.

Die negative Beurteilung des Gesetzes in V. 17 f. provoziert die Frage nach der Bedeutung des Gesetzes überhaupt. Ihr geht Paulus in V. 19 f. nach. Eine zweite, nicht minder bedeutungsvolle Detailfrage ist darin enthalten und schon versteckt beantwortet: Steht das Gesetz gegen die Verheißungen Gottes? Dieser Frage stellen sich, auf die Schrift zurückgreifend, V. 21 f. Beide Frage- und Antwortteile sind unpersönlich und sachlich formuliert. Demgegenüber sind der folgende Abschnitt durch das „wir" (V. 23-25) und der letzte (V. 26-29) durch das „ihr" bestimmt. Der Wir-Teil transponiert die bisherige Antwort auf die geschichtliche Ebene der christlichen Gemeinde und konstatiert für sie, daß die Zuchtmeistertätigkeit des Gesetzes mit Christus ein Ende hat. Der Schlußteil endlich spricht den Galatern die Zugehörigkeit zu Christus zu und – zurücklenkend zu 3, 15-18 – damit das Erbe der Verheißung.

19   Ist das Gesetz im Sinne von 3, 10-12. 17 f. abgewertet, muß sein theologischer Ort neu bestimmt werden. Paulus unterzieht sich der Aufgabe zunächst in vier lapidaren Sätzen, die nur abwertende Aussagen enthalten. Über das Gesetz läßt sich vom Glauben her nur noch so reden. Die erste Aussage heißt: Das Gesetz ist Nachtrag und Sündenspiegel. Der zeitliche Aspekt wird durch das Verb repräsentiert, das nochmals an die 430 Jahre (3, 17) erinnert. Für den Juden (wie für die galatischen Irrlehrer) ist das Gesetz Grundlage von Welt und Geschichte. Dies kann u. a. darin zum Ausdruck kommen, daß man die Gültigkeit des Gesetzes vor aller Zeit beginnen und bis ans Ende der Welt währen läßt (z. B. Spr. 8, 22: die Weisheit ist das Gesetz; doch auch Mt. 5, 18 f.). Nach Paulus eignet ihm nur der Charakter eines geschichtlichen Nachtrages. Auch Veranlassung und Aufgabe des Gesetzes sind nicht positiv: Es soll längst nach dem Auftreten der Sünde diese als Übertretung herausstellen (Röm. 4, 15). Es besitzt also weder die Kraft, neue Sünde zu verhindern, noch die bestehende Sündhaftigkeit zu heilen. Es kann dem Sünder nur seinen empirischen Zustand aufdecken, ihn als gottlos, nächstenfeindlich, todverfallen und mit sich selbst im Zwiespalt lebend bloßstellen (vgl. Röm. 3, 20; 5, 20; 7, 7 ff.; (indirekt:) 13, 8 ff.; Gal. 5, 14 f.; natürlich auch zum ganzen Gal. 3, 10 ff.). Es hat nicht die geringste Heilsfunktion, sondern qualifiziert den Sünder zu einem offen erkennbaren Gesetzesbrecher. Dies schließt jede Konkurrenz zur Verheißung aus.

Die zweite Aussage ergänzt den Zeitaspekt, indem sie die Aufgabe des Gesetzes nach vorne begrenzt: Die Zeit des Gesetzes hat den eindeutigen Charakter eines Interregnums, das mit Christus abgeschlossen ist. Das Gesetz kommt später als die Abrahamsverheißung (3,17) und hat mit dem Erscheinen dessen, der Abraham als Heilsstifter angekündigt wurde, seine Schuldigkeit getan, weil Christus vom Fluch des Gesetzes befreit (3,13).

Die dritte Aussage nimmt dem Gesetz in für Juden und Judaisten extrem anstößiger Weise den göttlichen Offenbarungscharakter. Paulus umgeht die in Röm. 7, 12.22; 8,7 enthaltene Auffassung, das Gesetz sei von Gott gegeben. Gott hat zwar die Verheißung gestiftet, doch das Gesetz haben Engel verordnet. Man darf diese eindeutige Angabe nicht aufweichen, als spräche der Apostel von den Engeln als von Begleitern Gottes oder als seinen Mittlern. Zum einen handeln sie allein; eine Erwähnung Gottes fehlt und sollte nicht in den Text hineingedeutet werden. Zum anderen ist die Mittlerschaft erst in der nächsten Aussage aktuell und hier als Folge der Vielzahl der himmlischen Offenbarungsträger einem Menschen, nämlich Mose, übertragen. Doch ein weiterer Tatbestand muß erwähnt werden: Paulus redet vom Gesetz weder als von einer Welt und Geschichte vorgegebenen himmlischen Größe, noch taucht im Horizont überhaupt das Problem auf, was mit dem Gesetz jenseits der Geschichte war und ist. Er verfolgt allein das Gesetz von seiner geschichtlichen Kodifizierung bis zu seiner Annullierung. Darum kennt der Text nicht die Frage, wie sich Engel und Gott in bezug auf die Gesetzgebung zueinander verhalten. Also: Engel haben die geschichtliche Existenz des Gesetzes besorgt. Dies markiert die Differenz zur Verheißung, die unmittelbar von Gott gegeben wurde (3,17f.). Damit wird zugleich nachträglich die Argumentation in 3,15ff. schlüssig: V.15 besagte, daß niemand (d.h. keine andere Person) ein rechtskräftiges Testament abändern könne. Dabei war vorausgesetzt, daß eine Abänderung durch den Erblasser selbst außer Diskussion stand. Dies trifft jedoch nur zu, wenn Verheißung und Gesetz verschiedene Erblasser haben. Gilt das, kann das Gesetz mit seiner Herkunft von Engeln an der Verheißung mit göttlichem Ursprung nichts ändern. Dieser Gedanke erweist das Interesse, das Paulus an den Engeln haben mußte.

Will man über den kargen Informationsgehalt des Satzes hinausgehen und nach dem göttlichen oder widergöttlichen Charakter der Engel fragen, so läßt sich aus 3,23f.; 5,13f. erschließen, daß der Apostel das Gesetz nicht widergöttlichen Mächten, sondern der Heilsökonomie wie auch dem Willen Gottes zuordnet. Dies stimmt mit Röm. 7,12.22; 8,7 überein. Also wird man in Gal. 3,19 schwerlich an widergöttliche Engel denken können. Vielmehr ist die Aufgabe der Engel dann – über die direkte Textaussage hinaus – in einer Mittlerschaft im Auftrag Gottes zu sehen. Paulus schweigt davon um des Kontrastes zur Verheißung und um der Degradierung des Gesetzes willen. Es ist nun nur von unteren Mächten gegeben (weiteres vgl. zu 4,3).

Die letzte Charakteristik betrifft den Mittler. Es sollte kein Zweifel herrschen, daß Mose gemeint ist. Abraham als Adressat der Verheißung konnte direkt angeredet werden. Die Mitteilung des Gesetzes erfolgt nur über den Mittler, da nicht Gott 20 – also ein Einzelner – das Gesetz offenbart, sondern eine Mehrzahl, die Engel. So stützt die überlieferte Mittlerschaft des Mose die These der Engeloffenbarung. Dieser Gedankengang macht klar, wie außergewöhnlich die Aussage über die Engel als alleinige Offenbarer des Gesetzes auch nach Paulus den Lesern erscheinen mußte. Ganz nebenbei wird zugleich aus dem hochgeehrten jüdischen Mose ein Mann, dessen Aufgabe nur noch Indiz ist für die Inferiorität des Gesetzes.

21   Mit V. 19 f. ist das Terrain abgesteckt, auf dem sich zwangsläufig eine Antwort
auf die Frage ergibt, ja schon ergeben hat: Steht das Gesetz gegen Gottes Verheißungen? Natürlich kann es das nicht. Paulus begründet das nochmals durch eine
Verdeutlichung zum ersten der vier Aspekte aus V. 19. Hieß es dort: der Übertretungen wegen ist es hinzugefügt; so jetzt: Wenn ein Gesetz gegeben wäre, das Leben
schaffen könnte, so könnte aus solchem Gesetz Gerechtigkeit kommen – und die
22 Konkurrenz zur Glaubensgerechtigkeit läge zutage. Aber das Alte Testament hat
alles (= alle Menschen) unter der Sünde eingeschlossen, d. h. dem Gesetz nur die
Aufgabe zugeordnet, ausnahmslos das Sündersein des Menschen zu demaskieren.
Wenn die Schrift so verfährt (zur Schrift als aktivem Subjekt vgl. 3, 8), gibt sie damit
Gottes Willen kund. Nicht nur diese Funktionsbeschreibung, sondern auch die
damit verfolgte Absicht ist der Schrift zu entnehmen (vgl. 3, 6-8): Statt in Konkurrenz zur Verheißung zu treten, dient das Gesetz so dem alleinigen Heilsweg aufgrund der Verheißung, die nur den Glaubenden aufgrund ihres Glaubens an Jesus
Christus (3, 13 f.) zuteil wird.

23 f.   Diese Erkenntnis läßt sich personal und geschichtlich formulieren, so daß die
Christenheit („wir") sich selbst als unmittelbares Objekt des Schrifturteils begreifen muß: Die Geschichte zerfällt in zwei aufeinander folgende, streng zu scheidende
Abschnitte ohne Synchronisationsmöglichkeit. Der erste Zeitraum trägt als Wesensbestimmung das Gesetz. Es übte uneingeschränkte, totale, wenig freundliche Bewa-
cheraufgaben aus, die einer Kerkerhaft der Menschheit entsprachen. So kommt
Paulus das Bild eines Aufseherslaven in den Sinn, der in den Häusern wohlhaben-
der Familien in der Regel mit harter Zucht die unmündigen Kinder beaufsichtigte.
Dieser Zeitabschnitt ist endgültig abgetan. Seine Beschreibung erfolgt in der Vergangenheitsform. Der andere Zeitabschnitt hat den Glauben zur Wesensbestimmung. Paulus redet von ihm ausnahmsweise sogar als von einer objektiven, selbständigen Größe (vgl. 3, 25; 4, 4). So wird angedeutet, daß nicht wie schon bei
Abraham der Glaube eines Einzelnen zu dieser Wesensaussage führt, sondern erst
der Glaube an Jesus Christus als Empfang der Verheißung, wie er die christliche
Gemeinde bestimmt (3, 14). Dieser Glaube führt zur Rechtfertigung, also zum Ziel,
das für das Gesetz unerschwinglich war (3, 21). Endlich sind beide Zeiträume auch
zueinander in Beziehung gesetzt: Die Christen lebten ehedem in der Zeit des Gesetzes, weil sie aufbewahrt werden sollten für die Zeit des Glaubens. Nicht daß das
Gesetz langsam zum Glauben hingeführt hätte (Weckung von Glaubenssehnsucht,
vermehrte Verzweiflung über die Sünde), sondern es verhaftete alle Sünder in ihrem
Zustand und schuf so negativ die Voraussetzung – wie nach dem Kommen Christi
klar wird –, daß Christus für alle der Verheißungsträger sein und die Befreiung vor-
25 nehmen konnte. Weil mit Christus dieser Glaube gekommen ist, leben alle rück-
ständig und gegen ihre Situationsbestimmung, die sich dem Gesetz als Zuchtmeister
unterordnen wollen (vgl. Röm. 6, 14). So endet auch dieser Gedankengang mit einer
kompromißlosen Abkehr von der Position der Irrlehrer: Ihre Gesetzeslehre schafft
kein Heil, wohl aber längst überholte Unmündigkeit.

26   Diesem anachronistischen Rückfall soll sich die Gemeinde nicht beugen. In einer
direkten Anrede wird ihr die längst erworbene Situationsbestimmung in Christus
erneut zugesprochen. Aufgrund des Glaubens, wie er die Wesensbestimmung der
neuen Zeit abgibt (V. 23. 25), sind sie alle ausnahmslos „Söhne Gottes" (vgl. Röm.
8, 14. 19; Gal. 4, 6), insofern sie „in Christus" sind, d. h. weil sie als Glieder am Leib
Christi leben. Paulus hebt nicht auf den individuellen Glauben der einzelnen Christen ab, dann müßte er imperativisch zu ihm aufrufen. Er legt vielmehr den Heils-

indikativ aus, indem er die Gemeinde insgesamt auf ihre grundlegende Zuordnung zu Christus als dem Ende des Gesetzes hinweist. Diese Zugehörigkeit zur Heils- 27 bestimmung „in Christus" erhielten alle je einzeln durch die Taufe. Getauft sein auf Christus heißt, Christus wie ein Kleid angezogen haben. Spätestens ab hier lassen Terminologie und Vorstellungswelt ihren vorpaulinischen Charakter erkennen. Es ist eine Taufvorstellung des hellenistischen Christentums, die sich hier zu Wort meldet. Vornehmlich die Vorstellung des Anziehens eines Kleides entstammt religionsgeschichtlich den hellenistischen Mysterienreligionen und beeinflußte die christliche Taufvorstellung. Das Urchristentum taufte auf Christus bzw. auf seinen Namen (vgl. Röm. 6,3; 1.Kor. 1,13.15; Apg. 19,5). Diese grundlegende unwiderrufliche Übereignung an den Herrn wurde im hellenistischen Christentum z.B. als Eingliederung in den „Leib Christi" verstanden. Sachlich will auch das „Anziehen" Christi Analoges sagen: Es geht um das objektive neue Sein der Christen, dessen Wesen es ist, in unverbrüchlicher Beziehung zu Christus zu stehen (vgl. Röm. 14, 7f.), ja an ihm selbst als ein Glied Anteil zu haben (1.Kor. 12, 12ff.). In diesen Vorstellungsbereich gehört auch die Aussage in V.26, getaufte Christen seien „Söhne Gottes".

Was Paulus mit diesen Aussagen in V.26f. bezweckt, zeigt später V.29. Zuvor 28 spricht er jedoch abermals zum Teil unerwartet, weil über den Kontext hinausgehend, davon, daß das Einssein in Christus die heilsgeschichtlich ehemals fundamentale Trennung zwischen Juden und Heiden, die gesellschaftliche, vorchristlich bedeutungsvolle Unterscheidung von Sklave und Freiem und die in der gleichen Dimension beheimatete Teilung zwischen Mann und Frau beseitigt. Nun belehrt 1.Kor. 12, 12f., daß diese Ausführung ebenfalls in den Zusammenhang Taufe – Leib Christi gehört (vgl. auch Kol. 3,11). Auch in diesem Fall ist also das Taufthema Anlaß, V.28 einfließen zu lassen. Wiederum fußt dabei die Aussage auf einer Grundansicht des hellenistischen Christentums, die dieses unabhängig von Paulus in der Tauflehre verankerte. Damit, daß der Täufling Christus übereignet war, war er den aufgezählten Alternativen enthoben. Dabei hat nur das erste Gegensatzpaar einen Kontextbezug: Ist der Gegensatz Jude – Heide aufgehoben, dann die Größe, die diesen Gegensatz konstituierte, das Gesetz. Zweimal noch (5,6; 6,15; vgl. noch 1.Kor. 7,19) wird Paulus im Galaterbrief in Grundsätzen über die Kirche dies herausstellen. Auch diese Stellen sind kaum unmittelbar neu formuliert. Seine erste grundsätzliche Erörterung mag der Satz in Antiochia erfahren haben (vgl. zu 2, 11ff.; im Alten Testament: Jer. 31,34; Joel 2,28f.). Er hat sich in der hellenistischen Christenheit dann (weitgehend?) durchgesetzt und ist (vielleicht u.a. in Korinth?) wie in 1.Kor. 12,13; Gal. 3,28; Kol. 3,11 ausgebaut worden. Auch im johanneischen Traditionsbereich ist der Grundgedanke zuhause (Joh. 17,21).

Jedoch zitiert Paulus V.28 wohl nicht als Einzeltradition. Vielmehr war offenbar schon vor dem Apostel V.28 mit V.26f. zu einer Einheit verbunden. Denn überblickt man nun rückschauend die Beobachtungen zu V.26-28 – also den Übergang zur Anrede mit „Ihr", die nicht vorbereitete Verwendung des Begriffs „Söhne Gottes", die Taufterminologie in V.27, den überschüssigen Text in V.28 und endlich die Zuordnung aller Aussagen in diesen Versen zur Taufe –, dann muß man in dem ganzen Abschnitt, wie jüngst schon vermutet wurde, feste Tradition erblicken. Sieht man in dem „denn" von V.26 die syntaktische Überleitung und in dem „durch den Glauben" die inhaltliche Verklammerung durch Paulus und in V.29 die Fortsetzung seiner eigenen Gedanken, so zeigt die Tradition eine selbständige, in sich geschlossene Form mit einem einheitlichen Themenfeld:

1   „Alle seid ihr Söhne in Christus Jesus.
2a   Denn alle, die ihr auf Christus getauft seid,
 b   habt Christus angezogen.
3a   Da ist nicht Jude oder Grieche,
 b   nicht Sklave oder Freier,
 c   nicht Mann oder Frau.
4   Denn alle seid ihr einer in Christus Jesus."

Deutlich bilden die inhaltsgleichen Zeilen 1 und 4 die Klammer. In 2ab wird die Sohnschaft aus Zeile 1 durch die Taufe begründet. In 3abc wird die angedeutete Tauftheologie auf den heilsgeschichtlichen und gesellschaftlichen Bereich angewendet. Als Gattung hat man die der Seligpreisungen vorgeschlagen. Doch ist diese Zuordnung nicht problemlos. Man sollte eher mit einem gottesdienstlichen Heilszuspruch rechnen.

Offenbar bejahte die galatische Gemeinde diese Tauflehre samt der Konsequenz für die Aufhebung von Juden- und Heidentum in Christus. Paulus erinnert sie an diese Gemeindebasis, deren Verbindlichkeit vor Eintreffen der Irrlehrer unbestritten war. Nun, da sie sich dem Gesetz erneut verschreiben, brechen sie mit ihrem Anfang, indem sie ins Judentum zurückfallen. Paulus hingegen konstatiert die unverbrüchliche Geltung dieses Anfangs und zieht dann für das Thema der Abrahamverheißung die abschließende Konsequenz. Dazu knüpft er an V. 27 an: Wenn Taufe Christuszugehörigkeit ist, und Christus der Same ist, dem die Abrahamverheißung gilt (3, 16f.), dann sind auch die galatischen Christen „Same Abrahams", Erben der Verheißung. Die Sohnschaft Abrahams (3, 7) und die Sohnschaft Gottes (3, 26) sind identisch. So endet der Abschnitt über das Gesetz mit einer Verknüpfung zum Abschnitt über Abraham. Hieß es dort, die Zeit des Gesetzes sei eine Zwischenphase, so zeigt 3, 19-29 dasselbe: Das Gesetz ist eine nur zwischenzeitlich gültige vom Abrahamthema umschlossene und überholte Größe.

4. Sohnschaft bedeutet Freiheit von den Weltelementen 4, 1-7

1 Ich meine aber: Solange der Erbe unmündig ist, unterscheidet er sich durch nichts von einem Sklaven, obwohl er der Herr über alles ist. 2 Er untersteht vielmehr Vormündern und Hausverwaltern bis zu dem vom Vater angeordneten Termin (der Mündigsprechung).
3 So verhält es sich auch mit uns: Als wir unmündig waren, waren wir unter den Elementen der Welt versklavt. 4 Als aber das Ende der Zeit (der Versklavung) gekommen war, sandte Gott seinen Sohn, geboren von einer Frau, unter das Gesetz getan, 5 um die unter dem Gesetz (Versklavten) loszukaufen, damit wir die Annahme an Sohnes Statt erlangten.
6 Weil ihr Söhne seid, hat Gott den Geist seines Sohnes in unsere Herzen gesendet. Er ruft: Abba, Vater! 7 So bist du kein Sklave mehr, sondern Sohn. Bist du jedoch Sohn, dann auch Erbe durch Gott.

4, 1-7 ist der dritte und letzte Abschnitt, der am Ende das Erbe der Abrahamverheißung in Antithese zum Gesetz stellt (vgl. 3, 18.29). Dabei hat er eine auffällige Parallelität zu 3, 22-29. Wie dort, erkennt man auch hier dieselbe Abfolge im Stil:

zuerst die unpersönliche Diktion (4,1 f.), dann das Wir der Gemeinde (4,3-5), endlich der Zuspruch in der direkten Anrede (4,6 f.). Auch inhaltlich sind Wortfeld und Gedankenfolge eng verwandt. Aufgrund dieser Einsicht hebt sich die Besonderheit von 4,1 ff. ab: dem Gesetz entsprechen die Weltelemente, und anstelle des Taufthemas steht das der Geistsendung. Beides wird nicht zufälliges Illustrationsmittel sein, sondern ist konstitutiv für die Polemik gegen die Irrlehrer.

Paulus beginnt mit einem Beispiel des bürgerlichen Rechtslebens (wie 3,15). Nach 1 f. hellenistischem Recht setzt der Vater für den Fall seines Ablebens für den unmündigen Sohn einen Vormund ein bis zu einem festen Termin. Mag der Sohn also Erbe sein: Unter Vormundschaft gleicht er den Sklaven. Er hat kein Verfügungsrecht über das Erbe und unterliegt der Gehorsamspflicht. Nicht mit den üblichen Rechtsgepflogenheiten vereinbar ist der Umstand, daß Paulus von Vormündern und Hausverwaltern spricht. Eine Mehrzahl und Doppelung verschiedener Aufsichtspersonen ist unüblich. Vielleicht liegt Einfluß von der Sachaussage vor: Gesetz und Weltelemente bilden eine Doppelung, und letztere repräsentieren auch eine Pluralität.

Jedenfalls solchem Zustand der Unmündigkeit waren die Christen unterworfen, 3 insofern sie den „Weltelementen" versklavt waren. Was sind die Weltelemente?

Weltelemente: Bei ihrer Deutung sollte man ein zu schnelles Vergleichen mit Kol.2,8.20 abweisen. Der Kolosserbrief steht in einer anderen Front als der Galaterbrief: Gesetzesproblematik und Beschneidungsforderung fehlen in ihm. Die kolossäische Irrlehre hat vorrangig kosmische Grundaussagen, im Galaterbrief dominiert die heilsgeschichtliche Linie. Darum ist es sicherer, die beiden Stellen Gal.4,3.9 zunächst für sich zu interpretieren.

Paulus läßt 4,3 („Wir") die Judenchristen in ihrem vorchristlichen Status den Elementen dienen. Dieser Dienst ist Gesetzesdienst (so auch analog 4,9 f.). Eine kultische Verehrung mythischer Mächte ist hierbei jedoch nicht ausgesagt und von Juden auch kaum zu erwarten (1.Gebot!). Paulus hätte mit solcher Annahme den Juden Heidentum vorgeworfen. Dies widerspräche seiner sonstigen Deutung des Judentums (2,15; Röm.3,1 f.; 9,3 f.; 10,2). Anders redet Paulus von dem vorchristlichen Leben der Heidenchristen: Zu ihrem Dienst den Göttern gegenüber, d.h. also zu ihrem heidnischen Gottesdienst, gehörte auch der Elementedienst, dem sie sich nun wiederum (4,9) als Christen zuwenden. Gilt Göttern wie Elementen Verehrung, sind die Elemente mythische Wesen. Analog zu 4,3 f. ist ihr Auftreten auch hier von Forderungen bestimmt: Der Festkalender (4,10) wird durch sie begründet.

Vergleichbare Vorstellungen gibt es im jüdischen und heidnischen Hellenismus. Die Weltelemente sind primär die vier Grundstoffe der Welt: Erde, Wasser, Feuer, Luft (seit Empedokles). Die Liste ist variations- und erweiterungsfähig. Ebenso läßt sich zeigen, daß das Heidentum (vom Persischen Reich ab) die Elemente verehrte und auch bisweilen durchaus mit Göttern identifizierte. Das Judentum jedoch hat gerade dagegen polemisiert bei grundsätzlicher Anerkenntnis der Elemente als Grundstoffe des Kosmos (Philo; Weish.7,17; 13,1 ff.). Für Philo z.B. (Rer.div.her. 152 f.; Spec.leg. I 208) garantiert die rechte Mischung der Elemente die Harmonie des Geschöpflichen. Der Gottesdienst ist Dank an Gott für diese Harmonie (Rer.

div. her. 199. 266 u. ö.). Doch auch bestimmte Festtage stehen mit den Elementen
in Verbindung: Mose intendierte mit seinen Geboten – einschließlich der kultischen – nur die Harmonie des Alls und die Übereinstimmung mit den Elementen
(Philo, Vit. Mos. II 52 f.). Jahreszeiten und Festkalender zeigen die Harmonie mit
ihnen (z. B. Spec. leg. I 210; II 151 f.). Im Hellenismus ist die Vorstellung belegt, die
Seele (der Geist) des Menschen müsse im obersten Element endlich Ruhe finden,
was zu religiösen Forderungen bestimmter Erlösungspraktiken führte (z. B. Plutarch
II 729 AB; Jamblichus, Vita Pythagor. 108). Übrigens kennen auch Josephus (Bell.
6, 47) und Philo (Rer. div. her. 282 f.) Analoges: Die Seelen der Menschen haben im
reinsten höchsten Element ihren Ruheort.

Wie die galatische Irrlehre die Elemente genau deutet, bleibt im Dunkel, vor allem
deshalb, weil die galatische Religionsgeschichte unbekannt ist. Aber strukturell
läßt sich wohl festhalten: Die Irrlehrer werden die fortdauernde Geltung des jüdischen Gesetzes mit einer Elementenlehre begründet haben. Kosmos und Gesetz
stehen für sie in Harmonie. So ist z. B. der Festkalender gesetzlich und kosmisch zu
begründen (4, 10). Dabei konnte man auf Verständnis gerade auch bei den Heidenchristen hoffen, weil diese aus ihrer Vergangenheit sogar bis zur Verehrung der
Elemente gegangen waren, nun aber als Christen selbstverständlich monotheistisch
dachten (4, 8). Gab man möglicherweise auch jetzt den Elementen den Charakter
mythischer Wesen, wären sie Engel (vgl. Kol. 2, 18). Dann mag man an 3, 19 denken
und das Gesetz aus Engelhand als weiteren Beleg für die Harmonie von Elementen
und Gesetz sehen. Nun tritt aber die Irrlehre zugleich als Heilslehre auf, d. h. die
Elemente werden wohl auch Heilsbedeutung gehabt haben. Hat man gelehrt, daß
die Seele des Menschen (Pneuma) im reinsten Element Ruhe finden wird und der
Mensch dies durch die Beachtung des Festkalenders noch erreichen müsse, wäre
motiviert, warum Paulus im Rückgriff auf 3, 1-5 und in Abwandlung von 3, 27 nun
mit dem göttlichen Geist als bereits geschenkter Heilsgabe argumentiert (4, 6). Dies
würde mit der Polemik gegen die Irrlehrer im ganzen Abschnitt im Einklang stehen.
Denn Paulus besteht darauf, daß das Gesetz und die Elemente kein Heil schaffen
können und überholt sind, und daß der Dienst unter ihnen eine Knechtschaft
Unmündiger ist.

4 f.   Durch die vorangestellte Zeitangabe wird sofort auf die Überholtheit des Gesetzes
hingewiesen. Das „Ende der Zeit" bezieht sich dabei auf den angeordneten Termin
der Mündigsprechung V. 2. Doch bekommt die Aussage zugleich endzeitlichen
Klang: Mit der Sendung des Sohnes ist das Alte vergangen, die endzeitliche Neuschöpfung beginnt (2. Kor. 5, 14-19). Diese Sendung zielt auf die Freiheit vom Gesetz
und den Zuspruch der Sohnschaft: d. h. – im Bild von V. 1 f. – auf die Einsetzung
zum mündigen Sohn. Paulus stellt dies dar durch Rückgriff auf ein Schema, das
offenbar auch den Galatern bekannt war. Er erinnert sie an ihren Glauben und legt
ihn aus, um die notwendige Frontstellung gegen die Irrlehrer zu verdeutlichen. Der
Aufweis der Diskrepanz zwischen dem gemeinsamen Glauben und dem jetzigen
Verhalten soll die Gemeinde aufmerken lassen. Das Schema begegnet noch Röm.
8, 3 f.; Joh. 3, 16 f.; 1. Joh. 4, 9 und besteht aus einem Hauptsatz über die Sendung
– Gott sendet seinen (präexistenten) Sohn (in die Welt) – und aus einem final formulierten Nebensatz, der die Heilsbedeutung seiner Sendung für die Gemeinde aus-

sagt. Paulus erörtert in diesem Schema die Gesetzesproblematik (vgl. 3, 13). Möglicherweise will er also entsprechend diesem Schema sagen: Der Sohn macht die Seinen zu Söhnen. (Doch könnte auch V. 6 f. Einfluß genommen haben.) Mit Sicherheit hat die Aussage „von einer Frau geboren" in diesem Textzusammenhang kein Gewicht. Das spricht für vorpaulinisches Alter, obwohl das Grundschema ohne solchen Satz auskommt. Damit weist er auf eine Inkarnationslehre, die die Vorstellung einer „Jungfrauengeburt" ebensowenig für ihr Christusbild auswertet wie z. B. Joh. 1, 14; Phil. 2, 7. In der Tat: Mt. 1, 18 ff.; Lk. 1, 26 ff. stehen in der Geschichte der frühen Christologie am Rande und sind Spätprodukte. Das Schema von der Sendung des Sohnes verwendet religionsgeschichtlich im übrigen die jüdisch-hellenistische Vorstellung von der Weisheit, die Gott zum Heil der Menschheit auf die Erde sendet (Weish. 9, 10. 17).

Entfaltete der Apostel an V. 4 f. die Sohnschaft der freien, nicht mehr unmündigen **6 f.** Gemeinde, so daß Gesetzes- und Elementedienst ein der Situation widersprechender Rückfall sind, so füllt er diese Bestimmung in direkter Anrede nun aus. Dabei bedient er sich erneut einer der Gemeinde wohl bekannten Tauftradition. Er aktualisiert jedoch erneut den Glaubenskonsens, um die eingedrungenen Missionare bloßzustellen. Röm. 8, 14-17 zeigen im Vergleich mit Gal. 4, 6 f. das vorgegebene Grundschema, das abgewandelt auch Gal. 3, 26-29 vorliegt: In der Taufe ist der Gemeinde mit dem Geist auch die Sohnschaft zugeeignet. Gal. 3, 27 spricht statt vom Geist als Taufgabe von der Taufe selbst. Wie sich Sohnschaft im geistgewirkten Gebetsruf: „Abba, Vater" äußert, so besagt sie ihrem Wesen nach, daß die Gemeindeglieder Erben Gottes sind. Offenbar spricht in dieser Form ein bestimmtes frühes hellenistisches Christentum von seiner Geisterfahrung. Es sieht die bis dahin als künftig erwartete Erbschaft im Geist bereits ausgeteilt und erfährt damit schon in der Gegenwart die erfüllte Unmittelbarkeit zu Gott. Dies besagt auch der (aramäische) Ruf Abba! (das entspricht familiärem „Papa"). Ob dabei das Abba an den Anfang des Vaterunsers (Lk. 11, 2) erinnern soll, bleibt ungewiß. Paulus kann einmal mit dieser Tradition das 3, 1-5 einleitend angeschnittene Thema fortsetzen, vor allem aber klarmachen: 1) daß die Zeit des Geistes die alte Zeit des Gesetzes abgelöst hat; 2) die Unmittelbarkeit zu Gott keiner Zwischeninstanz wie der Elemente bedarf; 3) Geist (Pneuma) und Sohnschaft bereits ausgeteilte Gaben sind, das menschliche Pneuma braucht nicht erst über einen Elementedienst sich Heilsruhe zu verschaffen; endlich 4) die Gaben ein Erbe (vgl. 3, 18. 29) sind, d. h. im strengen Sinne Geschenk Gottes („Erbe durch Gott"), und nicht durch gesetzlichen Eigenerwerb erreichbar.

5. *Der rückfällige Elementedienst zerstört das Werk des Paulus 4, 8-11*

8 Damals jedoch, als ihr Gott nicht kanntet, habt ihr Göttern gedient, die in Wirklichkeit keine sind. 9 Jetzt aber, da ihr Gott erkannt habt, vielmehr von Gott erkannt worden seid, wie könnt ihr euch da erneut zu den schwachen und armen Elementen hinwenden und ihnen wiederum von neuem dienen wollen? 10 Tage haltet ihr ein, wie auch Monate, Festzeiten und Jahre. 11 Ich fürchte, ich habe mich umsonst um euch gemüht!

8   Der kleine Abschnitt zieht speziell für die vorherrschende Gruppe der Heidenchristen der Gemeinde die 4,1ff. schon angelegte Konsequenz: Der von den Irrlehrern geforderte Elementedienst (vgl. zu 4,3) ist zugleich Rückkehr ins Heidentum. Abermals (vgl. 1,8f.; 3,1-5; vgl. später 4,12ff.) setzt Paulus bei dem Anfang
der Gemeinde ein: Die Missionsverkündigung des Apostels (vgl. 1.Thess.1,9)
bedeutete für die Galater, daß sie ihre Götter fahren ließen, weil sie erkannten, daß
sie angesichts des Vaters Jesu Christi bisher Göttern dienten, die in Wirklichkeit
keine Gottheiten sind.

Man darf diese Deklassierung der Götter nicht im Zusammenhang einer aufgeklärten Rationalität verstehen: Viele Götter sind ein Widerspruch gegen den
streng gedachten Sinn des Wortes „Gott", insofern zum Gottsein universale, vollkommene Macht gehört und bei der Vorstellung vieler Götter diese Macht geteilt
werden muß. Paulus hat wie das gesamte Urchristentum den Monotheismus vom
Judentum übernommen. So sicher dieses u.a. auch im hellenistischen Milieu aufklärerisch (mit Erfolg) um den Monotheismus warb, war der Anspruch Jahwes,
allein Gott Israels zu sein, primär der Anspruch, Israel dürfe nur ihn allein verehren. Erst von dieser Ausschließlichkeitsforderung des Gottes Israels her ergab
sich dann die Vorstellung, alle Götter seien Nichtse, mit der Begründung, sie hätten
keine Macht (Jes.44,1ff.). Das Judentum hat unter diesem Einfluß die Götter entweder zu Dämonen erklärt oder ihnen jede Macht abgestritten, im Gefolge davon
dann auch ihre Existenz geleugnet. Ebenso verfährt Paulus: Einerseits sind die Götter für ihn Dämonen (1.Kor.10,19f.); andererseits gilt: „Es gibt keinen Götzen in
der Welt und es gibt keinen Gott außer einem." (1.Kor.8,4). Demzufolge ist Gott
der einzige Gott Israels und der Völker (Röm.3,29f.). Aber Paulus hat diesen ihm
und dem ganzen Christentum selbstverständlichen Monotheismus nie als Weltanschauungsproblem erörtert, sondern unter dem Aspekt: Wer hat Macht über die
Gemeinde und Anspruch auf alle Menschen? Darum hat er z.B. 1.Kor.8,5f. das
Nichtsein der Götter als ein Nichtigsein ausgelegt: Sie sind Götter und Herren, aber
diese Macht gebührt ihnen nicht, schon gar nicht in der Gemeinde, weil „für uns
gilt: Einer ist Gott ..." So folgt auch Röm.3,30 auf das „Einer ist Gott" sofort der
Machterweis Gottes, d. h. sein Rechtfertigen aus Glauben.

9   Ist aber Gott darum allein Gott, weil er sich so der Gemeinde erfahrbar gemacht
hat, dann wird verständlich, warum Paulus das Erkennen Gottes durch den Menschen interpretiert als ein Erkanntwerden von Gott (1.Kor.8,3; 13,12). Erst die
Zuwendung Gottes zum Menschen erweist ihn als den ausschließlichen Einen und
damit zugleich die Elemente (vgl. zu 4,3) als „schwach und arm" (entsprechend
allen anderen möglichen Göttern). Es geht also um einen Herrschaftswechsel. Weil
Gott sich allein als fähig erwies, Heil zu schaffen, ist er Gott und sind alle anderen
Mächte als macht- und mittellos entlarvt, Heil schaffen zu können. Wozu besteht
konkret diese Gottheit Gottes, die über alle Götter triumphiert? Im göttlichen
Erwählen (1,4f.), im Ruf zum Evangelium (1,6f), im Berufen zum Apostel (1,15f.),
im Rechtfertigen aus Glauben (2,16), im Senden des Geistes (3,2.5) und in der Befreiung vom Gesetz (3,19ff.), kurzum: es ist die Macht, mit der die Botschaft vom
gekreuzigten Christus Menschen verändert (3,1; 4,19; 5,1). Dann ist der erneute
Elementedienst Rückfall ins Heidentum, weil der Christ damit hinter das Von-Gott-

Erkanntsein zurückfällt, Christus und Geist nicht als Götterdämmerung versteht, sondern neben dem einen Gott Christi den Göttern und Mächten wieder Macht über sich zuerkennt.

Diese Macht der Elemente äußert sich gesetzlich, ist also der Qualität nach ein 10 Rückfall unter das Gesetz. So fordern die Elemente die Einhaltung eines Festkalenders. Die Aufzählung ist sicher traditionell (vgl. äth. Hen. 75,3; 79,2; 82,7; Jub. 1,14; 2,8-10; 1 QS 9,26-10,8; 1 QH 12,4-9) und gibt sich als grobe Kennzeichnung eines jüdischen Festzyklus zu erkennen. Für das Judentum bilden gesetzliche Vorschriften und kosmische Ordnung eine konstitutive Einheit, wie sie sich u. a. im Festkalender dokumentierte. Die Reihung beginnt mit dem kleinsten Zyklus und endet mit dem größtmöglichen. Dann werden die Festzeiten die jahreszeitlich gebundenen Feste sein. Allerdings macht Paulus über die Reihung hinaus keine näheren Angaben. Er braucht den Galatern nicht das, was sie selbst praktizieren, zu erklären, 11 sondern nur generell das Thema anzusprechen. Nicht die Explikation des Festkalenders, sondern seine Abqualifikation ist sein Ziel. Diese äußert sich unmißverständlich zum Abschluß. Revidieren die Galater den Rückfall nicht, hat sich Paulus um sie umsonst gemüht. Er fürchtet, es ist so.

6. Einst wie Christus aufgenommen, ist Paulus nun der Feind der Gemeinde geworden 4,12-20

12 Werdet wie ich (bin), denn auch ich (bin) wie ihr (wart), Brüder, ich bitte euch!

Durch nichts habt ihr mich gekränkt: 13 Ihr wißt doch, wie ich euch, krank am Körper, das erste Mal das Evangelium verkündigte. 14 Da (lag) die Versuchung für euch in meinem (kranken) Körper, (doch) habt ihr (mich) nicht mit Verachtung abgewiesen noch (vor mir) ausgespuckt, vielmehr habt ihr mich wie einen Gottesboten aufgenommen, wie Jesus Christus (selbst).

15 Wo bleibt eure Seligpreisung? Ja, ich bezeuge euch, daß ihr, wäre es möglich gewesen, euch die Augen ausgerissen und sie mir gegeben hättet! 16 Bin ich also euer Gegner geworden, weil ich euch die Wahrheit gesagt habe? 17 Sie eifern nicht in guter Weise um euch, sondern sie wollen euch ausschließen, damit ihr euch für sie eifrig erweist. 18 Gut ist es schon, wird man im Guten allezeit umworben, auch nicht nur dann, wenn ich bei euch bin, 19 meine Kinder, um die ich erneut Geburtsschmerzen erdulde, bis Christus in euch Gestalt gewinnt. 20 Gerne wäre ich jetzt bei euch und gäbe meiner Stimme den richtigen Ton, denn ich bin euretwegen ratlos.

In der Regel übersetzt man den einleitenden Imperativ so: Werdet wie ich (bin), 12 denn auch ich (wurde) wie ihr! und deutet dann: Werdet wie ich gesetzesfrei, denn auch ich bin damals, als ihr euch aufgrund meiner Predigt zum Christentum bekanntet, um euretwillen wie ein Gesetzloser geworden! Dann würde Paulus auf seine missionarische Anpassung Bezug nehmen, wie er sie 1. Kor. 9,19-23 beschreibt. Diese Auslegung beruft sich auf die voranstehenden Abschnitte, in denen es um die Gesetzesfreiheit geht, so daß Paulus als ehemaliger Jude sich der Gesetzesfreiheit der Heiden angeglichen hätte. Nun wird man aufgrund einer Durchsicht vergleichbarer paulinischer Imperative wohl generell davon ausgehen dürfen, daß solcher Imperativ vom vorangehenden Text seine Substanz erhält (vgl. vor allem

1.Kor.4,16; 10,7; Phil.4,9). Möglich ist dabei wie z.B. 1.Kor.11,1ff.; Phil.3,17ff., daß weitere Motivationen nachfolgen. Solcher Fall liegt auch 4,12ff. vor. Aber dennoch will die Auslegung nicht recht einleuchten: Gerade der voranstehende Text erklärte (3,23; 4,3.8-11), daß die galatischen Christen zuvor als Juden und Heiden nicht frei vom Gesetz, sondern unter ihm geknechtet waren. Also muß der Bezug anders bestimmt werden. Etwa so: Werdet, wie ich als mit Christus Gekreuzigter (2,19) und auf Christus Getaufter (3,27) bin, nämlich dem Gesetz gestorben und im Besitz der freien Sohnschaft, denn ich bin noch, wie ihr wart, bevor die Irrlehrer euch davon abbrachten! Auch jetzt ist die Gesetzesfreiheit kontinuierliches Thema, aber die Begründung des Imperativs bezieht sich auf den bis vor kurzem andauernden guten Christenstand der Galater (5,7a). Sie sollen ihren Abfall vom Evangelium (1,6) rückgängig machen, den Paulus nicht mitvollzog, und die ihnen in der Taufe gegebene Sohnschaft ernst nehmen (4,4ff.). Diese Mahnung liegt ganz im Duktus bisheriger Ausführungen (1,6-9; 3,1ff.26ff.; 4,4ff.). Das „Brüder, ich bitte euch" bringt die Ratlosigkeit des Apostels (4,20) zum Ausdruck. Denn gerne würde Paulus dieser Bitte Nachdruck verleihen und die apostolische Autorität in die Waagschale werfen (vgl. zu solchen Bitten 2.Kor.5,20), aber sein Apostelamt ist ja wegen des Streites um das mit ihm engstens verbundene gesetzesfreie Evangelium gerade angegriffen (1,10ff.). So erwähnt er seine apostolische Mission in anderem, für die Galater positiven Sinn (4,13f.). Ebenso könnte er als Vater der Gemeinde ermahnen (vgl. 1.Kor.4,14-16; 2.Kor.6,13; 1.Thess.2,11f.). Aber die Gegner haben es dahin kommen lassen, daß er die Vaterschaft erneut erst wieder entstehen lassen muß (4,19). So muß er – beides dennoch im Blick – anders verfahren.

13 Von seinem apostolischen Dienst am gesetzesfreien Evangelium redet er so, daß er als Kontext das Lob für die Gemeinde wählt: Sie haben seiner Person keine Kränkung zugefügt. Diese Feststellung gilt uneingeschränkt vom Gründungsaufenthalt bis heute. Ja, im Gegenteil! Zuvor hatte er ihnen bei seiner Erstmission reichlich Anlaß zu seiner Ablehnung gegeben. Denn zu dieser Zeit war er ein kranker Mann. Ob dabei „das erste Mal" noch an einen möglichen zweiten Aufenthalt des Apostels bei den galatischen Gemeinden denken läßt (vgl. auch die Einleitung), ist schwer zu entscheiden. Auch die Aussage über die Krankheit läßt sich doppelt fassen: Als Grund der dann mehr zufälligen Mission auch in Galatien oder als Begleitumstand während seiner ersten Anwesenheit dort. Die erste Deutung hat die klassische Grammatik auf ihrer Seite, muß aber in Kauf nehmen, daß Paulus sich in der schon so schwierigen Situation zusätzlich noch kompromittiert: Seine Mission in Galatien ergab sich nur, weil er hier ungewollt als kranker Mann pausieren mußte. Die zweite Deutung ist im spätantiken Griechisch grammatisch möglich. Ihr Sinn ist dieser: Da die paulinische Mission begleitet wurde von seiner persönlichen Krankheit, hätte sie den Galatern Anlaß geben können, den göttlichen Ursprung derselben zu bezweifeln. Diese Auslegung kann nicht nur auf die Analogie in 1,10-12 verweisen, sondern auch auf 4,14: Die Versuchung der Galater bestand nach V.14 näm-

14 lich darin, ihn wegen seiner körperlichen Krankheit zu verachten, d.h. seine Botschaft abzuweisen, ja sogar wie gegenüber einem dämonisch Besessenen den Abwehrritus des Ausspuckens zu vollziehen. Damit hätten sie seine Botschaft aufgrund seiner Krankheit des dämonischen Ursprungs bezichtigt, wie sie die Botschaft jetzt

unter Einfluß der Irrlehrer als von menschlicher Herkunft bestimmen (1,10 ff.). Aber diesen Weg sind die Galater bis heute (V.13 c!) nicht gegangen. Vielmehr haben sie damals Paulus als einen Gottesboten, ja als Jesus Christus selbst aufgenommen, also so, wie Paulus seinem apostolischen Selbstverständnis nach aufgenommen werden wollte (2.Kor.5,20; vgl. Did.11,2.4). Seine Krankheit war gerade nicht Anlaß, Christus selbst abzulehnen, den Paulus im Evangelium ihnen brachte. Ob die Galater darüber hinaus die Krankheit des Paulus sogar als christologische Epiphanie (vgl. 2.Kor.4,7-15; 12,7-10) verstanden, ist dem Text nicht zu entnehmen. Er behandelt nicht das Leiden des Paulus im Kontext der Christologie, sondern redet nur von der Möglichkeit der Galater, die Botschaft Christi wegen der Krankheit des Paulus abzulehnen. Das taten sie nicht. Darin bestand ihre Seligprei- 15 sung, also der Grund, ihnen das Heil zuzusprechen. Im übrigen zeigt die Art der Darstellung, daß Paulus in Galatien auch jetzt sein Apostelamt nicht wegen seiner Schwachheit angegriffen sah wie in Korinth (2.Kor.11,16 ff.). Der Grund zur Seligpreisung ist aber nun nicht mehr gegeben – freilich aus anderer Veranlassung, als daß die Galater nun doch ihn als dämonisch Besessenen ansehen würden und so Christus verloren hätten. Sie haben Christus verloren aus dem V.17 f. genannten Grunde. Bevor Paulus darauf eingeht, lobt er nochmals die Gemeinde: Ihre Fürsorge für den kranken Paulus ging so weit, daß sie sogar – wenn möglich – ihre Augen ausgerissen hätten, um sie ihm zu geben. Dies dürfte die konkreteste Stelle sein, die über die Art seiner Krankheit Auskunft gibt (vgl. noch 2.Kor.4,10 f.; 12, 7). Doch hat man darauf hingewiesen, daß in V.15 eine bekannte sprichwörtliche Wendung stecken kann mit dem Sinn: die Galater hätten Paulus gerne ihr Liebstes, Wertvollstes gegeben. Allerdings, die Wendung „wäre es möglich gewesen" besagt mehr. Man muß darum wörtlich auslegen: die Galater hätten, sofern die Möglichkeit einer Augentransplantation gegeben wäre, seinen Sehstörungen mit ihren Augen ausgeholfen. Leider ist aber auch dann eine gesicherte Diagnose nicht möglich. Nach 2.Kor.4,10 f. ist seine Krankheit chronisch, und 2.Kor.12,7 scheint wohl am ehesten auf endogene Depressionszustände (kaum auf Epilepsie) zu deuten. Waren sie in akuten Stadien mit Sehstörungen verbunden?

Das Lob für den persönlichen Liebesdienst ändert aber nichts an dem Umstand, 16 daß ihre Seligpreisung nun in Frage gestellt ist. Ist dann Paulus also selbst in Gegensatz zur Gemeinde getreten, weil er ihnen „die Wahrheit gesagt hat", d.h. das Evangelium als gesetzesfrei auslegte (vgl. 2,5.14)? Nein, denn dies tat er schon längst vor dem Auftreten der Gegner, und die Galater haben ihm bisher darin zugestimmt. So sind sie Christen geworden. Weder hat die Gemeinde ihn seiner Krankheit wegen abgewiesen, noch hat er sich mit seinem Verkündigungsinhalt zu ihrem Gegner gemacht. Der einzige Grund sind die eingedrungenen Missionare! Sie als fremde 17 Eindringlinge machen es erforderlich, daß Paulus die Gemeinde erneut zurückrufen muß in den Stand, in dem Paulus noch steht (4,12). Die Eindringlinge eifern nicht in guter Weise, weil sie die Gemeinde aus der Gnade Christi reißen wollen (1,6) und das Evangelium verkehren (1,7), so schließen sie die Galater vom Evangelium aus (2,21) und lassen sie um sich eifern, d.h. um ihre judaistische Gesetzesauslegung, die nicht göttlich, sondern menschlich ist (Umkehrung von 1,11 f.). Paulus verwehrt 18 mitnichten, daß andere neben ihm um die Gemeinde sich im Guten (d.h. Sinne des

gesetzesfreien Evangeliums) mühen. Gut ist dies, wenn es allezeit geschieht, nicht 19
nur, wenn er anwesend ist bei ihnen, seinen Kindern, um deretwillen er nun
– eigentlich wider die Natur – erneut (Geburts-)schmerzen erleiden muß, damit
Christus unter ihnen Gestalt im Wandel gemäß dem Evangelium (vgl. 2, 15-4, 7;
speziell 3, 1) gewinnt. So möchte er seine Vaterschaft bei der Gemeinde zurück-
gewinnen, in die die Irrlehrer ersatzweise eintreten wollen, indem sie die Gestalt
20 der gesetzlichen Wahrheit (vgl. Röm. 2, 20) anpreisen. Könnte der Apostel doch
persönlich jetzt in der Gemeinde anwesend sein! Er würde seine Stimme „verwandeln", wie man wörtlich übersetzen muß. Dies heißt jedoch nicht, er würde sich
des ekstatischen Zungenredens bedienen, sondern daß er väterlich zu überzeugen
gedenkt mit Hilfe verständlicher Rede (vgl. V. 13: das Evangelium verkündigen).
Es widerspricht frontal der paulinischen Einschätzung des Zungenredens in
1. Kor. 14, würde er über der argumentierenden Darstellung des Evangeliums, wie
sie schriftlich im Brief geschieht, noch eine höhere Möglichkeit sehen, etwa die, die
„Verzauberung" (3, 1) der Galater durch ekstatische Himmelssprache zu lösen.
Schon dies ist die Frage, ob die Verzauberung in 3, 1 überhaupt mythisch-magisch
zu verstehen ist. Erst recht ist die andere mögliche Hypothese zweifelhaft, die paulinischen Gegner in Galatien hätten durch Zungenreden die Galater „verzaubert".
Dies wolle Paulus durch eigene übernatürliche Rede bekämpfen. Eine mögliche
Geistbegabung der Gegner oder gar ihr Zungenreden ist im Brief nirgends erwähnt.
Kann das Zufall sein? In jedem Fall: Wer 1. Kor. 14, 12-19 schreibt und damit eindeutig das Zungenreden weit unter die verständige Sprache einordnet, kann schlechterdings nicht Gal. 4, 20 diametral entgegengesetzt handeln wollen, selbst wenn er
ratlos ist.

Jedoch wohin will Paulus seine Stimme „verändern"? Vom harten Ton des Briefes (1, 6 ff.; 3, 1 ff.) zum milden? Vom gewinnenden Ton beim ersten Aufenthalt
(V. 13) zum nunmehr strafenden Ton? Doch sind diese Alternativen wohl falsch.
Ein einmaliger Wechsel im Ton hätte klarer als Übergang zur harten oder milden
Rede ausgedrückt werden können. Besser nimmt man an, Paulus wolle sagen, er
könne bei persönlicher Anwesenheit, der unmittelbaren Gesprächslage entsprechend, jeweils den richtigen Ton wählen, der die Gemeinde gewinnt. Dies ist ihm
zur Zeit wegen der geographischen Distanz nicht möglich. Diese Deutung schließt
jene andere aus, nach der Paulus gesagt haben soll: Könnte ich doch jetzt meine
Stimme so laut ertönen lassen, daß ihr mich trotz der großen Distanz hören könnt!
Doch die Zeitangabe „jetzt" ist in den Satz eingetragen, und auch als Irrealis bleibt
die Vorstellung abwegig. So wird es bei diesem Sinn der Aussage bleiben: „Gern wäre
ich jetzt bei euch und gäbe (bei meiner Anwesenheit) meiner Stimme (jeweils) den
richtigen Ton, denn ich bin euretwegen ratlos(, wie ich euch am besten nochmals
Christus predigen soll)." Mit diesem Motiv der Ratlosigkeit schließt der Abschnitt
ähnlich wie der vorangehende (V. 11). Paulus setzt erneut zur Sachargumentation an!

7. Das Gesetz selbst lehrt an den beiden Abrahamfrauen die Freiheit der Gemeinde
4, 21-31

21 Sagt mir, die ihr unter dem Gesetz leben wollt, hört ihr das Gesetz nicht?
22 Es steht doch geschrieben, daß Abraham zwei Söhne hatte, einen von der

Sklavin und einen von der Freien. 23 Aber der (Sohn) der Sklavin ist auf natürliche Weise gezeugt worden, der von der Freien dagegen kraft der Verheißung. 24 Das ist allegorisch gesagt. Denn diese (Frauen) bedeuten zwei Bundesschlüsse: Die eine den vom Berg Sinai. Sie gebiert für die Sklaverei. Das ist Hagar. 25 Hagar bedeutet den Berg Sinai in Arabien. Sie entspricht dem jetzigen Jerusalem, denn sie (d. h. diese Stadt) ist Sklavin mit ihren Kindern zusammen. 26 Das obere Jerusalem jedoch ist eine Freie. Sie ist unsere Mutter. 27 Denn es steht geschrieben:

„Freue dich, Unfruchtbare, die du nicht gebierst!

Juble und jauchze, die du nicht in Geburtswehen liegst!

Denn viele Kinder wird die Vereinsamte haben,

mehr als die, die den Ehemann hat."

28 Ihr aber, Brüder, seid in der Weise Isaaks Kinder der Verheißung. 29 Doch wie damals der nach dem Fleisch Geborene den nach dem Geist Geborenen verfolgte, so (ist es) auch jetzt. 30 Aber was sagt die Schrift? „Verstoße die Sklavin samt ihrem Sohn. Denn der Sohn der Sklavin soll nicht zusammen mit dem Sohn der Freien erben." 31 Darum, Brüder, sind wir nicht Kinder einer Sklavin, sondern der Freien.

V. 22: vgl. 1. Mose 16-17; 21; V. 27: Jes. 54, 1; V. 30: 1. Mose 21, 10.

Oft wurde beobachtet, daß der Abschnitt noch einmal dort einsetzt, wo 3, 6ff. begannen, und keine neuen Argumente bringt. Er tut so, als seien 3, 6ff. gar nicht geschrieben worden. Die Funktion des Stückes im ganzen Brief wird damit problematisch. Verfolgt man jedoch den Fortgang des Briefes, zeigt sich, daß 4, 21ff. mit dem Stichwort der Freiheit unmittelbar das letzte Stück des dritten Hauptteils (5, 1-12) bestimmen und auch noch (5, 13) die Überleitung zur ethischen Unterweisung abgeben. Auffällig bleibt der unvermittelte Übergang zu 4, 21 und die inhaltliche Wiederholung von 3, 6ff. Dies mit einer Diktatpause zu erklären, würde das Sachproblem allenfalls unbefriedigend lösen. Hingegen bietet der aus dem Ärgernis des Kreuzes (5, 11) resultierende Freiheitsbegriff, wie er 4, 21-5, 12 bestimmt, eine gute Ausgangsbasis für Ermahnungen. Auch zeigt der abschließende Sarkasmus 5, 12 aufgrund seiner im Aufbau zu 4, 21 parallelen Position mit diesem Vers zusammen dasselbe „Verwundern" über die Gemeinde, verbunden mit derselben harten Ablehnung der Gegner, wie 1, 6-9. So läßt sich der bruchartige Übergang von 4, 20 zu 4, 21 auch verstehen als Folge der 1, 6ff. beschriebenen Problemlage. Gerade die Aporie führt Paulus zu erneuter Argumentation.

Eine weitere Beobachtung tritt hinzu, die die sachliche Parallelität zu 3, 6ff. verstehen hilft. Darf man die Ausführungen über Abraham in 3, 6ff. als eigentliche Leistung des Paulus ansprechen, so liegt es nahe, daß Paulus den Grundstock in 4, 21ff. exegetischer Schultradition entlehnt hat, d. h. nach seiner eigenen Problemlösung versucht Paulus, mit Hilfe eines vorgegebenen Lösungsversuches zu arbeiten.

Daß relativ fest formulierte Schulexegese vorliegt, erweist sich zunächst an der Dublette von V. 28 und 31. Wenn zudem V. 31 folgert, die Gemeinde gehöre auf die Seite Saras, der Freien, dann bleibt uneinsichtig, wie dies aus der V. 29f. geschilderten Verfolgungssituation erschlossen werden kann. Erst wenn man V. 31 nach V. 27 stellt, ist die Folgerung sinnvoll. Versteht man V. 28 als Ersatz für V. 31 und zugleich als Vorbereitung für V. 29f., wo der Blick von den beiden Frauen und dem Tatbestand ihrer Freiheit bzw. Sklaverei (so 22-27.31) auf die beiden Söhne und ihr Tun gelenkt ist, wird man V. 28-30 zum paulinischen Einschub in einer älteren Exegese erklären. Dies trifft sich mit der Beobachtung, daß das briefliche „Ihr" nur V. 28 und in der Überleitung V. 21 begegnet. Einige Handschriften haben unter dem Druck des Kontextes (vgl. V. 21.31) auch in V. 28 ein „wir" glättend eingetragen. Weiter ist das Motiv des Erbens im Zitat V. 30 nicht von ungefähr Anspielung auf dasselbe Thema in 3, 18. 29; 4, 1. 7, der Gegensatz „nach dem Fleisch – nach dem Geist" typisch paulinisch und stillschweigend an die Stelle des analogen, aber anders formulierten Gegensatzes V.23 getreten. Der traditionelle Bestand zeigt einen geschlossenen Aufbau: Schriftbasis mit typischer Zitationsformel (V.22), Exegese mit entsprechender Einleitung (V.24-27) und abschließender Folgerung als Ziel der Schriftauslegung (V.31). Dieser Dreischritt ist bei einiger Variationsbreite oft Strukturprinzip der Schriftbenutzung und weist auf Schultradition. Auch Paulus kann mit ihm sonst arbeiten (z.B. Röm. 3, 10-18. 19. 20; 7, 1 f. 3. 4-6; 1.Kor. 9, 9. 10. 11; 10, 5-1. 6-11. 12 f.; Gal. 3, 6. 7 f. 9 u. ö.). Traditionell ist auch die eigenartige Mischung von Typologie und Allegorie, die ihre deutlichsten Parallelen bei Paulus in 2.Kor. 3, 4 ff. hat. Hier begegnet ebenfalls die Paulus sonst ungebräuchliche Gegenüberstellung vom alten und neuen Bund, die Gal. 4, 24 (und in der Abendmahlsüberlieferung 1.Kor. 11, 25) zugrunde liegt. Dabei dürfte auch der Grundstock von 2.Kor. 3, 4 ff. vorpaulinisch sein.

Endlich hat 4, 21 ff. aber auch noch eine weitere eigene Funktion gegenüber 3, 6 ff. Offenbar gehören 4, 29 f.; 5, 11; 6, 12 zusammen. In diesen Versen ist jeweils von der Verfolgung in einem aktuellen Sinn gesprochen. Die Stellen heben sich von den anderen des Briefes (1, 13. 23), die noch von einer Verfolgung (speziell des ehemaligen Juden Paulus) sprechen, deutlich ab. Vertritt nun 4, 29 diese Aktualität (vgl. unten), dann wird nicht nur das unmittelbare Interesse des Paulus an dem Zusatz 4, 28-30 deutlich, sondern auch das Thema der Gesetzesfreiheit um ein aktuelles Moment erweitert, das 3, 6 ff. noch nicht anzutreffen war.

21   Paulus beginnt den neuen Argumentationsgang, indem er die Gemeinden bittet, mit ihm das Gesetz, für das sie so intensiv eintreten, genau zu lesen. Erwartet das Gesetz überhaupt eine Unterordnung der Gemeinde unter seine Gebote? Benutzen die Galater das Gesetz nicht gegen sein Selbstverständnis? Auf derselben Ebene hatte Paulus schon 3, 6 ff. argumentiert, indem er mit Hilfe des Gesetzes die Galater das gesetzliche Leben als Widerspruch zu Christus und dem Gesetz verstehen lehrte.

22   Dabei bedient sich Paulus zunächst einer traditionellen Exegese. Die Zitationsformel: „Es steht geschrieben, daß ..." leitet eine sinngemäße, für den folgenden Gedankengang kurzgefaßte Wiedergabe der alttestamentlichen Textbasis ein. Abraham, der Verheißungsträger und Garant des Bundes Gottes mit Israel, hatte zwei Söhne, wie 1.Mose, 16, 15; 21, 1 f. aussagen. Weil die Namen Ismael und Isaak allgemein bekannt sind, bedürfen sie keiner Nennung, zumal an ihnen selbst kein Interesse besteht, sondern allein an ihrer Herkunft, wie sie durch ihre beiden

23   Mütter, die zwei Frauen Abrahams, bestimmt ist: Ismaels Mutter Hagar ist Sklavin. Ihr Verhältnis zu Abraham ist eine normale Beziehung zwischen Mann und Frau. So wird Ismael geboren im Sklavenstand und wie jeder andere Mensch auf rein natürliche Weise. Isaak hingegen entstammt der Ehe, die Abraham mit der freien Frau Sara führte. Doch nicht nur dieses unterscheidet ihn von Ismael, sondern zugleich der Umstand, daß die unfruchtbare Sara im hohen Alter allein aufgrund göttlicher Verheißung (1.Mose 15, 4; 17, 16. 19; 18, 10) noch empfing. Eigentlich war Sara längst nicht mehr empfängnisfähig. Sie wird es wunderbarerweise aufgrund der Verheißung Gottes. So steht im Rahmen der Antithese von Sklaverei

24   und Freiheit die Verheißung auf der Seite der Freiheit. Dieser alttestamentliche Text soll nun „allegorisch" ausgelegt werden. D.h. es ist vorausgesetzt, daß die beiden Frauen nicht allein in ihrer damaligen geschichtlichen Situation Bedeutung hatten, sondern eine für die jetzige Gemeinde repräsentative Wahrheit vertreten; sie weisen über sich hinaus auf einen tieferen, allgemeingültigen Sinn, der in grundsätzlicher Weise die Situation der Gemeinde beleuchtet. In allegorischer Identifizierung (vgl. 1.Kor. 10, 4) stehen die beiden Frauen für zwei Bundesschlüsse, die als bekannt

vorausgesetzt werden. Hier spricht heilsgeschichtlich-typologische Geschichtsdeutung: der alte Bund ist der erste und inzwischen überholte. Der zweite, neue hingegen, der die Überhöhung und damit Ablösung des ersten bedeutet, ist jetzt in der Gemeinde Wirklichkeit. Also vermischt sich die Allegorie mit der Typologie. Doch wie werden die Frauen auf die Bundesschlüsse bezogen? Die eine Gleichung lautet: Der Bundesschluß vom Sinai ist sinnbildlich in Hagar und ihrer Sklaverei, die sie ihren Nachkommen vererbt, repräsentiert. Bewiesen wird das damit, daß „Hagar" 25 in Arabien Name des Berges Sinai ist. Allerdings enthält gerade dieser Begründungssatz viele Probleme. Schon die Textüberlieferung ist nicht eindeutig. Auch fehlt eine Möglichkeit zu prüfen, ob die Aussage des Satzes stimmt. Nun wußten Juden und Christen, daß der Sinaibund den Nachkommen Isaaks galt. Wer hier durch Allegorie konträr zur Geschichte auslegen wollte, mußte gute Gründe vorlegen. Der vorliegende ist sicher nicht besonders stark. Doch interpretiert der Vers weiter mit Hilfe eines neu eingeführten – wiederum traditionellen – Gegensatzpaares: irdisches und himmlisches Jerusalem (vgl. dazu Jes. 54, 10 ff.; 60 ff.; Tob. 13, 9 ff.; 1 QH 6, 24 ff.; Or. Sib. 5, 250 ff.; Test. Dan. 5, 12; äth. Hen. 53, 6; 90, 28 ff.; 4. Esra 7, 26 f.; syr. Bar. 5, 1 ff.; 32, 2 ff.; Offb. 3; 12; 21 u. ö.). Die Verwendung dieses neuen Bezugsrahmens ergibt, daß das irdische, jetzige Jerusalem als der „klassische" Ort des Gesetzes auf die Seite der Gleichung Sinai = Hagar gehört, denn Jerusalem mit ihren Kindern, also alle Juden und Judaisten, dienen dem Gesetz, wobei der Dienst abwertend als Sklaverei, wie sie Hagar repräsentiert, verstanden ist. Damit ist die eine allegorische Ableitung zum Ziel gebracht: Hagar – Sklaverei – Sinaibund – irdisches Jerusalem gehören zusammen.

Die zweite Reihe, beginnend mit Sara – Freiheit kann nun kraft der antithetischen 26 Struktur erschlossen werden, wobei ein dem Sinai entsprechendes Glied fehlt. Es reicht aus, das himmlische Jerusalem mittelbar zu bestimmen. Es gehört auf die Seite der freien Sara, weil das irdische Jerusalem auf die andere Seite gehört. Doch damit ist die Exegese noch nicht beendet. Alles Interesse ruht darauf, himmlisches Jerusalem und christliche Kirche zu verbinden. Das geschieht über den Begriff der Mutterschaft. Das am Ende der Tage erwartete himmlische Jerusalem als ewiger Aufenthaltsort der Gerechten ist die Mutter der jetzigen Gemeinde. Versteckt kommt darin zum Ausdruck, daß die jetzige Gemeinde schon endzeitlichen Charakter hat. Weil das himmlische Jerusalem jetzt schon im irdischen als christliche Gemeinde anwesend ist, ist bereits Endzeit. Damit ist diese Exegese auch für damalige Leser legitimiert: das Alte Testament legt die Endzeit aus. Jetzt ist Endzeit. Also gilt die Schrift für die jetzige Generation (vgl. zu diesem hermeneutischen Grundsatz z. B. 1 QpHab. 7; Apg. 2, 17 u. ö.). Doch inwiefern ist es erlaubt, christliche Gemeinde und himmlisches Jerusalem zu verbinden? Dazu hilft das Schrift- 27 zitat aus Jes. 54, 1. Der Text wird verstanden als Rede über Sara: Die Unfruchtbare wird reiche Nachkommen haben. Diese vielen Kinder aber erwartet der Prophet noch. Die Verheißung ist also nicht mit dem irdischen Israel als den leiblichen Nachkommen Isaaks eingelöst. Vielmehr redet der Prophet nach dem eben genannten Grundsatz von der Endzeit und kann darum nur die christliche Gemeinde meinen.

Nun kann die entscheidende Schlußfolgerung gezogen werden: Die christliche Gemeinde gehört nicht unter das Gesetz, sondern zu Sara als der Freien. In ihr ist die Verheißung der Freiheit endzeitlich erfüllt. Das Gesetz steht im Widerspruch zu ihrer Lebensweise.

Diese Einsicht zwingt, die Frage zu beantworten: Wo gab es in der urchristlichen Geschichte eine Situation, in der solche Exegese benötigt wurde? Wo gab es 1. exegetische Schultradition mit allegorisch-typologischen Zügen, 2. das Verständnis des Alten Testamentes als „Gesetz" und „Verheißung", wobei das Gesetz abgetan ist, die Verheißung hingegen Geltung hat, 3. die Vorstellung, daß in der Gemeinde der neue Bund und das himmlische Jerusalem endzeitliche Realität sind, und 4. die aktuelle Notwendigkeit, die christliche Freiheit mit Hilfe des Alten Testamentes gegen eine entgegengesetzte Auffassung ausdrücklich zu rechtfertigen? Ein solcher Freiheitsgebriff mit antigesetzlicher Pointe begegnet gerade in Antiochia (2,4), und nach allem, was über die Situation in Antiochia aufgrund von Gal.2 erkennbar ist, ist diese Stadt am ehesten als Ursprungsort dieser Tradition zu denken. So mag in den Jahren des Paulus in Antiochia diese Exegese als relativ feste Tradition dem Apostel zugewachsen sein.

28   Paulus aktualisiert sie für Galatien, indem er eine weitere Pointe einbringt. Er wendet sich unmittelbar an die galatischen Gemeinden und spricht ihnen zu, in der
29 Weise Isaaks unter die Verheißung zu gehören. Dann geht er auf eine schriftgelehrte Auslegung zu 1.Mose 21,9 ein. Dort ist ausgesagt, Isaak und Ismael hätten zusammen „gespielt". Dies deutet die schriftgelehrte Interpretation (Tosefta Sota 6,6 [304]; Genesis Rabba 53 [34a]), Ismael habe versucht, beim Spiel Isaak zu töten, im feindlichen Sinn um. Dieses Verständnis der Stelle dient Paulus dazu, sie mit der Gegenwart zu parallelisieren: Wie damals Ismael als Repräsentant des irdischen Jerusalem und des Sinaibundes den verfolgte, der der Repräsentant des himmlischen Jerusalem, der Freiheit und Verheißung war, so zeige sich in der jetzigen Situation ein ganz analoges Bild. Klar ist, daß dabei die jetzige gesetzesfreie Kirche die Verfolgte ist. Aber wer übt Verfolgung aus? Wenn einerseits die Stellen des Briefes, die offenbar dieselbe Situation im Blick haben (5,11; 6,12), die Beschneidung als Hauptforderung der Verfolgenden nennen, und wenn weiter die Judaisten dieser Verfolgung durch Aufstellung des Beschneidungsgebotes entgehen wollen, dann müssen es offenbar Juden sein. Erneut kommt damit das sich ausbreitende zelotisch-nationale Element Israels ins Blickfeld (vgl. zu 2,4), das auf die Dauer das Judenchristentum zwang, sich vom Judentum auf die Seite des Heidentums zu stellen
30 oder mit kompromißloser Strenge judaistisch zu werden. Die judaistischen Eindringlinge in Galatien haben den letzteren Standpunkt gewählt. Paulus macht mit V.30 deutlich, daß die Schrift nur die erste Möglichkeit gutheißt. Die Aufforderung Saras an Abraham in 1.Mose 21,10, Ismael fortzujagen und vom Erbe auszuschließen, ist von Gott gutgeheißen (1.Mose 21,12). Das Gesetz, das die Judaisten in Galatien unter dem Druck des Judentums aufrichten wollen, spricht selbst gegen dieses Unternehmen: Christen als Erben der Verheißung verhalten sich „gesetzesgemäß", wenn sie die Trennung von denen, die das Gesetz im legalistischen Sinn aufrichten, vollziehen.

8. Bleibt in der Freiheit des Glaubens! 5, 1-12

1 Zur Freiheit hat uns Christus befreit. Steht fest (in ihr) und laßt euch nicht wieder mit einem sklavischen Joch belasten! 2 Seht, ich, Paulus, sage euch: Wenn ihr euch beschneiden laßt, kann euch Christus nichts nützen. 3 Ich bezeuge nochmals jedem Menschen, der sich beschneiden läßt, daß er verpflichtet ist, das ganze Gesetz zu tun. 4 Ihr seid zugrunde gerichtet, von Christus (entfernt), die ihr durch das Gesetz gerecht werden wollt, aus der Gnade seid ihr herausgefallen. 5 Denn wir erwarten im Geist aus Glauben das Hoffnungsgut der Gerechtigkeit. 6 Denn in Christus hat weder Beschneidung noch Unbeschnittensein Wert, sondern ein Glaube, der durch Liebe wirksam ist.

7 Ihr liefet gut. Wer hat euch behindert, der Wahrheit zu gehorchen? 8 Die Überredung (dazu) kommt nicht von dem, der euch beruft. 9 Ein bißchen Sauerteig säuert den ganzen Teig. 10 Ich habe im Herrn das Vertrauen zu euch, daß ihr nichts anderes denken werdet. Der euch jedoch verwirrt, wird das Urteil (Gottes) zu tragen haben, wer er auch sein mag. 11 Ich aber, Brüder, wenn ich noch die Beschneidung predigte, warum werde ich noch verfolgt? Dann wäre ja das Ärgernis des Kreuzes beseitigt. 12 Sollen sie sich doch verschneiden lassen, die euch aufhetzen!

Der Abschnitt setzt das Thema Freiheit fort, indem er die 4,21ff. vorgeführte Exegese unmittelbar mit Hilfe verschiedener Grundgedanken des ganzen Briefes auf die galatische Situation hin auszieht. Noch einmal geht es um den Grundsatzentscheid zwischen Gesetz und Christus und darüber hinaus zugleich um die Hinführung zum ethischen Teil. Der Gedankengang wird lockerer, z.T. assoziativ, ganz im Unterschied zu Stücken wie z.B. 3,6-18. Paulus hat sein Anliegen eigentlich vollständig vorgetragen. Er variiert und wiederholt, um den Gemeinden den Sachverhalt noch klarer zu machen.

Paulus setzt mit der Feststellung ein: Christus hat uns befreit. Wie das geschah, 1 hat er den Galatern 1,4; 2,20; 3,13; 4,4 (u.ö.) ausgeführt; dies ist nun nicht mehr sein Thema. Vielmehr zielt er jetzt auf das Ergebnis der Befreiung. Die betonte Voranstellung des Begriffs Freiheit am Satzanfang hat polemischen Klang (vgl. auch Gal. 2,4; 5,13). Die Freiheit ist für die Leser nach 4,21-31 in doppelter Weise bereits festgelegt: sie korrespondiert der Freiheit Saras und Isaaks. Verheißung und Erbe sind darum ihre Insignien. Aber sie steht zugleich im Gegensatz zu dem, was die Magd Hagar repräsentiert. Es geht also im umfassenden Sinn um die Freiheit als Lebensordnung, um die kompromißlos vollzogene Trennung vom Gesetz und den Weltelementen (vgl. 4,3.9). Freiheit, das ist hier, auf einen Begriff gebracht, das ganze Anliegen der paulinischen theologischen Konzeption. Darum wird zu gelten haben: Freiheit heißt hier zugleich programmatisch die Freiheit von der Sünde (1,4), das Gerufensein unter die Gnade Christi und unter das Evangelium (1,6), Gerechtfertigtsein aufgrund des Glaubens an Christus (2,16; 3,8f.), Geistbesitz (3,2.14) und Sohnschaft (4,5). In dieser Freiheit sollen die Leser ihren Standort behalten. Sie sollen sie nicht aufgeben, indem sie den Fremdeinflüssen erliegen und sich mit einem Joch, das Rückkehr in die Sklaverei ist, belasten lassen. Solches Joch – der Ausdruck ist geläufiges Bild zur Kennzeichnung des Sklavenloses – wären das Gesetz und die Mächte (3,19ff.; 4,1ff.). Weil Christus und Gesetz absolut unvereinbar sind, darum kann es für die Galater nur das Beharren in der Freiheit oder erneute Knechtschaft geben. Evangelium und Gesetz lassen sich für Paulus nicht vermischen, wohl ganz im Gegensatz zu den eingedrungenen Judaisten. Mit seiner eigenen Autorität („Seht, ich, Paulus, sage euch, ...") weist er darauf hin: Wer die Beschneidung auf sich nimmt, also es mit dem Gesetz als Heilsweg ganz ernst nehmen will, dem kann Christus nichts nützen. „Denn wenn durch das Gesetz Gerechtigkeit (erlangt werden kann), dann ist Christus umsonst gestorben," so hat es Paulus den Galatern 2, 21 schon erklärt. Die durch Christus geschenkte Gerechtigkeit verträgt sich nicht mit solcher, die durch Gesetzesbefolgung erlangt wird. V. 2 macht im übrigen für die Rekonstruktion der historischen Situation zweierlei deutlich, einmal, daß die Gemeinden in keinem Fall schon generell die Beschneidung vollzogen haben und somit den Irrlehrern schon restlos verfallen sind. Der Aufforderungscharakter von V. 1 f. hat jedenfalls nur Sinn, wenn Paulus die Situation noch nicht endgültig durch vollzogene Beschneidung für verloren hält. Zum anderen: Die Beschneidungsforderung stützt entschieden die These, daß die Irrlehrer Judaisten waren. Die Heilsnotwendigkeit der Beschneidung ist gerade in den letzten Jahrzehnten vor dem großen Aufstand 68-71 ein brandaktuelles Thema im Judentum, ja, der Zelotismus praktizierte sogar die Zwangsbeschneidung.

3 Mit V. 3 verläßt Paulus die eindringliche Apodiktik, mit der er thetisch ohne Begründung V. 1 f. gestaltete. Er setzt neu ein, indem er nochmals an seine frühere Verkündigung in Galatien erinnert und die Konsequenzen freilegt, die auf den Heidenchristen warten, wenn er der Beschneidungsforderung nachkommt. Wer die Beschneidung auf sich nimmt um des Gesetzes willen, das diese fordert, soll wissen, daß dies nicht die einzige Forderung des Gesetzes ist. Beschneidung ist vielmehr der Beginn lebenslangen Zwanges, dem ganzen Gesetz zu gehorchen. Man kann dies als situationsbedingten Hinweis verstehen und dann annehmen, die Missionare des Gesetzes hätten zwar die Beschneidung lautstark propagiert und dementsprechend die notwendige Inkorporation in das Judentum und damit die Teilhabe an seiner Heilsgeschichte betont, jedoch von der Beobachtung des ganzen Gesetzes weniger deutlich geredet, sei es aus taktischen Gründen, um den Heiden nicht gleich alles zuzumuten, sei es aufgrund der eigenen vergleichsweise liberalen Anschauung, oder sei es endlich, weil der Segen der Beschneidung überhaupt im Vordergrund ihrer Ausführungen stand, sie also als „Evangelium" und nicht als „Gesetz" verstanden wurde. Die zuletzt genannte Position – die anderen beiden sind reine Hypothesen neuerer Ausleger – hat jedenfalls die allgemeine Auffassung von der Beschneidung im Judentum auf ihrer Seite. Das Judentum hätte sich generell geweigert, die für es einseitige paulinische Konsequenz anzuerkennen. Sicherlich: das Gesetz ist als ganzes Israel gegeben, aber die Beschneidung führt nicht nur einfach unter diese Totalität, sondern bringt zugleich die Segnungen des Abrahambundes mit sich, also auch Sündenvergebung und Leben. Aber mit hoher Wahrscheinlichkeit sind solche Erwägungen über die Gegner überhaupt verfehlt. Paulus will gar nicht eine wunde Stelle in der Verkündigung der Gegner bloßstellen; denn er formuliert überhaupt nicht so konkret im Blick auf sie. Vielmehr erinnert er an eine Grundüberzeugung, die er selbst aufgrund seiner Theologie vertritt. Einmal nützt die Beschneidung nur, wenn das Gesetz befolgt wird. Wer als Beschnittener

das Gesetz übertritt, ist wie ein Unbeschnittener (Röm. 2, 25). Sodann: Das Gesetz fordert seine Einhaltung im ganzen, das aber ist ebenfalls nach der Schrift niemandem möglich. Also kann niemand über die Gesetzeserfüllung vor Gott gerecht werden (vgl. zu Gal. 3, 10). Folglich: Ist die Beschneidung durch Übertretung hinfällig und ist das Gesetz als ganzes nicht zu halten, dann führt dieser Weg, den die Irrlehrer vorschlagen, zurück unter den Fluch, von dem die Gemeinden doch gerade frei geworden sind (Gal. 3, 13 f.). Beschneidung und Gesetz lassen sich also keineswegs als mögliche Heilskonkurrenz zur Freiheit in Christus auffassen, sondern sie sind Unheilsweg. Nichts weniger als dieses, will Paulus erneut den Lesern zeigen, wie nun auch V. 4 erweist. Die Gemeinden richten sich selbst zugrunde, wenn sie sich von Christus wegwenden. Sie fallen aus der Gnade, d. h. aus der Heilserkenntnis des gesetzesfreien Evangeliums (vgl. 1, 6), wenn sie Gerechtigkeit aus dem Gesetz erlangen wollen. Meinen die Galater mit den Judaisten, Gesetz und Christus verbinden zu können, irren sie zutiefst. Beide schließen einander aus. Christus ist allein Heilsweg, die Hinwendung zum Gesetz bringt Fluch und Vernichtung.

Diesen Heilsweg beschreibt Paulus nochmals in V. 5. Indem er alle Christen, die 5 dem Gesetzesweg entsagen, in einem „Wir" zusammenschließt, formuliert er deren gemeinsames Heilsziel aufgrund ihres gemeinsamen Heilsweges. Der Weg ist zunächst definiert als Weg im Geist. Der Leser wird so an Gal. 3, 1-5. 14; 4, 6 erinnert und weiß, daß für Paulus der Geist eine Gabe aufgrund des Hörens der Heilsbotschaft ist, d. h. daß Gott den wahren Söhnen Abrahams den Geist seines Sohnes sendet. Keinesfalls kommt der Geist aus dem Gesetz. Die zweite Bestimmung lautet: aus Glauben. Sie wird gleichfalls in der gedrängten Sprache des Apostels nur durchsichtig, wenn sie in ihrer Erinnerungsfunktion verstanden wird: Der Apostel läßt nochmals Stellen wie 3, 1-18 usw. anklingen. Aus Glauben, das meint abermals: ohne Gesetzeswerke, und positiv: durch Christus allein. Zu beiden Bestimmungen gehört ein analoger Erwartungshorizont. Erhofft wird als Ziel des Weges die Gerechtigkeit. Das ist im Rahmen der paulinischen Theologie eine erstaunliche Aussage, denn für den Apostel ist der Christ schon jetzt gerechtfertigt und die „Gerechtigkeit" immer bei ihm gegenwärtige Heilsgabe (vgl. nur Röm. 5, 1. 9; 8, 30; Gal. 2, 16-21). Kennt Paulus demnach eine doppelte, eine gegenwärtige und eine künftige Rechtfertigung? Das wäre eine glatte Unmöglichkeit und würde der Vorstellung einer gegenwärtigen Gerechtsprechung alle Ernsthaftigkeit rauben. Aussagen wie Gal. 2, 16; 3, 13; 4, 4; Röm. 5, 1. 9 f. usw. müßten umgeschrieben werden. Scheidet solche Interpretation als Mißverständnis der paulinischen Theologie aus, so bleibt zu erwägen, ob Paulus hier nicht unter dem Druck eines ihm vorgegebenen Gedankenganges formuliert. Jedenfalls hat Paulus ständig die Antithetik zum Gesetzesweg vor Augen. Dieser Weg wäre korrekt so zu beschreiben: Wir erwarten als Beschnittene aufgrund der Gesetzesbefolgung die Gerechtigkeit (vgl. z. B. Röm. 2, 13. 20). Nimmt man an, der Apostel hätte solche schlüssige Aussage im Kopf und wollte ihr gegenüber die Antithese herausstellen, dann ergibt sich ein Satz wie V. 5. Dann kann man so sagen: „Gerechtigkeit" ist hier – streng genommen – unpaulinisch gebraucht. Paulus müßte unmißverständlicher im Sinne seiner üblichen Terminologie vom ewigen Leben (Röm. 5, 21) oder vom Zusammensein mit dem Herrn (z. B. 1. Thess. 4, 17) reden. Doch muß erwähnt werden, daß Paulus diese terminologische Strenge auch Röm. 5, 19; 14, 10 in anderer Weise vermissen läßt. Vergleichbar ist auch, daß Gal. 3, 26-4, 7 die Sohnschaft streng als gegenwärtig gefaßt ist, nach Röm. 8, 23 f. aber erst erhofft wird.

6 Daß Paulus das Heilsgut als Gegenwartsbestimmung der Christen trotzdem nicht aus den Augen verloren hat, wird an der Fortsetzung seiner Ausführungen deutlich. V. 6 setzt nämlich voraus, daß die „neue Schöpfung" (vgl. 6, 15) mit der Erledigung des alten Äons sich „in Christus Jesus" schon ereignet hat, darum sind Beschneidung und Unbeschnittenheit ohne Heilswert. Diese in jüdischen Ohren revolutionäre Aussage erinnert sofort an 3, 28. Hier waren in einem traditionellen Satz, der die Grundansicht des hellenistischen Christentums wiedergibt, u. a. die mit dem alten Äon verknüpften Kategorien Jude und Grieche als in Christus aufgehoben herausgestellt. So ist zu V. 6 zu erörtern, ob Paulus nicht auch hier Tradition wiedergibt. Das ist wohl der Fall. Zunächst begegnet „in Christus Jesus" Gal. 2, 4 als antiochenische Losung von der „Freiheit in Christus Jesus", dann 3, 26 im Zusammenhang einer geprägten Tauftheologie, endlich im Zitat aus der Abrahamüberlieferung 3, 28. Paulus formuliert im Galaterbrief nur einmal selbständig mit „in Christus" (2, 17). Sodann: Die Behauptung, der Gegensatz von Beschnittenen und Unbeschnittenen, d. h. von Juden und Heiden, sei nunmehr bedeutungslos, ist antijüdisch und weist wie im Falle von 3, 28 auf die heidenchristliche Gemeinde. Weiter: Das Verb (wert haben, von Relevanz sein, hier noch spezieller: grundlegende Bedeutung für das Heil besitzen) ist unpaulinisch. Es steht mit anderem Sinn bei Paulus nur noch Phil. 4, 13. Endlich: Paulus kann wohl Glaube und Liebe nebeneinander stellen (1. Kor. 13, 13; 1. Thess. 3, 6; 5, 8), aber sieht nie die Notwendigkeit, den Glauben durch die aus ihm kommende Aktivität des Menschen näher zu bestimmen. Gerade der paulinische Glaubensbegriff, wie er mit Hilfe der Abrahamgestalt Gal. 3, 6 ff. bestimmt wurde, verträgt schwerlich solchen Zusatz. Denkbar ist solche Aussage in der frühen hellenistischen Gemeinde, die bei Annullierung von Beschneidung und Unbeschnittenheit vom Juden(christen)tum gefragt wird, wie sie den Vorwurf völliger Ungesetzlichkeit abwehren will. Ihre Antwort: ihr Leben sei bestimmt durch den Glauben, der sich im Liebeüben entfaltet. Die genuin paulinische Antwort auf diesen möglichen Vorwurf kann man Gal. 2, 17 ff.; Röm. 6, 1 ff. nachlesen. Warum aber benutzt dann Paulus V. 6 Tradition und formuliert nicht selbst? Er erinnert die Heidenchristen Galatiens an einen ihnen offenbar bekannten, im Heidenchristentum allgemein in Geltung stehenden Grundsatz, also an einen Konsens der Kirchen. Aus diesem Satz geht hervor, daß die Rückkehr unter das Gesetz ein Rückfall in die vorchristliche Zeit ist und zugleich eine Absage an eine den Galatern längst vertraute Einsicht. Sie werden sich selbst untreu und verlassen eine allgemein in Geltung stehende kirchliche Einsicht.

7 Noch vor kurzem haben sie diese Einsicht geteilt, darum kann der Apostel den Gemeinden bestätigen: Ihr liefet (vgl. 1. Kor. 9, 24; Gal. 2, 2; Phil. 2, 16) gut! Gerade dieses uneingeschränkte Lob führt angesichts der Gegenwart zu der ratlosen und bekümmerten Frage: Wer hat euch behindert, der Wahrheit zu gehorchen? Diese Frage entstammt nicht der Unwissenheit des Apostels, sondern seinem Unverständnis für den Umschwung (vgl. 1, 6 f.; 3, 1 f.; 4, 15). Die Wahrheit ist die Wahrheit des
8 Evangeliums (vgl. 2, 5. 14; 4, 16). Davon sind die Galater abgefallen, und darum

kommt die Überredung dazu nicht von dem, der sie berief. Die Irrlehrer beziehen sich ganz zu Unrecht auf Gott (vgl. 1,7.9; 3,5; 4,17; 5,4). Doch das sollen sich die 9 Gemeinden mit Hilfe des Sprichwortes (vgl. 1.Kor.5,6), das auch ihnen nicht unbekannt ist, sagen lassen: Schon ein bißchen Sauerteig säuert den ganzen Teig. Gibt die Gemeinde dem Werben der Irrlehrer auch nur ein wenig nach, ist bei ihnen alles verloren. Hier kann man keinen taktischen Ausgleich suchen. Gerade diese 10 Entschiedenheit hofft Paulus noch in den Gemeinden anzutreffen und durch seinen Brief zu stärken. Doch angesichts der Ausführungen in 1,6-9; 3,1; 4,9.20 gibt diese Aussage weniger den faktischen Zustand in Galatien wieder als die von Paulus zu seinen Gunsten vorweggenommene Entscheidung, die er erreichen möchte. Dazu paßt, daß Paulus unmittelbar anschließend die Irrlehrer nochmals wie in 1,8 verflucht. Sein Ziel ist es, die Trennung der Gemeinde von den Missionaren zu erreichen und sie zugleich auf den guten Weg seiner Botschaft zurückzuführen.

Viel diskutiert ist dabei in V. 10b die Aussage: „wer er auch sein mag". Steckt hinter diesem Satz ein Hinweis auf die Person, die die Irrlehrer als ihre Autorität betrachten? Doch wird diese Frage so falsch gestellt sein. Der Singular im Satz ist generischer Art, also analog zu 1,8 f, zu deuten: Wer immer die Eindringlinge sind, sie werden das Gerichtsurteil Gottes zu tragen haben. Dies steht unabänderlich fest. Dann bleibt jedoch noch zu fragen: Kannte Paulus die Irrlehrer nicht, oder wollte er – etwa wegen ihres hohen Ansehens – ihre Namen hier nicht nennen? Nun ist letzteres wohl darum unwahrscheinlich, weil Paulus gerade in 2,1-13 Namensnennungen in einem analog gelagerten Fall nicht scheut. Also sind die Missionare ihm wohl unbekannt. Denkbar wäre zusätzlich, daß Paulus in Aufnahme von 1,8 nochmals steigern will: Mögen selbst Engel im Spiel sein, Gott wird ihr Richter sein!

Für heutige Leser überraschend folgt die Bemerkung in V. 11. Sie muß situations- 11 bezogen verstanden werden und wird den damaligen Lesern wohl kaum so isoliert erschienen sein. Zuerst gilt es darum zu klären, worin möglicherweise diese historische Konkretion zu sehen ist. Hat man eventuell Paulus den Vorwurf gemacht, er selbst predige ja noch dann und wann die Beschneidung? Zugunsten solcher Vermutung ist immer wieder auf Apg.16,1ff. und 1.Kor.9,20 verwiesen worden. Doch ist die Beschneidung des Timotheus historisch zweifelhaft, und 1.Kor.9,20 redet mitnichten von einer Botschaft des Paulus, in der die Beschneidung des Christen grundlegende Bedeutung hat. In gar keinem Fall geben beide Stellen her, daß Paulus je im glatten Widerspruch zu Gal.1,13-16 gepredigt hätte, die Beschneidung sei konstitutiv. Außerdem wäre es befremdlich, wenn Paulus erst jetzt und so nebenbei am Ende des Briefes solchen Vorwurf der Gegner erwiderte. Man wird darum einen anderen Weg zur Interpretation beschreiten müssen. Der Ausdruck „die Beschneidung predigen" ist kein Vorwurf an Paulus, sondern von Paulus selbst polemisch in Antithese zur Wendung „Christus verkündigen" (vgl. 1.Kor.1,23; 15,12; 2.Kor.1,19; 4,5 usw.; auch Gal.2,2) gebildet. Sie soll den Inhalt der gegnerischen Verkündigung im Kontrast zu seiner eigenen kennzeichnen. Weiter aber muß V.11 im Zusammenhang mit 4,29 und 6,12f. ausgelegt werden. Daraus ergibt sich als rekonstruierbare Situation: Die Judaisten treten entschieden für die Beschneidung ein, weil sie auf diese Weise selbst der Verfolgung durch die Juden entgehen wollen (vgl. zu 2,4f.; 6,12f.). Dies setzt voraus: das

Judentum duldete keine Christen, die die Beschneidung für sich ablehnten. Daraus entsteht die Verfolgungssituation, von der 4,19 spricht: die gesetzesfreie Kirche steht unter dem Verfolgungsdruck der Juden und Judaisten. Wo hingegen der Beschneidungsforderung nachgegeben wird, ist die Verfolgung grundlos geworden und bleibt aus. Auf diesem Hintergrund spricht Paulus: Wenn ich, Paulus, noch wie in meiner vorchristlichen Zeit auch jetzt die Beschneidung bei euch Galatern predigte in analoger Form wie die eingedrungenen Judaisten, warum werde ich dann (z.B. von den Missionaren) verfolgt? Ihr seht doch selbst, daß die Differenz zwischen ihnen und mir unüberbrückbar ist! Ihr müßt euch für eine von beiden Seiten entscheiden. Ihr könnt nicht einen Kompromiß (V.9!) schließen. Dann wäre das Ärgernis des Kreuzes beseitigt. Das Kreuz Christi ist nach Paulus Ärgernis, weil sich Gottes Gottheit gerade in der Niedrigkeit und dem Scheitern des Gekreuzigten zeigt (1.Kor.1,23f.). Ebenso vollendet sich Gottes Macht in der Schwachheit des Menschen (2.Kor.12,9). So wird das Kreuz Erweis des Gottes, der die Toten – nur sie! – erweckt (Röm.4,17), das Schwache und Unansehnliche erwählt (1.Kor.1,27). Diese paulinische Interpretation des Kreuzes ist nur die andere Seite seiner Botschaft von der Rechtfertigung des Gottlosen (Röm.4,5; 5,10). So gehören Kreuz und Evangelium zusammen. Wer Beschneidung und Gesetz predigt, nimmt genau daran Anstoß. Er will ja des Frommen Rechtfertigung und die Anerkennung der Leistung des Menschen von Gottes Seite. Diese Position führt zum Ruhm vor Gott, wo doch Gott nur will, daß man sich seiner rühmt als dessen, der allein um Christi willen ohne Gesetzeswerke rechtfertigt (Röm.3,27ff.).

12   Stehen somit die Grundlagen der gesamten paulinischen Theologie auf dem Spiel, dann ist verständlich, wenn der Apostel den zweiten Hauptteil mit einer sarkastischen indirekten Grußadresse und Empfehlung an die Judaisten enden läßt: Mögen doch die Beschneidungsfanatiker sich gleich ganz entmannen, wie man es z.B. aus dem Attis- und Kybelekult kennt! Ein wirklich grimmiger Spott, bedenkt man, daß nach 5.Mose 23,2 Kastrierte aus der Gemeinde Gottes auszuschließen sind! Aber für Paulus kommen Gesetzesbefolgung im Sinne der Beschneidung und Widergesetzlichkeit im Sinne der Kastration aufs selbe hinaus: Beides trennt von dem Gott, der das Ärgernis des Kreuzes als Offenbarung seines Wesens aufgerichtet hat.

Zur Theologie der Judaisten: Es empfiehlt sich, die Beobachtungen zu den Gegnern des Paulus an dieser Stelle zu sammeln. Das theologisch Wichtige trat bereits in den beiden abgehandelten Hauptteilen des Briefes hervor. Die Mahnungen zum christlichen Verhalten (5,13-6,10) werden keine neuen Gesichtspunkte ergeben, so daß nur noch der Briefschluß (6,11-18) mit herangezogen werden muß. Eine religionsgeschichtliche Orientierung brachte schon im Überblick die Einleitung (s. dort).

Die Gegner, die von außen in die galatischen Gemeinden eindringen (1,7), vertreten einen judäischen Standpunkt (6,12f.). Dies gilt vornehmlich für ihre politische Haltung, doch sicher auch entsprechend für ihre Theologie. Ob sie unmittelbar selbst aus Judäa kommen, ist nicht sicher zu entscheiden, allerdings liegt die Vermutung nahe. Sie würden dann in Analogie vielleicht zu den Pharisäern (Mt.23,

15) und möglicherweise wohl auch zum vorchristlichen Paulus außerhalb Palästinas Mission betreiben. Allerdings – damit endet die Analogie – ziehen sie speziell durch die gesetzesfreien hellenistischen Christengemeinden, um – so ihre Hauptforderungen – Beschneidung und Gesetz als heilsnotwendige Grundlagen des Christentums den Heidenchristen zu bringen, die ihr Christentum nach ihnen zu billig erhalten haben. Gesetzesfreies Christentum ist für sie noch halbes Heidentum (1,10). Sie selbst sind beschnittene Juden, die Christen wurden (5,3; 6,13), sich aber ihr Christentum nur als legitime Interpretation des Judentums im Rahmen des Synagogenverbandes vorstellen können. Dies liegt an ihrer heilsgeschichtlichen Konzeption und wird durch den politischen Druck gefördert, dem sie von seiten national-zelotischer Argumentation in Judäa ausgeliefert sind (6,12f.). Sie sind demnach Geistesverwandte der Falschbrüder aus Gal. 2,4.

Wenn die hellenistischen Gemeinden in der Auferstehung Christi das Ende des Gesetzes als Heilsweg erkannten (2,16a; 3,28; 5,6; 6,15) und Paulus dies mit Hilfe seiner Kreuzestheologie noch radikalisiert, dann werden die Irrlehrer dieser Position, nach der mit Kreuz und Auferstehung Welt, Geschichte und Gesetz zu den vergangenen Dingen dieses Äons gehören (1,1.4; 4,4; 6,14), mit der These widersprochen haben, daß Ostern zunächst ein Spezialfall ist, der nur Christus betrifft, daß jedoch die Heilsgeschichte Israels bis zum Ende aller Dinge weiterläuft und bis dahin also auch das Gesetz Geltung haben muß (vgl. Mt. 5,17-19). Christus befreit nicht von den Forderungen des Gesetzes und setzt nicht die Rechtfertigung aus dem Gesetz außer Kraft, sondern er vergibt nur die Sünden, die auf dem Gesetzesweg trotz aller Anstrengungen begangen wurden. Gesetzesbefolgung und Barmherzigkeit Christi zusammen schaffen die Heilszuversicht des Christen als Glied des Judentums (1,4). Aus diesem Gegensatz entspringt der Vorwurf gegenüber Paulus, er begründe mit seiner Christuserscheinung, was nur antiochenisches falsches Christentum ist. Die göttliche Autorität des Gesetzes kann aber nicht durch Privatoffenbarung oder Meinung einer einzelnen kirchlichen Gruppe außer Kraft gesetzt werden. Paulus stellt dem gegenüber: Sein Evangelium ist nicht menschlich, sondern von der Autorität gedeckt, die für Christen ausschließlich Geltung haben kann: Christus allein (1,12). Das haben auch die Jerusalemer anerkannt (2,7ff.).

Sind also für judaistisches Denken Geschichte und Gesetz nicht annulliert, dann muß die Geschichte weiterhin in die Heilsgeschichte Israels und die Unheilsgeschichte der Heiden, in Beschnittene und Unbeschnittene, aufgeteilt werden. Dies ist unumstößliche göttliche Ordnung nach dem Alten Testament. Wer hier anders denkt, hat Gott gegen sich. Die Erwählung Israels vor allen Völkern ist an die Gestalt Abrahams gebunden. Nicht von ungefähr muß sich Paulus Gal. 3 der christlichen Auslegung dieser Gestalt zuwenden. Der Abrahambund ist jüdisch der Bund der Beschneidung und primär an die physische Abrahamfolge gebunden. Darum kann man nur Glied des Heilsvolkes sein als Nachfahre Abrahams aufgrund der Beschneidung. Ausnahmsweise können auch Heiden in Israel inkorporiert werden – durch Beschneiden (vgl. zu 2,4f.; 3,9; 5,2ff.). Heidenchristen nützt also ihr angebliches Christentum nichts, solange sie nicht mittels der Beschneidung Israeliten geworden sind. Paulus weist demgegenüber mit Hilfe des Gesetzes selbst nach, daß die Glaubenden, nicht aber die physische Nachkommenschaft des Erzvaters, Abrahamskinder sind, daß die Beschneidung nur ein nachträglicher Zusatz und das ganze Gesetz nur eine periphere und interimistische Größe ist (Gal. 3-4).

Von der konkreten Gesetzesauslegung der Judaisten ist nur ganz Weniges rekonstruierbar. Angesichts der politischen Situation, auf die man Rücksicht nahm, wird sie eher rigoros als lax gewesen sein (vgl. zu 6, 12 f.). Große Abweichungen von der allgemeinen jüdischen Lehre wird man kaum annehmen dürfen. Schon aus diesen Erwägungen heraus ist bei den Judaisten kaum mit libertinistischen Ansätzen zu rechnen, zumal die Stellen, aus denen man das erschließen wollte, dies nicht hergeben (vgl. zu 5, 13-6, 10; 6, 13). Einen einzelnen Spezialfall der Gesetzesinterpretation erwähnt Paulus direkt, nämlich die Lehre von den Weltelementen (vgl. zu 4, 3. 8-10). Mit dieser Anschauung demonstrierten die Judaisten offenbar die Harmonie von Gesetz und Kosmos und die Notwendigkeit, einen Festkalender einzuhalten. Weitere Vermutungen zum Gesetzesverständnis der Gegner sind zu vage, als daß sie Sinn hätten. Dies liegt daran, daß Paulus gegen die Geltung des Gesetzes zu Felde zieht, nicht aber gegen Einzelauslegungen aus den gesetzlichen Bestimmungen, wenn man von der Beschneidungsforderung einmal absieht.

Daß den Judaisten auch ekstatische Phänomene zuzuordnen seien, ist aus 4, 20 nicht erschließbar und wohl auch unwahrscheinlich. Man trüge so nur korinthische Verhältnisse in Galatien ein. Doch bewährt sich bei der Auslegung des Galaterbriefes generell die klare Differenzierung zwischen Korinth und Galatien. Ein erhellendes Beispiel dafür ist die unterschiedliche Stellung der Gegner des Paulus zu seinem Apostelamt: Es ist nach dem 2. Korintherbrief hart umstritten, weil Paulus angeblich die geistliche Bevollmächtigung fehlt. Im Galaterbrief ist es kein Diskussionsgegenstand eigener Art, sondern rückt nur vom bekämpften paulinischen Evangelium her mit ins Zwielicht (vgl. zu 1, 1 f.).

DRITTER HAUPTTEIL

Wandelt in der Freiheit nach dem Geist und nicht nach dem Fleisch! 5, 13-6, 10

1. Freiheit muß als Möglichkeit zum Liebesdienst begriffen werden 5, 13-15

13 Denn ihr seid zur Freiheit berufen, Brüder. Nur (laßt) die Freiheit nicht zur (günstigen) Gelegenheit für das Fleisch (werden), sondern dient einander durch die Liebe! 14 Denn das ganze Gesetz ist in dem einen Wort vollständig enthalten, (nämlich) in diesem: Du sollst deinen Nächsten lieben wie dich selbst!

15 Wenn ihr jedoch einander beißt und freßt, dann gebt nur acht, daß ihr nicht einer vom anderen verschlungen werdet!

V. 14: 3. Mose 19, 18.

Die Grenzziehung zwischen zweitem und drittem Hauptteil ist umstritten. Der Anfang des Blocks von Mahnungen zum christlichen Verhalten wird nämlich außer ab 5,13 auch ab 4,12 oder 4,21 oder 5,1 angesetzt. Doch inwiefern 4,12ff. und 4,21ff. in jedem Fall zum dritten Hauptteil gehören, ist zu diesen Stücken ausgeführt. Ebenso hatte sich bei 5,1-12 ergeben: Der Abschnitt ist nur verständlich, wenn seine Verwurzelung in der grundsätzlichen Auseinandersetzung beachtet wird, wie sie Paulus vorher geführt hatte. 5,1ff. bringt nicht eigentlich Paränese, d.h. (allgemeine) Mahnungen zum christlichen Verhalten, sondern reflektiert den Grundsatzentscheid zwischen Gesetz und Freiheit. Das Sein der Christen, nicht die Ethik steht zur Diskussion. Demgegenüber knüpft 5,13ff. durch thematisch beabsichtigte Stichwortassoziation (Freiheit) an 5,1ff. an, um nun den Gesichtspunkt des christlichen Verhaltens zu bedenken. Dabei hat das Thema Freiheit eigentlich nur überleitende Funktion, denn ab V.14 fehlt das Wort, und die Sache ist nur unter nachträglichem Rückbezug auf V.13 vorhanden. Der ganze Hauptteil ist nun von den Stichworten: Geist, Fleisch und Gesetz bestimmt. Noch ein weiterer Unterschied zu 5,1ff. wird deutlich: 5,1ff. redet aktuell in die galatische Situation hinein. Der dritte Hauptteil will gar nicht nur die Galater ansprechen, sondern die hier beschriebene Lebensführung ist von allen Christen überhaupt zu erwarten. Endlich: Ab 5,13 gestaltet Paulus weitgehend gar nicht selbst; er arbeitet mit allgemeiner Überlieferung zum christlichen Verhalten, die er redigiert.

Allerdings ist diese letzte Beurteilung, es liege nicht aktuell polemische, vielmehr traditionelle und allgemeingültige Unterweisung vor, nicht unbestritten. Man hat gerade oftmals einzelne Ausführungen aus dem letzten Hauptteil aus der unmittelbaren Frontstellung gegen libertinistische Freigeister bzw. Gnostiker verstehen wollen, die in der Gemeinde Einfluß gewannen. Jedoch sprechen die bisherigen Beobachtungen aus 1,1-5,12 nicht für solche Annahme. Zu den Gegnern paßt eher gesetzliche Härte und Strenge. Verschiedene Gegnergruppen waren bisher gar nicht ins Blickfeld getreten. Die Hypothese kann sich also nur auf 5,13ff. selbst stützen. Aber gerade hier wird es schwierig: Selbst wenn man einen gelegentlich möglichen Bezug auf die galatische Situation nicht von vornherein ausschließen will, sicher beweisen läßt er sich für keine Stelle. Die Aussagen haben im einzelnen vielmehr in der Regel im christlichen und im außerchristlichen Bereich Parallelen. Wo sie ausnahmsweise fehlen, sollte man sie dennoch prinzipiell erwarten, denn das Defizit an Vergleichsmaterial dürfte zufällig sein. Dies zeigen auf ihre Weise gerade auch die engsten Strukturparallelen aus den paulinischen Briefen, nämlich Röm. 12,1-13, 14 und 1.Thess. 4,1-12; 5,12-22. Diese Beobachtungen sprechen nun auch dagegen, aus 5,13ff. die Situation vor Eintreffen der Gegner zu rekonstruieren, um so die Geschichte der Gemeinde konkreter zeichnen zu können.

Die strukturelle Anlage des Hauptteils zeigt folgende Abschnitte: 5,13-15 geben das Generalthema an, in 6,7-10 stößt man auf den für solche Ermahnungen typischen Schluß: den Hinweis auf das Endgericht. In diesen Rahmen eingepaßt, stehen zuerst drei zusammengehörige Stücke (5,15-18.19-21.22-24), die den Widerstreit zwischen Geist und Fleisch darstellen. Der Wandel im Geist wird dann mit verschiedenen Konkretionen in einem vierten Stück (5,25-6,6) vorgeführt.

13   In 5, 1-12 wurde die Freiheit als Kennzeichen wahren Christentums in ihrem
Gegensatz zum Gesetz polemisch, ja zum Teil sogar sarkastisch erörtert. Das Thema
der Freiheit wird nun zunächst nochmals indikativisch als Aussage über die Wesensbestimmung aller Christen festgehalten: Christen sind zur Freiheit berufen. Dabei
bezieht sich das begründende „denn" auf den ganzen voranstehenden Abschnitt.
Die Formulierung lehnt sich eng an 5, 1 an. Solche Berufung, die alle Christen zu
Brüdern zusammenschließt, muß sich beim einzelnen Christen zugunsten der Bruderschaft auswirken. Freiheit ohne gelebte Konkretion ist ein Unding. Darum folgt
dem Konstatieren des Seins der Christen direkt der Aufruf zum Lebensvollzug. Dies
ist der typische Ansatz paulinischer Mahnung (vgl. Röm. 6, 1-23; Gal. 5, 25 u. ö.).
Die im Glauben erfahrene Wahrheit lebt als Konkretion im Verhalten der christlichen Gemeinde. Zur Freiheit berufene Brüder verwirklichen die Freiheit im brüderlichen Umgang. Eine Freiheit, die nicht so unmittelbar und selbstverständlich
wirksam ist, existiert für den Apostel gar nicht. Allerdings gibt es die Möglichkeit,
die Freiheit als günstige Gelegenheit für das Fleisch zu benutzen. „Fleisch" ist der
Mensch als Unerlöster, d. h. alles Sein, Denken, Handeln und Hoffen des Menschen
außerhalb des Glaubens wird so vom Glaubensstandort her bezeichnet. Wenn dabei
christliche Freiheit als gegenseitiger Liebesdienst Gestalt gewinnt, dann läßt sich
von dort her für diesen Fall das fleischliche Verhalten als Selbstsucht, als egoi-
stisches Suchen nach dem eigenen Vorteil zu Lasten der Gemeinschaft bestimmen.
Dies aber ist für den Apostel Unfreiheit. Paulus kennt keine christliche Freiheit, die
darin besteht, die Macht zu haben oder sich zu nehmen, andere zu seinem eigenen
Vorteil auszunutzen. Freiheit ist vielmehr ihrem Wesen nach definiert als Möglichkeit von sich frei zu sein, um dem anderen zu dienen (vgl. Röm. 13, 8-10; 14, 7ff.;
15, 1; 1. Kor. 8, 7-13; 9, 19ff.; 10, 23ff.; 13, 4ff.). Also sagt V. 13 aus: Die christliche Freiheit kann in der Gefahr stehen, durch Selbstsucht in ihr Gegenteil verkehrt
zu werden. Sie wird dort angemessen verwirklicht, wo gegenseitiger Liebesdienst
praktiziert wird.

V. 13 gibt zugleich den Horizont an, der für die folgenden Ermahnungen Geltung
hat: das Innenverhältnis der Gemeindeglieder zueinander, das gemeinsame Leben
derer, die sich Brüder nennen (vgl. weiter: 5, 15; 6, 1. 2. 6). Nur am Schluß in 6, 10
geht die Mahnung auch über diese Grenze direkt hinaus. Sonst geht es Paulus immer
zuerst um das Innenverhältnis der Gemeinde. Doch bedenkt er (auch ausführlicher
und differenzierter) das Außenverhältnis in der Regel danach: vgl. Röm. 12, 3-16a
sowie 12, 16b-13, 7; 1. Thess. 4, 1-10a sowie 4, 10b-12; 5, 12f. sowie 5, 14f.

Man hat vermutet, Paulus wende sich mit diesem Aufruf V. 13 speziell an gesetzlose, libertinistische Gnostiker, die die Liebe zum Anlaß eigenen Sich-Auslebens
benutzen. Aber diese Annahme empfiehlt sich nicht, denn die ganze Gemeinde ist
auf ihr Gemeinschaftsverhalten angesprochen. Wie gezeigt, entspricht die Mahnung
auch der sonstigen ethischen Unterweisung des Paulus. Zudem redet die urchristliche Mahnung überhaupt ähnlich (1. Petr. 2, 16). Eher wäre zu vermuten, Paulus
müsse sich eines typisch gesetzestreuen Vorwurfs erwehren, er selbst rede durch die
Betonung der Freiheit einem gesetzlosen Libertinismus das Wort. Darum bestimme
er die Freiheit betont als Dienst am Bruder. Aber auch diese grundsätzlich denkbare

Akzentuierung ist dem Text selbst nicht zu entnehmen, denn er könnte ebensogut in jedem anderen Paulusbrief stehen.

V. 14 irritiert zunächst. Der Paulus, der gerade mit schärfster Polemik das Gesetz 14 als christlich verbindliche Norm abgewehrt hat, begründet nunmehr das Liebesgebot mit dem Alten Testament (3.Mose 19,18)! Gilt nicht das Gesetz nur als Zuchtmeister, bis Christus kam (Gal. 3, 23 f.)? Hat Christus die Christen nicht vom Gesetz befreit (4, 4 f.)? Schließen sich nicht Geistbesitz und Gesetz aus (3, 1-5)? Dies alles darf in der Tat in keinem Fall zurückgenommen werden! Darum darf auch keinesfalls so gesprochen werden: Weil im Alten Testament 3.Mose 19,18 steht, sollen die Christen dies Gebot halten. Diese Begründung würde sofort Anlaß zu der Frage geben: Warum soll dann die Beschneidung nicht mehr ausgeführt werden, ist sie doch gleichfalls im Alten Testament geboten? In solcher Unmittelbarkeit darf aber das Alte Testament dem Christen wirklich nichts mehr sagen. So will es Paulus auch V. 14 nicht verstanden wissen. Denn es gilt zu beachten, daß er das Liebesgebot zunächst in V. 13 aus dem Wesen des christlichen Heils selbst begründete. Die Vorrangigkeit dieser Begründung ist schlechterdings entscheidend. Also: Das Liebesgebot gilt, weil es Wesensbestimmung der Söhne Gottes ist, nicht mehr sich selbst zu leben, sondern für den, der sich für sie dahingab (Gal. 2, 20). Daraus ergibt sich christliche Freiheit (5. 1. 13). Sie kann schwerlich anderes sein als Dienst am Nächsten. Nun erst, davon geschieden und nachträglich, kann auch auf das Alte Testament abgehoben werden: Wie das Alte Testament selbst seine Unfähigkeit zum Heil (Gal. 3, 10 ff. 21 f.) oder auch die dann in Christus verwirklichte Gerechtigkeit (3, 6 ff. 16 ff.) selbst kundtut, so kann analog zu solchem christlichen Gebrauch des Alten Testaments der Christ auch feststellen, daß das seinem Stande gemäße Verhalten dem Alten Testament bekannt ist.

Dabei ist zu beachten, daß Paulus auf die Totalität des Gesetzes verweist und nicht eine zufällige Einzelstelle wahllos herausgreift. Wie etwa 1.Mose 15, 6 in Gal. 3, 6 die Schriftstelle ist, in der das ganze Wesen des Gesetzes unter dem Gesichtspunkt der Gerechtigkeit zutage tritt, so nimmt für Paulus 3.Mose 19, 18 eine analoge Stellung in bezug auf die Liebe ein.

Noch eines ist in diesem Zusammenhang von Bedeutung: Nach Röm. 12, 2; 1.Thess. 5, 21 f.; Phil. 4, 8 sollen die Christen prüfen, was sie aus ihrer gesamten Umwelt an guten möglichen Grundsätzen für die christliche Lebensgestaltung aufgreifen können. Paulus verfährt nun in V. 14 selbst nach diesem Grundsatz, indem er solche Prüfung am Alten Testament vollzieht, und zwar mit positivem Ausgang. Dieses Vorgehen läßt sich an Röm. 12-13 überprüfen: Auch hier wird das christliche Verhalten in 12, 1 f.; 13, 11-14 begründet und motiviert. Innerhalb dieser Rahmung stößt man auf vielfältige traditionelle Einzelmahnungen (12, 3-13, 7) und am Schluß als Zusammenfassung der Einzelmahnungen auf das Liebesgebot (13, 8-10). Der Unterschied zu Gal. 5, 13-6, 10 besteht nur darin, daß hier das Liebesgebot als Summe aller Einzelmahnungen diesen vorgeordnet ist.

Von diesen Beobachtungen her kann nun auch die Leistung des Paulus in bezug auf die Begründung und Entfaltung christlichen Verhaltens beschrieben werden: Die eine Leistung besteht in der kompromißlosen Strenge, mit der er eine Fremdbestimmung christlichen Lebens ausschließt. Der Heilsindikativ – und keine andere mögliche Autorität – begründet primär den Imperativ: Sei, was du geworden bist, zum Nutzen des Nächsten! In der Entfaltung dieses Grundsatzes im einzelnen – das ist das zweite – hat er weder eine christliche Sonderethik noch eine besondere Autorität außerhalb der eben genannten zugelassen. Vielmehr erwartet er das gleichberechtigte Prüfen aller vorhandenen menschlichen Verhaltensregeln auf ihre Angemessenheit für den Christenstand. Daraus soll sich kein „übermenschliches", sondern das beste menschliche Verhalten ergeben.

15   Wie in V. 13 so setzt Paulus auch in V. 15 dem Liebesgebot das Ausbrechen aus seiner Ordnung entgegen. Beißen, Fressen und Verschlingen sind starke bildhafte Ausdrücke, die auch sonst ähnlich gebraucht werden. Sie stehen für selbstsüchtiges Zerstören der Gemeinschaft. Das Plastische der Aussage darf nicht dazu verleiten, historische Konkretion hineinzulesen. Die Mahnung liebt solche spitzen Aussagen gerade bei negativen Abgrenzungen. Auch findet sich des öfteren beim Liebesgebot der Hinweis, wie seine Beachtung das die Gemeinschaft Zerstörende abwehrt, wobei die sonst drohende Zerstörung mit grellen Farben geschildert wird (z.B. Test. Seb. 8, 5-9, 3).

2. Das Verhalten im Geist als Freiheit zur Liebe und Absage an das Fleisch 5, 16-24

16 Ich sage: Wandelt im Geist, und ihr werdet das Begehren des Fleisches nicht vollbringen! 17 Denn das Fleisch begehrt gegen den Geist auf, der Geist gegen das Fleisch. Denn diese liegen miteinander im Streit, damit ihr nicht das tut, was ihr tun wollt. 18 Wenn ihr euch vom Geist leiten laßt, seid ihr nicht unter dem Gesetz.

19 Offenkundig sind die Werke des Fleisches, als da sind Unzucht, unsaubere Dinge, Zuchtlosigkeit, 20 Götzendienst, Zauberei, Feindschaften, Streit, Eifer-(sucht), Wut, Intrigen, Zwietracht, Parteiungen, 21 Neid, Trunkenheit, Gelage, und was (sonst noch) diesen ähnlich ist. Davor warne ich euch, wie ich euch schon zuvor gewarnt habe: Die solches tun, werden das Gottesreich nicht ererben.

22 Die Frucht des Geistes aber ist Liebe, Freude, Friede, Langmut, Güte, Rechtschaffenheit, Treue, 23 Sanftmut, Selbstzucht. Gegen die, die so handeln, ist das Gesetz nicht. 24 Die zu Christus Jesus gehören, haben das Fleisch samt seinen Leidenschaften und Lüsten gekreuzigt.

16   Mit V. 16 lenkt der Apostel modifizierend zu V. 13 zurück, indem er nunmehr das dortige Gegensatzpaar Freiheit – Fleisch neu als Geist und Fleisch bestimmt. Die Berufung in den Stand der Freiheit meint den Wandel nach dem Geist. Der Geistempfang aufgrund der Evangeliumspredigt (3, 1-5) ist die Berufung in die Freiheit, die im Wandel nach dem Geist sich vollzieht. Dann aber muß die Liebe (V. 14f.) ebenfalls Vollzug des geistlichen Wandels sein. In der Tat: als erste Frucht des Geistes ist sie V. 22 genannt.

Dem geistlichen Verhalten gilt die Verheißung, dem Begehren des Fleisches entsagen zu können, d.h. sich von allem freihalten zu können, was sich nicht mit der Liebe zur Deckung bringen läßt (V. 13b). Dabei wertet Paulus das Begehren durch den Negativbegriff Fleisch als selbstsüchtiges Begehren ab und sieht das Fleisch als eine Macht an. Das bedeutet: Das negativ qualifizierte Verhalten des sündigen Menschen ist durch den Geist nicht so überwunden, daß es einfach abgestorben ist. Durch den Geist wird der Mensch vielmehr so erneuert, daß er nun in Widerspruch zu seiner bisherigen existentiellen Ausrichtung gerät. Diesen Widerspruch gilt es immer wieder zu meistern. Freilich nicht im gesetzlichen Sinn durch die Ausrichtung nach dem Gebot: Du sollst nicht begehren! Solche Forderung führt nach Paulus nur tiefer in die Sünde hinein (Röm. 7, 8) und läßt das Begehren des Fleisches sich nur um so intensiver austoben. Das Gesetz ist geradezu der beste Nährboden für das Erstarken der Sünde und des Fleisches (Röm. 7, 9 f.). Beim Christen soll aber gerade das Gegenteil herauskommen: das geistliche Verhalten, das befähigt, das Begehren des Fleisches zu besiegen. Das geht nach Paulus so zu: Christus befreit vom Gesetz, damit ist das Gesetz als Anlaß zum Mächtigwerden des Fleisches ausgeschaltet. Weil Christen um Christi willen gerechtfertigt sind, können sie zudem – frei davon, sich das Heil selber erwerben zu müssen – für Christus und den Nächsten leben (Gal. 2, 15 ff.; 5, 13 f.). So ist vom Gesetz und vom Zustand des Menschen her dem Fleisch die Basis entzogen. Außerdem sporit der Geist als lebensbestimmende Macht den Christen zum stetigen Liebesdienst an. Er hat dabei u. a. aufgrund der beiden genannten anthropologischen neuen Voraussetzungen dem Begehren des Geistes gegenüber die bessere Position. So ist es „nur" noch Aufgabe des Menschen, dem Geist nicht zu wehren.

Diesen im Streit zwischen Geist und Fleisch stets auszutragenden Kampf schildert 17 von einem anderen Blickwinkel her in Form einer zusätzlichen Erläuterung V. 17, indem hier die beiden Mächte, deren Herrschaft der Christ bei seinem Tun ausgeliefert ist, als sich bekämpfende objektive Gewalten dargestellt sind. So wird aus dem Menschen eine dritte Größe, ein Kampffeld. Dies führt zur Konsequenz, daß nun der Mensch nur noch tut, was die beiden Mächte wollen. Bevor man diese Aussage von Röm. 7 her versteht oder überhaupt als selbständige anthropologische Konzeption des Paulus bedenkt, sollte man den Vers in seinem Kontext von V. 16 und 18 stehen lassen. Dieser gibt Auskunft, daß weder Geist noch Fleisch im strengen Sinn dem Menschen fremde Mächte sind, sondern zugleich des Menschen eigenes Wollen. Fleisch ist der Mensch als selbstsüchtig Begehrender und Geist als Liebender. So ist er selbst sein Wandel im Geist oder Fleisch. Der Widerspruch zwischen dieser Kontextaussage und V. 17 löst sich auf, wenn man die verschiedenen Gesichtspunkte betrachtet, unter denen formuliert ist. Der Kontext blickt auf den verantwortlich handelnden Menschen, dem die Ermahnung gilt. V. 17 entwirft seine Aussagen von den Mächten her. Isoliert man V. 17, ist der Mensch ethisch nicht ansprechbar. Doch gehört V. 17 ja in den Zusammenhang der ethischen Unterweisung. Also ist die Aussage von den Mächten dem Kontext und seinem Gefälle unterzuordnen.

Sind Geist und Liebe in der beschriebenen Weise zusammenzusehen, dann ist 18 eine weitere Aussage selbstverständlich: Geistliche Existenz ist Leben, das nicht mehr unter dem Gesetz steht. Die Ausdrucksweise „unter dem Gesetz" hat von 3, 23; 4, 4 f. her (vgl. 5, 1) negativen Sinn und meint die Versklavung unter die (nicht erfüllbaren) Forderungen des Gesetzes, wodurch die Sündhaftigkeit des Menschen immer tiefer wird. Ist die Liebe das Getriebensein vom Geist und zugleich des

Gesetzes Erfüllung, dann ist der Christ das Gesetz los. Die Aussage V. 18 ist gut paulinisch: vgl. Röm. 6, 14; 8, 14; 2. Kor. 3, 17.

19 f.   In zwei antithetischen Reihungen bringt Paulus nun eine katalogische Aufzählung traditioneller negativer und positiver Verhaltensweisen, sog. Tugend- und Lasterkataloge. Allerdings sind die Begriffe Tugend und Laster im Griechentum zuhause. Dort adelt und vervollkommnet sich die autonome Persönlichkeit durch Tugenden oder befleckt durch Laster ihr besseres Selbst. So können das Urchristentum und Paulus nicht reden. Paulus z. B. spricht darum von „den Werken des Fleisches" und „der Frucht des Geistes". Dabei sind Geist und Fleisch Mächte, die den Menschen beherrschen (V. 16!). So denkt Paulus nicht von einem Persönlichkeitsideal her, sondern sieht den Menschen in Bindungen stehen, die Machtcharakter haben, unter denen er seine Verhaltensweisen zu Gott und Welt gestaltet, hier speziell zur christlichen Gemeinschaft, in der er steht. So kann bei ihm von Tugenden und Lastern nur im ungriechischen Sinn gesprochen werden.

Zunächst folgt die Reihung der Werke des Fleisches. Solche katalogische Ermahnung ist Paulus aus dem Judentum und der kynisch-stoischen Popularphilosophie bekannt. Literarisch bieten im Urchristentum die Paulusbriefe die ältesten Belege. Lasterkataloge stehen: Röm. 1, 29-31; 13, 13; 1. Kor. 5, 10 f.; 6, 9 f.; 2. Kor. 12, 20 f.; nachpaulinisch: Eph. 4, 31; 5, 3-5; Kol. 3, 5-8; 1. Tim. 1, 9 f.; 2. Tim. 3, 2-7; Did. 1-6; Herm., Mand. 8. Die Typik zeigt, daß nicht erst der Apostel diese Kataloge in die ethische Unterweisung der Christen einführte. Indizien (griechisches Sprachgewand, Polemik gegen Götterverehrung und Zauberei) weisen darauf hin, daß offenbar das hellenistische Judenchristentum der erste christliche Traditionsträger solcher Reihungen war.

Alle Laster aus V. 19-21 lassen sich einzeln oder in Katalogen auch sonst in christlichen und außerchristlichen Ermahnungen nachweisen. Die Anordnung der Laster ist oftmals ein komplexes Gebilde und läßt auf eine längere Vorgeschichte der Reihe schließen. Die vorliegende Aufzählung hat eingangs offenbar eine Dreiergruppe unter dem Leitgedanken geschlechtlicher Verfehlungen: illegitimer Geschlechtsverkehr und jede Art der Unreinheit und Ausschweifung, vornehmlich im Bereich der Unzuchtsünde. Es folgt wohl eine Paarung von zwei Sünden, die mit dem Götzendienst zusammenhängen: Verehrung heidnischer Götter und Zauberei, d. h. Außergewöhnlichkeiten, die mit Hilfe von heidnischen Mächten zustande kommen. Acht weitere Sünden stehen dann wahrscheinlich unter dem Oberbegriff des gemeinschaftszerstörenden Verhaltens. Im einzelnen sind sie teilweise kaum noch präzise voneinander abzuheben und überschneiden sich in ihrem Bedeutungsbereich. Dies ist für Paulus kein Problem, denn es kommt ihm offenbar nur darauf an, durch die

21   Fülle der Begriffe gerade hier zu akzentuieren. Die letzten beiden Laster benennen Trink- und Festgelage. Sachlich gehören beide zur ersten oder zweiten Gruppe. Vielleicht hat sich die voranstehende Achtergruppe zum Thema Unfrieden in eine ältere Reihe hineingedrängt. Paulus weiß um die Unvollständigkeit der Aufzählung. Auch dieser Hinweis ist typisch und des öfteren zu beobachten. Außerdem erinnert Paulus daran, daß er solche Aufzählungen mitsamt der nachfolgenden Androhung des Ausschlusses aus dem Reich Gottes schon früher in den Gemeinden artikuliert hat (vgl. 1. Thess. 4, 6). Sie gehören also zum festen Bestand seiner Unterweisung.

Endlich ist auch der Abschluß des Katalogs mit dem Verweis auf den drohenden Ausschluß aus dem Gottesreich vorpaulinisch (vgl. z.B. 1.Kor. 6,9f.; (15,50;) Eph. 5,5f.; Kol. 3,6 – überall liegt feste, geprägte Formulierung vor).

Man hat anhand der Laster auf die galatische Situation schließen und zelotische Gewalttaten (Eifer usw.) wie gnostische Verhaltensweisen (die ersten fünf Laster) wiederfinden wollen. Aber zum einen ist kein Laster speziell nur typisch für die Gnosis oder den Zelotismus. Zum anderen zeigen die Aufzählung und ihre Fortsetzung in V.21 allzu deutlich die Traditionsverwurzelung. Selbst die allgemeine Applikation auf die Gemeindesituation in der Form, daß man von der Fülle der gemeinschaftszerstörenden Laster auf heftige Streitereien in Galatien schließt, ist verfehlt. Der Brief weiß sonst nichts von Spaltungen in der Gemeinde, sondern redet sie als Einheit an. Außerdem stehen diese Laster im thematischen Kontext zu V.14 und nehmen das Thema aus V.15 wieder auf. Sie sind also sachlich, als Kontrast zur Liebe, betont. Im Gegensatz zu den Lastern steht die Frucht des Geistes. Der in 22 sich differenzierten Vielfalt der Werke des Fleisches steht nur eine Frucht des Geistes gegenüber, nämlich das gemeinschaftsfördernde Verhalten, wie es sich in neun Varianten derselben Grundhaltung widerspiegelt. Weiter ist für Paulus offenbar mit den Werken der Aspekt der Leistung, also der Taten unerlösten Handelns, verbunden. Der Ausdruck „Frucht" dagegen bringt den Charakter der Gabe zum Ausdruck, mit der der Mensch sich nicht rühmen kann. Es ist mitnichten des Christen Verdienst, wenn er sich liebend zum Nächsten verhält. Die Aufzählung selbst ist, analog zum Lasterkatalog, traditionell. Tugendkataloge stehen im Neuen Testament noch: 2.Kor. 6,6; Eph. 4,2f.; Kol. 3,12f.; 1.Tim. 4,12; 6,11; 2.Tim. 3,10; 1.Petr. 3,8; 2.Petr. 1,ff., vgl. auch 1.Kor. 13,4ff. Man kann V.22f. in vier Gruppen 23 aufgliedern: Liebe, Freude und Friede stehen nicht zufällig zusammen (vgl. etwa: Röm. 14,17; 15,13; 2.Kor. 13,11; Eph. 6,23; Kol. 3,14f.). Sie sind die herausragenden auffälligsten Kennzeichen christlicher Gemeinschaft. Auch Langmut und Güte sind traditionelle Geschwister (vgl. 1.Kor. 13,4; 2.Kor. 6,6 u.ö.). Rechtschaffenheit und Treue garantieren die Verläßlichkeit des Christen. Dabei ist die Rechtschaffenheit in ähnlichen Zusammenhängen selten anzutreffen und begegnet überhaupt nur im biblischen Traditionsbereich und im Neuen Testament nur in der paulinischen Literatur (Röm. 15,14; 2.Thess. 1,11; Eph. 5,9). Sanftmut und Selbstzucht stehen wahrscheinlich für die Beherrschung der Begierden nach außen zum Nächsten und nach innen gegenüber sich selbst.

Gegen die, die so handeln, steht das Gesetz nicht. Man kann aber auch übersetzen: Gegen Derartiges, d.h. gegen solche Frucht des Geistes, steht das Gesetz nicht. Doch spricht die parallele Formulierung in V.21 für das erste Verständnis. Der Satz greift wiederholend auf V.14 zurück. Die Frucht des Geistes ist Zeichen freier Sohnschaft (4,1-7), durch die die vorübergehende Geltung des Gesetzes zu Ende gekommen ist. Auch intendiert ja nach 3.Mose 19,18 gerade das Gesetz solches Verhalten (Gal. 5,14), so daß – selbst wenn es in Geltung stünde – es nichts aussetzen kann. Denn für die Christen ist der Entscheid zwischen Geist und Fleisch 24 längst gefallen. Dieser Streit ist kein Kampf gleichrangiger Rivalen, sondern steht längst unter dem Zeichen des Siegels für den Geist, denn Christen haben durch

Taufe und Glauben (Gal. 3, 26-4, 7) schon ihr Fleisch als existentiellen Ort der Leidenschaften und Lüste, die V. 19-21 genannt sind, gekreuzigt (Röm. 6, 6; 8, 10. 13; Gal. 2, 19; auch Gal. 6, 14).

3. Das Verhalten nach dem Geist unter den Aspekten verschiedener Konkretionen 5, 25-6, 6

25 Wenn wir im Geiste leben, so laßt uns auch nach dem Geiste uns ausrichten! 26 Laßt uns nicht eitler Ehre nachjagen, nicht einander herausfordern, (auch) einander nicht beneiden!
6, 1 Brüder, wenn auch ein Mensch von einem Fehltritt übereilt wird, so sollt ihr, die Geistlichen, den Betreffenden im Geist der Sanftmut zurechtbringen. Achte (dabei) auf dich selbst, daß nicht auch du versucht wirst! 2 Einer trage des anderen Last, und so werdet ihr das Gesetz Christi erfüllen! 3 Denn wenn jemand meint, etwas darzustellen, obwohl er nichts ist, der täuscht sich selbst. 4 Jeder prüfe sein eigenes Werk, und dann wird er nur für sich selbst allein den Ruhm haben und nicht im Hinblick auf den anderen. 5 Denn jeder wird seine eigene Bürde zu tragen haben. 6 Wer Unterricht in der Botschaft erhält, gebe seinen Lehrern an allen Gütern Anteil!

25   Der ganze Abschnitt bringt unter der Generalanweisung von V. 25 einzelne Konkretionen zum Wandel im Geist. Diese Grundsatzmahnung ist kaum – wie manche annehmen – Abschluß von 5, 13-24, sondern bildet in formaler Parallelität zu 5, 13 den vorangestellten umfassenden Imperativ für die nachgeordneten Einzelmahnungen. V. 25 ist dabei wohl der kürzeste und zugleich treffendste Grundsatz, der das paulinische Verhältnis von Indikativ und Imperativ, von christlichem Sein und Wandel, beschreibt (vgl. die Ausführungen zu 5, 13 f.). Der Christ soll im Verhalten bejahen und vollziehen, was er bereits geworden ist, wandeln als einer, der im Geist lebt (3, 1-5) und dessen fleischliche Existenz bereits gekreuzigt ist (5, 24). Sein neuer Stand und sein Verhalten müssen kongruent sein, denn die Gabe des Geistes als neue Bestimmung des Menschen darf nicht im Zwiespalt stehen mit seinen Lebensäußerungen. Diese Generalanweisung zum christlichen Verhalten trägt keinen aktuellen polemischen Zug. Gnostiker, deren äußeres Erscheinungsbild ihrem Anspruch auf Geistbesitz nach dem Urteil des Paulus nicht entspricht, wird man als Anlaß der Mahnung nicht vermuten dürfen. Nicht nur zeigt ein Vergleich zur bewegten Polemik gegen falsch verstandenes Geistchristentum im 1. und 2. Korintherbrief, wie im Gegensatz dazu Paulus hier allgemein und grundsätzlich redet, sondern die Aussage deckt sich auch so eindeutig mit der paulinischen Theologie, daß derartige Vermutungen grundlos sind.

26   Das erste Beispiel zur Konkretion des Grundsatzes spricht von der Ehrsucht, der gegenseitigen Herausforderung und dem Neid. Alle drei Worte sind nur hier im Neuen Testament belegt. Die Gier nach Ruhm und das neidische Verhalten sind aber sonst typische Laster, die in christlicher und außerchristlicher Ethik gegeißelt werden. So fällt es schwer, den Ausführungen konkreten Sinn abzugewinnen, zumal Paulus den Wir-Stil aus V. 25 fortsetzt, aber wohl absichtsvoll allgemein bleibt. Sachlich sind die drei Untugenden zu den acht gemeinschaftszerstörenden Werken

des Fleisches (V.20) zu stellen. Wie diese den präzisen Gegensatz zum Liebesgebot bilden, so diese drei zum Wandel im Geist, der ja die Liebe ist.

Durch die Anrede „Brüder" abgehoben, folgt ein neues Beispiel für den Wandel 6,1 im Geist, das gütige und verstehende Zurechtbringen des Sünders. Der Satz enthält ein Übersetzungsproblem. Man kann übertragen: Wenn jemand durch einen Fehltritt übereilt wird, oder: Wenn jemand bei einem Fehltritt (von anderen) ertappt wird. Da ausdrücklich die grundsätzliche Versuchlichkeit aller Christen am Schluß des Satzes thematisiert ist, wird man wohl auch hier annehmen sollen, der Gefallene sei nicht nur mehr oder weniger zufällig ertappt und darum diese mißliche Öffentlichkeit seiner Sünde ein Problem, sondern grundsätzlicher: Jeden, der aufgrund seiner Versuchlichkeit gegen seine eigentliche Grundeinstellung der Sünde unterliegt, gilt es, im Geist der Güte, die aufhilft und nicht zerstört, wieder auf den rechten Weg zu leiten. Es ist nicht Aufgabe der Gemeinde, Strafe zu verhängen und Sühne einzutreiben (vgl. Röm. 12,17-21), sondern dem Sünder den Neuanfang und die Wiederaufnahme in der Gemeinschaft zu ermöglichen. Es sei betont, daß Paulus hier vom innergemeindlichen Verhalten spricht. Von den Organen des Staates hat er anderes erwartet (vgl. Röm. 13,4 f.).

Die Hilfe für den gefallenen Bruder ist ein Fall, wie die Aufforderung zum gegen- 2 seitigen Tragen der Lasten erfüllt wird. Ein weiteres von Paulus selbst ausgeführtes Beispiel steht Röm. 15,1-3. Lasten sind in der umfassendsten und weitesten Form Schwierigkeiten, durch die Einzelne das christliche Gemeindeleben erschweren. Die Gemeinde muß mit diesen so fertig werden, daß die Auferbauung der Gemeinde (Röm. 15,3) nicht Schaden nimmt. Auf diese Weise wird das Gesetz Christi erfüllt. Unter diesem ist wohl das Lebensprinzip zu verstehen, unter dem Christus selbst stand und das er erfüllte (Röm. 15,3; Phil. 2,5) und das in der Form des Liebesgebotes (Gal. 5,13 f.) das neue Band der christlichen Gemeinschaft ist. Nach den Ausführungen zu 5,13 f. kann dieses Gebot nicht mehr gesetzlicher Mißdeutung ausgeliefert sein, zumal die Aufforderung in V.2 Modell zu 5,25 ist.

Eine Motivierung zu dieser Mahnung bringt dahn V.3, denn V.3-5 stehen mit 3 gleicher Funktion an analoger Stelle wie V.1c. Das Wissen um die eigene Versuchlichkeit korrespondiert dem Achtgeben auf die allzu leichte Selbstüberschätzung. Die unkritische Selbstbeurteilung – eine typisch menschliche Schwäche – führt allzu schnell zu einer solchen Selbstwertbestimmung, bei der Anspruch und Realität nicht deckungsgleich sind. Diesen Selbstbetrug soll man scharf im Auge behalten. Dann wird man erkennen, daß der Realität viel eher der Normalfall entspricht, daß man den anderen Gliedern der Gemeinschaft auch Lasten von sich selbst zu tragen abverlangt. So ist man dann viel eher geneigt, das gegenseitige Lastentragen als Notwendigkeit anzuerkennen. Dann mag der Einzelne – ohne Selbsttäuschung – sein 4 eigenes Tun prüfen. Als Ergebnis mag er Rühmliches, gute Taten, bei sich ausmachen. Allerdings schließt diese Diagnose den Vergleich mit den Mitchristen aus, denn der Ruhm ist nicht als Konkurrenz zum Nächsten, als ein Rühmen vor ihm, einsetzbar. Gute Taten sind nur Frucht des Geistes (5,22), den alle Christen als Gabe erhielten. An diesem Geist gemessen, ist eine Tat nur gut, wenn sie zur Förderung der Gemeinde angewendet wird. Werden Taten als Selbstruhm vor der Gemeinde mißbraucht, sind sie schon nicht mehr gut, vielmehr Ausdruck der Herr-

schaft des Fleisches (vgl. zum ganzen Gedankengang V. 3 f., auch 1. Kor. 3, 6-15;
5 9, 13-18). Lasten oder Ruhmreiches – einerlei: die eigene Bürde als Summe aller
Taten wird jeder selbst zu tragen haben, d. h. sie sind im Endgericht präsent, und
jeder wird für sie einstehen müssen (zur Vorstellung vgl. Offb. 14, 13; 4. Esra 7, 35;
Pirke Aboth 6, 9; allgemein: Röm. 14, 4. 10-12; 1. Kor. 3, 13 ff.).

6 Unter 5, 25 geht Paulus endlich als letztes ohne sachlich erkennbaren Zusammenhang zum Voranstehenden und ohne neue Motivation mit V. 6 auf das Verhältnis zwischen den Lehrern und den Gemeindegliedern ein. Die relative Isoliertheit des Satzes hat zu manchen Spekulationen Anlaß gegeben. Man hat erwogen,
den Vers als Glosse auszuscheiden, oder die nicht unmittelbar erkennbare Motivation, aus der heraus Paulus ihn schrieb, bei den gnostischen Gegnern zu suchen, die
wegen ihres geistlichen Selbstbewußtseins die radikale Emanzipation von den Lehrern der Gemeinde forderten. Aber der Satz atmet nicht den Geist polemischen
Eifers, noch sollte es im Zusammenhang einer Kette von Mahnungen irritieren,
wenn Anschlüsse fehlen und die Themenabfolge locker ist. Man könnte mit dem
gleichen Recht dann z. B. Röm. 13, 1-7 aus dem Zusammenhang 12, 1-13, 14 lösen,
weil der Abschnitt übergangslos und isoliert dasteht, oder als Motivation fordern,
die römische Gemeinde sei besonders kritisch gegenüber den staatlichen Organen
eingestellt gewesen und werde darum zurechtgewiesen. Doch gegenüber solchen
sachfremden Hypothesen gilt es festzuhalten: Lockere Kontextbeziehung und fehlende konkrete Veranlassung sind typisch für allgemeine christliche Unterweisung.

Den Inhalt von V. 6 kann man in doppelter Weise verstehen: Man kann in ihm
die Mahnung zur Unterhaltspflicht des Lehrers durch den Schüler erkennen. Oder
man versteht so: Wer Unterricht in der Botschaft erhält, lasse seinen Lehrer an allen
guten Dingen Anteil haben, d. h. an allen guten Taten, die als Folge der Botschaft
durch den Christen im Sinne von 5, 22 f. entstehen. Endlich gibt es den Kompromißvorschlag, beide Auslegungen zu vereinen und zu betonen, V. 6 wolle gerade in
dieser Weite und Offenheit verstanden werden. Bei einem Entscheid muß festgehalten werden, daß die Mahnung zur Unterhaltspflicht einen historisch faßbaren
gemeindeorganisatorischen Hintergrund hat (1. Kor. 9, 7–14; 2. Kor. 11, 7 f.; 1. Tim.
5, 17 f.). Umgekehrt fragt man sich bei der zweiten Deutung, warum speziell die
Lehrer ausdrücklich so bedacht werden sollen, wo doch ganz selbstverständlich der
Gemeinde überhaupt solche Geistesfrucht zugute kommt. Zudem sind die Lehrer
in dem ganzen Kontext der einzige Stand, der besonders bedacht wird. Dann aber
wird man annehmen dürfen, daß ihnen auch etwas nur auf sie Zutreffendes zugesprochen werden soll. So kommt man wiederum auf ihren Unterhalt. Fällt damit
die zweite Auslegung aus, dann ist auch der Kompromißvorschlag gegenstandslos
geworden. Paulus zählt also zum geistlichen Leben der Gemeinde auch die Sorge
um den Unterhalt der Lehrer.

4. Die eschatologische Motivation des Verhaltens 6, 7-10

**7 Irrt euch nicht, Gott läßt sich nicht verspotten! Denn was ein Mensch sät,
das wird er auch ernten. 8 Denn wer auf sein Fleisch sät, wird von dem Fleisch
Verderben ernten. Wer jedoch auf den Geist sät, wird aus dem Geist ewiges**

Leben ernten. 9 Gutes zu tun, laßt uns nicht müde werden. Denn zur bestimmten Zeit werden wir ernten, wenn wir nicht ermatten. 10 Darum laßt uns, solange wir Zeit haben, allen gegenüber Gutes tun, am meisten jedoch an den Glaubensgenossen!

Die Motivation in V. 7-9 entfaltet im Blick auf das endgerichtliche Ergehen, 7 warum der Wandel im Geist die Verheißung ewigen Lebens zu Recht auf seiner Seite hat. Darum können die Verse auch nicht nur auf 6,6 oder auf 5,26-6,6 bezogen werden, sondern müssen als Abschluß des gesamten dritten Hauptteils gelten, der durchgehend von dem auch hier nochmals anzutreffenden Gegensatz Geist – Fleisch beherrscht ist. Solcher Ausblick auf die Erwartung des Endheils ist als Abschluß einer Ermahnung typisch und auch bei Paulus beispielsweise Röm. 13,11 ff.; 1.Thess. 5,23 f. zu finden.

Der Einsatz: Irret euch nicht, hat hier traditionellerweise die Funktion, die Galater an eine geprägte Überlieferung oder eine bekannte Vorstellung zu erinnern, derem Inhalt sie eigentlich zustimmen. Vor- oder nachgeordnet stößt man auf diese Wendung mit derselben Funktion z.B. 1.Kor. 6,9; 15,33; Jak. 1,16. Paulus weiß sich also im grundsätzlichen Einvernehmen mit den Gemeinden und weist sie nur nochmals auf ihre gegenseitige Übereinstimmung hin, an der sie festhalten sollen. Zu dieser gehört auch der Hinweis, daß man Gott nicht verächtlich behandeln kann, was geschieht, wenn man den Wirkungen des von Gott kommenden Geistes nicht bei sich Raum gibt, oder allgemeiner: das nachfolgende Gesetz von Saat und Ernte als göttliche Ordnung verachtet. Das Bild von Saat und Ernte stammt aus der Weisheitsliteratur, erweitert durch das apokalyptische Motiv des Endgerichts. Zum Bild als solchem vgl. Hos. 8,7; Hiob 4,8; Spr. 22,8; Test. Levi 13,6; Lk. 19,21; 2.Kor. 9,6. Es setzt die Erfahrungstatsache aus dem bäuerlichen Leben voraus, daß bestimmtes Saatgut einen bestimmten Ernteertrag ergibt. Gerste erbringt Gerste, aber auch: schlechtes Saatgut führt zur schlechten Ernte. Dies Gesetz von Saat und Ernte trifft im weisheitlichen Weltbild auch auf das menschliche Handeln und seine Folgen zu. Des Menschen Ergehen ist in direkter Weise Folge seines Verhaltens. Doch ehe Paulus das Bild nun auf das irdische Tun des Menschen und sein 8 endzeitliches Ergehen anwendet, prägt er es um. Nicht mehr das Saatgut, vielmehr das Ackerland wird Gegenstand weiterer Beschreibung. Weil der Mensch nicht Geist und Fleisch säen kann, sondern nur sich unter beiden in entsprechender Weise verhalten kann, wird im Bild das Motiv des Ackerlandes ausgewertet. Wer auf sein Fleisch sät (nach dem Saatgut darf nun nicht mehr als nach einem eigenen Thema gefragt werden), wird von diesem schlechten Ackerland nur Schlechtes, nämlich ewiges Verderben als Ertrag erzielen. Wer auf den Geist sät, wird ewiges Leben ernten. Ohne Bild beschreibt Paulus diesen Vorgang Röm. 6,20 ff. Wer sich existentiell auf sein Fleisch, d.h. seinen unerlösten Zustand gründet und sein Handeln davon leiten läßt, bleibt ohne Erlösung am Ende der Tage. Wer sich aber ganz auf den Geist Gottes einläßt, darf als Hoffnungsgut das ewige Leben erwarten.

Folgernd appelliert darum V. 9 nochmals an die Gläubigen: Gebt, ohne je zu 9 ermüden, dem Geist Gottes Raum bei euch in der Gestalt der guten Taten (5,22 f.); denn jetzt ist die Zeit der Aussaat. Darum säet, solange es noch Zeit ist. Dann wird 10 eingebracht werden, was im unermüdlichen Fleiß gesät wurde. Darum – so lautet die Schlußfolgerung für die gesamte Mahnung aufgrund des zu erwartenden Endgerichts – gilt es, die befristete Zeit auszukaufen. Daß diese Frist für Paulus und seine Generation als kurz bemessen galt, drückt zwar V. 10 nicht selbst aus, doch zeigen dies die paulinischen Stellen, die die Naherwartung bezeugen, z. B. Röm. 13, 11 f.; 16, 20; 1. Kor. 7, 29; 10, 11; 16, 22; Phil. 3, 20; 4, 5; 1. Thess. 4, 13 ff. Also muß man Paulus so verstehen: Gerade weil das Ende unmittelbar nahe ist, gilt es, um so eifriger und unermüdlicher noch, solange Zeit ist, Gutes zu tun. Daß die Naherwartung für Paulus nicht zur Weltflucht oder zum ethischen Chaos als Zeichen der Verachtung der überwundenen Welt führte, zeigt ähnlich wie V. 10 auch etwa Röm. 13, 11 ff. Paulus äußert dies in diesem Zusammenhang nur unpolemisch im Blick auf die positive Seite. Eine aktuelle Abgrenzung gegen eschatologisches Schwärmertum liegt offenbar nicht vor. Dies fällt besonders im Gegensatz zum ersten und zweiten Korintherbrief auf (vgl. auch 2. Thess. 3, 6 ff.). Also weiß er sich wohl mit den Gemeinden in Galatien (und seinen judaistischen Gegnern) in der Distanz gegenüber solcher Front stillschweigend einig. Hier liegt kein Problem, weil alle den Imperativ, Gutes zu tun, ernst nehmen. Nur was Paulus als Äußerung geistlicher Freiheit versteht, ordnen die Judaisten ihrem Gesetzesverständnis unter.

Noch ein weiterer Aspekt ist an V. 10 bemerkenswert: In der gesamten Ermahnung tritt nur in diesem Vers die nichtchristliche Welt ausdrücklich als Objekt christlichen Verhaltens ins Blickfeld, freilich von dem primären Ziel des Handelns, nämlich den christlichen Brüdern, abgehoben. Generellen Mahnungen, der Umwelt gegenüber Wohlverhalten zu üben, begegnet man in der paulinischen Ethik des öfteren (vgl. Röm. 12, 17; 2. Kor. 4, 2; Phil. 4, 5). Sie gehören im weiteren Sinn in den Rahmen solcher Handlungsanweisungen, die den christlichen Wandel der Gemeinde unter missionarischem Aspekt sehen (vgl. 1. Thess. 4, 11 f.; Kol. 4, 5; Phil. 2, 15). Paulus hat seine apostolische Mission noch spezieller unter diesem Gesichtspunkt durchgeführt (1. Kor. 10, 32 f.). Auch späteres christliches Schrifttum verarbeitet regelmäßig dieses Motiv: 1. Tim. 3, 7; 6, 1; Tit. 2, 5. 8. 10; Jak. 2, 7; 1. Petr. 2, 12. 15; 3, 1. 16; 1. Clem. 47, 6 f.; 2. Clem. 13; Ign., Eph. 10, 1; Trall. 3, 2; 8, 2. Bei den Apologeten wird dieses Wohlverhalten der Christen den Heiden vorgehalten zur Verteidigung des Christentums, am illustrativsten wohl in Tertullians Apologeticum. Wenn das Christentum diese Verhaltensanweisung auch dem Judentum entlehnte (vgl. Dam. 12, 6 f.; Test. Naph. 8, 6. 8), so steht doch außer Zweifel, daß diese Praxis ein ganz entscheidender Grund für die Ausbreitung des Christentums war.

Endlich läßt sich noch sehr schön an der Begriffsbildung „Glaubensgenossen", wörtlich: Hausgenossen des Glaubens, die soziologische Situation der frühen christlichen Gemeinden erkennen. Das Christentum ist zur Zeit des Paulus keine offizielle Staatsreligion, wie sie z. B. durch die römischen und hellenistischen Götter vertreten wurde, noch ein staatlich anerkannter Kultverein (wie z. B. bestimmte Mysterienreligionen), noch eine von Rom anerkannte volksgeschichtlich gewachsene Religion eines bestimmten ethnischen Verbandes (wie z. B. das Judentum), sondern ein freier Zusammenschluß auf privater Basis ohne eine irgendwie rechtsverbindliche Anerkennung durch Staat und Gesellschaft. Die Organisationsform dieser privaten Einheit war die Hausgemeinde (vgl. 1. Kor. 16, 19; Kol. 4, 15; Phlm. 2; Apg. 12, 12).

Briefschluß 6,11-18

11 Seht, mit wie großen Buchstaben ich euch eigenhändig geschrieben habe!
12 Alle, die ein gutes Ansehen durch das Fleisch erlangen wollen, die nötigen euch zur Beschneidung, nur damit sie nicht wegen des Kreuzes Christi verfolgt werden. 13 Denn selbst als Beschnittene halten sie das Gesetz nicht, wollen vielmehr eure Beschneidung, um sich durch euer Fleisch Ruhm zu erwerben. 14 Für mich jedoch soll es keinen anderen Ruhmesgrund geben als das Kreuz unseres Herrn Jesu Christi, durch das die Welt mir gekreuzigt ist und ich der Welt. 15 Denn weder Beschneidung gilt etwas noch Unbeschnittensein, sondern (nur noch) Neuschöpfung. 16 Und alle, die sich an diesem Kanon ausrichten – Friede über sie und Erbarmen, (dies auch) über das Israel Gottes!
17 In Zukunft bereite mir keiner mehr Schwierigkeiten, denn ich trage die Malzeichen Jesu an meinem Leibe. 18 Die Gnade unseres Herrn Jesu Christi sei mit euch, Brüder; amen.

Der Briefschluß ist durch V. 11 deutlich markiert. Solcher Einsatz des Brief- 11 schlusses entspricht allerdings nicht paulinischer Gepflogenheit. Der Apostel bringt sonst in der Regel Grußlisten oder allgemeine Grüße (Röm. 16,21 ff.; 1.Kor. 16, 15 ff.; 2.Kor. 13,12; Phil. 4,21 f.; 1.Thess. 5,26). Ihr Fehlen muß im Zusammenhang mit den 1,1 f. nicht namentlich genannten Mitadressaten gedeutet werden. Offenbar veranlaßt ihn die schwierige Situation in Galatien, den Kontakt zwischen den dortigen Gemeinden und den Christen seines gesamten Missionsgebietes nicht zu fördern. Ein eigenhändiger Briefschluß steht jedoch auch sonst im paulinischen Postskript (vgl. 1.Kor. 16,21; Phlm. 19; als Nachahmung: Kol. 4,18; 2.Thess. 3,17). Dies weist jedesmal darauf hin, daß ein Sekretär nach Diktat den Brief schrieb und Paulus nur am Schluß weniges eigenhändig anfügte. Auch der Sekretär kann einen persönlichen Gruß übermitteln (Röm. 16,22). Daß Paulus dabei V. 11 in der Vergangenheitsform von seinen eigenhändigen Buchstaben spricht, darf nicht zu der Meinung Anlaß geben, er habe den ganzen Brief selbst geschrieben. Er benutzt das Präteritum im Blick auf die Lesersituation: Die Leser werden den Gruß als Geschriebenes bei Erhalt des Schreibens vorfinden (vgl. Phlm. 19). Die Größe der Buchstaben dient zur Hervorhebung des folgenden wichtigen Inhalts.

Die nächsten fünf Verse bringen nochmals gezielte Polemik. Die Werbung um die 12 Galater und die Demaskierung der Judaisten wird als Abschluß mit überlegter Absicht und scharfer Feder nochmals aufgenommen. Kaum zufällig weist der Aufbau eine antithetische Parallelität zu 1,6-9 auf: War 1,6 f. beherrscht von der anklagenden Beschreibung der Gegner, so gilt dasselbe für 6,12 f. In 1,7-9 war als Maßstab der Beurteilung auf das den Galatern schon früher verkündigte Evangelium verwiesen. Nun bringt der Apostel in 6,14 f. eine kurze Zusammenfassung seiner Existenzweise unter dem Evangelium. Diese Antithese zum Verhalten der Judaisten ist wiederum Kriterium für die Ablehnung ihrer 6,12 f. beschriebenen Haltung. In 1,8 f. erfolgte endlich die Verfluchung der Gegner. Anstelle des Fluches steht nun aber 6,16 der Segen für alle Christen. Paulus möchte, daß die galatischen Christen dazugehören. Die Vergleichsbasis für beide Stücke läßt sich erweitern: Zweimal hintereinander stößt man im Philipperbrief auf folgenden Aufbau: 1. Pole-

mik gegen Irrlehrer (3,2; 3,18f.). 2. Darstellung des Evangeliums und der paulinischen bzw. christlichen Existenzweise unter ihm (3,3-14; 3,20f.). 3. Aufforderung zum Wandel unter dem Evangelium (3,15-17; 4,1). Wahrscheinlich ist dieses
Schema typisch für die Mahnung urchristlicher Prophetie. Dabei ist deutlich, daß
sich die beiden Stücke im Galaterbrief durch ihren Abschluß von der mahnenden
Prophetie unterschieden. An der Stelle der Mahnung stehen Fluch oder Segen. Auch
ist zu beachten, daß die Darstellung des Evangeliums in Gal. 1,7-9 kein selbständiges Element ist, so daß hier der Aufbau nur die Anklage und Verfluchung kennt.
Aber nicht von ungefähr konnte auch 1,6-9 als Gerichtsrede der Prophetie zugeordnet werden. 6,12-16 kennt nun einmal wie die beiden Stücke im Philipperbrief die
Darstellung des Evangeliums als selbständiges Strukturelement, ist jedoch zum
anderen nicht Mahnung, sondern zielt auf den Segenszuspruch. Dieser Gesamtvergleich zeigt: Offenbar sind 1,6-9 und 6,12-16 mit Absicht an ihre Stellen im Brief
gesetzt. Sie sind bei formaler Verwandtschaft als Kontrast einander zugeordnet.
Sie erlauben nochmals einen gesicherten Schluß auf die Strategie, die Paulus mit
seinem Brief verfolgt: Die Gemeinden werden sofort von den zu verfluchenden Gegnern getrennt. So soll der Weg zur Zurückführung bzw. Erhaltung der Gemeinden
unter dem Evangelium freigemacht werden, damit auch ihnen noch der Segen 6,16
gilt.

Aus der Beschreibung der Gegner ist die Angabe „sie zwingen euch zur Beschneidung" durch 5,2-12 als historisch sichere Forderung der Judaisten erweisbar. Von
vergleichbaren Zwängen – nicht im Sinne physischer Gewaltanwendung, wohl aber
als heilsnotwendige Forderung – redet Paulus noch Gal.2,3.14. Nach 2,3 fordern
die paulinischen Gesprächspartner gerade im Gegensatz zu den Judaisten von Titus
keine Beschneidung. In 2,14 rügt Paulus das Verhalten des Petrus, der die Heiden
zwingt, gesetzliche Vorschriften einzuhalten. Beide Hinweise stehen natürlich mit
Absicht im Blick auf die galatische Situation. 6,12 gibt aber nun noch zwei Motive
an, warum die Gegner sich judaistisch gebärden: 1. Sie wollen ein gutes Ansehen
durch das Fleisch erlangen. 2. Sie wollen nicht aufgrund des Kreuzes Christi verfolgt werden. Die erste Aussage enthält schon in der Übersetzung eine umstrittene
Deutung. Man kann sie nämlich auch so verstehen: Die Judaisten wollen eine Rolle
im Fleisch spielen. Dann würde Paulus sagen: Die Beschneidungsforderung der
Gegner vertritt ein von meiner Warte her theologisch illegitimes Interesse. Sie baut
auf das Fleisch (vgl. besonders 3,3), nicht auf den Geist. Diese Auslegung ist denkbar. Paulus wertet dann nochmals theologisch die Position der Irrlehrer. Aber
dennoch befriedigt dieses Verständnis nicht ganz, denn man muß die Aussage wohl
doch im Zusammenhang mit V.13 sehen. Dort heißt es, die Gegner wollen die
Beschneidung der Gemeinden, um sich durch deren Fleisch Ruhm zu erwerben, d.h.
durch deren beschnittenes Fleisch, also ihre nachgeholte Beschneidung. Faßt man
auch V.12 „im Fleisch" instrumental und konkret auf, ergibt sich ein guter Sinn.
Die Judaisten wollen sich durch das Fleisch, d.h. durch die Beschneidung der Galater, Ansehen verschaffen.

Dies fügt sich gut zum zweiten Motiv aus V.12, denn dem Ziel, durch Beschneidung von Heidenchristen sich Ansehen zu verschaffen, korrespondiert die aus
Furcht erwachsene Absicht, ja nicht wegen des Kreuzes Christi verfolgt zu werden.

Solche Verfolgung erleidet Paulus nach 5,11, wie er sie nach 1,13.23 vor seiner
Berufung zum Apostel selbst ausübte und wie nach 4,29 sie aus der alttestamentlichen Exegese erhoben werden kann. Jeweils geht es an den genannten Stellen um
das Ärgernis des gesetzesfreien Evangeliums. Juden bzw. Judaisten verfolgen diese
Position. So verhält es sich auch 6,13: Das Kreuz Christi ist Voraussetzung dafür,
daß – wie V.15 ausführt – vor Gott weder Beschneidung noch Unbeschnittenheit
etwas gilt, sondern nur die neue Schöpfung.

Dann ergibt sich: Für die Judaisten existiert eine Instanz, von deren Seite sie Verfolgung fürchten müssen, wenn sie die Beschneidungspredigt vor Heidenchristen
aufgeben. Umgekehrt stärkt erzwungene Beschneidung von Heidenchristen ihre
Position vor derselben Autorität. Solche aber kann nur in Jerusalem und Judäa
gesucht werden. Sie ist identisch mit jüdischen Kreisen, die unter dem Druck natio-
nalistisch-zelotischen Denkens das Verhältnis der Heidenchristen zu den Judenchristen Judäas peinlich genau und argwöhnisch beobachten (vgl. die Ausführungen
zu 2,3-5). Das macht die Position der Judenchristen in diesem Territorium so kon-
fliktgeladen. Nicht zuletzt das Verhältnis der Judenchristen Judäas zu den Heidenchristen war dabei ein delikates Ärgernis für die Juden. Darum gab es offenbar
Judenchristen, die nicht einfach mit den Jakobus- oder den Petrusleuten identisch
sind (denn zumindest zur Zeit des Streites in Antiochia fordert dort keiner die
Beschneidung der Heidenchristen, vgl. zu 2,12), die jedoch aus heilsgeschichtlich-
theologischen Gründen und nicht zuletzt unter politischem Druck als strenge Judaisten die Beschneidung auch der Heidenchristen fordern. Mit der Gegnerschaft
solcher Kreise rechnet Paulus offenbar auch auf seiner anstehenden Kollektenreise
nach Jerusalem (Röm.15,31). Man muß dazu noch beachten: Weder steht eine
Verfolgung der Galater durch Juden an (dies wäre auch so weit entfernt von Judäa
politisch unwahrscheinlich), noch spricht Paulus in Röm.15,31 von einer Verfolgung außerhalb Judäas. Die Atmosphäre jüdischen Eifers hat in Judäa ihren geographischen Ort. Die in Galatien eingedrungenen Judaisten bangen um ihren Ruf
in Judäa bzw. um die Verfolgung des dortigen Judenchristentums überhaupt. Wie
ernst dessen Lage war, kann der Umstand erhellen, daß wenige Jahre nach Abfassung des Galaterbriefes Jakobus, der Herrenbruder, von den Juden umgebracht
wird (62 v.Chr., vgl. Jos., Ant.20,200).

Nunmehr kann auch die spezielle Funktion von 6,11 im Briefganzen beschrieben
werden: Nachdem Paulus von 1,10-5,12 die theologische Konzeption der fremden
Missionare argumentierend als christlich unerträglich herausgestellt hat, legt er
abschließend auch ihre politischen Motive frei: Sie verraten das Christentum zugunsten einer Allianz mit dem jüdischen religiös-politischen Nationalismus. Die Heidenchristen sind dabei politisches Opfer. Den Judaisten ist Jerusalem solches Opfer
wert.

V.13 setzt die Bloßstellung der Judaisten fort. Das Partizip, das mit „Beschnit-   13
tene" übertragen wurde, hat wegen seiner grammatisch präsentischen Form Anlaß
zu manchen Spekulationen gegeben. Die wörtliche Übersetzung: „die, die sich
beschneiden lassen" – so sagt man – läßt eigentlich an Beschneidungswillige, also
an Heidenchristen denken, die mit den Judaisten gemeinsam oder allein auftreten;
denn für Judenchristen, die selbstverständlich als jüdische Kleinkinder beschnitten

wurden, ist das Perfekt zu erwarten. Aber ein Subjektswechsel von V. 12 zu V. 13 ist durch nichts angezeigt. Das rückt diese Konstruktion in ein wenig günstiges Licht. Außerdem läßt sich das Partizip sehr gut medial und kausativ verstehen: diejenigen, die die Beschneidung fordern, d. h. die Beschneidungsprediger, die natürlich beschnitten sind. Diese setzen sich nach Paulus in den Widerspruch zum Gesetz, um dessentwillen sie Beschneidung predigen. Sie halten es nicht ein.

Man kann diese Abwertung der Gegner moralisch verstehen, ja sogar als typisch für Ketzerpolemik, die den Widerspruch zwischen Anspruch und Wirklichkeit aufdecken will (vgl. Röm. 2, 1.21-24; außerpaulinisch: Mt. 23; Joh. 7, 19; außerneutestamentlich: z. B. Diogenes Laertius, Geschichte der griechischen Philosophie VI 28). Das würde allerdings zu den konkreten historischen Bezügen im Kontext eine Spannung ergeben. Man kann den Satz auch religionsgeschichtlich auswerten: Solche Position sei typisch für Libertinisten und Gnostiker, denen aus theologischen Gründen an strenger Gesetzesobservanz gar nicht gelegen sein kann. Aber dem würde V. 12 entgegenstehen. Auch bedarf diese Auskunft der notwendigen Verlegenheitshypothese als Stütze, Paulus würde im Galaterbrief aus Informationsmangel weitgehend gegen eine von ihm aufgebaute Scheinfront von Judaisten kämpfen, obwohl Gnostiker eingedrungen waren. Weiter besteht die Möglichkeit, die paulinische Charakteristik der Gegner Stellen wie 3, 10; 5, 3 zuzuordnen. Der Apostel redete dann vom Unerfüllbarkeitsgrundsatz aus dem Zusammenhang seiner Gesetzestheologie heraus. Da es unmöglich ist, das ganze Gesetz zu halten, können es auch die Gegner nicht. Da sie es nicht können, ist ihre Beschneidung wie Unbeschnittensein (Röm. 2, 25). Doch so paulinisch der Gedanke ist, so wenig ist er im Kontext von V. 12 f. direkt impliziert. In jedem Fall wird die Spitze noch schärfer und das erkannte Gesamtanliegen von 6, 11 ff. noch besser vertreten, wenn man bedenkt, daß Paulus in diesem Brief insbesondere auch daran gelegen war, das Gesetz selbst seine eigene Überholtheit und Heilsunfähigkeit bloßstellen zu lassen. So fordert er von den Galatern, die sich unter das Gesetz stellen wollen, gerade das ganze Gesetz zu beachten (4, 21), und daraus die Freiheit der .Christen vom Gesetz zu erkennen (4, 28). Dies so begründete freie Leben ist ja Anlaß für die Verfolgung von seiten der Unfreien (4, 29). Unter diesem Blickwinkel wirft Paulus den Judaisten vor, sie lebten an dem Selbstverständnis des Gesetzes vorbei. Ihre heilsgeschichtliche Theologie des Gesetzes hat keine Basis im Gesetz selbst.

Mit dieser Aussage entsteht nun eine klare Antithese zum Nachsatz. Paulus behauptet, daß die Beschneidungsfanatiker sich bis zur letzten Konsequenz demaskieren lassen. Ihre theologischen Gründe haben keinen Anhalt im Gesetz, wie 1, 10-5, 12 aufgezeigt wurde. Würden sie das Gesetz beachten, müßten sie so werden, wie die Galater bisher waren. Also bleibt nur ein politisch-egoistischer Grund ihrer Agitation übrig: der religiös-nationalistische Fanatismus in Judäa. Die Eindringlinge wollen also zutiefst nur die Beschneidung der Galater als Mittel zu dem eigenen Zweck, damit sie in Judäa für sich selbst Ehre einlegen können.

14　Im Gegensatz zur judaistischen Suche nach Ehre gegenüber den Juden will Paulus sich nur des Kreuzes Christi rühmen. Damit klingt nochmals das Stichwort an, das das spezifische Zentrum der paulinischen Theologie signalisiert. Es leuchtete jeweils an entscheidender Stelle auf: 2, 18; 3, 1; 5, 11.24 (vgl. noch 1. Kor. 1, 17 f. 23; 2, 2).

Wer nach Paulus vom Kreuz Christi angemessen reden will, muß in bezug auf das Rühmen von dem Gegenstand des Ruhmes, wie ihn die Irrlehrer suchen, ganz Abstand nehmen. Das Kreuz Christi schließt ihn aus. Durch dieses Kreuz ist der Glaubende der Welt gestorben und die Welt ihm. Nach 2,16ff. bedeutet das in bezug auf die Rechtfertigung: Abschied von der Gerechtigkeit aus dem Gesetz (vgl. Phil. 3,2-11). Von 4,29; 5,11 (vgl. 2.Kor.12,9; Phil.3,10) her wird der dazugehörige Aspekt christlicher Existenz sichtbar: Leidende Schwachheit und Verfolgung sind Wesensmerkmale der Kreuzesnachfolge, denn in solchem Geschick vollendet sich die Stärke Gottes und wird Christi Leben offenbar (vgl. 2.Kor.1,8-10; 4,10-12; 12,7-10). Gal.5,24 macht die Folgen für die Ethik deutlich: Kreuzestheologie ist immer auch Kreuzigung des Fleisches. Nun wird die Kreuzestheologie in eine letzte Dimension hin ausgezogen, wobei die anderen mitschwingen: Das politische Kalkül der Irrlehrer, Verfolgung zu vermeiden, indem sie Heidenchristen gesetzlichen Zwang auferlegen, ist strikt gegen das Kreuz Christi. Denn die Orientierung an der 15 Situation in Judäa kann absolut keine Möglichkeit christlichen Verhaltens sein. Wer die Alternative von Beschneidung und Unbeschnittenheit überhaupt noch aufstellt, soll wissen, daß beides keine Heilsvorzüge sein können, sondern als innerweltlich ausweisbare Phänomene mit unter den Kosmos fallen, dem der Christ gekreuzigt ist. Seit Christus gilt nur noch die neue Schöpfung, wie sie in der Kreuzesnachfolge in Erscheinung tritt. Wer wie die Judaisten verfährt, stempelt sich selbst zum Feind des Kreuzes Christi ab (vgl. Phil.3,18).

Doch ist mit dieser Auslegung V.15 unter Eintragung der paulinischen Kreuzestheologie interpretiert. Für sich genommen, sagt der Satz von dieser nichts. Erst Paulus eignet ihn sich so an. Der Satz gehört vielmehr mit 2,16a; 3,28; 5,6 (vgl. 1.Kor.7,19) zusammen und stammt wie diese Aussagen aus dem „antiochenischen Milieu", beschreibt er doch wie sie einen Grundsatz früher heidenchristlicher Theologie, mit dem diese die Gemeinde Christi charakterisierte. Die Vorstellung von der endzeitlichen Neuschöpfung entstammt der jüdischen Apokalyptik (zur Terminologie: äth.Hen.72,1; 1QS4,25; auch Mt.19,28). Diese erwartet eine kosmische Neuschöpfung mit Auferstehung der Toten, Endgericht und ewigem Heilszustand. Auch Paulus weiß offenbar noch am Rande von dieser kosmischen Seite, wie sie z.B. 4.Esra7,30ff.; Or.Sib.4,178ff.; 2.Petr.3,11ff. anschaulich zur Geltung kommt; denn nach V.14b geht es ihm gerade in diesem Zusammenhang um das Verhältnis zum Kosmos, so sicher er den Kosmos vom Kontext her auf anthropologische Tatbestände eingrenzt. Offenbar hat die frühe hellenistische Gemeinde diese apokalyptische Vorstellung auf Christus und auf seine Gemeinde bezogen. War Christus für sie der „Erstling der Entschlafenen" (1.Kor.15,20), der von den Toten auferweckt wurde, so daß die Totenauferweckung als apokalyptisches Wesensmerkmal der Endereignisse bereits begonnen hatte, dann konnte sie die noch ausstehende kurze Zeit (Naherwartung!) für die irdische Existenz der Glaubenden, die zudem die Erfüllung der endzeitlichen Geistverheißung erfahren hatten, durchaus unter die neue Schöpfung aller Dinge stellen. Damit war klar: Die Herrschaft des Gesetzes wie überhaupt alle in der – nunmehr alten – Welt geltenden Differenzierungen von Heilsvorzügen, Ständen, Ordnungen und Satzungen waren in der Gemeinde Christi, die schon von der endzeitlichen Neuschöpfung her lebte, bedeutungslos.

Von der neuen Schöpfung redet Paulus nur noch einmal in 2. Kor. 5, 17, doch hier wohl auch in Anlehnung an eine Kombination geprägter Aussagen wie etwa Gal. 3, 28; 5, 6; 6, 15. In 6, 15 scheint Paulus übrigens nochmals bewußt einen allgemein anerkannten Satz christlicher Selbstbestimmung zu benutzen, um den Galatern klarzumachen, daß seine theologische Position nicht isoliert dasteht.

16   In diesem Sinne und gerade darum bezeichnet Paulus den Satz als einen Kanon, also als anerkannten verbindlichen Maßstab bei der Bestimmung des Christlichen. Der Kanon nimmt dabei exakt die Stellung ein, die in 1, 6-9 das Evangelium hat. Wie dieses dort verbindlicher Maßstab war, um die Judaisten verfluchen zu können, so hat V. 15 hier entsprechend die Funktion, den Kreis derer, die gesegnet sein sollen, abzugrenzen. Auch das Verb „ausrichten" besitzt bei Paulus immer solchen grundsätzlichen Akzent. Nach Röm. 4, 12; Gal. 5, 25; Phil. 3, 16 ist ebenso wie hier in V. 16 die gesamte Lebensausrichtung, die allen einzelnen Handlungen vorrangige Entscheidung für das Evangelium, den Geist, die Gesetzesfreiheit, ausgesagt.

Allen, die auf dieser Basis stehen, soll der Segen Gottes gelten. Er ist ja auch nicht etwas, was zusätzlich zum Christenstand hinzukäme, sondern Zuspruch der neuen Schöpfung, von der her die Gemeinde schon existiert. Frieden hat Gott schon mit den an Christus Glaubenden geschlossen (Röm. 5, 1) und Erbarmen ist ihnen schon zuteil geworden (Röm. 11, 30-32; 2. Kor. 4, 1). Sie erhalten im Segen also die Rechtfertigung und ihre Folgen zugesprochen. So war ja auch der Fluch in 1, 8 f. nur endgültige Zusage des Unheils, in dem die Irrlehrer sich bereits befanden. Frieden und Erbarmen sind zudem typische Worte aus der Sprache der Segnungen. Insbesondere mag Paulus bei V. 16 die neunzehnte Benediktion des Achtzehnbittengebets im Ohr geklungen haben: „Lege Frieden, Glück und Segen, Gnade und Liebe und Erbarmen auf uns und auf dein Volk Israel ...". So würde sich jedenfalls auch die singuläre Bezeichnung der Gemeinde als Israel Gottes erklären lassen. In jedem Fall: Da der Segen von einem christlichen Maßstab abhängig gemacht ist, kann nur die christliche Gemeinde gemeint sein. Erwägenswert wäre außerdem auch, ob hier nicht eine letzte Spitze gegen die heilsgeschichtliche Theologie der Judaisten vorliegt: Nicht die durch Beschneidung vollzogene Inkorporierung in das jüdische Heilsvolk schafft Erlösung, sondern Heil ist nur bei dem wahren Israel zu finden (vgl. Röm. 9, 6 ff.; Gal. 4, 21 ff.), das von der neuen Schöpfung lebt.

17   Dies war des Apostels letztes Wort in der galatischen Angelegenheit. In Zukunft will er damit nicht mehr belästigt werden; denn an der Kompromißlosigkeit seiner Gegenposition wird sich nichts ändern können, trägt er doch die Malzeichen Jesu an seinem Leib. Dies bedeutet: er führt seine Existenz unter der Kreuzestheologie. Die davon zurückgebliebenen Spuren sind nicht tilgbar (vgl. 1. Kor. 4, 10). Sie sind vielmehr – analog den Stigmatisierungen in den Mysterienkulten – Ausweis, wessen Eigentum er zeitlebens ist und als wessen Repräsentant er zu gelten hat. Aus dieser Existenz kann er gar nicht mehr ausbrechen. Bei den Malzeichen ist natürlich an die Wunden zu denken, die der Apostel davontrug (vgl. 2. Kor. 1, 8 f.; 4, 9 f.; 6, 4; 11, 23-33). Nicht einfach auszuschließen ist dabei, daß Paulus eventuell speziell an die kürzlich erlittene Drangsal in Asien denkt (2. Kor. 1, 8 f.), deren Narben noch nicht verwachsen sind. Dies würde im Blick auf die Abfassung des Briefes zumindest eine Erwägung wert sein (vgl. die Einleitung). Doch bleibt V. 17 allgemein. Nicht

spezielle Ereignisse, sondern die Wundmale überhaupt sind im Blick. Abzuweisen ist in jedem Fall die Vermutung, Paulus stelle die Stigmata bewußt der von den Irrlehrern als Eigentumszeichen verstandenen Beschneidung gegenüber. Nach V. 11-16 (mit Segensschluß!) ist selbst eine indirekte Polemik nicht mehr stilgemäß. V. 17 holt nicht eine – im übrigen viel zu verspätete – Polemik nach, sondern setzt gerade der Auseinandersetzung ein Ende. Selbst auf die Leidensscheu der Judaisten (6, 12) ist nicht mehr als Kontrast abgehoben. Paulus reißt nicht mehr Fronten auf, sondern setzt den Schlußpunkt. Der begründende Satz mit dem Verweis auf die Wundmale will nach Ausweis der Syntax die Endgültigkeit des Vordersatzes begründen. Mehr Funktionen hat er nicht mehr. Möglicherweise betont Paulus die Endgültigkeit auch noch aus einem Grund, der mit seinen Reiseplänen zusammanhängt (vgl. die Einleitung). Er ist gerade auf dem Weg durch Mazedonien nach Korinth. Von dort will er die Kollekte nach Jerusalem bringen, dann über Rom nach Spanien reisen. Die Missionsgebiete im östlichen Teil des Reiches müssen nun ohne ihn auskommen.

Der apostolische Segen am Schluß ist stilgemäß, wie alle paulinischen Briefe 18 zeigen. Auch den galatischen Gemeinden wird der Segen noch erteilt. Ja, sie werden sogar nochmals – gegen sonstige Gewohnheit des Apostels – mit der brüderlichen Anrede im Sinne des Briefzwecks umworben. Das abschließende Amen steht nur noch Röm. 15, 22; 16, 27. Damit erhält der Segen den Akzent: So soll es sein! Doch weiß der Historiker nicht zu berichten, wie der Streit in Galatien ausging.

DER BRIEF AN DIE EPHESER

Hans Conzelmann

Einleitung

1. Nach seinen eigenen Angaben ist dieser Brief, wie die Briefe an die Kolosser, Philipper und an Philemon, im Gefängnis geschrieben (3,1; 4,1; 6,20). Zeit und Ort der Abfassung sind jedoch umstritten. In Frage kommt die Haft in Cäsarea (Apg. 24 ff.) oder die folgende in Rom (Apg. 28, 30 f.). Andere nehmen an, die Briefe seien während einer früheren Gefangenschaft in Ephesus verfaßt, von der wir keine direkten Nachrichten mehr haben. Allerdings erledigen sich diese Fragen in unserem Falle, wenn man annimmt, dieser Brief sei nicht das Werk des Paulus selbst, sondern eines Schülers. Er hebt sich nämlich in merkwürdiger Weise von anderen Paulus-briefen ab. Schon in der Adresse gibt es eine Besonderheit (1,1f.): in einigen guten Handschriften fehlen die Worte „in Ephesus". Dazu paßt der Umstand, daß der Brief, falls er von Paulus selbst stammen sollte, auf keinen Fall an die Gemeinde von Ephesus gerichtet sein könnte; denn diese wurde von Paulus persönlich aufgebaut. Die Leser dieses Briefes aber sind dem Verfasser unbekannt (1,15; 3,2). Trug der Brief ursprünglich gar keinen bestimmten Ortsnamen, sondern war er als Rund-schreiben entworfen, in welchem die Adresse erst von Fall zu Fall eingesetzt wurde? (Über die Verfasserschaft wäre damit noch nichts ausgemacht.) Für diese Erklärung kann man auf den eigenartigen Charakter des Briefes hinweisen. Er ist gar kein wirklicher Brief mit bestimmten Nachrichten an bestimmte Leser (wie der 1. Korin-therbrief, Galaterbrief usw.), sondern eine theoretische theologische Abhandlung, welche in Briefform eingekleidet ist. Man spürt, daß im Hintergrund ein gedank-liches Ringen mit Gegnern steht; aber man bekommt, anders als im verwandten Kolosserbrief, von diesen kein Bild. Die Darstellung ist nicht polemisch, sondern meditativ. Das drückt sich im Stil aus. Die Sätze sind lange, unübersichtliche Gebil-de. Die Gedanken sind nicht logisch verknüpft und nicht fortschreitend geordnet; sie winden sich und kreisen. Vielleicht sind liturgische Texte benützt, die der Ver-fasser in seine tiefsinnigen Meditationen einschmolz.

2. Die Eigenart des Briefes erscheint besonders deutlich, wenn man ihn mit dem in mancher Hinsicht nahe verwandten Kolosserbrief vergleicht. Das Aufbauschema ist hier und dort dasselbe: Auf einen „dogmatischen" Teil (Kol. 1-2; Eph. 1-3) folgt jeweils ein ermahnender (Kol. 3-4; Eph. 4-6). So sind auch der Römer- und Galater-brief gebaut. Dieses Gliederungsschema stammt offenbar aus der Predigt. Hinter ihm steht ein bestimmtes theologisches Verständnis vom Heilsgeschehen und seiner Bedeutung für den „Wandel" (4,1); dieser ist in jenem begründet, und umgekehrt kommt das Heilsgeschehen („in Christus") im Lebenswandel zur Wirkung. Der ursprüngliche Ort dieser Belehrung ist die Taufe mit dem Taufunterricht und Tauf-

bekenntnis; im Taufgottesdienst bilden ja das Glaubensbekenntnis und die Belehrung über die nun anhebende neue Lebensführung in der Kirche eine feste und dem Täufling verständliche Einheit. Alle spätere Belehrung darüber ist ständiges Gegenwärtighalten der Taufe und des Überganges vom alten zum neuen Menschen. Nun hat der Verfasser unseres Briefes diese Grundform (Lehre vom Heil – vom Lebenswandel) im einzelnen ganz selbständig und mit beträchtlicher gedanklicher Kraft und eigentümlicher sprachlicher Färbung gestaltet. Aber immer wieder scheint er dabei bewußt auf Sätze des Kolosserbriefes zurückzugreifen (vgl. Eph. 1, 7. 10 mit Kol. 1, 14. 20; Eph. 4, 16 mit Kol. 2, 19; Eph. 6, 21. 22 mit Kol. 4, 7. 8 usw.). Dabei werden dessen Sätze breiter umschrieben und an den besonderen Kirchengedanken des Epheserbriefes angeglichen. Der Kolosserbrief blickt auf die Bezüge Christi zum Kosmos und (von da aus) zu den einzelnen Gläubigen; der Einzelne wird der von Christus versöhnten Welt gegenübergestellt. Dabei spielt gewiß die Kirche als der Leib Christi ihre Rolle (Kol. 1, 18). Aber erst im Epheserbrief wird sie regelmäßig an jeder Stelle ausdrücklich angeführt, an der vom Heilsgeschehen die Rede ist. Dieses wird so dargestellt, daß die Kirche als der Ort beschrieben wird, an dem es sich verwirklicht. Wie der Gedanke der Kirche, so wird auch der des Apostelamtes weiterentwickelt. Man hat dabei den Eindruck, der Brief blicke auf die Apostel bereits als auf „heilige" Gestalten der Vergangenheit zurück. Das ist ein Gesichtspunkt für das Urteil, ob der Brief von Paulus selbst oder von einem seiner Schüler verfaßt ist.

3. So bildet die Meditation über die Kirche als den Leib Christi die gedankliche Mitte des Briefes. Damit ist – durch die Vermittlung des Kolosserbriefes – ein Begriff aufgenommen, der schon bei Paulus angelegt ist (1. Kor. 12, 13. 27 usw.), nun aber in eigener Weise ausgebaut wird. Hierfür werden Denkmittel der sich eben formierenden Geistesbewegung der Gnosis benützt (s. dazu die Einleitung zum Kolosserbrief Nr. 3; E. Lohse, Umwelt des NT, ²1974, S. 187 ff.). Der Verfasser scheint in einem jüdisch geprägten Milieu darauf gestoßen zu sein (das zeigt sich vor allem an bemerkenswerten Berührungen mit den Texten der jüdischen Sekte am Toten Meer [Qumran]; s. Lohse, Umwelt S. 63 ff.). Das Wesen von Christus, Erlösung, Kirche ist in ein Weltbild eingezeichnet, das sich vom durchschnittlichen biblischen klar abhebt. Die Welt ist nicht als ein Gebäude mit den drei Stockwerken Himmel – Erde – Unterwelt gesehen, sondern als eine von Sphären (den „Himmeln") überspannte Fläche. Der unterste Teil ist die Erdoberfläche selbst. Alles Dasein erstreckt sich von ihr nach oben in die Himmelsräume hinein, den Sitz der kosmischen Wesen und Mächte. Da es keine „Unterwelt" gibt, ist auch kein Platz für eine unterirdische Hölle. Der Teufel haust vielmehr, wie die anderen „Mächte", über der Erde, in der untersten Schicht der „Himmel", dem Luftraum (2, 2). Zuoberst thront Gott, bei ihm Christus. In diesem Weltbild spricht sich ein bestimmtes sachliches Verständnis von Welt- und Menschsein aus: Sie werden nicht, wie im griechischen Denken, auf ihr „Sein" hin betrachtet. Existieren ist: in Bezügen stehen, in den Kosmos hinein ausgesetzt sein. Die Kirche erstreckt sich von den „Himmeln" oben, wo Christus ist, als der Leib Christi bis auf die Erde, den Lebensraum der Menschen. Der Mensch, der in sie aufgenommen ist, lebt zwar noch im Weltraum und ist den Mächten desselben ausgesetzt (6, 10 ff.). Aber er hat die Mög-

lichkeit gewonnen, den Kampf gegen diese Mächte aufzunehmen und zu bestehen, während er ihnen vorher, außerhalb des Raumes der Kirche, ohnmächtig ausgeliefert war. – Im Epheserbrief hat die Raumvorstellung das für Paulus kennzeichnende Zeitdenken fast verdrängt. Der Blick richtet sich weniger nach vorne, auf die „Ankunft" des Herrn, als nach oben auf seine Himmelswelt. Dieses Weltbild ist freilich nur gerade angedeutet und als Ausdrucksmittel benützt; es wird nicht eigenständiger Bestandteil des erlösenden Wissens. Die Gegenstände der Erkenntnis, von welcher der Brief so viel spricht, sind anderer Art.

4. Faßt man alle Beobachtungen zusammen, so legt sich das Urteil nahe, der Brief sei von einem Schüler des Paulus verfaßt, in dem das Erbe des Meisters mit ungewöhnlicher Kraft lebendig ist.

5. *Inhalt.* 1,1-2: Gruß. I. *Lehrhafter Teil* (1,3-3,21). 1,3-14: einleitender Lobpreis; 1,15-23: Danksagung und Fürbitte; 2,1-10: Einst und Jetzt (die Gründung der Kirche durch Tod und Erhöhung Christi); 2,11-22: Die Stiftung der Einheit der Kirche; 3,1-13: Die apostolische Lehre als das Fundament der Kirche 3,14-21: Abschluß der Fürbitte. II. *Ethische Weisung* (4,1-6,20). 4,1-16: Grundlegung der Ethik (die Gaben); 4,17-24: Einst und Jetzt (die Vergangenheit und die Forderung); 4,25-32: Das Leben in der Gemeinschaft; 5,1-21: Der Wandel im Licht; 5,22-6,9: Haustafel; 6,10-20: Gottes Waffenrüstung. 6,21-24: Briefschluß.

Wissenschaftliche Kommentare: E.Haupt, Der Brief an die Epheser (Kritisch-exegetischer Kommentar über das NT VIII), ²1902; P.Ewald, Die Briefe des Paulus an die Epheser, Kolosser und Philemon (Kommentar zum NT, hrsg. von Th.Zahn, X), ²1910; M.Dibelius, An die Kolosser, Epheser, an Philemon, neubearbeitet von H.Greeven (Handbuch zum NT 12), ³1953; Ch.Masson, L'epître de St.Paul aux Ephésiens (Commentaire du NT IX), 1953; H.Schlier, Der Brief an die Epheser, ⁷1971 (kath.); J.Gnilka, Der Epheserbrief (Herders Theologischer Kommentar zum NT X 2), 1971 (kath.); M.Barth, Ephesians 1-3 (Anchor Bible 34), 1974; Ephesians 4-6 (Anchor Bible 34A) 1974.

Allgemeinverständliche Auslegungen: W.Lueken, Die Briefe an Philemon, an die Kolosser und an die Epheser (Die Schriften des NT II), ³1917; A.Schlatter, Die Briefe an die Galater, Epheser, Kolosser und Philemon (Erläuterungen zum NT 7), 1963; M.Meinertz, Die Gefangenschaftsbriefe (Die Hl. Schrift des NT, hrsg. von F.Tillmann, VIII), ⁴1931 (kath.); N.A.Dahl u.a., Kurze Auslegung des Epheserbriefes, 1965; J.Ernst, Die Briefe an die Philipper, an Philemon, an die Kolosser, an die Epheser (Regensburger NT), ⁵1974 (kath.).

Untersuchungen: H.Schlier, Christus und die Kirche im Epheserbrief, 1930; S.Hanson, The Unity of the Church in the NT, 1946: C.Mitton, The Epistle to the Ephesians, 1951; F.Mußner, Christus, das All und die Kirche, 1955 (kath.); K.M.Fischer, Tendenz und Absicht des Epheserbriefes (Forschungen zur Religion und Literatur des AT und NT 111), 1973; A.Lindemann, Die Aufhebung der Zeit. Geschichtsverständnis und Eschatologie im Epheserbrief (Studien zum NT 12), 1975.

Der Gruß 1,1-2

1 **Paulus, Apostel Christi Jesu durch den Willen Gottes, den Heiligen (in Ephesus) und Gläubigen in Christus Jesus: 2 Gnade sei mit euch und Friede von Gott, unserem Vater, und dem Herrn Jesus Christus.**

Der Gruß zeigt die übliche Form der paulinischen Briefeingänge (über die Beson- 1 derherheit, daß vielleicht ursprünglich der Ortsname fehlte, s. Einleitung 1). Paulus pflegt sich darin als kirchlicher Amtsträger vorzustellen und damit für seinen Brief Autorität zu beanspruchen. Falls der Epheserbrief von einem Schüler des Paulus stammt, so deutet dieser auf den bleibenden Zusammenhang von Apostelamt und Kirche hin, einen Gedanken, den er im Brief ausdrücklich entfalten wird. In der Einleitung ist bereits vermerkt worden, daß die Worte „in Ephesus" in einigen Handschriften fehlen. Wie ist dieser Befund zu beurteilen? Welches ist die ursprüngliche Fassung des Textes? Wahrscheinlich ist „in Ephesus" doch ursprünglich. Im Sinne des Verfassers, eines Schülers des Paulus, ist das ein Hinweis, in welchem Raum der Brief verfaßt ist bzw. wirken will. Spätere Schreiber beobachteten, daß die Adresse „Ephesus" zu einem Brief des Paulus selbst nicht paßt (s. die Einleitung Nr. 2) und strichen sie daher. Zur Bedeutung der Bezeichnung der Gläubigen als der „Heiligen" vgl. die Auslegung zu Kol. 1,2.

Der Segensgruß ist mehr als ein frommer Wunsch. Wie im recht verstandenen 2 Gottesdienst wird der Segen im Wort übermittelt. Als sein Urheber sind nebeneinander Gott, „unser Vater", und „der Herr" Jesus Christus genannt. Von den Gläubigen her gesehen stehen beide Seite an Seite. Sowohl „Vater" als auch „Herr" sind Beziehungsbegriffe: Sie beschreiben Gott und Christus nicht, wie sie in einem gedachten Jenseits, „an sich", sind, sondern bezeichnen sie in ihrem Verhältnis zu uns, den Gläubigen. Der nächste Vers wird ihr gegenseitiges Verhältnis noch näher andeuten (vgl. weiter zu 1,17). Zum Sinn der Begriffe „Gnade" und „Friede" s. die Auslegung von Kol. 1,2.

ERSTER TEIL

Christus und sein Leib, die Kirche 1,3-3,21

1. Lobpreis 1,3-14

3 Gepriesen sei Gott, der Vater unseres Herrn Jesus Christus, der uns gesegnet hat mit allem geistlichen Segen in den Himmeln in Christus. 4 So erwählte er uns in ihm vor Grundlegung der Welt, daß wir heilig und untadelig vor ihm seien, in Liebe, 5 da er uns vorherbestimmte zur Sohnschaft durch Jesus Christus zu ihm hin nach dem Beschluß seines Willens 6 zum Preis der Herrlichkeit seiner Gnade, mit der er uns begnadete in dem Geliebten. 7 In ihm haben wir die Erlösung durch sein Blut, die Vergebung der Übertretungen nach dem Reichtum seiner Gnade, 8 die er in Fülle auf uns überströmen ließ in aller Weisheit und Einsicht, 9 da er uns das Geheimnis seines Willens kund machte, nach seinem Beschluß, den er zuvor in ihm gefaßt 10 zur Ausführung in der Fülle der Zeiten: das All in Christus zusammenzufassen, was in den Himmeln und was auf Erden ist, in ihm. 11 In ihm empfingen wir auch unser Los, vorausbestimmt nach dem Vorsatz dessen, der alles nach dem Ratschluß seines Willens wirkt,

12 daß wir zum Preise seiner Herrlichkeit die seien, die schon im Voraus gehofft in Christus. 13 In ihm seid auch ihr, die ihr das Wort der Wahrheit vernommen, das Evangelium eurer Rettung, in ihm seid ihr, da ihr gläubig geworden, auch versiegelt worden mit dem Heiligen Geist der Verheißung, 14 der das Angeld unseres Erbes ist bis zur Erlösung, die uns (das Erbe) gewinnen läßt, zum Preise seiner Herrlichkeit.

V. 7: *Kol. 1, 14;* V. 10: *Kol. 1, 16. 20;* V. 13 f.: *Kol. 1, 5 f.*

Nach dem Gruß folgt in den Briefen des Paulus als Einleitung eine „Danksagung" (Röm. 1, 8 usw.) oder ein „Lobpreis" (2. Kor. 1, 3; ähnl. 1. Petr. 1, 3); im Epheserbrief nun finden wir beides (vgl. V. 15 ff.). Der Stil ist orientalisch-liturgisch; offenbar bot die hellenistisch-jüdische Synagoge Vorbilder für den Aufbau des kirchlich-gottesdienstlichen Bestandes an Gebeten, Liedern usw. „Gepriesen" ist eine jüdische Gebetsformel (das jüdische Hauptgebet besteht aus achtzehn solcher „Benediktionen"). Es folgt ein wahres Ungetüm von Satz, das im Neuen Testament und darüber hinaus in der gesamten griechischen Literatur nicht seinesgleichen hat. Eine Gliederung vermag man nur zu ahnen. Einschnitte bemerkt man vor V. 4, 7. 11. 13. Auf den Inhalt gesehen haben wir eine Meditation über das Thema „Gott – in Christus" vor uns. Es wird von mehreren Standorten aus betrachtet, mehr im Stil der religiösen Meditation als der theoretischen, metaphysischen Analyse: 1. Gott handelt nach vorgefaßtem Plan in Christus; a) Er hat uns gesegnet (V. 4-6); b) damit ist das christologische Thema von V. 7-12 gegeben. 2. Mit V. 13 wechselt die Person; bisher herrschte das Wir der beschenkten, preisenden Gemeinde, welche durch dieses Nachdenken Klarheit über die Grundlagen und das Wesen ihres Heils gewinnt. In V. 13. 14 dagegen herrscht die Anrede. Dort war der Ausgangs- und Zielpunkt von Gottes Heil, Gottes Plan, die Durchführung „in Christus" und sein Eintreffen bei uns geschildert. Jetzt wird der Standort bestimmt, an welchem wir uns nunmehr befinden.

3 Der Eingang ist von einem Wortspiel beherrscht, das im Deutschen nicht angemessen wiederzugeben ist (wörtlich: „gesegnet" sei Gott …). Dadurch kommt zum Ausdruck, daß unser Preisen Erwiderung auf die vorausgegangene Heilstat Gottes an uns ist. Hier wird nicht in theoretischer Betrachtung das „Sein" Gottes beschrieben, sondern aus der Erfahrung derer, die sich von ihm gesegnet wissen, sein *Verhalten*, eben dieses Segnen. Es ist des genaueren dadurch bestimmt, daß es als das in Christus erwiesene bezeichnet ist (darum ist Gott auch ausdrücklich dessen Vater genannt), daß es seinen Ort in den Himmeln hat, daß der Segen ein „geistlicher" Segen ist. Aus diesem Wort muß man den vollen Inhalt des Begriffes des „heiligen Geistes" heraushören. Die konzentrierte Aussage von V. 3 wird näher erläutert; man kann den ganzen Abschnitt bis V. 12 als Kommentar zu V. 3 auffassen.

4 Der Segen besteht in der Erwählung, und diese geschah vor der Gründung der Welt – schon damals in Christus! Der Gedanke der „Präexistenz" Christi (d. h. daß er schon vor seinem geschichtlichen Auftreten, ja, vor der Erschaffung der Welt bei Gott existierte; vgl. Joh. 1, 1 ff.; s. die Erklärung von Phil. 2, 6 ff.; Kol. 1, 15 ff.) ist hier also theologisch aktualisiert; es gibt keine Zeit und keinen Raum, die von der Offenbarung geschieden wären, und Offenbarung ist „Christus". „In Christus"

weiß ich, daß Gott nicht weltabgewandt existiert (wie der „fremde Gott" der Gnosis) und daß zwischen Gottes Raum und dem Weltraum keine scheidende Mauer gezogen ist (vgl. die Erklärung von 2, 14). Das geschichtliche Auftreten Jesu bedeutet nicht die *Entstehung* unserer Erwählung, sondern ihre Bekanntgabe (V. 9). Das ist die Möglichkeit der Heilsgewißheit: Die Erwählung ist nicht durch Mächte oder Vorgänge der Welt zu beeinflussen; sie ist Gottes souveräne Setzung und kann vom Glauben als verbürgt eingesehen werden. Es ist zu beachten, daß nur vom *Erwählen*, nicht auch vom Verdammen Gottes die Rede ist. So gewiß das Neue Testament das Gericht kennt (2, 3; 5, 6), so wenig wird daraus ein Gegenstand der Meditation. Das blieb späteren Generationen vorbehalten. Das Gericht durch Ausmalung eines Gerichtsgemäldes zur Vorstellung zu bringen, widerspräche dem Charakter dieser geformten Anrede an Gott. „Offenbart" sind nicht Gnade *und* Gericht; „offenbart" ist die Gnade, und erst aus ihr erfährt man, was Verlorenheit ist. Ziel der Erwählung ist unsere Vollkommenheit (das wird durch die Worte „heilig" und „untadelig" ausgedrückt); freilich ist diese Vollkommenheit weit mehr als ein moralischer Zustand, in den ich mich selbst hineinarbeiten kann, den ich dann als meinen Erfolg an mir feststellen könnte. Sie wird nach Gottes Urteil bemessen, das ich nur aus seinem Munde vernehmen, nicht mir selber zusprechen kann. Dem entspricht die Weiterführung des Gedankens in V. 5. Dieser bringt keine neue 5 Sache, sondern eine weitere Erläuterung der Erwählung als der Bestimmung zur Kindschaft. Anfangs- und Endpunkt der Gottestat werden fixiert; die Linie führt von Gott über Christus zu uns und wieder zu ihrem Ausgangspunkt zurück: Letztes 6 Ziel des Segens und der Erwählung ist der „Preis seiner Ehre". Stark wird die Souveränität hervorgehoben, mit der er seine Anordnung trifft. Dabei wird von seinem „Willen" nicht in der blassen Weise eines durchschnittlich-verwässerten Gottesgedankens geredet (daß Gott „alles" tue), sondern im strengen Bezug auf den Ort, an welchem sich dieser Wille für uns faßlich macht. Im Wortspiel von Gnade und Begnaden zeigt sich, daß Gottes Gnade nicht die milde Stimmung eines „lieben Gottes" ist, sondern schaffende Tat, der Gnadenerweis in Christus. Die Worte, in 7 denen sein Inhalt umschrieben wird (Erlösung durch Chrsti Blut, Vergebung der Sünden) erinnern an Kol. 1, 14.20. Sie stammen ursprünglich aus der Tauf- und Abendmahlstradition. Dem Hinweis auf Gottes schenkende Souveränität folgt der ergänzende auf seinen „Reichtum" (vgl. Kol. 1, 27), seine Weisheit und Einsicht 8 (Kol. 1, 9). Alle diese Ausdrücke ebenso wie oben Liebe und Gnade bezeichnen nicht Eigenschaften oder Affekte Gottes, sondern Akte seines Verhaltens in Christus, die in der heutigen Predigt vergegenwärtigt werden können. Man sieht ja, wie sich in V. 7 der Aspekt verschiebt. Bis dahin wurde Gottes Tat „in Christus" dargestellt. Jetzt wird dieses „in Christus" selbst in die Mitte des Blickfeldes gerückt. Christus heißt (mit Anklang an Jes. 44, 2) „der Geliebte"; das ist nichts anderes als eine Umschreibung des Begriffs des „Sohnes" (vgl. Kol. 1, 13). So wendet sich der Blick jetzt 9 der geschichtlichen Enthüllung des zuvor bei Gott verborgenen Heilsplanes zu. Der Bogen spannt sich vom vorgeschichtlichen Ratschluß zur zeitlichen Erfüllung im geschichtlichen Augenblick. Was vorher vom *Ursprung* der Offenbarung her gezeigt wurde, das erscheint jetzt in der Perspektive ihres *Zielpunktes*: Offenbarung ist geschichtlicher Akt; aber sie geht nicht in ihrer weltlichen Erscheinung auf; sie

ist Manifestation eines jenseitigen Beschlusses. Der Inhalt dieses „Myteriums seines Willens" ist nichts anderes als sein oben erwähnter Heilsratschluß; V. 9 greift ja auf V. 5 zurück. Damit wird der Horizont sichtbar, vor dem sich das Dasein der
10 Gläubigen in der Welt abspielt. Der beherrschende Gedanke der „Heilsökonomie" bestimmt den Sinn des Ausdrucks „Fülle der Zeit" (vgl. Gal. 4, 4); er meint den von Gott frei gewählten Zeitpunkt, in welchem überweltlicher Beschluß und innerweltliche Ausführung zusammentreffen. Die Deutung dieses Zeitpunktes durch den Epheserbrief kann man sich mit Hilfe einer mythischen Vorstellung klarer machen, die u. a. in der Gnosis verbreitet ist: des Gedankens vom mythischen „Urmenschen", der mit dem All identisch ist, dessen Teile zerstreut werden und nun (von ihm selber) wieder eingesammelt werden; das All wird zu seinem Ursprung zurückgeführt und bildet wieder den Leib unter dem „Haupte"; der Urmensch ist der „Ursprung" des Alls; er wird sodann der Erlöser des Seins, das sich selbst verloren hat, in die Fremde „gefallen" ist. Aber weil auch dieses Gefallene immer noch letztlich bleibt, was es „ursprünglich" ist, so bildet es mit dem Erlöser auch nach dem Fall eine Einheit, und dieser erlöst also sich selbst: Am Ende ist er der „erlöste Erlöser". Dieser Gedanke der „Zusammenfassung" (anakephalaíosis) des Alls in Christus dient aber in unserem Briefe, anders als in der Gnosis, nicht der Entfaltung einer Weltschau, sondern dem Einblick in diejenige Gottesbeziehung, die in der geschichtlichen Offenbarung enthüllt ist und den Gläubigen in der Taufe in sich einbezieht. Die Vorstellung von Christus als dem Haupte stellt ja seine Herrschaft dar, besagt aber zugleich, daß diese nicht nur formales Ausüben von Macht durch eine letztlich fremde Instanz ist, sondern im bergenden Umgreifen der Gläubigen geschieht. Das Wissen von der Zusammenfassung des Alls ist nichts anderes als das Begreifen des Horizontes unseres Daseins.

11   Nachdem festgestellt ist, daß die Erwählung älter ist als die Welt und der Bereich unserer religiösen Erfahrung, kann nunmehr diese Erfahrung selbst im umschriebenen Horizonte zur Darstellung kommen. In dieser Darstellungsform zeichnet sich das Wesen des Erwählungsgedankens ab: Dieser ist nicht als Theorie über jenseitiges Sein und jenseitige Ereignisse entworfen, sondern als Auslegung der Situation des Hörens: Indem wir heute in der Kirche das Wort von der Erwählung verneh-
12 men, begreifen wir, und zwar unmittelbar, daß Gott unserem Hören voraus ist. Wir werden uns durchsichtig, indem wir uns jetzt nachträglich, im Rückblick, als den „voraus Hoffenden" kennenlernen. Dieser Ausdruck bereitet der Auslegung Schwierigkeiten: Von welchem Standort ist dieses „Voraus" gesprochen? Manche Ausleger verstehen es von Israel; der Verfasser spreche als Judenchrist von der Hoffnung, die „wir", nämlich die Juden (und jetzigen Juden*christen*), vor dem geschichtlichen Auftreten Jesu besaßen durch die Verheißungen des Alten Testamentes; die „ihr" im nächsten Vers wären dann die heidenchristlichen Empfänger des Briefes. Aber nach dem Stil und gedanklichen Gehalt des Lobpreises, ferner nach der Parallele Kol. 1, 5 und nach der Weiterführung des Gedankens in V. 13 empfiehlt sich eine andere Auslegung: „zuvor" bezeichnet die Gegenwart in ihrem Verhältnis zur
13 noch ausstehenden vollen Verwirklichung des Heils. In diesem Sinne faßt V. 13 die Gesichtspunkte „Gott ist Christus" und „wir" als die Empfänger zusammen, dabei aus der Form der Meditation („wir") in die der lehrhaften Anrede übergehend. Jetzt

wird ausdrücklich der Akt der Übereignung, die Taufe, genannt, die „Versiege-lung"; das Siegel ist Eigentums- und Schutzzeichen; gemeint ist der Geist, in wel-chem der Getaufte sein neues Wesen erfährt. Wie 2.Kor.1,22; 5,5 heißt er 14 „Angeld"; er ist also die Vorwegnahme des künftigen Lebens. Daher ist die Hoff-nung nicht bloßer Ausblick aus einer trostlosen Gegenwart in eine schönere Zukunft; sie hat schon heute ihre Verbürgung. Das Heil ist eingetroffen, und es ist erfahren *worden*. An dieser Stelle scheinen wir uns bereits im gnostischen Denken zu befinden (zum Problem s. die Auslegung von Kol.2,12 und Eph.2,1ff.). Der Gnostiker weiß sich bereits im Vollbesitz des Heils. Gegen diese In-Besitznahme des Heils zieht nun der Epheserbrief, bei aller Betonung gegenwärtiger Heilswirkung, die Grenze: Das „Erbe" liegt noch vor uns. Der Gnostiker fühlt sich bereits als Himmelsmenschen, der im religiösen Erlebnis die Welt überfliegt. Die Zukunft hat ihm nichts mehr zu bieten. Religion wird zur phantastischen Existenz in einer Scheinwelt. Diese Verflüchtigung von Dasein, Welt und Weltanschauung wird hier dadurch abgewehrt, daß die Zukunft Zukunft bleibt; Glauben und Hoffen ist Unterwegssein in der wirklichen Welt.

2. *Danksagung und Fürbitte 1,15-23*

15 Darum danke ich auch, da ich von eurem Glauben im Herrn Jesus und eurer Liebe zu allen Heiligen gehört habe, 16 unaufhörlich für euch, wenn ich euch in meinen Gebeten erwähne, 17 daß euch der Gott unseres Herrn Jesus Christus, der Vater der Herrlichkeit, den Geist der Weisheit und Offenbarung gebe, ihn zu erkennen, 18 erleuchtete Augen des Herzens, daß ihr wißt, welches die Hoffnung ist, zu der er euch berufen hat, welches der Reichtum der Herr-lichkeit seines Erbes unter den Heiligen, 19 und welches die überwältigende Größe seiner Macht über uns, die Gläubigen, nach der Wirksamkeit der Kraft seiner Stärke, 20 mit der er an Christus am Werke war, als er ihn von den Toten erweckte und „zu seiner Rechten" in den Himmeln setzte 21 über aller Gewalt und Hoheit und Macht und Herrschaft und jedem Namen, der genannt wird nicht nur in dieser Weltzeit, sondern auch in der künftigen. 22 Und „alles hat er ihm zu Füßen gelegt" und ihn als Haupt über alles der Kirche gegeben, 23 die sein Leib ist, die Fülle dessen, der alles in allem erfüllt.

V. 15-17: *Kol. 1. 3. 4. 9*; V. 19: *Kol. 1, 11; 2, 12*;
V. 20: *Ps. 110, 1*; V. 21: *Kol. 1, 16*; V. 22. 23: *Ps. 8, 7; Kol. 1, 17-19*.

In V. 15 scheint sich eine erste Spur einer echten, brieflichen Nachricht zwischen 15 Absender und Empfänger zu zeigen. Aber es könnte sich um eine Nachahmung handeln; denn sie erinnert auffallend an Kol. 1, 3 f. 9, ist aber viel blasser. Von dort ist auch die Dreiheit Glaube–Liebe–Hoffnung übernommen (vgl. weiter 1.Thess. 1,3; 1.Kor. 13,13); aber sie ist nunmehr unter rankendem Beiwerk versteckt, wie das dem Stil unseres Briefes entspricht. In Anlehnung an V.3 heißt Gott „der Vater 17 unseres Herrn Jesus Christus". Dabei ist weniger an die metaphysische Unterord-nung Christi unter den Vater gedacht (vgl. die Auslegung von 1,2), als angedeutet, daß Gott für uns nur durch Christus faßlich wird, insbesondere im Gebet (vgl. zu Kol. 1,3). „Im Namen" Christi kann sich die Kirche an Gott wenden. Inhalt des Gebetes ist neben dem Dank die Fürbitte um innere „Erleuchtung", die Fähigkeit

zum Erkennen. Erkenntnis ist hier nicht rationale Einsicht, sondern der V.9 um-
schriebene Einblick in das „Geheimnis", das darin erschlossene Verstehen unser
18 selbst „vor Gott". Das sieht man an der inhaltlichen Entfaltung dieser Erkenntnis:
Zum Gegenstand hat sie die „Hoffnung der Berufung". „Hoffnung" bezeichnet
hier nicht die Haltung des Erwartens, sondern das erhoffte Gut. Damit sind die
Gläubigen auf ein Ziel hin orientiert, das vor ihnen liegt und doch bereits in gegenwärtigen Erweisen verständlich wird, sichtbar für die „Augen des Herzens". In
19 einer Häufung gleichbedeutender Begriffe, die gar nicht scharf voneinander unterschieden werden wollen, soll die Fülle der Erweise nicht definiert, sondern geahnt
werden. *Grund* der Hoffnung ist freilich nicht ein innerliches, religiöses, wortloses
20 Empfinden, sondern die „Berufung" durch die objektive Heilstat Gottes „an
Christus". Es ist kein Zufall, daß hier das formulierte Glaubensbekenntnis der
Kirche zitiert wird. V.20-23 sind eine dichterisch gehobene Meditation über das
Glaubensbekenntnis, über die Lehrsätze von der Erweckung Christi und seine
21 Erhöhung an den obersten Ort des Alls, wobei ihm die Mächte unterstellt wurden,
die ja in den Räumen zwischen Erde und Gottesthron hausen. Besonders nahe kommen unserer Stelle 1.Petr.3,22 und Hebr.1. Gerne zitiert man bei dieser Gelegenheit Ps.110, den christologischen Hauptpsalm des Neuen Testament (Apg.2,34;
Hebr.1,13). Zwei Aspekte schieben sich ineinander: der räumliche von der „Erhöhung" und der zeitliche, die Gegenüberstellung des jetzigen und künftigen „Äons".
Doch dominiert im Epheserbrief durchaus der erstere; aber der zweite ist auch da
und verhütet, daß das Heil in gnostischer (vgl. die Einleitung zum Kol. Nr.3) Weise
in den heutigen Besitz des frommen Menschen verwandelt wird.

22   Die Stellung Christi, die er durch seine Erhöhung erlangte, wird jetzt zum erstem-
mal durch einen der Begriffe angezeigt, der zu den tragenden des Briefes gehört: Er
ist das *Haupt*, nicht nur der *Kirche*, sondern des *Kosmos*, und als solches der Kirche
gegeben. Was heißt das? Wie ist sein Verhältnis zur einen und zur anderen Größe
bestimmt? Wie verhalten sich diese also zueinander? Nun, es ist beider Haupt, also
23a Herr (vgl. Kol.2,10 neben 1,18); aber nur die Kirche heißt sein *Leib*. Im Kosmos
ist man ihm *unterworfen*, in der Kirche ist man ihm *unterstellt*; aber man befindet
sich zugleich „in ihm", in der Sphäre seines Schutzes, und ist so den Mächten, in
deren Raum wir hineinragen, nicht mehr unterworfen. Hier ist in Vorstellungen, in
denen wieder ein kosmisch-religiöses Weltbild anklingt, nichts anderes umschrieben als die Freiheit des Glaubens in der Welt. Diese Vorstellungen selber sind uns
ja sehr fremd. Sie sind nicht einfach Bilder, welche einem Vergleiche dienen.
Christus und die Kirche sind nicht *wie* ein Haupt und der dazugehörige Körper;
er *ist* das Haupt, sie *ist* der Leib. Im Hintergrund steht wieder die mythische Vorstellung vom Urmenschen. Von daher erklärt sich die Seltsamkeit, daß Christus
zugleich das Haupt und das Ganze, Haupt *und* Leib, ist. Wir fragen uns natürlich,
warum diese für uns dunkle Ausdrucksweise gewählt wurde. Aber in der Umgebung
des Verfassers wurde sie natürlich anders empfunden; sie ist offenbar dort vertraut,
ist außerdem bei Paulus und vor allem im Kolosserbrief vorgebildet, und sie kann
Sachverhalte ausdrücken, die in der sonstigen Erlösungsbegrifflichkeit (Christi
Tod als Opfer, Sühne, Stellvertretung usw.) nicht voll zur Geltung kommen, nämlich die Gegenwärtigkeit des Heilsgeschehens, das Heil als ständige, umfassende

Bestimmung unseres Daseins, vor allem, daß die Kirche vor den einzelnen Gläubigen da ist. Diese entsteht nicht dadurch, daß sich Menschen mit übereinstimmender religiöser Überzeugung zusammenfinden. Umgekehrt: weil die Kirche *ist*, kann man in sie hineinkommen und unter ihrer Bestimmung existieren.

In welcher Weise Christus die Stellung des Hauptes „erfüllt", sagt der Begriff 23b der „Fülle" (plēroma). In der kosmischen Weltanschauung bezeichnet er den Inbegriff der jenseitigen, göttlichen Lichtsubstanz. Der Kolosserbrief sagte, Christus sei vom „Pleroma" erfüllt (Kol. 1, 19) und bestimmte danach das Wesen der Gläubigen als der Erfüllten (Kol. 2, 9f.). Der Epheserbrief bedenkt darüber hinaus, wie sich dann die Stellung der Kirche (als übergreifender Größe) darstelle. Sie hat kosmische Dimension, und das „Pleroma" ist nicht, wie in der Gnosis, ein substantielles Fluidum, sondern die Möglichkeit der Welt, in der Kirche zur eigenen Erfüllung zu gelangen. Der ganz unspekulative Sinn ist, daß die Kirche die Gläubigen nicht an der Welt vorbei in ein irreales Jenseits führt, sondern daß die Welt durch die Kirche in den Gehorsam gegen ihren Schöpfer zurückgerufen wird; die Welt wird nicht umgangen, sondern, sofern sie im Ungehorsam lebt, bewältigt. Darin eröffnet sich der Zugang zur echten Welthaftigkeit im Sinn des Schöpferglaubens.

3. Einst und Jetzt (die Vergangenheit und das Heilsgeschehen) 2, 1-10

1 Und euch, die ihr tot waret in euren Übertretungen und Sünden, 2 in denen ihr einst wandeltet nach der Norm des Äons dieser Welt, des Beherrschers des Luftreiches, des Geistes, der jetzt wirksam ist in den Söhnen des Ungehorsams – 3 unter diesen führten auch wir alle einst unser Leben in den Begierden unseres Fleisches, taten die Begehrungen des Fleisches und der Sinne und waren von Natur Kinder des Zorns, wie die anderen auch. 4 Gott aber, reich an Erbarmen, hat aus seiner großen Liebe, mit der er uns geliebt hat, uns, 5 die wir durch die Übertretungen tot waren, lebendig gemacht mit Christus – durch Gnade seid ihr gerettet – 6 und uns miterweckt und mit den Himmeln eingesetzt in Christus Jesus, 7 um den herankommenden Äonen den überwältigenden Reichtum seiner Gnade durch Güte gegen uns in Christus Jesus zu erweisen. 8 Denn durch die Gnade seid ihr gerettet durch Glauben. Und das nicht aus euch – Gottes ist die Gabe; 9 nicht aus Werken, damit sich keiner rühme. 10 Sein Gebilde sind wir ja, in Christus Jesus geschaffen zu guten Werken, die Gott zuvor bereitet hat, daß wir in ihnen wandeln.

V. 1: *Kol. 1, 21;* V. 4-6: *Kol. 2, 12 f.*

Auch diesem Abschnitt liegen traditionelle Lehrsätze zugrunde. Die Auslegung 1 derselben soll auch hier wieder den Bezug des objektiven Heilsgeschehens auf „uns" freilegen. Darum die scharfe, direkte Wendung zu den Lesern (vgl. V. 13). Ihre Lage soll im Stil der Gegenüberstellung des Einst und Jetzt (s. zu Kol. 1, 21) enthüllt werden: a) Was sie waren. – b) Und nun wird dem nicht konfrontiert, was sie *sind*, sondern: wozu sie *gemacht* sind. Die Heilstat wird nicht durch eine Schilderung des Gnadenmenschen verdrängt; das fromme Subjekt wird nicht Gegenstand der Theologie. Durch die ganze Darstellung hindurch ist festgehalten, daß der Blick des Glaubens nie auf die eigene Frömmigkeit gerichtet ist, sondern auf die Gabe

Gottes, durch die er jeden Augenblick lebt. Wenn der Glaubende sein jetziges Sein vom einstigen abheben kann, dann nur so, daß er es ständig als Wunder Gottes anerkennt. Der Blick wird nicht auf eine innerweltliche, innerseelische Wegstrecke eigenen religiösen Fortschritts gelenkt, sondern auf den einen Punkt der „Belebung mit Christus", der freilich dem damaligen Christen anders vor Augen stand als dem heutigen. Denn er fiel mit der Taufe, der Aufnahme in die Kirche zusammen und wurde in der Unterweisung „wiederholt". Diese Rückblicke haben ihren ursprünglichen Sitz in der Taufvorbereitung. Daraus versteht sich der Stil derselben. Die Schilderung des Einst ist nicht realistisch, als ob alle Gläubigen grobe Sünder im populären Sinne des Wortes gewesen wären, sondern grundsätzlich: Sie ist ausschließlich auf den Kontrast mit der Neuheit des geschenkten Lebens hin angelegt.

2   Vom Sein in der Welt als Tot-Sein spricht mit Emphase die Gnosis; aber sie versteht das In-der-Welt-Sein als tragisches Geschick: In einer mythischen Vergangenheit fielen Teile des jenseitigen Urlichtes in die Tiefe und sind jetzt in die Materie, die schlechthin gott-fremd ist, gebannt. Ein Ruf aus der Lichtwelt erweckt sie wieder zum Bewußtsein ihrer Herkunft, d. h. ihres wahren Wesens, und befreit sie zum Aufstieg in die jenseitige Lichtheimat. – Nach dem Epheserbrief aber befinden wir uns in der Welt nicht auf Grund eines tragischen Falls des Licht-Ich, sondern weil die Welt Gottes Schöpfung ist und wir seine Geschöpfe sind; und „tot" sind wir, weil wir gegen unseren Schöpfer *schuldig* geworden sind. Das Tot-Sein wird von uns als „Wandel", als eigene Tat, durchgeführt; und „meine Taten", das bin ich selbst. In ihnen bin ich ganz verfallen, so daß ich durch keine eigene Aktivität aus mir ausbrechen kann; noch in jeden religiösen, moralischen Aufschwung nehme ich mich, den Toten, mit hinein; ich kann nicht mich selbst überschreiten. Ich bin von einer fremden Macht umklammert, deren Herrschaft ich selber vollstrecke. Diese Macht ist durch den Teufel repräsentiert (vgl. 6, 11 f.), der hier als Herr des Luftreiches aufgefaßt ist. Wir erinnern uns (s. Einleitung 3): Im Weltbild des Epheserbriefes gibt es keine Unterwelt. Die Erdoberfläche ist die untere Grenze des Raumes (4, 9). Die „Hölle" befindet sich oben, am Berührungspunkt der „Himmel" mit der Erde. Diese Grenzzone ist der „Luftraum". Sind wir in diesen Luftraum hinein ausgesetzt und dieser übermenschlichen Macht ausgeliefert, so ist das jedoch keine Entschuldigung für meine Taten; ich verfalle ja, indem ich meine Schuld als „Kind des

3 Ungehorsams" selbst vollstrecke. V. 3 beschreibt diese Einheit von Getriebenwerden und Tun. An dieser Stelle wechselt wieder die Person; das „Ihr" weicht dem „Wir", der Stil der enthüllenden Anrede demjenigen des Bekenntnisses. Erschien vorher die fremde Macht, der Satan, als der Betreiber meiner Existenz, so jetzt menschliche Kräfte in uns, besser: Faktoren, die wir selbst sind und die uns nun doch als fremde bestimmen. So ist in diesen Versen der in sich einheitliche Tatbestand der Selbstentfremdung, des Verlustes der Existenz als eigener, des „Lebens" angezeigt. Die Schuld führt ihren Lohn mit sich, den Zorn; wie die Liebe ist dieser nicht ein Affekt

4 Gottes, sondern sein objektives Gericht. Entsprechend sind die Gegenbegriffe in V. 4. 5 (Erbarmen, Liebe, Gnade) zu verstehen: als die Erweisungen, Gnadentaten in Christus. Der Schilderung des Einst tritt die des Jetzt gegenüber. Wie schon angedeutet, wird nicht die innerseelische oder moralische Verfassung der Gläubigen beschrieben, sondern Gottes Heilstat als Liebestat. Wieder ist die Anspielung auf die

Taufe dem damaligen Leser ohne weiteres deutlich. Ein Blick auf die interessante Vorgeschichte unseres Abschnitts vermag das zu zeigen. Er lehnt sich an Kol. 2, 12 an; Kol. 2, 12 wiederum beruht auf Röm. 6, der Auslegung der Taufe durch Paulus; und dieser greift seinerseits auf die jedem Christen geläufigen Sätze des Glaubensbekenntnisses zurück, daß Christus gestorben und auferstanden sei. Das Ziel seiner Auslegung ist, zu zeigen, wie wir durch die Taufe in dieses Christus-Geschehen hineingenommen sind. Es besteht also ein fester Gedankenzusammenhang von Glaube—Sakrament—Aufdeckung unserer Existenz. Nun bemerkt man im Kolosser- und Epheserbrief gegenüber Röm. 6 eine ganz bestimmte Verschiebung in der Aussage. Paulus erklärt: In der Taufe sind wir mit Christus gestorben; darum *werden* wir auch mit ihm auferstehen. Der Kolosserbrief dagegen redet von der Auferstehung in derselben Zeitform wie vom Mitsterben, nämlich in der Vergangenheit: Wir *sind* mitauferweckt. Der Epheserbrief nimmt das auf und überbietet es noch: 5.6 Wir sind bereits mit Christus in die Himmel versetzt. Damit befinden wir uns hart am Rande des gnostischen Erlösungsverständnisses; wie hart, zeigt ein Blick auf 2. Tim. 2, 18; dort werden Irrlehrer bekämpft, weil sie behaupten, „die Auferstehung sei schon geschehen". Das ist ja – wenigstens formal – genau die Aussage des Kolosser- und des Epheserbriefes. Befindet sich also der Epheserbrief bereits mitten in der Gnosis? In der vollen Spiritualisierung der Hoffnung? Nun, offensichtlich sind sich die Schreiber beider Briefe genau bewußt, an welchem Ort sie sich mit dieser Formulierung befinden. Der Kolosserbrief benützt sie gerade im Kampf gegen die Gnosis und stellt ihren antignostischen Sinn sicher, wenn er erklärt, das neue Leben sei mit Christus bei Gott verborgen. So kann sie der Epheserbrief aufnehmen, um die Gegenwart eindringlich als Zeit der Wirklichkeit des Heils zu kennzeichnen; gegen die Gnosis hat er bereits die Grenze gezogen, als er das Verfallensein als Schuld beschrieb. Entsprechendes tut er nun auch auf der Seite der Rettung, wenn er stilistisch hart – aus dem Wir des Bekenntnisstils zweimal für einen Augenblick in das Ihr übergehend – den paulinischen Satz von der Rettung allein aus Gnade, allein durch den Glauben einsprengt. Jetzt kann er den Satz wagen, wir, die Getauften, befinden uns bereits in den Himmeln. Der Gnostiker hat seine Himmelsreise hinter sich und erlebt sie immer wieder in der Ekstase, im mystischen Aufschwung. Das Vorstellungsmaterial ist hier dasselbe. Aber wir werden nicht gerufen, den Himmelsweg nun als aktive Himmelsmenschen zu durchmessen; unser Sein in den Himmeln wird uns nicht im religiösen Erleben, also nicht aus unserem Inneren anschaulich, sondern aus dem fremden Wort, der lehrhaften Mitteilung darüber, was außer uns, in Christus, an uns geschehen ist. Diesen Tatbestand spricht die Wendung „mit Christus" aus. Der Glaubensstand wird nicht psychologisch analysiert. Wir erfahren einfach die Auslegung des Glaubensbekenntnisses und des Sakraments. Dann wissen wir, wer wir sind und wo wir sind. Das ist der Sinn auch da, wo der Blick nun in die Himmel emporgelenkt wird. In Kap. 1 war gesagt, daß das letzte Ziel der Heilsveranstaltung Gottes Ehre sei. Jetzt wird in den Vorstel- 7 lungen des besonderen Weltbildes unseres Briefes angedeutet, wie diese Ehre „oben" zur Darstellung kommt: Im Raume zwischen der Erde und dem Gottesthron werden den kosmischen Mächten die Gläubigen vorgeführt, die Christus bei seiner Auffahrt nach oben mitgenommen hat. Aber jetzt wird kein Gemälde des

Jenseits entworfen, um einzuladen, im Geiste oben zu verweilen. Der kosmische
8.9 Ausblick wird ebenso hart wie in V. 5 f. durch einen Satz der paulinischen Rechtfertigungslehre (wieder in der zweiten Person) abgeschnitten; scharf sind die zentralen Begriffe derselben hingestellt: aus Gnade – durch Glauben – ohne Werke
(vgl. Röm. 3, 24 ff.; Gal. 2, 16). Da das Heil reines Geschenk ist, ist es das Ende des
menschlichen „Rühmens" (Röm. 3, 27; 1. Kor. 1, 29); und eben dadurch gewinnen
10 wir die Freiheit, unserer Bestimmung zu leben. Es ist durchaus folgerichtig und gut
paulinisch und reformatorisch, daß nach der Ausscheidung des Werk- und Ver-
dienstgedankens aus der Rechtfertigung nun positiv von den guten Werken gehandelt wird; jetzt können sie an ihren rechten Ort gestellt werden. Sie folgen der
Gnade nach; jetzt erst sind sie möglich, da wir „neue Schöpfung" in Christus sind.
Jetzt ist klar, daß wir sie nicht als Verdienste vor Gott aufrechnen können. „Unsere"
guten Werke sind ausschließlich und *unmittelbar* (dies gegen die katholische Lehre
darüber) *Gottes* Leistung; das meint der Satz, daß sie zuvor von Gott geschaffen
seien. „Wir" „leisten" sie nicht; aber wir sollen und können sie tun; sie sind eine
von Gott dargebotene Möglichkeit, in welcher wir – jetzt nicht in den Himmeln,
sondern in unserem Lebensraum – verwirklichen können, was wir aus Gnade schon
sind.

4. Die Stiftung der Einheit der Kirche 2, 11-22

11 **Darum seid eingedenk, daß einstmals ihr, die Heiden im Fleisch, „Vorhaut" genannt von der sogenannten Beschneidung, die am Fleisch mit Händen
geschieht, – 12 daß ihr zu jener Zeit ohne Christus wart, fern dem Bürgerrecht
Israels und fremd den Verfügungen der Verheißung, ohne Hoffnung und ohne
Gott in der Welt. 13 Jetzt aber seid ihr in Christus Jesus, die einst „Fernen",
„Nahe" geworden in Christi Blut. 14 Denn er ist unser Friede, der beides zu
einem gemacht und die Scheidewand des Zaunes niedergerissen hat, die Feindschaft in seinem Fleisch, 15 da er das Gesetz der Gebote mit seinen Satzungen
vernichtete, um Frieden stiftend die zwei zu einem neuen Menschen zu schaffen
16 und die beiden in einem Leibe mit Gott durch das Kreuz zu versöhnen, da er
in ihm die Feindschaft getötet hatte. 17 Und er kam und „verkündete Frieden"
„euch den Fernen und Frieden den Nahen". 18 Denn durch ihn haben wir beide
den Zugang zum Vater in einem Geiste. 19 So seid ihr also nicht mehr Fremde
und Beisassen, sondern Mitbürger der Heiligen und Hausgenossen Gottes,
20 erbaut auf dem Fundament der Apostel und Propheten, wobei der Schlußstein Christus ist; 21 in ihm wächst der ganze Bau festgefügt zu einem heiligen
Tempel im Herrn; 22 in ihm werdet auch ihr miterbaut zur Wohnung Gottes
im Geist.**

V. 13 u. 16 f.: *Jes. 57, 19; Kol. 1, 20*; V. 14 f.: *Kol. 2, 14 f.*

11   Mit diesem Abschnitt gelangen wir in das theologische Zentrum des Briefes. Wie
vorher das Wesen der Gläubigen, so wird jetzt das Wesen der Kirche durch den
Rückblick auf den Akt einer Stiftung bestimmt. Die Kirche ist nicht durch Entschluß und Zusammenschluß von Gläubigen entstanden. Es verhält sich gerade
umgekehrt: Der Zusammenschluß ist möglich, weil die Kirche vor dem einzelnen

Gläubigen da ist. Von ihrem „Haupte" her eignet ihr die Einheit, die sich sichtbar als Einheit von einstigen Juden und einstigen Heiden darstellt. Angesprochen sind aber nur die Heidenchristen; der Brief ist vermutlich von einem Judenchristen zu einer Zeit geschrieben, da die Kirche bereits überwiegend aus ehemaligen Heiden besteht. Die Kämpfe, welche Paulus um deren Freiheit vom jüdischen Gesetz auszufechten hatte, sind abgeklungen. Es gilt nicht mehr, zwei Gruppen miteinander zu versöhnen, die in der Kirche im Streite liegen; es geht überhaupt nicht um Kirchenpolitik, sondern um das grundsätzliche, theologische Sich-Verstehen der ehemaligen Heiden. Zu diesem Zweck werden sie auf ihre Herkunft hingewiesen. Um den Tatbestand „allein aus Gnade" in Klarheit festzustellen, wird ihre Vergangenheit von derjenigen der einstigen Juden abgehoben. Einst bestand die Menschheit aus zwei feindlichen Gruppen. Jetzt sind sie versöhnt, und zwar nicht im allgemein-weltlichen, politischen usw. Bereich (der Abschnitt enthält nicht eine Philosophie der Weltgeschichte), sondern in der Kirche. Die Dimension jener ehemaligen Spaltung ist begrenzt: Sie war eine irdische („im Fleische"); sie wurde von den Juden „behauptet". Deren Sonderstellung auf Grund der Beschneidung war eine „sogenannte". Ihr Vorrang als Volk der Verheißung bleibt dabei anerkannt. Aber anders als der Römerbrief interessiert sich der Epheserbrief nicht mehr für ihr *gegenwärtiges* Verhalten gegen die Christen und nicht für ihr künftiges Schicksal. Juden und Heiden werden ausschließlich unter dem Gesichtspunkt der erfolgten Aufhebung der Spaltung beurteilt. Worauf es dem Verfasser ankommt, ist auch nicht die Analyse des einstigen *Zustandes*, sondern die Feststellung eines *Vorganges*. Hatten also die Heiden einst keinen Anteil an den Heilsgütern Israels, so sind sie, 12 was sie jetzt sind, aus Gnade. Daß sie ohne Hoffnung, ohne Gott waren, ist nicht eine historisch-empirische Beschreibung und meint natürlich nicht, daß es dort keine religiöse Überzeugung, kein Suchen und Sehnen gab, besagt aber, daß dieses keine Aussicht auf Erfüllung in sich trug. Die Wandlung wird zunächst mit einer 13 alttestamentlichen Wendung umschrieben (Jes. 57, 19): Die Fernen sind Nahe geworden; V. 13 spielt auf die Bibelstelle an, V. 17 zitiert sie und führt aus. Dort treten noch politische Begriffe hinzu (Fremde und Beisassen – Mitbürger und Hausgenossen), welche sowohl eine alttestamentliche als eine griechische Tradition hinter sich haben. Es ist zu beachten, daß an dieser Stelle mit der Wendung „im Blute Christi" wieder auf das kirchliche Glaubensbekenntnis mit seiner Lehre vom Sühnetod hingewiesen wird. Das löst einen größeren christologischen Einschub in Form einer Exegese von Jes. 57, 19 aus (V. 14-18). Seine Bedeutung liegt in der – im Neuen 14 Testament einzigartigen – Weise, wie hier das Heilswerk auf die kollektive Größe der Kirche bezogen wird. Dadurch gewinnt schon der eröffnende, zugespitzte Satz, daß Christus unser Friede ist, seinen besonderen Sinn: es handelt sich um die Friedens*stiftung* zwischen diesen beiden bestimmten Gruppen, welche den sichtbaren Bestand der Kirche bilden. Soweit ist der Sinn klar. Sehr dunkel ist dagegen das Bild, durch welches die Aufhebung der Feindschaft dargestellt wird: von der „Zaun-Mauer". Daß man die Beseitigung einer Trennung bildlich als Niederlegung einer Scheidewand ausdrückt, ist ja an sich verständlich. Aber welche Mauer ist denn hier gemeint, die zwischen Gott und den Menschen oder die zwischen Juden und Heiden? Und was heißt es, daß ihre Niederlegung in Christi Fleisch vollbracht wor-

den sei? Ist hier das Bild von der Mauer zugunsten eines Satzes des Glaubensbekenntnisses verlassen? Oder klingt im Ausdruck ein gnostischer Gedanke an, daß
das Trennende (zwischen Gott und Mensch) im „Fleische", also in der Materie
bestehe? In der Tat wird das Bild deutlicher, wenn man auf diesen religionsgeschichtlichen Hintergrund zurückgeht. Dort gibt es die kosmische Sperrmauer,
welche den irdischen Raum hermetisch von der himmlischen Sphäre abschließt.
Die Mauer ist dort nicht nur Bild, sondern kosmische Realität (nämlich das Firma-
ment). Die erlösende Offenbarung geschieht so, daß der Gesandte der Lichtwelt
eine Bresche schlägt. Dadurch wird den Erlösten der (Rück-)weg in ihre Lichtheimat
geöffnet. Dieses Weltbild schimmert an unserer Stelle noch durch; freilich ist es nun
in bezeichnender Weise abgewandelt: Durch den Kosmos zieht sich gerade keine
Mauer; der irdische Raum ist nach oben geöffnet. Die Menschen sind den Welt-
mächten unmittelbar ausgesetzt, befinden sich aber auch unmittelbar im Raume
Gottes, sei es als Kinder des Lichtes oder als Kinder des Zorns. Unbildlich gesprochen ist hier die gnostische Trennung von Heil und Welt bestritten, und zwar dadurch, daß der Gnosis der Glaube an Gott den Schöpfer *und* Erlöser gegenübergestellt wird. Das kann bildlich so ausgedrückt werden: Jene Mauer der Gnostiker,
die Gott von der Welt und die Welt von Gott scheidet, gibt es gar nicht. Aber der
Epheserbrief verwendet diese „Mauer" nun als ein Bild: Er überträgt sie aus dem
Kosmischen ins Kirchliche, wobei das Bild freilich seine ursprüngliche Deutlichkeit
verliert. Es ist nur noch Ausdrucksmittel für den Gedanken: Das kosmische Frie-
denswerk ist in der Stiftung der Kirche vollbracht worden, und wiederum ist der
15.16 Kirchenfriede der Weltfriede. Die kosmologische Ausdrucksweise wird durch paulinische heilsgeschichtliche Begriffe ergänzt: Der Friede kommt durch die Beseitigung des Gesetzes zustande; das ist ja die Bedingung der Einheit. Sofort ist aber
wieder die mythische Sprache da: Die beiden sind eines in dem – als Urmensch
vorgestellten – Erlöser, ja, in ihm sind sie nicht nur ein*es*, sondern ein*er*, der neue
Mensch (4,13; Gal. 3,28). Wie in 1,23 ist dieser mythischen Idee der mytholo-
gische Stachel geraubt. In der Gnosis ist der leitende Gedanke, daß Erlöser und
Erlöste in der Substanz identisch sind. Erlösung ist nicht freie Tat Gottes, sondern durch mein Sein bedingt; erlöst werden kann, wer den himmlischen Lichtfunken in sich trägt. Der Epheserbrief dagegen betont mit Nachdruck, daß wir
keine Himmelswesen sind, sondern als Geschöpfe Gottes auf die Erde gehören
(V. 9 f.). In den Himmel geführt zu werden ist reine Gnade. Die mythischen Begriffe können aber ausdrücken, daß die Einheit der Kirche in Christus ständig
ihren Bestand wie ihr Ziel hat, daß das Kreuz nicht nur eine vergangene Tatsache
ist, sondern heute als wirkende Macht da ist, eben in der Verkündigung des
17 Friedens. Das wird jetzt zusammenfassend durch die Anführung des Schriftwortes
gesagt, das seit V. 13 angeklungen ist. Aber welches „Kommen" Christi, den Frieden
auszurufen, ist gemeint? Sein geschichtliches Auftreten und seine damalige Predigt
oder das Kommen des Erhöhten nach seiner Auferstehung? Für diese zweite Deutung kann man anführen, daß der Friede ausdrücklich mit seinem Tode verknüpft
ist und daß der Brief nirgends auf die Worte des historischen Jesus verweist. Aber
dieses Entweder-Oder (historischer oder erhöhter Jesus) hat sich der Verfasser gar
nicht gestellt. Im „Kommen" faßt er das Ganze des Heilswerkes ohne Rücksicht

auf die Etappen seines innergeschichtlichen Ablaufes zusammen; auch hier denkt er nicht in zeitlichen Erstreckungen, sondern in räumlichen Dimensionen. Das wird in V. 18 vollends deutlich, der die heutige, d. h. ständige Wirkung der Friedens- 18 botschaft zeigt, nämlich die Öffnung des „Zugangs" zu Gott. Das ist von Hause aus ein Stichwort der Gemeindesprache (Röm. 5, 2; vgl. Röm. 8, 34; Hebr. 7, 25; 1. Petr. 3, 18), erhält hier aber seine besondere Nuance durch den Einbau in das räumliche Denken des Briefes. V. 18 ist parallel V. 16 gebaut; der Verfasser spielt mit den Begriffen, welche zugleich Bilder und Sachen sind, wenn er dem Leib des Erlösers den Geist beifügt. Die gemeinte Sache wird durch 4, 4 f. beleuchtet.

Der Einschub ist zu Ende; der nächste Satz faßt das Ergebnis der Exegese zu- 19 sammen, und zwar für die Heidenchristen; nur um sie geht es. Der Stil der Verse 19-22 zeigt starken liturgischen Einschlag; man hat sie schon direkt als Tauf-lied angesprochen. Das Thema „Juden und Heiden" wird nunmehr zurückgelassen zugunsten des *Ergebnisses* der Versöhnung, des jetzigen Seins der Kirche. Die Lage der nunmehr Nahen wird in Begriffen beschrieben, welche dem Bibelleser wie dem antiken Stadtbewohner vertraut sind: Neben den Bürgern leben die beiden Gruppen der „Fremden" und „Beisassen". Schon vor dem Epheserbrief ist das Bild von der Gemeinde als einer Stadt in die christliche Sprache eingegangen. Dazu ge-sellt sich das andere von der Kirche als einem Haus (1. Tim. 3, 15) bzw. „Bau" 20 mit seinen Fundamenten und Hausgenossen (Gal. 6, 10), wobei der Gedanke leicht zum Hause Gottes, dem Tempel, hinüberschweift (1. Petr. 2, 4 ff.). Das Bild wird ausgesponnen: Das Fundament sind die Amtsträger der Kirche (unter den Pro-pheten sind nicht die des Alten Testamentes verstanden, sondern christliche Pre-diger). Die Art, wie die Apostel und Propheten hier als geschlossene Gruppe er-scheinen, macht es wahrscheinlich, daß hier ein Schüler des Paulus auf die ver-gangene, apostolische Zeit zurückblickt. Das Bild vom Fundament enthält den Ge-danken der Tradition; aber er ist nicht wie in der katholischen Auffassung mit dem Gedanken der amtlichen „Sukzession" verknüpft. Das Bild wird noch weiter aus-geführt: Den oberen Abschluß bildet Christus als der „Schlußstein" (d. h. wahr-scheinlich der Stein über dem Portal). Das griechische Wort kann „Eckstein" im Fundament bedeuten, so an der Stelle, aus der es entnommen ist, Jes. 28, 16; vgl. Ps. 117, 22; 1. Petr. 2, 6. Aber an unserer Stelle sind *Fundament* ja die Apostel und Propheten, und das Bild von Christus als Schlußstein entspricht seiner Stellung als „*Haupt*" im parallelen Symbol vom Leibe. Und jetzt verschmelzen in der Tat beide Bilder (vom Leib und vom Bau). Dadurch entsteht die merkwürdige Vorstellung 21.22 vom „Wachsen" des Baues von seiner Spitze her und zugleich zu dieser hin. Es ist verfehlt, hier dem einzelnen Wort einen scharfen, logischen oder plastischen Sinn abgewinnen zu wollen. Das Verschwimmen erklärt sich einfach daraus, daß in der Gnosis die Bilder vom Bau und vom Leibe gleichsinnig gebraucht werden und aus-getauscht werden können. Der gemeinte Sinn ist: Das ganze Leben der Kirche ge-schieht „in Christus"; er ist Ursprung und Ziel zugleich. Und die Einheit der Kirche ist nicht Idee oder Ideal; sie beruht nicht auf der Einmütigkeit ihrer Glieder. Sie ist vorgegeben, wenn die Kirche in der Welt in Erscheinung tritt. Die Einheit ist nicht ein bloßes Ideal, fern von der Wirklichkeit. Andererseits ist sie auch nicht einfach sichtbare Wirklichkeit, sichtbar etwa als Einheit einer übergreifenden Organisation oder einheitlicher Riten, Anschauungen. Die Einheit ist darin gegeben, daß die Kirche *einen* Herrn hat. Damit ist freilich das Bemühen der Gläubigen um sichtbare Einheit gerade gefordert.

5. Die Apostolische Lehre als Fundament der Kirche 3, 1-13

1 Deswegen (bitte) ich, Paulus, der Gefangene Christi Jesu für euch, die Heiden – 2 ihr habt ja von dem Amt der Gnade Gottes gehört, das mir für euch verliehen wurde 3 daß mir durch Offenbarung das Geheimnis kundgetan wurde, wie ich zuvor in Kürze beschrieb. 4 Wenn ihr es lest, könnt ihr daran meine Einsicht in das Christus-Geheimnis erkennen, 5 das in anderen Generationen den Menschenkindern nicht kundgetan ward, wie es jetzt seinen heiligen Aposteln und Propheten im Geist enthüllt ward: 6 daß die Heiden in Christus Jesus Mit-Erben, Mit-Leib und Mit-Teilhaber der Verheißung seien durch das Evangelium, 7 dessen Diener ich geworden bin durch das Geschenk der Gnade Gottes, die mir nach der Wirkung seiner Macht geschenkt ward. 8 Mir, dem Geringsten aller Heiligen, wurde diese Gnade verliehen, den Heiden den unerforschlichen Reichtum Christi zu predigen, 9 und ans Licht zu bringen, welches die Durchführung des Geheimnisses ist, das von Urzeiten her verborgen war in Gott, der alles geschaffen hat, 10 damit jetzt den Mächten und Gewalten in den Himmeln durch die Kirche die vielgestaltige Weisheit Gottes kundgetan werde 11 nach dem ewigen Vorsatz, den er in Christus Jesus, unserem Herrn, ausgeführt hat, 12 in dem wir die Zuversicht und den Zugang haben im Vertrauen durch den Glauben an ihn. 13 Darum bitte ich, nicht zu verzagen ob meiner Bedrängnisse für euch; sie dienen zu eurer Verherrlichung.

1 Noch einmal setzt „Paulus" zur Fürbitte an; aber der angefangene Satz wird sofort unterbrochen (erst in V. 13 wird er wieder aufgenommen und zu Ende geführt), um einem Einschub über das Amt des Paulus Platz zu machen. Dieser ist durch 2, 19-22 veranlaßt. Der allgemeine Hinweis auf die Apostel und Propheten wird anschaulich durch den Hinweis auf Paulus als den *einen,* exemplarischen Apostel, als Beispiel des Fürbittens und Leidens, als Autorität der Lehre der „Weisheit". Es ist ein Kennzeichen der nachapostolischen Zeit, daß man nicht nur die *Lehre* des Apostels weiterreicht, sondern auch ein *Bild* seiner Gestalt. Man interessiert sich dabei nicht für die Persönlichkeit als solche, sondern für die Faktoren, welche seine kirchliche Stellung bestimmen. Vor allem die Apostelgeschichte und die Briefe an Timotheus und Titus lassen erkennen, in welcher Weise man sich gerade Paulus vergegenwärtigte. Weil dabei das Leiden hervorgehoben wird, sind fast alle Briefe der Schüler des Paulus „Gefangenschafts"-Briefe.

2 Die Empfänger erscheinen als dem Absender unbekannt (vgl. Kol. 1, 6 ff.), s. dazu die Einleitung 1. Das Wesen des Apostelamtes wird mit einem Begriff definiert, der für die Theologie des Briefes besonders bezeichnend ist, dem der „Ökonomie" der Gnade. Dieses Wort kann einfach „Amt" bedeuten (so in der Parallele Kol. 1, 25). Wie schon an anderen Stellen, so erkennen wir auch hier die Neigung des Verfassers, in die Formulierungen des Kolosserbriefes eine stärkere paulinische Färbung hineinzubringen; so fügt er hier noch den Begriff der Gnade hinzu (vgl. 1. Kor. 3, 10). Dadurch spielt der Begriff der Ökonomie in die Bedeutung der „Verwaltung"

der Gnade (nämlich des Gnaden*amtes*) hinüber (1.Kor. 4, 1 nennt Paulus die Prediger „Ökonomen" der Geheimnisse Gottes). Das Wort weckt aber noch weitere
gedankliche Beziehungen. In 1, 10 bedeutete es die geordnete Veranstaltung, Durchführung des Heils im Sinn einer Anordnung, welche nach Gottes vorgefaßtem
Plan abläuft. Darin hat das Apostelamt seine Funktion als die von Gott selbst
gesetzte Instanz der Vermittlung. V. 3 deutet den Akt der Verleihung dieser Würde 3
an (nach Gal. 1, 11 f.; 1.Kor. 15, 7 ff.). Der Inhalt der „Offenbarung" an Paulus
heißt zunächst allgemein, „das Geheimnis"; V. 6 nennt den Inhalt dann direkt.
Im Grunde ist der ganze Brief eine Auslegung derselben, wie ja auch „Paulus"
ausdrücklich auf seine bisherigen Ausführungen zurückweist. Hinter der Charak- 5
teristik der Offenbarung und ihrer „Ökonomie" erkennt man ein festes Schema
der Darstellung, dessen erste Spuren bei Paulus zu finden sind (1.Kor. 2, 6 ff.),
das sich aber dann in nachpaulinischer Zeit weit verbreitet hat (vgl. schon 1, 9 f.; vor
allem Kol. 1, 26; Röm. 16, 25 f.; 2.Tim. 1, 9 f.; Tit. 1, 2 f.). Sein Grundbestand ist
etwa: Einst, von Ewigkeit her (beschlossen, aber) verborgen – nunmehr enthüllt.
Dann wird gesagt, *wem,* nämlich „uns", den „Heiligen" (Kol. 1, 26), und oft auch,
wer der Übermittler der Enthüllung ist (Paulus 2.Tim. 1, 11; Tit. 1, 3; die prophetischen Schriften Röm. 16, 25). An unsere Stelle wird nun der besondere Kir-
chengedanke des Briefes wirksam, wenn die Empfänger des „Geheimnisses"
nicht mehr die Christen schlechthin sind, sondern ihr Kreis auf die Apostel und
Propheten eingeschränkt wird. Sachlich ist der Unterschied nicht allzu groß;
denn auch an den anderen Stellen ist die Predigt die Mittelgröße. Doch ist hier
stärker betont, daß der Glaube auf das Zeugnis eines bestimmten Kreises angewiesen ist. Gegenüber der Gnosis bedeutet das, daß er sich nicht an der Lehrtradition
vorbei zur Schau aufschwingen kann. Eine solche Begrenzung soll andererseits nicht
einen abgeschlossenen Zirkel von „Eingeweihten" begründen; das Ziel ist ein uni-
versales, wie der Inhalt des Geheimnisses zeigt, nämlich die Eingliederung der 6
Heiden in den Leib Christi. In rhetorischer Dreiheit wird sie emphatisch gepriesen
(mit der künstlichen Wortbildung „Mit-Leib"). In neuen Begriffen wird dasselbe
gesagt wie 2, 19. Von dort und überhaupt vom ganzen Abschnitt 2, 11 ff. her versteht man das „Mit" in den drei Begriffen. Wirksam wird die Enthüllung durch die
Predigt – und jetzt läuft der Gedanke ähnlich wie 2.Tim. 1, 11; Tit. 1, 3 auf den 7
autoritativen Träger des Predigtamtes, Paulus, zu, den „letzten der Heiligen", der
durch Gnade wurde, was er ist. In ähnlicher Weise bestimmte Paulus sein Verhält- 8
nis zu den übrigen Aposteln in 1.Kor. 15, 9. Das war nicht eine gefühlige Selbsterniedrigung, sondern diente der Ausarbeitung des Gnadengedankens. Derselbe
Sinn liegt auch an unserer Stelle vor. Damit wird die Autorität des Apostels nicht
vermindert, sondern begründet. Allerdings bemerkt man nun im Vergleich mit dem
ersten Korintherbrief eine gewisse künstliche Steigerung (ähnlich 2.Tim. 1, 11),
worin sich die Hand des Nachfahren verrät, wenn Paulus nicht nur der letzte
Apostel, sondern aller Heiligen ist (es heißt sogar: der „Letzteste"). Die „Heiligen" sind hier nicht die Christen schlechthin, sondern die Apostel und Propheten;
auch das ist eine Abweichung vom paulinischen Sprachgebrauch.

Der nächste Satz klingt hochmystisch. „Erleuchtung" ist eines der großen Motiv- 9
worte der Mystik aller Zeiten und bezeichnet den Einblick in höhere Welten. Hier

ist aber, wie in V.5 und 1,9, das Begreifen der „Heilsökonomie" gemeint, und das
ist ein ganz unmystischer Tatbestand, nämlich das Begreifen der gepredigten Heilstat, nicht im Sinne dogmatischer Definitionen, sondern so, daß der Hörer begreift,
was an ihm geschehen ist, also sich selbst aus der Predigt durchsichtig wird. Der
Schluß von V.9 ist nicht sicher zu übersetzen, da das griechische Wort „Äonen",
das hier steht, zweisinnig ist. Man kann es zeitlich verstehen: „vor den Ewigkeiten"
oder personal: „vor den Äonen" als kosmischen Wesen, welche in den Himmeln
hausen. Für diese zweite Deutung kann man auf die Fortsetzung hinweisen; der
bisherigen Verborgenheit vor den „Mächten" scheint hier die Bekanntgabe an sie
gegenübergestellt zu werden; dieser Sinn entspricht gut dem Weltbild des Briefes.
Doch gibt es auch für die zeitliche Deutung Gründe. Das Schema, das wir hinter
V.5 erkannten und das auch hier durchschimmert, ist zeitlich entworfen (einst-
nun); in die gleiche Richtung weist die Parallele Kol. 1,24ff., die hier aufgenommen ist.

10   Erschienen oben als Empfänger der Offenbarung die Träger der „fundamentalen"
Ämter, dann die Christen überhaupt (V.8), so werden jetzt alle kosmischen Wesen
einbezogen. Der Auftrag der Kirche erstreckt sich über den ganzen Kosmos hin;
sie ist ja der Leib Christi, der den ganzen Raum vom Gottesthron bis zur Erde
erfüllt. Ihre Erstreckung dehnt sich weiter als ihr sichtbarer Bestand. Daraus ergibt
sich eine Bestimmung des Wesens der Predigt, die dem Prediger zur Klärung seiner
Aufgabe auf der Kanzel verhelfen kann. Er wird sie freilich nicht erfahren, wenn
er dort kosmologische Vorlesungen über die kosmischen Mächte hält. Weltmächte
lassen sich nicht betrachten, sondern nur mit dem Wort Gottes entdecken und, um
das Schlagwort zu gebrauchen, entmythologisieren. Sie verlieren ihre Hintergrün-
digkeit und werden als Welt enthüllt. Die Kirche überragt nicht nur ihren sichtbaren
Umfang, sondern auch noch die Welthintergründe, d.h. sie kann angesichts jeder
Weltmacht ohne Furcht predigen. Die Welt wird, da sie Schöpfung ist, als Gottes
Herrschaftsgebiet in Anspruch genommen. Das ist der Inhalt der „vielgestaltigen
Weisheit Gottes". Dieser Ausdruck hat Parallelen in der Gnosis; er bezeichnet
dort die Mannigfaltigkeit der Formen, unter denen sich die Weisheit darbietet,
obwohl sie die eine bleibt. Die Enthüllung der Welt erfolgt nicht in der Weise, daß
eine theoretische Weltlehre entworfen wird, welche zu erlernen wäre. Sie ist ein
Vorgang, der in der Predigt je neu geschieht, weil die Welt jeweils zu ihrem Schöp-
11 fer zurückzurufen ist, wodurch sich ihre eigene Ursprünglichkeit erschließt. Wieder
wird der zeitliche Vorrang des göttlichen Beschlusses vor der geschichtlichen Durchführung unterstrichen durch die Bemerkung, daß er „in Christus" verwirklicht
12 wurde. Die Einheit von Schöpfung, Heilsplan, Erlösung ist so festgestellt. Das Motiv
des „Zugangs" zu Gott fanden wir schon 2,18 und erkannten es als Motiv des
Glaubensbekenntnisses der Gemeinde. Der Epheserbrief hat offensichtlich Röm.
13 5,2 vor Augen und steigert wieder den Ausdruck. Im weitgezogenen Kreise kehrt
der Gedanke zu seinem Ausgangspunkt zurück: jetzt wird die Bitte, zu welcher
V.1 ansetzte, ausgesprochen und damit der erste Briefteil seinem Abschluß ent-
gegengeführt (in V.14-21).

6. Fürbitte um Erkenntnis 3, 14-21

14 Darum beuge ich meine Knie vor dem Vater, 15 von dem her jedes Geschlecht in den Himmeln und auf Erden seinen Namen empfängt, 16 er möge euch nach dem Reichtum seiner Herrlichkeit verleihen, daß ihr durch seinen Geist mit Kraft gestärkt werdet am inneren Menschen, 17 daß Christus durch den Glauben in euren Herzen einwohne, indem ihr in Liebe eingewurzelt und gegründet seid, 18 damit ihr imstande seid, mit allen Heiligen zu begreifen, welches die Breite und Länge und Tiefe und Höhe sei, 19 und die Christusliebe zu erkennen, welche die Erkenntnis überragt, damit ihr zur ganzen Fülle Gottes erfüllt werdet. 20 Dem aber, der über alles hinaus überschwenglich mehr tun kann als wir bitten oder verstehen, nach der Kraft, die in uns wirkt, 21 ihm die Ehre in der Kirche und in Christus Jesus in alle Geschlechter der Zeit der Zeiten.

V. 17: Kol. 1, 23; 2, 6 f.

Das Vaterschaftsverhältnis Gottes zur Welt wird mit einem Wortspiel um- **14.15** schrieben, das man im Deutschen zwar dem Wortlaut nach wiedergeben könnte: vor dem Vater, von dem jede Vaterschaft ihren Namen hat. Aber damit wäre der Sinn verfälscht. Denn das betreffende griechische Wort bedeutet nicht Vaterschaft, sondern Sippe. Der Gedanke ist, daß alle Geschöpfe, die irdischen wie die himmlischen „Familien", auf den Schöpfer zurückverweisen. In mehrfachen Variationen **16.17** werden die erbetenen Heilsgaben – man ist versucht, zu sagen: beschworen: das innere Erstarken, die Einwohnung Christi, die Festigkeit, die Erkenntnis. Wenn dabei eindringlich vom inneren Wesen des Menschen die Rede ist, so soll dieser keineswegs in zwei Bereiche aufgespalten werden, als ob der Glaube wesentlich Pflege der Innerlichkeit wäre. Dem widersprechen die nächsten Kapitel mit ihren Weisungen für das äußere Zusammenleben. Der „innere Mensch" meint gerade die Unteilbarkeit des neuen Seins. Die anthropologischen Begriffe bezeichnen nicht Bestandteile, aus denen sich der Mensch zusammensetzt, sondern den Menschen selbst in einer bestimmten Weise zu sein: das „Herz" vor allem als den Begehrenden und Empfindenden, sich Bewegenden und Bewegten, als den Erkennenden (1, 18). „Innerer Mensch" ist hier praktisch mit „Herz" gleichbedeutend, wie schon der parallele Bau von V. 16 und 17 andeutet. Und die Einwohnung Christi meint nicht mystisches Empfinden des Einswerdens; es geschieht in der Glaubenseinsicht, die auf Lehrsätze bezogen ist, und verwirklicht sich in der Liebe. Die Verläßlichkeit dieser Lebensform wird andeutungsweise durch die Bilder von einer Pflanzung („eingewurzelt") und einem Bau ausgedrückt, die aus Kol. 1, 23; 2, 7 herübergenommen sind; offenbar nehmen sie einen festen Platz in der Tauflehre und -liturgie ein. Aber sie werden nicht als Bilder entfaltet. Ausdrücke über das Feststehen und solche über das Erbauen gehen ohne Regel durcheinander. Der Gegenstand, nach welchem **18** die Erkenntnis ausgreift, wird in einer seltsamen Mischung von Plastik und Unwirklichkeit angedeutet. Die Ausdrucksweise klingt wie für Eingeweihte bestimmt. Man versteht sie, wenn man auf das vorausgesetzte Raumdenken zurückgeht: Das Heil ist als jenseitiger Raum mit seinen vier Dimensionen vorgestellt. Vier sind es, weil der Raum weder körperhaft gesehen noch mathematisch bestimmt wird; der Erkennende bezieht seine eigene Position im „Erkenntnisraum" ein und sieht die Erstrekkung von seinem Standort in die vier Richtungen (nach den Seiten, nach vorne, oben und unten). Dadurch unterscheidet sich unsere Stelle von den apokalyptischen Gemälden, in denen das Heil als himmlische Stadt erscheint, welche die Form eines Kubus hat (vgl. die drei [!] Dimensionen der Himmelsstadt Offb. 21, 16). Es ist, als hätte man diesen Gegenstand in der Weise eines abstrakten Gemäldes umgesetzt, wobei die Anschaulichkeit verloren ist, aber die starren Linien Bewegung (aus dem Bewegtsein des Erkennenden) gewinnen. Es überrascht nicht, daß sich gnostische Parallelen finden. Die Stelle klingt ja wieder stark kosmisch-spekulativ. Aber in dieser Sprache wird der kosmischen Weltanschauung der Boden entzogen. Diese ist wenigen Eingeweihten vorbehalten, die sie als Geheimnis hüten. *Hier* aber ist das Geheimnis „kündlich groß" (1. Tim. 3, 16); die volle Erkenntnismöglichkeit wird offen angeboten; Erkenntnis führt nicht über den Glauben hinaus in höhere

19 Räume der Schau, sondern ist gerade das Verstehen des Glaubens, also der Berufung, Hoffnung, der Verkündigung und der Kirche. Es ist dieselbe Sache wie 1, 18. Sie ist in dieser uns so fremden Sprache vorgetragen, weil in dieser damals ausgedrückt werden konnte, daß das Heil nicht aus der Welt entspringt. Den Gnostikern ist die Schau des Jenseitigen der höchste Wert. Hier aber wird die Erkenntnis mit absichtsvoller Paradoxie begrenzt: Sie hat einen Inhalt, der sie selbst überragt, die Liebe Christi. Ein zentraler Gedanke der Theologie des Paulus wird aufgenommen (1. Kor. 8, 1 ff.; Gal. 4, 8 f.). Erkenntnis ist also nicht Wissen von kosmischen Verhältnissen, sondern Wissen des Menschen von sich selbst als dem Empfänger

20 des Evangeliums, und die Erfüllung wird nicht im mystischen Aufschwung gefunden; sie führt in das Zusammenleben der Gläubigen in der Kirche, in das „Betreiben

21 der Wahrheit in Liebe" (4, 15). Ein liturgisch gestalteter Lobpreis (Doxologie, vgl. Röm. 16, 25 ff.; Jud. 24) schließt den ersten Briefteil ab. Die Doxologien des Neuen Testaments lehnen sich in Stil und Inhalt an das Vorbild der hellenistischen Synagoge an; aber dem Verfasser ist es gelungen, den Text seinem eigenen Stil anzupassen und die „Überschwenglichkeit", die er preisen will, schon in der Form auszudrücken – in einer Weise, die kaum zu übersetzen ist.

ZWEITER TEIL

Ethische Weisung als Ergebnis der Erkenntnis
4, 1-6, 24

1. *Grundlagen der Ethik (Die Gaben) 4, 1-16*

1 Ich ermahne euch also, ich, der Gefangene im Herrn, würdig der Berufung zu wandeln, mit der ihr berufen wurdet, 2 mit aller Demut und Sanftmut, mit Langmut; ertragt einander in Liebe, 3 bewahrt mit Eifer die Einheit des Geistes durch das Band des Friedens. 4 Ein Leib und ein Geist, wie ihr auch in e i n e r

Hoffnung eurer Berufung berufen wurdet. 5 Ein Herr, ein Glaube, eine Taufe;
6 ein Gott und Vater aller, der über allen und durch alle in allen ist (oder: ein
Gott und Vater aller Dinge, der über allem und durch alles und in allem ist).
7 Einem jeden von uns aber ward die Gnade nach dem Maße der Gabe Christi
gegeben. 8 Darum heißt es: „Er fuhr hinauf zur Höhe und erbeutete Gefangene; er gab Gaben den Menschen." 9 Das „er fuhr hinauf", was heißt das
anderes als daß er auch hinabfuhr in die Niederungen der Erde! 10 Der hinabfuhr ist derselbe wie der hinauffuhr hoch über alle Himmel, damit er das All
erfülle. 11 Und er „gab" die einen zu Aposteln, andere zu Propheten, andere zu
Evangelisten, andere zu Hirten und Lehrern, 12 zur Zurüstung der Heiligen
für das Werk des Dienstes, für den Aufbau des Leibes Christi, 13 bis wir alle zur
Einheit des Glaubens und der Erkenntnis des Sohnes Gottes gelangen, zum vollkommenen Mann, zum Ausmaß der Größe der Fülle Christi, 14 daß wir nicht
mehr unmündig seien, geschaukelt und umhergeworfen vom Wind jeder belie-
bigen Lehre in dem Glücksspiel der Menschen, in der trügerischen Kunst der
Verführung in Irrtum, 15 sondern die Wahrheit treiben in Liebe und so in allem
zu ihm hinanwachsen, der das Haupt ist, Christus, 16 von dem her der ganze
Leib durch alle Bänder, die ihn versorgen, zusammengefügt und -gehalten wird
und so mit der Kraft nach dem Maß jedes einzelnen Teiles das Wachstum des
Leibes bewirkt zum Aufbau seiner selbst in Liebe.

V. 1: *Kol. 3, 12 f.*; V. 2: *Kol. 3, 14*; V. 8: *Ps. 69, 19*; V. 15. 16: *Kol. 2, 19.*

Der ethische Aufruf wird durch die Verknüpfung mit „also" als Ergebnis der bis- 1
herigen Belehrung verstanden (vgl. Kol. 2, 6; 3, 1. 5; Röm. 12, 1); im Glauben ist die
Norm des Verhaltens gegeben; denn dieses hat die Regel: „würdig der Berufung"
(Kol. 1, 10; Phil. 1, 27; 1. Thess. 2, 12). Damit ist die gesamte Ethik von Anfang an
auf das Leben der *Gemeinde* bezogen; in V. 4 und 5 kommt das zum Ausdruck,
wenn sie aus der Taufe und dem Taufbekenntnis begründet wird. Dadurch stehen
die konkreten Pflichten dem damaligen Leser sofort deutlich vor Augen. Er lebt ja in
einer Gemeinde, welche kein anonymes Gebilde ist, sondern in der man sich kennt
und unter dem Druck von außen beizustehen hat. Von daher gewinnen die leitenden
Begriffe ihren Klang: Liebe, Friede, Einheit. Die Weisungen sind in erster Linie
Regeln für das Zusammenleben, nicht für die individuelle Formung der Persönlichkeit. V. 2 lehnt sich an Kol. 3, 12 f. an. Dort sind fünf Tugenden aufgezählt (s. d.). 2
Der Epheserbrief kümmert sich um die Fünf-Zahl, die dem Kolosserbrief wichtig ist,
nicht. Ein weiterer Unterschied liegt darin, daß im Kolosserbrief die kosmisch ver-
standene *Liebe* das Band der Einheit ist. Der Epheserbrief dagegen versteht die 3
Liebe als *Verhalten* und sieht daher im *Frieden* das Band (vgl. 2, 11 ff.). Der Kolosserbrief spricht von der Liebe etwa an der Stelle, wo Paulus den Begriff des *Geistes*
gebrauchen würde; deshalb führt der Epheserbrief neben Liebe und Frieden den
Geist noch besonders ein; man sieht wieder das Bestreben nach stärkerer Anglei-
chung an die Sprache des Paulus. So gewinnt er den Übergang zur nächsten Aussage.
Hier (in V. 4) bezeichnet die Verknüpfung von „Leib" und „Geist" die Ganzheit 4
der kirchlichen Einheit. Die weiterführende Dreierformel, deren sprachliche Gestal- 5
tung im Griechischen eindrucksvoller ist als in der Übersetzung, wird der Verfasser
bereits in der Gemeindeüberlieferung vorgefunden haben. Angefügt hat er ihr dann 6
noch die alte Ein-Gott-Formel, das Grundbekenntnis Israels (5. Mose 6, 4), das von

den Christen aufgenommen wird. Der Gott, an den sie glauben, ist ja kein anderer. In ihrem jetzigen Zusammenhang spricht die erweiterte Formel den gesamten Vorgang der Eingliederung in den Christusleib durch die Taufe in gedrängter Form aus. Eine weitere Dreiheit (Trias) mit drei Präpositionen rundet ab. Für sich allein genommen klingt sie pantheistisch und erinnert an ähnliche Triaden der stoischen Schule, in denen diese ihren pantheistischen Gottes- und Weltgedanken ausspricht. Schon das hellenistische Judentum benützte diese stoischen Formeln, um nicht das In-sein Gottes in der Welt, sondern die Allgegenwart seiner Herrschaft zu preisen. In diesem Verständnis, als Ausdruck des alttestamentlichen Schöpferglaubens, fanden die Christen die Formeln vor (vgl. Röm. 11, 36).

7   Die Begründung der Mahnung im Glaubensbekenntnis wird durch einen christologischen Exkurs ergänzt (nach der Überleitung V. 7 die Verse 8-10). Wie der frühere, analoge Exkurs (2, 13 ff.) hat er die Form eines Schriftbeweises. Er ist durch die Stichworte „geben", „Gabe" (vgl. V. 7 und 11 mit V. 8) im Zusammenhang verklammert. Der in V. 7 angefangene Gedanke wird dann in V. 11 weitergeführt.

8 Zitiert wird Ps. 68, 19, und zwar in einer Fassung, die sowohl vom hebräischen Urtext als auch von der griechischen Übersetzung des Alten Testamentes (der Septuaginta) abweicht. Der Urtext handelt vom „Aufstieg" Jahwes auf den Zion (!) bei der Rückkehr aus dem heiligen Kriege in sein Heiligtum: „Du bist zur Höhe hinaufgestiegen, hast Gefangene mitgeführt, hast Gaben *empfangen* (!) unter den Menschen." Hier dagegen ist vom *Austeilen* von Gaben die Rede. Der Aufsteigende ist nicht Jahwe, sondern Christus; das Ziel ist der Himmel. Einen Anhalt für diese Umdeutung bot die spätjüdische Auslegung der Psalmstelle; sie bezog sie auf den Aufstieg Moses auf den Sinai, wo er das Gesetz *empfing*, um es den Menschen zu

9 *geben*. Die beiden nächsten Verse werten das Zitat aus. Es kommt dem Verfasser darauf an, sicherzustellen, daß es sich wirklich auf Christus bezieht, und nicht etwa auf Mose. Der Beweisgang verläuft folgendermaßen: a) Christus ist ja wirklich aufgestiegen; das weiß man aus dem Glaubensbekenntnis. b) Das konnte er, weil er zuvor herabfuhr (vgl. Joh. 3, 13); wir haben wieder den Gedanken der himmlischen Präexistenz (vgl. 1, 4). Dieser ist im Epheserbrief stärker betont als bei Paulus. Der ganze Gedankenkomplex von der Auffahrt des Erlösers als der eigentlichen Heilstat, von der Gefangennahme der Mächte, welche im Zwischenraum hausen, und vom kosmischen Triumph hat sein Vorbild in Kol. 2, 15. Er findet sich darüber hinaus in Christusliedern (so 1. Petr. 3, 22). Das zugrunde liegende Welt- und Erlöserbild (Abstieg und Aufstieg, Erlösung als Durchmessen der kosmischen Sphären) ist auch in der Gnosis verbreitet. Da auch schon der Abstieg zur Durchführung der Offenbarung gehört, wird er näher beschrieben, indem sein Ziel angegeben wird: die unterste Stelle des All, die Erde (vgl. Einleitung 3). Ist diese erreicht, dann ist der ganze Kosmos durchschritten und die Voraussetzung für die „Erfüllung des Alls" gegeben. Nach 1, 23 ist die *Kirche* die „Fülle" des Alls; daran knüpft V. 11 an, s. u. Offen bleibt zunächst, ob die Mächte beim Triumphzug Christi gefesselt mitgeführt werden – dafür spricht der Wortlaut des Zitates – oder in den Gehorsam zurückgeführt, also versöhnt werden (vgl. einerseits Kol. 1, 20, andererseits Kol.

10 2, 15). In V. 10 ist das Ziel des Beweisganges erreicht: Der Hinaufgefahrene ist mit dem Herabgestiegenen identisch; damit ist bewiesen, daß sich das Wort auf Christus

bezieht. Dann wird im Rückgriff auf V. 7 erläutert, was unter den „Gaben" des 11
Zitates zu verstehen ist. Von Paulus her (Röm. 12,6; 1.Kor. 12) ist man geneigt, an
die allgemeine Geistbegabung aller Christen zu denken. Aber nun ist der paulinische
Gedanke in den Kirchengedanken des Briefes transponiert: Die „Gaben" sind die
Verleihungen der kirchlichen Ämter, durch welche die Heilsgaben allen Christen
vermittelt werden. Die Linie wird in die Gegenwart durchgezogen, wenn zu den
„fundamentalen" Ämtern der Apostel und Propheten (2,20; 3,5) die weiteren
treten: Evangelisten (im Neuen Testament selten), Lehrer (1.Kor. 12,28), Hirten
(Apg. 20,28). Die einzelnen Stellungen sind noch nicht nach einer festen Rangordnung abgestuft; der katholische Gedanke der apostolischen Nachfolge im Amte ist
noch nicht ausgebildet. Die kirchliche Organisation ist noch durchaus offen. Auf- 12.13
gabe der Amtsträger ist der „Aufbau" des Christusleibes. Dessen Einheit ist ja vorgegeben; aber sie ist keine statische Gegebenheit. Weil sie *ist*, ist sie zugleich Ziel
einer Bewegung, im anderen Bild: eines Bauens oder Wachsens. Weil wir schon in
Christus sind, wachsen wir zu ihm hin und erreichen so die Einheit des einen, vollkommenen „Menschen", der aus Christus und den Erlösten zusammen besteht. So
ist Christus zugleich das Haupt und das Ganze.

Die Kirche als der Leib Christi. An dieser Stelle wird uns dieser merkwürdige
Begriff, der die Eigenart des Epheserbriefes zum guten Teil ausmacht, am ehesten
faßbar. Stellen wir die Aussagen über diesen „Leib" zusammen, so sehen wir
schnell, daß unsere gewöhnliche Vorstellung vom menschlichen Körper als einem
Organismus völlig versagt. Zwar verwendet Paulus gelegentlich das Bild vom
menschlichen Organismus (1.Kor. 12); aber schon dort schimmert ein anderer Sinn
hindurch: daß die Kirche nicht nur *wie* ein Leib ist, sondern *der* Leib Christi ist, ein
Leib freilich, den man sich gar nicht als plastisches Gebilde vorstellen kann. Wir
sahen schon früher, daß der Begriff aus der mythischen Vorstellung vom Urmenschen und dem Kosmos als seinem Leib gewonnen ist (im Kolosserbrief ist der
ursprüngliche, kosmologische Charakter noch deutlicher erhalten). Man beachte
die Eigenart der Sätze: Das Haupt versorgt den Leib. Dieser wächst vom Haupte
her und zu ihm hin. Und Christus, das Haupt, ist zugleich das Ganze; daher kann
gesagt werden, daß der Leib das Wachstum des Leibes besorge (V. 16; allerdings ist
die Übersetzung unsicher; vielleicht muß man statt „bewirkt das Wachstum" übersetzen: „Das Wachstum kommt zustande"; aber an der Vorstellung als solcher
ändert sich dadurch nichts Wesentliches). Dieses Wachstum des Leibes vom Haupte
her zum Haupte hin ist kein anschaulicher physiologischer Vorgang mehr, sondern
mythische Bildlichkeit. Dieser Leib ist nicht eine vorstellbare Gestalt, welche man
etwa im Kunstwerk nachbilden könnte. Er ist nicht ein Körper, sondern eine Art
Hohlraum von weltweiter Erstreckung – und schon wieder versagt die Vorstellung;
denn dieser Raum ist zugleich Bewegung von einem Ursprungs- zu einem Zielpunkt
hin. Und wenn man diese Punkte bezeichnen will, dann sieht man, daß sie zusam-
menfallen und nicht etwa außerhalb dieses Leibes liegen; sie bilden die Grenzen
seines eigenen Lebens. Aus der hochmythischen Grundvorstellung also sind die
Bewegungs- und Zielbegriffe dieses Abschnittes zu erklären. Aber nicht das Mythische als solches zu entfalten, ist die Absicht dieser Ausführungen. Im Gegenteil, 14

diese mythischen Begriffe werden nun *gegen* die Gnostiker und ihre Welt- und
Erlösungsphantastik in Dienst genommen. Hier, nämlich in V. 14, wird ja einmal
– gegen den sonstigen Brauch des Briefes – ausdrücklich gegen sie polemisiert, in
ihrer eigenen Wort- und Bildsprache, so also, daß diese ihnen gewissermaßen entrissen wird. Sie wird benützt, um auszusagen, daß die Kirche in Christus gestiftet
ist, in ihm jeden Augenblick ihren Bestand hat, daß sie sich daraus ihre Bestimmung
klären und ihrer Hoffnung versichern kann. Daß sich die Gläubigen im Leibe
Christi befinden, sagt ihnen, daß sie sich im Bereich seiner Herrschaft und seines
Schutzes bewegen. Das Ziel dieser Bewegung wird zuerst nach seiner negativen
(V. 14), dann nach seiner positiven Seite beschrieben. Man muß die Schärfe des
Tones vernehmen, wenn ausgerechnet die Gnostiker hier Unmündige, Säuglinge in
der Erkenntnis genannt werden. Denn „Erkenntnis" ist *ihr* Schlagwort; danach
benennen sie sich selbst.

In V. 13 war „unser" Ziel festgestellt: die Einheit des Glaubens und der Erkenntnis, die Einheit im „vollkommenen Mann". V. 14 bietet Punkt für Punkt das Gegen-
bild: Hier der vollkommene Mann, dort die zerstreute Masse der Unmündigen;
hier die zielsichere Richtung der Bewegung, dort – es wird ein Bild aufgegriffen,
das in der Welt des Mittelmeeres jedem vertraut ist: das vom Sturm verschlagene
Schiff ohne Steuer und ohne Möglichkeit der Navigation, ein Bild des Irrens, das in
gleicher Weise äußere Wirrnis auf dem Markt der Heilslehren ist wie innere Wirrsal
der Käufer auf diesem Markt. Ein zweites Bild wird hinzugefügt: vom Würfelspiel
mit allen dunklen Machenschaften, die „im Spiele" sind, die aber nicht zuletzt den
lockenden Reiz ausmachen.

Man wird fragen: Sollen mit solchen Bildern die Gegner widerlegt sein? Sie sind
doch lediglich gescholten. Können sie nicht einfach die Vorwürfe der mangelnden
Erkenntnis, Einheit, „Richtung" zurückgeben – und dann fallen wir in das Gezänk
weltanschaulicher Gruppen? Wie will man denn nachweisen, daß wirklich dort die
Wirrnis ist und hier die Klarheit, dort Betrug, hier die Wahrheit, dort das getrie-
bene, hier das gesteuerte Schiff? Wo sind die Maßstäbe, um das zu beurteilen?
15 Genau darauf geht V. 15 ein: Der Maßstab wird durch die beiden Begriffe der Liebe
und der Wahrheit, genauer: durch die Verknüpfung angezeigt. Wieder wird mit der
Gegenüberstellung gearbeitet: gegen den Betrug wird die Liebe gestellt, gegen den
Irrtum die Wahrheit. Die Verknüpfung von beidem besagt, daß man die Wahrheit
nicht als reines Wissen abseits vom Zusammensein als Menschen, nicht in einem
kosmischen Draußen oder in einem mystischen Drinnen, im Alleinsein des Auf-
schwungs oder der Versenkung hat. Die Wahrheit ist solcher Art, daß sie wirkt;
wiederum hat die Liebe ihre Richtschnur darin, daß sie Erweis, nicht Vertuschen der
Wahrheit ist. In der Bildsprache des Briefes gesprochen: Beide haben ihren Ort
innerhalb des Leibes Christi.

So ist es folgerichtig, daß zur Abrundung des Gedankens noch einmal von diesem
die Rede ist. Die Grundvorstellung ist ja nunmehr bekannt. Im einzelnen herrscht
freilich ein verwirrendes Durcheinander von Andeutungen. Zunächst wird Bekann-
16 tes wiederholt: Christus ist das Haupt (vgl. 1, 22). Dann wird aber breiter als bisher
das Verhältnis von Haupt und Leib besprochen. Dabei ist die Ausdrucksweise weithin undurchsichtig, und das rührt daher, daß sie sich an Kol. 2, 19 anlehnt (s. d.),

dabei aber ein Bild auf die Gemeinde überträgt, das dort auf den Kosmos gemünzt ist. Dabei liegt der Ton weniger auf der Mahnung als auf der Verheißung, im Bild des Textes: weniger darauf, daß der Leib auf sein Haupt angewiesen ist, als darauf, daß er wirklich von ihm versorgt wird. Dazu tritt der andere Hinweis, daß die Vielheit der Glieder zur Einheit zusammengefaßt ist. Diese Einheit vom Haupte her ist das Gegenstück zur Zersplitterung der Irrlehre. Und die klare Richtung des „Wachstums" zum Haupte hin steht jenem „Treiben" gegenüber. Daß die Einheit nicht etwa das Selbstsein, die Eigenart des einzelnen Gläubigen aufhebt, sagt die weitere Bemerkung, daß jedes „Glied" dieses Leibes nach seinem besonderen Maß versorgt wird. Christus schenkt nicht allen dasselbe, sondern jedem das Seine. Was in dieser Fülle der Anspielungen gemeint ist, ist doch etwas ganz Einfaches: das rechte kirchliche Verhalten angesichts des gnostischen Enthusiasmus. Zwei Möglichkeiten stehen sich gegenüber: das Sein im Leibe, also in der Einheit der Liebe, und das isolierte Dasein draußen als zerstreute Einzelne, die ihre Bestimmung als Geschöpfe Gottes in der Welt verfehlen; die kirchliche Einheit des Sagens und Tuns des Gebotenen, nämlich der Liebe am Ort der Wahrheit, und die willkürliche Behauptung subjektiver Anschauungen mit ihrem verführerischen Reiz.

2. Einst und Jetzt (die Vergangenheit und die Forderung) 4, 17-24

17 Dies nun sage und bezeuge ich im Herrn: daß ihr nicht mehr wandeln sollt, wie die Heiden wandeln, in nichtigem Sinn, 18 verfinstert in ihrem Verstande, entfremdet dem Leben Gottes wegen der Unwissenheit, die in ihnen ist, wegen der Verstockung ihres Herzens. 19 Erschlafft haben sie sich der Ausschweifung ergeben zur Verübung aller Unreinheit in Habgier. 20 Ihr aber habt Christus nicht so kennengelernt; 21 ihr habt ja von ihm gehört und seid in ihm unterwiesen worden, wie es in Jesus Wahrheit ist; 22 daß ihr den alten Menschen eurer früheren Lebensführung ablegen müßt, der nach den trügerischen Begierden verkommt, 23 daß ihr euch vielmehr erneuern müßt im Geiste eurer Gesinnung, 24 und den neuen Menschen anziehen, der nach Gott geschaffen ist in Gerechtigkeit und Heiligkeit der Wahrheit.

V. 18 f.: Kol. 1, 21; V. 22: Kol. 3, 9; V. 23. 24: Kol. 3, 10.

Nach der *Begründung* der sittlichen Weisung setzt der Brief in feierlich-beschwö- 17 rendem Tone zu dieser selbst an. Im vorderen Briefteil, im Zusammenhang der Heilslehre, lautete die Gegenüberstellung des Einst und Jetzt: Was ihr waret – wozu ihr gemacht seid. In diesem zweiten Teil wird nach dem Gesichtspunkt der christlichen Lebensführung abgewandelt: Was ihr waret bzw. tatet – was ihr sollt. In diesem Abschnitt kommt der Sinn der vorausgehenden, so mystisch tönenden Partien vollends zutage; sie sollen darauf hinführen, wie man sich in der Alltäglichkeit der Gemeinde benimmt. Hierfür werden Stichworte aufgenommen, welche dem hellenistischen Judentum in seiner gedanklichen Auseinandersetzung mit dem Heidentum längst geläufig waren, und die auch Paulus schon benutzt hatte: Nich- 18 tigkeit, Verfinsterung des Verstandes, Entfremdung (2, 12), also Umschreibungen des Existenzverlustes, der in widersinniger Aktivität betrieben wird. Der Hintergrund wird abgeleuchtet: die „Unwissenheit"; und Unwissenheit ist ebenso Schuld

wie Verstockung. Die gebrauchten psychologischen Begriffe schillern zwischen Verstand, Denken und Sinn, Gesinntsein. Die Übersetzung kann hier nur annähernd genau sein. Es kommt dem Text ja auch nicht auf psychologisch genau bestimmte Funktionen, die Unterscheidung von rationalen, emotionalen usw. Motiven des Handelns an; vielmehr soll die Orientierung des Handelns als Ganzheit charakterisiert werden. Die Unwissenheit ist das denkende Nicht-Begreifen und das praktische Sich-nicht-Verstehen auf die Lebensführung. Schon das Judentum hatte über den Zusammenhang von Unkenntnis Gottes und Laster nachgedacht (Weish. 13 ff.): Wo man nicht weiß, daß *ein* Gott (V.6) ist, da verfällt man auch der praktischen
19 „Verfinsterung". Und schon dort waren die beiden Hauptlaster, die man geißelte, die beiden höchsten Steigerungen der Ich-Sucht, nämlich die Unzucht und die Hab-
20.21 gier (vgl. 5,5; Kol. 3,5). Wird demgegenüber an die Christuslehre appelliert, dann sind die Leser an ihren Taufunterricht erinnert und hören, daß sich das Verstehen der Lehre im Verhalten erweist. Die Taufe ist ja der Akt der Schöpfung des neuen
22.23 Menschen. Erneuert zu sein ist aber ständige Bewegung, aktive Wiederholung dessen, wozu wir gemacht sind. So ist der Vergleich des Alten und des Neuen ein Motiv des Taufunterrichtes, das denn auch in den ermahnenden Abschnitten immer wieder vorkommt. Das unmittelbare Vorbild liefert wieder der Kolosserbrief, über diesen zurück Paulus. Im selben Sachzusammenhang sind auch „ablegen" und „anziehen" Worte, die in festem Gebrauch stehen (Röm. 13,12; Kol. 3,8.10.12). In der Gnosis gewinnt diese Terminologie einen mythisch-eigentlichen Gehalt. Hinter ihr steht der Gedanke vom wahren Selbst, meinem himmlischen Doppelgänger, der wie als Bau so auch als Himmelsgewand beschrieben werden kann. Das schönste Beispiel ist das „Lied von der Perle" in den apokryphen „Akten des Thomas". An unserer Stelle sind aber diese Worte blaß-bildlich gebraucht und weisen auf innerchristliche
24 Taufterminologie zurück. Das „Anziehen" des „neuen Menschen" wird durch die parallele Aufforderung zur Erneuerung im Geiste der Gesinnung erläutert. Mit Anspielung auf die biblische Schöpfungsgeschichte heißt der erneuerte Mensch der „nach Gott" geschaffene, d.h. natürlich: nach Gottes Bild. 2.Kor. 5,17 heißt es: „Ist jemand in Christus, so ist er neue Schöpfung." Was das ist, sagen die Begriffe Gerechtigkeit und Heiligkeit. Diese Abrundung des Abschnitts über Einst und Jetzt weist deutlich auf den Abschluß des analogen Abschnittes im ersten Teil (2,10) zurück. Im Kolosserbrief (3,10) ist die Anspielung auf die Schöpfungsgeschichte und die Gottebenbildlichkeit übrigens deutlicher, dort wird der Begriff des „Bildes" direkt angeführt (nach 1.Mose 1,26.27). Möglicherweise meidet ihn der Epheserbrief, weil er von den Gnostikern mit Freuden aufgenommen und in ihrem Sinn ausgelegt wurde: Als Gottes Bild ist der Mensch nicht Geschöpf, sondern wesenhaft Gott von Art. Das „Bild" wird dort zum Wechselbegriff für Himmelsgewand, Bau usw.

3. Das Leben in der Gemeinschaft 4, 25-32

25 Darum legt die Lüge ab und „redet die Wahrheit jeder mit seinem Nächsten"; denn wir sind untereinander Glieder. 26 „Zürnet, und sündiget nicht!" Die Sonne soll über eurem Zorn nicht untergehen; 27 und gebt dem Teufel

keinen Raum! 28 Der Dieb soll nicht mehr stehlen, sich vielmehr anstrengen und mit seinen eigenen Händen das Gut erwerben, damit er dem Bedürftigen zu geben habe. 29 Keine faule Rede soll aus eurem Munde kommen, sondern gute, zur Erbauung, wo sie not tut, damit sie den Hörern Wohltat erweise. 30 Und betrübt nicht den heiligen Geist Gottes, mit dem ihr auf den Tag der Erlösung versiegelt wurdet. 31 Alle Bitterkeit, Grimm, Zorn, Geschrei und Lästerung samt aller Bosheit sei ferne von euch! 32 Seid vielmehr gegen einander gütig, barmherzig, vergebt einander, wie auch Gott in Christus euch vergeben hat!

V. 25: Sach. 8, 16; Kol. 3, 9; V. 26: Ps. 4, 5; V. 31: Kol. 3, 8; V. 32: Kol. 3, 12. 13.

In diesem Abschnitt und darüber hinaus wirkt der herkömmliche Stil jüdischer Ermahnung ein. Diese wird nicht als System mit logischer Ableitung und Verknüpfung der Sätze vorgetragen, sondern als lockere Aufreihung einzelner Sentenzen zur Lebensweisheit, von Aufforderungen und Begründungen. Auch inhaltlich sind die Forderungen gegenüber dem Judentum weithin nicht neu. Einzelne sind ja einfach aus dem Alten Testament herübergenommen. Im Grunde handelt es sich um moralische Selbstverständlichkeiten. Ihren besonderen Klang gewinnen sie dadurch, daß sie nunmehr als Umgangsregeln im Christusleib aufgefaßt werden. Neu ist also die Begründung und der Ort der Forderung. Ein Streben, möglichst alle Lebensgebiete zu erfassen, darf man so wenig erwarten wie strenge Folgerichtigkeit in der Anordnung der einzelnen Themen. Eine neutestamentliche „Mahnung" ist nicht eine christliche Ethik in Kurzfassung. Eine sachliche Einheit besitzt sie dennoch. Diese liegt nicht in der Logik des Gedankenganges, sondern darin, daß ein einheitlicher Gesichtspunkt herrscht: die widerfahrene Erneuerung im Zusammenleben der Erneuerten zu verwirklichen. Daher wird dieser Abschnitt bewußt unter dem Stich- 25 wort „ablegen" mit dem vorigen verknüpft. Hinter jeder einzelnen Forderung steht jene umfassende Neuschöpfung bei der Taufe.

Die erste Regel stammt aus dem Alten Testament (Sach. 8, 16); bezeichnenderweise wird sie durch den Hinweis auf die Einheit des Leibes, auf unsere Bestimmung als Glieder in demselben (vgl. Röm. 12, 5) ergänzt (vgl. Kol. 3, 8. 9). Wer „der Nächste" ist, braucht gar nicht erklärt zu werden, weil das jedermann sehr wohl weiß. Es folgt ein weiteres Wort aus dem Alten Testament, Ps. 4, 5 nach der grie- 26. 27 chischen Übersetzung. Die Ausdrucksweise ist merkwürdig: „Zürnet, und sündigt nicht!" Die gewöhnliche Erklärung ist: Das Zürnen kann man nicht immer unterdrücken; das ist eben menschlich; soviel sei euch zugestanden! Aber zum Sündigen, also zur Äußerung des Zornes dürft ihr es nicht kommen lassen. Nun ist ein solches Zugeständnis schon angesichts von V. 31 und 27 unwahrscheinlich. V. 27 kann ja nicht meinen: Für das Herankommen des Teufels kann man nichts; laßt ihn wenigstens nicht herein!, sondern besagt einfach: Wo ihr ihm begegnet, da widersteht ihm! So verbietet auch V. 26 das Zürnen bedingungslos (wie Mt. 5, 22). Es handelt sich um eine bewußt paradoxe Formulierung (was immer auch der ursprüngliche Sinn der Psalmstelle sei und wie ihn die griechische Übersetzung verstanden habe) im Stile von: „Wasch mir den Pelz und mach ihn nicht naß!" Zürnen ist an sich selbst Sünde. Auch der nächste Satz (V. 26 b) ist ja nicht ein Zugeständnis, sondern ein Gebot. Es wird ja nicht erlaubt, wenigstens bis zum Abend zu zürnen, sondern

verboten, im Zorn zu verharren (vgl. Jak. 1, 19f.). In der Regel der Sekte vom Toten
Meer heißt es: „Keiner darf zu seinem Bruder im Zorn oder mit Murren oder Hart-
näckigkeit, verstocktem Herzen oder ruchlosem Geist sprechen. Auch darf er ihm
nicht mit Haß begegnen, sondern soll ihn zurechtweisen, damit er nicht um seinet-
willen eine Schuld auf sich lade." Würde man fragen, wie man denn den Zorn überhaupt verhüten könne, dann würde man auf das Sein in Christus hingewiesen

28 werden. Auch das nächste Gebot ist eine Abwandlung des alttestamentlichen sieb-
ten Gebotes. Dabei wird das Verbot durch die positive Anweisung ergänzt: Es gilt
nicht nur, nicht zu nehmen, sondern zu geben und, um das zu können, zu arbeiten.
Man erinnert sich des Stils der Auslegung der Gebote in Luthers Katechismus. Die
Hochschätzung der Handarbeit hat ihr Vorbild bei Paulus (1.Thess. 4, 11). Nur darf
man nicht den Gedanken eines Arbeitsethos im modernen Sinn eintragen. Die
Arbeit ist nicht an sich ein „Wert". Sie ist durchaus Mittel zum Zweck, nämlich

29 der Wohltätigkeit. Zu V. 29 kann man die Abhandlung über die Zunge Jak. 3, 1 ff.
vergleichen. Die Warnung vor „fauler" Rede ist sehr bildhaft: Faules stinkt. Wer
„Faules" redet, strömt schlechten Geruch aus. Man erinnert sich des Wortes Jesu,
daß das, was aus dem Munde ausströmt, den Menschen unrein macht (Mk. 7, 20).
Solche Rede enthüllt das Wesen des Redenden, denn: „Wes das Herz voll ist, des
geht der Mund über." Das Reden ist nicht nur Geschwätz. Es ist eine „Einstellung"
zum Mitmenschen und steht unter der Regel der Liebe. Der Kolosserbrief (4, 6)
drückt denselben Gedanken von der anderen Seite her, in positiver Ausdrucksweise

30 aus: „Eure Rede sei anmutig, mit Salz gewürzt." Zwischendurch wird wieder einmal auf den Ursprung des neuen Lebens hingewiesen; die Taufe wird als „Versiege-
lung" ausgelegt (vgl. 1, 13), also als die Verleihung eines Schutz- und Eigentums-
zeichens auf den Jüngsten Tag hin, nämlich des Geistes. Christlich leben heißt also:
Der Taufe und der durch sie erschlossenen Kraft gemäß leben, nicht dem Da-Sein
des Geistes (und das ist dasselbe wie dem Da-Sein der Gemeinde) zuwider leben.
Die Aufforderung, den Geist nicht zu betrüben – der Ausdruck erinnert an Jes.

31 63, 10 –, bekommt seine inhaltliche Bestimmung durch die konkreten Anweisungen
der Umgebung. Diese werden nunmehr in der Form eines „Lasterkataloges" und
eines entsprechenden „Tugendkataloges" zusammengefaßt (vgl. Kol. 3, 8. 12; s. d.).
Das ist eine verbreitete Darstellungsform, die ursprünglich von den Stoikern entworfen wurde, sich von da aus im hellenistischen Judentum ausbreitete und mit
dessen ethischem Gut ins Christentum gelangte. Schon bei Paulus sind diese Kataloge häufig (Röm. 1, 28 ff.; 1.Kor. 6, 9 usw.; Gegenüberstellung eines Laster- und

32 eines Tugendkataloges: Gal. 5, 19-23). In V. 32 wird das gesamte Verhalten auf den
einfachen Grundsatz zurückgeführt: als Beschenkter schenken (Kol. 3, 13). Es ist
der Gedanke der fünften Vaterunserbitte wie des Gleichnisses vom Schalksknecht
(Mt. 18, 23-35), wobei wieder einmal das kennzeichnende „in Christus" dazugesetzt
wird. Gottes Verhalten ist sowohl Ermöglichung als Vorbild des unsrigen (vgl.
V. 32 mit 5, 1).

4. Der Wandel im Licht 5, 1-21

1 Seid also Nachahmer Gottes als geliebte Kinder, 2 und wandelt in Liebe,
wie auch Christus euch geliebt und sich für uns dahingegeben hat als Gabe und

Opfer für Gott zu „köstlichem Wohlgeruch". 3 Von Unzucht aber und aller
Art von Unreinheit oder Habgier soll bei euch nicht einmal die Rede sein, wie es
sich für Heilige gehört; 4 auch nicht von gemeinem, dummem oder schlüpfrigem Geschwätz – das schickt sich nicht – sondern vielmehr von Danksagung.
5 Denn das sollt ihr wissen und begreifen, daß kein Hurer, Unreiner, Habgie-
riger – das heißt Götzendiener – ein Erbteil im Reiche Christi und Gottes hat.
6 Niemand soll euch mit leeren Worten betrügen; denn um solcher Dinge willen
kommt der Zorn Gottes über die Söhne des Ungehorsams. 6 Habt also nichts
mit ihnen zu tun! 8 Denn einst waret ihr Finsternis, jetzt aber seid ihr Licht im
Herrn. 9 Wandelt als Kinder des Lichts! Denn die Frucht des Lichtes besteht in
lauter Güte, Gerechtigkeit, Wahrheit; 10 und prüft, was dem Herrn wohlgefällig ist; 11 und beteiligt euch nicht an den unfruchtbaren Werken der Finsternis,
sondern enthüllt sie! 12 Denn was heimlich von ihnen getan wird, davon auch
nur zu reden ist schon schändlich. 13 Alles, was enthüllt wird, wird vom Licht
offenbart. 14 Denn alles, was offenbar wird, ist Licht. Darum heißt es:

> „Wach auf, der du schläfst,
> und steh auf von den Toten,
> und aufstrahlen wird dir Christus!"

15 Achtet also genau darauf, wie ihr wandelt, nicht als Toren, sondern als Weise;
16 kaufet die Zeit aus, denn die Tage sind böse! 17 Darum seid nicht unverständig, sondern begreift, was der Wille des Herrn ist. 18 Und berauscht euch nicht
mit Wein – das ist eine Schweinerei – sondern werdet des Geistes voll, 19 redet
zueinander in Psalmen, Hymnen und geistlichen Liedern, singet und spielet in
eurem Herzen dem Herrn! 20 Danket Gott dem Vater allezeit für alles im
Namen unseres Herrn Jesus Christus! 21 Seid einander untertan in der Furcht
Christi!

V. 2: *Ps. 40, 7; 2. Mose 29, 18; Kol. 3, 13;* V. 3. 5: *Kol. 3, 5;*
V. 4: *Kol. 3, 8;* V. 6: *Kol. 3, 6;* V. 16: *Kol. 4, 5;* V. 19. 20: *Kol. 3, 16. 17.*

Wenn V. 1 den Grundsatz der „Nachahmung Gottes" aufstellt, so ist aus dem Zu- 1
sammenhang (4, 32 und 5, 2) deutlich: Hier wird nicht ein Bild von Gott als einem
metaphysischen „Wesen" mit bestimmten Eigenschaften entworfen, das uns als
Ideal dienen soll. Norm ist vielmehr das in Christus erwiesene und einsehbare Verhalten Gottes, sein bedingungsloses Schenken. Durch dieses sind wir „zu geliebten
Kindern" gemacht; die „Nachahmung" Gottes besteht also darin, sich als sein Kind
(„in Christus") aufzuführen. Damit ist die Verknüpfung mit dem nächsten Satz 2
gegeben, der vom Gedanken der Nachahmung *Gottes* zu dem der Nachahmung
Christi weiterführt. In der katholischen Frömmigkeit des Mittelalters und im Pietis-
mus ist diese Nachahmung zum Ideal entwickelt worden: Die Lebensführung soll
dem Bilde des Erdenwandels Jesu, besonders seiner Demut und Armut nachgeformt
werden. Auch wenn es dabei zu so tiefer Verinnerlichung wie bei Franz von Assisi
kommt, bleibt doch diese Frömmigkeit theologisch beurteilt im Bereich des Gesetzes; keiner hat das schärfer gesehen als Luther. Jenes Ideal darf nicht mit dem Imita-
tio-Gedanken unserer Stelle verwechselt werden. *Hier* ist nicht das menschliche
Wesen Jesu Vorbild, sondern seine Heilstat, sein Opfer ist Norm. Dessen Wirkung
ist mit dem alttestamentlichen Opferterminus vom „Wohlgeruch" (2. Mose 29, 18
usw.) angedeutet (vgl. 2. Kor. 2, 14-16). Der Verfasser arbeitet wieder mit traditio-

nellen Wendungen des Glaubensbekenntnisses (vgl. Gal. 2, 20; Röm. 8, 32; 1. Tim. 2, 6; Tit. 2, 14). Daraus erklärt sich auch der unvermittelte Übergang aus der zweiten in die erste Person (*euch* geliebt – für *uns* dahingegeben). Die Nachahmung ist also nicht Weg zum Heil durch fromme Leistung, sondern ein Verhalten aus Dank, wie

3 es dem uns geschenkten Heil entspricht. Mit besonderem Nachdruck – hier wirkt jüdisches, ethisches Gut ein – pflegt die urchristliche Mahnung immer wieder die geschlechtlichen Verfehlungen zu bekämpfen. Daß zu diesen als zweite Hauptsünde

4 gerne die Habgier hinzugefügt wird, sahen wir schon 4, 19 (vgl. Kol. 3, 5). Auch die Zungensünden (vgl. 4, 29) sind ein herkömmliches Thema der volkstümlichen Ethik (Jak. 3, 1 ff.; Sir. 28, 13 ff.). Das Wort, das wir mit „schlüpfrigem Geschwätz" übersetzen, bedeutet an sich die witzige Gewandtheit. Warum soll aber der Witz unchristlich sein? Nun, wir bewegen uns im Raum der „Familie Gottes"; im Umgang der Familienmitglieder ist der „Witz" einer bestimmten Herkunft und „Höhenlage" unmöglich. In einem Wortspiel, das nicht übersetzt werden kann, wird dieser Witzelei der Dank als sachgemäße Weise des Redens gegenübergestellt (eutrapelia – eucharistia).

5   Was *hier*, in der Gemeinde, unmöglich ist, ist es, weil es *dort*, im Reiche Gottes, unmöglich ist; wer seine Existenz aus diesen Lastern aufbaut, kann dort nicht sein. Übrigens reden die älteren Schriften des Neuen Testamentes vom Reiche *Gottes*, jüngere daneben auch vom Reiche *Christi*. Dieses setzte man später mit der Kirche gleich. Das ist aber keineswegs gemeint. Auch Christi Reich ist das jenseitige und mit Gottes Reich praktisch eins. Oder man versteht darunter die Weltzeit zwischen Auferstehung und Wiederkunft als Zeit, in welcher der erhöhte Christus von Gott mit der Welt-(nicht nur Kirchen-)regierung beauftragt ist (1. Kor. 15, 24 f.; Mt. 13, 41). An unserer Stelle ist der Sinn ganz klar: es ist ein und dasselbe Reich; daß neben Gott auch Christus als Regent genannt ist, hat denselben Sinn, wie wenn im Eingangsgruß der Friede von Gott und Jesus Christus ausgerufen wird. Merkwürdig und nicht sicher zu erklären ist die Gleichsetzung von Habgier und Götzendienst, die sich auch Kol. 3, 5 findet. Wahrscheinlich ist hier ein jüdischer Lehrsatz übernommen; eine ähnliche Verknüpfung findet sich in den „Testamenten der zwölf Patriarchen", einer Fundgrube jüdischer Mahnung.

6   Weitere Mahnungen folgen in lockerer Anordnung. Die Warnung „kein Erbe im Reich" wird noch verschärft durch Drohung mit dem Zorn Gottes; wie 2, 3 ist das

7 kein Affekt Gottes, sondern die Durchführung seines Gerichtes. Damit ergibt sich die Forderung der Distanzierung von den „Söhnen des Ungehorsams". Sie wird

8 durch eine erneute Gegenüberstellung von Einst und Jetzt einleuchtend gemacht, diesmal in einer neuen Ausdrucksweise: Beide Existenzformen stehen sich gegenüber nicht nur *wie*, sondern *als* Licht und Finsternis, also als absolute Gegensätze, zwischen denen es keine Abstufungen gibt. Diese Begrifflichkeit gerade auch in diesem Sachzusammenhang hat ihre Parallelen im Neuen Testament (Röm. 13, 12; 2. Kor. 6, 14; vor allem im Johannesevangelium, vgl. etwa Joh. 12, 35 f.) und weit darüber hinaus. Neben den erwähnten Stellen aus dem Neuen Testament sind für den Epheserbrief besonders aufschlußreich die Schriften von Qumran – eine davon hat zum Thema den „Krieg der Söhne des Lichts wider die Söhne der Finsternis" – und die „Testamente der zwölf Patriarchen", die in einem engen Verhältnis zu den

Qumrantexten stehen. Bei der Besprechung von 6,10 ff. wird darauf noch näher einzugehen sein. Licht und Finsternis sind hier als zwei Machtsphären gedacht (vgl. 6,12), in denen wir so existieren, daß unsere Existenzform mit dem uns umfassenden Raum übereinstimmt: Wir sind selbst Licht oder Finsternis; wiederum sind wir das als die von unserer Sphäre Beherrschten, also als „Kinder" des Lichtes oder 9 aber der Finsternis (vgl. zu diesem Ausdruck 1.Thess.5,5; Luk.16,8; Joh.12,36 und die Qumrantexte). Wir sind nicht leblose Objekte; wir vollziehen in eigener Aktivität, was wir sind (in unserem „Wandel"), und können die Schuld nicht auf die Sphäre abschieben. Das Licht trägt seine „Früchte". Die Ausdrücke sind fein abgewogen; mit Bedacht heißt es auf der Gegenseite nicht „Früchte", sondern „Werke" der Finsternis; denn diese sind zwar Aktionen; aber sie bleiben steril. Eine ähnliche Unterscheidung finden wir Gal.5,19.22: die „Werke" des Fleisches und die „Früchte" des Geistes und Röm.13,12: die „Werke" der Finsternis und die „Waffen" des Lichts (vgl. dazu dann Eph.6,10 ff.). Die ganze Ausdrucksweise zeigt, daß uns diese Früchte nicht in den Schoß fallen; das Bild von Frucht und Werk kann mit demjenigen von Rüstung und Kampf ausgetauscht werden. Als Kinder des Lichtes haben wir uns aktiv von der Gegensphäre zu scheiden. Damit ist keine skrupulöse Sorge um uns selber gemeint, eine negative Sorge, sich von der „Welt" unberührt zu halten und lieber nichts zu tun als etwas zu riskieren. Das Nichtstun ist selbst noch ein Verhalten, das zu verantworten ist. Es gilt nicht, sich persönlich herauszuhalten, mag auch der andere dahinfahren, sondern „aufzudecken", „ans 11 Licht zu bringen", gegen die Aktivität der Finsternis die Herrschaft Gottes durchzuhalten; es ist ja das Wesen des Lichtes, zu enthüllen (Joh.3,20 f.). Das ist offenbar 13 der Sinn des dunkel formulierten Satzes V.14a: Das Licht ist das Erhellende und 14 zugleich die Helligkeit. „Erleuchtung" ist im neutestamentlichen Verständnis nicht ein Anstrahlen, sondern eine Verwandlung in Licht (2.Kor.4,3-6). Zur Begründung dieses Satzes über das Licht dient ein Zitat; mit derselben Wendung („darum heißt es") wurde 4,8 ein Bibelwort eingeführt. Nun steht dieses Zitat nicht in der Bibel; es ist überhaupt nicht in einer uns bekannten Schrift zu finden. Die Form ist poetisch; Stil und Inhalt lassen Parallelen in der Gnosis erwarten, wo sich in der Tat verwandte Stellen finden. Wahrscheinlich handelt es sich um einen Taufspruch oder ein Bruchstück aus einem Tauflied; denn die Taufe ist sowohl „Erweckung" als „Erleuchtung". Christus ist das Licht; aber um dieses erblicken zu können, bedarf es der Verwandlung. Das unerweckte Dasein wird in der Gnosis als Schlaf, Trunkenheit oder als Totsein bezeichnet. Der Nicht-Erweckte, der „alte Mensch", kennt also seine Verlorenheit gar nicht. Er erfährt sie im Augenblick des Erwachens. Jetzt erst kann er begreifen, daß er bisher in Schlaf versunken war, woraus er gerettet ist. In anderen Begriffen gesprochen: Daß ich Sünder war, erfahre ich durch das Wort, das mir die Rechtfertigung zuspricht. Die Sündigkeit ist dem Menschen nicht durch moralische oder psychologische Analyse anzudemonstrieren, sondern durch die Predigt des Evangeliums zu enthüllen. Wer ins Licht gerückt ist, kann seinen 15.17 Weg überblicken, seine Taten beurteilen, zusehen, „wie er wandelt", sein Leben mit Verstand anlegen, weil er den Willen des Herrn kennen kann. Gedanklich hart 16 und stilistisch unverbunden ist zwischen V.15 und 17 (der V.15 ja weiterführt) der Satz vom Auskaufen der Zeit eingesprengt. Für sich genommen könnte er wörtlich in einer jüdischen Weisheitsschrift stehen (vgl. Pred. 9, 10). Aber im Zusammenhang des Epheserbriefes ist das „Böse" neu, nämlich eschatologisch, im Sinn der „letzten, bösen Zeit" verstanden (vgl. 6, 11 f. 16).

18   Man hat schon vermutet, V. 18 sei durch tatsächliche Mißstände in der angeredeten Gemeinde veranlaßt. Doch ist diese Annahme überflüssig; denn die ganze Mahnung ist nicht auf bestimmte Vorkommnisse angelegt. Sie ist durchaus allgemein und grundsätzlich, eine Zusammenstellung der Lebens- und Weisheitsregeln der Kirche. Halb spielerisch wird der weltlichen Trunkenheit das „Vollsein" mit Geist, also eine geistliche Trunkenheit gegenübergehalten. Der damalige Leser denkt dabei natürlich sogleich an die ekstatischen Wirkungen des Geistes. Die äußeren Erscheinungen von Ekstase und Rausch sind verwandt. Das hatte die antike Welt längst gesehen, wie sich ja ekstatische Kulte berauschender Mittel bedienen; *der* eksta-
19 tische Kult der griechischen Welt war der des Weingottes Dionysos. Freilich lenkt der Verfasser die Gedanken nun nicht zu wirklichen Ekstasen – wie dem Zungenreden – hin, sondern zur „Begeisterung", die sich im Singen und Begehen der Litur-
20 gie äußert, wobei der Wert der Äußerung nicht nach der seelischen Stimmung bemessen wird, sondern nach der Norm der Danksagung. Damit ist der Gedanke
21 zum Ausgangspunkt, dem Blick auf die Heilstat (V. 1 f.) zurückgekehrt. V. 21 bildet die Überleitung zum nächsten Abschnitt, der „Haustafel", indem er das Stichwort vorwegnimmt, das diese eröffnet: Seid „untertan". In der Parallele Kol. 3, 18 ist diese Aufforderung an die *Frau* gerichtet; hier ebenfalls; aber vorher geht sie an die ganze Gemeinde und ordnet das gegenseitige Verhalten „in der Furcht Christi", des „Hauptes". Damit ist deutlicher als im Kolosserbrief gezeigt, welches der Ort dieser Familienregel ist. Die Verknüpfung des Wortes an die Gemeinde mit der Haustafel ist ja so eng, daß im ersten Satz derselben das Zeitwort fehlt.

5. Die Haustafel 5, 22-6, 9

a) Frauen und Männer 5, 22-33

22 Ihr F r a u e n (, seid) euren Männern (untertan) als dem Herrn; 23 denn der Mann ist das Haupt der Frau wie auch Christus das Haupt der Kirche, er, der Erlöser (seines) Leibes. 24 Doch wie die Kirche Christus untertan ist, so auch die Frauen den Männern in allem. 25 Ihr M ä n n e r, liebet eure Frauen, wie auch Christus die Kirche geliebt und sich für sie dahingegeben hat, 26 daß er sie heilige, da er sie durch das Wasserbad im Wort gereinigt hat, 27 daß er sich die Kirche herrlich bereite, ohne Flecken, Runzel oder dergleichen, daß sie vielmehr heilig und makellos sei. 28 So sollen auch die Männer ihre Frauen lieben als ihren eigenen Leib. Wer seine Frau liebt, liebt sich selbst. 29 Denn niemand hat je sein eigenes Fleisch gehaßt, sondern er nährt und pflegt es, wie auch Christus die Kirche; 30 denn wir sind Glieder seines Leibes. 31 „Deswegen wird der Mensch Vater und Mutter verlassen und seinem Weibe anhangen, und wie werden e in Fleisch sein." 32 Dieses Geheimnis ist groß; ich deute es auf Christus und die Kirche. 33 Jedenfalls sollt auch ihr, jeder einzelne von euch, seine Frau so lieben wie sich selbst, die Frau aber soll ihren Mann fürchten.

Zum ganzen Abschnitt: *Kol. 3, 18 f.*; V. 31: *1. Mose 2, 24.*

In diesem Abschnitt ist die besondere Art des Epheserbriefes sehr deutlich zu erkennen. Denn hier hat er besonders fest geprägtes Traditionsgut übernommen, eine „Haustafel". Seine direkte Vorlage finden wir Kol. 3,18 ff. (s. d.). Was im Epheserbrief über den viel kürzeren Text des Kolosserbriefes überschießt, ist seine eigene Zutat und zeigt seinen unverkennbaren Sprach- und Denkstil.

Die Forderung, daß sich die Frau dem Manne unterzuordnen habe, entspricht der 22 allgemeinen antiken Sozialordnung. Die Frau ist zwar durchaus nicht rechtlos, weder bei den Juden noch bei den Griechen noch bei den Römern, wo sie die relativ höchste rechtliche Stellung besitzt. Aber wie sie in der Öffentlichkeit keine Stellung einnehmen kann, so ist sie in der Führung des „Hauses" vom Manne abhängig. Diese Forderung der Unterordnung braucht daher nicht eigens begründet zu werden, da sie selbstverständlich ist. Immerhin machte sich die Philosophie Gedanken über die Gründe dieser Rangordnung und fand sie etwa in der Natur, in der überlegenen Stärke des Mannes usw. Der Kolosserbrief gibt eine ganz knappe, spezifisch christliche Begründung: „So geziemt es sich im Herrn." Dies wird dann nicht mehr weiter ausgeführt. Die bestehende Sozialordnung wird also nicht angetastet; aber das Verbleiben in ihr (das gar nicht selbstverständlich ist; jüdische, asketische Gruppen wandern aus der „Welt" aus; die Gnostiker entziehen sich ihr) wird neu begründet, wenn auch erst tastend. Der Epheserbrief führt nun über den Kolosserbrief 23 hinaus und interpretiert dieses andeutende „im Herrn": Die Ehe gleicht dem Verhältnis zwischen Christus und der Kirche. Dabei erschöpft sich der Gedanke nicht im bloßen Vergleich (wie – so). Das ist schon dadurch angedeutet, daß der Begriff „Haupt" gebraucht wird. Denn Christus ist das Haupt der Kirche, die im realen Sinn „Leib Christi" ist. Er ist es, indem er dessen Erlöser ist und sein Wachstum besorgt (vgl. 4,16). Damit ist der Vergleich mit der Ehe weit überstiegen (wie 1. Kor. 11); denn vom Verhältnis Mann-Frau läßt sich nichts Entsprechendes sagen. So 24 beschränkt sich die *Anwendung* des Vergleiches zunächst auf diesen einen Sachverhalt der Unterordnung. Es folgt die Weisung für die Männer. Das Bild vom Haupte 25-27 wird durch das andere von Christus als dem Ehemann bzw. Bräutigam der Kirche ersetzt. Diese beiden Vorstellungen, in denen das Verhältnis Christi zur Kirche ausgelegt werden soll, scheinen uns ziemlich unausgeglichen dazustehen; sie sind auch ganz verschiedener Herkunft. Doch empfand der Verfasser hier anders. Eine Verschmelzung ist schon bei Paulus angebahnt (1. Kor. 11,2 ff.), wo die Ehe durch Begriffe aus Weltbild und Erlösungslehre, „Haupt" und „Bild" gedeutet wird. Was das Bild der Ehe betrifft, so finden wir schon im Alten Testament Jahwe als den Ehemann Israels (Hos. 1-3). Doch erklärt sich von dort noch nicht der kosmologische Realismus unserer Stelle. Die hellenistische Idee von der „heiligen Hochzeit" scheint durch Vermittlung des hellenistischen Judentums einzuwirken. Eine andere Analogie finden wir im Motiv von der Hochzeit des Lammes Offb. 19,7. Aus dem Zusammentreffen mehrerer Motive erklärt sich das Schwebende des Bildgebrauches. Der Blick wechselt zwischen dem Vorgang einer Eheschließung und dem Zustand einer Ehe. Entsprechend erscheint die Kirche einmal als Braut (vgl. 2. Kor. 11,2), einmal als Ehefrau. Dadurch ist die Entsprechung zwischen V. 25-27 einerseits (das Vorbild Christi und der Kirche) und V. 28 andererseits (Anwendung auf den Mann) gestört, und das kommt daher, daß der Verfasser, wie schon gesagt,

eben mehr will als nur ein Vorbild zeigen. Weit über das Thema Ehe hinaus hat
die Verhältnisbestimmung Christus—Kirche eigenen Wert. In diesem Sinne werden
Wendungen des Glaubensbekenntnisses und der Tauflehre aufgenommen. Sie sind
hier im Stil des Epheserbriefes auf die Kirche als kollektive Größe bezogen, wodurch
der Hinweis auf die Taufe einigermaßen künstlich wird. Der Gedanke ist, daß sich
dieser kosmisch-kirchliche Vorgang in jedem einzelnen Taufakt konkretisiert.

28 V. 28 bringt also endlich analog zu V. 24 die Anwendung der christologischen
Ausführung. Von den vorausgehenden Versen her stehen wir unter dem Eindruck
zweier Bilder: Christus und Kirche sind einmal als Haupt und Leib bezeichnet;
an dieser Stelle ist vor allem der Gedanke der Über- und Unterordnung betont.
Des weiteren sind sie als Bräutigam und Braut vorgestellt, und zwar den Männern
gegenüber; hier liegt der Ton auf Liebe, Hingabe, Verantwortung. V. 28 faßt nun
beide Bilder zusammen, indem hier der Begriff des Leibes auch in die Mahnung
an die Männer hereingenommen wird: Sie sollen ihre Frauen lieben als ihren eigenen Leib. Ein bibelkundiger Leser hört bereits die Anspielung auf die biblische
Schöpfungsgeschichte heraus: Die Menschen sind von ihrem Ursprung an in die
zwei Geschlechter geschieden und gerade so zueinander gewiesen. Die Ehe wird –
im Gefolge des Alten Testament – von der körperlichen Seite der Gemeinschaft
her begründet, was übrigens wieder eine Absage an die gnostische Zerreißung
von Leib und Seele, Welt und Geist ist. Damit ist gegeben, daß der nach der
modernen Auffassung „äußere" Verstoß gegen die eheliche Gemeinschaft nicht
verharmlost werden kann; er betrifft die Substanz. Der Gedanke ist aber noch
feiner; er bleibt nicht in einem gesetzlichen „Du darfst nicht" stecken. „Als ihren
eigenen Leib", das deckt ja auf: Wenn sich der Mann geschlechtliche Freizügigkeit
leistet, dann schlägt er nicht nur gegen seine Frau, sondern gegen sich selbst.
Eine Ehe kann nicht mehr rückgängig gemacht werden. Doch der Brief führt noch
weiter; er weist nicht auf das mögliche Sich-Verlieren, sondern auf die Erfüllung:

29 „der liebt sich selbst". Dann folgt eine Begründung durch eine allgemeine Lebens-
einsicht, freilich nur im Vorbeigehen. Sofort wird dahinter der Hinweis auf die

30 Liebe Christi zur Kirche als die eigentliche Begründung gesetzt. Jetzt werden die
beiden Bilder von Haupt und Leib, von Bräutigam und Braut deutlich miteinander

31 verbunden. Dann wird der Beweis vollends untermauert mit dem Schriftwort,
auf das bereits V. 28 anspielte, nämlich 1. Mose 2, 24. Der Übergang dazu ist
geschickt hergestellt. Vorher war vom „Leibe" die Rede; das Schriftwort gebraucht
aber das Wort „Fleisch". So ist dieses Stichwort schon in V. 29 eingeführt. Das
Zitat zeigt einerseits den Schriftgrund für die Mahnung an die Männer,
rechtfertigt aber darüber hinaus die ganze Ausführung über Christus und die
Kirche und zeigt nochmals, daß diese nicht nur Mittel zum Zweck einer bildhaften

32 Veranschaulichung, sondern eigener Lehrinhalt ist. Unklar ist, was mit dem
„großen Geheimnis" (vgl. 1. Tim. 3, 16) gemeint ist, das Geheimnis der Sache,
also die Ehe zwischen Christus und der Kirche, oder das Geheimnis der Worte,
also der wahre, verborgene Sinn des Zitats. Der Wortlaut spricht eher für das
Letztere. Wir würden klarer sehen, wenn wir wüßten, ob sich das betonte „ich

aber deute" gegen eine andere (gnostische?) Deutung richtet, welche hier abgewiesen werden soll. V. 33 faßt das Ergebnis abschließend zusammen. Daß die 33 „Furcht", zu der die Frau ermahnt wird, Ehrfurcht ist, versteht sich von selbst.

b) Kinder und Väter, Sklaven und Herren 6, 1-9

1 Ihr Kinder, seid euren Eltern gehorsam im Herrn! Denn das ist recht. 2 „Ehre deinen Vater und deine Mutter!" Das ist das erste Gebot mit einer Verheißung: 3 „damit es dir wohl ergehe und du lange lebest auf Erden." 4 Und ihr Väter, reizet eure Kinder nicht zum Zorn, sondern ziehet sie auf in der Zucht und Vermahnung des Herrn! 5 Ihr Sklaven, seid euren irdischen Herren gehorsam „in Furcht und Zittern", in der Einfalt eures Herzens, als sei es Christus, 6 nicht in Augendienerei, um Menschen zu gefallen, sondern als Sklaven Christi, die den Willen Gottes von Herzen tun, 7 die mit Freudigkeit dienen als dem Herrn und nicht Menschen; 8 wisset, daß jeder, wenn er etwas Gutes schafft, es vom Herrn wieder bekommen wird, er sei Sklave oder Freier. 9 Und ihr Herren, handelt ebenso gegen jene! Laßt das Drohen, wisset, daß der Herr, ihrer und eurer, im Himmel ist und bei ihm kein Ansehen der Person gilt.

Zum Ganzen: Kol. 3, 20-25; V. 2. 3: 2. Mose 20, 12; 5. Mose 5, 16.

Die Mahnung an die Kinder stimmt mit Kol. 3, 20 überein. Aber sie wird durch 1-4 die Anführung des vierten Gebotes verstärkt. Auch im Abschnitt „Sklaven" ist die 5-9 Anlehnung an den Kolosserbrief eng. Wie dort wird die Einrichtung der Sklaverei als solche weder angetastet noch auch nur diskutiert. Das Urchristentum kennt keine „Sklavenfrage", sondern die Aufhebung der Unterschiede in der Kirche (s. die Auslegung von Kol. 3, 22 und vor allem den Brief an Philemon). Den Hinweis des Kolosserbriefs auf die „Furcht des Herrn" hat der Epheserbrief bereits an die Spitze der ganzen Haustafel (V. 21) vorausgenommen. Hier setzt er dafür die von Paulus gebrauchte Wendung „mit Furcht und Zittern" ein (1. Kor. 2, 3; Phil. 2, 12). Eine Undeutlichkeit des Kolosserbriefes (3, 25) wird geklärt. Dort ist unklar, ob der, welcher Unrecht tut, der Herr ist; in diesem Falle wäre der Sinn ein Trost für den mißhandelten Sklaven; oder ob ein Unrechttun des Sklaven gemeint ist; dann liegt eine Warnung an ihn vor. Der Epheserbrief versteht im Sinn des Trostes.

6. Die Waffenrüstung Gottes, 6, 10-20

10 Schließlich werdet stark im Herrn und in der Kraft seiner Stärke! 11 Zieht die Waffenrüstung Gottes an, damit ihr euch gegen die Schliche des Teufels halten könnt. 12 Denn unser Kampf geht nicht gegen Blut und Fleisch, sondern gegen die Mächte, gegen die Gewalten, gegen die Weltherrscher dieser Finsternis, gegen die Geisterwesen der Bosheit in den Himmeln. 13 Darum greift zur Waffenrüstung Gottes, damit ihr an dem bösen Tage widerstehen und alles vollbringen und standhalten könnt. 14 Haltet also stand, eure Lenden umgürtet mit Wahrheit, angetan mit dem Panzer der Gerechtigkeit, 15 an den Füßen beschuht mit der Bereitschaft zum Evangelium des Friedens, 16 zu alledem noch den Schild des Glaubens am Arm, mit dem ihr alle feurigen Geschosse des Bösen löschen könnt; 17 und nehmet den Helm des Heils und das Schwert des Geistes — das ist das Wort Gottes — 18 unter lauter Gebet und Flehen; betet allezeit im Geist und wachet dabei mit aller Ausdauer und Für-

bitte für alle Heiligen 19 und für mich, daß mir das Wort gegeben werde, wenn ich meinen Mund auftue, mit Freimut das Geheimnis des Evangeliums kundzutun, 20 für das ich in Fesseln wirke, daß ich in ihm den Freimut gewinne, zu reden, wie ich muß.

Vgl. *Jes.11,4f.; 52,7; 59,17; Weish.5,18-21; V.18-20: Kol.4,2-4.*

10-12   Bisher erschienen die „Weltmächte" als die Herrscher über unsere *einstige* Zeit (2,2), als die Mächte, über die Christus triumphierte – und wir mit ihm triumphierten. Jetzt erfahren wir, daß sie noch da sind – und wie! Ist also die frühere Aussage zurückgezogen oder abgeschwächt? Nein, denn eben das ist das Neue des Seins in Christus: daß wir ihnen nunmehr gegenübertreten, Widerstand leisten können; in der früheren Zeit waren wir schlechthin von ihnen hingerissen. Die Welt ist auch für die Kirche nicht neutraler, umgebener Raum; sie ist Schöpfung, die zu „dieser Finsternis" pervertiert ist, in welcher die Orientierung verloren ist. Unser Hineinragen in sie wird hier in einem neuen Bild, aber im Rahmen desselben Weltbildes wie bisher, beschrieben: Der Zwischenraum zwischen Gott und uns („die Himmel") ist der Sitz der Mächte. Der Mensch steht unter ihnen, im

13   Leibe Christi aber ihnen gegenüber. Es ist keine andere Sache, wenn es jetzt heißt: Wir stehen ihnen in der Rüstung gegenüber. Aber es wird deutlicher, daß wir selber am Sein in Christus aktiv beteiligt sind. Anders als in der Gnosis wird der Kosmos nicht geflohen und preisgegeben, sondern umkämpft und in die Herrschaft des Schöpfers zurückgefordert. Man darf den Radius dieses Kampfes nicht auf die inneren Anfechtungen des einzelnen Christen beschränken; er richtet sich gegen Mächte, die im wörtlichen Sinn von außen angreifen. Es ist „böse Zeit".

14ff.   Das verwendete Bildmaterial stammt zum guten Teile aus dem Alten Testament (s die unter der Übersetzung angeführten Parallelstellen); so ist die Erwähnung der Fußbekleidung durch Jes.52,7 veranlaßt. Der Verfasser hat dann noch aus Eigenem ergänzt (den Schild des Glaubens). Man wollte das Modell des Bildes schon im römischen Legionär mit seinen Schutz- und Trutzwaffen finden. Aber das Gemälde ist ja gar kein realistisches, wie schon die Anlehnung an das Alte Testament zeigt; es ist mit mythischen Motiven durchsetzt, die immer wieder andeuten, welcher Art dieser Kampf ist; so mit dem Bild von den feurigen Geschossen des Bösen (vgl. Ps.7,13f.), die durch den Schild des Glaubens gelöscht werden (als Bild ist dies nicht gerade einleuchtend). In den Lobliedern von Qumran heißt es: „Starke lagerten sich gegen mich, umringten mich mit allen ihren Kriegsgeräten. Und Pfeile schlagen ein, unheilbar, und Flammen der Lanze wie Feuer, das Bäume verzehrt." Der ganze Stoff hat aber über Altes Testament und Judentum hinaus eine weitverzweigte Traditionsgeschichte. Letztlich geht er auf alte Mythen von Kämpfen der Götter zurück, welche ihre Spuren auch in der Bildsprache des Alten Testamentes hinterließen (Jes.59,17). Damit verbindet sich der ganz andersartige Motivkreis vom Frommen als dem Kämpfer seines Gottes, der besonders im Mithras- (und Isis-) Kult ausgebaut ist. Endlich stellt die griechische Philosophie das Leben des Weisen als Kriegsdienst dar. Doch kommen von dem reichen Vergleichsstoff die Texte von Qumran unsere Stelle besonders nahe. Von ihnen ist eine ganze Schrift dem eschatologischen Kampf der Söhne des Lichts mit den Söhnen der Finsternis gewidmet. Sie enthält eine ungemein ins einzelne gehende, nicht realistische, sondern apokalyptisch-phantastische Felddienstordnung. Die ganze Welt ist der Kampfplatz, auf dem die Macht des Lichtes und die Gegenmacht antreten – „Seid stark und fest und werdet zu Kindern der Kraft!"

Es ist wesentlich, vor allem den alttestamentlichen Hintergrund des Abschnittes ins Auge zu fassen, um den Sinn der Begriffe richtig zu bestimmen, welche durch die einzelnen Schutz- und Trutzwaffen sinnbildlich dargestellt werden. Das erste und zweite Sinnbild (Gurt und Panzer) sind in Anlehnung an Jes. 11, 4 f. und 59, 17 entworfen. Die erste Stelle beschreibt das Wesen des Sprosses aus der Wurzel Isais, des messianischen Retters (nach der griechischen Übersetzung): „Er wird die Armen richten mit *Gerechtigkeit* ... und die Erde schlagen mit dem Wort seines Mundes und mit dem Hauch (Geist) wird er durch seine Lippen den Gottlosen vernichten. Und er wird mit *Gerechtigkeit gegürtet* sein um seine Hüften und mit *Wahrheit* umschlungen an seinen Lenden." Der bibelkundige Leser hört die Anspielung auf die Verheißung der Schrift heraus und versteht, daß hier von der letzten Zeit die Rede ist, die eine böse Zeit ist, hinter der aber die Rettung kommen wird. Endzeitlichen Sinn hat auch die zweite Stelle, Jes. 59, 17; sie spricht von Rüstung und Kampf Gottes selbst; von hier stammt die Gleichsetzung des Panzers mit der Gerechtigkeit, des Helmes mit dem Heil. Das Bild ist dann Weish. 5, 17 ff. aufgenommen und noch weiter ausgebaut. Wahrheit und Gerechtigkeit sind schon im Alten Testament eng verbunden (vgl. Eph. 4, 25; 5, 9). Die Wahrheit ist nicht etwas „Theoretisches", das man im reinen Wissen erfaßt; sie will verwirklicht werden, und dann kommen wir in die Nähe der Gerechtigkeit. Beide Begriffe bezeichnen das Gültige, das Gott festsetzt und offenbart; sie meinen also nicht in erster Linie Eigenschaften des gläubigen Menschen, sondern Landmarken, an die sich dieser halten kann. Es ist ja *Gottes* Rüstung, womit er sich wappnen soll. Im Bild von den Schuhen schwebt, wie gesagt, eine Anspielung auf Jes. 52, 7 vor. Es wird angedeutet, was dieser Kampf ist, wenn man nicht in Bildern spricht: die Verkündigung des Evangeliums. So wird auch nachher der Geist mit der scharfen Angriffswaffe, dem Schwert gleichgesetzt (in Anklang an Jes. 11, 4, s. o), was sofort dahin erklärt wird, daß der Geist nicht eine frei schwebende Geistigkeit ist; er ist das Wort Gottes (das Wort als Schwert: Jes. 49, 2; Weish. 18, 15. 22). Der Blick richtet sich weiter auf das Werk des Evangeliums, den Frieden (vgl. dazu 2, 11 ff.), der hinter dem letzten Kampf im Blickfeld sichtbar wird. Das Bild vom Helm des Heils (wörtlich: der Rettung – durch den Kampf hindurch) unterstreicht das doch. Dazwischen steht der Begriff, der alle anderen zusammenhält: der des Glaubens. Das ist eine Aufnahme von 1. Thess. 5, 8. Der Sinn der Bilder wird durch eine typische, eschatologische Mahnung mit den Stichworten des Wachens und Betens abschließend zusammengefaßt (vgl. Kol. 4, 2 ff.).

Die Mahnung zur Fürbitte, nicht nur für alle Heiligen, sondern besonders auch **18-20** für den gefangenen Apostel, lehnt sich an Kol. 4, 2-4 an, ist aber stärker betont als dort: Sie steht, unmittelbar vor dem Schluß des Briefes, an einer Tonstelle und ist reicher formuliert als dort. Wie im Kolosserbrief werden die Leser darauf hingewiesen, daß auch in der Gegenwart, nach dem Tod des Apostels, das Geheimnis des Evangeliums mit Freimut kundgetan wird und daß sie das Ihre zu dieser Verkündigung beitragen sollen.

Briefschluß 6, 21-24

21 Damit ihr nun auch von meiner Lage erfahret, wie es mir geht, wird euch Tychikus, der geliebte Bruder und treue Diener im Herrn alles berichten; 22 eben dazu schicke ich ihn ja zu euch, damit ihr erfahret, wie es uns geht, und er eure Herzen tröste. 23 Friede sei mit den Brüdern und Liebe samt Glauben von Gott, dem Vater, und dem Herrn Jesus Christus. 24 Die Gnade sei mit allen, die unseren Herrn Jesu Christus lieben, in Unvergänglichkeit.

V. 21 f.: *Kol. 4, 7 f.;* V. 24: *Röm. 8, 28.*

21.22   V. 21 und 22 stimmen fast wörtlich mit Kol. 4, 7f. überein (s. d.). Vergleicht man im einzelnen, so bemerkt man, daß im Epheserbrief die konkreten Nachrichten zurückgedrängt sind. Eine kleine, aber vielleicht bezeichnende Abweichung liegt auch darin, daß Tychikus nicht, wie dort, „Mitknecht" heißt: Die Stellung des Apostels ist etwas stärker akzentuiert. Die Wendungen, mit denen Tychikus gelobt wird, sind konventionell; sie sagen nichts Konkretes über seine Persönlichkeit.

23.24 Insgesamt klingt der Gruß feierlicher als dort; er ähnelt den sonstigen *Eingangs-grüßen.*

DER BRIEF AN DIE PHILIPPER

Gerhard Friedrich

Einleitung

1. Die Stadt. Philippi ist eine alte Siedlung, die ursprünglich Krenides, „Quellenstadt", hieß und später, als sie sich unter den Schutz von Philipp II., dem Vater Alexanders des Großen, stellte, den Namen Philippi annahm. Heute sind dort, wo einst eine blühende Stadt stand, nur noch einige Trümmer zu sehen. Reiche Gold- und Silberminen in der Nähe und fruchtbares Land gaben den Bürgern in der alten Zeit Wohlstand und Reichtum. Später wurde Philippi eine ausgesprochene Soldatenstadt. Die Römer pflegten an militärisch bedeutungsvollen Verkehrsknotenpunkten ausgediente Soldaten zu stationieren. Philippi lag an der strategisch und wirtschaftlich wichtigen via Egnatia, die Rom und Byzanz miteinander verband. Nach dem Sieg über die Cäsarmörder Cassius und Brutus (42 v. Chr.) siedelte Oktavian dort die entlassenen Veteranen an. Die Soldatenkolonie wuchs, als Augustus nach seinem Sieg über Antonius bei Actium (31 v. Chr.) alle in Italien ansässigen Veteranen, sofern sie zu Antonius gehalten hatten, dorthin bringen ließ. Als Militärkolonie hatte die Stadt das italische Recht, die Bewohner waren größtenteils römische Bürger (vgl. Apg. 16, 21) und standen unter dem unmittelbaren Schutz des Kaisers. Wie in den meisten Orten der damaligen Zeit gab es auch in Philippi eine Gruppe von Juden, deren Zahl jedoch sehr klein gewesen sein muß, da sie keine eigene Synagoge, sondern nur eine am Fluß gelegene, etwa 2 km von der Stadt entfernt liegende Gebetsstätte besaßen (Apg. 16, 13).

2. Die Gründung der Gemeinde. Nach Apg. 16, 11 ff. ist Philippi die erste Stadt auf europäischem Boden, in der Paulus gepredigt hat. Von langer Dauer ist sein Aufenthalt dort nicht gewesen, da er bald gezwungen wurde, die Stadt zu verlassen. Daß Paulus bei seiner Missionsarbeit behindert worden ist und Mißhandlungen erlitten hat, ist nicht nur aus Apg. 16, 19 ff. zu entnehmen, sondern Paulus spricht auch selbst davon (1. Thess. 2, 9; Phil. 1, 30). Trotzdem war eine kleine Gemeinde entstanden, die in der Hauptsache aus Heidenchristen bestand. Typisch sind die drei ersten Christen, die die Apostelgeschichte erwähnt: die reiche Proselytin Lydia – ob Lydia ein Eigenname oder, weil sie aus Lydien stammte, ein Beiname ist, läßt sich nicht entscheiden –, die Sklavin, die Paulus von dem Wahrsagegeist befreit hatte, und der Gefängnisaufseher, der wahrscheinlich römischer Bürger war und im Gegensatz zu Lydia und der Sklavin dem Mittelstand angehörte. Daß zur Gemeinde hauptsächlich Heidenchristen gehörten, zeigen auch die im Philipperbrief erwähnten Namen der Christen in Philippi: Epaphroditus (2, 25 ff.; 4, 18), Euodia, Syntyche und Clemens (4, 2 f.). Außerdem ist aus Phil.

3,3 zu schließen, daß die Christen in Philippi keine beschnittenen Juden waren. Für das Verständnis des Philipperbriefes ist es wichtig zu wissen, aus welchen sozialen und religiösen Kreisen die Mitglieder kamen.

3. *Die Komposition des Briefes.* Es ist nicht ausgeschlossen, daß Paulus mehrere Briefe an die Philipper geschrieben hat. Polykarp spricht in seinem Brief an die Philipper (3,2) von Briefen, die der selige und berühmte Paulus nach Philippi geschrieben hat. Seit dem 17. Jahrhundert hat man immer wieder gefragt, ob der jetzt aus vier Kapiteln bestehende kanonische Philipperbrief eine Einheit bildet. Er ist zwar dadurch gekennzeichnet, daß in allen Teilen des Briefes von der Freude gesprochen wird (1,4.18.25; 2,2.17f.28f.; 3,1; 4,1.4.10). Aber trotz der Kürze des Briefes und des durchgehenden Gedankens der Freude wird man doch annehmen müssen, daß in ihm zwei verschiedene Briefe an die Philipper vereinigt sind. In letzter Zeit sind mehrere Vorschläge gemacht worden, den Philipperbrief sogar in drei Teile zu zerlegen. Diese Versuche überzeugen aber nicht restlos.

Dagegen läßt sich die Herauslösung von 3,1b-4,9 aus dem übrigen Brief plausibel machen. Daß zwischen 3,1a und 3,1b ein Einschnitt vorliegt, ist nicht zu bezweifeln. Mit der Entschuldigung des Paulus, daß er immer dasselbe schreibe (3,1b), kann nicht die Ermahnung zur Freude (3,1a) gemeint sein; denn einer solchen Aufforderung kann er kaum überdrüssig werden. Auf der anderen Seite kann sie der Gemeinde auch nicht Sicherheit geben. Nicht nur formal, sondern auch inhaltlich klafft zwischen Phil. 1-2 und 3-4 ein Riß. In Kapitel 3 setzt sich Paulus mit gewissen Leuten in der Gemeinde auseinander, wovon in den vorhergehenden Abschnitten nichts zu merken ist. Zwar spricht er auch im ersten Teil seines Briefes von Brüdern, die wahrscheinlich in Ephesus aus Eigensucht Christus predigen und durch ihre Predigt die Not des Apostels vergrößern wollen. Aber er läßt sie dort ruhig gewähren und freut sich sogar über ihren missionarischen Eifer, wenn nur Christus verkündigt wird (1,15-18). Im Gegensatz zu dieser sehr großmütigen und versöhnlichen Stellungnahme klingen die Worte in Kapitel 3 hart und scharf. Während es Phil. 1 Verkündiger Christi sind, werden die Gegner des Paulus 3,18 als Feinde des Kreuzes bezeichnet. Phil. 2,1ff. mahnt der Apostel zur Einmütigkeit, Demut und zur gegenseitigen Liebe. Phil. 3,2 dagegen wird die Gemeinde aufgefordert, sich vor gewissen Leuten in acht zu nehmen, d.h. sich von ihnen zu distanzieren und dem Beispiel des Apostels zu folgen. Abgesehen von den unlauteren Predigern (1,15) erwähnt Paulus 1,28 noch Gegner der Christen in Philippi, die der Gemeinde zu schaffen machen. Sie haben mit den Phil. 3 Angegriffenen nichts zu tun. Im ersten Fall sind es Menschen, die außerhalb der Gemeinde stehen und der Gemeinde zusetzen. Phil. 3 dagegen sind es Missionare, die die Gemeinde von innen her im Glauben an Christus gefährden.

Stilbrüche gibt es auch in anderen paulinischen Briefen. Auch sonst kann Paulus ganz neu mit einem anderen Thema einsetzen (vgl. Röm. 16,17ff.; 1.Kor. 15,58 u. 1.Thess. 2,15f.). Aber nirgendwo ist der formale Bruch, das unvermittelte Übergehen zu einem anderen Fragekreis verbunden mit einem völligen Stimmungswechsel so stark wie Phil. 3,2. Das kann nicht durch eine Diktierpause erklärt werden. Beobachtungen formaler, psychologischer und inhaltlicher Art berechtigen zu der These, daß es sich bei 1,1-3,1a; 4,10-23 und bei 3,1b-4,9 um zwei verschiedene Briefe handelt. 1,1-3,1a und 4,10-23 ist ein Gefangenschaftsbrief, in dem Paulus von seinem Ergehen berichtet und auf die von Epaphroditus überbrachte Spende eingeht. Das zweite Schreiben (3,1b-4,9) ist ein ausgesprochener Kampfbrief gegen Irrlehrer. Der Anfang des Schreibens fehlt, der Schluß dagegen ist vollständig überliefert. Die sehr persönlich gehaltenen Mahnungen (4,2-3), die kurzen Aufforderungen an die Gemeinde und der Segenswunsch (4,4-9) sind typisch für den paulinischen Briefschluß. Der Abschluß erinnert formal und inhaltlich an die Ausführungen 1.Thess.5,12-28 und 2.Kor.13,11-13.

Einige haben gemeint, 4,4-6 zum Gefangenschaftsbrief hinzunehmen zu müssen, weil sich 4,4 die Aufforderung zur Freude findet und 4,4 gut an 3,1b anknüpfen würde. Aber die Aufforderung zur Freude gehört durchaus zu den bei Paulus üblichen Schlußermahnungen (1.Thess.5,16). Auch der Kampfbrief gegen die Häretiker in Konrinth schließt mit der Mahnung an die Gemeinde: „Zum Schluß Brüder, freut euch" (2.Kor.13,11). Phil.4,5 nimmt die eschatologische Erwartung von 3,20f. auf, während Paulus im Gefangenschaftsbrief nicht die Parusie und die Auferweckung betont, sondern stärker an das Sterben und das Sein mit Christus denkt (1,23). In Phil.4,9 ermahnt Paulus ähnlich wie 3,17, seinem Beispiel nachzufolgen. Das alles spricht für die Annahme, daß 4,4-9 noch zum Kampfbrief gehört.

Man hat vorgeschlagen, 4,10-23 als ein selbständiges kurzes Dankschreiben anzusehen, das Paulus bald nach Empfang der Unterstützung geschrieben hat. Man begründet es damit, daß Paulus sich unmöglich erst am Schluß seines Briefes für erhaltene Gaben bedanken könne. Diese Beweisführung ist nicht stichhaltig. Wenn die im Briefeingang erwähnten Bischöfe und Diakone administrative und karitative Aufgaben gehabt haben und für die Sammlung in der Spende verantwortlich gewesen sind, dann sind bereits die ersten Worte des Briefes ein Ausdruck des Dankes an die Männer, die an der Unterstützungsaktion in besonderer Weise beteiligt waren. Außerdem spielt Paulus auch 2,25 auf die durch Epaphroditus überbrachten Gaben an. Daß er erst am Schluß des Briefes ausführlicher darauf eingeht, ist nicht ungewöhnlich. Auch im Römerbrief deutet Paulus zunächst nur kurz sein Vorhaben an (Röm.1,15), und erst am Ende seines Briefes kommt er auf das eigentliche Anliegen seines Schreibens zu sprechen, daß er über Rom nach Spanien reisen möchte und dabei mit der Unterstützung durch die Brüder in Rom rechnet (Röm.15,23f.). Genauso verfährt er im Philipperbrief. Als selbständiger „Dankbrief" fällt das Schreiben etwas dürftig aus. Paulus freut sich wohl über die Fürsorge der Philipper (4,10) und hält ihre Teilnahme an seinem Leiden für richtig (4,14), aber ein Dank für das Empfangene wird expressis verbis gar nicht ausgesprochen, sondern Paulus schreibt sehr nüchtern und sachlich über die Hilfsbereitschaft der Philipper und über seine Zufriedenheit mit dem, was er jeweils hat. Fast unhöflich ist es, in einem „Dankbrief" den Spendern zu schreiben, er habe die Unterstützung nicht nötig (4,11), für die Spender dagegen sei es sehr gut, wenn sie Gelegenheit hätten, ihre fürsorgliche Gesinnung zu dokumentieren (4,10). Paulus quittiert ganz sachlich den empfangenen Betrag (4,18) und bemerkt, daß er alles habe, er sich aber über den Gewinn freue, den die

Philipper durch die Gabe erzielten (4, 18). Das spricht nicht für eine unmittelbare, spontane Reaktion auf unerwartet erhaltene Gaben. Der Abschnitt ist besser zu verstehen, wenn er zum Gefangenschaftsbrief gehört. Phil. 4, 10 schließt sich sprachlich und inhaltlich gut an 3, 1a an. Nachdem Paulus die Philipper zur Freude aufgefordert hat, folgt die Bemerkung, daß auch er sich richtig freut über das Geschenk, das die Philipper ihm übersandt haben.

Man wird mit ursprünglich zwei Briefen des Apostels Paulus an die Philipper rechnen müssen. Da die paulinischen Briefe bald abgeschrieben und anderen Gemeinden zugänglich gemacht wurden, ist es gut denkbar, daß man zwei kurze Briefe zu einer Einheit zusammengefaßt hat, wobei man bei dem zweiten Brief die Einleitung wegließ.

4. *Der Gefangenschaftsbrief.* Die Gemeinde in Philippi hat von der Gefangenschaft des Paulus gehört. Da die offizielle Verpflegungszuteilung für Inhaftierte durch die Gefängnisbehörde sehr zu wünschen übrigließ, waren die Gefangenen auf die Unterstützung durch Verwandte und Bekannte angewiesen. Darum veranstaltete man in Philippi eine Sammlung für Paulus, um ihm zu helfen. Dieser fühlte sich mit der Gemeinde zu Philippi besonders verbunden. Darum nahm er die Spende an (Phil. 4, 15 ff.; 2. Kor. 11, 7-9), was sonst nicht seiner Gewohnheit entsprach (1. Kor. 4, 12; 9, 15; 1. Thess. 2, 9). Daß Paulus Unterstützung durch andere Gemeinden sonst ablehnte, sich aber von den Philippern beschenken ließ, hat vielleicht auch in der andersartigen sozialen Struktur der Gemeinde von Philippi seinen Grund. Im Gegensatz zu anderen Orten setzte sich diese Gemeinde wahrscheinlich nicht aus Proletariern, sondern größtenteils aus Angehörigen des Mittelstandes zusammen, so daß es keine krassen sozialen Unterschiede gab und der Verdacht auf Bevorzugung und Benachteiligung von Besitzenden und Besitzlosen nicht entstehen konnte, wenn Paulus irgendwelche Gaben annahm. Die in Philippi angesiedelten Veteranen waren keine Sklaven, sondern freie Menschen, die meistenteils über Grundbesitz als Eigentum verfügten. Lydia muß eine wohlhabende Frau gewesen sein; denn auch in damaliger Zeit war Purpur teuer. Sie hat ihn an die Veteranen verkauft. Wer im römischen Heer als Centurio entlassen wurde, erhielt die Toga mit dem Purpurstreifen verliehen. Eine Gemeinde, die finanziell so gut gestellt war, konnte Paulus materiell unterstützen. Überbringer der Gaben war Epaphroditus (Phil. 2, 25; 4, 18). Dieser sollte wahrscheinlich bei Paulus bleiben und ihm während der Gefangenschaft als Gehilfe zur Verfügung stehen. Auch aus anderen Zeugnissen wissen wir, daß es damals durchaus möglich war, die Gefangenen zu besuchen. So berichtet Josephus (Ant. 18, 202-204) von dem späteren jüdischen Herrscher Agrippa, daß ihn seine Freunde, als er in Rom im Gefängnis saß, besuchten und ihm Nahrungsmittel bringen durften. Als Epaphroditus bei Paulus seinen Dienst verrichtete, erkrankte er schwer, und als er genesen war, litt er an großem Heimweh. Daraufhin schickte Paulus ihn nach Philippi zurück (2, 25-30). Wahrscheinlich ist Epaphroditus der Überbringer des Gefangenschaftsbriefes an die Philipper gewesen. Paulus berichtet darin den Philippern, wie es ihm bei den Gerichtsverhandlungen ergangen ist, daß seine Vernehmungen zum Fortschritt des Evangeliums gedient haben und welche

Wirkungen die Gefangenschaft auf die Verkündigung der anderen Brüder gehabt hat (1, 12-18). Er selbst möchte am liebsten mit Christus ganz vereint sein. Aber um der Gemeinde willen ist sein Verbleiben auf der Erde wichtig (1, 18-26). Er ermahnt die Philipper zu einem Leben, das dem Evangelium entspricht (1, 27-2, 16), und erzählt von seinen Plänen (2, 17-30). Zum Schluß spricht er seine Freude über die von den Philippern übersandte Gabe aus (4, 10-23).

5. Der Ort der Gefangenschaft. Paulus schreibt seinen Brief als Gefangener (1, 7. 13. 16 f.). Es ist die große Streitfrage, an welchem Ort er damals gefangen gewesen ist. Nach der Apostelgeschichte ist er abgesehen von Philippi in Cäsarea und in Rom in Gefangenschaft gewesen. Meist nimmt man an, daß er die Gefangenschaftsbriefe in Rom verfaßt hat. Dagegen sprechen aber die vielen Reisen zwischen dem Gefangenschaftsort und Philippi, die im Philipperbrief erwähnt oder vorausgesetzt werden: die Gemeinde in Philippi hört von der Gefangenschaft des Apostels, sie sendet Epaphroditus mit der Sammlung zu Paulus (2, 25), sie erfährt von der Erkrankung ihres Abgesandten (2, 26), Paulus erhält Nachrichten, daß sich die Philipper Gedanken über Epaphroditus machen. Daraufhin sendet Paulus Epaphroditus nach Philippi zurück, Timotheus soll ihm bald folgen und anscheinend doch zu Paulus zurückkehren, um ihm zu berichten, wie es der Gemeinde geht, und Paulus will dann selbst die Gemeinde bald aufsuchen (2, 24). Es hat also ein reger Verkehr zwischen dem Gefangenschaftsort und Philippi stattgefunden. Die Entfernung zwischen Rom und Philippi ist zu groß, als daß so viele Reisen in verhältnismäßig kleinem Zeitraum durchgeführt werden könnten. Ferner spricht gegen die Abfassung des Philipperbriefes in Rom, was man über das Verhältnis zwischen Gemeinde und Apostel aus dem Brief erfährt. Man gewinnt den Eindruck, daß die Gemeinde vor nicht allzulanger Zeit erst gegründet ist und daß der Apostel sie seitdem nicht mehr gesehen hat. Von daher ist sein Hinweis auf die Gemeinschaft am Evangelium (1, 5) und auf die Unterstützung bei Beginn der Missionstätigkeit (4, 15) verständlich. Solche Ausführungen passen schlecht in einen Brief, der viele Jahre nach der Gründung der Gemeinde aus Rom geschrieben wäre, nachdem Paulus sie schon mehrfach zwischendurch besucht hat (Apg. 20, 1 f. 6).

Was gegen Rom als Abfassungsort geltend gemacht wird, trifft auch auf Cäsarea zu. Die Reiseverbindungen zwischen den beiden Städten sind damals so ungünstig gewesen, daß der im Philipperbrief erwähnte ständige Kontakt zwischen Apostel und Gemeinde schlecht denkbar ist. Gegen die Cäsarea-Hypothese spricht vor allen Dingen die ganz verschiedene Situation, die in Apg. 25 und im Philipperbrief geschildert wird. Nach dem Philipperbrief steht Paulus unmittelbar vor dem entscheidenden Gerichtsspruch, der über sein Schicksal, Leben und Tod, bestimmen soll, und Paulus ist bereit, beides aus Gottes Hand hinzunehmen (1, 21 ff.; 2, 17 f.). In Cäsarea dagegen denkt Paulus gar nicht daran, sich verurteilen zu lassen. Als er den Juden ausgeliefert werden soll, beruft er sich auf den Kaiser und verlangt, in Rom abgeurteilt zu werden. Auch die Pläne, die Paulus Apg. 24 und im Philipperbrief äußert, sind diametral verschieden. In Cäsarea ist sein Blick nach Rom gerichtet, um nach einem Besuch der dortigen Gemeinde in Spanien zu missionieren (Röm. 15,24). Im Philipperbrief dagegen rechnet er damit, daß er für die Gemeinde erhalten bleibt, um sie zu fördern (1,25-27), und daß er sie bald besuchen wird (2,24).

Wegen dieser Schwierigkeiten, die sowohl Rom wie Cäsarea als Abfassungsort des Philipperbriefes bieten, hat man sich nach anderen Städten umgesehen, in denen Paulus gefangen gewesen sein kann. Nach 2.Kor.11,23 ist der Apostel, abgesehen von Philippi, Cäsarea und Rom, mehrfach in Haft gewesen. Weder die Paulusbriefe noch die Apostelgeschichte nennen die Orte dieser Inhaftierungen. Da Paulus sich längere Zeit in Ephesus aufgehalten (Apg. 20,31) und dort manches Unangenehme erfahren hat (Apg. 19; 1.Kor. 4,9; 15,32; 2.Kor. 1,8 ff.; 4,8 ff.; 6,9), ist Ephesus in Betracht gezogen worden. Die im Philipperbrief erwähnten Reisen passen gut in dieses Bild, weil Ephesus und Philippi nicht sehr weit voneinander entfernt liegen und es zwischen beiden Städten gute Verbindungen gegeben hat. Nach Röm. 16,3 f. haben Aquila und Priscilla ihr Leben für Paulus eingesetzt. Da sich dieses Ehepaar nach Apg. 18,26 in Ephesus aufhält, würde dies dafür sprechen, daß Paulus sich in Ephesus in einer sehr gefahrvollen Situation befunden hat. Röm. 16,7 werden Andronikus und Junias von Paulus als Mitgefangene bezeichnet. Sollte die These richtig sein, daß Röm. 16 ein Bruchstück eines nach Ephesus gerichteten Briefes ist, dann haben diese beiden Männer damals, als Paulus in Ephesus war, mit ihm die Haft geteilt.

Für Ephesus als Abfassungsort spricht die Beobachtung, daß die Reisepläne des Apostels Paulus, die er im ersten Korintherbrief entwickelt, der ebenfalls aus Ephesus geschrieben ist, mit denen des Philipperbriefes übereinstimmen. Nach 1.Kor. 4,17 und 16,10 hat Paulus den Timotheus über Mazedonien nach Korinth gesandt (Apg. 19,22). Das ist doch wohl dieselbe Reise, die Phil. 2,19 geplant ist. 1.Kor. 4,19-21 und 16,3 f. kündet Paulus seinen Besuch in Korinth an. Nach Apg. 19,21 hat er vor, nicht auf dem direkten Seewege nach Korinth zu reisen, sondern den Landweg zu nehmen. Das entspricht der Absicht, die Paulus Phil. 2,24 und 1,26 äußert. Der Vergleich des Philipperbriefes mit den Korintherbriefen und der Apostelgeschichte beweist nicht zwingend, daß der Philipperbrief in Ephesus geschrieben ist, er legt es aber nahe, mit gewisser Sicherheit anzunehmen, daß er kurz vor dem ersten Korintherbrief in Kleinasien abgefaßt ist. Da Paulus sich nicht in kleinen Orten aufgehalten, sondern in den großen Städten gewirkt hat, wird man vermuten können, daß der Philipperbrief aus Ephesus stammt. Zu dieser Annahme wird man auch durch die beiden Aussagen im Philipperbrief geführt, die zunächst gegen die Ephesushypothese zu sprechen scheinen, daß Phil. 1,13 das Prätorium und 4,22 „die von des Kaisers Hause" erwähnt werden. Prätorium braucht nicht die Bezeichnung für die Prätorianergarde in Rom zu sein, sondern es kann damit auch die Residenz des Statthalters, das Verwaltungs- und Gerichtsgebäude, gemeint sein (vgl. Mk. 15,16; Joh. 18,28.33; 19,9; Apg. 23,35). Ephesus ist Sitz eines Statthalters, so daß sich dort ein Prätorium befindet, in dem die Gerichtsverhandlungen geführt werden. „Die aus des Kaisers Hause" (4,22) sind nicht die Anverwandten des Kaisers, sondern die kaiserlichen Sklaven. Da die Kaiser an verschiedenen Orten des Imperiums Grundbesitz hatten, gab es überall Kaisersklaven. Durch Urkunden ist belegt, daß sich in Ephesus in größerer Anzahl Sklaven und Freigelassene des

Kaisers befunden haben, die sich dort zu einem Verein zusammengeschlossen hatten. Da diese kaiserlichen Sklaven anscheinend gerade in Ephesus in größerer Zahl vorhanden gewesen sind, ist es gut denkbar, daß einige aus des Kaisers Hause auch zur Gemeinde gehört haben.

6. *Das Kampfschreiben*. Wie im Abschnitt über den Ort der Gefangenschaft gezeigt wurde, ist der Gefangenschaftsbrief an die Philipper kurz nach der Absendung des ersten Korintherbriefes verfaßt. Das Kampfschreiben an die Pilipper ähnelt inhaltlich den Auseinandersetzungen, die Paulus im zweiten Korintherbrief mit seinen Gegnern führt. Dort haben sich die mit Paulus ursprünglich zusammenarbeitenden hellenistisch-judenchristlichen Missionare verleiten lassen, falsche Wege zu gehen. Etwas Ähnliches läßt sich auch aus dem Philipperbrief entnehmen. Paulus sieht sich in seinem zweiten Schreiben an die Philipper ähnlich wie in der Korrespondenz mit den Korinthern genötigt, schärfere Töne anzuschlagen. In diesem Kampfbrief erfahren wir über das gegenwärtige Ergehen des Apostels nichts. Er spricht über seine Herkunft und die Umwertung aller Werte durch Christus und über sein theologisches Hauptanliegen, die Rechtfertigung aus Gott durch Glauben. Ob er sich aber noch in Gefangenschaft befindet oder sich auf freiem Fuß bewegt, darüber wird nichts gesagt. Die Situation der Philipper hat sich auf jeden Fall stark verändert. Entweder ist die Gemeinde schon direkt durch Irrlehrer gefährdet, oder Paulus warnt vor der in Korinth sich breitmachenden Irrlehre, damit diese nicht auch in Philippi Fuß faßt.

Wie in anderen Briefen gibt Paulus auch Phil. 3 keine ausführliche Charakteristik seiner Gegner. Da die Philipper sie kennen, braucht er sie nicht zu beschreiben. Abgesehen von den kurzen Worten Phil. 3, 2 und 3, 18 f. muß man aus dem, was Paulus in Abgrenzung gegen sie über sich selbst sagt, erschließen, welche Ansichten die Gegner vertreten haben könnten. Es fällt nun auf, daß Wortwahl, Gedanken und die Art der Auseinandersetzung stark an 2. Kor. 10-12 erinnern. Man wird annehmen dürfen, daß die Männer, die in Philippi die Gemeinde beunruhigen, ähnliche Ansichten vertreten wie die Irrlehrer in Korinth. In Korinth wie in Philippi diskriminiert man Paulus, so daß dieser über sich selbst sprechen muß.

In beiden Briefen gebraucht Paulus gegen seine Gegner sehr harte Worte. 2. Kor. 11, 13 f. nennt Paulus sie Lügenapostel und heimtückische Arbeiter, die sich als Apostel Christi ausgeben, es aber nicht sind, wie sich auch Satan als Engel des Lichts verkleidet. Phil. 3, 2 bezeichnet Paulus sie nicht als Lügenapostel, aber er nennt sie sarkastisch „Hunde", d. h. sie sind das Gegenteil von dem, was sie sein wollen. In beiden Städten treten sie als „Arbeiter" auf. Aber es sind böse Arbeiter. Wie in Korinth, so legen auch in Philippi die Gegner Wert auf ihre jüdische Herkunft. Ursprünglich haben sie sicher nicht zur Gemeinde in Philippi gehört. Das kann man schon daraus schließen, daß es in Philippi kaum Juden gab. Es sind christliche Missionare, die die Gemeinde besucht haben. Wahrscheinlich haben sie sich selbst Arbeiter, d. h. Prediger, Missionare, Arbeiter im Reiche Gottes genannt. – Nach 2. Kor. 11, 12. 18, vgl. 12, 1 u. 5, 12 ist für die Gegner des Paulus charakteristisch, daß sie sich rühmen, und zwar nach dem Fleisch. Demgegenüber betont Paulus, daß, wer sich rühmen will, sich des Herrn rühmen solle (2. Kor. 10, 17). Genauso argu-

mentiert Paulus Phil. 3,3: „Wir rühmen uns in Christus Jesus und setzen unser Vertrauen nicht auf das Fleisch", wie es seine Gegner tun. – 2.Kor. 11,18.22 schreibt
Paulus, er könnte sich durchaus dem Fleisch nach rühmen; denn er sei Hebräer,
Israelit und Nachkomme Abrahams. Ganz ähnlich führt Paulus Phil. 3,3-5 seine
Verteidigung durch, daß er Vertrauen auf das Fleisch setzen könne; denn er stamme
aus dem Volk Israel, dem Stamme Benjamin, er sei ein Hebräer von Hebräern. –
2.Kor. 5,16 spricht Paulus von der großen Veränderung, die durch die neue
Erkenntnis Jesu eingetreten ist. Da die Sätze des ganzen Abschnittes von 2.Kor. 5
polemisch gehalten sind, muß man annehmen, daß Paulus seine vorchristliche Jesuserkenntnis mit der seiner Gegner vergleicht. Jetzt habe er nicht mehr eine fleischliche Erkenntnis, sondern eine geistliche. Paulus sieht nun alles mit anderen Augen
an. Von der großen Bedeutung der Erkenntnis Christi, die bei ihm eine radikale
Wendung herbeigeführt hat, handelt Phil. 3,8.10. Es ist bedeutungsvoll, daß Paulus
nur an diesen beiden Stellen, obwohl er die Worte Erkenntnis und Erkennen häufig
gebraucht, von der Erkenntnis Christi spricht. Wie er 2.Kor. 5,17 schreibt: „Das
Alte ist vergangen, siehe, Neues ist geworden", so sagt er Phil. 3,13: „Ich vergesse,
was hinter mir liegt." Auch sonst berühren sich die Ausführungen 2.Kor. 5,15-18
mit denen von Phil. 3. Wenn Paulus Phil. 3,9 „in ihm erfunden werden" will, so entspricht das der Aussage „in Christus sein" 2.Kor. 5,17. Wenn er nicht seine eigene
Gerechtigkeit, sondern die „aus Gott" sucht Phil. 3,9, so kommt das den Wendungen gleich „nicht mehr sich selber leben" 2.Kor. 5,15 und „das alles von
Gott, der durch Christus die Versöhnung durchgeführt hat" 2.Kor. 5,18. Dabei ist
zu beachten, daß der Ausdruck „aus Gott", abgesehen vom zweiten Korintherbrief,
bei Paulus sehr selten vorkommt, Phil. 3 aber diese Wendung bringt. – Aus 2.Kor. 3
ergibt sich, daß die Gegner des Paulus eine positive Stellung zu Mose und seinem
Gesetz haben. Es ist von Bedeutung, daß sie sich „Diener der Gerechtigkeit" (2.Kor.
11,15) nennen. Jesus ist für sie der Vollender der Gottesoffenbarung vom Sinai.
In Abgrenzung gegen den alten Bund der Buchstaben spricht Paulus 2.Kor. 3,9 von
dem „Dienst, der die Gerechtigkeit bringt". Aus solchen Andeutungen ergibt sich,
daß Paulus, wenn auch nicht explizit, doch auch im zweiten Korintherbrief die
Frage der Rechtfertigung berührt. In der Auseinandersetzung mit seinen Gegnern
lehnt Paulus im Philipperbrief die Gerechtigkeit, die man durch das Tun des Gesetzes erhält, schroff ab und betont die Gerechtigkeit, die einem von Gott durch den
Glauben an Christus geschenkt wird (Phil. 3,9). – Nachdem Paulus vom Buchstabengesetz und vom Dienst, der die Gerechtigkeit bringt, im Korintherbrief gesprochen hat (2.Kor. 3,6.9), erörtert er in 2.Kor. 4 die Frage seines Ergehens. Nach
2.Kor. 4,8-14 nimmt man in Korinth die Schwachheit des Apostels, seine Niedrigkeit, sein Leiden und sein Verfolgtwerden zum Anlaß für eine Agitation gegen ihn.
Paulus antwortet darauf, daß gerade dieses sein Ergehen seine Verbundenheit mit
dem gekreuzigten und auferstandenen Christus zeige. Er trage das Sterben Jesu
an seinem Leibe herum, damit auch das Leben an seinem Leibe offenbar werde.
Der den Herrn Christus erweckt habe, werde auch ihn zusammen mit Jesus auferwecken. Dieselbe Gedankenfolge haben wir Phil. 3. Nach der scharf formulierten
Lehre von der Rechtfertigung (Phil. 3,9) kommt Paulus in 3,10 ebenfalls auf seine
Leidens-, Sterbens- und Auferstehungsgemeinschaft mit Christus zu sprechen. Hatte

er sich 2.Kor.1,7 „Teilhaber der Leiden" genannt, so redet er Phil.3,10 von der „Teilhabe an dem Leiden". Paulus verwendet die Wortgruppe „teilhaben" sehr häufig. Aber nur Phil.3 und 2.Kor.1 gebraucht er sie, um von seinen Leiden zu berichten. Wie 2.Kor.4,7 so erwähnt er auch Phil.3,10 die Macht Gottes, die neues Leben schafft. Er stellt 2.Kor.4,10f.14 wie auch Phil.3,10f. die gegenwärtige Kraft der Auferstehung Christi und die zukünftige Auferstehung der Toten heraus. Gott wird den Leib der Niedrigkeit in den der Herrlichkeit umgestalten (Phil.3,21). – In Korinth tadelt man, daß von der Predigt des Paulus keine starken Wirkungen ausgehen (2.Kor.10,10; 11,6). Man fordert ein kraftvolles Auftreten, aus dem sich zeigt, daß Christus durch ihn redet (2.Kor.13,3). Wenn Paulus schreibt, die Kraft Christi möge in ihm Wohnung nehmen (2.Kor.12,9), so zitiert er wahrscheinlich ein Schlagwort seiner Gegner, die dieses für sich in Anspruch nehmen und durch selbstbewußtes Auftreten, durch Worte und Taten dieses zu beweisen scheinen. Paulus antwortet, daß gerade in der Schwachheit die Kraft zur Vollendung kommt (2.Kor.12,9). Auch im Philipperbrief spricht Paulus von der Niedrigkeit und der Kraft. Er verweist auf die Kraft der Auferstehung Jesu und der Gemeinschaft seiner Leiden (Phil.3,12). – In Korinth hat man sich der großen Offenbarungen gerühmt, die den Überaposteln zuteil geworden sind, so daß sich Paulus genötigt sieht, darauf hinzuweisen, daß auch er außerordentliche Erlebnisse gehabt hat (2.Kor.12,1ff., vgl. 5,13). Phil.3,15 kommt Paulus ebenfalls auf Offenbarungen zu sprechen. Er schreibt, Gott werde den Philippern – voraussetzen muß man wohl, daß dort ebenfalls viel von Offenbarung geredet wird – offenbaren, was rechte Vollkommenheit ist, wenn man jetzt auch seiner Darstellung noch nicht zustimmt. – Aus 2.Kor.4, 10-14 kann man schließen, daß die Häretiker wohl von Jesus sprechen, aber nicht von dem Gestorbenen, der am Kreuz sein Leben gelassen hat, sondern von seiner Herrlichkeit. Leiden und Sterben Jesu haben für sie keine Bedeutung. Wenn Paulus sich Phil.3,18 erregt gegen die Feinde des Kreuzes Christi wendet, so sind das doch wohl Menschen, die nichts von der Heilsbedeutung des Kreuzes wissen wollen und darum auch persönlich, im Gegensatz zu Paulus, das Leiden scheuen. Ihre Theologie wie ihr Leben zeigen, daß sie Feinde des Kreuzes sind. Paulus wendet sich mit diesen Worten nicht gegen eine neue Gruppe in der Gemeinde. Es sind dieselben Leute, an die er gedacht hat, als er vorher von seiner Gemeinschaft mit den Leiden Christi und von der Gleichgestaltung mit dem Tode Christi gesprochen hat. – In Korinth lassen sich die hellenistisch-judenchristlichen Missionare für ihre Tätigkeit bezahlen. In ihren Forderungen, sich von der Gemeinde unterhalten zu lassen, gehen sie so weit, daß Paulus ihnen direkt den Vorwurf macht, sie saugten die Gemeindeglieder aus. So sehr sind sie auf ihren Vorteil und ihr persönliches Wohlergehen bedacht (2.Kor.11,7.20). Weil sie sich „Diener Gottes" nennen, glauben sie, sich als Herren aufspielen zu dürfen, die gewisse Ansprüche erheben können. Sie predigen sich selbst, leben sich selbst, empfehlen sich selbst und verfallen damit einem maßlosen Selbstruhm (2.Kor.10,12f.). Von diesen Aussagen her sind die entsprechenden Andeutungen in Phil.3 zu verstehen, wenn Paulus von den Vollkommenen spricht (3,12f.), deren Gott ihr Bauch ist, deren Herrlichkeit in ihrer Schande besteht und die auf das Irdische bedacht sind (3,19). In Korinth wie in Philippi machen sich bei der Arroganz der Gegner dieselben negativen Auswirkungen bemerkbar. 2.Kor.

11,15 und Phil.3,19 berühren sich bis in den Wortlaut hinein. Im Korintherbrief sagt Paulus von seinen Gegnern: „deren Ende nach ihren Werken sein wird", im Philipperbrief heißt es: „deren Ende das Verderben ist".

Wie die Ausführungen 2.Kor.3,7-4,17 zeigen, muß der Gedanke der Herrlichkeit bei den Gegnern eine Rolle gespielt haben. Darum betont Paulus die Überfülle der strahlenden Herrlichkeit des Dienstes der Gerechtigkeit (2.Kor.3,8-11). Christen werden in die Herrlichkeit des Herrn von einer Herrlichkeit zur anderen umgestaltet (2.Kor.3,18). Paulus sagt, daß er den heimlichen Dingen der Schande abgesagt hat (2.Kor.4,2), während das anscheinend bei den Gegnern nicht der Fall ist. Das augenblickliche Leiden wiegt leicht und wirkt in überschwenglichem Ausmaß ein ewiges Gewicht an Herrlichkeit, wenn man nicht auf das Sichtbare, sondern auf das Unsichtbare schaut (2.Kor.4,17f.). Die Worte Herrlichkeit und Schande finden sich auch Phil.3. Anscheinend macht man Paulus in Philippi ebenfalls den Vorwurf der Niedrigkeit. Während er in Korinth schändliche Dinge von sich weist, kritisiert er im Philipperbrief an den Gegnern, daß ihre Herrlichkeit Schande ist (Phil.3,19). Dann kommt er auf den Vorwurf der Niedrigkeit zu sprechen. Gott wird den Leib der Niedrigkeit umformen, daß er dem Leib der Herrlichkeit gleichgestaltet wird (Phil.3,21). 2.Kor.3,18 und Phil.3,21 gebraucht Paulus fast dieselben Worte: Gleich- oder umgestalten in die Herrlichkeit des Herrn.

Es besteht wohl kein Zweifel, daß zwischen Phil.3 und dem zweiten Korintherbrief engste Parallelen vorliegen. Man wird darum annehmen dürfen, daß die Gegner des Paulus in Phil.3 im großen und ganzen dieselben sind, mit denen er es im zweiten Korintherbrief zu tun hat. Von da aus wird es verständlich, daß Paulus sich in Phil.3 nicht mit zwei verschiedenen Gegnern auseinandersetzt, Juden oder Judenchristen auf der einen und Gnostiker auf der anderen Seite, sondern daß er immer denselben Gegner im Auge hat.

Kapitel 3 ist aus einem Guß. Die Terminologie von Phil.3,12ff. ist zwar eine andere als in 3,4ff., aber inhaltlich bestehen Beziehungen. Hat Paulus im ersten Teil seine Gedanken in seiner ihm eigenen Begrifflichkeit entfaltet: Gerechtigkeit aus Glauben, so sagt er es in dem Abschnitt 3,12ff. mit Worten, die die Gegner gebrauchen. Die Aussagen über die Vollkommenheit (3,12-15) nehmen die von der Gerechtigkeit auf (3,9). Die Gegner werden 3,18f. wie 3,2 mit sehr schroffen Worten in dreifacher Weise charakterisiert. Nennt Paulus sie 3,2 Hunde, böse Arbeiter, Zerschneidung, so sagt er 3,18f. von ihnen: Feinde des Kreuzes, ihr Bauch ist ihr Gott, ihre Herrlichkeit besteht in ihrer Schande. Wer ein Feind des Kreuzes ist und auf sein Wohlergehen bedacht ist, wird nicht in Christus erfunden, hat nicht die Gerechtigkeit aus Gott, nimmt nicht die Gemeinschaft der Leiden auf sich und wird nicht mit dem Tode Jesu gleichgestaltet werden (3,10), er ist vielmehr auf Rühmen aus (3,3). Wer am Irdischen Gefallen hat (3,19), denkt nicht an die Auferstehung der Toten (3,10). Die apokalyptische Aussage 3,20f. erinnert an die eschatologischen Worte 3,10. „Gleichgestaltet dem Leibe seiner Herrlichkeit" (3,21) nimmt mit „gleichgestaltet" das „gleichgestaltet seinem Tode" (3,10) auf, und „Leib seiner Herrlichkeit" weist auf die „Auferstehung von den Toten" (3,10) zurück. Paulus führt Phil.3 nicht einen Zweifrontenkrieg, sondern es sind dieselben Leute, mit denen er sich das ganze Kapitel hindurch auseinandersetzt. In Phil. 3 gibt es keine Risse und Nähte, sondern das ganze Kapitel bildet ein einheitliches Ganzes.

Wissenschaftliche Kommentare: P. Ewald, Der Brief des Paulus an die Philipper (Komm. zum NT, hrsg. von Th. Zahn, 11), ⁴1923; W. Michaelis, Der Brief des Paulus an die Philipper (Theol. Handkommentar 11), 1935; M. Dibelius, An die Thessalonicher I u. II, An die Philipper (Handbuch zum NT 11), ³1937; K. Barth, Erklärung des Philipperbriefes, ⁶1959; F. W. Beare, A Commentary on the Epistle to the Philippians (Black's NT Commentaries), 1959; E. Lohmeyer, Der Brief an die Philipper (Kritisch-exegetischer Kommentar über das NT 9, 1), ¹³1964; J. Gnilka, Der Philipperbrief (Herders Theologischer Kommentar zum NT 10, 3), 1968.

Allgemeinverständliche Erklärungen: E. Peterson, Apostel und Zeuge Christi, ³1952; A. Schlatter, Die Briefe an die Thessalonicher, Philipper, Timotheus und Titus (Erläuterungen zum NT 8), 1964; W. Barclay, Brief an die Philipper, Brief an die Kolosser, Briefe an die Thessalonicher, 1969; J. Ernst, Die Briefe an die Philipper, an Philemon, an die Kolosser, an die Epheser (Regensburger NT), 1974; G. Barth, Der Brief an die Philipper, Zürcher Bibelkommentare, 1979.

Abhandlungen: E. Lohmeyer, Kyrios Jesus, Sitzungsberichte der Heidelberger Akademie der Wissenschaften, Philosophisch-historische Klasse, 1928; H. Köster, The Purpose of the Polemic of a Pauline Fragment (Philippians III), in: New Test. Stud. 8, 1961/62, S. 317– 332; A. F. J. Klijn, Paul's Opponents in Philippians III, in: Novum Testamentum 7, 1964/65, S. 278–284; W. Schmithals, Die Irrlehre des Philipperbriefes, in: Paulus und die Gnostiker (Theol. Forschungen 35), 1965, S. 47–87; J. Gnilka, Die antipaulinische Mission in Philippi, in: Bibl. Zeitschrift NF 9, 1965, S. 258–276; E. Käsemann, Kritische Analyse von Philipper 2, 5-11, in: Exegetische Versuche und Besinnungen I, ⁶1970, S. 51–95; G. Bornkamm, Der Philipperbrief als paulinische Briefsammlung, in: Geschichte und Glaube II. Gesammelte Aufsätze IV (Beiträge zur ev. Theologie 53), 1971, S. 195–205.

Zuschrift und Gruß 1, 1-2

1 Paulus und Timotheus, Knechte Christi Jesu, an alle Heiligen in Christus Jesus, die in Philippi sind, mit den Bischöfen und Diakonen. 2 Gnade sei mit euch und Friede von Gott, unserm Vater, und dem Herrn Jesus Christus.

Wie alle Briefe, so beginnt Paulus auch seinen Brief an die Philipper damit, daß 1 er der griechischen Briefsitte folgend seinen Namen an den Anfang stellt. Sogleich setzt er den Namen seines jugendlichen Freundes und Begleiters Timotheus hinzu, weil er diesen Brief nicht als einen Privatbrief verstanden wissen will, sondern als einen Gruß der Boten Jesu Christi an die Gemeinde. Wie die Apostel jüdischer Sitte gemäß nicht als einzelne, sondern zu zweien ausgesandt wurden (Mk. 6, 7), so predigt Paulus nicht allein, sondern begleitet von einer Schar von Mitarbeitern, und so schreibt er auch nicht als einzelner. Er erwähnt Timotheus als Mitabsender, nicht weil er Mitverfasser des Briefes ist – 2, 19 äußert sich Paulus über Timotheus und schildert sein Verhältnis zu ihm –, sondern weil Timotheus als Begleiter des Paulus bei der Gründung der Gemeinde (Apg. 16, 1 u. 17, 14) dieser bekannt ist. Paulus nennt sich und Timotheus *Knechte Christi Jesu*. In den Briefen an die Gemeinden von Korinth und Galatien, in denen die Rechtmäßigkeit seines Apostelamts angezweifelt wurde, und im Brief an die Römer, bei denen er noch unbekannt war, stellt er sich mit Nachdruck als Apostel vor. Dieses hat er den Philippern gegenüber nicht nötig. Da er seine Autorität nicht zu betonen braucht, bezeichnet er sich nicht als bevoll-

mächtigten Gesandten, sondern als Knecht Jesu Christi. Knecht Gottes ist im Alten
Testament ein ehrenvolles Prädikat für Abraham (Ps. 105,42), Moses (Jos. 14,7;
Ps. 105,26), David (Ps. 89,4) und andere Fromme (Ps. 27,9; Hi. 1,8; Jer. 7,25).
Im Griechischen wird das Wort für den Sklaven gebraucht, der seinem Herrn bedingungslos ausgeliefert ist, so daß dieser über ihn frei verfügen kann. Beide Töne muß
man hören. Paulus ist Jude, und er schreibt an Griechen, die mit dem Alten Testament nicht vertraut sind. Er bezeichnet sich nun aber nicht als Knecht Gottes, noch
ist er ein einfacher Sklave, sondern Sklave Christi Jesu; denn Jesus Christus hat den
Christen losgekauft (1.Kor. 6,19f.) und ihn zu seinem Eigentum gemacht. Als
Sklave Christi Jesu ist Paulus, auch wenn er im Gefängnis liegt, der wahre Freie,
der von niemandem abhängig ist und der niemandem untertan zu sein braucht
(1.Kor. 7,22f.; Gal. 1,10; 5,1). Als solch ein Sklave des Christus tritt Paulus mit
Timotheus vor die Philipper. Er schwelgt nicht im Machtgefühl seines Amtsbewußtseins, er gibt nicht kraft seines Amtes autoritative Anordnungen, er will sich nicht
als Herrn der Gemeinde aufspielen, sondern als Knecht Christi Jesu schreibt er an
die Heiligen in Christus Jesus, die in Gefahr stehen, die Demut zu vergessen (2,3).
Er spricht nicht von Jesus Christus, sondern von Christus Jesus. Ursprünglich ist
Jesus ein gewöhnlicher Eigenname gewesen und Christus die Bezeichnung für die
erwartete Heilsperson. In der Reihenfolge Christus Jesus kommt das messianische
Prädikat noch zur Geltung.

Das Schreiben geht an die Gesamtgemeinde von Philippi, wenn Paulus das Wort
‚Gemeinde‘ im Briefgruß auch nicht verwendet. Obwohl er die Bischöfe und Diakone besonders hervorhebt, richtet er sich nicht an eine bestimmte Gruppe, nicht an
einen Freundeskreis, der ihm besonders nahesteht, sondern an alle *Heiligen* in
Philippi. Es fällt auf, daß Paulus im Gefangenschaftsbrief immer wieder ganz betont
von „allen" (1,1.4.7.8.25; 2,17; 4,21) in der Gemeinde von Philippi spricht, er
dagegen im Kampfbrief dieses Wort aus begreiflichen Gründen vermeidet. Da sich
auch die Ordensleute von Qumran Heilige genannt haben, fügt er gleich hinzu:
Heilige in Christus Jesus. Dieser Zusatz ist aber mehr als nur ein äußerliches Unter-
scheidungsmerkmal. Er ist sachlich wichtig; denn die Heiligkeit des Christen ist
durch Jesus Christus bewirkt (1.Kor. 1,2.30; vgl. Eph. 5,26; Joh. 17,19). Heilige
Menschen sind nicht vollkommene Menschen (vgl. 1,6.9; 3,12), die andere durch
Absonderung von der Menge, genauere Gesetzeserfüllung und sittliche Taten über-
treffen, sondern Heilige sind von Natur aus sündige Menschen, die von Gott berufen sind (1.Kor. 1,2). Die Heiligkeit des Christen ist nicht im Wesen des Menschen
begründet, sie beruht nicht auf dem Tun des Menschen, sondern sie hat ihren Grund
in der Gemeinschaft mit Christus. Ist man in Christus, dann ist man auch wirklich
heilig, tadellos und unanstößig (1,10; 2,15). Zu den Heiligen in Philippi fügt Paulus
noch die *Bischöfe* und *Diakone* hinzu. Es ist bezeichnend, daß er zuerst die Gemeinde nennt und daß er erst nach der Gemeinde die sogenannten Amtsträger folgen
läßt. Die Gemeinde ist das Primäre, um deretwillen es Bischöfe und Diakone gibt,
nicht ist die Gemeinde um der Bischöfe und Diakone willen da. In keinem anderen
paulinischen Brief wird im Briefeingang eine bestimmte Gruppe oder irgendein
Amtsträger hervorgehoben. Wenn Paulus dieses gegen seine Gewohnheit im Philipperbrief tut, so muß das seine besonderen Gründe haben. Am einleuchtendsten ist

noch immer die Annahme, daß Paulus deshalb die Bischöfe und Diakone nennt, weil er sich für die Gabensammlung bedanken will (4,10f.) und die Bischöfe und Diakone an dieser Aktion in besonderer Weise beteiligt gewesen sind. Der Bischof hat noch nicht die Gesamtleitung der Gemeinde wie in späterer Zeit. Es wird nicht im Singular der monarchische Bischof angeredet, sondern Paulus wendet sich an die Bischöfe in der Mehrzahl. Aus 1.Kor.12,28f.; Röm.12,8; 1.Tim.3,3; Did.15, 1ff. läßt sich schließen, daß die Bischöfe und Diakone die Aufgabe der „Hilfeleistung" und der „Leitung" gehabt haben. Nach Herm., Sim. IX 26,2 und 27,2 gehört zu ihrem Dienst die Versorgung der Bedürftigen, insbesondere der Witwen und Waisen. Wahrscheinlich haben die Bischöfe in den urchristlichen Gemeinden ursprünglich administrative, die Diakone karitative Funktionen ausgeübt. Paulus erwähnt sie im Briefeingang, weil er für die empfangenen Gaben danken will.

Der Briefgruß enthält nicht ein Stück aus der urchristlichen Liturgie, sondern ist 2 in Anlehnung an ähnliche Sätze in orientalischen Briefen gebildet. Paulus wandelt das Wort ‚Erbarmen' in Gnade um und fügt hinzu: von Gott, unserm Vater, und dem Herrn Jesus Christus. Der Segenswunsch gilt allen Lesern des Briefes. Paulus schließt sich mit ihnen zusammen; denn Schreiber und Empfänger haben Gott zum Vater und Jesus Christus zum Herrn. Mit dem Gebet um Gnade beginnen seine Briefe, mit dem Segenswunsch ‚Gnade' schließen sie (Phil.4,23, vgl. Röm.16,20; 1.Kor.16,23; 2.Kor.13,13; Gal.6,18; 1.Thess.5,28; 2.Thess.3,18).

Dank und Fürbitte für die Gemeinde 1,3-11

3 Ich danke meinem Gott, sooft ich an euch denke – 4 jedesmal, in jedem meiner Gebete bitte ich für jeden von euch mit Freuden – 5 wegen eurer Teilhabe am Evangelium vom ersten Tage an bis jetzt. 6 Ich bin voller Zuversicht, daß er, der bei euch ein gutes Werk angefangen hat, es vollenden wird bis zum Tage Christi Jesu. 7 Es ist ja nur recht und billig für mich, so von euch allen zu denken, weil ich euch im Herzen trage, die ihr alle bei meiner Gefangenschaft, bei der Verteidigung und bei der Festigung des Evangeliums Teilhaber meiner Gnade seid. 8 Denn Gott ist mein Zeuge, wie ich mich nach euch allen in herzlicher Liebe Christi Jesu sehne, 9 und darum bete ich, daß eure Liebe immer mehr zunehme in Erkenntnis und jedem Verständnis, 10 damit ihr zu prüfen vermögt, worauf es ankommt, auf daß ihr lauter und unanstößig für den Tag Christi seid, 11 erfüllt mit Frucht der Gerechtigkeit, die durch Jesus Christus kommt, zur Ehre und zum Lobe Gottes.

Wie im griechischen Brief, so folgt auch bei Paulus nach dem Briefeingang die 3 Danksagung. Sie zeigt, daß der Apostel der alleinige Verfasser des Briefes ist. Zwar hatte er Timotheus als Mitabsender genannt (1,1). Aber nun schreibt er in der ersten Person Singularis (vgl. auch 1,12ff.), und 2,19 schildert er sein Verhältnis zu Timotheus. Demnach kann über die Autorschaft des Briefes kein Zweifel bestehen. Wenn Paulus mit der Danksagung dem griechischen Briefstil entspricht, so heißt das nicht, daß sie für ihn nur eine leere Redensart und eine übliche Höflichkeitsfloskel ist. Wie aus Gal.1,6 zu ersehen ist, folgt Paulus durchaus nicht gedankenlos der Sitte seiner Zeit, sondern wenn es die Situation erfordert, kann er den Briefeingang auch ganz anders formulieren. Auch als Gefangener dankt er seinem Gott. Abgesehen von den Gebeten in den Psalmen (vgl. Ps.3,8; 5,3; 7,2; 18,3 u.ö.) wird in der

Bibel sonst meist von „Gott" oder von „unserm Gott" gesprochen. Die Wendung „mein Gott", die die Innigkeit des Verhältnisses zu Gott ausdrückt, findet sich bei Paulus mit Ausnahme von Phil. 4, 19 und 2. Kor. 12, 21 nur in den Gebetsstellen der Briefeingänge (Röm. 1, 8; Phlm. 4; vielleicht auch 1. Kor. 1, 4). Gerade diese individuelle Gebetsaussage macht es unwahrscheinlich, daß es sich bei der Danksagung um eine geprägte liturgische Formulierung handelt, wie man vermutet hat. Paulus dankt nicht den Philippern, daß sie ihn so reich beschenkt haben, sondern Gott. Er denkt an die Philipper (vgl. 1. Thess. 1, 2; Röm. 1, 9; Phlm. 4), und ein jeder Gedanke an sie wird zu einem Dankgebet zu Gott, obwohl ihm die Mängel der

4 Gemeinde sehr bewußt sind (1, 24; 2, 1 ff. vgl. 3, 2 ff.). Jedesmal, wenn er betet – vielleicht ist an bestimmte regelmäßige Gebetsgewohnheiten gedacht –, bringt er die Gemeinde zu Philippi wie auch die andern Gemeinden fürbittend vor Gott. 2. Kor. 11, 28 schreibt er von der täglichen Sorge um alle seine Gemeinden. Im Hinblick auf die Philipper ist er trotz mancherlei Nöten, die es auch bei ihnen gibt, nicht von Sorgen gequält, sondern er betet mit Freuden. Gleich am Anfang gebraucht Paulus das Wort ,Freude', das sich immer wieder in diesem Gefangenschaftsbrief findet (1, 18.25; 2, 2. 17 f. 28 f.; 3, 1; 4, 10; vgl. 4, 1.4). Der Grund,

5 warum Paulus Gott dankt, ist die Teilhabe der Philipper am Evangelium. Er spricht von der engen Beziehung, die die Philipper zum Evangelium haben. Diese Gemeinschaft ist nicht ein Anteilnehmen, sondern ein Anteilhaben am *Evangelium* (1. Kor. 9, 23, vgl. 1. Kor. 1, 9; Phil. 2, 1). Dementsprechend ist hier weder die persönliche Beteiligung der Philipper an der Wortverkündigung gemeint, daß sie sogleich am ersten Tage ihrer Bekehrung Missionare wurden, noch die finanzielle Unterstützung, die die Philipper dem Verkündiger des Evangeliums zuteil werden ließen, indem Lydia Paulus in ihr Haus aufnahm (Apg. 16, 14 f. 40). Das gehört mehr zu den Folgen dieser Teilhabe. Wegen V. 6 ist Teilhabe am Evangelium zentraler zu verstehen. Da Gott in der Botschaft am Werke ist und das Evangelium rettende Macht hat (Röm. 1, 16; 1. Kor. 1, 18; 4, 15; 1. Thess. 1, 5), hat es sich auch bei den Philippern vom ersten Tage an kraftvoll erwiesen. Sie gehörten sogleich zum Evangelium, so daß sie – herausgerettet aus dieser vergänglichen alten Welt – des Heils

6 teilhaftig wurden. Dieses Evangelium erweist sich bei ihnen bis heute als mächtig. Im Blick auf die Zukunft ist Paulus guten Muts. Er vertraut nicht auf seine vorbildliche Verkündigung des Evangeliums bei ihnen. Sein Vertrauen gründet sich auch nicht auf ihren guten Christenstand, sondern wie er Gott dankt für ihre Teilhabe, so setzt er auch sein Vertrauen auf ihn, der Anfang und Ende in seinen Händen hat, der selbst das A und O ist (Offb. 21, 6; 22, 13). Während bei Menschen viel Begonnenes unvollendet bleibt, läßt Gott das Werk seiner Hände nicht im Stich. Darum preist Paulus immer wieder die Treue Gottes (1. Kor. 1, 9; 10, 13; 2. Kor. 1, 18; 1. Thess. 5, 24; 2. Thess. 3, 3). Der Blick des Apostels geht von den Tagen der Gründung der Gemeinde über das Jetzt der Gegenwart hin zum letzten Tage. Er spricht sonst einfach vom Tag (Röm. 13, 12; 1. Kor. 3, 13; 1. Thess. 5, 4; 2. Thess. 1, 10), vom Tag des Herrn (1. Kor. 1, 8; 5, 5; 2. Kor. 1, 14; 2. Thess. 2, 2) oder vom Tag des Christus (Phil. 1, 10; 2, 16). Wie schon 1, 1, so gebraucht Paulus auch hier die Bezeichnung Christus Jesus. Auf das Einst und das Jetzt folgt für ihn auch im Philipperbrief nicht in ununterbrochenem Wechsel von Abend und Morgen eine endlose, unbestimmte

Zukunft, sondern das Jetzt grenzt sofort an das Ende aller Zeiten. Die Gegenwart wird bereits bestrahlt vom Licht des Tages Christi Jesu. Auch im Philipperbrief rechnet Paulus mit der Naherwartung. Die drei Verben ‚danken' V.3 ‚beten' V.4 und ‚vertrauen' V.6 stehen in enger Verbindung miteinander. Im Rückblick auf die Vergangenheit kann Paulus nicht anders als danken, daß das Evangelium sich in Philippi mächtig erwiesen hat. Die Gegenwart ist gekennzeichnet durch das Gebet. Im Blick auf die Zukunft hat er das Vertrauen, daß Gott das ausführen kann, worum man ihn bittet.

Die Verse 7 und 8 bilden einen kleinen Zwischenabschnitt. Es ist durchaus 7 begründet, daß Paulus Zuversicht hat, mit Freuden betet und dankt. Die Gemeinschaft zwischen ihm und der Gemeinde ist vollkommen. Er trägt sie alle, auch wenn sie räumlich voneinander getrennt sind, als einen unverlierbaren Besitz in seinem Herzen, und die Philipper durchschneiden nicht das Band, das sie mit ihm verbindet, nachdem es dem Apostel schlecht geht, sondern sie alle ohne Ausnahme haben teil an seiner Gnade, die darin besteht, daß er leiden muß (4,14). Paulus befindet sich in Gefangenschaft mit all den körperlichen und psychischen Widerwärtigkeiten, die eine Gefangenschaft mit sich bringt. Beim Gerichtsverfahren gegen ihn geht es jedoch gar nicht primär um das Schicksal des Menschen Paulus, sondern um das Evangelium. Apostel und Evangelium gehören zwar untrennbar zusammen, aber die Ausschaltung des Apostels bedeutet nicht Ausschaltung des Evangeliums. Paulus darf es erleben, daß seine Haft gar nicht eine Beschränkung der Verkündigung mit sich bringt, vielmehr zur Befestigung des Evangeliums dient (vgl. 2.Tim.2,9). Weil Paulus die Möglichkeit hat, vor dem Forum des heidnischen Gerichts Christus zu predigen, wird gegen die Absicht der Initiatoren aus der Gefangenschaft und der damit verbundenen Verteidigung eine Bekräftigung des Evangeliums (vgl. V.16). Das Evangelium ist, auch wenn es in die Position der Verteidigung gedrängt wird, stets im Angriff; denn von ihm gehen Wirkungen aus (Röm.1,16). Darum ist für Paulus das Leidenmüssen zum Leidendürfen geworden, und die Ketten, die ihn fesseln, sind ein Zeichen der göttlichen Gnade, woran die Philipper Anteil haben. Worin die Teilhabe besteht, wird nicht gesagt. Es ist nicht eine Strafe, sondern ein Vorrecht, für Christus leiden zu dürfen (1,29). Paulus ruft zum Beweis, daß er sich 8 mit den Philippern verbunden fühlt, Gott zum Zeugen an. Solche Schwurformeln gebraucht er trotz Mt.5,37 oft, wenn er die Wahrheit seiner persönlichen Ansicht oder seines Vorhabens beteuern will (Röm.1,9; 2.Kor.1,23; 11,31; 1.Thess.2,5. 10). Er liebt die Philipper, und zwar nicht nur diesen oder jenen unter ihnen, sondern sie alle ohne Ausnahme (vgl. das ‚alle' in V.1.4.7). Echte *Liebe* sehnt sich nach Gemeinschaft. Aber Paulus bewegt keine gewöhnliche, auf Sympathie und Neigung beruhende Liebe von Mensch zu Mensch, sondern er liebt mit der Herzlichkeit des Christus Jesus. Das ist die Besonderheit und Einzigartigkeit seines Liebens. Wie Christus die Seinen liebt, so verlangt auch Paulus mit den Philippern verbunden zu sein. Seine Sehnsucht ist zur Liebe Christi geworden, die ihn ergriffen hat und bewegt (2.Kor.5,14; Röm.5,5). Wie er nicht mehr lebt, sondern Christus in ihm (Gal.2,20), so liebt auch nicht der Mensch Paulus die Philipper mit seiner menschlichen Liebe, die nie von Eigensucht frei ist, sondern Christus in ihm. Dieses sehnsüchtige, uneigennützige Verlangen nach den Philippern wird zum Gebet.

9 Dank und Fürbitte gehören stets zusammen (V.3; vgl. 4,6). Man kann nicht für einen Menschen danken, ohne gleichzeitig für ihn zu bitten. Wie Paulus die Philipper liebt, so erbittet er für sie die *Liebe*. Damit will er nicht sagen, daß sie bisher keine Liebe erwiesen haben. Obwohl sie sich in der Liebe zu Christus und zu Paulus bereits bewährt haben, soll ihre Liebe noch größer und reicher werden (vgl. 1.Thess.3,12; 4,10); denn im Christenleben gibt es keinen Stillstand (Röm. 15,13; 2.Kor.8,7; 9,8-10; 10,15; 1.Thess.4,1), sondern entweder Wachsen oder Verkümmern. Die Liebe soll immer stärker und mächtiger werden, damit sie im Überfluß vorhanden sei; sie ist nie zu reichlich da, sondern sie darf maßlos sein. Sie ist nicht ein Gefühl, sondern sie ist mit Erkenntnis verbunden. Darum ist sie nicht
10 blind, sondern sie trifft das Richtige. Sie hat Taktgefühl, so daß sie nicht verletzt (1.Kor.13,5). Den Christen wird nicht eine Lebensordnung in die Hand gegeben, in der alle Fragen gelöst sind, das NT bietet keine gesetzliche Kasuistik – auch nicht in seinen Ermahnungen –, in der genau vorgeschrieben ist, was man zu tun und zu lassen hat, sondern ein jeder hat immer wieder zu prüfen, was Gottes Wille von ihm im konkreten Fall fordert (Röm.12,2; 1.Thess.5,21; Eph.5,10). Ist die Liebe mit Erkenntnis verbunden, dann fällt sie nicht auf Phrasen und Schlagworte herein, dann bleibt sie nicht bei Kleinigkeiten stehen und versucht, dieses und jenes besser zu machen; dann entwickelt sie keine oberflächliche Betriebsamkeit, sondern sie hat einen klaren Blick für das, „worauf es ankommt", was Gott jetzt und hier zu tun verlangt (1.Kor.10,15; 11,13; 1.Thess.5,12). Die Liebe trifft immer die richtige Entscheidung (Röm.13,9; 1.Kor.13,4ff.). Ist der Christ imstande, das Wesentliche
11 zu erkennen, dann geschieht das Erstaunliche, daß sündige Menschen trotz ihrer Fehler und Mängel am Tage Christi, an dem jeder und alles offenbar wird (2.Kor. 5,10; Mt.25,31ff.), als lauter und ohne Fehltritt erfunden werden (2,15). Das Licht des göttlichen Gerichtstages stellt bei ihnen kein Stäubchen und keine Schramme fest. Diese Reinheit und Tadellosigkeit entspringt nicht dem verdienstvollen Bemühen der Christen, sondern sie verdanken dieses Jesus Christus, der die Frucht der Gerechtigkeit bei ihnen wachsen läßt. Gal.5,22f. spricht Paulus von der Frucht des Geistes. Ohne Christus gibt es diese Frucht des neuen Lebens nicht. Jesus Christus, der V.10 als der Richter beschrieben war, ist in V.11 der Erretter. Das alles geschieht zur Ehre und zum Lobe Gottes. Wie der jüdische Beter mit einem Lobpreis Gottes endet (2.Sam.22,20f.; Ps.41,14; 66,20; 72,18f.; 106,48), so schließt auch Paulus sein Gebet mit einem Lobpreis Gottes. Sein Dankgebet war zur Bitte geworden, und seine Fürbitte mündet in das Lob Gottes.

I. Bericht des Apostels über seine Situation 1, 12-26

1. Die gegenwärtige Lage des Apostels 1, 12-18

12 Ich will euch aber wissen lassen, Geschwister, daß meine Lage mehr zum Fortschritt des Evangeliums geführt hat, 13 so daß durch Christus meine Gefangenschaft im ganzen Prätorium und auch bei allen übrigen bekannt wurde und die Mehrzahl der Brüder, 14 die durch meine Gefangenschaft im Herrn Zuversicht schöpften, um so mehr wagten, das Wort Gottes furcht-

los zu verkündigen. 15 Einige freilich predigen Christus aus Neid und Streit-
sucht, andere aber in guter Absicht. 16 Die einen tun es aus Liebe, weil sie
wissen, daß ich zur Verteidigung des Evangeliums da bin, 17 die andern dagegen verkündigen Christus aus Ehrgeiz, nicht in lauterer Gesinnung, da sie
meinen, mir in meiner Gefangenschaft Kummer zu bereiten. 18 Doch was
macht's? Jedenfalls wird auf jede Weise, sei es unter Vorwand, sei es in Wahrheit,
Christus verkündigt, und darüber freue ich mich.

Da im Griechischen die Mehrzahl des Wortes „Bruder" *Geschwister* beiderlei 12
Geschlechts bezeichnen kann und in der christlichen Gemeinde zwischen Mann und
Frau kein Unterschied gemacht wird, sondern alle in Christus Jesus eins sind (Gal.
3,28), Paulus im vorausgehenden Abschnitt auf „alle" großen Wert gelegt hat
und er auch in anderen Briefen kategorisch darauf hinweist, daß der Brief allen vorgelesen werden soll (1.Thess.5,27), darf man annehmen, daß er, wenn er in seinen
Briefen von „Brüdern" spricht, nicht nur die Männer, sondern auch die Frauen
anredet, so daß man in den meisten Fällen, wo „Brüder" steht, die Stelle sinngemäß
mit „Geschwister" übersetzen muß. Die Philipper wollen hören, wie es Paulus
geht. Er beginnt auch, von sich zu erzählen, aber er bricht, kaum daß er angefangen
hat, ab und berichtet vom *Evangelium.* Als Apostel ist er mit dem Evangelium
verbunden. Er ist von Gott berufen, das Evangelium Gottes zu verkündigen (Gal.
1,15f.; Röm.1,1). Seitdem ist er Gefährte (1.Kor.9,23), Diener (Röm.1,9),
priesterlicher Vermittler des Evangeliums (Röm.15,16). Da Botschaft und Bot-
schafter aufs engste zusammengehören, die Botschaft aber wichtiger ist als der
Bote (1.Kor.9,27; 2.Tim.2,8f.), geht es gar nicht anders, als daß Paulus vom Evangelium berichten muß, wenn er den Philippern etwas von seinem Ergehen mitteilen
soll. Vom Evangelium kann er nur sagen, daß es ihm gut geht. Die Verhaftung
des Apostels hat sich nicht als ein tödlicher Schlag gegen die Verkündigung von
Christus erwiesen, wie es viele gehofft und manche befürchtet hatten, sondern
wider alles Erwarten hat sie zur Förderung des Evangeliums gedient (V.7), weil es
nun auch dort ausgebreitet wird, wo es bisher noch nicht gehört worden ist. Die
anscheinende Isolierung des Missionars hat die entgegengesetzte Wirkung gehabt:
sie wurde zu einem Vorstoß des Evangeliums in die heidnische Umwelt des Gefangenen und zu einer Stärkung des missionarischen Willens in der Gemeinde.
Prätorium kann die Prätorianergarde bezeichnen, die in Rom stationiert war. Es 13
kann aber auch der Ausdruck für die kaiserliche Landvilla, die Wohnung des kaiserlichen Beamten, die Residenz des Statthalters, das Verwaltungs- und Gerichtsgebäude sein (vgl. S.130). Paulus berichtet, daß er im Gefängnis nicht isoliert
und von Menschen getrennt gewesen ist, vielmehr ist durch das Walten Christi
seine Gefangenschaft dem ganzen Gerichtsgebäude bekannt geworden, so daß sie
missionarische Bedeutung hat und dem Fortschritt des Evangeliums dient. Aber nicht
nur unter den Heiden hat das Evangelium an Gelände gewonnen, auch auf die Gemeinde am Ort hat die Gefangenschaft des Paulus eine Wirkung ausgeübt. Nicht alle,
aber die meisten Brüder sind dadurch nicht eingeschüchtert worden, sondern sie
haben neue Zuversicht im Herrn gefaßt. Geschwiegen haben sie auch vorher nicht. 14
Aber jetzt wagen sie, kühner als zuvor das Wort Gottes zu verkündigen. Dabei
setzen sie ihr Vertrauen nicht auf Paulus und den Ausgang seines Geschicks,

vielmehr auf Christus (Phil. 2, 24; Gal. 5, 10; 2. Thess. 3, 4; Röm. 14, 14). Verfolgung und Martyrium öffnen den Zögernden und Furchtsamen den Mund zum Bekenntnis zu Christus vor aller Welt, weil sie sehen, daß das Evangelium nicht eine Konventikelangelegenheit ist, sondern daß es in die Welt hineingerufen werden muß. Sie sagen weiter, was sie von Gott gehört haben, so daß ihr Wort Gottes

15-17 Wort ist. Die Motive, die die einzelnen Prediger zur Christusverkündigung veranlassen, sind recht verschieden. Die einen tun es aus „guter Gesinnung", „Liebe" und „Wahrhaftigkeit", weil sie wissen, daß Paulus sich nicht wegen persönlicher Angelegenheiten in Haft befindet, vielmehr von Gott zur Mission bestimmt als Sklave Christi die Sache des Evangeliums verteidigt und bekräftigt (vgl. V. 7). Von diesen seinen Freunden spricht Paulus nur kurz. Ausführlicher handelt er von seinen *Gegnern*. Diese geben sich den Anschein, als ob ihnen die Sache Jesu Christi am Herzen läge. Dabei ist ein starkes Motiv ihrer Betriebsamkeit der persönliche Ehrgeiz und die Abneigung gegen Paulus. Diese Gegner sind nicht Irrlehrer; denn wenn es sich um die Wahrheit des Evangeliums handelt, kann Paulus unerbittlich scharf sein (Phil. 3, 2.18 f.; Gal. 1, 6 ff.; 2, 4; 2. Kor. 11, 13.15). Im Philipperbrief gesteht er ihnen ausdrücklich zu, daß sie Christus verkündigen (V. 15.17 f.). Es handelt sich also nicht um sachliche, sondern um persönliche Differenzen. Die Widersacher des Paulus haben sich anscheinend über die Erfolge des Apostels geärgert, sie fühlten sich durch ihn eingeengt und bedrängt. Vielleicht sind es hellenistische Judenchristen aus dem Kreise um Stephanus, die eine ausgedehnte Missionsarbeit getrieben haben (Apg. 8, 4.26.40; 11, 19 f.) und die in Paulus einen sie überflügelnden Konkurrenten sahen. Als sich nun Paulus in Gefangenschaft befindet, nutzen sie diese Lage aus, wieder zu Ansehen zu kommen

18 und Menschen an sich zu ketten. Das Merkwürdige ist, daß auch unter solchen eigenartigen Vorbedingungen wirklich Christus verkündigt werden kann. Christus ist größer als seine Boten, das Evangelium mächtiger als seine Verkündiger, so daß es nicht von ihrer Lauterkeit und Vorbildlichkeit abhängt. Mit Paulus ist es wegen seiner überlegenen, unerbittlichen, schroffen Art nicht immer leicht gewesen zusammenzuleben. Aber gerade an dieser Stelle im Philipperbrief spürt man etwas von der Größe des Apostels. Die Gedanken eines Gefangenen kreisen meist um seine Person. Er spinnt sich in sich selbst ein, kennt nur sein Unglück, spricht von seiner Unschuld, seinem Recht und von der Schlechtigkeit der anderen. Grübelsucht, Zwangsbefürchtungen, Mißtrauen, Minderwertigkeitsgefühle, Mißgunst, Überreiztheit und Freudlosigkeit gehören zu den typischen neurotischen Symptomen des Gefangenen. Bei Paulus ist nichts von alledem zu finden. Er ist weder enttäuscht noch verbittert. Er ist imstande, sich über persönliche Kränkungen hinwegzusetzen. Die Sache, für die er eintritt, hat ihn so durchdrungen, daß er von seiner Person ganz absehen kann. Wie bei der Schilderung seines Ergehens (1, 12) gibt er auch hier der Sache den Vorrang vor der Person. Er denkt nicht an sich, sondern an Christus und das Evangelium, und darum kann er sich freuen, selbst wenn man ihm die an sich schon schwere Gefangenschaft noch schwerer macht.

2. Das zukünftige Geschick des Apostels 1, 18-26

18 **Ich werde mich aber auch weiterhin freuen; 19 denn ich weiß, „es wird zu meinem Heil ausgehen" durch euer Gebet und durch die Unterstützung**

des Geistes Jesu Christi. 20 So entspricht es meiner sehnsüchtigen Erwartung und Hoffnung, daß ich in keinem Stück werde zuschanden werden, sondern daß wie immer so auch jetzt Christus in aller Öffentlichkeit an meinem Leibe verherrlicht werden wird, es sei durch Leben oder durch Tod. 21 Denn für mich bedeutet Leben Christus und Sterben Gewinn. 22 Wenn mir bestimmt ist weiterzuleben, so bedeutet dieses für mich Frucht der Arbeit, und ich weiß nicht, was ich vorziehen soll. 23 Von beidem werde ich bedrängt: ich habe Lust abzuscheiden und mit Christus vereinigt zu sein – wieviel besser wäre das! 24 Aber um euretwillen ist das Bleiben im Fleisch notwendiger. 25 Mit voller Zuversicht weiß ich, daß ich zu eurem Fortschritt und zur Freude des Glaubens bleiben und bei euch allen verbleiben werde, 26 damit euer Ruhm in Christo Jesu durch mich dadurch wachse, daß ich wieder zu euch komme.

V. 19: *Hiob 13, 16.*

   Die Freude des Apostels ist so groß und mächtig, daß sie durch nichts gemindert 18 werden kann, was die Zukunft auch bringen mag. Die Philipper möchten wissen, wie der Prozeß ausgehen wird (vgl. V. 12). Paulus antwortet mit Hi. 13, 16. Er weiß 19 nicht, ob Martyrium oder Freispruch seiner wartet. Auf jeden Fall wird er wie einst Hiob trotz aller Not mit Gott verbunden bleiben. Selbst was böse aussieht, muß sich für ihn zum Heil auswirken (vgl. Röm. 8, 28). Das Heil, das er erwartet, besteht nicht in der Befreiung aus dem Gefängnis oder in der Errettung aus äußerer Gefahr, sondern Paulus denkt an die ewige Errettung, an das endgültige Heil. Gott wird alles zum besten wenden, weil die Gemeinde für ihn fürbittend eintritt (vgl. Apg. 12, 12). Wie Paulus für die Gemeinde betet (V. 3. 9), so soll es auch die Gemeinde für den Apostel tun (1. Thess. 5, 25; Phlm. 22; 2. Kor. 1, 11, vgl. Eph. 6, 18; Kol. 4, 3; 2. Thess. 3, 1). Beide sind aufeinander angewiesen (Röm. 1, 11 f.; 1. Kor. 12, 26). Im Gebet sind die Gemeinden Mitstreiter in dem Kampf, den der Apostel auszufechten hat (Röm. 15, 30). Zur Fürbitte der Gemeinde kommt die Unterstützung, die der Geist Christi seinen Boten bei Verteidigung vor Gericht gibt (Mk. 13, 11; Lk. 12, 11 f.; Mt. 10, 20). Die Formulierung ‚Geist Jesu Christi‘ findet sich nur an dieser Stelle bei Paulus. Sonst spricht er vom ‚Geist Christi‘ (Röm. 8, 9), vom ‚Geist des Sohnes‘ (Gal. 4, 6) oder vom ‚Geist des Herrn‘ (2. Kor. 3, 17), falls er nicht Wendungen wie ‚Geist Gottes‘ (Röm. 8, 9 ff.), ‚Heiliger Geist‘ (Röm. 5, 5) oder einfach ‚der Geist‘ (Gal. 3, 5) gebraucht. Paulus vertraut nicht auf seine Frömmigkeit oder sein Geschick, sondern allein auf die Hilfe Christi. Die volle Aktivität liegt bei Gott, nicht beim Menschen, auch dann nicht, wenn es sich um einen Apostel handelt. Die ganze Hoffnung und Erwartung des Paulus geht 20 dahin, nicht zuschanden zu werden. Eine Schande wäre es für ihn als Knecht Jesu Christi, wenn Christus durch ihn nicht verherrlicht würde. Aber das wird nicht eintreten, vielmehr wird Christus durch ihn groß werden. Paulus spricht hier in einer passivischen Wendung. Damit bringt er jüdischem Sprachgebrauch entsprechend zum Ausdruck, daß Gott der Handelnde ist. Nicht Paulus verherrlicht Christus, sondern er ist nur das Mittel, das Gott gebraucht. Ob er selbst dabei am Leben bleibt oder sterben muß, ist gleichgültig. Sollte er am Leben bleiben, so wird der Inhalt seines Lebens sein, den Ruhm Christi zu vermehren. Sollte er den Märtyrertod erleiden, so wird auch durch sein Sterben Christus groß werden.

Entscheidend ist nicht, was aus ihm, dem Apostel, wird (vgl. 1,12.17f.), sondern wichtig ist allein der Triumph Jesu Christi in aller Öffentlichkeit. Das schreibt Pau-
21 lus den Philippern, die etwas über sein Ergehen wissen möchten. Nachdem er von den Auswirkungen seines Ergehens auf die Christusbotschaft gesprochen hat, nimmt er ganz persönlich zur Frage *Leben* oder *Tod* Stellung. Diese sonst jeden Menschen bewegende Schicksalsfrage hat für ihn alle Bedeutung verloren. Weil es ihm um Christus geht, kann er die beiden Gegensätze Leben oder Sterben durch ein ‚und‘ verbinden und über sie parallele Aussagen machen. Formal ist „Leben" in diesem Satz Subjekt und „Christus" Prädikat. Aber ebensogut kann man die Satz-hälften umkehren und mit Luther übersetzen: Christus ist das Leben; denn Christus ist das heimliche Subjekt des Satzes. Mit seinem leiblichen Leben gehört Paulus noch der Erde an. Aber in viel stärkerem Maße ist er Christus zugehörig, so daß sein Leben ein Leben des Christus ist. Das irdische Leben ist erfaßt und erfüllt von Chri-stus. Die zweite Satzhälfte soll keine Steigerung bedeuten: wenn Leben Christusge-meinschaft ist, dann ist Sterben es erst recht, weil durch den Tod alle Schranken beseitigt werden, die die Lebenden von Christus trennen. Die beiden Satzhälften werden nicht durch ein ‚um so mehr‘ voneinander abgehoben, sondern als gleich-wertig durch ‚und‘ miteinander verbunden. Auch Röm. 14,8 kennt Paulus die Alter-native ‚Leben oder Sterben‘ nicht, sondern wenn er lebt, dann lebt er Christus, und wenn er stirbt, dann ist das kein Verlust, wie es gewöhnlich angesehen wird,
22 sondern Gewinn, weil er dann mit Christus vereint ist. In V.22 redet Paulus im Unterschied zu V.21 nicht vom Leben, sondern vom Leben im Fleisch. In V.21 war Leben umfassend gemeint, sowohl das irdische wie auch das Leben in Christus. V.22 dagegen handelt nur von der irdischen Existenz. Dieses Leben im Leibe bedeutet für Paulus Arbeit für Christus. Aber er spricht nicht von seiner Arbeit, seinem verdienstvollen Wirken, sondern von der Frucht, die Gott schenkt. In V.21 standen die beiden Worte vom Leben und Sterben nicht im Gegensatz zu-einander. Dieses ist aber bei der Aussage vom Sterben V.21b und der vom Leben V.22 der Fall. Paulus weiß nicht, ob er das Sterben oder das Leben im Fleisch, ob
23 er den Gewinn oder die Frucht der Arbeit erwählen soll. Von beiden Möglich-keiten wird er bestürmt und bedrängt. Er hat ein großes Verlangen, von der Erde zu scheiden. Diese Todessehnsucht entspringt aber nicht der griechischen oder einer allgemein pessimistischen Einstellung zum Leben, allen Mühen und Be-schwerden möglichst rasch zu entfliehen, wie es z.B. Äschylos zum Ausdruck bringt: „Was ein Gewinn hat für mich noch das Leben? ... Besser ist, mit einem Schlag zu sterben als alle Tage böse zu leiden" (Der gefesselte Prometheus 747. 750f., vgl. auch Sophokles, Antigone 463f.). Euripides schreibt: „Man muß den Neugeborenen beklagen für alle Übel, in die er gerät, den Toten aber als den von aller Not Befreiten mit Freude und Lobpreis hinziehen lassen" (Fr.449, TGF 497). Immer wieder wird in der griechischen Literatur der Satz von Theognis Elegia I 425–427 zitiert: „Das Beste von allem ist für Sterbliche, nie geboren zu werden und nie die Strahlen der leuchtenden Sonne zu erblicken; für den, der geboren ist, so schnell wie möglich die Tore des Hades zu durchschreiten." Wenn Paulus seine Zelte auf Erden möglichst schnell abbrechen möchte, so bedeutet das weder, daß er allen Schwierigkeiten aus dem Wege gehen möchte, noch daß er die Naherwartung

aufgegeben hat (vgl. 1,6.10; 2,16; 3,20f.; 4,5). Es geht ihm vielmehr um die vollkommene Vereinigung mit Christus in der Herrlichkeit des jenseitigen Reiches (2,17f.; vgl. 2.Kor.5,8; Röm.8,23). Aber er braucht sich gar nicht zu entscheiden; denn über ihn als Knecht Jesu Christi ist entschieden. Wichtiger als sein persön- 24 liches Heil ist das Ergehen der Gemeinde. Darum ist er bereit, zunächst noch auf das Sein mit Christus zu verzichten und weiter schlaflose Nächte, Sorgen, Nöte, Ängste, Hunger, Durst, unstetes Leben, Verdächtigungen, Anfeindungen, Schläge, Gefängnis, Schiffbrüche auf sich zu nehmen (1.Kor.4,9ff.; 2.Kor.6,4ff.; 11,23ff.). Er strebt nicht in egoistischer Frömmigkeit schon jetzt nach dem Siegeskranz, sondern er will trotz aller Anstrengungen, Entsagungen und Entbehrungen den Kampf weiterführen. Der Ausgang des Prozesses ist noch ganz unklar (2,17). Trotzdem 25f. weiß Paulus mit untrüglicher Gewißheit, daß er nicht sterben, sondern am Leben bleiben wird, so daß er bereits Reisepläne macht. Die Gemeinden brauchen ihn; denn sie sind noch nicht vollkommen (1.Thess.3,10; 1.Kor.3,1ff.). Weil den einzelnen in der Gesamtheit noch sehr vieles fehlt, darum sollen sie zunehmen (1.Thess.3,12; 2.Thess.1,3), wachsen (2.Kor.10,15; 9,10), überfließen (Phil. 1,9; 1.Thess.3,12; 4,1). Der Christ soll nicht seine ethischen Qualitäten vervollkommnen, sondern der Glaube, die Erkenntnis und die Liebe sollen stärker werden. Paulus wird bei den Philippern bleiben, damit sie weiter fortschreiten in ihrer geistlichen Entwicklung und zu einem fröhlichen Glauben kommen. Man ist erstaunt, daß Paulus so positiv vom Ruhm der Philipper spricht. Sonst wendet er sich gegen den Ruhm (Röm.3,27; 4,2; 1.Kor.1,29; 3,21). Aber es handelt sich nicht um den Ruhm des selbstgerechten Frommen, sondern um einen Ruhm in Christus Jesus (Phil.3,3; Röm.5,11; 15,17; 1.Kor.15,31). Dieser hat zur Voraussetzung, daß man alles hingibt, was in menschlichen Augen Anlaß zum Ruhm haben könnte, und sich beschenken läßt (1.Kor.4,7). Der wahre Ruhm des Christen ist das Kreuz Christi (Gal.6,14), das allem üblichen Ruhm der Menschen ein Ende bereitet (1.Kor.1,23ff.). Diesen Ruhm aus der Gemeinschaft mit Christus Jesus, der durch Christus gewirkt ist, will Paulus durch seine apostolische Tätigkeit vermehren. Dadurch, daß der Glaube bei ihnen stärker wird, wächst auch der Ruhm.

II. Die Bewährung der Gemeinde 1,27-2,18

1. Mahnung zum Standhalten im Kampf 1,27-30

27 Nur wandelt würdig des Evangeliums Christi, damit, ob ich komme und euch sehe oder ob ich abwesend bin und von euch höre, daß ihr in einem Geist feststeht, mit einer Seele gemeinsam durch den Glauben des Evangeliums kämpft 28 und euch in keiner Weise von den Gegnern einschüchtern laßt, was für sie ein Zeichen des Verderbens, für euch aber der Errettung ist, und das von Gott. 29 Denn euch wurde die Gnade geschenkt, für Christus – nicht nur an ihn zu glauben, sondern auch für ihn zu leiden, 30 habt ihr doch denselben Kampf, den ihr an mir gesehen habt und jetzt von mir hört.

27   Nachdem Paulus V. 12-26 von sich berichtet hat, wendet er sich in den folgenden Versen den Philippern mit ihren Problemen zu, was er für sehr viel wichtiger hält. Mit der Anspielung auf sein Kommen oder seine Abwesenheit greift er auf den V. 24 ff. angedeuteten Plan seines Besuches zurück. Ganz gleich, was mit ihm geschieht, ob er am Leben bleibt oder stirbt (V. 21 ff.), ob er freikommt oder ein Gefangener bleibt, die Philipper sollen würdig des *Evangeliums* wandeln. Der Satz ist wie eine Überschrift über die ganzen folgenden Ermahnungen. Er ist zum Verständnis von größter Wichtigkeit, weil er sowohl die Forderung wie die von Gott gewirkte Möglichkeit des Tuns zum Ausdruck bringt. Das Evangelium, das Jesus Christus zum Inhalt hat und das Jesus Christus durch den Mund seiner Boten verkündigt, hat die Philipper zu Christen gemacht (1, 5). Dieses Evangelium, so sehr es Geschenk ist, verpflichtet sie aber auch, ihr Leben dementsprechend zu gestalten. Die Christen, die ihr Bürgerrecht im Himmel haben (3, 20), müssen ihr Leben auf dieser Erde in Übereinstimmung mit ihrer neuen Staatszugehörigkeit führen. Diese Mahnung unterscheidet sich von jeder gesetzlichen Forderung, weil allem menschlichen Handeln das Handeln Gottes vorausgeht. Darum ist sie nicht ein gesetzlicher, sondern ein evangelischer, pneumatischer, charismatischer Imperativ. Für Evangelium kann auch Gott (1. Thess. 2, 12), der Herr (Kol. 1, 10) oder die Berufung eingesetzt werden (Eph. 4, 1). Man wandelt würdig des Evangeliums, wenn man nicht zurückweicht, sobald sich Schwierigkeiten einstellen. Man darf sich aber auch nicht durch Beharren auf Meinungsunterschieden zersplittern. Man soll vielmehr in einem Geist feststehen (1. Kor. 16, 13; Gal. 5, 1; Phil. 4, 1; 1. Thess. 3, 8). Die Einheit gehört zum Wesen der Kirche (Apg. 4, 32; Joh. 17, 22; Eph. 4, 3 f.; 1. Kor. 12, 4). Die von Gott geschenkte Einheit gilt es zu bewähren, darum sollen die Philipper gemeinsam mit einer Seele kämpfen durch den Glauben, den das Evangelium bei ihnen wirkt. Bei den Auseinandersetzungen, in die sie verwickelt sind, handelt es sich nicht um Streitigkeiten innerhalb der Gemeinde, sondern, wie V. 28 f. zeigen, um Angriffe, die von außen kommen. In diesem Krieg ist der Glaube, für den sie im Kampfe stehen, gleichzeitig ihr Bundesgenosse; denn durch ihn wird die Gemeinde eine Einheit, die dem Gegner widerstehen kann. Er macht die sozialen und bildungsmäßigen Verschiedenheiten zu unwesentlichen Merkmalen. Wo man nicht zu einer Überwindung von solchen Unterschieden, Vorurteilen und Antipathien vordringt, kann es nicht zu einem siegreichen Kampf kommen, weil die Einheit fehlt. Die Christen führen nicht gegen etwas Krieg, sondern sie streiten gemeinsam durch den Glauben für den Glauben. Ihr Kampf besteht im

28   Leiden (V. 29), und durch ihr Leiden breiten sie das Evangelium aus. Die Gegner sind nicht in die Gemeinde eingedrungene Häretiker, sondern heidnische Bürger von Philippi, die den Christen zu schaffen machen. Was diese Gegner auch anstellen mögen, die Christen sollen sich weder imponieren noch einschüchtern lassen. Unerschrockenheit, die dem Gegner keine Konzessionen macht, gehört zur Haltung der Gemeinde. Bei diesem Kampf geht es nicht um Sieg oder Niederlage, sondern viel radikaler: um Errettung und ewiges Verderben. Was bei den Philippern vorgeht, hat eschatologischen Charakter. Das endgültige Gericht Gottes wirft seine Schatten voraus, so daß sich schon in der Gegenwart das vollzieht, was der Jüngste Tag bestätigen wird (2. Thess. 1, 5-9): die einen werden zum ewigen Heil, die anderen

zum ewigen Verderben geführt (vgl. 1.Kor. 1,18; 2.Kor. 2,15f.). Die Philipper sind
nicht von sich aus ein solches Wahrzeichen; denn nicht sie verfügen über Errettung
und Verderben, sondern Gott tut es, von dem alles kommt. Daß es sich bei dem 29
Kampf der Philipper nicht um einen zeitlichen Sieg handelt, geht aus V. 29 hervor.
Paulus verspricht ihnen nicht baldige Befreiung aus der Not der Verfolgung, sondern er preist abgesehen vom Gnadengeschenk des Glaubens auch gerade das des
Leidens. Hier wird ganz deutlich, daß der Glaube nicht eine Tätigkeit des Menschen
ist, nicht ein Beitrag, den der Mensch zum Wirken Gottes beisteuert, sondern er ist
von Gott gewirkt (Eph. 1,19; Joh. 6,29). Das *Leiden* ist für Paulus nicht Strafe,
sondern Gnade (1.Petr. 2,20). Immer wieder wird im Neuen Testament davon
gesprochen, daß es zum Leben des Christen gehört (Apg. 5,41; 9,15f.; 1.Thess.
3,3; 2.Thess. 1,5; 2.Tim. 3,12). Luther hat es das hochzeitliche Kleid des Christen,
das Hofgewand im Reiche Christi genannt. Es ist das Tor, durch das man in das
Gottesreich eingeht (Apg. 14,22; vgl. Mt. 16,24). Darum sollen Christen nicht
erstaunt und verwundert sein über die Leiden, die sie treffen (1.Petr. 4,12f.). Leiden
ist nicht Schaden oder Verlust, sondern Gewinn (Mt. 5,10f.). Es ist der Schmelz-
ofen, in dem sich der Glaube bewährt (1.Petr. 1,6). Nur wem die Gnade des Glaubens zuteil geworden ist, kann auch im Leiden einen Gnadenerweis sehen. Wenn 30
Paulus so positiv vom Leiden spricht, so behandelt er nicht theoretisch eine theologische Idee, sondern er spricht aus Erfahrung. Er spielt auf das an, was ihm beim
ersten Besuch in Philippi widerfahren ist (Apg. 16,19ff.; 1.Thess. 2,2). Damals
haben sie mit ihren eigenen Augen gesehen, wie er geschlagen und ins Gefängnis
geworfen worden ist. Jetzt haben sie gehört, daß er wieder ein Gefangener mit allen
Entbehrungen und Gefahren ist. Auch die Philipper stehen im Leiden, und dieses
Leiden nennt Paulus Kampf. Der Abschnitt ist gefüllt mit Ausdrücken aus dem
politischen und militärischen Leben. Das ist eine Sprache, die die alten Soldaten in
Philippi verstehen.

2. Mahnung zu Einigkeit und Demut 2,1-4

**1 Gibt es nun Ermahnung in Christus, gibt es Zuspruch der Liebe, gibt es
Anteil am Geist, gibt es herzliches Erbarmen und Mitgefühl, 2 so macht meine
Freude dadurch vollkommen, daß ihr eines Sinnes seid, dieselbe Liebe habt, einmütig seid, auf das eine sinnt, 3 nichts aus Selbstsucht, nichts aus eitler Ehrsucht
tut, sondern in Demut haltet einer den andern höher als sich selbst. 4 Jeder achte
nicht auf das Seine, sondern vielmehr auf das, was des andern ist.**

Die Mahnung zur Einheit von 1,27 wird in diesem Abschnitt fortgesetzt. Sie 1
soll sich nicht nur im Kampf gegen die Widersacher, sondern auch im Zusammenleben der Gemeindeglieder miteinander zeigen. Paulus bittet und wirbt, drängt und
beschwört die Philipper. Es handelt sich nicht um einen ethischen Appell, nicht um
Zurechtweisung durch einen moralisch Besseren, sondern um eine Ermahnung in
Christus, bei der aller menschliche Hochmut von vornherein unmöglich ist und die,
weil sie in Christus erfolgt, gleichzeitig Zuspruch und Trost ist. Bei ihr ist der
Apostel (Röm. 12,1; 15,30; 1.Kor. 1,10; 2.Kor. 5,20; 10,1; 1.Thess. 4,1; 5,14;
1.Thess. 3,12), der Prophet (1.Kor. 14,3.31) oder wer sonst die Ermahnung ausspricht (1.Thess. 5,12), gar nicht der Redende, sondern Christus selbst. Darum ist

solch eine Ermahnung in Christus nicht nur Wort, sondern wirksames Wort. Etwas
Ähnliches sagt auch der Ausdruck „Zuspruch der Liebe". Es kann auch einen Zuspruch geben, der nicht aus einem mit der Liebe Gottes erfüllten Herzen kommt,
wie es auch Ermahnung ohne Christus gibt. Weil die Gemeinde die Gottesliebe hat,
versteht sie es, die Trauernden zu trösten, die Schwachen zu stärken und die Zweifelnden aufzurichten. Zur Ermahnung in Christus und zum Zuspruch durch die
Gottesliebe kommt der Anteil am Heiligen Geist, der die gewünschte Einheit schafft.
Diese Einheit entsteht nicht durch gewandte Diplomatie und raffinierte Organisation, sondern wo der Geist lebendig ist, gibt es Einheit. Wie Gott als Gott der Liebe
der Gemeinde die Liebe schenkt, daß man lieben kann, so gibt er als der Vater des
Erbarmens (2.Kor. 1, 3) den Seinen sein Erbarmen, daß sie das Leid des andern mit-
empfinden (Röm. 12, 15), die Lasten der Bedrängten tragen können und imstande
sind, auch da barmherzig zu denken, wo die anderen verurteilen. Das schafft Ge-
2 meinschaft. Paulus bringt die Angelegenheiten der Gemeinde mit seiner Person in
Verbindung; denn Apostel und Gemeinde gehören zusammen. Wie 1, 18 so spricht
er auch hier wieder in einem ganz ungewöhnlichen Zusammenhang von der Freude.
In seinem Gefängnis, den Tod vor Augen, denkt er nicht an seine Befreiung aus der
Haft, ihn bewegt nicht Sorge oder Angst, sondern er spricht von der Freude, die
ihre Fülle erhält, wenn die Gemeinde einig ist (vgl. 4, 1). Auf die vier beschwörenden
Bedingungssätze in V. 1 folgen in V. 2 vier kurze positive Mahnungen. Die Auffor-
derung, „gleichen Sinnes zu sein", kehrt in den paulinischen Briefen immer wieder
(Röm. 12, 16; 15, 5; 2.Kor. 13, 11; Phil. 4, 2), weil sich überall auseinanderstrebende
Kräfte bemerkbar machen. Es ist durchaus nicht so, daß Menschen, die zum Glauben an Christus gekommen sind, sich sogleich besser verstehen. Oft entstehen
gerade in der Gemeinde Spannungen, die es sonst nicht gibt. In solcher Situation
genügt es nicht, daß man dasselbe denkt. Menschen, die sich auf einen bestimmten
Gedanken geeinigt haben und nun für eine bestimmte Idee eintreten, bilden noch
lange keine Einheit. Das Denken, von dem Paulus hier spricht, ist mehr als ein ratio-
naler Vorgang. Es ist die innere Ausrichtung des ganzen Menschen auf das allen
Christen Gemeinsame (Röm. 8, 5; Kol. 3, 2). Soll wirkliche Gemeinschaft entstehen,
so muß man in Liebe miteinander verbunden sein. Durch die Liebe, die den Nächsten sucht und sich ihm aufrichtig zuneigt, werden die vielen, auch die Ein-
3 spänner und Einsiedler, eine Einheit. Feinde der Einheit sind Eigennutz und Eitelkeit. Wo Selbstsucht herrscht, kann Liebe nicht gedeihen. Ebenso zerstört Prahlerei,
die etwas vortäuscht, was nicht vorhanden ist, und sich mit dem Schein brüstet, die
Gemeinschaft. An die Stelle von Eigennutz und Eitelkeit soll vielmehr die Demut
treten, die den anderen nicht nur anerkennt, sondern ihn ungeachtet seiner sozialen
Rangstufe für übergeordnet ansieht (Röm. 12, 10). Der Christ hat eine ganz neue
Einstellung zu seinen Mitmenschen, die unabhängig ist von der sozialen Schicht, in
4 der sich der eine oder andere befindet. Wer demütig ist, setzt seinen eigenen Vorteil
hintenan und ist auf das Wohl des anderen bedacht. Er denkt vom andern her und
sucht das zu tun, was dem anderen förderlich ist (1.Kor. 6, 7; 7, 4; 8, 13; 9, 19;
10, 24. 33; 13, 5; Röm. 14, 19; 15, 2). Darum berührt sich Demut mit aufopfernder
Liebe und Selbstlosigkeit. Sie hat aber nichts mit Minderwertigkeitsgefühlen oder
Sklavenmoral zu tun. Sie ist nicht Ausdruck serviler Gesinnung und unterwürfiger

Selbsterniedrigung, sondern Anerkennung des Mitmenschen. Der Demütige ist zwar zu jedem, gerade auch dem geringsten Dienst mit Freuden bereit; aber das führt nicht zu Unterlassung der großen Aufgaben. Wer der Letzte in der Gemeinschaft sein kann, wird, wenn er der Erste ist, die Gemeinschaft nicht zerstören, da ihn ja nicht der Ehrgeiz, sondern die Liebe treibt. Der Demütige ist jederzeit bereit, wieder Letzter zu sein, wenn ein anderer zum Dienst als Erster berufen ist. Er achtet nicht auf seinen Vorteil, sondern vielmehr auf den des anderen. Darum ist er stets zum Dienst am Nächsten bereit.

3. Das Christuslied 2, 5-11

5 Sinnet bei euch auf das, was man auch in Christus Jesus (sinnt),

6 der in Gestalt Gottes sein Dasein hatte,
    beutete das Gott-gleich-Sein nicht aus,
7 sondern er entäußerte sich,
    nahm die Gestalt eines Knechtes an,
ward den Menschen gleich
    und der Erscheinung nach als Mensch erfunden.
8 Er erniedrigte sich selbst
    und wurde gehorsam bis zum Tode (ja, bis zum Tode am Kreuz).

9 Darum hat Gott ihn auch erhöht
    und ihm den Namen über alle Namen verliehen,
10 damit in dem Namen Jesu „sich alle Knie beugen sollen",
    der Himmlischen, Irdischen und Unterirdischen,
11 und „jede Zunge bekenne":
    „Herr ist Jesus Christus"
Zur Ehre Gottes des Vaters.

V. 10. 11: *Jes. 45, 23.*

Die V. 6 bis 11 enthalten ein urchristliches Lied von Christus. Dieses stammt wahrscheinlich nicht von Paulus selbst, da sich in ihm eine ganze Reihe von Wörtern findet, die Paulus sonst nicht zu gebrauchen pflegt. Auch inhaltlich zeigen sich Unterschiede zur Theologie des Paulus. Es wird nicht das „für uns" der Heilsbedeutung des Todes Jesu herausgestellt, wie es Paulus sonst zu tun pflegt, und die Auferweckung Jesu wird überhaupt nicht erwähnt, die in der paulinischen Verkündigung eine zentrale Stellung einnimmt. Wie andere urchristliche Traditionsstücke beginnt auch dieses Lied mit einem Relativsatz, der an den Christusnamen anknüpft (vgl. Röm. 4, 25; Kol. 1, 13. 15; 1. Tim. 3, 16; Hebr. 1, 3; 5, 7; 1. Petr. 2, 22). Die Gedanken werden nach Art der jüdischen Psalmen im Parallelismus der Glieder entwickelt. Die erste Doppelzeile handelt von der Präexistenz (V. 6). Umfangreicher ist die Beschreibung der Erniedrigung. Sie umfaßt drei Doppelzeilen (V. 7-8). Die letzten Worte dieses Abschnittes „bis zum Tode am Kreuz" (V. 8) sind ein Zusatz von Paulus, um die Heilsbedeutung des Vorganges zu unterstreichen. Subjekt bei den Aussagen über die Präexistenz und die Erniedrigung ist Jesus Christus. Zwischen V. 8 und 9 liegt ein tiefer Einschnitt. Von V. 9 an ist nicht mehr Jesus, sondern Gott der Handelnde. Wie die Erniedrigung so wird jetzt auch die Erhöhung in drei Doppelzeilen geschildert. Die letzten Worte des Liedes „zur Ehre Gottes des Vaters" (V. 11) lassen sich nicht in die poetische Ordnung des Parallelismus der Glieder einfügen. Sie stören auch den gedanklichen Aufbau. Da in diesem Teil Gott Subjekt ist, paßt die Wendung „zur Ehre Gottes des Vaters" nicht in die Schilderung des Handelns Gottes mit Jesus hinein. Es ist auch nicht anzunehmen, daß die Mächte, die Christus anbetend ehren, Gott als Vater bezeichnen. Der Satz „Kyrios ist Jesus" genügt vollkommen zur Akklamation des Erhöhten bei der Inthronisation. „Zur Ehre Gottes des Vaters" ist eine das ganze abschließende Formel, wie sie in ähnlicher Weise formal und auch inhaltlich im Judentum verwendet wurde. Ps. 89, 53 wird das dritte Psalmbuch mit einem Lobpreis besiegelt, auch einzelne Psalmen enden mit einem Lobspruch (Ps. 68, 36; vgl. 103, 22; 104, 35; 105, 45; 2. Mose 15, 18). Die Wendung „zur Ehre Gottes" findet sich bei Paulus mehrmals (Phil. 1, 11; 4, 20; Röm. 15, 6 f.; 2. Kor. 4, 15). Es läßt sich nicht entscheiden, ob der Dichter des Christuspsalmes sein Lied mit diesen Worten beendet hat oder ob Paulus die Worte hinzugefügt hat.

Bei der vorgetragenen Gliederung des Liedes tritt eine chiastische Art der Gedankenführung klar hervor. Die Doppelzeile von der Präexistenz wird antithetisch-chiastisch in der ersten Doppelzeile von der Erniedrigung aufgenommen: Christus klammerte sich nicht mit aller Macht an das Gott-gleich-Sein (V. 6 b), sondern er entäußerte sich (V. 7 a). Er, der die Gestalt Gottes hatte (V. 6 a), nahm die Gestalt des Sklaven an (V. 7 b). In derselben Art werden die beiden großen Stücke Erniedrigung und Erhöhung vergleichend gegenübergestellt. Der dritte Zweizeiler über Erniedrigung steht im Gegensatz zu dem ersten Zweizeiler der Erhöhung: Der sich selbst erniedrigte (V. 8), wurde von Gott erhöht (V. 9). Ähnlich stehen sich die beiden Mittelstücke antithetisch gegenüber: Der in die Menschenwelt Eintretende und den Menschen völlig Gleichwerdende (V. 7 c u. d) wird von dem ganzen Kosmos geehrt (V. 10). Ganz deutlich sind die Gegensätze zwischen dem ersten Zweizeiler der Erniedrigung und dem dritten der Erhöhung: Der die Knechtsgestalt angenommen hat, wird als der Herr akzeptiert. Phil. 2, 6-11 ist ein kunstvoll komponiertes Christuslied.

Das Lied hat zu verschiedenen religionsgeschichtlichen Vergleichen angeregt. Es ist wohl kaum im Gegensatz zum Mythos vom gefallenen Lichtengel gebildet, der sich in seinem Übermut gegen Gott empörte und Gott gleich sein wollte (Leben Adams und Evas 12 ff.). Da Christus die Gottgleichheit hatte, brauchte er gar nicht nach ihr zu streben. Ebensowenig liegt eine Parallele zu Adam vor, der, nach Gottes Ebenbild geschaffen (Gen. 1, 26), sich mit dieser göttlichen Gestalt nicht begnügte, sondern sich vom Teufel verführen ließ, nach der Gottgleichheit zu greifen. Röm. 5, 12 ff. werden Adam und Christus zwar einander gegenübergestellt, aber in Phil. 2 handelt es sich nicht darum, daß Jesus ähnlich wie Adam versucht worden ist (vgl. Mk. 1, 12 f.). Direkte Anspielungen auf Jes. 53 sind nicht sichtbar. Eine exegetische Notwendigkeit, die Aussagen über den Gottesknecht mit denen über den Menschensohn zu kombinieren, liegt nicht vor. Abgesehen von dem Schlußsatz, auf den das Ganze hinzielt: „Herr ist Jesus Christus", vermeidet das Lied jeden christologischen Hoheitstitel. Am ehesten könnte man an den präexistenten Sohn Gottes denken;

aber es fehlt der Gedanke der Sendung, der sich sonst bei den Sohnformeln findet (Röm. 8, 3; Gal. 4, 4). Erniedrigung und Erhöhung werden in der Weisheitsliteratur auch von dem Gerechten ausgesagt. Aber dieser hat nicht Gottes Gestalt, und er erniedrigt sich auch nicht selbst. Große Ähnlichkeit hat Phil. 2 mit dem Mythos vom Erlöser, der die Gestalt des Lichtgottes hatte, zu den in der Materie gefangenen Menschen herabstieg, um sie zu befreien, und dann wieder in die himmlische Welt zurückkehrte. Aber der Erlöser wurde gar nicht ein wirklicher Mensch, und seine Rückkehr hat auch nicht die Inthronisation des Gehorsamen wegen seines Gehorsams durch Gott zur Folge. Phil. 2 läßt sich nicht auf ein bestimmtes Vorbild festlegen, sondern faßt religionsgeschichtlich-synkretistisch mancherlei Vorstellungen zusammen, um den Christusweg zu zeigen. Dieser wird in drei Stadien geschildert: Präexistenz, Erniedrigung und Erhöhung.

V. 5 ist die Überleitung von der Ermahnung zum Christuslied. In V. 2 hatte Paulus 5 aufgefordert, „eines Sinnes zu sein", und diese Mahnung wurde in V. 3 näher bestimmt als „das eine zu sinnen". V. 5 wird noch einmal mit anderen Worten gesagt, welchen Sinn, welche Grundhaltung die Philipper haben sollten. Nach Luthers Übersetzung sollen sie dieselbe Gesinnung haben, die Jesus Christus gehabt hat. Diese Übersetzung ist kaum richtig. Bei einer solchen Auffassung von V. 5 ist das Christuslied von V. 6-11 unverständlich. Sollte Christus nur als Vorbild für die selbstlose Gesinnung gezeigt werden, dann würden die V. 6-8 genügen. Paulus schreibt V. 5 den Philippern, sie sollten in ihrer Gemeinschaft in ihrem ganzen Denken und Trachten so ausgerichtet sein, wie man sich in der endzeitlichen Existenz der Christusgemeinschaft verhält. Um zu zeigen, wie es zu dieser neuen Situation des Seins in Christus gekommen ist, führt Paulus das Christuslied an. Da es in der Urchristenheit eine ganze Reihe von Christusliedern gegeben hat, muß man sich fragen, warum er gerade diesen Hymnus zitiert. Die neuschaffende Bedeutung der errettenden Tat Christi kommt in andern Traditionsstücken viel stärker zum Ausdruck (Gal. 1, 4; Kol. 1, 13 f.; Röm. 4, 25). Paulus zieht wahrscheinlich deshalb dieses Lied heran, weil es von der Erniedrigung, vom Gehorsam und von der Selbstlosigkeit des Christus spricht, die Paulus auch bei den Philippern sehen möchte. Aber er stellt Christus nicht als das Ideal hin, das man doch nie erreicht, sondern er spricht primär von dem Wandel der Welt, der durch Christus eingetreten ist, so daß es jetzt ein neues Sein und ein anderes Denken gibt. Christologie und Ermahnung gehören für ihn aufs engste zusammen. Auch Röm. 15, 2 f. 7; 2. Kor. 8, 8 ff. verweist er auf das Handeln Jesu. Die Christusgeschichte ist nicht ein isoliertes, individuelles Ereignis, sondern ein finales Geschehen, das das Leben und Handeln der Menschen bestimmt (1. Thess. 5, 9 f.; 2. Kor. 5, 15. 21; Gal. 3, 13 f.; 4, 4 f.). In V. 5 werden Imperativ und Indikativ zusammengeschlossen. Paulus sagt hier dasselbe, was er an vielen anderen Stellen zum Ausdruck bringt: Seid, was ihr seid (Gal. 5, 25; 1. Kor. 5, 7; Röm. 6, 10 f.). Das Lied wurde wahrscheinlich bei der Taufe gesungen. Es soll die Philipper an ihre neue Existenz durch Christus erinnern.

Die ersten beiden Verse des Liedes handeln vom Präexistenten (V. 6). Über ihn 6 werden nicht große Spekulationen und tiefsinnige Betrachtungen angestellt. Es wird nichts über seine leibliche Beschaffenheit, über seine Natur und seine Substanz gesagt, wohl aber etwas über seinen Status, seine Stellung und seine Daseinsweise. Der Ausdruck „in Gestalt-Gottes-Sein" wird durch das im Parallelismus dazu stehende „Gott-gleich-Sein" und das gegensätzliche „Gestalt des Knechtes" (V. 7) erklärt. Die Gottgleichheit war nicht etwas, was ihm noch vorenthalten war, so daß er in Versuchung stand, sie als Raub an sich zu reißen, sondern er besaß sie, aber er beutete diesen Status nicht in eigennütziger Weise aus, indem er die göttliche Daseinsweise mit aller Gewalt festhielt.

7   In V. 7-8 wird in sechs verschiedenen Wendungen der Weg des Christus von der Gottesherrlichkeit zum Tode beschrieben. V. 7 steht in schroffer Antithese zu V. 6. Der präexistente Christus entäußerte sich der „Gottesgestalt" und nahm die „Gestalt des Knechtes" an. Er gab das „Gott-gleich-Sein" auf und wurde „den Menschen gleich" (vgl. 2. Kor. 8, 9). Fragt man nach dem Grund der Erniedrigung, so lautet die Antwort: es geschah aus freiem Willen. Es kam nicht über ihn als ein Schicksal, dem er sich nicht entziehen konnte, er handelte nicht gezwungen, sondern er wählte in souveräner Freiheit den Weg des Opfers und des Verzichts (Röm. 15, 3). Er wurde nicht seiner göttlichen Daseinsweise entkleidet, er gab sie vielmehr selbst preis (Gal. 2, 20). Wenn er die Knechtsgestalt annahm, so heißt das nicht, daß er ein Sklave im sozialen Sinne geworden ist. Es liegt auch nicht eine Anspielung auf den Gottesknecht vor (Jes. 53), sondern es wird von der Situation des Menschen gesprochen, der in der Welt der Sünde ein geknechtetes und versklavtes Dasein führt. Mit diesen Menschen wurde Jesus, indem er die Knechtsgestalt annahm, solidarisch. Es heißt dann in dem Lied nicht einfach: Christus wurde Mensch, sondern es wird schwerfälliger, aber korrekter gesagt: er erschien in der Gleichgestalt des Menschen. Mit dieser Wendung wird die Einheit Jesu mit den Menschen, aber auch die Verschiedenheit zwischen Jesus und den Menschen ausgedrückt. Paulus faßt Röm. 8, 3 die beiden Ausdrücke des Hymnus „Knechtsgestalt" und „Gleichgestalt des Menschen" in die Worte zusammen: „Gleichgestalt des Sündenfleisches". Jesus war ganz Mensch, aber doch anders als alle übrigen Menschen (2. Kor. 5, 21; Hebr. 4, 15). Seiner Erscheinungsweise nach war er Mensch, was jeder, der ihn sah, feststellen konnte. In seinem Äußeren, seiner Lebensweise und seinen Bedürfnissen, in seinem Reden und Handeln unterschied er sich nicht von seinen Mitmenschen.

8   Das Wort, das dem Ganzen eine neue Wendung gibt, ist das Wort Gehorsam (vgl. Röm. 5, 19; Hebr. 5, 8). Jesus war nicht nur ein Mensch unter Menschen, seine Erniedrigung ging noch tiefer. Auch im Stande des Menschseins gibt es Unterschiede. Jesus wandelte nicht auf den Höhen des Menschentums, er stieg vielmehr ganz tief herab und wurde niedriger als die meisten Menschen. Er gab nicht nur die göttliche Herrlichkeit auf, sondern er verließ auch die menschliche Gesellschaft der Frommen und begab sich in die Gemeinschaft der Sünder und Verbrecher. Von Gott und Menschen verlassen hauchte er völlig vereinsamt sein Leben aus. Auch das tat er alles nicht gezwungen, sondern in freiwilligem Gehorsam. Wahrscheinlich sind die Worte „bis zum Tode am Kreuz" ein erläuternder Zusatz des Apostels Paulus. Das Kreuz gehört zum Vokabular der paulinischen Verkündigung (1. Kor. 1, 13. 17 f. 23; 2, 2. 8; 2. Kor. 13, 4; Gal. 3, 1; 5, 11; 6, 12. 14). Gerade der Tod am Kreuz, die schmählichste Todesart, die heute dem Erhängen am Galgen entsprechen würde, ist Ausdruck des vollendeten Gehorsams. Durch diesen Zusatz macht Paulus eine mythische Christologie unmöglich, die für die Existenzweise des Menschen in der

Welt wenig Bedeutung haben würde. Er interpretiert das Lied im Sinne seiner Theologie.

Während in den ersten Versen des Liedes Christus der Handelnde war, ist er in V. 9-11, die von seiner Inthronisation berichten (vgl. Mt. 28, 18-20; 1. Tim. 3, 16), das Objekt, mit dem etwas geschieht. Gott hat, als Christus sich am tiefsten Punkt seiner Erniedrigung befand, eingegriffen und ihn zu höchster Höhe erhoben. Jesus ist damit nicht nur in die alte Daseinsform zurückgekehrt, er hat nicht nur die göttliche Gestalt erhalten, die er vorher hatte, sondern er ist über alle Maßen erhöht, so daß er nun der Höchste ist. Wenn ihm der Name geschenkt wird, der über alle Namen ist (vgl. Eph. 1, 21), wenn Gott ihm seinen eigenen Namen abtritt, so erhält er damit eine Stellung und Würde, die sonst niemand hat. Name ist ja nicht nur eine Bezeichnung, die dazu dient, den Träger von andern zu unterscheiden; der Name bedeutet in der Antike mehr, er bringt das Wesen und die Würde zum Ausdruck. Der in Knechtsgestalt war, wird zur Rechten Gottes erhöht (Apg. 2, 33; 5, 31; Eph. 1, 20; Kol. 3, 1) und zum Herrn nicht nur der Gemeinde, sondern über die ganze Welt gesetzt (Mt. 28, 18; Offb. 19, 16). Er ist nicht mehr der Entäußerte und Erniedrigte, er ist aber auch nicht mehr der in der göttlichen Herrlichkeit verborgen lebende Gottgleiche, sondern er erhält eine universale Herrscherstellung (Hebr. 1, 3 f.; 1. Tim. 3, 16; 1. Kor. 15, 25 f.). Die Verleihung des Namens macht der Welt seine Inthronisation kund, so daß sie weiß, was geschehen ist. Seine Erhöhung ist ein endzeitlicher Akt voll kosmischer Bedeutung. Auf die Inthronisation durch Gott soll nun die Reaktion der Anbetung durch die ganze Welt erfolgen. „Alle Knie" und „jede Zunge" zeigen den Universalismus der Macht Christi (Jes. 45, 23; Eph. 1, 21; 1. Petr. 3, 22). Daß alle Knie sich vor Jesus beugen und jede Zunge ihn als Herrn anerkennt, wird unterstrichen durch die Worte von den Himmlischen, Irdischen und Unterirdischen (Röm. 8, 38 f.; 1. Petr. 3, 19 f.; Kol. 1, 20; 1. Tim. 3, 16; Hebr. 1, 6). Weil Gott selbst ihn als Herrn eingesetzt hat, findet er bei den Mächten des dreigeteilten Kosmos keinen Widerspruch und keinen Widerstand. Nachdem er als Herr der Welt proklamiert ist, sind alle Mächte entmachtet, so daß der Mensch sich vor ihnen nicht mehr zu fürchten braucht. Hier zeigt sich die Heilsbedeutung des Christusgeschehens. Die Repräsentanten des Kosmos haben ihre angemaßte Macht aufgegeben, indem sie Christus als alleinigen Weltherrscher anerkennen. Es wird nicht ausdrücklich gesagt, daß man schon jetzt vor Jesus die Knie beugt und ihn als Weltherrscher preist. Im Willen Gottes ist die endzeitliche Erfüllung und Verwirklichung bereits gegeben. Mit Absicht und Betonung wird der Name Jesu genannt. Jesus ist der Irdische, der am Kreuz sein Leben gelassen hat. Die Erhöhung löscht die Zeit der Erniedrigung nicht aus, vielmehr bleibt auch der Erhöhte der Gekreuzigte. Dadurch, daß Jesus Herr geworden ist, ist aber nicht ein neuer Gott an die Stelle des alten getreten. Es entsteht keine Konkurrenz zwischen zwei Gottheiten; denn Christus ist kein Empörer, sondern der Gehorsame. Weil Gott ihn zum Kyrios erhoben hat, dient die Huldigung Jesu Christi gleichzeitig auch zur Ehre des Vaters.

4. Die Nachfolge Jesu 2, 12-18

12 Darum, meine Lieben, wie ihr allezeit gehorsam wart, nicht nur in meiner Anwesenheit, sondern vielmehr jetzt in meiner Abwesenheit, schafft euer Heil mit Furcht und Zittern; 13 denn Gott ist es, der in euch nach seinem Gnadenratschluß wirkt das Wollen wie das Wirken. 14 Tut alles ohne Murren und ohne Bedenken, 15 damit ihr untadelig und lauter seid; „fehlerlose Kinder Gottes" mitten in einem „verdrehten und verkehrten Geschlecht", unter dem ihr strahlt wie Sterne in der Welt, 16 die ihr am Wort des Lebens festhaltet, mir zum Ruhme am Tage Christi, daß ich nicht umsonst gelaufen bin und umsonst gearbeitet habe. 17 Aber wenn ich auch bei der Darbringung des Opfers und beim Priesterdienst eures Glaubens als Trankopfer ausgegossen werde, so freue ich mich und freue mich mit euch allen. 18 Ebenso freut auch ihr euch, und freut euch mit mir.

V. 15: 5.Mose 32, 5.

12   Wie die Anrede „meine Lieben" zeigt, setzt Paulus in gewisser Weise neu ein, auch wenn er die bereits 1,27 begonnene Ermahnung fortsetzt. Ebenso erinnert die Bemerkung, daß die Philipper nicht nur bei seiner Anwesenheit, sondern auch in seiner Abwesenheit gehorsam sind, an 1,27. Der Hinweis auf den Gehorsam greift das Wort vom Gehorsam Jesu (V. 8) auf. Aber im Christushymnus wird Jesus nicht als das Vorbild hingestellt, dem man nacheifern soll. Inkarnation und Inthronisation sind auch nicht ein mythisches Drama, das sich irgendwann einmal ereignet hat, sondern der Weg Jesu hat Konsequenzen für die Existenz und für das Handeln der Gemeinde. Christus, der Gehorsame, macht alle, die zu ihm gehören, zu Gehorchenden. Sein Ergehen bestimmt das Verhalten der Christen. Darum ist es für Paulus ganz natürlich, daß er auf die Verkündigung des Evangeliums von Jesus Christus nun die Aufforderung zu dem entsprechenden Handeln der Christen folgen läßt. Auf den Indikativ des christologischen Geschehens folgt nun der Imperativ zu einem christlichen Leben. Weil es bei dem geforderten Gehorsam nicht um eine persönliche Bindung an Paulus geht, sondern um Christus und die Gemeinde, um die Errettung eines jeden einzelnen, darum fordert Paulus die Gehorchenden auf, das Heil mit *Furcht und Zittern* zu wirken (1.Kor. 2, 3; 2.Kor. 7, 15; Eph. 6, 5). Der Ton liegt bei diesen Worten nicht so sehr auf „schaffen", sondern auf „Furcht und Zittern". Das Heilshandeln Christi mit seiner Erniedrigung bis zum Tode und seiner Erhöhung über alle und alles, wie es das Christuslied beschrieben hat, erlaubt den Christen keine andere Haltung als Furcht und Zittern. Wer in die Nähe göttlichen Wirkens kommt, dem vergeht alles stolze Selbstbewußtsein und jede selbstgerechte Heilssicherheit, und er wagt nur noch mit zitternder Hoffnung vor Gott zu treten (2.Mose 15, 16; vgl. Jes. 19, 16). Das Erschrockensein ist ein Ausdruck für den Ernst der Situation und die Abhängigkeit menschlicher Existenz vom Wirken Gottes. Nun gilt es, dafür Sorge zu tragen, daß das Christusgeschehen statt eines Erweises der Gnade nicht zum Gericht ausschlägt. Wenn Paulus dann fortfährt:

13   Gott ist es, der in euch wirkt, so ist das keine geistreiche Paradoxie, sondern es entspricht der Gesamtbotschaft des Neuen Testaments (Phil. 3, 12; Mt. 4, 17; 1.Kor. 5, 7; 15, 10; 1.Thess. 4, 7; Kol. 1, 20; Hebr. 13, 20 f.). Paulus sagt nicht: „Hilf dir selbst, dann hilft dir Gott", sondern er schreibt: weil Gott wirkt, darum kann der Mensch wirken. Nicht unser Tun verursacht das Eingreifen Gottes, sondern das

Eingreifen Gottes ermöglicht unser Tun. Das ist nicht so gemeint, daß Gott den Anfang macht und der Mensch durch sein Tun das von Gott Begonnene zu einem befriedigenden Abschluß bringt. Gottes Werk besteht darin, daß sein Wille sich in unserm Wollen verwirklicht, so daß das Wollen wie das Vollbringen oder anders ausgedrückt der Gehorsam von ihm kommt. So ist das gesamte neue Leben des Christen ein unauflösliches Ineinander von göttlichem Geben und menschlichem Nehmen. Gott ist der Handelnde, und er handelt mit den Menschen entsprechend seiner gnädigen Erwählung. Murren, das Empörung gegen den Willen und die For- 14 derung Gottes ist, ist das Gegenteil vom Gehorchen (vgl. Jes. 29, 24). Gemurrt haben die Kinder Israel in der Wüste (2. Mose 15 ff.; 4. Mose 14 ff.). Die Christen gleichen in der Zeit zwischen Ostern und der Parusie dem wandernden Volke Israel der Wüstenzeit. Aber sie dürfen sich in ihrem Verhalten nicht von ihm beeinflussen lassen, unzufrieden mit der gegenwärtigen Lage und ungeduldig über ausbleibende Hilfe werden. Zur Auflehnung des Willens gegen Gott kommt oft die Empörung des Denkens, die Bedenken und Zweifel. Der Murrende tut etwas mit Widerwillen, dem Zweifelnden fehlt das Vertrauen. Wer sich dagegen Gott unterordnet, ist 15 untadelig, lauter und ohne Fehler (1, 10). Diese Tadellosigkeit haben die Christen nicht von sich aus, sie gewinnen sie erst durch den von Gott gewirkten Gehorsam. Neben den fehlerlosen Kindern Gottes stehen die „verkehrten und verdrehten" Menschen, wie Moses die Israeliten genannt hat (5. Mose 32, 5). Dieser Unterschied darf die Christen nicht zu der pharisäerhaften Haltung des Besserseins führen. Wo das der Fall ist, schaffen sie nicht mehr ihre Errettung mit Furcht und Zittern, und damit sind sie auch nicht mehr fehlerlos. Sie ziehen sich auch nicht von ihren Mitmenschen zurück, weil sie etwas Besseres sind. Der Christ in frommer Isolierung ist eine Unmöglichkeit. Er lebt vielmehr in der Gemeinschaft mit den Brüdern (1, 27 f.; 2, 1 ff.) und in der Ausrichtung auf die Welt, die ihn braucht, wenn sie nicht in ihrer Dunkelheit zugrunde gehen soll. Durch eine solche Existenz hat er einen ungeheuren Wirkungsradius. Die verdrehte und verkehrte Welt, die von einem Extrem in das andere fällt und sich überschlägt, wird von den Christen erleuchtet (vgl. Mt. 5, 14). Zum Lichtkörper wird man nicht durch persönliche Qualitäten, sondern durch das Evangelium, das neue Menschen schafft. Das Wort des Lebens hat die Philipper 16 aus der Finsternis des Todes herausgerissen. Halten sie an ihm fest, dann erfüllen sie ihre Aufgabe der Welt wie auch dem Apostel gegenüber; denn sie dienen ihm am Jüngsten Tage zum Beweis, daß er nicht umsonst gearbeitet hat. Wenn Paulus hier von seinem Ruhm spricht (vgl. 4, 1; 1. Thess. 2, 19; 2. Kor. 1, 14), so darf das nicht als pharisäerhaftes Protzen mit eigener Leistung angesehen werden. Paulus weiß, daß die Gnade Frucht schafft und daß der Apostel nicht ohne Gemeinde vor Gott bestehen kann, daß er vielmehr mit ihrem Wohl und Wehe aufs engste verbunden ist. Daß diese Bemerkung nichts mit Eigensucht und Eitelkeit zu tun hat (1, 20; 1. Kor. 15, 10), zeigt sofort der nächste Vers. Der mit ‚aber' beginnende Satz 17 scheint schlecht in den Zusammenhang hineinzupassen. Da er sich gut an 1, 26 anschließt, hat man Umstellungen vorgenommen und die Reihenfolge geändert. Aber diese Versuche befriedigen letzten Endes doch nicht, da sie nicht erklären können, wie der kurze Abschnitt 2, 17 f. in diesen Zusammenhang gekommen ist. Wahrscheinlich bricht Paulus bewußt abrupt seine Ermahnungen an die Gemeinde ab und spricht nun wieder von seiner Situation und seinen Plänen. Er muß ja immer mit den beiden Möglichkeiten der Verurteilung zum Tode und der Freilassung rechnen. Zunächst spricht er ganz kurz davon, was sein Tod für ihn selbst und für die Gemeinde bedeutet. Er verdeutlicht seine Lage und seine Verbundenheit mit der Gemeinde durch Ausdrücke aus der Kultsprache. Er ist der Priester (Röm. 15,16), der den gehorsamen Glauben der Philipper Gott als Opfergabe darbringt. Er rechnet durchaus mit der Möglichkeit, daß er bei dieser Opferdarbringung den Tod erleiden

18 wird, indem er wie ein Trankopfer ausgegossen wird, so daß er gleichzeitig Priester und Opfer ist. Sollte das eintreten, so freut er sich darüber (1,23), und die Philipper sollen nicht trauern und klagen, sondern mit ihm die Freude teilen. Sowohl der Bericht über seine Lage als auch die Ermahnung an die Gemeinde sind vom Grundton der Freude getragen (1,4.18).

III. Pläne für die nächste Zukunft 2,19-30

1. Die Sendung des Timotheus 2,19-24

19 Ich hoffe aber im Herrn Jesus, euch bald Timotheus zu senden, damit auch ich guten Muts werde, wenn ich erfahre, wie es um euch steht. 20 Ich habe nämlich keinen, mit dem ich mich so eins weiß, und der so lauter um eure Sache besorgt sein wird wie er; 21 denn sie kümmern sich alle um ihre eigenen Interessen, nicht um die Sache Christi Jesu. 22 Seine Zuverlässigkeit kennt ihr, daß er wie ein Kind dem Vater – so hat er mit mir dem Evangelium gedient. 23 Ihn also hoffe ich zu senden, sobald ich meine Lage übersehe. 24 Ich habe aber die Zuversicht im Herrn, daß ich auch selbst bald kommen werde.

19   Paulus spricht von seinem Vorhaben, aber er macht keine eigenen Pläne (1.Kor. 16,7; 2.Kor.1,15ff.), wie es sonst Menschen zu tun pflegen, sondern sein Hoffen kommt aus der Lebensgemeinschaft mit seinem Herrn (V.24). Er will Timotheus bald zu den Philippern senden. Wann das sein wird, sagt V.23. Wenn Paulus hier in der dritten Person von Timotheus spricht, dann kann dieser nicht Mitverfasser des Briefes sein, wenn er auch 1,1 als Mitabsender genannt ist. Timotheus – nach Apg. 16,1 der Sohn einer gläubigen Jüdin und eines Griechen – war den Philippern aus den ersten Tagen der Missionstätigkeit bekannt. Wenn Paulus für einige Zeit auf die Anwesenheit seines Lieblingsschülers verzichtet, so ist das ein Opfer. Aber er spricht nicht vom Opfer und Verzicht, sondern von dem Gewinn, den er von einer guten Nachricht aus Philippi haben wird. Timotheus ist von Paulus oft mit Missionen in Vertretung des Apostels betraut worden, z.B. nach Thessalonich

20f.   (1.Thess. 3,1ff.) und nach Korinth (1.Kor. 4,17). Der Apostel hat in seiner Umgebung niemanden, der ihm an Uneigennützigkeit und Zuverlässigkeit gleichkommt. Das harte Wort über die Selbstsucht ist kein Pauschalurteil über die Christen oder über die Prediger, sondern ist ein Wort der Enttäuschung über seine nächsten Mitarbeiter. Während die andern – Paulus muß das leider feststellen – an sich, ihren Vorteil und ihren Ruhm denken, nicht aber vor allem an das, was der

Sache Christi dient (1,17), ist Timotheus völlig selbstlos. Paulus nennt ihn 1.Kor. 22
4,17 sein geliebtes Kind. In ähnlicher Weise will er auch hier davon berichten, daß
Timotheus ihm wie seinem Vater gedient habe, aber dann bringt er den Satz nicht
zu Ende, sondern verbessert sich: er hat mit mir dem Evangelium gedient. Sie sind
ja beide Sklaven Jesu Christi (1,1), und der eigentliche Erzeuger ist nicht Paulus,
sondern das Wort (V.16; vgl. 1.Petr.1,23; Jak.1,18). Paulus will Timotheus nach 23f.
Philippi schicken, sobald er klar sieht, wie sein Prozeß ausläuft. Er ist fest davon
überzeugt, daß auch er selbst die Philipper bald besuchen wird. Wenn Paulus soeben
noch von seinem Tode (2,17) gesprochen hat, jetzt aber bereits wieder Reisen plant,
so kommt das nicht aus einem dauernden Wechsel seiner Stimmung, sondern aus
seiner Gemeinschaft mit Christus, die ihn zum Sterben wie zum Wirken bereit-
macht (1,21ff.). Es ist nicht ein menschliches Hoffen, das auf selbstischem Vertrauen basiert, es ist genau das Gegenteil davon, ein wirklich christliches Denken,
das aus der Verbundenheit mit Christus erwächst (1,14; 2,19). Da es für die
Gemeinde besser ist, daß der Apostel am Leben bleibt (1,24f.), rechnet er nicht mit
dem Tode, sondern mit dem Freispruch.

2. Die Heimsendung des Epaphroditus 2,25-30

**25 Ich hielt es aber für notwendig, Epaphroditus, meinen Bruder, Mitarbeiter
und Mitstreiter, euren Abgesandten und Helfer in meiner Not zu euch zu senden, 26 da er Sehnsucht nach euch allen hatte und er beunruhigt war, weil ihr
gehört hattet, daß er erkankt sei. 27 Ja, er war auch auf den Tod krank. Aber
Gott hat sich über ihn erbarmt, doch nicht nur über ihn, sondern auch über
mich, damit ich nicht Kummer über Kummer habe. 28 Um so eiliger habe ich
ihn also heimgesandt, damit ihr euch wieder freut, wenn ihr ihn seht, und ich
weniger Kummer habe. 29 Nehmt ihn also im Herrn mit aller Freude auf und
haltet solche Männer in Ehren; 30 denn um des Werkes Christi willen ist er
dem Tode nahe gekommen, und er hat sein Leben auf das Spiel gesetzt, um das
zu vervollständigen, was an eurem Dienst für mich noch fehlte.**

Epaphroditus ist ein uns sonst unbekannter Mann. Was wir von ihm wissen, 25
erfahren wir nur aus diesen Zeilen. Es fällt auf, welch eine Menge ehrenvoller
Bezeichnungen Paulus ihm widmet. Für ihn ist er Bruder, Mitarbeiter (Röm.16,3.
9.21; 2.Kor.8,23; Phil.4,3; Phlm.1.24), Mitstreiter (Phlm.2). Wahrscheinlich bedeutet die Reihenfolge der Titel eine Steigerung. Bruder ist jeder Christ, Mitarbeiter,
wer sich an der Arbeit des Apostels beteiligt; Mitstreiter sind Gehilfen, die während
notvoller Situationen des apostolischen Wirkens zu ihm stehen. Von seiten der Philipper ist er der Abgesandte, der die in der Gemeinde gesammelten Gaben über-
bringt, damit Paulus in der Gefangenschaft nicht verhungert (4,18). Wahrscheinlich hatte er von den Philippern den Auftrag, bei Paulus zu bleiben, um ihm als Gehilfe zur Verfügung zu stehen. Die Gefangenen waren damals von der Umwelt nicht 26ff.
so streng abgeschlossen wie heute. Als Epaphroditus bei Paulus ist, erkrankt er
lebensgefährlich. Seine Heilung sieht Paulus als ein besonderes Geschenk Gottes
an. Als er wiederhergestellt ist, leidet er an Heimweh. Darum entschließt sich Paulus, ihn nach Philippi zurückzusenden. V.26 ist ein deutlicher Beweis, wie schnell
die Nachrichten zwischen dem Gefangenschaftsort und der Gemeinde in Philippi

hin- und hergehen. Man hat in Philippi von der Erkrankung des Epaphroditus gehört, und es scheint von Philippi zu Paulus die Kunde gedrungen zu sein, daß man
mit dem Abgesandten nicht ganz zufrieden ist. Paulus entschuldigt und verteidigt
29f. ihn. Er will ihm eine gute Rückkehr in die Gemeinde verschaffen, damit diese ihn
freudig aufnimmt und nicht über ihn zürnt: Epaphroditus ist wegen des Christus-
werkes dem Tode nahe gewesen, er hat die abwesenden Philipper vertreten und so
das ersetzt, was an der Unterstützung durch die Gemeinde noch fehlte. Darum sollen
sie ihn nicht schelten, als ob er versagt habe, sondern ihn in Ehren halten. Es ist
bezeichnend, wie Paulus sich für einfache Mitarbeiter einsetzt und sich schützend
vor sie stellt (vgl. den Philemonbrief).

3. Überleitung

1a Im übrigen, meine Brüder, freut euch im Herrn.

1   Nachdem Paulus in diesem Brief schon so oft von der *Freude* gesprochen hatte
(siehe zu 1, 4), schlägt er diesen Akkord noch einmal an. Er verlangt nicht deshalb
Freude, weil er von Natur aus ein fröhlicher Mensch ist und er darum auch die
Menschen um sich herum fröhlich sehen möchte. Die Freude, von der der Apostel
spricht, ist nicht von Naturanlagen, Stimmungen, Verhältnissen abhängig (vgl. 4, 4),
sondern es ist eine Freude im Herrn. Christus ist die Quelle der Freude, sie erwächst
aus der Gemeinschaft mit ihm. Wer in Christus ist, kann allezeit fröhlich sein (4, 4;
1. Thess. 5, 16); denn durch seine Heilstat hat er die gottfeindlichen Mächte bezwun-
gen und die Möglichkeit der Freude inmitten einer ganz anders gearteten Welt
gegeben. Paulus fordert die Gemeinde zu dieser Freude im Herrn auf, weil er ein
Gehilfe der Freude sein will (2. Kor. 1, 24).
       Die nächsten Worte passen nicht in den Zusammenhang. Wahrscheinlich ist mit
der Entschuldigung des Apostels, daß er immer wieder dasselbe schreibt, nicht die
Ermahnung zur Freude gemeint – warum sollte eine so schöne Aufforderung dem
Paulus lästig werden und der Gemeinde Sicherheit geben? –, sondern die Warnung
vor Irrlehrern. Ist das der Fall, dann handelt es sich weder um Anspielung auf
Äußerungen innerhalb dieses Briefes noch um einen Hinweis auf die mündliche
Predigt, sondern um Ausführungen, die Paulus in einem verlorengegangenen Brief
gemacht hat. Es ist nicht ausgeschlossen, daß Paulus mehrere Briefe an die Philipper
geschrieben hat (Polykarp, Phil. 3, 2). In späterer Zeit hat man beide Briefe miteinander verbunden. Der Ton, in dem das dritte Kapitel gehalten ist, ist ein völlig
anderer als Phil. 1-2. Wir werden annehmen müssen, daß 3, 1 b-4, 9 aus einer andern
Situation stammt.

IV. Der Kampfbrief 3, 1 b-4, 9

1. Falscher Stolz 3, 1 b-6

**1b Daß ich euch immer das gleiche schreibe, wird mir nicht lästig, euch aber
macht es sicher. 2 Gebt acht auf die Hunde, gebt acht auf die bösen Arbeiter,
gebt acht auf die Zerschneidung. 3 Denn wir sind die Beschneidung, die wir im
Geiste Gottes dienen und uns in Christus Jesus rühmen und nicht auf das Fleisch**

unser Vertrauen setzen, 4 obwohl auch ich mein Vertrauen aufs Fleisch setzen könnte. Wenn ein anderer meint, auf Fleisch sein Vertrauen setzen zu dürfen, so könnte ich es noch viel mehr: 5 am achten Tage beschnitten, aus dem Volke Israel, vom Stamme Benjamin, ein Hebräer von Hebräern, dem Gesetz nach Pharisäer, 6 ein eifriger Verfolger der Gemeinde, nach der Gerechtigkeit, wie sie das Gesetz vorschreibt, untadelig.

Wie Eltern ihren Kindern immer wieder gewisse Wahrheiten einschärfen, bis diese sie begriffen haben, so wird auch Paulus nicht müde, den Philippern immer wieder dieselben Dinge zu sagen. Indem er sie auf die Gefahren hinweist, will er sie aus dem Schwanken zur Gewißheit, aus der Unsicherheit zur Sicherheit führen. War Paulus bisher in seinem Brief herzlich, freundlich und versöhnlich, so ist er jetzt mit einem Schlage hart, schroff, unerbittlich und sarkastisch. Nach 1, 15 gab es Männer, mit denen Paulus nicht sachliche, sondern persönliche Differenzen hatte. Direkt von Widersachern der Gemeinde hatte Paulus 1, 28 gesprochen. Dort handelte es sich um Verfolger, die außerhalb der Gemeinde standen. 3, 2 wendet er sich gegen die **2** Verführer in der Gemeinde. Hatte er 1, 27 ff. zur Einheit gemahnt, so zeigt er 3, 2 ff. die Grenzen brüderlicher Gemeinschaft. Wie ein Warnsignal klingt das dreimalige „Gebt acht!". Die Feinde der Gemeinde nennt er voll grimmiger Ironie Hunde, böse Arbeiter, Verstümmelte. Offenbar sind es nicht einheimische Juden. Diese bildeten für die heidnische Gemeinde in Philippi kaum eine Gefahr der Verführung, so daß vor ihnen nicht gewarnt zu werden braucht, sondern es sind jüdische Christen, die von außerhalb in die Gemeinde eingedrungen sind. Diese jüdischen Christen halten am Gesetz fest. Paulus nennt sie Hunde. Der Hund ist im Orient ein unreines Tier (Mt. 7, 6; 2. Petr. 2, 22) ähnlich wie das Schwein. Als Hunde bezeichnen sonst die Juden voller Verachtung die Heiden (Mt. 15, 26 f.; Offb. 22, 15). Paulus nimmt dieses Wort auf und wendet es auf diese Judenchristen an, die auf ihre Herkunft aus dem Judentum stolz sind. Sie nennen sich Arbeiter im Reiche Gottes (2. Kor. 11, 13), aber sie sind nicht Arbeiter, die das Wort der Wahrheit richtig austeilen (2. Tim. 2, 15), sondern böse Arbeiter, die nicht aufbauen, sondern zerstören. Es ist nicht gesagt, daß sie die Beschneidung unbedingt auch für die Heidenchristen fordern, aber sie brüsten sich mit ihrer Beschneidung. Paulus sagt, sie seien nicht Beschnit- **3** tene, sondern Verstümmelte (Gal. 5, 12). Nicht Israel, sondern die Gemeinde ist das wahre Gottesvolk (Röm. 2, 29; 4, 16; Gal. 3, 7; 4, 28; 6, 16). Wie Paulus eine dreimalige Warnung gegen die Häretiker ausgesprochen hat, so sagt er dann dreimal in polemischer Abgrenzung, wie es sich mit den wahren Christen verhält: Sie sind im Geiste Gottes Dienende, in Christus sich Rühmende und nicht auf das Fleisch Vertrauende. Im Gegensatz zu den bösen Arbeitern, die auf Ansehen aus sind und auf Äußerlichkeiten Wert legen, geht es darum, im Geiste Gottes zu dienen. Das ist wahrer Gottesdienst (Röm. 1, 9; 12, 1 f.). Zum Dienen im Geist kommt das Rühmen, das nicht ein Selbstruhm ist, sondern ein Rühmen in Christus und durch Christus (vgl. 1, 26). Wesentlich ist, daß Christen ihr Vertrauen nicht auf das Fleisch setzen. *Fleisch* meint hier nicht etwas von vornherein Sündhaftes, Sinnliches, Minderwertiges, sondern es ist ein sehr umfassender Begriff. Er bezeichnet die menschliche Existenz mit allem, was mit ihr in dieser Zeit und dieser Welt zusammenhängt. So kann Fleisch durchaus etwas Positives sein, auf das man sich verläßt, wenn man

nichts von Christus weiß, wie z. B. der gute Ruf der Familie (Röm. 4,1; 9,3-5; 1.Kor. 10,18), die fromme Sitte des Elternhauses, die Bildung (1.Kor. 1,26), die Frömmigkeit. Das Rühmen in Christus schließt das Vertrauen auf das Fleisch aus. Paulus
4 selbst hätte allen Grund, sich auf sein Fleisch etwas einzubilden. Durch die Gegner provoziert, läßt er sich ähnlich wie 2.Kor. 11,18 dazu hinreißen, auf Vorzüge hinzuweisen, deren sich die anderen rühmen. Er braucht sich nicht zu verstecken: Er
5 ist nach den Bestimmungen des Gesetzes (3.Mose 12,3) am achten Tage beschnitten; er ist kein Proselyt, sondern er gehört mit seiner ganzen Sippe zum alten Gottesvolk. Er kann seinen Stammbaum bis zum Patriarchen Benjamin zurückführen, der bei den Rabbinern in besonderem Ansehen stand, weil er im Lande Israel geboren war und nach jüdischer Tradition als erster durch das Rote Meer gegangen sein soll. Die Familie des Paulus hat die strenge Tradition gewahrt. Wenn sie sich im Ausland aufhielt, so ist sie dem hellenistischen Einfluß nicht erlegen. Sprache und Sitte sind ihr heilig geblieben, so daß Paulus sich einen Hebräer von Hebräern nennen kann. Zu den ererbten Vorzügen kommen die persönlichen. Paulus schloß sich den strengen Pharisäern an und hielt sich an ihre Regeln. Er war nicht nur den äußeren Bestimmungen nach ein vorbildlicher Jude, er war es auch seiner Gesinnung und
6 Haltung nach; denn er hat mit Eifer die Gemeinde verfolgt (Gal. 1,13-23; 1.Kor. 15,9), weil ihr Verhalten ihm mit dem Gesetz nicht vereinbar erschien. Nach Gal. 1,14 hat er seine Altersgenossen an Eifer übertroffen, so daß sich niemand mit ihm messen konnte. Nicht vor Gott, aber nach der allgemeinen Auffassung des Judentums war er untadelig; Menschen konnten an ihm nichts aussetzen. Da er alle Forderungen des Gesetzes erfüllte, mußte er als gerecht angesehen werden (vgl. Mk. 10,20).

2. Eigene Gerechtigkeit und Glaubensgerechtigkeit 3,7-11

7 Aber was für mich Gewinn war, das habe ich um Christi willen für Verlust gehalten. 8 Aber in der Tat, alles halte ich für Verlust wegen der überragenden Erkenntnis Christi Jesu meines Herrn, um dessentwillen mir das alles ein Verlust worden ist, und ich halte es für Dreck, damit ich Christus gewinne 9 und in ihm erfunden werde. Ich habe nicht meine eigene Gerechtigkeit aus dem Gesetz, sondern die Gerechtigkeit durch den Christusglauben, die Gerechtigkeit aus Gott aufgrund des Glaubens, 10 um ihn zu erkennen und die Kraft seiner Auferstehung und die Gemeinschaft seiner Leiden, gleichgestaltet seinem Tode, 11 ob ich wohl zur Auferstehung von den Toten gelange.

7   Aber – sagt Paulus – und nun macht er einen Strich durch seine Rechnung, nun zerreißt er die Ehrenurkunde und wirft sie ins Feuer. Was ihm früher groß und wichtig erschien, hat nichts zu bedeuten. Der langen Liste von Vorzügen in V.5f. setzt er ein Wort und nicht nur ein Wort, sondern eine Wirklichkeit entgegen: Christus: Er ist die entscheidende Mitte seines Lebens geworden. Von ihm spricht er in den V.7-10, wenn er von sich redet: wegen Christus (V.7), wegen der überragenden Erkenntnis Christi Jesu unseres Herrn (V.8). Es geht darum, Christus zu gewinnen (V.8), in ihm erfunden zu werden, Gerechtigkeit durch den Christusglauben zu erlangen (V.9), ihn und die Kraft seiner Auferstehung und die Gemeinschaft seiner Leiden zu erkennen, seinem Tode gleichgestaltet zu werden (V.10). Eine große Umwertung der Werte ist eingetreten. Aus dem Plus von früher ist ein

8 Minus geworden; sein Stolz ist Paulus zur Schande geworden. Dem ‚aber' von V. 7 folgt in V. 8 ein zweites ‚aber', das die Negation noch verstärkt. Handelte V. 7 von der Bekehrung, so spricht Paulus nun von der Gegenwart. Die neue Einstellung ist nicht eine momentane, unüberlegte Reaktion auf sein bisheriges Verhalten, auch jetzt denkt er noch so, ja seine Ansicht hat sich noch verschärft. Schlechterdings alles, was es auf der Welt gibt, auch das Beste, was man aufzuweisen hat, läßt sich nicht mit dem Gewinn vergleichen, den der Reichtum der Erkenntnis Christi bringt. Die ablehnenden Worte kommen nicht aus einem Ressentiment, sondern aus der überragenden Erkenntnis Christi. Erkenntnis ist nicht im griechischen Sinn ein begreifendes Erkennen, durch das der Erkennende sich des Erkannten bemächtigt und es in seine Gewalt bringt, sondern wenn Paulus vom Erkennen spricht, meint er genau das Gegenteil, daß der Erkennende vom Erkannten überwältigt wird. Erst dadurch, daß man von Gott erkannt und in die Offenbarung hineingezogen wird, kommt Erkenntnis zustande (Gal. 4, 9; 1. Kor. 8, 2 f.; 13, 12). Die Worte des Apostels Paulus haben an dieser Stelle den Charakter eines persönlichen Bekenntnisses. Er nennt sonst Christus „den Herrn" oder, wenn er sich mit den anderen Christen zusammenschließt, „unsern Herrn". Im Gegensatz dazu steht hier das bei Paulus ungewöhnliche „mein Herr". In der Begegnung mit Jesus Christus, der sein Herr wurde, vollzog sich die Umwandlung der Größenverhältnisse. Alles bisher Hochgeschätzte wurde ihm zu Verlust und Schaden, so daß er nun nichts mehr damit zu tun haben will. Ein drittes Mal schreibt Paulus: „ich halte es" und wendet das Ebengesagte wieder auf die gegenwärtige Situation an. Er steigert die Ausführungen über die Energie, Totalität und Radikalität seiner Abkehr, indem er für „Verlust" den vulgären, Abscheu erregenden Ausdruck „Dreck", „Kot" gebraucht. Durch Christus ist die Vergangenheit erledigt. Die Gegenwart ist von Christus bestimmt. Für die Zukunft kommt es einzig und allein darauf an, Christus zu gewinnen, den Paulus nicht als unverlierbaren, verfügbaren Besitz hat, sondern nach dem er sich immer wieder neu ausstreckt. Christus gewinnen heißt, in die Existenzweise Jesu Christi versetzt werden, so daß man in ihm erfunden wird. V. 9 enthält eine sehr 9 wichtige theologische Aussage des Apostels Paulus. Es zeigt sich, daß Paulus nicht zwei verschiedene Erlösungslehren kennt, wie man behauptet hat, eine ethischjuridische und eine physisch-mystische, sondern daß beide eine Einheit bilden, so daß man sie nicht unterscheiden darf. Das Sein in Christus erläutert Paulus durch die Rechtfertigungslehre. Wer in Christus ist, hat auf seine eigene Gerechtigkeit verzichtet. *Gerechtigkeit* im Judentum stammt aus dem Gesetz (V. 6). Erfüllt der Mensch die Forderung des Gesetzes, so verschafft er sich damit eine eigene Gerechtigkeit (Röm. 10, 3). Will man Christus gewinnen, so muß man diese Gerechtigkeit radikal aufgeben. Wer in Christus ist, hat eine bessere Gerechtigkeit als die jüdische (Mt. 5, 20). Sie ist nicht eine vom Gesetz geforderte und vom Menschen erworbene, sondern eine als Geschenk durch den Glauben an Christus empfangene. Wie Paulus Röm. 1, 17 sagt, daß die Gerechtigkeit aus Glauben zu Glauben offenbart wird, und er Röm. 3, 22 betont, daß sie durch den Glauben an Jesus Christus kommt für alle, die glauben, so stellt er auch Phil. 3, 9 die Bedeutung des Glaubens für die Rechtfertigung heraus: durch den Glauben an Christus aufgrund des Glaubens (vgl. auch Gal. 3, 22). Der Glaube ist nicht die Bedingung, die der Mensch erfüllen muß, wenn

er gerechtfertigt werden will. Wäre das der Fall, dann bestünde zwischen der Gesetzes- und der Glaubensgerechtigkeit nicht ein diametraler, sondern nur ein gradualer Unterschied. Die Glaubensgerechtigkeit (Röm. 4, 11; 9, 30) beruht auf ganz anderen Voraussetzungen als die Gesetzesgerechtigkeit. Glaube ist nirgendwo eine Leistung von seiten des Menschen, die dann die Rechtfertigung zur Folge hat, sondern sie ist ein Geschenk Gottes (1, 29), so daß Glaube und Gnade sich berühren (Röm. 4, 16). Dieser Glaube, der in der Gemeinschaft mit Christus möglich ist, ist ein Werk der göttlichen Gnade. Darum heißt es auch nicht, daß die Gerechtigkeit aus meinem Glauben kommt, sondern daß sie aus Gott stammt. Die Rechtfertigung versetzt uns in die Christusgemeinschaft, und in Christus sind wir gerechtfertigt. Rechtfertigung und Sein in Christus gehören zusammen (2. Kor. 5, 21; Gal. 2, 17). Christus

10 gewinnen (V. 8), in ihm sein (V. 9), gerechtfertigt werden (V. 9) und ihn erkennen (V. 10) sind verschiedene Ausdrücke für dieselbe Sache. Christus erkennen heißt nicht, etwas von dem großen Wundertäter und Weisheitslehrer in Jesus wissen. Christuserkenntnis ist nicht der Akt einer historischen Begegnung oder eines intellektuellen Vorganges, sondern bedeutet die Kraft seiner Auferstehung erfahren und an seinem Leiden teilhaben. Mit diesen Formulierungen wendet sich Paulus gegen die Vollkommenen in Philippi (V. 12 ff.), die eine andere Vorstellung von Jesus haben. Wahrscheinlich haben sie die Auferstehung Jesu nicht direkt geleugnet. Sie hatte aber für ihre Theologie keine Bedeutung. Für Paulus ist sie eine Macht (vgl. 1. Petr. 1, 3), durch sie ist etwas völlig Neues in die Welt gekommen, mit ihr hat das Auferstehungszeitalter begonnen (1. Kor. 15, 20). Sie schafft eine neue Möglichkeit zu leben, weil man nicht mehr in seinen Sünden lebt (1. Kor. 15, 17), sondern gerecht geworden ist (Röm. 4, 25). Ostern läßt sich nicht von Karfreitag trennen (Röm. 4, 25; 1. Kor. 15, 3 f.). Christuserkenntnis bedeutet nicht nur Teilhabe an der Kraft seiner Auferstehung, sondern auch Teilhabe an seinen Leiden (Röm. 8, 17; 2. Kor. 1, 5) und Gleichgestaltung mit seinem Tode (Röm. 6, 5; 2. Kor. 4, 10; vgl. Kol. 1, 24). Paulus sagt, er trage die Wundmale Jesu an seinem Leibe (Gal. 6, 17). Das Leiden, das viele für ein Zeichen der Gottverlassenheit ansehen, ist der stärkste Ausdruck für die Zusammengehörigkeit mit Christus; es ist auch der stärkste Gegensatz zum Vertrauen auf das Fleisch (Phil. 3, 3). Im Leiden erfolgt die Gleichgestaltung mit Jesus. Davon wollten die Gegner des Paulus nichts hören (3, 18). Dem Mitleiden folgt die Mitverherrlichung (Röm. 8, 17; Phil. 3, 21) und dem Sterben

11 das Leben (Röm. 6, 5. 9). Paulus spricht Phil. 3, 11 nicht vom Leben, sondern aus Polemik gegen die Irrlehre betont er die Auferstehung. Die Teilhabe an dem Leiden Christi und die Gleichgestaltung mit seinem Tode sind tragbar, weil der Christ unter der Kraft der Auferstehung lebt und er der Auferstehung von den Toten entgegengeht.

3. Falsche und wahre Vollkommenheit 3, 12-16

12 Nicht als ob ich es schon ergriffen hätte
oder schon vollkommen wäre,
ich jage ihm aber nach, ob ich es ergreife,
weil ich von Christus Jesus ergriffen bin.

13 Geschwister, ich für meine Person meine, daß ich es noch nicht ergriffen habe. Eins aber habe ich im Sinn:
> Ich vergesse, was dahinten liegt,
> ich strecke mich aber nach dem, was vor mir liegt.
> 14 Ich jage nach dem Ziel,
> nach dem Kampfpreis der himmlischen Berufung Gottes in Christus Jesus.

15 Wir alle nun, die wir vollkommen sein wollen, sollen so denken, und wenn ihr anders denkt, so wird euch Gott auch dieses offenbaren. 16 Nur wozu wir gelangt sind, danach laßt uns auch wandeln.

Mit V. 12 beginnt kein völlig neuer Abschnitt. Paulus spricht V. 12 von dem Voll- 12 kommensein und in V. 15 von den *Vollkommenen*! Da viele die Termini der Vollkommenheit als typische Worte aus dem gnostischen Sprachbereich ansehen, meinen sie, daß Paulus sich in diesen Versen mit den Gnostikern auseinandersetzt. In der Tat wird in der Gnosis von „dem vollendeten Menschen" und dem „vollendeten Gnostiker" gesprochen. Aber die Vollkommenheitsterminologie kommt nicht nur in der Gnosis vor. In der Septuaginta berühren sich die Aussagen der Vollkommenheit mit denen der Gerechtigkeit (1. Mose 6, 9; Spr. 28, 18 und Sir. 44, 17). In Qumran sind die Vollkommenen diejenigen, die das Gesetz genau erfüllen und von den Satzungen nicht abweichen, sondern fehllos wandeln und darum die wahren Gerechten sind. Im Hebräerbrief ist derjenige vollkommen, der vor Gott bestehen kann (Hebr. 7, 19; 10, 1). Phil. 3, 12 wird nicht gesagt, was Paulus noch nicht ergriffen hat und wem er nachjagt, damit er es ergreife. Gute Handschriften des griechischen Textes fügen in V. 12 nach der Bemerkung, daß er es noch nicht ergriffen habe, die Worte hinzu: „oder schon gerechtfertigt bin". Wenn dieser Passus ursprünglich wahrscheinlich auch nicht im Text gestanden hat, so ist er doch ein guter Kommentar der Stelle. Man muß bedenken, daß die Worte „nachjagen" und „ergreifen" auch sonst in Verbindung mit *Gerechtigkeit* gebraucht werden (Sir. 27, 8; Röm. 9, 30 f.; vgl. 5. Mose 16, 20; 1. Tim. 6, 11; 2. Tim. 2, 22). Es entspricht paulinischer Auffassung, daß das Leben eines Gerechtfertigten sich nicht in ruhiger Gelassenheit vollzieht, sondern voll angespannter Aktivität ist (vgl. 2, 12-16). Das zeigt auch das Zueinander von Indikativ und Imperativ in den paulinischen Briefen. Die Gerechtigkeit aus Glauben schließt nicht aus, sondern erfordert, daß man mit ganzer Hingabe das vorgehaltene Ziel im Auge behält, um das zu erlangen, was Christus geben will. Die Rechtfertigung ist wohl ein gegenwärtiges Geschehen, aber ihre Endrealisierung steht durchaus noch aus, wie Paulus es wiederholt in futurischen Sätzen andeutet (Röm. 2, 13; 3, 20. 30; 5, 19; Gal. 2, 16; 5, 5), so daß Paulus mit vollem Recht sagen kann, daß er noch nicht vollkommen ist und das Ziel noch nicht erreicht hat. Mit dem Ausdruck „vollkommen" nimmt er wahrscheinlich ein Schlagwort seiner Gegner auf und spricht nun in ihrer Terminologie zu ihnen. Er diskutiert nicht mit neuen Gegnern, sondern es sind dieselben bösen Missionare, die die Gerechtigkeit aus Glauben mit ihrer Lehre gefährden und die von der Sterbens- und Auferstehungsverbundenheit mit Jesus nichts wissen wollen. Sie meinen, durch ihre im Gesetz geforderten Taten und ihren missionarischen Einsatz für Jesus eine Vollendung erreicht zu haben. Wie Paulus sich gegen ihre Gerechtigkeit richtet, so

wendet er sich gegen ihre Vollendung. Wie die Gerechtigkeit aus dem Glauben an
13 Christus kommt, so die Vollendung aus der Christusgemeinschaft. Wie Paulus nicht
auf seine glorreiche religiöse Vergangenheit zurückblickt, weil er das alles für
Dreck hält (3,8), so sagt er 3,13, er vergesse, was dahinten liegt und strecke sich
nach dem aus, was vor ihm liegt. Während Paulus sich nach der Gesetzesgerechtigkeit als untadelig bezeichnet hatte, gesteht er nach der Christuserkenntnis ein, daß
er noch nicht vollendet ist. Er ist zwar von Christus ergriffen, aber er ist noch nicht
am Ziel. Die Preisgabe der Vergangenheit mit der Sicherheit, dem Selbstbewußtsein
und dem Selbstruhm (3,4-8) bedeutet eine radikale Hingabe an die Gnade der Ver-
14 heißung. Sein Blick ist nach vorwärts gewandt. Paulus vergleicht hier wie auch sonst
sein Leben als Christ mit dem Wettlauf im Stadion (2;16; 1.Kor.9,24; Gal.2,2;
5,7; Röm.9,16; vgl. 2.Tim.4,7). Weil Christus ihn auf die Rennbahn gestellt hat,
und er ihm den Kampfpreis vorhält, darum läuft der Apostel mit vollem Einsatz
seiner Person nicht ins Ungewisse, sondern hat stets das Ziel vor Augen. Er will
den Siegespreis erringen (vgl. 1.Kor.9,25; 1.Thess.2,19f.; 2.Tim.4,8; Jak.1,12;
Offb.2,10; 3,11), nämlich die himmlische Berufung, die von Gott kommt und die
dem Glaubenden als reiner Gnadenakt in Jesus Christus zuteil wird. Die wahrhaft
Vollkommenen, die Gott ungeteilt gehören wollen, sind gerade die Unvollkom-
menen, die noch auf der Kampfbahn laufen und den Siegespreis noch nicht errungen
haben. Sie wissen, daß sie noch nicht am Ziel sind, daß sie Christus immer wieder
ergreifen müssen, bis er sie ganz ergriffen und zur himmlischen Berufung geführt
hat. In diesen Versen kommt in charakteristischer Weise die Eigenart der christlichen Existenz zum Ausdruck: der Christ ist nicht mehr der alte, sondern schon
15 jetzt der neue Mensch, aber noch nicht der vollendete. Wer das noch nicht versteht
oder anderer Meinung ist, dem wird Gott auch dieses noch offenbaren. Wahrscheinlich ist dieser Satz polemisch gemeint; denn die von der Vollkommenheit sprachen,
glaubten, auch im Besitz besonderer Erkenntnisse durch Offenbarung zu sein
(s. S.133). Paulus schreibt ihnen: falls euch wirklich so viel offenbart ist, wie ihr
immer behauptet, dann wird euch Gott auch dieses noch kundtun. Zum Schluß
16 bittet der Apostel, sie sollen die erhaltene Erkenntnis nicht aufgeben, sondern in
Einklang mit ihr das Leben gestalten. Damit leitet er zum nächsten Abschnitt über.

4. Rechter und falscher Wandel 3,17-21

17 Werdet meine Nachfolger, Geschwister, und blickt auf die, die so wandeln,
wie ihr uns als Vorbild habt; 18 denn viele wandeln, von denen ich oft mit euch
gesprochen habe, jetzt aber sage ich es mit Tränen: es sind die Feinde des Kreuzes
Christi, 19 deren Ende das Verderben ist, deren Gott der Bauch ist und deren
Herrlichkeit in ihrer Schande besteht, die auf das Irdische bedacht sind. 20 Unser Bürgerrecht nämlich ist im Himmel, von wo wir auch den Retter, den Herrn
Jesus Christus erwarten, 21 der den Leib unserer Niedrigkeit umformen wird,
daß er dem Leibe seiner Herrlichkeit gleichgestaltet werde, entsprechend der
Kraft, mit der er sich alles unterwerfen kann.

17 Paulus diskutiert auch in den folgenden Versen mit denselben Gegnern. Aber
er weitet das, was er zu sagen hat, auf einen größeren Hörerkreis aus. Er wendet
sich an die ganze Gemeinde. Er spricht nun nicht von der Lehre, sondern vom Ver-

halten der Gegner. Darum schreibt er nicht: Folgt meinen Worten (Phil. 2, 12), sondern er sagt: Folgt meinem Beispiel. Ist es nicht unbiblischer Hochmut, wenn Paulus sich als Vorbild hinstellt (vgl. 1.Kor. 4, 16; 11, 1; 1.Thess. 1, 6; 2.Thess. 3, 7; Phil. 4, 9; Gal. 4, 12)? Paulus fordert die Philipper nicht auf, ihn nachzuahmen, als ob er der Mittelpunkt sei, nach dem sich alles richten muß, sondern er bittet sie, mit ihm zusammen, der selbst noch unterwegs ist, dem gemeinsamen Ziel zuzusteuern. Paulus preist sich nicht als bewunderungswürdiges Idealbild an, er will vielmehr auf Christus hinweisen (1.Thess. 1, 6ff.; ;.Kor. 11, 1), der in ihm lebt (Gal. 2, 20) und der in ihm mächtig ist (4, 13; 1.Kor. 15, 10; 2.Kor. 12, 9). Wenn er die Philipper auffordert, ihm nachzueifern, so sollen sie die Vollkommenheit seiner Unvollkommenheit erreichen (V. 12), Christus, seine Leiden und seine Auferstehung ergreifen (V. 10) und die Gewinnseite ihres irdischen Lebensbuches als Verlust ansehen (V. 7ff.). Es gibt leider eine ganze Reihe von Christen, die sich ganz anders verhal- **18** ten. Paulus hat wiederholt auf sie aufmerksam gemacht und sie gewarnt. Jetzt muß er ihnen, so schwer es ihm auch fällt, das Gerichtsurteil des ewigen Verderbens ankündigen. Wenn er sie *Feinde des Kreuzes* nennt, so wendet er sich nicht gegen eine neue Gruppe in der Gemeinde, sondern es sind dieselben Leute, an die er gedacht hat, als er vorher von seiner Gemeinschaft mit den Leiden Christi und von der Gleichgestaltung mit dem Tode Christi gesprochen hat. Die Gegner verkünden wohl auch einen Jesus, aber nicht den Gekreuzigten. Wenn es dieselben Männer sind, die in Korinth auftreten (S. 131ff.), so ist für sie Jesus der Lehrer und Wundertäter. Weil ihnen Christus, der Gekreuzigte, nichts bedeutet, darum scheuen sie das Leiden für Christus und das Mitgekreuzigtwerden mit ihm (V. 10). Ihre Theologie wie ihr Leben zeigen, daß sie Feinde des Kreuzes sind. Ist die zu V. 18 gegebene Deu- **19** tung richtig, dann sind mit Bauch weder der Magen noch die Geschlechtsteile gemeint. *Bauch* kann im Sprachgebrauch der damaligen Zeit Ausdruck für den Leib des Menschen sein. In der Septuaginta hat Bauch dieselbe Bedeutung wie Herz. Er ist dann der innerste Sitz des menschlichen Lebens mit seinem Denken und Wollen (Hiob 15, 35; Ps. 40, 9; Spr. 18, 20; 20, 27; Hab. 3, 16; Sir. 19, 12; 51, 21; Ps. Sal. 2, 14), namentlich mit seinem Begehren (Philo, Leg. all. III 115 f.). Bei den Rabbinen kann das Wort Ersatz für das persönliche Pronomen sein. Paulus wendet sich mit dem Vorwurf „ihr Bauch ist ihr Gott" weder gegen sexuelle Libertinisten noch gegen jüdische Anhänger von strengen Speisevorschriften, sondern gegen Menschen, die in ganz egozentrischer Weise an sich und ihr persönliches Wohlergehen denken, wie es bei den Gegnern des Paulus in Korinth der Fall ist (2.Kor. 10, 12f.; 11, 7.20). Mit dem Wort „Bauch" kennzeichnet Paulus ihre fleischliche Haltung, durch die sie zwangsläufig zu Feinden des Kreuzes werden. Weil sie auf ihren Vorteil bedacht sind, weil das natürliche Leben für sie ein erstrebenswertes Gut ist, darum fliehen sie das Kreuz Christi. Wie Paulus sie 3, 2 in sarkastischem Tonfall Hunde nennt, so sagt er hier von ihnen: ihr Bauch ist ihr Gott. Sie glauben, mit dem, was sie erreicht haben, bereits am Ziel zu sein. Das ist ihre große Täuschung. Wenn sie wirklich am Ziel sein werden, wird ihr Ende das ewige Verderben sein. Paulus spricht diesen Christen ihr Christsein ab. Wie mit Bauch nicht die Genitalien gemeint sind, so mit Schande nicht die Schamteile. Aus 2.Kor. 3, 7-4, 17 ist zu entnehmen, daß die Häretiker den Gedanken der „Herrlichkeit" sehr stark betonen,

Paulus aber den Vorwurf machen, er betreibe schändliche Dinge (2.Kor. 4, 2). Paulus dreht den Spieß um; ihre ganze Herrlichkeit sei Schande, wobei vielleicht noch der Gedanke mitspielt, daß sie zuschanden werden, so daß ihr Ende das Verderben ist (vgl. Jes. 66, 5; Phil. 1, 20; 3, 19). Weil ihr Bauch ihr Gott ist, ist ihr Sinnen ganz dem Irdischen verhaftet. Weil sie auf der Erde ganz zu Hause sind, warten sie

20 nicht auf das Kommen Christi. Im Gegensatz dazu richtet sich das Denken der wahren Christen auf die himmlische Heimat. Paulus verleiht seinen Worten dadurch Nachdruck, daß er sich in gehobener Sprache unter Verwendung formelhaften Materials, das den Gemeindegliedern bekannt ist, an sie wendet und sich mit ihnen zusammenschließt: Unser Bürgerrecht. Auf dieser Erde sind Christen Fremdlinge (1.Petr. 1, 1; 2, 11; Hebr. 11, 13; 13, 14), die sich nur behelfsmäßig einrichten, wie es Durchreisende zu tun pflegen. Darum hat das „Irdische" (V. 19) bei ihnen keine bestimmende Macht. Ihr Bürgerrecht haben sie im Himmel. Wie der römische Soldat, auch wenn er fern von Rom angesiedelt ist, nie vergißt, daß er Römer ist, so sollen die Christen nie vergessen, wo sie zu Hause sind. Paulus weiß nicht, ob er sterben (1, 21 ff.; 2, 17) oder ob er die Parusie Christi erleben wird. Jedenfalls wartet er nicht auf den Tod, sondern auf das Erscheinen des Erretters Jesu Christi vom

21 Himmel auf die Erde. Das betont er gegen die Häretiker. Bei der Parusie werden die Lebenden verwandelt werden (1.Kor. 15, 51 f.). Statt des sterblichen Niedrigkeitsleibes, der der Herrlichkeit entbehrt (Röm. 3, 23) und den Versuchungen der Sünde ausgesetzt ist (Röm. 6, 12), der von Christus trennt (2.Kor. 5, 6 ff.) und dem Tode unterworfen ist, erhalten die Christen den himmlischen Herrlichkeitsleib des auferstandenen Christus (1.Kor. 15, 42 ff.; 2.Kor. 3, 18; 4, 17; Röm. 8, 18. 29; Kol. 3, 4). Paulus nimmt in V. 21 die Gedanken von V. 10 auf. Wie die Christen nach Röm. 8, 17 mit Christus mitleiden und mitverherrlicht werden, so werden sie nach Phil. 3, 10 seinem Tode gleichgestaltet sein und nach 3, 21 dem Leibe seiner Herrlichkeit gleichgestaltet werden. Christus, der der Sohn Gottes in Kraft ist (Röm. 1, 4), der zur Rechten Gottes sitzt (Röm. 8, 34), der der Herr über alles ist (Phil. 2, 9 ff.), der auch den Tod bezwingen wird (1.Kor. 15, 25 f.), ist imstande, dieses Werk an den Seinen durchzuführen. Das ist eine andere Herrlichkeit als die der Gegner, die auf das Irdische bedacht sind (3, 19).

5. Das Leben in der Freude 4, 1-9

1 Darum, meine geliebten und ersehnten Geschwister, meine Freude und mein Ehrenkranz, steht fest im Herrn, Geliebte. 2 Eurodia ermahne ich und Syntyche ermahne ich, im Herrn einmütig zu sein. 3 Ja, ich bitte auch dich, treuer Gefährte, nimm dich ihrer an, die doch mit mir bei der Verkündigung des Evangeliums im Kampf standen zusammen mit Clemens und meinen übrigen Mitarbeitern, deren Namen im Buch des Lebens eingetragen sind. 4 Freuet euch im Herrn allezeit. Wieder will ich es sagen: freuet euch. 5 Laßt alle Menschen eure Güte erfahren. Der Herr ist nahe. 6 Sorget euch um nichts, sondern in jedem einzelnen Fall bringt euer Anliegen in Gebet und Bitte mit Danksagung vor Gott. 7 Und der Friede Gottes, der alles Denken übersteigt, wird eure Herzen und eure Gedanken in Christus Jesus behüten. 8 Zum Schluß, Geschwister, denket dem nach, was wahr, was ehrbar, was gerecht, was rein, was liebenswert ist, was einen guten Ruf hat, sei es eine Tugend und ein Lob. 9 Was ihr gelernt,

empfangen, gehört und an mir gesehen habt, das tut. Und der Gott des Friedens wird mit euch sein.

Weil Christen eine andere Heimat haben, weil sie den Leib der Lichtherrlichkeit 1 erhalten werden (3,20f.), sollen sie im Herrn feststehen (1,27; vgl. 1.Thess. 3,8), wenn andere auch andere Wege gehen und sich vom Herrn trennen (3,18). Statt „im Herrn stehen" kann Paulus auch sagen „im Glauben" (1.Kor. 16,13; 2.Kor. 1,24), „in der Gnade" (Röm. 5,2) oder „im Evangelium stehen" (1.Kor. 15,1). Wer „im Herrn steht", gehört dem Herrn und wird durch den Herrn bestimmt, so daß er nicht von ihm weicht, sondern ihm gehorsam ist. Damit leitet Paulus von der Bekämpfung der Irrlehrer zur konkreten Ermahnung der Gemeindeglieder über. Während er gegen die Irrlehrer besonders scharfe Worte gebraucht hatte (3,2f. 18f.), richtet er sich an die treugebliebenen Gemeindeglieder mit ganz großer Herzlichkeit und Innigkeit. Er scheut sich nicht, sie in einem Satz zweimal mit Geliebte anzusprechen (2,12). Sie sind seine Freude (2,2). Wie sie vor dem Richterstuhl Christi sein Ruhm sind (1,26; 2,16), so sind sie auch sein Ehrenkranz (1.Thess. 2, 19f.).

Paulus wendet sich nun einem ganz speziellen Fall in der Gemeinde zu. V.2 2 erinnert an 2,2. Es wird aber nicht ein konkreter Fall aus der allgemeinen Ermahnung von 2,2 herausgegriffen. 4,2 gehört vielmehr zu einem anderen Brief als 2,2 (vgl. Einleitung S.126f.). Daß die Gemeindesituation in der Zeit zwischen den beiden Briefen sich verschärft hat, zeigt sich nicht nur an den Gegensätzen zwischen Paulus und den eingedrungenen „bösen Arbeitern" (3,2), sondern auch an Spannungen im Kreise der treuen Gemeindeglieder. Paulus begnügt sich nicht damit, allgemein zur Einheit zu mahnen, wie er es in seinem ersten Brief getan hat (1,27-2, 4), sondern er spricht Gemeindeglieder öffentlich mit Namensnennung an. Zwischen zwei Frauen, die offensichtlich ein „Amt" in der Gemeinde hatten (vgl. V.3), ist ein Streit ausgebrochen. Worum es sich handelt, wird nicht gesagt. Paulus untersucht nicht die Angelegenheit in allen Einzelheiten, um festzustellen, wer Recht und wer Unrecht hat. Er macht sich nicht zum Richter, sondern er wendet sich an alle beide zugleich und ermahnt sie, sich zu vertragen. Wer in Christus Jesus ist, wer in ihm steht (V.1), muß auch eines Sinnes im Herrn sein. Die Einheit der Kirche verlangt, daß ihre Glieder auf dasselbe bedacht sind; denn Christus ist ihr Herr, der keine menschlichen Nebeninteressen duldet, sondern Gehorsam verlangt. Wie man 3 die beiden Frauen, die hier genannt sind, nicht näher kennt, so auch nicht die Männer, an die sich Paulus wendet. Er bittet einen ihm besonders nahestehenden Mitarbeiter, der vielleicht eine Zeitlang sein Reisebegleiter gewesen ist und der sich nun in Philippi aufhält – seinen Namen braucht er nicht zu nennen, da in Philippi jeder weiß, wer gemeint ist –, er solle den beiden Frauen helfen, daß sie zusammenfinden. Möglicherweise ist dieser bewährte Gefährte Timotheus. Da der Abschnitt 3,1b-4,9 aus einem andern Brief des Apostels an die Philipper stammt (siehe zu 3,1 und 4,10), steht das nicht im Widerspruch zu den Ausführungen 2,19. Die beiden Frauen liegen Paulus sehr am Herzen, da sie bei der Gründung der Gemeinde alle Gefahren auf sich genommen und dem Apostel geholfen haben. Paulus zählt nicht alle Mitarbeiter auf. Das ist nicht nötig. Gott kennt sie und vergißt sie nicht. Ihre Namen stehen im Buch des Lebens (Ps. 69,29; 2.Mose 32,32f.; Ps. 139,16;

Dan. 7, 10; 12, 1; Lk. 10, 20; Offb. 3, 5; 13, 8; 17, 8; 20, 12. 15). Das heißt: Gott hat sie angenommen und zum Leben erwählt.

4   Die nächsten Sätze wirken wie eine lose aneinandergereihte Spruchsammlung. Sie stehen aber in einem inneren Zusammenhang miteinander. Nicht Streit soll in der Gemeinde herrschen (V. 2 f.), sondern *Freude*, die ihr durch die Herrschaft Christi ermöglicht und gegeben ist. Von dieser Freude hat Paulus im Philipperbrief oft geredet (siehe zu 3, 1), so daß man den Gefangenschaftsbrief einen Brief der Freude nennen kann. Aber auch in andern Briefen spricht er von der Freude (Röm. 12, 12; 2. Kor. 1, 24; 13, 11; 1. Thess. 5, 16). Weil sie vom Heiligen Geist gewirkt ist (Röm. 14, 17; 1. Thess. 1, 6; Gal. 5, 22), ist sie nicht von äußeren Umständen oder psychischer Veranlagung abhängig, sondern sie begleitet den Christen sein ganzes Leben hindurch, so daß sie allezeit da ist und nicht schwindet in Zeiten der Not und Anfechtung. Trübsal und Freude sind im Christenleben keine Gegensätze (Röm. 5, 3 f.; 12, 12; 1. Thess. 1, 6; 2. Kor. 6, 10; 8, 2 f.). Diese bewährt sich vielmehr gerade in Zeiten der Verfolgung (siehe zu 1, 29). Wenn andere verzagen, strahlt sie in unsichtbarem Glanze. Da die Aufforderung zur Freude sich auch sonst bei Paulus findet, ist dieser Vers kein Beweis für die Zugehörigkeit zu Phil. 1-2. Wo die rechte Christenfreude da ist, wirkt sie nach außen. Rechthaberische Schärfe dem andern

5   gegenüber und Freude vertragen sich nicht miteinander. Darum mahnt Paulus, man solle seinen Mitmenschen gegenüber nachgiebig und gütig sein. Diese Gesinnung soll man nicht nur den Brüdern oder irgendwelchen Freunden erweisen, sondern allen Menschen. Wie ein Fanfarenstoß klingen die Worte: „Der Herr ist nahe." Die Wiederkunft Christi, die die Ethik des Paulus bestimmt (Röm. 13, 11-14; 1. Kor. 7, 29 ff.; Gal. 6, 10; 1. Thess. 2, 12 f.; 3, 12 f.; 5, 23), steht unmittelbar bevor (1. Kor. 15, 51; 16, 22; 1. Thess. 4, 15; Offb. 22, 20). Das gibt dem gegenwärtigen Augenblick den Ernst; denn man wird sich bald für sein Tun verantworten müssen. Das nimmt der Gegenwart aber auch den Druck der Schwere. Christus steht vor der Tür, der allem Leid ein Ende macht. Die Freude des Christen ist Vorwegnahme und Abglanz der endzeitlichen Freude. Während Paulus in den Kapiteln 1-2 weniger von der Parusie (vgl. jedoch 1, 10. 26; 2, 16) und mehr von seinem Sterben spricht (1, 20; 2, 17 f.), tritt in den Kapiteln 3-4 der Gedanke an die Endzeit stärker hervor (3, 11. 20 f.; 4, 1-5). Wahrscheinlich ist das durch die verschiedene Situation der Briefe verursacht. Kap. 1-2 schreibt Paulus angesichts der bevorstehenden Gerichtssitzung, bei Kap. 3 und 4 hat Paulus die Gegner vor Augen, die eine

6   andere Auffassung von der Endgeschichte haben (siehe zu 3, 19 f.). Weil Christus nahe ist, brauchen die Christen nicht zu sorgen. Der helle Schein des kommenden Tages leuchtet in das gespenstische Dunkel der Gegenwart und vertreibt alle Angst und Sorge. Sorge ist der Versuch des Menschen, sein Schicksal selbst zu gestalten, über seine Zukunft zu verfügen (Mt. 6, 25). Wenn der Herr zu uns kommt, sind die Fragen der Zukunft beantwortet. Zukunft gestalten kann nur Gott. Darum sollen die Christen nicht sorgen, sondern beten. Beides läßt sich nicht vereinigen. Der stärkste Gegensatz zum Sorgen ist das Danken. Wer imstande ist zu danken, überläßt Gott das Sorgen. Auch der Christ hat Nöte und Wünsche; er trägt sie aber zu dem, der wirklich sorgen kann (1. Petr. 5, 6). Wenn er betet, so tritt er nicht als Fordernder vor Gott, sondern seine Bitten sind mit Dank gegen Gott verbunden

(1.Thess. 5, 18). Erst durch den Dank wird die Bitte zum christlichen Gebet (1,3 f. 11). Jedes Bittgebet ist stets auch Dankgebet für die Gaben, die man erbittet, weil es in der Gewißheit geschieht, daß Gott das Erbetene geben wird, wenn es dem Bittenden zuträglich ist (Mt. 7, 7 ff.; Joh. 14, 13; 15, 7; 16, 23). Wer dankt, steht im 7 Schutze des göttlichen Friedens. Im griechischen Wortlaut wird nicht der Wunsch ausgesprochen, wie Luther die Stelle übersetzt „bewahre eure Herzen", sondern eine Zusage gemacht: „wird eure Herzen behüten". Der *Friede* Gottes, der letzten Endes etwas Zukünftiges ist, weil er der Normalzustand der Gotteswelt, das Wohlsein und die Ordnung aller Dinge in der Gottesherrschaft ist, und der die Dimensionen menschlicher Fassungskraft übersteigt, wird mit seiner Heil schaffenden Macht schon in dieser Welt die Herzen und die Gedanken vor allem Bösen bewahren. Dieses schreibt Paulus Menschen, deren Herzen und Gedanken durch die Gefahr der Irrlehre bedroht sind (3, 2 ff.) und die noch nicht am Ziel sind, sondern noch auf der Kampfbahn laufen (3, 12 ff.). Wie die Freude des Heiligen Geistes trotz aller Not (V. 4) und der Reichtum trotz allen Mangels (V. 19) da ist, so soll auch der Friede Gottes trotz allen Kampfes bei ihnen Gegenwart sein. Christen leben schon in dieser Welt von den Gaben der andern, weil Christus auferstanden ist (siehe zu 3, 10). Aus dem Herzen kommen die schlechten Wünsche und Begierden, aus den Gedanken die Zweifel und Sorgen. Der Gottesfriede legt sich als eine beschützende und bewahrende Macht um Herzen und Gedanken, damit diese nicht wieder in das böse Wesen verfallen. Das liegt jenseits von aller Philosophie und Psychologie. Durch Jesus Christus ist es Wirklichkeit im Leben des Christen.

In Christus Jesus. Im Philipperbrief findet sich achtmal der Ausdruck „in Christus Jesus" und ebensooft die Wendung „im Herrn", außerdem fünfmal Mischformen oder ähnliche Formulierungen. Diese Ausdrucksweise ist für Paulus bezeichnend. Immer wieder stößt man in seinen Briefen auf sie. Im Deutschen läßt sich dieses ‚in Christus', ‚in Christus Jesus', ‚im Herrn' bzw. ‚im Herrn Jesus' kaum mit einem Wort sachgemäß wiedergeben. Manchmal hat das ‚in' anscheinend lokale Bedeutung, so daß man von der Gemeinschaft mit Christus spricht, an andern Stellen scheint dieses ‚in' mehr instrumental gefaßt zu sein, so daß man es sachgemäßer ‚durch Christus Jesus' oder, wieder anders nuanciert, mit ‚bestimmt durch Christus Jesus' wiedergeben sollte. Oft gehören die verschiedenen Bedeutungen zusammen: durch Christus kommt man in die Christusgemeinschaft, und in dieser Gemeinschaft mit Christus ist nicht der Mensch der Handelnde, sondern Christus, der das Tun des Christen bestimmt. So wird man häufig die verschiedenen Klänge mithören müssen, wenn die Wendung ‚in Christus Jesus' erscheint. Es lassen sich folgende Beobachtungen machen:

1. „In Christus Jesus" ist nicht in erster Linie eine mystische Formel, wie man angenommen hat, sondern primär eine eschatologische Aussage: sie spricht von dem Handeln Gottes in der Endzeit und von dem Vorhandensein der endzeitlichen Heilsgüter in der Gemeinde. In Jesus Christus offenbart sich Gottes heilschaffendes Handeln (Gal. 3, 14), in ihm zeigt sich der neue Äon, durch ihn tritt Gottes Heil in die Geschichte. „Gott war in Christus und versöhnte die Welt mit sich" (2. Kor. 5, 19). Hier wird nicht von dem Sein des Christen in Christus, sondern von dem Sein

Gottes in Christus bei dem heilschaffenden Geschehen gesprochen. Mit der Wendung „in Christus Jesus" sagt Paulus, daß Gott in die Geschichte der Menschen eingegriffen und das neue Zeitalter herbeigeführt hat. Durch Christus Jesus wird die Liebe Gottes kundgetan (Röm. 8, 39). In ihm ist das Leben (Röm. 6, 11). Weil Gott in Christus auf die Erde kommt, weil in Christus Jesus der neue Äon beginnt, darum gibt es durch ihn, den Gekreuzigten und Auferstandenen, die Erlösung (Röm. 3, 24). Was man in der Endzeit von Gott erwartete, wird in ihm Wirklichkeit. Mit ihm beginnt eine neue Menschheitsreihe. Wer in ihm ist, der ist aus der adamitischen Welt der Sünde und des Todes herausgenommen und in den neuen Äon versetzt. „Ist jemand in Christus, so ist er eine neue Schöpfung" (2. Kor. 5, 17). Durch ihn wird einem die himmlische Berufung zuteil (Phil. 3, 14), man gehört zu den Söhnen Gottes (Gal. 3, 26). In ihm hat man die Gerechtigkeit (2. Kor. 5, 21; vgl. Gal. 2, 17) und Freiheit (Gal. 2, 4). Durch Christus Jesus ist man geheiligt (Phil. 1, 1; 1. Kor. 1, 2), der Verdammnis entzogen (Röm. 8, 1) und vor dem Bösen bewahrt (Phil. 4, 7). Der alte Äon besteht zwar noch, wer aber in Christus ist, ist ihm entrissen (Gal. 1, 4). Damit ist das Unerhörte eingetreten, daß Menschen, mitten in der Welt der Welt entnommen, an den endzeitlichen Heilsgaben von Erlösung, Gerechtigkeit, Leben, Liebe und Freiheit teilhaben. In dieser Zeit sind sie umfangen von dem gekreuzigten und auferstandenen Christus.

2. Erst wenn man den endzeitlichen Sinn der Wendung „in Christus Jesus" erkannt hat, besteht ein gewisses Recht, von der mystischen Bedeutung zu sprechen. Phil. 3, 9 schreibt Paulus, es komme ihm vor allem darauf an, daß er Christus gewinne und in ihm erfunden werde. Dieses ‚Sein in Christus' ist der Ausdruck für die Gemeinschaft mit dem Gekreuzigten und Auferstandenen. Sie hat eine negative wie eine positive Bedeutung. Wer in Christus Jesus ist, wofür Paulus auch sagen kann „wer im Geist ist" (vgl. Röm. 8, 1 mit Röm. 8, 9), hat einen anderen Mittelpunkt erhalten, um den sein Denken, Reden und Tun schwingt. Er steht nun im Machtbereich des erhöhten Christus. Gal. 2, 20 sagt Paulus von sich: „Ich lebe, doch nicht ich, Christus lebt in mir." Hier wird nicht von dem „In-Christus-Sein" des Menschen, sondern von dem „Im-Menschen-Sein" Christi gesprochen (vgl. 2. Kor. 13, 5; Gal. 4, 19). Dadurch, daß Christus in mir wohnt, habe ich meine Existenz verloren. Wenn das Sein des Christus in mir schon bedeutet, daß ich nicht mehr lebe, in wieviel stärkerem Maße gilt dann dieses ‚Nicht-mehr-Leben' von der Aussage meines Seins in Christus. Wer in Christus ist, ist in die innigste Gemeinschaft mit ihm getreten, und das bedeutet, er ist in den Tod und in die Auferstehung Jesu hineingezogen. Damit hat er sein eigenes Lebensrecht verloren, so daß er eine Erscheinungsform des in ihm lebenden und ihn beherrschenden Christus ist. Diese Gemeinschaft mit Christus gibt dem Christen alle Heilsgüter, die Christus durch sein Leben und Sterben erworben hat.

3. Wer ‚in Christus Jesus' ist, der ist eingefügt in den Leib Christi. Darum ist die Wendung ‚in Christus' nicht so sehr ein Ausdruck individualistisch-mystischer Verbundenheit, sondern eine ekklesiologische Aussage. „So sind wir, die vielen, ein Leib in Christus" (Röm. 12, 5). An manchen Stellen kann man „in Christus" geradezu mit den Worten umschreiben ‚zur Kirche gehören' (Röm. 16, 7). Gal. 1, 22, vgl. 1. Thess. 2, 14 wird von den Gemeinden von Judäa in Christus gesprochen. Durch

die Tat Gottes sind die Törichten und Verachteten in Korinth in Christus Jesus
(1.Kor. 1,30). Die Unterschiede, die im alten Äon in der Geschlechterfolge Adams
Bedeutung hatten, haben im neuen Äon ihren Wert verloren: „Es ist weder Jude
noch Grieche, weder Sklave noch Freier, weder Mann noch Frau; Ihr seid alle einer
in Christus Jesus" (Gal.3,28). Auch die verschiedenen religiösen Merkmale haben
nichts mehr zu sagen. In Christus Jesus gilt weder Beschneidung noch Unbeschnittenheit etwas (Gal.5,6). Wer in Christus ist, ist sowohl mit Christus wie mit den
Christen aufs engste verbunden.

4. Wie Röm. 16,7 und 11 oder Phlm.20a und b zeigen, sind die Wendungen „in
Christus" und „im Herrn" austauschbar. Sie können aber auch verschiedene Seiten
derselben Sache zum Ausdruck bringen. Es fällt auf, daß die Formel „in Jesus
Christus" (vgl. Phil.2,5 und 1.Thess.5,18) und „in Christus" (vgl. Phil.2,1; Phlm.
20) sich in paränetischen Stücken sehr selten findet. Während Paulus mit dieser
Wendung in den meisten Fällen das Heilshandeln und die Heilsgabe Gottes zum
Ausdruck bringt, gebraucht er die Worte „im Herrn" stärker vom Handeln des
Christen, der noch in dieser Zeit lebt, aber der anderen angehört. Das Denken und
Reden, Fühlen und Tun des Menschen, der in Jesus Christus ist, geschieht im Herrn,
der das ganze Leben bis in die Äußerlichkeit des Alltags hinein bestimmt. Der Christ
steht unter der Souveränität und Leitung seines Herrn. Wer in Christus ist, tut alles,
was er tut, aus dieser Gemeinschaft mit dem Herrn heraus. Was man an Heilsgaben
in Christus empfangen hat, muß beim Leben im Herrn Wirklichkeit werden. Mit
dieser Wendung „im Herrn" ist Indikativ und Imperativ, Forderung und Geschenk,
Gabe und Aufgabe auf die kürzeste Formel gebracht. Zu jeder Zeit und an jedem
Platz, bei jeder Tätigkeit ist das Leben des Christen ein Leben im Herrn, der der
Gebietende und Handelnde bei denen ist, die in ihm sind. Das kommt in den paulinischen Briefen in ganz überraschender Fülle zum Ausdruck. Der Christ freut sich
(Phil.3,1; 4,4; 4,10) und arbeitet im Herrn (Röm.16,12); er übt in der Gemeinde
leitende Funktionen aus (1.Thess.5,12) und ist treu im Herrn (1.Kor.4,17); er hat
Zuversicht (Phil.2,24; Gal.5,10) und steht fest im Herrn (Phil.4,1; 1.Thess.3,8);
er soll gleichgesinnt sein im Herrn (Phil.4,2), und er hat Liebe im Herrn (Röm.
16,8); er schreibt Briefe (Röm.16,22) und bestellt Grüße im Herrn (1.Kor.16,19).
Christen nehmen auf im Herrn (Röm.16,2; Phil.2,29). Selbst wenn sie heiraten,
erfolgt dieses im Herrn (1.Kor.7,39). Es gibt im Leben des Christen nichts, was der
Herr nicht bestimmt und was nicht aus dieser engen Verbindung heraus geschieht.
Wenn der Christ gar kein Eigenleben mehr führt, dann kann er auch nicht mehr sein
Leben selbst bestimmen.

5. Wenn Paulus von seinem apostolischen Handeln, aber auch vom missionarischen Wirken seiner Freunde spricht, dann gebraucht er nicht so sehr die Wendung „im Herrn" (vgl. aber z.B. 1.Kor.4,17), sondern meist die Formulierung „im
Herrn Jesus" oder „in Christus": Er hat die volle Berechtigung in Christus (Phlm.
8), er redet in Christus (2.Kor.2,17; 12,19), spricht die Wahrheit in ihm (Röm.
9,1); er bittet und ermahnt im Herrn Jesus (1.Thess.4,1; vgl. Phil.2,1), erinnert an
die Wege in Christus (1.Kor.4,17), arbeitet in Christus Jesus (Röm.16,3.9), liebt
die Gemeinde in ihm (1.Kor.16,24). Er ist überzeugt im Herrn Jesus (Röm.14,14)
und hat Hoffnung in ihm (Phil.2,19). Er ist schwach (2.Kor.13,4) und hat Kraft

in Christus (Phil. 4, 13). Im Blick auf die Gemeinde kann Paulus auch von seinem Ruhm in Christus Jesus sprechen (1. Kor. 15, 31; Röm. 15, 17; vgl. Phil. 3, 3).

8   Paulus kommt zum Schluß des eingeschobenen Briefes (vgl. 3, 1). Er erteilt den Philippern anscheinend ganz allgemein gehaltene Ermahnungen. Die einzelnen Begriffe finden sich in hellenistischen Tugendkatalogen wie auch in jüdischer Literatur. Was Heiden und Juden von den Ihren verlangen, was in der Welt um die Christen herum als Tugend gilt, dem sollen auch die Christen nachstreben. Diese allgemein gehaltenen Wahrheiten sind im Brief an die Philipper sehr wohl am Platze. Es ist kein Zeichen wahrer Christlichkeit, wenn man gegen die Ethik der Mitmenschen verstößt und sich besondere Freiheiten einräumt (3, 19; 1. Kor. 5, 1 ff.). Man soll nicht alles von vornherein als minderwertig, nebensächlich oder ungültig beiseite schieben, was Heiden oder Juden fordern und tun. Im Gegenteil, Christen sollen über diese Tugenden nachdenken und sie auch üben; denn sie sind dazu

9   besser imstande als die andern. Paulus verweist auf seine Missionspredigt und stellt sich noch einmal wie 3, 17 als Beispiel hin. Mit einem Segenswunsch schließt dieses Bruchstück des Briefes. In allem Kampf und Streit dieser Zeit ist der Gott des Friedens (Röm. 15, 33; 16, 20; 1. Kor. 14, 33; 2. Kor. 13, 11; 1. Thess. 5, 23) bei ihnen, der sie des ewigen Heils gewiß macht (vgl. V. 7).

Die Gabe der Philipper 4, 10-20

10 Ich habe mich aber im Herrn sehr gefreut, daß ihr eure Fürsorge für mich habt wieder aufblühen lassen. Wohl wart ihr darauf bedacht; aber es fehlte euch die Gelegenheit dann. 11 Ich sage das nicht, weil ich Not leide. Ich habe es nämlich gelernt, in meiner Situation auszukommen.

12 Ich verstehe, mich einzuschränken,
   ich verstehe, aus dem Vollen zu leben,
   in alles und jedes bin ich eingeweiht,

   satt zu sein und zu hungern,
   Überfluß zu haben und Not zu leiden,
13 alles vermag ich durch den, der mich stark macht.

14 Indes habt ihr recht getan, an meinem Leiden teilzunehmen. 15 Ihr wißt ja selbst, Philipper, daß am Anfang des Evangeliums, als ich aus Mazedonien aufbrach, keine Gemeinde mit mir nach der Rechnung des Gebens und Nehmens Gemeinschaft hatte als ihr allein; 16 denn nach Thessalonich und auch sonst schicktet ihr mehrmals zu meinem Unterhalt. 17 Nicht, daß ich auf Geschenke aus bin, sondern ich bin nach der Frucht aus, die euer Konto anwachsen läßt. 18 Ich empfing alles und habe mehr als genug. Ich bin mit allem gut versorgt, nachdem ich von Epaphroditus eure Gabe empfangen habe, einen Wohlgeruch, ein angenehmes, Gott wohlgefälliges Opfer. 19 Mein Gott aber wird allen euren Mangel nach seinem Reichtum in Herrlichkeit in Christus Jesus stillen. 20 Unserm Gott und Vater sei Ehre in alle Ewigkeit, Amen.

10   Der Einschub aus einem andern Brief des Paulus an die Philipper ist beendet (vgl. zu 3, 1). 4, 10-20 ist nicht ein Fragment eines verlorengegangenen dritten Briefes des Apostels Paulus an die Philipper, wie man vermutet hat, sondern der Abschnitt gehört zum Gefangenschaftsbrief. Paulus freut sich über das Geschenk, das die Philipper ihm gemacht haben. Aber er spricht nicht von diesem selbst, son-

dern von der Gesinnung der Liebe und von der Verbundenheit, aus der heraus die Gabe der Philipper gekommen ist. Die Philipper haben wohl stets an ihn gedacht, aber die Verhältnisse ließen es nicht zu, so daß sie nicht für ihn sorgen konnten. Paulus macht ihnen keine Vorwürfe, er klagt nicht, stellt auch keine Ansprüche und 11 Forderungen. Er hat im Laufe seiner apostolischen Tätigkeit gelernt, mit allem zufrieden zu sein, auch wenn er Hunger und Durst erleiden muß, nichts anzuziehen hat und kein Quartier findet (1.Kor.4,11; vgl. 2.Kor.6,4ff.). In einem kleinen 12f. Gedicht von zwei Strophen schildert Paulus seine Zufriedenheit und Unabhängigkeit. Zuerst beschreibt er in antithetischem Parallelismus mit zwei Versen seine Situation. In einem dritten Vers, der mit ,alles' beginnt und das Vorhergehende zusammenfaßt, sagt er, wie er zu dieser Haltung gekommen ist. Die nächsten beiden Verse besagen dasselbe, jedoch ist die rhetorische Struktur anders. Sie sind nicht antithetisch, sondern parallel geformt. Die Antithese ist bereits in jeden Vers mit hineingenommen, so daß sie sich in kurzer Form zweimal findet. Zum Schluß kommt dann wieder, wie in der ersten Strophe mit ,alles' eingeleitet, die Begründung für das Aushalten dieser Spannung. Paulus findet sich in allen Lebenslagen und Verhältnissen zurecht. Auch der griechische Weise verzichtet nach der kynisch-stoischen Moral in Bedürfnislosigkeit und Selbstgenügsamkeit auf alle äußeren Vorzüge, so daß V. 12 auch bei einem dieser Philosophen stehen könnte. Paulus unterscheidet sich von ihnen durch die Begründung, die er in V. 13 für seine Haltung gibt. Seine Stellungnahme ist nicht durch Verachtung der Lebensumstände bedingt, die ihn unfrei machen könnten, sondern durch sein Verhältnis zu Christus. Epictet kann schreiben: Der Weise „vermag über das alles Sieger zu sein" (Diss. I 18,22). Aber bei ihm findet sich nicht der Zusatz „durch den, der mich stark macht". Paulus ist in die Kunst der Selbstgenügsamkeit eingeweiht. Christus hat ihn dazu befähigt, so daß er allen Anforderungen gewachsen ist. Sattsein und Hunger, Armut und Reichtum können ihm nicht zur Versuchung werden. Er weiß, daß gerade sein Schwachsein die Voraussetzung dafür ist, daß Christus ihn stark macht (2.Kor. 12,9f.). So gibt ihm Christus die Kraft zum Verzichten und Entsagen. Das hat nicht 14 dazu geführt, daß er die Gabe der Philipper abgewiesen hat. Im Gegenteil, er lobt die Gemeinde, daß sie sich in der Not nicht von ihm gewendet, sondern an seinem Leiden Anteil genommen hat. Sonst hat er es stets abgelehnt, Geld oder andere Unterstützungen anzunehmen (2.Kor.11,7f.; 12,13; 1.Thess.2,7), obwohl nach seiner Meinung der christliche Lehrer das Recht hat, sich von der Gemeinde unterhalten zu lassen (1.Kor.9,7ff.; Gal.6,6). Er selbst hat sich durch seiner Hände Arbeit den Unterhalt verdient (1.Thess.2,9; 1.Kor.4,12), um jeden Verdacht der Selbstsucht im Keime zu ersticken (1.Thess.2,5; 2.Kor.7,2; 12,17f.). Bei den Philippern hat Paulus eine Ausnahme gemacht (2.Kor.11,9; siehe Einleitung S.128). Er läßt sich nicht von Grundsätzen beherrschen, sondern er kann, wenn er es für richtig und nötig hält, sich auch anders entschließen. Wenn Paulus vom „Anfang 15 des Evangeliums", als er von Mazedonien her zur Mission auszog, spricht, so will er damit kaum sagen, daß erst mit der Verkündigung des Evangeliums in Europa die eigentliche Zeit der Mission begonnen hat. Paulus hatte ja schon vorher in Kleinasien gepredigt. „Anfang des Evangeliums" ist im Hinblick auf die Gemeinde in Philippi formuliert: als bei ihnen das Evangelium verkündigt wurde, hatten sie das

Vorrecht, mit dem Apostel im Status des Gebens und Nehmens zu stehen: er gab
16 ihnen das Wort, und er empfing ihre Unterstützung (1.Kor. 9, 11; Röm. 15, 27). Sie
haben ihn nicht nur in Thessalonich, sondern nach 2.Kor. 11, 8 f. wahrscheinlich
17 auch in Korinth unterstützt. Paulus behält im folgenden das Bild und die Ausdrücke
vom Bankverkehr bei. Es geht ihm nicht um materielle Gaben, sondern um die
Frucht. Die Spende ist eine solche Frucht, die ihnen auf ihr Konto gutgeschrieben
18 wird, so daß ihr Guthaben wächst. Er quittiert das Empfangene mit den Worten:
Ich empfing alles. Er hat mehr als ausreichend. Was sie ihm gegeben haben, ist
nicht eine Steuer, die man an eine Organisation abliefert, es ist nicht ein Gehalt,
das man einem Angestellten auszahlt, sondern es ist ein Opfer, das sie Gott dar-
gebracht haben, und Gott hat dieses Opfer angenommen. Der Ausdruck ‚Wohlgeruch‘ wird im Alten Testament wiederholt im Zusammenhang mit dem Opfer
gebraucht (vgl. z.B. 2.Mose 29, 18; 3.Mose 1, 9; 2, 2; 3, 5; 4.Mose 15, 3 u.ö.). Das
wahre, Gott wohlgefällige Opfer besteht nicht in irgendwelchen kultischen Handlungen, sondern in der dem andern erwiesenen Liebe, die aus dem Glauben kommt.
19 Paulus selbst kann ihnen im Augenblick nichts geben; aber die Philipper werden
von Gott nicht unbeschenkt bleiben. Was Paulus schreibt, hat nicht den Charakter
eines frommen Wunsches, sondern den Wert der vollgültigen Zusage und Verheißung. Wie 1, 3 so spricht Paulus auch hier ganz persönlich von seinem Gott. Dieser
wird es ihnen vergelten. Sein Reichtum ist größer als aller Mangel der Menschen
(Röm. 2, 4; 9, 23; 11, 33). Die menschliche Not ist nicht mit einem Schlage beseitigt;
aber Gottes Herrlichkeit wird bereits in Jesus Christus offenbar. In ihm und durch
ihn werden ihnen die Gottesgaben zuteil, durch die Gemeinschaft mit ihm hat man
20 Anteil an der Fülle des göttlichen Reichtums eschatologischer Vollendung. Dieser
ewig-reiche Gott ist anzubeten und zu preisen, jetzt und immerdar. Sein Lob soll
bis in alle Ewigkeit nicht verstummen.

Grüße 4, 21-23

21 Grüßet jeden Heiligen in Christus Jesus. Es grüßen euch die Brüder, die
bei mir sind. 22 Es grüßen euch alle Heiligen, besonders aber die aus dem Hause
des Kaisers. 23 Die Gnade des Herrn Jesus Christus sei mit eurem Geist.

21   Wie wir wissen, hat Paulus seine Briefe nicht selbst geschrieben, sondern diktiert
(Röm. 16, 22). Nur die Schlußsätze stammen gewöhnlich von ihm selbst (1.Kor.
16, 21; Gal. 6, 11). Wahrscheinlich sind auch diese Grüße an die Philipper mit eigener Hand geschrieben. Wie 1, 1 (vgl. 1, 4.7 f.) am Anfang des Briefes, so wendet sich
Paulus auch am Schluß an jeden einzelnen Heiligen in Christus und bestellt Grüße
an ihn. Christen bilden eine Gemeinschaft, zu der man nicht nur theoretisch-ideo-
logisch gehört, sondern die ganz konkret lebendig ist. Darum werden zwischen den
einzelnen Gliedern Grüße ausgetauscht, wie es in einer Familie üblich ist. Die
Brüder, die bei ihm sind, werden herausgehoben von allen Heiligen. Es sind die
22 Mitarbeiter, die ihn begleiten, während mit „allen Heiligen" die Ortsgemeinde,
wahrscheinlich die von Ephesus, gemeint ist. Aus ihr werden besonders genannt „die
aus des Kaisers Hause". Damit sind nicht Angehörige der kaiserlichen Familie gemeint, sondern Sklaven bzw. freigelassene Sklaven, Angestellte des kaiserlichen

Hauses. Diese befanden sich nicht nur in Rom, sondern sie waren, in hohen oder niederen Stellungen stehend, über das ganze Reich verstreut, so daß diese Notiz in keiner Weise ein Hinweis auf die Abfassung unseres Briefes in Rom ist. Da Philippi eine Stadt von Militärveteranen war (siehe S. 128. 130 f.), die in ihrem Leben mit diesem oder jenem aus des Kaisers Haus gelegentlich zusammengekommen waren, ist dieser Sondergruß verständlich. Der letzte Wunsch des Apostels ist es, daß die 23 Gnade Jesu Christi nicht von ihnen weichen und sie ganz erfüllen möge (vgl. Gal. 6, 18; Phlm. 25). Mit dem Gebet um Gnade beginnt Paulus seine Briefe, mit ihm schließt er sie; ohne die Gnade Christi kann der Christ nicht bestehen.

DER BRIEF AN DIE KOLOSSER

Hans Conzelmann

Einleitung

1. Der Kolosserbrief gehört mit den Briefen an die Epheser, die Philipper und an Philemon zu den „Gefangenschaftsbriefen". Paulus befindet sich in Haft (4,3.10. 18; vgl. 1,24). Falls der Brief von Paulus verfaßt ist, dann ist die Frage, wann und wo er geschrieben wurde, genauso zu beantworten wie beim Epheserbrief, mit dem er enge Berührungen zeigt (vgl. Eph. Einleitung 1). Wie dieser ist er an eine Gemeinde in Kleinasien gerichtet. Kolossä ist ein phrygisches Städtchen am Lykos, in der Nähe von Laodizea (2,1; 4,13ff.; Offb.3,14) und Hierapolis (4,13). Der Briefschreiber ist mit der Gemeinde nicht persönlich bekannt; sie scheint von Epaphras gegründet zu sein (1,6ff.). Wahrscheinlich gehört Philemon, der Empfänger eines sicher echten Briefes des Paulus, nach Kolossä. In Kol.4,9 erscheint sein Sklave Onesimus, der ihm entlaufen ist und um dessentwillen der Philemonbrief geschrieben wurde, als Angehöriger der Gemeinde der Stadt.

Die Briefform ähnelt der des Epheserbriefes: einem lehrhaften Hauptteil (Kap.1 und 2) folgt ein ermahnender (Kap.3 und 4). Doch ist der Brief an die Kolosser in ganz anderem Grade als der an die Epheser ein wirklicher Brief, der z.B. auf aktuelle Fragen eingeht, während der Epheserbrief eine Meditation und Mahnung in Briefform ist. Im vorderen Teil führt ein Abschnitt eine heftige Polemik gegen Irrlehrer (Gnostiker), während sich der Epheserbrief mit antignostischen Anspielungen begnügt.

2. Aber auch bei diesem Brief erhebt sich die Frage, ob er von Paulus selbst oder aus dessen Schülerkreis stammt. Die Gelehrten sind zum größten Teil geneigt, ihn für paulinisch zu erklären. Gegen paulinische Autorschaft sind jedoch folgende Bedenken anzumelden: Der Stil zeigt ähnliche Besonderheiten wie der des Epheserbriefes. Die Satzgebilde sind übermäßig in die Länge gezogen; sinnverwandte Begriffe sind in Genitivverbindungen aneinandergereiht (1,5; 1,27; 2,2); es häufen sich floskelhafte Wendungen mit Präpositionen (besonders mit „in"; 1,9ff.). An den Epheserbrief erinnert auch der Inhalt, z.B. die Idee, daß sich die Kirche durch den ganzen Kosmos erstreckt (vgl. Kol.1,18; Eph.1,22f.) und daß sie der Leib des „Hauptes", Christi, ist. Doch ist dieser Gedanke im Vergleich mit dem Epheserbrief noch wenig ausgebaut: Der Kolosserbrief interessiert sich stärker für das Verhältnis zwischen Christus und dem Kosmos; von da aus wird dann das Verhältnis Christi zu den Gläubigen bestimmt. Es ist nicht, wie im Epheserbrief, jeweils die Kirche als die Mittelgröße ausdrücklich eingeführt.

Nun würden diese Besonderheiten für sich noch keineswegs genügen, um den Brief dem Apostel abzusprechen. Aber weitere Beobachtungen kommen hinzu. Die Verteidiger der „Echtheit" erklären die Eigentümlichkeiten aus der Besonderheit der Lage, in die hinein der Brief geschrieben ist, also aus der Notwendigkeit, gnostische Strömungen zu bekämpfen. Paulus habe ein Stück weit deren Begriffe aufgenommen, um sie mit ihren eigenen Waffen zu schlagen. Doch ist damit nicht *dieser* Stil erklärt, z.B. das Wuchern der Satzgebilde. Die neuen Begriffe häufen sich besonders in solchen Abschnitten, die *nicht* polemisch bestimmt sind. Doch muß man zugestehen, daß der eigenartige Abschnitt 1,15-20 kein Argument gegen die Abfassung durch Paulus bildet. Er ist ein Lied, das der Verfasser vorfand; Paulus hat in Phil.2,6ff. ebenfalls ein solches aufgegriffen (s.d.). Ein weiterer Gesichtspunkt: Bei Begriffen, die diesem Brief und den übrigen Paulusbriefen gemeinsam sind, hat sich die Bedeutung verschoben. So ist „Fleisch" für Paulus die weltliche, gottfeindliche, aktive Bestimmtheit, eine Sphäre, im Kolosserbrief dagegen eine Substanz. Die Begrifflichkeit der Rechtfertigung tritt zurück; das ist nicht zufällig und nicht durch die Diskussionslage bestimmt. Sie wird nämlich durch die gemeinchristliche Terminologie von der „Vergebung der Sünden" ersetzt (1,14). Diese Verschiebung im Sprachlichen und Gedanklichen fällt bei genauerem Zusehen gerade an den Stellen auf, die sich auf den ersten Blick besonders eng an Paulus anlehnen (Kol.2,6ff.; Röm.6,1ff.).

3. Der Brief gewährt uns erwünschte Einblicke in die frühe Ausbreitung der „Gnosis" und den Beginn der theologischen Auseinandersetzung mit ihr. Die Gnosis ist eine breit strömende Geistesbewegung, welche sich vom Osten her in die Länder um das Mittelmeer ergießt. Sie ist nicht eigentlich eine Religion, sondern eine umfassende Wandlung der Einstellung zur Welt, welche alle möglichen Religionen (und auch teilweise die Philosophie) jener hellenistischen Zeit und jenes Raumes am Mittelmeer erfaßt. Sie dringt weniger von außen ein, als daß sie im Innern aufkeimt. Schon in vorchristlicher Zeit gibt es gnostische Motive im Judentum. Die Grundmotive der gnostischen Weltanschauung sind etwa (die Variationen sind sehr groß): Der Mensch begreift sich in der Welt durch Schau, „Erkenntnis" des wahren, jenseitigen Seins. Wir stammen aus einer jenseitigen Lichtwelt, aus der wir in die Materie gestürzt sind. In uns tragen wir noch den Lichtfunken, der unser wahres Sein ausmacht. „Diese" Welt ist Finsternis, Selbstentfremdung; der Körper ist ein Gefängnis. Erlösung erfahren wir durch den Ruf, der aus der Lichtwelt durch den Gesandten zu uns dringt. Dieser Rufer bahnt uns den Rückweg in die himmlische Heimat, und im Augenblick des Hörens befinden wir uns schon auf dem Wege. Wir haben das irdische Dasein überstiegen und sind erweckte Himmelswesen, die letztlich mit dem Erlöser selbst identisch sind. Erlösung geschieht also nicht durch eine freie Tat Gottes. Erlöst werden kann ja nur, wer den Lichtfunken in sich birgt. Und der Erlöser erlöst sich selbst, wenn er die Seinen in sich emporführt. Diesen religionsgeschichtlichen Hintergrund gilt es zu erkennen, wenn man die Begriffe und Vorstellungen des Briefes erkennen will. Gnostische Denkformen sind im Urchristentum weiter verbreitet als gnostische Erlösungslehre. Sie sind – als Formen des Denkens, Weltbildes, der Vorstellung vom Vorgang der Erlösung – auch da vorhanden, wo man diesen mythischen Heilsweg nicht geht und gedanklich abwehrt, so bei Paulus selbst, in unserem Brief, noch mehr im Epheserbrief, der ja mit dem Motiv vom erlösten Erlöser arbeitet. Ein besonders schönes Beispiel für ein solches gedankliches Ringen haben wir hier in diesem Brief.

4. Inhalt. 1, 1-2: Gruß. I. Lehrhafter Teil (1,3-2,23). 1,3-8: einleitende Danksagung; 1,9-14: Fürbitte; 1,15-20: das Lied vom Gottesbild; 1,21-23: das Heilsgeschehen und die Gläubigen (Einst und Jetzt); 1,24-29: der Apostel, Diener des
Wortes; 2,1-15: Grundlegung des Kampfes gegen die Irrlehre; 2,16-23: Polemik
gegen ihre einzelnen Lehren. II. Ermahnender Teil (3,1-4,6). 3,1-4: grundsätzliche
Vorbemerkung; 3,5-17: Einst und Jetzt (das Ausziehen des alten und Anziehen des
neuen Menschen); 3,18-4,1: Haustafel; 4,2-6: abschließende Mahnungen; 4,7-18:
Briefschluß (Grüße und Segenswunsch).

Wissenschaftliche Kommentare: P. Ewald, Die Briefe des Paulus an die Epheser, Kolosser
und Philemon (Komm. zum NT, hrsg. von Th. Zahn, X), ²1910; M. Dibelius, An die Kolosser,
Epheser, an Philemon, neubearb. von H. Greeven (Handbuch zum NT 12), ³1953; C. Mas-
son, L'Epître de St. Paul aux Colossiens (Commentaire du NT X), 1950; E. Lohse, Die Briefe
an die Kolosser und an Philemon (Kritisch-exegetischer Kommentar über das NT IX/2),
¹⁴1968; E. Schweizer, Der Brief an die Kolosser (Evang.-Kath. Kommentar zum NT), 1976.

Allgemeinverständliche Auslegungen: s. die Literaturangaben zum Epheserbrief; W. Bie-
der, Der Kolosserbrief (Prophezei), 1943; F. Mussner, Der Brief an die Kolosser (Geistliche
Schriftlesung 12, 1), 1965.

Untersuchungen: G. Bornkamm, Die Häresie des Kolosserbriefes, in: Das Ende des
Gesetzes, 1952, S. 139ff.; J. Lähnemann, Der Kolosserbrief. Komposition, Situation und
Argumentation (StNT 3), 1971; J. E. Crouch, The Origin and Intention of the Colossian
Haustafel (FRLANT 109), 1972; Helga Ludwig, Der Verfasser des Kolosserbriefes – Ein
Schüler des Paulus, Diss. Göttingen 1974; W. H. Ollrog, Paulus und seine Mitarbeiter
(WMANT 50), 1979, S. 219ff.

Der Gruß 1, 1-2

**1 Paulus, Apostel Christi Jesu durch den Willen Gottes, und Timotheus, der
Bruder, 2 den Heiligen in Kolossä, den gläubigen Brüdern in Christus: Gnade
sei mit euch und Friede von Gott, unserem Vater.**

1   Der Gruß ist nach dem üblichen Stilmuster der Paulusbriefe gestaltet; er ist freilich kürzer als sonst; im Segen fehlt die gewohnte Nennung des „Herrn Jesus Christus". Ein Beweis gegen die Abfassung durch Paulus ist das nicht. Der sicher echte
erste Thessalonicherbrief faßt sich noch knapper.
       Timotheus wird mehrfach in Briefeingängen als Mitabsender erwähnt (1.,
2. Thess., 2. Kor., Phil.); er war einer der hervorragenden Mitarbeiter des Apostels.
Daß sein Name dasteht, bedeutet freilich nicht, daß er an der Abfassung dieser
Briefe mitgearbeitet habe, sondern macht deutlich, daß Paulus seine Briefe als mehr
denn als private Mitteilungen ansieht: Er schreibt als kirchliche Amtsperson, als
solche u. a. durch seine Mitarbeiter kenntlich.

2   Die Empfänger heißen, wie üblich, „Heilige". Das ist nicht ein Werturteil über
ihren subjektiven Zustand, daß sie sich auf einem hohen religiösen Niveau befinden.
Heilig sind sie dadurch, daß sie durch einen Akt Gottes (die Berufung, 1. Kor. 1, 2)
zu Heiligen *erklärt* sind; man könnte, wie von der „fremden" Gerechtigkeit (Luther;
vgl. Röm. 10, 3; Phil. 3, 9) so auch von der „fremden", nämlich der durch das Wort
Gottes zugesprochenen und übereigneten Heiligkeit reden. Sie ist nicht das Ergebnis menschlichen Bemühens; sie steht im Gegenteil am *Anfang* aller Bewegung im

Glauben. Vor dem „perfektionistischen" Mißverständnis, der fromme Mensch könne sich schon auf Erden am „Ziel", im Zustand der Vollkommenheit befinden (s. zu Phil. 3, 12-16), ist der Begriff geschützt durch die Bindung an Christus und den Glauben, durch die Erklärung, daß wir Heilige und Gläubige nicht an uns, sondern „in Christus" seien. Auch die übrigen Begriffe des Grußes sind in entsprechender Weise objektive Sachverhalte: Die Gnade ist nicht eine milde Gesinnung Gottes, sondern sein Gnadenerweis „in Christus", der Friede nicht Stimmung, Seelenfriede, sondern der objektive, von Gott in Christus erklärte Gottesfriede, der alle Vernunft überragt.

I. Christus und die Weltelemente 1, 3-2, 23

1. Danksagung 1, 3-8

3 Wir danken Gott, dem Vater unseres Herrn Jesus Christus, allezeit, wenn wir für euch beten, 4 da wir von eurem Glauben in Christus Jesus gehört haben und von der Liebe, die ihr zu allen Heiligen habt, 5 wegen der Hoffnung, die für euch in den Himmeln bereit ist; von ihr habt ihr zuvor gehört im Wort der Wahrheit des Evangeliums, 6 das bei euch ist – wie es ja in der ganzen Welt ist, fruchtbringend und wachsend, wie auch bei euch – von dem Tage an, da ihr die Gnade Gottes in Wahrheit vernommen und erkannt habt, 7 wie ihr von Epaphras, unserem geliebten Mitknecht, gelernt habt, der ein treuer Diener Christi für euch ist, 8 der uns auch eure Liebe im Geiste kundgetan hat.

V. 4. 5: *Eph. 1, 15. 18;* V. 5: *Eph. 1, 13.*

Paulus leitet seine Briefe in selbständiger Anlehnung an den Briefstil seiner Zeit 3 mit einer „Danksagung", gelegentlich mit einem „Lobpreis" (s. zu Eph. 1, 3ff.) ein. Der Stil derselben ist feierlich, der Sprache des gottesdienstlichen Gebets nachgestaltet. Im Kolosserbrief ist dieser Eingang vom eigentlichen Briefkorpus weniger scharf abgesetzt als sonst; am nächsten kommen ihm der erste Thessalonicherbrief und der Epheserbrief; die Fürbitte, welche stilgemäß zur Danksagung hinzugehört, wird durch V. 9 nochmals aufgenommen und erst mit V. 23 bzw. sogar 29 zu Ende geführt. Die Gedanken verlaufen nicht geradlinig; wohl aber ist ein Zentrum zu erkennen, um das sie kreisen. Der Verfasser weckt die Erinnerung an die einstige Begründung des Glaubens der Leser, lenkt dann den Blick auf die weltweite Kirche hinaus und dann wieder zu den Lesern zurück. Empfänger des Gebets ist Gott, nicht Christus; das gilt für das frühe Gemeindegebet durchweg. Christus ist vielmehr der *Vermittler* des Gebets: man betet in seinem Namen. Darin drückt sich das Bewußtsein aus, daß das Betenkönnen keine Selbstverständlichkeit ist. Gott ist keine Empfangsstelle. Daß wir uns an ihn wenden können, ist sein wunderbares Geschenk. Die Mittlerstellung Christi ist ganz knapp, aber dem Leser verständlich, angedeutet, wenn Gott an dieser Stelle als der Vater Jesu Christi bezeichnet ist. Gegenstand des Dankes ist der Glaubensstand der Leser. Er wird durch die bekann- 4 te Dreiheit Glaube–Liebe–Hoffnung charakterisiert (vgl. 1. Thess. 1, 3; Eph. 1, 15-18). So sind nicht persönliche Gefühle die Grundlage des Verhältnisses von

Schreiber und Lesern, sondern die objektiven Faktoren des Glaubens, dessen Struktur durch diese Dreiheit freigelegt wird. Jeder der drei Begriffe wird näher bestimmt: der *Glaube* als „in Christus" gegeben (möglich ist auch die Übersetzung: Glaube „an" Christus; sie ist aber wegen des Sprachgebrauchs des Kolosserbriefes weniger wahrscheinlich); die *Liebe* als Liebe zu allen Heiligen; sie ist nicht vom persönlichen Empfinden des Einzelnen her, als Gefühl der Sympathie verstanden, sondern vom Zusammenleben in der Kirche; und diese wiederum ist ökumenisch gesehen. Sie ist mehr als die Summe einzelner Gemeinden. Sie ist als der Leib Christi von vorn-

5 herein die *eine*, die sich in der einzelnen Ortsgemeinde sichtbar darstellt. Die *Hoffnung* ist an dieser Stelle nicht die Hoffnung, die der Gläubige in sich spürt, sondern das Heilsgut, auf das er hoffen darf, das im Himmel bereitliegt. Dieses Jenseits wird nun nicht so verstanden, als blinkten von dort lediglich Signale in die diesseitige Finsternis. Das Evangelium, in welchem man die Hoffnung kennenlernt, ist mehr

6 als ein Hinweis auf ein glückhaftes Jenseits; es ist wirkende Kraft. Seine Lebendigkeit wird vorgeführt: es bringt Frucht, wächst, und das wird im Wachsen der Gemeinde erfahren. So kehren wir aus der Ökumene zurück und werden zum Zeitpunkt der Gründung der eigenen Ortsgemeinde hingeführt. Es ist unabhängig von

7 der Verfasserfrage deutlich, daß sie nicht von Paulus selbst, sondern wohl von Epaphras gegründet wurde (vgl. noch Phlm. 23). Kolossä liegt im Ausstrahlungsgebiet von Ephesus. Paulus pflegte in den großen Zentren zu beginnen. Von hier aus wurde die Mission in die Provinz hineingetragen. Wir müssen uns diese Arbeit viel straffer organisiert vorstellen als es die Darstellung der Apostelgeschichte erkennen läßt. Diese schildert im wesentlichen die eigene Leistung des Paulus. In Wirklichkeit müssen seine Mitarbeiter mit selbständigen Aufträgen ausgezogen sein. Wenn Epaphras „Mitknecht" heißt, so ist Paulus indirekt als „Knecht" Christi bezeichnet (vgl. Röm. 1, 1; Phil. 1, 1). Dieser Begriff ist Ausdruck seines Amtsbewußtseins in Anlehnung an alttestamentlichen Sprachgebrauch. Die „Knechte" des Königs sind etwa seine „Minister". Jahwe hat seine hervorragenden Knechte: Mose, David. In den Texten der Qumrangemeinde kehrt die Redensart ständig wieder: „seine Knechte, die Propheten".

2. *Fürbitte 1, 9-14*

9 Darum hören wir auch seit dem Tage, da wir es vernommen haben, nicht auf, für euch zu beten und zu bitten, daß ihr mit der Erkenntnis seines Willens erfüllt werdet in aller geistlichen Weisheit und Einsicht, 10 würdig des Herrn zu wandeln zu allem Wohlgefallen, daß ihr in allem guten Werk Frucht bringet und zunehmet in der Erkenntnis Gottes, 11 daß ihr in aller Stärke nach der Kraft seiner Herrlichkeit gestärkt werdet zu aller Ausdauer und Geduld, 12 daß ihr mit Freuden dem Vater danket, der euch zum Anteil am Lose der Heiligen im Licht bereitete. 13 Er hat uns aus der Macht der Finsternis gerettet und uns in das Reich des Sohnes seiner Liebe versetzt, 14 in dem wir die Erlösung haben, die Vergebung der Sünden.

V. 9. 10: *Eph. 1, 8. 15-18*; V. 11: *Eph. 1, 19*; V. 14: *Eph. 1, 7*.

V. 9 nimmt V. 3 wieder auf. Die bei Paulus einheitliche Danksagung/Fürbitte ist 9
hier ja in zwei Abschnitte zerlegt. Der Stil ist überschwenglich; gleichbedeutende
Begriffe sind gehäuft; er will Assoziationen erwecken, nicht zu logischem Nachdenken einladen. In diesem, der damaligen griechischen Welt fremden Stil zeigt sich
eine im Vergleich zum Griechentum andersartige Weise des Weltverstehens an:
nicht durch rationale Analyse und Fassung in Begriffen, nicht durch die griechische
Frage nach dem „Sein". Wenn das Wirken Gottes durch Aufreihung der Ausdrücke
für Kraft, Macht, Wirken umschrieben ist (vgl. Eph. 1, 18), dann ist er nicht als
„Wesen" im Sinn einer „Metaphysik" verstanden; man begreift ihn vielmehr, indem
man seine Manifestationen erkennt und sich dadurch sofort in eine Bewegung versetzen läßt, das Wandeln, Fruchtbringen, Wachsen, Durchhalten. Erkennen und
Tun bilden eine unmittelbare Einheit, im griechischen Denken eine logisch vermit-
telte. „Erkennen" ist hier nicht „Theorie" im Sinne der philosophischen Welt-
betrachtung, gedankliches Eindringen ins Metaphysische; sie ist „geistgewirkte"
Einsicht, wobei der Geistbegriff das Element des Übernatürlichen, Wunderhaft-
Geschenkten enthält. Sie hält den Betrachter nicht zunächst in Distanz zu seinem
Gegenstand. Er soll sofort in die Bewegung dieser Erkenntnis hineingenommen
werden (vgl. die Gedankenführung von V. 9 zu V. 10 und weiter zu V. 11). Ihr Ziel 10
ist der „Wandel" unter der Norm „würdig des Herrn". Aber was ist das praktisch?
Welche konkrete Weisung erhalte ich durch diese Norm? Nun, der damalige Leser
hat sofort einen klaren Inhalt vor Augen: Wer der Herr ist, weiß er aus dem Glaubensbekenntnis der Kirche. Dieses hat er im Taufunterricht kennengelernt zugleich
mit den Grundregeln des neuen „Wandels" (vgl. dieselbe Norm Eph. 4, 1: würdig
der Berufung; Phil. 1, 27; 1. Thess. 2, 12). So leitet V. 12 ganz folgerichtig in biblisch 12
gefärbter Sprache (Erbteil, Los) einen Satz des Glaubensbekenntnisses ein. Er ist
als solcher an Stil und Inhalt kenntlich (Relativstil, Übergang in die erste Person;
Begriffe: Rettung, Erlösung, Vergebung der Sünden; vgl. zur Ausdrucksweise des
weiteren Apg. 26, 18; 1. Petr. 2, 9; zur Sache Röm. 8, 31 f.; Joh. 3, 16; Eph. 1, 6).
„Licht" ist hier der jenseitige Raum des Heils, wo Gott wohnt (1. Tim. 6, 16), der
Ort der Heiligen (Eph. 1, 18; doch sind dort die Engel gemeint, hier die seligen Gläubigen). Im Zusammenhang gibt das Bekenntnis V. 13. 14 die Begründung der in 13. 14
V. 12 dargestellten Hoffnung: Das Licht kennen wir (nicht durch gnostischen Aufschwung, sondern) dadurch, daß die Rettung geschichtliche Tat ist. Das Heil wird
in räumlicher Vorstellung beschrieben: Rettung ist Versetzung aus der Sphäre, also
der Macht der Finsternis in das Reich Christi (s. zu Eph. 5, 5), und diese Versetzung
haben wir bereits hinter uns; wir leben schon im Himmel. Man darf diese hochgespannte Behauptung, die an das gnostische Selbstbewußtsein erinnert, nicht
abschwächen, indem man das Reich Christi mit der Kirche identifiziert. Es ist eindeutig das jenseitige Lichtreich. Also Gnosis? Eine Antwort auf diese Frage erhalten
wir in 2, 6 ff., wo diese Aussage – in Polemik gegen die Gnosis – erläutert wird. Aber
auch schon hier wird die Abgrenzung sichtbar. Einmal wird bei aller Betonung, daß
das jenseitige Heil bereits unser gegenwärtiger Besitz ist, doch die Künftigkeit des
„Erbens" festgehalten. Das Leben ist in der Tat nicht nur gewiß, es ist schon da
– aber nicht in der Weise, daß der Kampf mit den Mächten der Finsternis zu Ende
wäre. Jetzt erst ist er überhaupt möglich geworden, weil wir nunmehr imstande

sind, ihnen entgegenzutreten. Zum andern wird die Welt nicht auf gnostische Weise als an sich böse fahrengelassen. Sie ist auch in ihrer Verfinsterung noch Schöpfung (V. 15 ff.). Das Bekenntnis, das in V. 13 f. steckt, ist als Klammer benützt, um das folgende anzufügen:

3. Das Lied vom Gottesbild 1, 15-20

> 15   Er ist das Bild des unsichtbaren Gottes,
> Erstgeborener der ganzen Schöpfung.
> 16 Denn in ihm ward alles geschaffen
>   in den Himmeln und auf der Erde,
>   das Sichtbare und das Unsichtbare,
>   ob Throne, Herrschaften, Mächte, Gewalten,
>   alles ist durch ihn und auf ihn hin geschaffen,
> 17 und er ist vor allem,
>   und alles hat in ihm seinen Bestand,
> 18 und er ist das Haupt des Leibes, der Kirche.
>   Er ist der Ursprung,
>   Erstgeborener aus den Toten,
>   damit er in allem der Erste sei.
> 19 Denn es gefiel der ganzen Fülle, in ihm Wohnung zu nehmen
> 20 und durch ihn alles auf ihn hin zu versöhnen,
>   indem er durch das Blut seines Kreuzes Frieden stiftete,
>   durch ihn das, was auf Erden, wie das, was in den Himmeln ist.

V. 16: *Eph. 1, 10. 21;* V. 18: *Eph. 1, 22 f.;* V. 20: *Eph. 2, 13 ff.*

Zwischen V. 14 und 15 erfolgt ein scharfer Stilwechsel. Bisher hatten wir Prosa (des Bekenntnisstils), jetzt Poesie; bisher Begriffe der Gemeindesprache, jetzt kosmologische Begrifflichkeit; dort sprach das Wir der Gemeinde; hier werden Erlöser und Erlösung betrachtend dargestellt. Dieses Lied ist offensichtlich nicht vom Verfasser des Briefes gedichtet. Das sieht man daran, daß es sich dem Zusammenhang nicht glatt einfügt; der Verfasser braucht Klammern, als Eingang das Bekenntnis V. 13 f., als Ausgang erklärende Bemerkungen, welche sich nicht einfach aus dem Liede selbst ergeben. Außerdem zeigen sich im Innern Spuren einer nachträglichen Überarbeitung durch den Verfasser; das setzt voraus, daß er einen fremden Text benützt. Die Aufgabe der Auslegung ist so eine doppelte: den ursprünglichen Sinn des Liedes zu verstehen und dann zu sehen, was der Verfasser des Briefes damit anfängt.

Der Aufbau des Liedes. Man bemerkt im Innern eine Spannung, die ein Fingerzeig für die Auslegung ist. In der *Form* entsprechen sich V. 15 und 18 b: Christus ist a) das „Bild" Gottes, Erstgeborener aller Schöpfung; b) der „Ursprung", Erstgeborener von den Toten. Es scheint sich also um zwei parallele Strophen mit analogem Inhalt zu handeln. Die erste schildert Christus als den Mittler der Schöpfung, die zweite als den Mittler der Erlösung. Der Grundgedanke scheint also zu sein, beides aufeinander zu beziehen: Erlösung ist möglich und wirklich, weil der Erlöser mit dem Schöpfer eins ist. Und sie ist nicht Methode, wie man aus der Welt hinauskommt. Da die Welt der Bereich des Erlösers ist, geschieht die Erlösung in ihr und ist Rückführung der Welt zu ihrem Ursprung. Das ist ein in sich klarer Gedankenkomplex.

Aber nun ist diese Parallelität gestört; denn schon vor dem formalen Neuansatz in V. 18 b spricht V. 18 a nicht mehr von der Schöpfung, sondern schon von der Erlösung, wenn Christus hier das Haupt des Leibes, nämlich der Kirche, heißt. An dieser Stelle wird man die bearbeitende Hand des Briefschreibers erkennen. Sieht man von den Worten „der Kirche" ab, die wie ein nachträglicher Zusatz aussehen, dann ist in V. 18 a noch von der Schöpfung die Rede. Der Leib Christi ist dann – in der ursprünglichen Fassung – nicht die Kirche, sondern die Welt. Dann entsprechen sich formaler Bau und Inhalt vollständig.

Noch an einer zweiten Stelle dürfte der Verfasser eingegriffen haben: Auch die Worte „durch das Blut seines Kreuzes" sehen wie eine erklärende Bemerkung aus. Sie stoßen sich mit der Wendung „durch ihn" im selben Satz und stimmen andererseits zu den Erläuterungen, die der Verfasser in V. 21-23 gibt: Seine Absicht ist, dieses Lied auf den Sühnegedanken der Gemeindetheologie zu beziehen.

Schon 2. Kor. 4, 4 heißt Christus das „Bild" Gottes. Der Sinn dieses Titels ist 15 nicht vom Wesen eines wirklichen Bildes her aufzuhellen. Er gibt sich vielmehr aus jüdischen Ideen über Gott und die Offenbarung. Je stärker das Judentum die Unsichtbarkeit und Unfaßlichkeit Gottes betonte, um seine Ehre gegenüber der Welt zu wahren, desto lauter mußte sich die Frage anmelden, wie man in der Welt von diesem transzendenten Gott überhaupt etwas wissen könne. Eine Antwort darauf gab man durch die Lehre von vermittelnden Größen, die personale Züge annehmen (ohne doch zu wirklichen Personen erklärt zu werden), durch welche sich Gott der Welt bekannt macht. Die bekannteste derselben ist die Gestalt der *Weisheit* (Spr. Sal., Weish., Sir. usw.). Eine ähnliche Bedeutung haben das „Wort" (Philo) und eben das „Bild" (ebenfalls bei Philo). Diese Begriffe werden nun von der christlichen Theologie benützt, um das Wesen Christi als des Offenbarers und um die Einheit von Offenbarer und Offenbarung darzustellen. Die Anlehnung an das jüdische Gedankengut ist so eng, daß man sich fragen kann, ob hier nicht ein vorchristliches Offenbarungslied übernommen wurde. Das Neue, Christliche, läge dann nicht in den einzelnen Sätzen von diesem „Bilde", sondern darin, daß dieses mit der geschichtlichen Person Jesu identifiziert und dadurch anschaulich wird, während es ohne diesen Bezug im Bereiche mythischer Spekulation bleibt. Für solche Übernahme jüdischer religiöser Dichtung gibt es noch andere Beispiele (Lk. 1, 46 ff. 68 ff.). Aber aus verschiedenen Gründen ist es doch wahrscheinlicher, daß das Lied eine genuin christliche Dichtung ist, die sich allerdings in den Denkformen eines Judentums bewegt, das bereits gnostische Einflüsse empfangen hat.

Dieses „Bild" ist also eine kosmische Gestalt, welche vor der übrigen Schöpfung einen absoluten Vorrang besitzt: es ist prä-existent (wie die Weisheit, Spr. 8, 22 ff.). Es ist nicht nur früher als die Welt, sondern an der Schöpfung der Welt selbst als 16 Mittler beteiligt (Spr. 8, 22 ff.; Joh. 1, 3). Diese Schöpfertätigkeit ist nicht eine einmalige Tat der Weltvergangenheit; sie geschieht ständig. Hier soll ja – in uns von Hause aus sehr fremden, weltanschaulichen Vorstellungen – die Christusoffenbarung ausgelegt werden. Man soll aus dem Liede das heutige wie das künftige Verhältnis Christi zur Welt (und daraus zu mir) verstehen lernen. Von der anderen Seite gesehen: Christus ist jederzeit der Mittler des Bezuges Gottes zur Welt. Ist er als das Bild Gottes erkannt, so wird uns die Welt als Schöpfung verständlich. Diese Überzeitlichkeit des Waltens des Bildes wird durch drei Präpositionen definiert: in ihm – durch ihn – auf ihn hin (vgl. Röm. 11, 36; 1. Kor. 8, 6). Dreierformeln dieses Stils stammen ursprünglich aus der stoischen Schule und drücken deren pantheistisches Weltverständnis aus: Gott und die Natur, und damit wir, sind letztlich eins. Das Judentum gebrauchte sie aber dann in einem verwandelten Sinn: Gott ist nicht das All, sondern dessen Herr, in diesem Sinn sein Ursprung und seine Bestimmung. Wenn die Formeln nun auf Christus bezogen werden, so ist gesagt, daß der gesamte Bereich des Seienden auf ihn als den Mittler der Herrschaft Gottes bezogen ist. In dem damaligen Geisteskampf erfüllt diese Formulierung u. a. auch den kritischen Zweck, die dualistische Zerreißung von Gott und Welt, Schöpfung und Erlösung abzuwehren. Die Welt wird mir als der Ort verständlich gemacht, an den Gottes Heil gelangt ist.

17   V. 17 wendet sich – nach dem Blick auf die Schöpfung – wieder der Person des Schöpfers zu. Hier wird der sachliche Sinn der zeitlichen Präexistenz erklärt: Daß er *vor* allem ist, bedeutet seine immerwährende Mittlerstellung und seine Herrschaft;
18 er ist das „Haupt", und zwar in der ursprünglichen Fassung: des Kosmos; dieser bildet seinen Leib. Einen Leib besonderer Art! Er hat nichts mit der Gestalt des menschlichen Körpers zu tun. Zugrunde liegt eine mythische Lehre von Entstehung und Wesen der Welt, die bis Iran und Indien verfolgt werden kann: Die Welt ist der Leib des Urmenschen. Dieselbe Vorstellung finden wir im Epheserbrief, wo sie vom Verhältnis Christus–Kosmos auf sein Verhältnis zur Kirche übertragen ist. Dasselbe ist bereits hier, in der zweiten Schicht unseres Liedes der Fall; denn mit sichtlicher Bewußtheit hat der Verfasser des Kolosserbriefes eingefügt: „der Kirche".

Bis V. 18a empfängt man den Eindruck, hier werde eine ungestörte Gott-All-Harmonie gepriesen. Daß zwischen Schöpfer und Welt ein Bruch entstanden sei, davon verlautet nichts. Und doch ist dieser Bruch *vorausgesetzt* und indirekt angezeigt, nämlich durch die ganze Anlage des Liedes, die Parallelität seiner beiden Strophen, sachlich durch die Entsprechung von Schöpfung und Erweckung Christi aus den Toten. Wenn der Gläubige dieses Lied singt, wird er seiner eigenen Neuschöpfung gewiß, der Überwindung des Todes für ihn. Wir sehen: es genügt nicht, einfach die Sätze des Liedes zu beobachten. Man muß versuchen, die Perspektive zu erkennen, aus welcher der Dichter die Welt und die Offenbarung sieht. Es ist nicht die Perspektive eines selbstverständlichen All-Friedens, sondern der *Versöhnung*; der Friede, der hier gepriesen wird, mußte gestiftet werden. Dadurch ist das ursprüngliche Verhältnis zwischen Gott und Welt wiederhergestellt. Zwischen Ursprung und dieser Heilsgegenwart liegt die Zeit des Bruches. Der Hörer des Liedes verstand das, zumal wenn es sich um ein Tauflied handeln sollte. Der Verfasser des Kolosserbriefes hat diese Linien dann deutlicher ausgezogen, durch die vorangestellte Konfrontation von Licht und Finsternis und durch seine Einfügung des Opfertodes Jesu in V. 20. Dabei hat er freilich seiner Absicht die ursprünglich klare, formale Gliederung geopfert (s. o.).

V. 19 zeigt, wieso Christus der Erste, das Haupt sein kann: durch die Einwohnung 19
der „Fülle"; das ist ein fester Begriff der damaligen kosmischen Erlösungssprache
und bezeichnet den Inbegriff des göttlichen Seins; zur Erklärung vgl. 2,3.9f. und
s. zu Eph. 1,23. Der Satzbau ist übrigens unklar. Es kann heißen: „Der Fülle gefiel
es, in ihm zu wohnen" oder: „Gott gefiel es, daß die Fülle in ihm wohne" (vgl. 2,9).
Für den Sinn macht das freilich keinen wesentlichen Unterschied. So oder so ist
gesagt, daß uns die göttliche Lebenskraft in Christus zugänglich sei. Denn was
Christus ist, das überträgt er auf die Seinen (2,10); er „erfüllt" seinerseits den Kosmos (Eph. 1,23; 4,10). Zu welchem Zeitpunkt diese Einwohnung erfolgte, ist nicht
zu fragen; denn der Verfasser betrachtet das überzeitliche Sein Christi, nicht Etappen einer Entwicklung. Das Werk des „erfüllten" Erlösers ist die Versöhnung „von 20
allem" „auf ihn hin", vgl. das parallele „auf ihn hin" V. 16, wo man auch sieht,
was dieses „alles" in sich faßt: außer den Menschen die kosmischen Mächte; vgl.
Eph. 1,21. Die Frage ist, in welcher Weise nun dieser Weltfriede hergestellt wird,
durch die *Unterwerfung* der Mächte oder durch ihre Rückführung in den Frieden.
Hier scheint eine Spannung zu bestehen. Offenbar dachte das ursprüngliche Lied
an das Letztere; der jetzige Verfasser des Briefes dagegen meint ihre Unterwerfung,
wie sich aus 2,15 ergibt. Jetzt ist ja noch nach dem Gesamtsinn seiner Überarbeitung zu fragen. Wenn er dem Liede eine Bekenntnisformel voranstellte, machte er
klar, daß dieser präexistente, den Kosmos durchwaltende Erlöser für uns als der am
Kreuz gestorbene Jesus erkennbar wird. Die kosmische Friedensstiftung ist für uns
wirklich als die Vergebung der Sünden. Es liegt auf derselben Linie, wenn er im
Innern des Liedes, wie wir sahen, den Kosmos durch die Kirche ersetzt und *diese*
als den Leib Christi bezeichnet. Damit will er die kosmische Dimension der Erlösung nicht bestreiten; er setzt diese voraus (2,20); aber er sagt, was sie *für uns* ist.
Es ist noch einmal dieselbe theologische Tendenz, wenn er das Lied dahin ergänzt,
der Friede sei „durch das Blut seines Kreuzes" gestiftet worden (vgl. die Weiterführung des Gedankens in Eph. 2,16), also durch eine innergeschichtliche Tat. Die
kosmischen Kategorien bedeuten dabei dem Gläubigen, daß das Kreuz nicht in die
Vergangenheit entrückt ist. Es bleibt im Vorgang der heutigen Versöhnung Gegenwart. Blickt man auf spätere Abschnitte voraus, dann sieht man: Durch die Ein-
führung dieses Liedes hat der Verfasser eine Basis im Kampf gegen die Gnosis
gewonnen; Welt und Erlösung sind sowenig auseinanderzureißen wie die Erlösung
und ihre geschichtliche Stiftung im Kreuz.

Für die Beurteilung dieser kosmologischen Christologie müssen wir also die Dop-
pelschichtigkeit des Textes in seiner heutigen Fassung berücksichtigen. Kosmologische Begriffe und Ideen findet man schon bei Paulus, ja, schon früher in der
Kirche (z.B. Phil. 2,6ff.; s.d.): Das Erlösungsgeschehen wird als Abstieg und Auffahrt des göttlichen Gesandten durch die Welträume beschrieben; bei der Auffahrt
werden die „Mächte" mitgeführt. Die Gläubigen blicken auf diesen Weltsieg zurück
und gewinnen so Anteil daran. Das weltanschauliche Vorstellungsmaterial ist das
damals allgemeine, jüdische, hellenistische, mehr oder weniger gnostisierte. Die
kosmologischen Vorstellungen sind ja auch innerhalb des Neuen Testamentes
keineswegs einheitlich, ohne daß man sich darüber Sorgen machte; denn das Interesse liegt nicht bei der Vermittlung eines Weltbildes, eines Einblicks in den

Bereich der Transzendenz. Das Material dient als Mittel zum Zweck: Es soll und kann bestimmte Sachverhalte der Offenbarung darstellen, welche in den älteren Begriffen der jüdischen Kultsprache (Opfer, Sühne, Erneuerung des Bundes) nicht genügend zum Ausdruck kommen, nämlich die überzeitliche und überräumliche Erstreckung der einmaligen Offenbarung, ihre stete Gegenwärtigkeit; und zwar soll diese aufgewiesen werden angesichts der Tatsache, daß ja in der Welt keine sichtbare Veränderung eingetreten ist – außer dem Dasein der Kirche, des Bekenntnisses. Der kosmische Triumph Christi ist in der Kirche erfahrbar als die Freiheit von den Mächten, also im Überstieg über die Angst. Es soll weiter gezeigt werden, daß der Ort der Offenbarung nicht ein mythisches Jenseits und Irgendwo ist, sondern die Welt.

Solche neutestamentlichen Sätze lassen sich nicht einfach wiederholen. Sie müssen in der Form heutiger Verkündigung der Versöhnung aktualisiert werden. Nicht das Weltbild ist das Bleibende, sondern das Da-Sein des Heils im Wort. Das Neue Testament bietet nicht die Möglichkeit zu eigener gedanklicher Operation im Felde der Kosmologie und Metaphysik. Eben das unternehmen gerade die Gegner des Briefes. Die Welt ist ja auch nicht etwas Vorhandenes, das der religiösen Betrachtung standhielte. Sie wird jeden Augenblick anders; ich selbst bin mit drin und bin an ihr beteiligt. So heißt Christus als den Weltherrn begreifen nicht, eine Theorie über kosmische Mächte, Gestalten und Dimensionen entwerfen, sondern mich als den Geschaffenen und Erlösten begreifen, darin meine echten, weltlichen Möglichkeiten verstehen, die Freiheit des Glaubens.

4. Die Weltversöhnung und die Gläubigen 1, 21-23

21 Auch euch, die ihr einst entfremdet waret und feindlich gesinnt in den bösen Werken – 22 jetzt hat er euch versöhnt in seinem Fleischesleibe durch den Tod, euch heilig, fehllos und untadelig darzustellen vor ihm, 23 wenn ihr im Glauben beharret, gegründet und fest, ohne von der Hoffnung des Evangeliums zu weichen, das ihr gehört habt, das aller Kreatur unter dem Himmel verkündet wurde, dessen Diener ich, Paulus, geworden bin.

V. 21: *Eph. 2, 1.12; 4, 18;* V. 22: *Eph. 2, 14 ff.*

21   Diese Verse sind wieder Prosa. Nach der Betrachtung folgt jetzt wieder eine direkte Anrede. Sie soll den Inhalt des Liedes auf den einzelnen Gläubigen beziehen. Hierfür wird ein im Neuen Testament häufiges Darstellungsmittel benützt, die Gegenüberstellung ihrer ungläubigen Vergangenheit und ihres jetzigen Gnadenstandes (vgl. 3, 5 ff.; Eph. 2, 1 ff.; 1. Kor. 6, 9 ff.; besonders ausführlich Röm. 7 und 8). Dabei wird die Vergangenheit nicht etwa abwägend nach positiven und negativen Momenten gewürdigt. Sie ist ausschließlich unter dem Gesichtspunkt des „jetzt" empfangenen Heils beurteilt, als absolute Heillosigkeit. *Jetzt* versteht man, was und worin man einst war. Vor dieser Folie hebt sich das Heil leuchtend ab. „Einst entfremdet" meint keineswegs seelische Gefühle und psychologisch faßbare Symptome. Im Gegenteil: damals konnten wir die Entfremdung gar nicht empfinden. Die Tiefe des Elends lag ja darin, daß man sie nicht durchschaute, daß man, um

die damaligen Bilder zu gebrauchen, in Schlaf, Trunkenheit versunken war (Eph. 5,14). „Feinde", das heißt, daß wir die „Entfremdung" in eigener Tat vollstreckten. Auf der Seite des Jetzt wird, genau wie an der entsprechenden Stelle des Epheser- **22** briefes (2,1ff.), nun nicht beschrieben, was wir *sind*, sondern wozu wir *gemacht sind*. Wir erfahren unsern neuen Stand nicht anders als durch das Verstehen der Gnadentat, des Sinns des Kreuzestodes Christi. Dieser wird in Weiterführung der Andeutung V.20 ausgelegt. Sein Ziel ist unsere Vollkommenheit – das meinen die drei Adjektive am Ende von V.22; durch den Zusammenhang ist klar, daß die Vollkommenheit nicht Gegenstand selbstgefälliger Betrachtung des eigenen Gnadenstandes werden kann. Zu Vollkommenen haben wir uns ja nicht selber gemacht. Wir werden als solche „dargestellt vor Gott". Damit ist die einzig mögliche Blickrichtung gegeben.

Zum Heilsgeschehen gehören die Faktoren seiner Übermittlung, das Wort, der **23** Glaube, der Prediger. Damit ist der Gedanke zum Apostel zurückgekehrt; von ihm handelt der nächste Abschnitt.

5. Der Apostel, Diener des Wortes 1,24-29

24 So freue ich mich in meinen Leiden für euch und erfülle, was an den Trübsalen Christi noch fehlt, in meinem Fleische für seinen Leib, die Kirche; **25** deren Diener bin ich geworden nach dem göttlichen Amt, das mir für euch verliehen wurde, das Wort Gottes zu erfüllen, **26** das Geheimnis, das vor Urzeiten und Generationen verborgen war – jetzt aber ward es seinen Heiligen enthüllt, **27** denen Gott kundtun wollte, welches der Reichtum der Herrlichkeit dieses Geheimnisses unter den Völkern sei: Christus in euch, die Hoffnung auf Herrlichkeit. **28** Ihn verkünden wir, jedermann mahnend und jedermann lehrend, in aller Weisheit, um jedermann vollkommen in Christus darzustellen. **29** Dafür kämpfe und ringe ich nach seiner Kraft, die in mir mächtig wirkt.

Vgl. *Eph. 3,1 ff.*

Die Tätigkeit des Apostels, sein Predigen, bildet mit seinem ganzen Dasein, ins- **24** besondere mit seinem *Leiden*, eine unteilbare Einheit. Leider enthält V.24 eine berühmte Schwierigkeit der Auslegung. Die erste Hälfte ist ja klar: Freude im Leiden. Aber *inwiefern* ist dieses Bestandteil des apostolischen Dienstes? „Paulus" sagt, es komme der Kirche zugut; aber *wie* geschieht das? Müssen *seine* Leiden „ersetzen", „was an den Leiden Christi noch fehlt"? Aber sind diese etwa noch ergänzungsfähig? Wie soll man sich das denken? Oder spricht „Paulus" von einer mystischen Verbundenheit mit dem Herrn, also davon, daß dieser in ihm ständig weiterleidet und daß auch dieses heutige Leiden, wie die geschichtliche Passion, stellvertretende Kraft besitzt? Oder klingt endlich ein Gedanke der jüdischen Enderwartung an, daß in der Welt ein bestimmtes Maß von Leiden erfüllt sein muß, bevor das Weltende anbrechen kann, und daß der Apostel zu dessen Erfüllung beiträgt? Nur ist dann erst noch unklar, wieso er sein Leiden „Christusleiden" nennt. Eine sichere Auskunft auf diese Fragen ist nicht möglich. Vermutlich kreuzen sich in dem gedrängten Ausdruck zwei Gedanken: a) Der Apostel vertritt Christus in

der Welt, indem er für die Kirche leidet. b) Er bringt das Werk Christi zur Vollendung, indem er Christus als Ganzen, d. h. als den Gestorbenen und Auferstandenen verkündet. „Was an den Trübsalen Christi fehlt" meint dann nicht einen
„Mangel" – als ob das Heilswerk noch einer Ergänzung bedürfe –, sondern besagt,
daß er als Ganzes erst in der Predigt zur Darstellung kommt, weil diese selber ein
25 Bestandteil des Heilsgeschehens ist. Dieses Amt hat seine Mächtigkeit dadurch, daß
es nicht von seinem Inhaber ausgesucht, sondern ihm verliehen ist (vgl. 1, 1; Gal.
26 1, 1 ff. usw.). Formal ist es als Dienst am Wort bestimmt, inhaltlich als das „Geheimnis" beschrieben. Stil und Inhalt von V. 26 haben mehrere Parallelen im nachpau-
linischen Schrifttum: Eph. 1, 9; 3, 9; Röm. 16, 25-27 (der nachpaulinische Schluß
des Briefes, s. d.); 1. Tim. 3, 16; 2. Tim. 1, 9 f.; Tit. 1, 1-3. Das Sein in der Welt wird
aus der Perspektive der Erscheinung des Heils bestimmt. Die Welt ist immer schon
auf diesen Zeitpunkt hin orientiert, aber ohne es zu wissen. Das Wesen der Offenbarung als einer geschichtlichen Tat Gottes wird klar ausgearbeitet, im Griechischen
deutlicher als in der deutschen Übersetzung, da das Griechische im Tempus feiner
differenzieren kann. Ihre Empfänger sind freilich nur die „Heiligen", d. h. die Gläubigen (vgl. damit Eph. 3, 5, wo der Kreis noch enger gezogen ist: die kirchlichen
27 Amtsträger). Sie besitzen „nunmehr" den Einblick in das Verborgene. Mit denselben Worten könnte man ein mystisches, gnostisches Bewußtsein ausdrücken,
eine Pflege der Schau „höherer Welten". Aber wenn als Inhalt des Geheimnisses
einfach „Christus in euch" definiert wird, so ist schon aus den bisherigen Ausführungen des Briefes ersichtlich, daß dieser Christus nicht eine Art unpersönlicher
„Geist" ist, der die Welt und die Menschen in der Art eines mystischen Fluidums
durchdringt und durchtränkt; er ist vielmehr der geschichtliche, zu unserer Erlösung
getötete Christus von V. 22, und seine Einwohnung geschieht in der Weise des
28 Wortes und Glaubens, wie die nächsten Verse zeigen. So wird ja in V. 28 die Grenze
gegen gnostische Frömmigkeit sichtbar: Das enthüllte Wissen ist nicht zur Pflege im
weltabgeschlossenen Kreise der Gnostiker bestimmt; es will an jedermann verkündigt werden. Die Botschaft ist – als enthülltes Geheimnis – öffentlich, „Geheimnis"
nach wie vor, insofern die Einsicht in seine Wahrheit selber Offenbarung ist. Das
Ziel ist die Vollkommenheit; dieses Wort faßt zusammen, was in V. 22 durch drei
29 Begriffe entfaltet war. V. 29 führt zum Ausgangspunkt zurück, zur Person des
Apostels.

6. Abwehr der Irrlehre: Grundlegung 2, 1-15

1 Denn ich möchte, daß ihr wißt, wie ich mich mühe um euch und die in
Laodizea und alle, die mich nicht persönlich kennen, 2 damit ihre Herzen
getröstet werden, zusammengehalten in Liebe und zu allem Reichtum der vollen
Einsicht, zur Erkenntnis des Geheimnisses Gottes, Christi, 3 in welchem alle
Schätze der Weisheit und Erkenntnis verborgen sind. 4 Das sage ich, damit euch
niemand mit schönen Reden täusche. 5 Denn wenn ich auch körperlich abwesend bin, so bin ich doch im Geist bei euch und sehe mit Freuden, wie geordnet
und fest euer Glaube an Christus ist.
6 Wie ihr nun den Herrn Jesus Christus überkommen habt, so wandelt in ihm,
7 gewurzelt und erbaut in ihm und befestigt im Glauben, wie ihr unterwiesen

wurdet, reich an Dank. 8 Gebt acht, daß euch nicht jemand durch die Philosophie und leeren Trug nach der Menschenüberlieferung gewinne, nach den Weltelementen – und nicht nach Christus. 9 Denn in ihm wohnt die ganze Fülle der Gottheit wirklich, 10 und ihr seid Erfüllte in ihm, der das Haupt jeder Macht und Gewalt ist; 11 in ihm wurdet ihr auch beschnitten mit einer Beschneidung, die nicht mit Händen geschieht, durch das Ausziehen des Fleischesleibes, bei der Christus-Beschneidung. 12 Mit ihm wurdet ihr begraben in der Taufe; in ihm wurdet ihr auch mitauferweckt durch den Glauben an die Kraft Gottes, der ihn aus den Toten erweckte. 13 Auch euch, die ihr in euren Sünden und in der Unbeschnittenheit eures Fleisches tot waret, euch hat er mit ihm zusammen lebendig gemacht, da er uns alle Übertretungen vergab 14 und unseren Schuldschein austilgte, der mit seinen Sätzen gegen uns war; er hat ihn beseitigt, indem er ihn ans Kreuz heftete. 15 Er entwaffnete die Mächte und Gewalten und stellte sie öffentlich zur Schau; in ihm hat er über sie triumphiert.

V. 7: Eph. 3, 17; V. 10: Eph. 1, 21 f.; V. 12: Eph. 2, 5 f.; V. 13: Eph. 2, 1; V. 14: Eph. 2, 14 f.

Der erste Teil dieses Abschnitts (V. 1-5) bezieht die bisherigen Ausführungen des 1-5 Briefes auf die nun anhebende Auseinandersetzung mit der Irrlehre. Bevor deren einzelne Sätze bekämpft werden, wird das Vorzeichen gesetzt, unter dem der Kampf geführt werden soll. Die Basis ist gelegt: das Christusbekenntnis und seine Auslegung durch den Apostel. Damit sind Kriterien für die Unterscheidung von wahr und falsch gegeben. Der Satz, daß Christus das Geheimnis Gottes ist (1, 27), wird mit deutlicher Zuspitzung auf die Gegner wiederholt: Die Schätze der „Weisheit" und „Erkenntnis", derer jene sich rühmen – hier sind sie; hier ist die ganze „Erkenntnis", verborgen in Christus. Das werden jene nun freilich auch sagen. Aber nach dem über Christus Ausgeführten ist die Frage: in was für einem „Christus" verborgen? Jene wollen Christus durch kosmologische Schau der Weltelemente enthüllen. Für sie ist der „Glaube" nur die untere Stufe der Einsicht, das Kreuz nur der Vordergrund der Offenbarung. Demgegenüber wird das Glaubensbekenntnis als der ganze Glaube und das Verstehen desselben als die ganze Erkenntnis (Gnosis) festgestellt. Wie scharf die Spitze ist, werden die nächsten Abschnitte zeigen. Alles Mehr an Erkenntnisangebot über die Veröffentlichung des Geheimnisses in der Verkündigung hinaus (1, 27 f.) ist in Wahrheit „leer", d. h. ohne Sachhaltigkeit, und sofern es als christliche Wahrheit ausgeboten wird, positive Irreführung.

Auch von V. 6 an herrscht zunächst noch die positive, theologische Darlegung 6 über die Polemik. Diese erscheint vorläufig nur in einem gelegentlichen Seitenhiebe, V. 8. V. 6 erinnert an 1, 10: „Christus", d. h. der im Glaubensbekenntnis gelehrte, durch die kirchliche Lehrtradition „übernommene", ist die Norm des Verhaltens. Der Ruf zur Festigkeit wird – im Bild von Pflanze und Bau – wiederholt und durch 7 den Hinweis auf die Begründung im Glauben verstärkt. Dann folgt ein schneller Hieb gegen die Irrlehrer. Sie heißen „Philosophen"; damit bekommen wir eine erste 8 Andeutung vom Wesen dieser Häresie. „Philosophie" meint in dieser religionsgeschichtlichen Umgebung nicht die erkennende Welterschließung im Sinne der klassischen griechischen Tradition, durch die Vernunft, sondern den Weg der „Erleuchtung", der unmittelbaren Schau der Hintergründe des Weltganzen. So sind auch die „Weltelemente" nicht die „natürlichen" Bestandteile des Seienden im

Sinne naturwissenschaftlicher Analyse und philosophischer Erkenntnis der ᾽ Welt-
gesetze. Man erfaßt sie vielmehr im mysterienhaften Erleben. Man schaut den Kosmos als den Leib des Weltengottes; die Elemente sind seine Glieder. Ideen der
astralen Weltanschauung spielen herein: Die Gestirne, als personale Mächte gesehen, repräsentieren diesen mythischen Kosmos. Natürlich wollen die Vertreter
dieser Weltanschauung in Kolossä selber Christen sein, ja, die wahren Christen. Sie
verlocken nicht von außen her zum Abfall vom Glauben. Sie gehören zur Kirche und
wollen nun den Glauben durch ihre Gnosis deuten: Christus ist der Allgott, der
recht verehrt wird, wenn man die Elementarmächte als seine Glieder verehrt, den
Kosmos als der Gottheit lebendiges Kleid. Wenn diese Lehre nun als „Menschenüberlieferung" verworfen wird, dann liegt die Schärfe der Polemik darin, daß sich
die Gnostiker als die Erleuchteten ja gerade als die Besitzer *göttlicher* Einsicht
erklären, die sie über den gewöhnlichen Glauben hinausführe. „Überlieferung" ist
ein jüdischer, aber auch ein gnostischer Begriff; in der Gnosis bezeichnet er die Vermittlung der geheimen Weisheit, der Deutung der weihenden und feienden Riten,
des Wissens vom Schicksal der Seele und ihrem Aufstieg in den Himmel. In lapidarer
Kürze wird dem allem gegenübergestellt: „Christus". D. h. eine Synthese Christus–
Elemente, Glaube–Elementendienst ist grundsätzlich unmöglich.

9   Zunächst geht nun der Brief den Gegnern nicht weiter nach. Er verfolgt das positive Thema „Christus", in welchem ja „die Schätze der Weisheit und der Erkenntnis
verborgen sind". Er nimmt einen Satz des Liedes von Kap. 1 auf (1, 19). Die polemische Spitze ist deutlich: Auch „Fülle" (pleroma) ist ein Stichwort jener kosmischen Religiosität. Das Lied hatte den Begriff in positivem Sinn aufgenommen,
um Christus als den Weltversöhner darzustellen. Daran wird jetzt angeknüpft:
Nicht dort, in den Elementen, wo jene sie suchen und verheißen, wohnt die „Fülle",
sondern hier, in Christus; und was für ein Christus damit gemeint ist, das ist längst
10 gesagt. Das heißt weiter: Die Fülle wird nicht in einem religiösen Kreis erlangt, der
sich absondert, um seine geheimen Weihen zu pflegen, sondern in der Kirche; denn
wenn Christus „erfüllt" ist, dann sind es auch wir; so können wir auf jedes
„höhere" Heilsangebot verzichten. Was jene verehren, sind nicht die Glieder am
Leibe Christi, sondern die Mächte, welche seiner Herrschaft unterworfen sind (die
„Mächte und Gewalten" sind nichts anderes als eben jene „Elemente"). In den
Leib Christi und den Anteil an seiner „Fülle" führt kein anderer Weg als die Taufe.
Dem „Mysterium" der Gnostiker tritt das echte Sakrament entgegen. In Antithese
11 zum jüdischen Aufnahmeritus heißt sie „Beschneidung" – aber: „die nicht mit
Händen gemacht ist". Der jüdische Ritus bleibt also im Bereiche des Vergänglichen,
„Fleischlichen" (Eph. 2, 11). Wahrscheinlich steckt auch hier wieder eine Spitze
gegen die Gnostiker (nicht nur gegen die Juden): Ihre Riten lehnen sich offenbar an
die jüdischen an; sie wollen sich dadurch aus der Verhaftung ans Fleisch lösen.
Aber, wird dagegen gesagt: nur die *Taufe* bringt diese Befreiung aus der Weltmacht
12 „Fleisch". Was also ist die Taufe, wie wirkt sie? Das wird in Anlehnung an Röm. 6
ausgeführt. Dort hält sich Paulus seinerseits an das überlieferte Glaubensbekenntnis. Dieses lautet: Christus ist gestorben und auferstanden. Paulus zeigt: In diesem
Satz erfahren wir unser eigenes Heil. Die Taufe ist die Aktualisierung dieses Geschehens für uns. In ihr sind wir „mit Christus" gestorben und – jetzt wechselt bezeich-

nenderweise die Zeitform – *werden* darum auch „mit ihm" auferstehen. Der Kolosserbrief – und daran sieht man, daß hier ein Schüler die Gedanken des Meisters fortführt – überträgt nun diese zweite Aussage – von der Auferstehung – ebenfalls in
die Vergangenheit: Wir sind bereits mit ihm erweckt und lebendiggemacht, also
ins himmlische Leben versetzt (1, 13; Eph. 2, 6). Aber, so fragt man, gerät man damit
nicht mitten in die gnostische Schwärmerei hinein, gegen die der Brief so wacker
streiten möchte? Aus 2. Tim. 2, 18 ist bekannt, daß eine gnostische Parole heißt:
„Die Auferstehung ist bereits geschehen." Verrät der Verfasser hier, daß sein eigenes, geheimes Inneres, bei vermeintlicher orthodoxer Korrektheit, in Wahrheit
selbst schon von jenen Ideen infiziert ist? Nun, eine Abgrenzung ist schon durch die
Anlehnung an Röm. 6 gegeben. Das wird noch deutlicher, wenn man auf 3, 1-4
vorausblickt. Denn das dortige „mit Christus" schließt die gnostische Verschmelzung von Erlöser und Erlöstem aus. Es hält uns in der Distanz und besagt, daß
unsere Verbundenheit mit Christus geschichtlicher, nicht mythisch-mystischer Art
ist. Sie ist durch die geschichtliche Tat des Todes Christi gestiftet, während den
Gnostikern die geschichtliche Person Jesu grundsätzlich unwesentlich ist; ihnen
kommt es nur auf sein mythisches Wesen als Inbegriff des Alls an. Für die Gegner
ist Erlösung das Heraustreten aus dem Zwang eines Schicksals; das Sakrament hat
seine Wirkung darin, daß es befreiende Lebenskräfte einflößt. Der Kolosserbrief
dagegen versteht die Erlösung als Befreiung von der *Schuld*. Und die Kraft des
Sakraments beruht auf seiner geschichtlichen Stiftung. Es führt uns nicht in die
All-Entzückung, sondern in die Freiheit des Glaubens.

Wieder einmal werden das Einst und das Jetzt gegenübergestellt (s. zu 1, 21). Die   13
Bilder vom Tot- und Lebendigsein, in denen das geschieht, werden freilich nicht
konsequent durchgeführt. In V. 11 f. ist die Taufe ein *Sterben*. Hier aber ist der *Zustand vor* der Taufe ein *Totsein*, die Taufe also der Übertritt in das Leben. Die
Inkonsequenz rührt einfach daher, daß beides in der Gemeinde fester Sprachgebrauch ist. Die Bilder wechseln auch weiterhin rasch: hinüber zur „Urkunde"; sie   14
erscheint einerseits als Schuldurkunde, die getilgt wird. Mit ihren „Satzungen" sind
sowohl die Vorschriften des jüdischen Gesetzes als die Heilsanweisungen der Gnostiker gemeint; beide weisen ja den Weg zum Heil durch das eigene Werk. Andererseits ist sie eine öffentliche Erklärung, die angeschlagen wird. Faßt man beides
zusammen, so ergibt sich, daß das Kreuz die öffentliche Proklamation der Tilgung
der Schuld ist. Jetzt, nachdem der geschichtliche Charakter der Erlösungstat fest-   15
gestellt ist, kann auch wieder deren kosmische Dimension angedeutet werden: Die
„Auferstehung" Christi vollzog sich als Himmelfahrt durch den Kosmos hinauf,
als Triumphzug: Die Mächte des Zwischenraumes werden gefangen. Christus ist
ihr Herrscher und erweist sich als solcher, indem er seine Gefangenen zur Schau
stellt – und so etwas verehren die Gnostiker im Kult! Die Gnosis sieht in diesen
Mächten erlösende Wesen und Kräfte. Erlösung ist für sie: aus der sichtbaren Welt
in den himmlischen Raum dieser Mächte zu fliehen. Dagegen zeigt nun der Kolosserbrief, daß diese Mächte Welt-Wesen sind; sie besitzen keine Erlöserkraft. Und
Erlösung ist nicht Flucht aus der Welt. Es geht vielmehr darum, daß die Welt selbst
bewältigt wird. Wovor jene erschauern, das ist die Welt-Macht, die durch den Tod
Christi gestürzt ist und daher im Glauben Tag für Tag zu bewältigen ist.

7. Gegen die Irrlehrer: Ihre Lehren 2, 16-23

16 Es soll euch also niemand richten nach Speise und Trank, wegen eines Festes, Neumondes oder Sabbats. 17 Das ist alles nur ein Schatten des Künftigen; die Wirklichkeit aber ist in Christus. 18 Niemand soll euch geflissentlich verurteilen, der sich auf „Dienstbereitschaft" und Engelverehrung beruft, wie er sie bei der Weihe geschaut hat, grundlos aufgebläht von seinem irdischen Sinn, 19 und der sich nicht an das Haupt hält; von diesem aus wird der ganze Leib durch die Sehnen und Bänder versorgt und zusammengehalten und wächst so in göttlichem Wachstum. 20 Wenn ihr mit Christus den Weltelementen abgestorben seid, warum laßt ihr euch noch Satzungen vorschreiben, als lebtet ihr noch in der Welt: 21 „Du sollst nicht anfassen, nicht kosten, nicht berühren." 22 Diese Dinge sind doch alle zur Vernichtung durch den Gebrauch bestimmt 23 und nicht dazu, daß ihnen Ehre angetan wird zur Befriedigung des Fleisches. Das gilt ja für Weisheit: „personaler Kult" und „Dienstbereitschaft" und „Leibeszucht"; aber es sind Menschensatzungen und Menschenlehren.

V. 19: Eph. 2, 21; 4, 16.

Dieser Abschnitt kann nicht übersetzt werden; man kann den Sinn nur gerade ertasten und dann versuchen, ihn in Anlehnung an den griechischen Wortlaut einigermaßen wiederzugeben. So ist in der Übersetzung ein Teil von V. 22 in V. 23 herübergenommen worden, um einen klaren deutschen Wortlaut zu gewinnen. Die Undeutlichkeit rührt daher, daß der Verfasser auf Lehren und Schlagworte der Gegner anspielt, deren Sinn wir höchsten ahnen können. Deutlich ist dagegen, was er ihnen entgegenstellt. Immer wieder greift er auf seine vorigen Ausführungen zurück (vgl. V. 17. 19. 20). In der Auseinandersetzung gewinnt seine These von der Freiheit des Christenmenschen ihren konkreten Sinn. Jene entwerfen Vorschriften, deren Befolgung das Heil verschafft. Der Verfasser beruft sich dagegen auf „Christus", d. h. auf die Tatsache, daß das Heil schon beschafft ist, daß wir den Dingen daher als Freie, Gebrauchende, nicht als sakramental Betrachtende und Verehrende

16 gegenüberstehen. Jene erlassen Speisevorschriften – natürlich: Ihnen sind die Dinge als „Elemente" heilig geworden; damit werden andere Dinge von selbst unheilig; sie gewinnen eigene Mächtigkeit als Faktoren von Heil und Unheil; Religion wird Observanz, Gefüge von seligmachenden Vorschriften und Verboten. Damit sind die Dinge der bestimmende und wir der abhängige Partner geworden. Der Kosmos hat sich – gerade infolge seiner religiösen Deutung – durchgesetzt. Damit ist er mehr, denn ihm als Schöpfung zukommt. Er ist in zwei Bereiche gespalten, einen sakralen und einen „profanen" Raum. Weihrauch hier – Dämonen dort. Die Verehrung Gottes ist durch heilige Mittelträger bestimmt, heilige Substanzen, heilige Zeiten. Die heiligen Tage des jüdischen Festkalenders feiern fröhliche Urständ, bezeichnenderweise aber nicht die Erinnerungstage der israelitischen Heilsgeschichte, sondern die Tage, welche mit dem Kreislauf der Gestirne zusammenhängen; auch der Sabbat kann natürlich leicht in diesem Sinn umgedeutet werden. Offenbar sehen die Gegner in ihren liturgischen Begehungen die Abbildung des

17 Ewigen im Irdischen. Unser Brief aber stellt alles auf den Gegensatz: Sie sind nur Schatten; ihnen fehlt die Sachhaltigkeit. Diese ist allein in Christus, der nicht in den Elementen west. Der Schluß von V. 17 lautet wörtlich übersetzt: „der Leib aber

ist Christi". Im Stichwort „Leib" steckt eine Anspielung, *wo* die Sachhaltigkeit verwirklicht ist: in der Kirche; nach 1,18 ist Christus ja das Haupt des „Leibes", nämlich der Kirche.

Der genaue Sinn von V.18 ist noch dunkler, weil sich der Verfasser mit so leisen 18 Anspielungen auf die gegnerische Position begnügt, daß sie nur dem Kenner derselben verständlich sind. Offenbar weisen die Stichworte „Demut" und „Engelverehrung" auf den kosmischen Charakter jener Frömmigkeit hin; man scheint „Weihen", Mysterien mit „Schau" von Jenseitigem zu begehen und in der Übung dieser Riten die wahre Verehrung des Erlösers zu sehen. Aber – wird nun geurteilt – in Wahrheit ist jene „Demut" Hochmütigkeit; sie ist gemacht, in Begehungen hergestellt, und die Weihen schaffen das Selbstbewußtsein, auf höherer Stufe zu stehen als die gewöhnlichen Christen. Daher beanspruchen diese Gnostiker das Recht, Normen vorzuschreiben, zu „richten". Die Gegenparole des Briefes heißt: sich an 19 das Haupt halten, die *echte* Unterordnung einhalten. Freilich meinen jene, gerade dies zu verwirklichen. Aber nun wird ihnen vorgehalten, daß sie das Verhältnis von Haupt und Leib mißverstehen; denn sie verwandeln das Herrschaftsverhältnis in einen Seinszusammenhang und verfälschen so nicht nur das Wesen Christi, sondern in einem damit auch das Wesen der Dinge. Sie wollen von der Welt her das Haupt erreichen. In Wahrheit gibt es den Leib nicht als Leib an sich, sondern nur als je *seinen* Leib. Der Ausgangspunkt kann also nur *drüben* liegen, beim Christus des Glaubensbekenntnisses. Nur von da her wird uns die Welt als *Welt* sichtbar, nämlich als *seine* Welt – wir ergänzen: und die Kirche als *seine* Kirche. Man kann nicht ein Welt- und Kirchenverständnis entfalten und dieses nachträglich auf Gott, Offenbarung, Christus, Erlösung beziehen; denn damit wäre deren Wesen im Ansatz mißverstanden. Seinsanalyse – ob physische oder metaphysische – ist kein Weg zum Gottesverständnis und zur Erlösung. Der Satz vom Mitsterben mit Christus wird 20 aktualisiert (vgl. V.12 und 3,1, wo der ergänzende zweite Satz aufgenommen ist): Er bedeutet unsere Freiheit; denn „wir leben nicht mehr in der Welt", d.h. sie ist nicht mehr Norm, sondern eben – Welt (vgl. die Konkretisierung dieser Einsicht in 3,1-4). Ihre Normen besitzen keine Heil oder Unheil schaffende Kraft. Den Gegnern sind die Speisen, Zeiten, Begehungen mächtig; Berührung ist gefährlich. In Wahr- 21-23 heit aber handelt es sich um Dinge, Welt-Termine, -Vorgänge. Die Speisen sind einfach Lebensmittel, nicht heilige Substanzen. Es ist widersinnig, Vergänglichem metaphysische Mächtigkeit zuzuschreiben. Wenn jene Lehrer Entweltlichung durch Askese als Heilsweg preisen, dann haben sie ja vor den Dingen Angst und hoffen, diese durch Ritus, Beschwörung und Enthaltung zu übersteigen – paulinisch gesprochen: Sie gehen den Weg der Werke und bauen so genau das auf, was sie zu zerstören meinen: die Mächtigkeit des Irdischen als Sphäre – noch einmal in der Sprache des Paulus: das Fleisch.

Die Irrlehrer von Kolossä. Die Auseinandersetzung unseres Briefes mit denselben ist dadurch kompliziert, daß sie sich *innerhalb* der Gemeinde befinden. Sie wollen sich nicht vom Christentum und von der Kirche trennen, sondern halten sich für die wahren Christen. Sie meinen, denselben Glauben zu haben wie die anderen, ihn aber tiefer zu verstehen durch zusätzlichen Einblick in das Erlösungsgeschehen, das Wesen Christi, die Struktur des Kosmos. Es bedurfte in der frühen Kirche einer langen und strengen theologischen Denkarbeit, bis man nicht nur ahnte, sondern auch auf den Begriff bringen konnte, inwiefern durch diese „Gnosis" der Glaube nicht etwa ergänzt, überhöht, sondern aufgelöst wurde, wieso hier der Theologie ein neuer Gegenstand untergeschoben war, der ihr Wesen als Theologie aufhob. War ihr ursprünglicher Gegenstand das Bekenntnis, so trat diesem jetzt der religiöse Mensch als Subjekt und selbständige Potenz gegenüber. Im Laufe dieser Auseinandersetzung erlebte die Kirche notwendig eine tiefgreifende Umgestaltung. War am Anfang das Bekenntnis die scheidende Größe zwischen Glauben und Unglauben, hieß die Alternative: Kirche oder ungläubige Welt, so mußte jetzt im *Innern* der Kirche geschieden werden, nämlich zwischen richtiger und falscher Auslegung dieses Bekenntnisses. Neben die Alternative: Glaube—Unglaube trat die andere: wahrer oder falscher Glaube. Es galt, die *Kriterien* der Wahrheit auszuarbeiten. Die Dokumente dieser Besinnung erstrecken sich vom Galater- und ersten Korintherbrief über den Kolosserbrief, die „Pastoralbriefe", den ersten Johannesbrief in die weitere Kirchengeschichte hinein. Darüber hinaus handelt es sich um einen Vorgang der Klärung, der in der Kirche jederzeit erforderlich ist, da sie ihre Wahrheit, das Gotteswort, in der Gestalt des Menschenwortes besitzt.

Die Auslegung hat gezeigt, wie schwierig es ist, aus den Andeutungen des Briefes ein Bild der bekämpften Lehre zu gewinnen. Immerhin lassen sich einige Züge erkennen, und mit Hilfe unseres Wissens über andere, ähnliche Gruppen können wir – mit der gebotenen Vorsicht – versuchen, die Skizze noch etwas auszuführen. Offenbar bezeichnet die bekämpfte Gruppe ihre Lehre selbst als „Philosophie"; wie wir sahen, ist darunter nicht die wissenschaftliche Welterschließung zu verstehen, sondern „Schau" (2,18) der hintergründigen Weltgeheimnisse. Die Zusammenkünfte tragen den Charakter von Weihen mit „Überlieferung" (2,8) der Mysterien. Gegenstand der kultischen Verehrung sind die „Elemente" (2,8.20), die Glieder des Weltgottes, der mit Christus identifiziert wird. Wenn die Welt als dessen „Leib" gilt, so scheinen diese Gnostiker ja den Anschauungen sehr nahezustehen, die der Brief selbst vertritt, und man fragt sich, ob dessen heftige Polemik sachlich begründet ist. In Wirklichkeit reicht der Gegensatz bis in die Tiefen. Obwohl eine weitgehende Übereinstimmung in einzelnen Begriffen und Denkformen herrscht, was bei gleichem Milieu nicht verwunderlich ist, ist der Gegensatz im Verständnis des Glaubens, des Heils ein vollständiger. Die Gegner gewinnen ihre Lehre vom Erlöser nicht mehr von der geschichtlichen Offenbarung her, sondern von der Weltschau. „Christus" ist nur noch Chiffre zur Bezeichnung eines aus eigener Spekulation konstruierten Inhaltes. Er ist das „Pleroma" der Welt. Gottesdienst ist das Aufsuchen seiner Glieder in der Welt. Der Kult ist an weltliche Faktoren gebunden, und „Christus" ist zusammenfassende Bezeichnung für diese. Ziel der Riten ist, an ihm, d. h. an den kosmischen Kräften Anteil zu gewinnen. Dadurch erlangt man Schutz vor den dämonischen Mächten. Die Inhalte der Riten sind offenbar überwiegend aus dem Judentum übernommen (Beschneidung usw.). Beispiele eines solchen jüdisch-christlich-gnostischen „Synkretismus" finden wir auch in den „Pastoralbriefen" und in den bald nach dem Jahre 100 n. Chr. verfaßten Briefen des Bischofs Ignatius von Antiochia. Es handelt sich also in Kolossä um einen Ableger einer verbreiteten Bewegung, die schon im Galaterbrief ihre Spuren hinterließ. Hinter dieser Weltanschauung und Praxis steht ein hochgespanntes Selbstbewußtsein. Der Gnostiker weiß sich als Wesen, das die Welt überstiegen hat und seinen hohen Rang durch eben diese Observanzen darstellt und gegen die Gläubigen niedrigeren Ranges ausspielt.

Man fragt sich, wie dem Kolosserbrief die Abgrenzung gelingen wird, wenn er doch theologische Gedanken vertritt, welche den bekämpften so ähnlich sehen. Auch er spricht vom kosmischen Triumph Christi, von seinem „Leibe"; Christus ist auch bei ihm als das „Pleroma" beschrieben; auch er sagt, daß wir bereits in den Himmel aufgestiegen seien und vermittelt die Erkenntnis des „Seins in Christus". Mit welcher sachlichen Begründung lehnt er also die Gnosis jener anderen als leeres Geschwätz und Verführung ab?

Zunächst greift er auf das Bekenntnis zurück, und das ist mehr als eine lediglich formale Bindung an die kirchliche Lehrtradition; denn dadurch hält er den Bezug auf das geschichtliche Heilswerk fest (vgl. 1,13 f.). Gerade wo er vom Heilsertrag desselben in einer Weise spricht, die gnostisch klingt, ist diese Bindung nicht nur formal, sondern auch in der Sache vorausgesetzt (vgl. zu 2,12 ff.). Das zeigt sich an den praktischen Konsequenzen: Der gestorbene und erhöhte Christus wird *nicht* mit den Weltelementen gleichgesetzt, sondern als ihr Schöpfer qualitativ von ihnen abgehoben. Die Schöpfung ist nicht sein Teil, sondern sein Herrschaftsbereich, und *wir* sind – als mit ihm gestorben – in die *Freiheit* von den Elementen versetzt. Die Konsequenz ist, daß ihnen gerade *keine* Verehrung erwiesen werden kann (vgl. Gal. 4,8-11). Der „Glaube" wird also nicht nur theoretisch dargestellt, sondern als Verhalten zur Welt praktiziert, die vom Glauben als Welt, Schöpfung – und nicht als göttliche Potenz – wieder entdeckt wird. Theologie und Welthaltung sind zur Deckung gebracht. Damit ist auch das Verständnis der *Kirche* gegeben. Dem Mysterienverein, der sich aus der Welt in seinen abgeschlossenen Weiheraum zurückzieht, ist die Kirche mit ihrer öffentlichen Verkündigung gegenübergestellt, den gnostischen Individualisten, die sich in der „Schau" selbst erleben, die Bruderschaft derer, deren Leben „mit Christus in Gott verborgen ist" (3,3). Ihr Wandel ist nicht das Beschreiten des Höhenweges mythischen Einblicks, sondern der Gehorsam, wie er in den beiden nächsten Kapiteln beschrieben ist.

II. Weisung für die Lebensführung 3,1-4,6

1. Grundlegung 3,1-4

1 Wenn ihr nun mit Christus auferweckt seid, so suchet, was droben ist, wo Christus ist, sitzend zur Rechten Gottes. 2 Trachtet nach dem, was droben ist, nicht nach dem, was auf Erden ist. 3 Denn ihr seid gestorben, und euer Leben ist mit Christus in Gott verborgen. 4 Wenn Christus, unser Leben, offenbart wird, dann werdet auch ihr mit ihm offenbart werden in Herrlichkeit.

Im Briefganzen bilden diese Verse die Einleitung des zweiten Hauptteils. Wie in anderen Paulusbriefen (Röm.; Gal.; ebenso Eph., s.d.) ist er der Mahnung gewidmet. Diese praktische Anweisung ist nicht etwas Zweites neben oder nach dem Glauben, sondern dessen Durchführung. Die Gegner verschwinden aus dem Blickfeld; sie bestimmen nicht die Thematik des Briefes. Wie 2,20 auf das Mit*sterben*
1.2 mit Christus zum Zweck der Polemik zurückgriff, so jetzt 3,1 auf das Mit*auferstehen* zum Zweck der positiven Darlegung der Lebensregeln derer, denen dieses Heil widerfahren ist. Hier wird vollends klar, was es im Sinne des Briefes bedeutet, nicht mehr in der Welt zu sein, nämlich das Leben in der Freiheit, die nicht mehr an die „Elemente" der Welt verhaftet ist. Das neue Leben erschöpft sich nicht im geistigen Aufschwung; sein Bereich wird nicht in Alltag und religiöse Weihezeit aufgespalten. Wir *sind* in den Himmel versetzt; aber wir „wandeln" auf der Erde mit der Orientierung „nach oben", zum Ort Christi als unserer Hoffnung. Zur Nennung Christi wird sofort wieder ein Satz des Bekenntnisses gefügt, der sich seinerseits an Ps. 110 anlehnt, den christologischen Hauptpsalm des Neuen Testamentes.
3 Der Gedanke kehrt wieder zum Mit*sterben* zurück. Und jetzt wird unüberhörbar die Grenze gegen die Gnosis gezogen: Wir haben das Leben – aber nicht so, daß es in der Welt schon direkt als ewiges Leben sichtbar würde, daß wir es als eigenen Besitz bewirtschaften könnten; „sichtbar" wird es ausschließlich in Christus. Nun sagt gewiß auch der Gnostiker, daß das wahre Leben vor der Welt verborgen sei. Aber er meint, seinem eigenen Blick sei es – als Besitz – enthüllt. Er kennt nicht den
4 Vorbehalt, daß die Enthüllung noch aussteht. Hier dagegen wird ausgeführt: wir sind wirklich Heilige; aber *erscheinen* (auch vor unserem eigenen Blick) werden wir als solche erst am Tage der Erscheinung Christi. So wird die eschatologische Hoffnung zur kritischen Bestimmung unseres heutigen Daseins in der Welt. Was ich bin und was ich sein werde, das schaue ich jetzt noch nicht; ich darf es durch das Evangelium *hören*.

2. Einst und Jetzt: Das Ausziehen des alten und Anziehen des neuen Menschen 3,5-17

5 So tötet nun eure irdischen Glieder, Unzucht, Unreinheit, Leidenschaft, böse Gier und die Habsucht – sie ist Götzendienst; 6 um solcher Dinge willen kommt der Zorn Gottes. 7 In ihnen seid auch ihr einst gewandelt, als ihr noch darin lebtet. 8 Jetzt aber leget auch ihr das alles ab, Zorn, Grimm, Bosheit, Lästerung, Schmährede aus eurem Munde. 9 Belüget einander nicht; ziehet den alten Menschen mit seinen Taten aus 10 und ziehet den neuen an, der erneuert wird zur Erkenntnis nach dem Bilde seines Schöpfers. 11 Da ist nicht mehr Grieche und Jude, Beschneidung und Vorhaut, Barbar, Skythe, Sklave oder Freier, sondern alles und in allem Christus. 12 Ziehet also als Gottes heilige und geliebte Auserwählte herzliches Erbarmen an, Güte, Demut, Sanftmut, Langmut; 13 ertraget einander und vergebet einander, wenn einer gegen den anderen eine Klage hat. Wie auch der Herr euch vergeben hat, so tut auch ihr. 14 Zu all dem aber die Liebe, die das Band der Vollkommenheit ist. 15 Und der Friede Christi walte in euren Herzen; zu ihm (dem Frieden) seid ihr ja berufen in einem Leibe; und seid dankbar! 16 Das Wort Christi wohne reichlich unter

euch. Lehret und ermahnet einander in aller Weisheit, singet Gott lieblich in euren Herzen in geistlichen Psalmen, Hymnen und Liedern. 17 Und alles, was ihr tut in Wort oder Werk, das tut alles im Namen des Herrn Jesus; danket durch ihn Gott, dem Vater!

V. 5: *Eph. 5, 3. 5;* V. 6: *Eph. 5, 6;* V. 7: *Eph. 2, 3;* V. 8 f.: *Eph. 4, 25 ff.;* V. 10: *Eph. 4, 24;*
V. 11: *Gal. 3, 28; 1. Kor. 12, 13;* V. 12 f.: *Eph. 4, 2. 32;* V. 14 f.: *Eph. 4, 3 f.;* V. 16 f.: *Eph. 5, 19 f.*

Das neue Leben *besitzen* wir, indem wir es *führen*, nämlich unsere mit Christus 5-9 vernichtete – Vergangenheit, die Zeit unseres Verfallenseins an die Sünde, unsererseits aktiv vernichten. Dieser Gedanke wird mit Hilfe einer merkwürdigen Vorstellung ausgedrückt: Die Laster heißen die irdischen Glieder des Menschen; sie sind also nicht etwas an ihm, Eigenschaften, sondern er selbst. Es ist kein Zufall, daß es gerade fünf sind. Nachher stehen ihnen fünf Tugenden gegenüber (V. 12). Zugrunde liegt ein aus der iranischen Religion stammendes Bild vom Menschen: Dieser baut sein wahres, jenseitiges Wesen aus seinen guten oder bösen Taten auf und schafft so sein ewiges Schicksal. Das entspricht der persischen Religion der radikalen sittlichen Entscheidung, freilich auch der Unerbittlichkeit der Seligkeit allein aus Werken: Meine Taten sind nicht etwas außer mir; ich stehe nicht als freies Subjekt hinter ihnen; mein Dasein vollzieht sich *in* ihnen, ist ständiges Sich-verwirklichen. Ich kann mich nicht hinter sie in eine Sphäre der Freiheit zurückziehen. An unserer Stelle ist nun der Gedanke der Leistungsreligion ausgeschieden, aber der Gedanke der Entscheidung in eigentümlicher Abwandlung aufgenommen: Wir sind gerufen, eine über uns gefallene Entscheidung durchzuhalten, zu verwirklichen, was wir von Gott aus schon sind, nicht unserer Wahrheit zuwider zu leben, uns nicht an die irdische Sphäre zu binden, aus der wir ja bereits versetzt sind. Was das praktisch für die Gestaltung des Lebens bedeutet, wird in dem uns schon bekannten Schema der Gegenüberstellung des Einst und des Jetzt gezeigt. Das in den beiden „Lasterkatalogen" V. 5 und 8 entworfene Bild der Vergangenheit ist kein realistisches Gemälde. Solche Tafeln sind vielmehr typisch gemeint; sie stammen ursprünglich aus der griechischen populären Moralphilosophie und kamen von da in das hellenistische Judentum, das sie seiner Auseinandersetzung mit der heidnischen Umwelt dienstbar machte. Die beiden wichtigsten Stichworte, also die Kardinallaster, sind, wie häufig, so auch hier, Unzucht und Habgier; zur Gleichsetzung von Habgier und Götzendienst vgl. die Erklärung von Eph. 5, 5. Das Christliche in diesen Tafeln ist nicht ihr Inhalt – dieser kann sich ebensogut in jüdischen Tafeln finden –, sondern die neue *Begründung* der ethischen Forderung, das Verständnis derselben als „Töten der irdischen Glieder" auf Grund von Tod und Auferstehung Christi, die durch die Taufe auf uns übertragen sind. Man kann auch sagen: Das Neue liegt darin, daß die Gemeinde der Raum ist, in welchem die Forderung erhoben wird. Es handelt sich gewissermaßen um die selbstverständlichen Anstandsregeln innerhalb der „Familie Gottes"; in einer intakten Familie ist es klar, daß man einander nicht anlügen kann usw. Diese Konzentrierung auf den Umgang innerhalb der Gemeinde bedeutet natürlich keine Abschwächung, als ob man es gegen „die draußen" nicht so genau nehmen müßte, sondern eine positive Einschärfung des Gebotenen an dem Ort, an dem sich das Zusammenleben zunächst abspielt. Man muß sich vor Augen halten, daß die frühen Gemeinden wirkliche Lebensgemeinschaften sind.

10   Dem Negativen, dem Ablegen des alten, entspricht das Positive, das Anlegen des
neuen Menschen. In dieser Bezeichnung ist die Radikalität und Totalität der Wandlung ausgesagt: nicht nur etwas an mir ist neu geworden, sondern *ich* und damit
meine Werke im ganzen, mein „Wandel". Das „Töten" erfolgt nicht auf Grund
eines dualistischen Ideals der Entweltlichung, in der Form von Askese (wie bei den
gnostischen Gegnern); es ergibt sich aus der Fülle der widerfahrenen Neuschöpfung
„nach dem Bilde des Schöpfers". Das ist eine Umschreibung des Begriffes der
„neuen Kreatur" (vgl. 2. Kor. 4, 4; 5, 17), der besagt, daß wir in die Ursprünglichkeit
unseres Wesens zurückgeführt sind; wir sind wieder der Mensch, der aus Gottes
Schöpferhand hervorgeht; es ist kein Zufall, daß V. 10 auf die Schöpfungsgeschichte
11   anspielt (1. Mose 1, 26 f.). In der neuen Schöpfung sind die innerweltlichen Unterschiede zwischen Völkern, Rassen, Kulturen, sozialen Ständen, Religionen, Ge-
schlechtern aufgehoben (vgl. 1. Kor. 12, 13; Gal. 3, 28). Diese Aussage hat nichts
mit der modernen Idee der Gleichheit aller Menschen zu tun. Sie setzt gerade die
„natürliche" Ungleichheit voraus. Die Unterschiede werden nicht bestritten; sie
sind aber durch einen bestimmten Akt an einem bestimmten Ort *aufgehoben*. Man
muß die strenge Bestimmung beachten: *Hier* sind sie nicht mehr vorhanden, nämlich in der Kirche. Diese Aussage findet sich stets im Zusammenhang mit der Erinnerung an die Taufe und die Einfügung in die Kirche als den Leib Christi. In diesem
Raum sind wir nichts mehr als Glieder dieses Leibes.
12   Den Kontrast zu den Lasterkatalogen bildet der „Tugendkatalog". Auch er umfaßt fünf Begriffe (s. o.). Wie die Laster die Bestandteile, „Glieder" des alten Menschen sind, so setzt sich der neue Mensch aus seinen „Tugenden" zusammen; er
existiert, indem er sich dieser Richtschnur entsprechend verhält und dadurch ver-
13   wirklicht, wozu er in der Taufe gemacht ist. Auch hier ist der Bezug der Weisung
auf das konkrete Zusammenleben in der Gemeinde deutlich. Diese ist die Stelle, an
welcher sich die neue Existenz praktisch darstellt. Zur Begründung wird auf das
Vorbild Christi verwiesen, und zwar bezeichnenderweise nicht etwa auf seine
menschliche Persönlichkeit, sondern auf sein Heilswerk, seine Selbstpreisgabe in
den Tod. Zur Erklärung muß man die breitere Entfaltung des Gedankens in Eph.
4, 32 ff. vergleichen. Wenn man sich das Bild der damaligen kleinen, in der Welt
isolierten und nach menschlicher Prognose verlorenen, zu intensiver Gemeinschaft
zusammengeschlossenen Gemeinden vergegenwärtigt, dann erfaßt man nicht nur
die „Selbstverständlichkeit" und Eindringlichkeit dieser formal locker aneinander-
gereihten Mahnungen, sondern auch die Verklammerung von Glauben (Lehre von
14   Christus), Kirchengedanken und praktischer Lebensweisung. Wenn alle Tugenden
in der Liebe zusammengefaßt sind und diese „das Band der Vollkommenheit" heißt
(vgl. zur Vorstellung vom „Band" 2, 2. 19; Eph. 4, 2 f.), so erhellt sich der Begriff
des Bandes und der Gedanke dieser Einheit vom Gedanken der Kirche als des Leibes
16   Christi her (vgl. dazu die Ausführung hinter der Erklärung von Eph. 4, 13). Die
Kraft zu diesem neuen Leben wird je und je in der gottesdienstlichen Versammlung
gewonnen, in der gegenseitigen „Erbauung", in dem bewegten Lobpreis, in dem
man eine Wirkung des Heiligen Geistes erkennt (vgl. Eph. 5, 19). Welcher Reichtum
an geistlicher Dichtung damals geherrscht haben muß, können wir nur noch ahnen.
Wir besitzen davon noch einige Lieder und Bruchstücke, eines der bedeutendsten im

Kolosserbrief selbst (1, 15 ff.), andere in den Briefen des Paulus (Phil. 2, 6 ff.), den Pastoralbriefen (1.Tim. 3, 16), dem Johannesevangelium (1, 1 ff.), der Offenbarung usw. Gottesdienst und tägliches Zusammenleben sind aufeinander bezogen; sie 17 besitzen ihre einheitliche Norm: beide sind Ausdruck des Dankes an Gott, der möglich und wirklich ist durch Christus.

3. Die Haustafel 3, 18-4, 1

18 Ihr Frauen, seid euren Männern untertan, wie es sich im Herrn gebührt. 19 Ihr Männer, liebt eure Frauen und seid nicht bitter gegen sie. 20 Ihr Kinder, gehorcht den Eltern in allem; denn das ist wohlgefällig im Herrn. 21 Ihr Väter, reizt eure Kinder nicht, daß sie nicht scheu werden. 22 Ihr Sklaven, gehorcht in allem euren irdischen Herren, nicht in Augendienerei, um Menschen zu gefallen, sondern mit Herzenseinfalt in der Furcht des Herrn. 23 Was ihr auch tut, das tut von Herzen als für den Herrn und nicht für Menschen; 24 wisset, daß ihr vom Herrn als Vergeltung das Erbe empfangen werdet. Dem Herrn Christus dienet. 25 Denn wer Unrecht tut, wird den Lohn für sein Unrecht empfangen, und es gibt kein Ansehen der Person. 4, 1 Ihr Herren, gewährt euren Sklaven, was recht und billig ist; wisset, daß auch ihr einen Herrn im Himmel habt.
Vgl. Eph. 5, 22-6, 9.

Die Haustafeln. 1. Die Inhalte der urchristlichen Ethik sind nur in begrenztem Umfang neu. Neu ist vor allem die *Begründung* und der Bezug auf das Zusammenleben in der Gemeinde. Im übrigen übernimmt man weithin die Moral des hellenistischen Judentums, in welchem Einflüsse der griechischen Popularethik spürbar sind. Eine bezeichnende Darstellungsform sind die Tugend- und Lasterkataloge (V. 5. 8. 12); eine andere sind die „Haustafeln" (vgl. Eph. 5, 22 f.; 1.Petr. 2, 18 ff.), Zusammenstellungen der bürgerlichen Pflichten, etwa in der Anordnung: gegen die Götter, die Obrigkeit, die Eltern, Geschwister usw. Zwar ist keine außerchristliche Haustafel direkt überliefert; aber man kann ihre Form und die Inhalte aus verschiedenen Spuren erschließen. Zudem weist die Tafel des Kolosserbriefes noch deutlich auf den außerchristlichen Ursprung dieses Schemas zurück: Sie enthält ja wenig spezifisch Christliches. Ihre Anweisungen könnten großenteils auch bei einem philosophischen Ethiker stehen; dorthin würden auch die Begründungen konventionellen Stils passen: „wie es sich gehört", „das ist wohlgefällig".

In der Aufnahme dieser Tafeln dokumentiert sich der bürgerliche Charakter der urchristlichen Ethik; diese prägt ein, was überall in der Welt als anständig anerkannt ist (vgl. Phil. 4, 8). Sie entwirft nicht ein innerweltliches Reformprogramm. Die bestehende Ordnung (einschließlich der Sklaverei) wird hingenommen. Die Voraussetzung dieser Bürgerlichkeit freilich ist völlig neu. Sie gewinnt einen neuen Sinn, wenn die Welt als zu Ende gehend, als vorläufige Größe, gesehen wird. Die Bürgerlichkeit ist Vollzug dieses eschatologischen Verhältnisses zur Welt. Deren Ordnung ist nicht ein autonomer Wert. Sie wird einfach anerkannt, weil Ordnung besser ist als Anarchie (Röm. 13, 1 ff.). Aber das Urchristentum versucht nicht, die Ordnung der kommenden Welt in die vergehende einzuzeichnen, etwa in der Weise des Entwurfes einer christlichen Weltordnung. Der Gedanke einer solchen muß dem

Nenen Testament wesensmäßig fremd sein; die Ordnung ist *Welt*ordnung, nicht *Heils*ordnung. Auf der anderen Seite wehrt man sich mit der Übernahme dieser Ethik gegen den gnostischen Heilsweg einer direkten Entweltlichung und wird der Tatsache gerecht, daß die Welt Gottes Schöpfung ist.

2. Diese Tafeln bieten nicht eine zeitlose „christliche" Ethik. Sie setzen die damaligen gesellschaftlichen Ordnungen und Anschauungen voraus. Die Gültigkeit liegt vielmehr in den Voraussetzungen, aus welchen diese bürgerlichen Sätze übernommen werden. Wer diese Anweisungen mechanisch in die heutige Sozialordnung übertragen wollte, würde sie in Wirklichkeit nach Sinn und Inhalt völlig verändern und würde ihre theologische, nämlich eschatologische Voraussetzung kraß verkennen. Das zeigt sich sogleich an der ersten Forderung, der Unterordnung der Frauen. Diese bedeutete damals einfach das Einhalten einer selbstverständlichen gesellschaftlichen Stellung, des Schicklichen.

3. Natürlich können nun innerhalb des Haustafelschemas die Akzente verschieden gesetzt werden. So tritt in den christlichen Tafeln das Thema „Regierung" zurück; doch verschwindet es nicht ganz (vgl. 1.Petr. 2, 13). Dafür wird ausführlich von den Sklaven gehandelt, und an dieser Stelle erscheint genuin Christliches auch im Inhalt, denn die Sklaven sind in der Gemeinde ja einfach Brüder (vgl. 3, 11). So muß ein Ausgleich zwischen Gemeindeordnung und Sozialordnung gefunden werden.

4. Der Epheserbrief hat diese Haustafel übernommen und die christologische Begründung breit entfaltet (Eph. 5, 22 ff.). Eine andere Art der Aufarbeitung und Weiterentwicklung zeigt der 1.Petr. (2, 18-3, 7). Die Pastoralbriefe endlich haben das Schema benützt, um eine reine *Gemeinde*ordnung zu entwerfen.

18f.   Die Tafel des Kolosserbriefes ist übersichtlich gegliedert: in drei Paare, von denen jeweils der untergeordnete Teil zuerst angesprochen wird; bei ihm wird auch jeweils eine ausdrückliche Begründung durch Hinweis auf den Herrn und auf das Geziemende gegeben. Auf der Gegenseite findet sich eine direkte Begründung lediglich beim letzten Glied der Reihe, der Mahnung an die Sklavenbesitzer. Einer besonderen Erklärung bedarf nur der Appell an die Sklaven. In seiner Ausführlichkeit spiegelt sich nicht nur die Bedeutung der Sklaven in den frühchristlichen Gemeinden, sondern darüber hinaus das theologische Verständnis der Kirche. Hier wird verwirklicht, was 3, 11 festgestellt ist: *„Hier* ist nicht Sklave noch Freier." Die Sozialordnung wird nicht angetastet. Man entwirft kein Programm der Sklavenbefreiung. Nicht einmal vom christlichen Sklavenbesitzer wird verlangt, daß er seine christlichen Sklaven freilasse (vgl. den Philemonbrief). Die Freiheit der Christenmenschen wird nicht in politische und soziale Freiheit umgesetzt; denn es besteht keine direkte Entsprechung von Rechtfertigung und Recht. Die Unterschiede in der Welt sind für den Glauben irrelevant. In der Kirche dagegen sind sie bereits objektiv, in Christus, aufgehoben. So werden die Sklaven gerade zur Erfüllung ihres

23f.   „Berufes" verpflichtet. V. 23 wendet die Sentenz V. 17 speziell auf sie an und verstärkt die Mahnung durch den Hinweis auf die jenseitige Vergeltung. Der Lohn- und Vergeltungsgedanke ist ein fester Bestandteil der neutestamentlichen Ethik und kann aus dieser nicht ausgelöst werden. Das ist kein Widerspruch zur Lehre von der Rechtfertigung allein aus Glauben. Beides zusammen bildet vielmehr einen einheitlichen Sachverhalt. So gewiß es nicht gilt, sein Heil zu verdienen, so gewiß gilt es, Gott zu gehorchen, und so gewiß steht auf dem Ungehorsam Strafe. Der Vergeltungsgedanke besagt, daß es im Gehorsam um uns im ganzen, um unser ewiges Heil oder aber Unheil geht.

Bei den Männern, Vätern brachte der Verfasser keine ausdrückliche Begründung 4, 1 des Appells, wohl aber bei den „Herren"; denn dort hielt sich die Aufforderung im Rahmen des allgemein Anerkannten. Hier dagegen ist sich der Briefschreiber bewußt, Neues zu verlangen. Er erinnert die „Herren" an den „Herrn"; damit kennen sie das Maß ihres Verhaltens zu ihren Sklaven.

Unklar ist, wer in V.25 mit dem Unrechttuenden gemeint ist: ein Sklave? dann 3, 25 werden die Sklaven ermahnt, keines zu begehen; oder ein „Herr"? dann werden die Sklaven getröstet, falls sie Unrecht erleiden müssen; der Epheserbrief hat den Satz im letzteren Sinn verstanden (Eph. 6, 9).

4. Abschluß der Mahnung 4, 2-6

2 Verharret im Gebet, wachet dabei mit Danksagung. 3 Betet zugleich auch für uns, daß uns Gott eine Tür für das Wort auftue, das Geheimnis Christi zu sagen, 4 um dessetwillen ich ja gefangen bin, damit ich es so kundmache, wie mir zu reden gebührt. 5 Wandelt in Weisheit gegen die draußen. Kauft die Zeit aus. 6 Eure Rede sei immer anmutig, mit Salz gewürzt, daß ihr wißt, wie ihr einem jeden antworten sollt.

V. 2 ff.: Eph. 6, 18 ff., V. 5: Eph. 5, 15 f.

Locker aufgereihte Mahnungen bilden ähnlich wie im Philipperbrief den Schluß dieses Briefteiles. Zum Ausdruck von der „offenen Tür" für das Wort vgl. 1. Kor. 3 16, 9; 2. Kor. 12. Die Aufforderung zum Wachsein ist ein festes Stichwort der eschatologischen Belehrung und bezieht sich auf die gesamte Lebensführung. Jetzt wird es auf das Gebet bezogen und dahin ausgelegt, daß anhaltendes Gebet die rechte Weise des Wachens, d. h. der Erwartung des kommenden Herrn sei. Das Verhältnis 5 zur Umwelt bedarf nicht vieler Worte. Noch ist die Kirche kein politischer und gesellschaftlicher Faktor. Was sie in der Welt will, ist ausschließlich: ihre Verkündigung auszurichten; und dafür wünscht sie geordnete Verhältnisse. Daß sie dabei mit der Möglichkeit des Leidens rechnet, zeigt die Erinnerung an die Gefangenschaft des Apostels. Zu V. 6 zeigt der griechische Text ein „anmutiges" Spiel mit Worten 6 und Andeutungen. Das Wort, das mit „anmutig" übersetzt ist, könnte man deutlicher mit „Charme" wiedergeben. Das geht nicht nur auf die Form der Rede, sondern vor allem auf den Inhalt: sie sei „mit Salz gewürzt". Salz ist Würze, aber auch Konservierungsmittel: Es verhütet, daß das Gesalzene verwest. Eph. 5, 15 warnt vor fauler, „stinkender", verderbter Rede. Hier haben wir das Gegenstück dazu: Rede, die gut ist und darum im Angeredeten das Gute schafft, die „erbaut".

5. Briefschluß; Grüße 4, 7-18

7 Über mein Ergehen wird euch Tychikus, der geliebte Bruder und treue Diener und Mitknecht im Herrn, alles berichten. 8 Eben dazu sende ich ihn zu euch, damit ihr erfahrt, wie es uns geht, und er eure Herzen stärke, 9 samt

Onesimus, dem treuen und geliebten Bruder, eurem Landsmann. Sie werden euch alles berichten, was hier vorgeht. 10 Es grüßt euch Aristarchus, mein Mitgefangener, und Markus, der Vetter des Barnabas – seinetwegen habt ihr schon Auftrag erhalten; wenn er zu euch kommt, nehmt ihn gut auf! – 11 und Jesus, genannt Justus; diese sind meine einzigen Mitarbeiter am Reiche Gottes aus der Beschneidung; sie sind mir ein Trost geworden. 12 Es grüßt euch euer Landsmann Epaphras, der Knecht Jesu Christi, der ständig in seinen Gebeten für euch ringt, daß ihr vollkommen dasteht und erfüllt von allem, was Gottes Wille ist. 13 Denn ich bezeuge ihm, daß er viele Mühe um euch und die in Laodizea und Hierapolis hat. 14 Es grüßt euch Lukas, der geliebte Arzt, und Demas. 15 Grüßt die Brüder in Laodizea und die Nympha, und ihre Hausgemeinde. 16 Und wenn der Brief bei euch verlesen ist, so sorgt dafür, daß er auch in der Gemeinde von Laodizea verlesen wird, und daß auch ihr den von Laodizea verlest. 17 Und sagt dem Archippus: Achte auf dein Amt, das du im Herrn empfangen hast, daß du es erfüllest. 18 Der Gruß mit meiner, des Paulus, eigener Hand. Gedenket meiner Fesseln! Die Gnade sei mit euch!

Es ist bei Paulus feste Sitte, daß ein Brief mit persönlichen Nachrichten und der Übermittlung von Grüßen schließt. Am nächsten kommt unserem Brief die Grußliste des Philemonbriefes. Auch der eigenhändige Schlußgruß wird mehrfach erwähnt (1.Kor.; Gal.; 2.Thess.). Aus dem Philemonbrief ist vor allem Onesimus bekannt, der Sklave, der seinem Herrn Philemon, der offenbar in Kolossä wohnte, davonlief und von Paulus zurückgeschickt wurde. Tychikus wird Eph. 6, 21; 2.Tim. 4, 12; Tit. 3, 12; Apg. 20, 4 genannt, Aristarchus Apg. 19, 29; 20, 4; 27, 2; er stammte aus Thessalonich und gehörte zu der Gesandtschaft der griechischen Gemeinden, die Paulus auf seiner letzten Reise nach Jerusalem begleitete, um die Kollekte zu überbringen, die Paulus nach einer Vereinbarung auf dem „Apostelkonzil" (Gal. 2, 10) gesammelt hatte; nachher erscheint er als Begleiter des gefangenen Paulus auf dessen Weg nach Rom. Markus trennte sich nach Apg. 15, 37 von Paulus und schloß sich Barnabas an. Aber hier sieht man, daß er später doch wieder zu Paulus kam. Das gilt auch für den Fall, daß unser Brief nicht von Paulus selber verfaßt ist; der Verfasser kennt sich auf jeden Fall in der Umgebung des Paulus genau aus. Mit Markus zusammen ist Lukas auch 2.Tim. 4, 11 erwähnt. Im 1.Petr. (5, 13) erscheint Markus merkwürdigerweise als Mitarbeiter des Petrus. Demas erhält 2.Tim. 4, 10 eine üble Zensur.

16   Einen interessanten Einblick in die frühe Verbreitung der Paulusbriefe bietet V. 16; man sieht hier, wie es zur Sammlung derselben kam. Über die Nachbarorte Laodizea und Hierapolis vgl. die Einleitung.

DER ERSTE BRIEF AN DIE THESSALONICHER

Gerhard Friedrich

Einleitung

1. Die Gründung der Gemeinde. Die Stadt Thessalonich ist etwa im Jahre 315 v.Chr. von dem Diadochen Kassander gegründet und zu Ehren seiner Gemahlin, einer Tochter Philipps von Mazedonien und einer Halbschwester Alexanders des Großen, Thessalonich genannt worden. Die heutige Stadt Thessaloniki ist mit ihren rund 350000 Einwohnern die zweite Großstadt Griechenlands und hat den zweitgrößten Hafen. Auch im Altertum war Thessalonich eine nicht unbedeutende Stadt, was sie ihrer günstigen Lage verdankte. Einmal führte die breite Römerstraße, die Via Egnatia, die Ost und West, Rom und Byzanz, miteinander verband, durch sie hindurch. Dann besaß sie einen natürlichen Hafen mit zahlreichen Docks, so daß sie ein wichtiger Handelsplatz war, in dem, wie die Inschriften bezeugen, Vertreter aller Nationen zu finden waren. Nach Apg. 17,1 besaßen die Juden dort eine eigene Synagoge. Zur Zeit der Römer war Thessalonich die Hauptstadt der Provinz Mazedonien und Sitz des Prokonsuls, hatte eine eigene Verwaltung, eigene Gerichtsbarkeit und ein eigenes Münzrecht. Wo Geld ist und Menschenmassen sich zusammendrängen, stellt sich oft auch Leichtlebigkeit ein. Dieses glaubte man damals auch von Thessalonich berichten zu können.

Nach einem mehrtägigen Marsch, den Rücken noch voller Narben von der Behandlung in Philippi (Apg.16,22; 1.Thess.2,2), trifft Paulus mit seinen Begleitern Silas und Timotheus in Thessalonich ein, um auch dieser Stadt die Botschaft von Jesus Christus zu bringen (1.Thess.2,1ff.).

Wandernde Prediger waren in der damaligen Zeit keine Seltenheit. Nicht nur urchristliche Missionare zogen von Stadt zu Stadt, in gleicher Weise taten dieses auch Rhetoren, Philosophen und Wundertäter. Insbesondere scheinen die Kyniker mit den urchristlichen Missionaren in vielen Stücken große Ähnlichkeit gehabt zu haben. Im schäbigen Mantel, nur mit Ranzen und Stab ausgerüstet, Familie, Heim und Vaterland nicht kennend, zogen sie von Stadt zu Stadt, standen auf den Straßen, Märkten und Rastplätzen und hielten dort den Menschen ihre Lehrvorträge über Reichtum und Armut, Tugend und Bosheit. Der stoische Philosoph hatte ein starkes Sendungsbewußtsein. Er nannte sich Diener Gottes, wie Paulus sich auch bezeichnete (2.Kor.6,4) oder auch Herold Gottes (vgl. 1.Tim.2,7 und 2.Tim.1,11). Der Kyniker trat mit dem Anspruch auf, von den Menschen gehört zu werden; denn er war Repräsentant Gottes, der von Gott auf die Erde gesandt war. Sein Wort war Gottes Wort. Wer sein Wort verachtete, beleidigte Gott.

Nicht alle Wanderprediger waren wirkliche Vorbilder. Man glaubte, daß viele von ihnen selbst nicht so lebten, wie sie es von ihren Hörern forderten. Da sich

Paulus äußerlich von diesen Wanderphilosophen nicht allzu sehr unterschied, scheint er in Thessalonich in Verdacht gekommen zu sein, er gehöre zu üblen Vertretern dieser Prediger, die darauf aus waren, möglichst viele Anhänger zu gewinnen, um Ehre und Geld zu erlangen. Selbst der genügsamste Kyniker, der nur von Gemüse und Wasser lebte, war auf die Wohltätigkeit seiner Hörer angewiesen. Daher gab es sehr viele Wanderprediger, die in ihren Reden den Zuhörern schmeichelten, um von ihnen Beifall und Lohn zu erwerben. Paulus stellt in seinem Brief an die Thessalonicher mit allem Nachdruck heraus, daß nicht Ehrsucht oder Habgier die Motive seiner Arbeit gewesen seien, sondern daß es ihm um das Evangelium gegangen sei und er das geredet habe, was Gott ihm aufgetragen hat (1.Thess.2, 1ff.). Trotz der in Philippi erlittenen Mißhandlungen hat er den Mut gehabt, den Thessalonichern die frohe Botschaft zu sagen. Um niemand zur Last zu fallen, hat er sich im Gegensatz zu den Wanderphilosophen seinen Unterhalt selbst verdient, indem er Tag und Nacht gearbeitet hat (1.Thess.2,9). Die Predigt des Apostels ist nicht ohne Frucht geblieben. Die meisten Glieder der Gemeinde scheinen nicht aus der Judenschaft, sondern, wie es aus 1.Thess.1,9 zu entnehmen ist, aus dem Heidentum gekommen zu sein (vgl. 1.Thess.2,14). Von seinem weiteren Ergehen in Thessalonich berichtet Paulus in seinem Brief an die Thessalonicher nicht, da es ihnen bekannt war. Nach der Apostelgeschichte ereignete sich folgendes: Gottesfürchtige Griechen, vor allem auch vornehme Damen der Stadt, sympathisierten mit der neuen Lehre, was den Neid und die Eifersucht der Juden erweckte. Mit Hilfe des Pöbels verursachten sie einen Aufruhr und wollten die Missionare ergreifen. Als man sie nicht fand, hielt man sich an Jason, den Quartierwirt des Paulus. Man schleppte ihn mit einigen anderen Christen vor die Richter und verleumdete sie politisch, sie hielten es mit Staatsverbrechern und Revolutionären, die einen neuen Weltherrscher proklamierten (Apg.17,7). Das war gerade in Thessalonich eine gefährliche Anklage; denn Thessalonich war nach der Schlacht bei Philippi von Augustus wegen seiner Parteinahme für ihn zu einer freien Stadt mit eigener Verwaltung erklärt worden. Um diese Rechte nicht zu verlieren, mußten die Thessalonicher ganz besonders staatstreu sein und alle revolutionären Bewegungen im Keim ersticken. Man hat den Eindruck, daß sie besonnener waren als die Stadtobrigkeit in Philippi. Nachdem Jason eine Kaution gestellt hatte, wurde Paulus auf freien Fuß gesetzt. Angesichts der erregten Stimmung in der Stadt hielt die Gemeinde es für das Beste, daß er so schnell wie möglich Thessalonich verließ. Nach Apg.17,2 hat Paulus nur an drei Sabbaten in der Synagoge gepredigt. Sein Aufenthalt muß aber länger gedauert haben, weil die Philipper ihm nach dem 150 km entfernt liegenden Thessalonich Unterstützung gesandt haben (Phil.4,15f.). Daraus wird man schließen dürfen, daß Paulus sich länger als nur drei Wochen in Thessalonich aufgehalten hat. Seine Tätigkeit kann sich auch nicht auf Predigen in der Synagoge beschränkt haben, weil nicht so sehr Juden, sondern gerade auch Heidenchristen zur Gemeinde gehörten.

2. Die Verhältnisse in der Gemeinde nach dem Fortgang des Apostels. Die Gemeinde in Thessalonich ist eine Gemeinde unter dem Kreuz gewesen. Wo Gottes Wort verkündigt wird und die Menschen sich furcht- und kompromißlos zu Christus halten, da stellen sich Not und Verfolgung ein. Nirgendwo scheinen sie so schnell über eine Gemeinde gekommen zu sein wie in Thessalonich. Bereits die ersten Tage ihres Bestehens standen unter dem Kreuzeszeichen (1,6; 2,2). Solche Verfolgungen machen die Thessalonicher zu rechten Jüngern des Herrn Jesus Christus und zu rechten Nachfolgern des Apostels der Urgemeinde, die von den Juden dasselbe erlitten hat, was die Heidenchristen in Thessalonich von ihren Volksgenossen erfahren (1,6; 2,14). Vielleicht sind einige der Verstorbenen, über deren Tod die Thessalonicher so betrübt sind (4,13), sogar Märtyrer gewesen, die bei den Verfolgungen ihr Leben haben lassen müssen. Paulus versucht durch seinen Brief die Christen zu stärken. Die Leiden sollen sie nicht verwirren. Wenn sie leiden, so ist das nicht eine Ausnahme, sondern die Regel; denn Christen sind dazu da, daß sie leiden (3,3). Das scheinen die Thessalonicher verstanden zu haben; denn trotz der Verfolgungen ist es bei ihnen nicht zum Abfall gekommen. Der Teufel hat sie nicht zu Fall bringen können (3,5f.).

Die Predigt des Paulus war eschatologisch ausgerichtet. Er hatte den Thessalonichern den neuen Äon, die Gegenwart des Eschatons (der Vollendung) und das bevorstehende Kommen Christi verkündigt. Durch die Verkündigung und die Taufe hatten sie den Geist erhalten. Wie sollten sie nun als Bürger des zukünftigen Reichs und als Geistbegabte in dieser Welt leben? Anscheinend machten sich bei ihnen, wie es ganz natürlich ist, zwei verschiedene Richtungen bemerkbar, die von dem schmalen Grat der rechten Einstellung abwichen. Die einen scheinen schwärmerische Pneumatiker gewesen zu sein, die, anstatt ihrer Arbeit nachzugehen und ihren Beruf zu erfüllen, eine große Geschäftigkeit entfalteten und anscheinend – genau läßt sich das aus den Worten des Paulus nicht entnehmen – nach einem Programm christlicher Enderwartung die öffentlichen Angelegenheiten regeln wollten (4,10f.). Vielleicht hängen mit dieser eschatologischen, pneumatischen Schwärmerei auch die sexuellen Gefährdungen zusammen, denen die Gemeinde anscheinend ausgesetzt ist (4,3ff.), und ein Nichtrespektieren der Männer, die sich um die Gemeinde kümmerten (5,12f.). Daneben scheint es als Reaktion auf das Verhalten der Schwärmer eine andere Bestrebung in der Gemeinde gegeben zu haben, die, diesem schwärmerischen Treiben abhold, den Geist und die Prophetie verachteten und alle Regungen des Geistes zu unterdrücken suchten (5,19f.). Damit es bei den bestehenden Spannungen nicht zum Auseinanderbrechen der Gemeinde kommt, mahnt Paulus mit allem Nachdruck zum Frieden (5,13.23), und er beschwört die Gemeinde, daß sein Brief, der zu allen diesen Fragen Stellung nimmt, von allen Brüdern in der Gemeinde gelesen wird (5,27). Er billigt weder das Verhalten der Schwärmer, noch kann er es für gut ansehen, wenn man den Geist dämpft und die Prophetie verachtet (5,19f.). Schwärmerei und geistgewirkte Prophetie sind nicht dasselbe. Man soll alles prüfen und das, was gut ist, für die Gemeinde nutzbar machen.

3. Anlaß und Zweck des Briefes. Die Zeit der Tätigkeit des Paulus war – ganz gleich, ob es nur drei Sabbate waren oder etwas mehr – in Thessalonich sehr knapp bemessen. Da die Gemeinde sehr jung und im Glauben ungefestigt war, brauchte sie Hilfe, Stärkung, Weisung und Rat. Am liebsten wäre Paulus sofort umgekehrt und nach Thessalonich zurückgegangen. Zweimal hat er es auch versucht, aber der Satan hat diesen Plan vereitelt (2,18). Worin diese Behinderung bestand, ob Paulus durch Krankheit oder durch politische Verhältnisse ferngehalten wurde, läßt sich aus dem Text nicht entnehmen. Wahrscheinlich hat Paulus ursprünglich die Absicht gehabt, sobald die Erregung in Thessalonich abgeklungen war, von Beröa aus nach Thessalonich zurückzukehren. Als dann aber die Juden aus Thessalonich ihm auch nach Beröa folgten und ihm keine Ruhe ließen (Apg. 17, 13), so daß er auch aus dieser Stadt fliehen mußte, konnte er seinen Plan nicht durchführen. In seiner Sorge und Angst um die Gemeinde schickte er Timotheus von Athen aus, wo der Apostel allein zurückblieb, nach Thessalonich, um zu erfahren, wie es den Thessalonichern gehe und wie es mit ihrem Glauben bestellt sei (3,5).

Diese Darstellung, die Paulus 1.Thess. 3 gibt, steht im Widerspruch zum Bericht in der Apostelgeschichte. Nach diesem hat Paulus seine beiden Begleiter Silas und Timotheus in Beröa zurückgelassen, während er selbst, in Begleitung von Brüdern aus Beröa, nach Athen gezogen ist. Als diese Brüder aus Beröa nach Hause zurückkehrten, nahmen sie von Paulus die Nachricht an Silas und Timotheus mit, diese sollten so rasch wie möglich zu ihm nach Athen kommen (Apg. 17, 15). Da aber Paulus nach dem Mißerfolg auf dem Areopag die Stadt Athen anscheinend schneller verlassen hat, als er ursprünglich vorgehabt hatte, und nach Korinth weiter gereist ist (Apg. 18,1), sind die beiden Gehilfen erst in Korinth zu ihm gestoßen (Apg. 18,5). Es gibt eine ganze Reihe von Versuchen, die Aussagen des Paulus mit denen der Apostelgeschichte in Einklang zu bringen. Diese Lösungsversuche werden aber dem klaren, nüchternen Wortlaut der Texte nicht gerecht.

Timotheus ist also von Paulus nach Thessalonich geschickt worden, und er kehrt mit guten Nachrichten zum Apostel zurück. Auf Grund dieser guten Kunde schreibt Paulus überglücklich seinen Brief an die Gemeinde. Man merkt ihm an, mit welcher Freude und Herzlichkeit er verfaßt ist. Das kommt schon rein äußerlich dadurch zum Ausdruck, daß Paulus in diesem nicht sehr langen Brief die Thessalonicher nicht weniger als neunzehnmal als „Brüder" anspricht; das ist genausoviel wie in dem doch sehr langen Brief an die Römer. Nicht nur beim Briefeingang versichert er der Gemeinde, daß er Gott Dank sage (1,2). Dank ist der Grundinhalt der Kap. 1–3.

Der erste Thessalonicherbrief ist der älteste der uns von Paulus erhaltenen Briefe, ja, er ist das älteste literarische Dokument des Neuen Testaments. Er ist auf der sogenannten zweiten Missionsreise von Korinth aus, etwa im Jahre 50 geschrieben, nachdem Timotheus von Thessalonich zu Paulus zurückgekehrt ist. Er unterscheidet sich in mancher Hinsicht von den späteren Briefen des Apostels Paulus. Nicht nur der Briefeingang ist anders gestaltet, auch manche typischen Wörter der paulinischen Theologie fehlen hier vollkommen. Es wird nicht von Gesetz, Fleisch und Rechtfertigung gesprochen, weil die Thematik, die mit diesen Wörtern zusammenhängt, in Thessalonich nicht akut war, auch nicht von Kreuz, Freiheit und Leben.

4. Echtheit und Einheit des Briefes. Die Echtheit des ersten Thessalonicherbriefes ist wohl zur Zeit von F.C.Baur bestritten worden. Heute gibt es niemand, der die paulinische Herkunft ernsthaft bezweifelt. Doch sind Bedenken aufgetreten, ob der erste Brief so, wie er vorliegt, geschrieben worden ist, ob nicht einige Ab-

schnitte von einer anderen Hand herrühren. Dabei ist man sich durchaus nicht
einig, welche Stücke sekundär sein könnten. Vielleicht stammt der Abschnitt
1.Thess. 5, 1-11 von einem Späteren. Während der erste Thessalonicherbrief sonst
sehr lebendig geschrieben ist und ganz konkrete Aussagen macht, hebt sich der
Abschnitt 5, 1-11 von den anderen Ausführungen dadurch ab, daß er sehr allgemein
gehalten ist, sehr viele formelhafte Wendungen enthält und fast ausschließlich traditionellen Stoff bietet. In den elf Versen finden sich wenig typisch paulinische
Wörter und Wendungen, und es werden Ausdrücke gebraucht, die Paulus sonst in
anderer Weise verwendet. Abgesehen von diesen formalen Dingen fällt inhaltlich
auf, daß die Intention von 1.Thess. 4 eine andere ist als die von 1.Thess. 5, 1-11.
Während nach Kapitel 4 bei den Thessalonichern eine hochgespannte Naherwartung vorherrscht und man mit der unmittelbar bevorstehenden Parusie rechnet, hat
bei den Lesern von Kapitel 5 der Glaube an ein baldiges Ende nachgelassen. Während Paulus 1.Thess. 4 davon redet, daß er das Kommen Christi selber noch erleben
wird, rechnet er 1.Thess. 5, 10 durchaus mit der Möglichkeit des Sterbens. An die
Stelle der enthusiastischen Naherwartung ist das Wissen um die Verzögerung der
endgeschichtlichen Ereignisse getreten. Vielleicht stammt 1.Thess. 5, 1-11 von einem
Späteren, der Paulus vor dem Vorwurf schützen wollte, er habe sich getäuscht,
wenn er 1.Thess. 4, 15 mit dem Erleben der Ankunft Christi gerechnet hat.

Interessant ist der Versuch von Schmithals, aus den beiden vorliegenden kanonischen Thessalonicherbriefen vier Briefe zu konstruieren. Der erste Brief umfaßt
nach Schmithals die Verse 2.Thess. 1, 1-12 und 3, 6-16. In ihm wendet sich Paulus
gegen die Agitation gnostischer Prediger. Die Gemeinde soll Glieder, die unordentlich leben, exkommunizieren. Der zweite Brief findet sich in den Abschnitten
1.Thess. 1, 1-2, 12; 4, 3-5, 28. Trotz der Warnungen hat die Agitation der neuen
Apostel Erfolge gehabt. Paulus muß sein Apostelamt verteidigen. Der dritte Brief
enthält die Teile 2.Thess. 2, 13-14; 2, 1-12; 2, 15-3, 5; 3, 17f. Die Gnostiker stützen
sich auf einen angeblichen Brief des Paulus. Paulus weist nach, daß der Tag des
Herrn noch nicht da ist. Der vierte Brief enthält 1.Thess. 2, 13-4, 1. Er ist der Freu-
denbrief des Apostels, mit Lob und Dank für den Zustand der Gemeinde. Schmithals konstruiert diese vier Briefe aufgrund von vier Danksagungen als Briefeinfein-
gängen (1.Thess. 1, 2; 2, 13; 2.Thess. 1, 3; 2, 13) und aufgrund von vier Briefschlüssen (1.Thess. 4, 2; 5, 28; 2.Thess. 3, 16; 3, 18), die sich in den beiden kanonischen
Briefen finden.

Die Aufteilung von Schmithals überzeugt nicht. Betrachtet man die herausgear-
beiteten Briefe genauer, so entstehen Bedenken gegen die Richtigkeit seiner These.
Im ersten Brief schlägt Paulus einen sehr scharfen Ton an, was bei einer ersten Kon-
taktaufnahme verwunderlich ist. In dem nach der Hypothese von Schmithals zweiten Brief an die Thessalonicher äußert sich der Apostel trotz der angeblich erfolgrei-
chen Agitation der Gegner sehr herzlich. Diese Ausführungen machen nicht den Eindruck, als ob Paulus schon einmal an die Thessalonicher geschrieben hat, sondern
scheinen mit dem Hinweis auf den Besuch an die jüngste Vergangenheit zu erinnern.
Ob die kurze Bemerkung 1.Thess. 4, 10f. über die Mißstände in Thessalonich
genügt, wenn die Gnostiker mit ihren Theorien so erfolgreich gewesen sind und die
ausführliche Mahnung 2.Thess. 3, 6ff. über die Vernachlässigung der Arbeit ohne

Wirkung geblieben ist, erscheint doch sehr fraglich. Wenn die Gnostiker sich für ihre Ansicht auf Paulus berufen, dann ist man erstaunt, daß Paulus sich in seinem dritten Brief nicht kritisch dagegen wendet, sondern als Antwort eine Apokalypse bietet. Rein formal sind nicht sämtliche Briefeingänge und Schlüsse, die Schmithals herausgestellt hat, wirklich als solche anzusehen. Und schließlich ist zu fragen, was den Redaktor bewogen haben sollte, aus vier Briefen zwei zu konstruieren und zusammengehörende Teile auseinanderzureißen.

5. *Die Lehre von der Endzeit.* Der Schwerpunkt des ersten Thessalonicherbriefs ist der große Abschnitt über die Ereignisse am Ende der Welt, wenn Jesus Christus kommt, die Toten auferstehen und die Lebenden zu ihm entrückt werden (1.Thess. 4,13-17). Aber nicht nur an dieser Stelle spricht Paulus davon. Die Wiederkunft Jesu ist das hervorstechende Thema des ganzen ersten Thessalonicherbriefes. Auch andere paulinische Schreiben sind von der Naherwartung geprägt, aber nirgendwo durchziehen die Gedanken von der Bedeutung der Endzeit einen Brief von Anfang bis zum Ende so stark, wie das im ersten Thessalonicherbrief der Fall ist. Das Wort von der Ankunft Christi, das Paulus sonst nur noch 1.Kor.15,23 gebraucht, findet sich bezeichnenderweise in dem kurzen ersten Thessalonicherbrief nicht weniger als viermal (2,19; 3,13; 4,15; 5,23). Gleich in den ersten Zeilen seines Briefes lobt Paulus die Gemeinde, daß sie die Spannung der noch ausstehenden, aber doch unmittelbar bevorstehenden Endereignisse geduldig aushält (1,3), obwohl sich bei einigen Gliedern der Gemeinde aus diesem Zustand durchaus Probleme ergeben (4,11f.; 4,13ff.). Die Botschaft von dem Kommen des Gottessohns vom Himmel gehört zu den Grundthemen der missionarischen Predigt (1,10). Das Ziel der Berufung ist die Teilnahme an der göttlichen Herrschaft und Herrlichkeit (2,12). So stehen Anfang und Ende der Gemeinde unter dem eschatologischen Aspekt.

Die angespannte Endzeiterwartung darf das Handeln der Christen nicht lähmen. Es soll aber auch nicht zu einem Verhalten führen, das in der Öffentlichkeit Anstoß erregt (4,11f.; 5,14). Das bevorstehende Gericht (2,19f.; 3,13; 4,6; 5,23) und die in Aussicht gestellten Freuden (2,12) sollen ein Ansporn sein, das Leben so zu gestalten, daß man des Rufes würdig ist und Gott als Rächer böser Taten nicht zu fürchten braucht. Nicht nur die Thessalonicher schauen auf Grund der Predigt des Paulus nach dem kommenden Gottessohn aus. Auch Paulus selbst ist ein Wartender. Er ist von der Nähe des endgeschichtlichen Erscheinens Christi so überzeugt, daß er damit rechnet, es noch zu erleben (4,17). Bei der dann eintretenden großen Schlußabrechnung hofft er, daß die Gemeinde seine Freude und Ehre sein wird (2,19). Darum ist es sein Anliegen, daß die Thessalonicher, wenn Jesus Christus von den Seinen begleitet in Macht und Herrlichkeit erscheint, vor Gott heilig und makellos dastehen (3,10-13). Paulus weiß, daß Heiligkeit und Makellosigkeit weder ein Verdienst der Thessalonicher noch des Apostels sind. Darum bittet er, Gott möge die Gemeinde heiligen und ohne Tadel bewahren, damit sie besteht, wenn Christus kommt (5,23). Der ganze Brief ist auf das Ende ausgerichtet: fast jeder Abschnitt schließt mit einer eschatologischen Bemerkung (1,10; 2,12; 3,13; 4,17; 5,23). Das ist ein Zeichen, wie stark eschatologische Gedanken Paulus bewegen.

Wissenschaftliche Kommentare: E. von Dobschütz, Die Thessalonicher-Briefe (Meyers Kommentar 10), [7]1909; G. Wohlenberg, Der 1. u. 2. Thessalonicherbrief (Zahns-Kommentar 12), [2]1909; M. Dibelius, An die Thessalonicher I u. II, An die Philipper (Lietzmanns Handbuch zum NT 11), [3]1937; B. Rigaux, Les Epîtres aux Thessaloniciens, 1956; E. Best, A Commentary on the First and Second Epistles to the Thessalonians (Black's NT Commentaries 10), 1972; H. Schlier, Der Apostel und seine Gemeinde. Auslegung des 1. Thess., 1972.

Allgemeinverständliche Auslegungen: A. Schlatter, Die Briefe an die Thessalonicher, Philipper, Timotheus und Titus (Erläuterungen 8), 1964; J. Schneider, Der kommende Tag (Urchristliche Botschaft 13), 1932; H. Schürmann, Der 1. Brief an die Thessalonicher (Geistliche Schriftlesung 13), 1961; K. Staab, Die Thessalonicher (Regensburger NT 7), [5]1969; W. Marxen, Der 1. Brief an die Thessalonicher, Zürcher Bibelkommentar 1979.

Abhandlungen: W. Schmithals, Die historische Situation der Thessalonicherbriefe, in: Paulus und die Gnostiker (Theol. Forschungen 35), 1965, S. 89-157; W. G. Kümmel, Das literarische und geschichtliche Problem des 1. Thessalonicherbriefes, in: Heilsgeschehen und Geschichte, 1965, S. 406-416; B. Henneken, Verkündigung und Prophetie im ersten Thessalonicherbrief. Ein Beitrag zur Theologie des Wortes Gottes (Stuttgarter Bibelstudien 29), 1969; F. Laub, Eschatologische Verkündigung und Lebensgestaltung nach Paulus. Eine Untersuchung zum Wirken des Apostels beim Aufbau der Gemeinde in Thessaloniki (Bibl. Untersuchungen 10), 1973; G. Friedrich, 1. Thessalonicher 5, 1-11. Der apologetische Einschub eines Späteren, in: Auf das Wort kommt es an, 1978, S. 221–278; G. Lüdemann, Paulus, der Heidenapostel I. Studien zur Chronologie (FRLANT 123), 1980; H. H. Schade, Apokalyptische Christologie bei Paulus. Studien zum Zusammenhang von Christologie und Eschatologie in den Paulusbriefen (Göttinger Theol. Arbeiten 18), 1981; W. Radt, Ankunft des Herrn. Zur Bedeutung und Funktion der Parusieaussagen bei Paulus (Beiträge zur biblischen Exegese und Theologie 18), 1981.

Absender und Gruß 1, 1

1 Paulus und Silvanus und Timotheus der Gemeinde der Thessalonicher in Gott, dem Vater, und dem Herrn Jesus Christus. Gnade sei mit euch und Friede.

Paulus pflegt griechischer Briefsitte folgend seine Schreiben an die Gemeinde 1 damit zu beginnen, daß er zuerst seinen und der Mitabsender Namen nennt, dann den Empfänger, woran sich der Gruß anschließt. Der Eingang des ersten Thessalonicherbriefes unterscheidet sich von dem der anderen paulinischen Briefe dadurch, daß er sehr viel kürzer ist. Paulus verzichtet auf sämtliche Titel, die er in späteren Briefeingängen zu erwähnen pflegt wie Knecht Jesu Christi (Röm. 1, 1; Phil. 1, 1) oder Apostel (Röm. 1, 1; 1. Kor. 1, 1; 2. Kor. 1, 1; Gal. 1, 1). Da er in einem sehr herzlichen, ungetrübten Verhältnis zu der Gemeinde in Thessalonich steht, die er eben erst verlassen hat, da sie weder von Judenchristen noch von Gnostikern bedrängt wird, die seine Autorität als Apostel anzweifeln, genügt die Nennung seines Namens. Er hat sie ja wie eine Mutter umhegt (2, 7) und wie ein Vater ermahnt (2, 11 f.). Auch seine Begleiter Silvanus und Timotheus nennt Paulus gegen seine sonstige Übung nur mit Namen (vgl. 1. Kor. 1, 1; 2. Kor. 1, 1; Phil. 1, 1). Wenn er sie als Mitabsender erwähnt, müssen sie den Thessalonichern bekannt gewesen sein. Nach 2. Kor. 1, 19 haben sie mit Paulus zusammen den Korinthern das Evangelium gepredigt. Darum ist anzunehmen, daß sie Paulus auf seiner Missionsreise durch Griechenland begleitet haben und auch in Thessalonich gewesen sind. Der hier erwähnte *Silvanus* ist dann mit dem in der Apostelgeschichte wiederholt genannten Silas identisch, der mit Paulus, Barnabas und Barsabbas zusammen von Jerusalem nach Antiochien gesandt wurde (Apg. 15, 22). Von Paulus als Begleiter seiner Missionsreisen erwählt (Apg. 15, 40), wandern beide in Philippi ins Gefängnis

(Apg. 16, 19. 25-29) und sind dann in Thessalonich tätig (Apg. 17, 4. 10). Silas wird zunächst von Paulus in Beröa zurückgelassen (Apg. 17, 10), stößt dann aber in Korinth wieder zu ihm (Apg. 18, 5). Silas und Silvanus sind wahrscheinlich nicht zwei verschiedene Namen für dieselbe Person wie Saulus und Paulus, sondern Silas ist die gräzisierte und Silvanus die latinisierte Form des aramaisierten Stammes Saul. Aus dem Namen wird man schließen dürfen, daß Silvanus ein in der Diaspora gebürtiger Jude gewesen ist, der als solcher nach seinem Anschluß an die urchristliche Gemeinde zur Missionsarbeit besonders geeignet war. Nach Apg. 16, 37 besaß er sogar wie Paulus das römische Bürgerrecht. *Timotheus* als der Jüngere wird an dritter Stelle genannt. Er gehört zu den treuesten und engsten Mitarbeitern des Apostels Paulus (1.Thess. 3, 2; Phil. 2, 19 ff.; 1.Kor. 4, 17; 16, 10), der in fünf Briefen (2.Kor., Phil., 1. u. 2.Thess., Phlm.) als Mitabsender im Briefeingang erwähnt wird. Daß er – wie auch Silvanus – nicht Mitverfasser des Briefes ist, zeigt 1.Thess. 3, 1 ff., wo Paulus von seiner Sendung nach Thessalonich berichtet. Weil der Brief an die christliche Gemeinde nicht ein Privatbrief des Paulus ist, fügt er, selbst wenn er als Apostel schreibt, die Namen seiner Mitarbeiter als Absender hinzu. In der Kirche Jesu Christi bestimmt nicht der Begabteste alles, so daß sich nach ihm alles richten muß, sondern er zieht andere zur Verkündigung des Evangeliums hinzu, damit die Wahrheit nach alttestamentlichem Recht (5.Mose 19, 15) durch zwei oder drei Zeugen beglaubigt wird (vgl. Mk. 6, 7 u. Lk. 10, 1).

Empfänger des Briefes ist die Gemeinde der Thessalonicher. Da das Wort Gemeinde kein ausschließlich religiöser oder kultischer Terminus ist, sondern im Griechischen auch die politische Volksversammlung bezeichnen kann, muß durch einen erläuternden Zusatz wie Gemeinde Gottes (1.Thess. 2, 14; 1.Kor. 1, 2; 11, 22) oder Gemeinde Christi (Röm. 16, 16) die Besonderheit dieser Gemeinschaft herausgestellt werden. Der Briefeingang des 1.Thessalonicherbriefes enthält zur Charakterisierung der Gemeinde die längere Wendung „in Gott, dem Vater und dem Herrn Jesus Christus", die sich sonst erst im Gruß der paulinischen Briefe findet. Mit großem Nachdruck wird durch diesen Zusatz die Eigenart der Gemeinde verdeutlicht, an die sich der Brief wendet. Die Handvoll Leute, die sich in irgendeinem Haus in Thessalonich zusammenfindet, die im Vergleich zu der großen Stadtgemeinde und der jüdischen Synagoge eine verschwindende Minderheit bildet und von den Mitbürgern und Bekannten bedrängt, verspottet und verfolgt wird, soll wissen, daß sie ihren Ursprung und Bestand in Gott, dem Vater, und in dem Herrn Jesus Christus hat. Gott selbst hat sie berufen, und er gewährt ihr Hilfe und Schutz. Da Jesus Christus, der Herr aller Herren (Phil. 2, 9 ff.), ihr Herr ist, brauchen die Christen keine Macht zu fürchten, sondern können allem Kommenden getrost und mit Zuversicht entgegenschauen.

Der Gruß „Gnade und Friede" findet sich in dieser Kürze nur hier bei Paulus. Die näheren Bestimmungen von Gnade und Friede, die Paulus sonst in seinen Briefen gibt, sind bei der Beschreibung der Gemeinde schon vorweggenommen, so daß die Worte „von Gott dem Vater und dem Herrn Jesus Christus" hier nicht wiederholt werden. Der Zuruf „Gnade und Friede" drückt nicht nur den persönlichen Wunsch des Apostels aus, sondern enthält eine Zusage an die angefochtene und verfolgte Gemeinde (vgl. Lk. 10, 5 f.). Der erbarmende Gott wird sich in seiner

Gnade ihrer annehmen und ihnen als Gott des Friedens (1.Thess.5,23) den Frieden geben, der mehr ist als das Schweigen der Waffen oder die Ruhe und Heiterkeit, die Unerschütterlichkeit und Leidenschaftslosigkeit des abgeklärten Philosophen. Es ist der Friede, der höher ist als alles Denken (Phil.4,7), der als Ordnung der Gotteswelt in seiner Totalität das ganze Heil umfaßt. Die auffallende Kürze des Briefpräskriptes und die gekennzeichneten Abweichungen von den anderen Briefeingängen zeigen, daß der erste Thessalonicherbrief der älteste Paulusbrief ist, den wir besitzen. Paulus hat kein fertiges Briefformular aus der Umwelt übernommen, sondern im Laufe der Zeit im Verkehr mit den christlichen Gemeinden ein für ihn charakteristisches Präskript entwickelt.

I. Rückblick auf den Anfang 1,2-3,13

1. Die Gründung der Gemeinde 1,2-2,16

a) Dank für den guten Christenstand der Gemeinde 1,2-10

2 Wir danken Gott allezeit für euch alle, indem wir euch in unseren Gebeten erwähnen. 3 Unablässig gedenken wir euer, des tätigen Glaubens und der sich mühenden Liebe und der anhaltenden Hoffnung auf unseren Herrn Jesus Christus vor Gott unserem Vater. 4 Wir wissen, von Gott geliebte Geschwister, um eure Erwählung, 5 denn unser Evangelium an euch geschah nicht nur mit Worten, sondern auch in Kraft, im Heiligen Geist und in großer Zuversicht: Ihr wisst, wie wir um euretwillen bei euch aufgetreten sind. 6 Und ihr seid unsere und unseres Herrn Nachahmer geworden, indem ihr das Wort annahmt in großer Bedrängnis mit der Freude, die der Heilige Geist wirkt, 7 so daß ihr allen Gläubigen in Mazedonien und Achaja ein Vorbild geworden seid. 8 Denn von euch aus ist das Wort des Herrn nicht nur in Mazedonien und Achaja erklungen, sondern an jeden Ort ist euer Glaube an Gott gedrungen, so daß wir darüber kein Wort zu sagen brauchen. 9 Die Leute selbst erzählen von uns, welche Aufnahme wir bei euch gefunden haben und wie ihr euch bekehrt habt zu Gott von den Götzen, zu dienen dem lebendigen und wahrhaftigen Gott 10 und zu warten auf seinen Sohn vom Himmel, den er von den Toten erweckt hat, Jesus, welcher uns errettet von dem kommenden Zorn.

Wie in den meisten anderen Briefen beginnt Paulus auch hier der antiken Briefsitte folgend mit einem Dank. Daß dieses für ihn nicht eine konventionelle Floskel ist, zeigt nicht nur der ganz anders geartete Galaterbrief. Das kann man auch daran sehen, daß das, wofür Paulus dankt, in den einzelnen Briefen durchaus verschieden ist. In Thessalonich hat sich manches Erfreuliche ereignet (1,5 ff.). Über das Verhalten der Thessalonicher in der Zeit nach seinem Weggang hat Paulus Gutes erfahren (3,6). Der Dank enthält ein Lob über die Gemeinde. Aber Paulus dankt nicht ihr, sondern Gott, der so Großes tun kann, und sein Dank ist nicht ein plötzlich aufwallendes Gefühl überschwenglicher Freude, sondern er dankt immerfort in seinen Gebeten. Anlaß des Dankes ist nicht die Bewährung einiger hervorragender Vertreter der Gemeinde. Paulus denkt an die gesamte Gemeinde, an alle ohne Unterschied. Wenn er betet – er tut es regelmäßig –, hat er nicht nur die großen Aufgaben der ihm aufgetragenen Missionsverkündigung vor Augen, sondern er denkt in hingebender Treue an die Glieder der Gemeinde, an die Brüder und Schwe-

stern in Thessalonich, und erwähnt sie in seiner Fürbitte (vgl. 2.Kor. 11,28). Ihr
3 vorbildlicher Christenstand zeigt sich in ihrem Glauben, ihrer Liebe und ihrer Hoffnung. Paulus begnügt sich nicht damit, wie 1.Kor. 13,13 (vgl. Kol. 1,4f. u. 1.Thess.
5,8) die Trias zu nennen, sondern er charakterisiert den Glauben, die Liebe und
die Hoffnung durch Zufügung eines Beiwortes näher. Dadurch wird ihre Echtheit
und Lebendigkeit herausgestellt. Die Thessalonicher haben den Glauben an Jesus
Christus nicht nur theoretisch angenommen, sondern ihr Glaube erweist sich als
eine Existenzform, von der Wirkungen auf die Umwelt ausgehen. *Glaube und Werk*
brauchen keine Gegensätze zu sein. Rechter Glaube ist nie etwas Ruhendes, sondern
sehr aktiv, er kämpft (Phil. 1,27), er freut sich (Phil. 1,25) und er wirkt (Gal. 5,6).
Es ist, wie es Luther in seiner Vorrede zum Römerbrief sagt, „ein lebendig, geschäf-
tig, tätig, mächtig Ding um den Glauben, daß es unmöglich ist, daß er nicht ohne
Unterlaß Gutes wirke". Insofern hat Jakobus recht mit der Feststellung: „Der
Glaube ist tot, wenn er nicht Werke tut" (Jak. 2,17). Das Werk des Glaubens, das
Paulus bei den Thessalonichern rühmt, steht in scharfem Gegensatz zu den Werken
des Gesetzes, die er bekämpft (Röm. 3,20.28; Gal. 2,16; 3,2.5.10f.). Die Werke
des Gesetzes vollbringt der Mensch, das Werk des Glaubens ist keine Leistung des
Menschen, sondern ein Geschenk, das Gott dem Menschen zur Verfügung stellt
(Eph. 2,10). Es kommt zustande, wenn der Mensch auf alles Tun verzichtet und
Gott wirken läßt. Die Werke des Gesetzes dagegen sind das vergebliche Bemühen des
Menschen, Gott eine Tat zu präsentieren, mit der er vor Gott bestehen, ja derer er
sich vor Gott rühmen kann. Die Thessalonicher haben tätigen Glauben bewiesen
(1.Thess. 1,8; 3,6f.). Wie Glaube nicht ein bloßes Gedankengebilde, sondern Tat
ist, so ist die *Liebe* nicht eine durch irgendwelchen Anlaß hervorgerufene Gefühls-
wallung, nicht eine auf Äußerlichkeiten beruhende Zuneigung, erst recht kein
genießendes Glück. Christliche Liebe ist ihrem Wesen nach entsagendes Sich-Ab-
mühen um den andern, eine sich aufopfernde Hingabe an den andern, wie es Paulus 1.Kor. 13 schildert. Diese Liebe, die die Arbeit nicht meidet, sondern sucht,
betätigen die Thessalonicher (3,6; 4,9; 5,13). Liebe scheut die Mühe nicht, sie
kann nicht ruhen und rasten, sie kann nicht ohne Arbeit sein. Für die christliche
Hoffnung ist entscheidend wichtig, daß sie nicht nachläßt, sondern sich bewährt,
wenn das Erhoffte nicht sofort Wirklichkeit wird (vgl. Röm. 8,24). Gerade in
Thessalonich konnte angesichts der Ereignisse, die eingetreten waren (1.Thess.
4,13ff.), die Gefahr bestehen, daß man ungeduldig wurde und die Spannung
zwischen dem Schon-jetzt und dem Noch-nicht der endgeschichtlichen Heilshoff-
nung nicht ertragen wollte. Paulus lobt die Ausdauer der Hoffnung, die die Thessalonicher zeigen.

4   Im Gegensatz zu anderen Briefen redet der Apostel die Empfänger bereits
in den ersten Zeilen direkt an. Gewöhnlich übersetzt man das von Paulus gebrauchte Wort mit Brüder. Es ist aber zu beachten, daß der Grieche, wenn er das
Wort in der Mehrzahl braucht, darunter auch *Geschwister* beiderlei Geschlechts
verstehen kann, so daß nicht nur die männlichen Glieder angesprochen werden. Da
zu den urchristlichen Gemeinden auch Frauen gehörten und Paulus gerade im
Thessalonicherbrief Wert darauf legt, daß der Brief allen vorgelesen werden soll
(1.Thess. 5,27), wird man das Wort nicht in der einschränkenden, ursprünglichen

Bedeutung mit „Brüder“, sondern sachgemäß in der weiteren Fassung mit „Geschwister“ übersetzen müssen. Vergleicht man den ersten Thessalonicherbrief mit anderen paulinischen Briefen, so fällt auf, daß sich in ihm diese Anrede besonders häufig findet. In dem sehr langen Römerbrief geschieht es nur zehn-, im Galaterbrief neun-, im Philipperbrief sechs- und im zweiten Korintherbrief nur dreimal, im ersten Thessalonicherbrief dagegen 14mal, daß Paulus sich mit der Anrede Geschwister direkt an die Briefempfänger wendet. Diese persönliche, liebevolle Anrede zeigt, mit welcher inneren Verbundenheit Paulus den Brief geschrieben hat. Die Thessalonicher sind von Gott geliebte Geschwister. Die Liebe Gottes offenbart sich darin, daß er sie erwählt hat. Die für die Prädestinationslehre so wichtigen Worte wie Erwählung (Röm. 8,33; 9,11; 11,5.7.28; 16,13; 1.Kor. 1,27f.), göttlicher Vorsatz (Röm. 8,28; 9,11) und göttliche Vorherbestimmung (Röm. 8,28f.; 1.Kor. 2,7) spielen in der paulinischen Theologie keine große Rolle. Paulus deutet zwar an, daß Gott sich vor der Zeit Menschen aus der Welt heraus zum Eigentum erwählt hat. Aber er stellt keine tiefsinnigen Spekulationen über Gottes geheimnisvolles Walten an. Darum spricht er auch nicht von dem vorzeitigen Planen Gottes. Sein Wissen um die Erwählung beruht nicht auf Einsicht in den Heilsplan Gottes, sondern folgt aus der geschichtlichen Wirkungsmacht des Evangeliums. Die Erwählten sind die Berufenen (1.Thess. 2,12; Röm. 1,6f.; 1.Kor. 1,2.24), die das Verkündete im glaubenden Gehorsam angenommen haben.

Da die geschichtliche Verwirklichung des göttlichen Heilsgeschehens durch die Verkündigung erfolgt, spricht Paulus zunächst nicht vom Glauben der Thessalonicher, sondern vom *Evangelium*. Dabei ist zweierlei beachtenswert. Während Paulus nachher die Wendung „Evangelium Gottes“ (1.Thess. 2,2.8f.) und „Evangelium Christi“ (3,2) gebraucht, redet er hier von „unserem Evangelium“ (2.Kor. 4,3; 2.Thess. 2,14; vgl. Röm. 2,16; 16,25). Er besitzt nicht ein ihm allein eigenes Evangelium, sondern es ist das Evangelium Gottes oder das Evangelium Christi, das ihm anvertraut ist (1.Thess. 2,4; Gal. 2,7) und das er verkündigt. Gott bedient sich des menschlichen Wortes, um seinen Heilswillen unter den Menschen zu realisieren. Von diesem seinem Evangelium sagt Paulus „Es geschah“. Mit dieser unpersönlichen Redeweise bringt er zum Ausdruck: Die Erfolge sind nicht ein Verdienst seiner Bemühungen, sondern Gott selbst hat gehandelt. Die Predigt des Evangeliums erfolgt wohl mit menschlichen Worten, aber es besteht nicht nur in solchen Worten, sondern es ist eine schaffende Kraft (Röm. 1,16; 15,18f.; 1.Kor. 1,18; 4,19; 1.Thess. 2,13; vgl. Jer. 23,29; Jes. 55,10f.). Wo das Evangelium verkündigt wird, ereignet sich die Erwählung und Erweckung des Menschen, und der Heilige Geist, d.h. Gott selbst ist am Werk. In ganz ähnlicher Weise charakterisiert Paulus den Korinthern seine Missionspredigt: „Mein Wort und meine Verkündigung bestanden nicht in überredenden Weisheitsworten, sondern im Erweis von Geist und Kraft“ (1.Kor. 2,4). Nachdem Paulus so eindeutig das Wirken Gottes herausgestellt hat, spricht er zunächst von sich selbst, dann V.6 von den Thessalonichern. Damit gibt er das Thema von 2,1-12 und 2,13-16 an. Trotz der bösen Erfahrungen in Philippi (1.Thess. 2,2; Apg. 16,19ff.) hat er das Evangelium in Thessalonich nicht niedergeschlagen und widerwillig verkündigt, sondern in großem Freimut und starker Glaubenszuversicht. Er nennt die Thessalonicher seine Nachahmer (2,14). Das

Wort Imitator hat für uns einen negativen Klang, nicht dagegen für Paulus. Wiederholt fordert er die Gemeinden auf, ihn nachzuahmen (1.Kor.4,16; 11,1; Phil.3,17,
vgl. Gal.4,22; Phil.4,9). Bei den Thessalonichern stellt er fest, daß sie es tun; denn
ihnen ist es ähnlich ergangen wie ihm selbst (1.Thess.2,2; 1,5). Unter hartem Druck,
aber mit der vom Heiligen Geist gewirkten Freude haben sie das Wort angenommen.
Da es Paulus nicht um seine Person, sondern um Christus geht, der den Thessalonichern durch den Abgesandten Christi begegnet ist, lenkt er sogleich den Blick auf
Christus selbst: Sie sind Nachahmer des Herrn geworden, der gelitten hat. Paulus
erinnert die Briefempfänger an die Ereignisse während seines Aufenthaltes in Thessalonich: Die Juden hatten einen Auflauf inszeniert, waren zum Logierwirt des Apostels
gezogen und hatten, nachdem sie Paulus selbst nicht gefunden hatten, jenen vor die
Obersten der Stadt geschleppt und Anklage auf Staatsfeindlichkeit erhoben (Apg.
17,5 ff.). Wo das Evangelium in Kraft und im Heiligen Geist verkündigt wird und
Menschen aus dieser Welt von Gott herausgerufen werden, entsteht bei den anderen
Menschen wegen der Störung der bisherigen Lebensweise Unbehagen. Unruhe, Ver-
leumdung und Haß richtet sich gegen die Störenfriede, so daß für die Christen kein
anderer Weg als der des *Leidens* übrigbleibt. Die Thessalonicher sind diesen Weg
gegangen, nicht bedrückt, bekümmert oder gar verzweifelt, sondern sie haben trotz
der einsetzenden Verfolgung das Wort mit großer Freude angenommen. Diese
Freude stammte nicht aus dem natürlichen Wesen des Menschen. Da sie vom Heiligen Geist gewirkt ist (Gal.5,22) oder, wie Paulus auch sagen kann, eine Freude im
Herrn ist (Phil.3,1), ist sie unabhängig von den äußeren Verhältnissen und darum
beständig (1.Thess.5,16; Phil.4,4). Leiden und Verfolgungen können ihre Kraft
nicht beeinträchtigen (Phil.2,17f.; 2.Kor.6,10). Paulus bestätigt den Gemeinden
von Mazedonien, daß bei vielen Bewährungsproben im Leiden der überschwengliche Reichtum ihrer Freude überströmt (2.Kor.8,1f.). Die Kräfte der von Gott
geschenkten Freude sind stärker als die von außen kommenden schmerzenden
Bedrängnisse. Es gehört zu den schwer verständlichen Grundgegebenheiten der
christlichen Existenz, daß Leiden und Freude sich nicht ausschließen, sondern
zusammengehören. In der Freude realisiert sich durch den Heiligen Geist schon

7 jetzt das Reich Gottes (Röm.14,17). Wer Nachfolger Christi geworden ist, wird
zum Vorbild für andere. So ist es den Thessalonichern in Griechenland, das von
den Römern in die beiden Provinzen Mazedonien und Achaja aufgeteilt war,

8 ergangen. Die Botschaft von Jesus Christus breitete sich von Thessalonich in die
Nachbargebiete aus. Wie das geschah, wird nicht gesagt. Es ist wohl kaum anzunehmen, daß die Gemeinde bewußt Missionare in die nähere und fernere Umgebung
von Thessalonich entsandt hat, sondern wahrscheinlich fand eine indirekte Missionstätigkeit statt. Die Hafen- und Handelsstadt Thessalonich wurde von vielen
Menschen aufgesucht, die mit den dortigen Christen in Berührung kamen, und die
Thessalonicher reisten als Kaufleute im Lande herum. Wenn sie mit Verwandten
und Freunden Gespräche führten, verschwiegen sie nicht, daß der Glaube an Christus ihrem Leben eine andere Richtung und einen anderen Inhalt gegeben hatte.
Wahrer Glaube läßt sich nicht im Herzen versteckt halten, sondern er muß sagen,
was ihn bewegt. So erklang das Wort des Herrn in ganz Griechenland, und ihr
Glaube an den einen Gott drang überall hin. Der Glaube ist zur missionarischen

9 Verkündigung geworden. Wohin Paulus auch kommt, über die Gemeinde in Thessalonich braucht er nichts zu sagen; überall erzählen ihm die Leute, wie es bei der Missionsverkündigung in Thessalonich zugegangen ist.

Wahrscheinlich zitiert Paulus in den Versen 9b und 10 ein bekanntes urchristliches *Lied*, das man vielleicht bei der Taufe angestimmt hat. Dieses Lied handelt im ersten Teil (V. 9b u. 10a) von der Bekehrung der Heiden. Man kann aus diesen Worten etwas von der Thematik der urchristlichen Missionspredigt entnehmen. Auffallend ist, daß nicht gegen die heidnischen Götter polemisiert wird und diese nicht karikiert werden, wie es damals in der jüdisch-hellenistischen Missionspropaganda üblich war. Man verkündigte vielmehr den einen Gott, und die Botschaft vom lebendigen (2.Kor. 3,3; Röm. 9,26), wahren Gott (vgl. Jer. 10,10) war so groß und überwältigend, daß die Hörer die Nichtigkeit und Hinfälligkeit ihrer Götter erkannten und dem Götzendienst absagten. Der Bekehrung zu Gott ging nicht eine Abkehr vom Heidentum voraus, sondern die Reihenfolge ist umgekehrt: Die Hinwendung zu Gott hatte die Aufgabe des Götzendienstes automatisch zur Folge. Erstaunlich ist auch, daß zunächst nichts von der Christusverkündigung und dem Bekenntnis zu Jesus Christus als dem Herrn gesagt wird, sondern allein von der Hinwendung zu Gott gesprochen wird (vgl. Apg. 14,15; 15,19; 26,18.20). Zeugnisse aus verschiedenen Erdteilen und Jahrhunderten sowohl von Missionaren, die die Botschaft zu den Heiden gebracht haben, wie von Heiden, die sich bekehrt haben, legen dar, daß die Erkenntnis des einen Gottes das entscheidende Erlebnis gewesen ist. Die Folge der Bekehrung ist nicht nur eine neue Gotteserkenntnis theoretisch-philosophischer Art, sondern ein neuer Gottesdienst. Wer sich zu dem lebendigen, wahren Gott bekehrt hat, erhält diesen als neuen Herrn, den er nicht nur kultisch verehrt, sondern dessen Willen er erfüllt. Die Predigt des Monotheismus mit der Aufforderung, sich von den nichtigen Götzen abzuwenden, die Androhung des Gerichts gegen Unbußfertige und die Schilderung des paradiesischen Glückes nach dem Tode für die sich zum Judentum Bekehrenden gehören zu den Bestandteilen der hellenistisch-jüdischen Missionspredigt. Messianische Aussagen wie auch die eschatologische Naherwartung fehlen jedoch in den vorliegenden jüdischen Texten. Was die urchristliche Missionspredigt von der jüdischen unterscheidet, ist die Verkündigung von Jesus Christus. Der Glaube an den einen Gott muß das Bekenntnis zu dem einen Herrn enthalten (Röm. 3,30; 1.Kor. 8,4-6; Gal. 3,20). 1.Thess. 1,10 werden als entscheidende Ereignisse der Christusgeschichte weder 10 die Menschwerdung des präexistenten Gottessohnes noch sein Wirken und Lehren während seiner Erdenzeit, auch nicht sein Sterben für uns erwähnt, das Paulus sonst betont herausstellt und das er hier auch nicht, das Lied ergänzend, hinzufügt, sondern seine Auferweckung und seine Parusie. Aber betont wird der Name des Mannes von Nazareth hervorgehoben: Jesus. Bei der urchristlichen Botschaft von dem auferweckten Gottessohn handelt es sich nicht um einen Mythos, sondern um eine historische Person, nicht um eine theologische Konzeption, sondern um ein reales Faktum. Dieser Jesus, den Gott erweckt hat, ist der Erretter der Christen (Röm. 8,34). Wenn beim Endgericht der strafende, vernichtende Zorn Gottes über die Welt und ihre Sünde ergeht, dann wird dieser die Glieder der Gemeinde nicht treffen, da sie zu Jesus gehören. Ihre Errettung ist bereits jetzt und hier geschehen.

Wer Christ geworden ist, ist nicht wie die Heiden ohne Hoffnung (1.Thess.4,13), sondern er hat eine Zukunft vor sich. Er rechnet nicht mit einem dunklen Nichts am Ende der Zeit, sondern mit der Verwirklichung des Heils durch das Erscheinen Jesu Christi. Beachtenswert ist, daß man sich nicht nach der Seligkeit der himmlischen Welt sehnt, sondern sich auf das Kommen Christi freut und um dieses Kommen betet (1.Kor.16,22). Die Erwartung des Sohnes vom Himmel ist keine illusionäre Spekulation von Phantasten, sondern sie ist begründet in dem geschehenen Heilsfaktum der Auferweckung Jesu, durch die Gott die Zukunft bereits vorweggenommen hat. So gewiß Gott Christus auferweckt hat, so sicher wird der Erhöhte an dem unmittelbar bevorstehenden Ende der Zeit erscheinen (vgl. 1.Thess.4,14). Mit diesem eschatologischen Aspekt schließt Paulus den Eingang des Briefes.

Die Missionspredigt des Apostels Paulus. Paulus ist nicht der erste christliche Missionar gewesen, der sich an Nichtjuden gewandt hat. Schon vor seiner Bekehrung ist das Evangelium nicht nur den Juden, sondern auch den Heiden verkündigt worden, so daß sie sich zu Christus bekehrt haben (Apg.11,20). Paulus ist aber der bedeutendste Prediger seiner Zeit unter Nichtchristen gewesen. Er selbst hat sich in besonderer Weise als Apostel der Heiden gewußt (Röm.15,16). Zwar hat er, wo es die Gelegenheit ergab, auch den Juden die Botschaft von Christus gesagt (1.Kor.9,19f.). Aber sein eigentlicher Auftrag wies ihn an die Heiden (Röm.1,5). Schon vor seiner Geburt hatte ihn Gott erwählt und berufen, den Heiden Jesus Christus zu verkündigen (Gal.1,15), und die Apostel in Jerusalem erkannten an, daß er diese spezielle Sendung hatte (Gal.2,7). So war er der bevollmächtigte Diener Jesu Christi, der priesterliche Vermittler der Heilsbotschaft Gottes für die Heiden (Röm.15,16). Als solcher reiste er durch Kleinasien und Osteuropa. Nachdem er in diesem Gebiet von Jerusalem bis Illyrien seine Aufgabe als erfüllt ansah (Röm.15, 19), hielt ihn dort nichts mehr. Nun beabsichtigte er, die Botschaft von Jesus Christus nach Spanien zu bringen (Röm.15,24). Er darf sich keine Ruhe gönnen. Er steht unter dem göttlichen Zwang: „Wehe, wenn ich nicht predige" (1.Kor.9,16). Es gilt keine Zeit zu versäumen; denn der Herr ist nahe (Phil.4,5; 1.Kor.7,29.31).

Ausgeführte Beispiele von paulinischen Missionspredigten haben wir nicht. Was in der Apostelgeschichte berichtet wird, ist nachträgliche literarische Komposition. Die Briefe des Apostels Paulus sind nicht literarische Produktion zur Verbreitung des Christentums unter Heiden, sondern konkrete Schreiben an christliche Gemeinden mit ihren Problemen. Sie enthalten aber einige Hinweise, aus denen man entnehmen kann, was Paulus bei seinen Predigten Heiden und Juden gesagt hat (Röm. 1,1ff.18ff.; 1.Kor.1,10ff.; 2,1ff.; 15,3f.; Gal.3,1ff.; 1.Thess.1,9f.). Will man die Botschaft des Apostels Paulus in einem Wort zusammenfassen, so heißt dieses Wort: *Evangelium.* Paulus ist dazu berufen, das Evangelium zu verkündigen (Röm. 1,1), so daß er direkt von seinem Evangelium sprechen kann (vgl. Röm.2,16; 2.Kor.4,3; 1.Thess.1,5). Inhalt des Evangeliums ist Jesus Christus. Röm.1,3f. und 1.Kor.15,3f. wird dieser Inhalt des Evangeliums in kurzen, lehrhaften Formeln wiedergegeben. Daß die aus der urchristlichen Tradition entnommenen Formulierungen missionarische Aussagen enthalten, wird an beiden Stellen deutlich. Röm. 1,1.5 sagt Paulus wie Gal.1,15, daß er ein berufener Apostel ist, der zur Verkündigung des Evangeliums ausgesondert ist. Dieses Apostelamt hat er empfangen, um unter allen Heiden den Glaubensgehorsam zu schaffen, was durch die Verkündigung des Evangeliums von Jesus Christus geschieht. Kraft seines Auftrages fühlt er sich Griechen wie Barbaren, Weisen wie Ungebildeten verpflichtet (Röm. 1,14). Auch 1.Kor. 15,1ff. spielt Paulus auf seine Missionspredigt an. Er erinnert die Korinther an das Evangelium, das er ihnen verkündigt hat, das sie angenommen haben, durch das sie zum Glauben gekommen sind (1.Kor. 15,11). Dieses Evangelium handelt von Christus, der für unsere Sünden gestorben und am dritten Tage auferweckt ist. Schon in den ersten beiden Kapiteln des Korintherbriefes war Paulus auf seine Missionspredigt eingegangen. Hier wie auch im Galaterbrief stellt er vor allem die Botschaft vom Gekreuzigten heraus (1.Kor. 1,23). Unmißverständlich betont er: „Ich beschloß, keine andere Verkündigung unter euch zu kennen, als Jesus Christus, und zwar den Gekreuzigten" (1.Kor. 2,2). Er hat seinen Hörern den an das Kreuz Geschlagenen in aller Öffentlichkeit unübersehbar vor Augen gestellt (Gal. 3,1). Das Wort vom Kreuz ist nicht Unsinn, wie es die behaupten, die verlorengehen, sondern es ist eine Kraft Gottes (1.Kor. 1,18; vgl. Röm. 1,16; 2.Kor. 2,15f.; 4,3f.). Es wirkt scheidend, so daß es das endgeschichtliche Gericht vorwegnimmt. Paulus geht es bei seiner Missionspredigt nicht um eine theoretische Lehre, nicht um einen interessanten Mythos, sondern um den heilbringenden Jesus Christus (1.Kor. 3,11; 2.Kor. 4,5). Wer an ihn glaubt, wird gerettet (Röm. 1,16f.; 3,21ff.; Gal. 2,16; 3,26).

Da Paulus sich primär an die Heiden wendet, gehört die Botschaft von dem einen, *wahren, lebendigen Gott* (1.Thess. 1,9) zum Grundthema seiner Missionspredigt. Der Gott, den er verkündigt, ist der einzige Gott Israels und der Völker (Röm. 3, 29f.). Da dieser alles geschaffen hat, was existiert (1.Kor. 8,6), gibt es nichts neben oder gegen ihn, was Anspruch auf Selbständigkeit hat. Die Heiden kennen Gott nicht (1.Thess. 4,5). Zwar verehren sie Götter und Götzen, aber ihre Götter sind in Wirklichkeit gar keine Götter (Gal. 4,8), und ihre Götzen haben keine Realität (1.Kor. 10,19f.). Paulus ist nicht ein aufgeklärter Rationalist, der die Existenz von Göttern mit der Handbewegung des überlegenen Geistes als Unsinn abtut. Er erkennt an, daß es im Himmel und auf Erden gewisse Wesen gibt, die von Menschen als Götter bezeichnet werden (1.Kor. 8,5). Aber auf sie den Namen Gott anzuwenden, ist Unrecht; denn diese Götter haben keine reale Existenz, sondern sind Hirngespinste der Menschen. Sie verdanken ihre Scheinexistenz der Torheit und Sünde des sich von Gott abwendenden Menschen (Röm. 1,23). Trotzdem darf man sie nicht übersehen, weil sich die Dämonen die menschlichen Phantastereien zunutze machen und die Menschen tyrannisieren (1.Kor. 10,20f.; vgl. 5.Mose 32,17). Was die Heiden Götter nennen, sind stumme Götzen (1.Kor. 12,2). Trotzdem üben sie eine Macht aus. Paulus propagiert nicht einen theoretischen Monotheismus, der philosophisch dem Polytheismus überlegen ist, sondern es geht ihm um Befreiung der Menschen aus falschen Machtverhältnissen. Die Götter haben keinen Anspruch darauf, die Menschen zu beherrschen. Im Gespräch mit den Christen in Korinth bezeichnet Paulus den einen Gott als Vater. In der Missionspredigt zu den Heiden wird er vom Schöpfer geredet haben, „aus dem alles ist und zu dem hin wir sind". Ähnlich hätte auch ein jüdischer Missionar von Gott sprechen können. In Abgrenzung gegen ihn wird dem Bekenntnis zum Schöpfergott sofort das zum Erlöser hinzugefügt, der der präexistente Schöpfungsmittler ist: „Ein Herr, Jesus Christus, durch den alles ist und durch den wir sind" (1.Kor.8,6). Die Einheit und Einzigkeit Gottes wird durch die Christusbotschaft nicht gefährdet oder aufgehoben, sondern stark herausgestellt. Theologie und Christologie gehören aufs engste zusammen (1.Kor.3,23; 8,6; 12,4-6; 2.Kor.5,18-21).

Die urchristliche Missionspredigt unterscheidet sich, abgesehen von der Christologie, auch sonst in wesentlichen Punkten von der jüdischen Religionspropaganda. Der Götzendienst wurde im Judentum weithin als Unwissenheit und darum als entschuldbarer Irrtum hingestellt (Weish.13,6). Deshalb haben die jüdischen Ausführungen einen stark lehrhaften Charakter. Man zeigt den heidnischen Hörern und Lesern die Überlegenheit des Monotheismus über den Polytheismus. Man wendet sich an die Einsicht und den Verstand der Hörer, um sie von der Richtigkeit der jüdischen Religion zu überzeugen. Oft macht man die Anbeter der stummen, leblosen Götzen lächerlich und verspottet den Tierdienst der Heiden (Jes.44,9ff.; 46,1; Ps.115,4ff.; Weish.13,13ff.).

Ganz anders ist Paulus nach dem, was wir aus seinen Briefen entnehmen können, bei seiner Missionsarbeit vorgegangen. Der Polytheismus ist nicht etwas Lächerliches, so daß man ihn nicht ernst zu nehmen braucht, sondern er ist ein unentschuldbarer *Abfall von Gott*. Röm.1,18ff. bietet nicht die authentische Wiedergabe einer beispielhaften Missionspredigt. Aber das, was Paulus dort ausführt, erlaubt Rückschlüsse auf den Inhalt seiner Heidenpredigt und auf die Art seiner Argumentationsweise. In Röm.1 benutzt Paulus dasselbe Material wie die jüdische Propaganda. Aber Paulus treibt keine rationalisierende Aufklärung, er predigt nicht „in der Weisheit des Wortes" (1.Kor.1,17). Er verzichtet bewußt auf alle rationalen Argumente, weil der Verstand nicht das geeignete Organ ist, um die Größe und Eigenart der christlichen Botschaft zu verstehen. Alle Deduktionen und Beweisführungen der Weisheit sind unsachgemäß und darum der Sache nicht förderlich. Der Götzendienst ist nicht ein verzeihbarer Irrtum (Weish.13,6), sondern schwere Schuld. Darum zeigt die paulinische Missionspredigt die Schuldverfallenheit der Menschen. Weil diese trotz besseren Wissens dem Schöpfer nicht die ihm gebührende Ehre erwiesen haben (Röm.1,19-21.23.25), stehen sie unter dem Zorn Gottes. Der Mensch, der auf Schritt und Tritt von dem Selbstzeugnis Gottes in der Schöpfung umgeben ist, erblickt nicht das in der Schöpfung, was Gott ihm zeigt. Er macht von der ihm gebotenen Möglichkeit der Gotteserkenntnis keinen Gebrauch. So kommt er nicht von den Geschöpfen zum Schöpfer, um ihm Lob und Dank zu sagen, sondern er bleibt bei den Geschöpfen stehen und macht sie zum Abbild von Göttern.

Paulus bedient sich in seiner missionarischen Verkündigung der apokalyptischen *Bußpredigt*, die er mit Hilfe der stoischen Begrifflichkeit auslegt, so daß die nichtjüdischen Hörer seine Predigt verstehen. Er redet zu ihnen nicht mit dem Wortschatz seiner Schultheologie und argumentiert nicht nach Art der Rabbinen, sondern er versetzt sich in die Situation seiner Hörer und verwendet die ihnen geläufige Terminologie, damit sie einsehen, worum es geht. Inhaltlich verkündigt der Prediger des Evangeliums mit ungeheurem Ernst den Zorn und das Gericht Gottes, weil die

Menschen die Wahrheit in Ungerechtigkeit niederhalten (Röm. 1, 18). Das eschatologische Zorngericht Gottes zeigt sich darin, daß die Menschen in Laster verfallen, die das menschliche Zusammenleben zerrütten. Vor Gott schuldig sind nicht nur die großen Übeltäter – ihre Verfehlungen sind nicht primär Schuld, sondern bereits Strafe für ihre Sünde gegen Gott (Röm. 1, 21. 24. 26. 28) –, sondern auch die anständigen Menschen, die durch ihre guten Taten zeigen, daß sie wissen, wie man den Geboten Gottes entsprechend leben muß, und die doch nicht in allen Stücken den Willen Gottes erfüllen (Röm. 2, 13 ff.).

Zur Verkündigung von dem einen Gott und dem gekreuzigten und auferstandenen Christus gehört als weiteres Thema der Missionspredigt die Ankündigung der bevorstehenden *Ankunft Christi* und das dann eintretende Weltgericht. Paulus war von der Nähe der Parusie überzeugt. (Phil. 4, 5; Röm. 13, 11; 1. Kor. 7, 29. 31; 15, 51; 1. Thess. 4, 15 ff.) Das hat er in seiner Missionspredigt nicht verschwiegen (1. Thess. 1, 10). Da mit der Auferweckung Jesu die Endzeit bereits begonnen hat (1. Kor. 10, 11), vollzieht sich schon jetzt Endgericht und Heil, je nachdem wie man sich zur Botschaft von Jesus Christus stellt (1. Kor. 1, 18; 2. Kor. 2, 15 f.; 6, 1 ff.). Wenn Jesus in voller Herrlichkeit erscheint, dann ereignet sich für alle erkennbar das Gerichtsgeschehen. Richter der Welt ist Gott (1. Thess. 3, 13; Röm. 3, 5; 14, 10) bzw. Jesus Christus (1. Thess. 2, 19; 1. Kor. 4, 5; 2. Kor. 5, 10), der durch Tod und Auferstehung Herr über Lebende und Tote geworden ist (Röm. 14, 9). Aber Jesus Christus ist nicht nur der Richter, sondern für die, die durch seinen Tod gerecht geworden sind (Röm. 5, 9), auch der Erretter vor dem vernichtenden Zorn Gottes (1. Thess. 1, 10; Phil. 3, 20).

Die Verkündigung des einen Gottes, die Botschaft vom Tod, Auferstehung und Wiederkunft Christi implizierten den Ruf zur Umkehr, die sogleich erfolgen muß, weil nicht mehr lange Zeit zur Verfügung steht. Wer sich zu dem einen wahren Gott bekehrt, wendet sich von dem sündigen Tun des bisherigen Lebens ab. Wer das Wort annimmt (1. Thess. 1, 6; 2, 13), Gott erkennt (Gal. 4, 9) und zum Glauben kommt (Röm. 13, 11; 1. Kor. 3, 5; 15, 2. 11; Gal. 2, 16), wird ein Gehorchender (Röm. 6, 17; 10, 16) und Gott Dienender (1. Thess. 1, 9). Wen Gott in die Gnade Christi (Gal. 1, 6), in die Gemeinschaft mit seinem Sohn Jesus Christus (1. Kor. 1, 9), in die Heiligung (1. Thess. 4, 7), in den Frieden (1. Kor. 7, 15), in seine Herrschaft und Herrlichkeit (1. Thess. 2, 12) gerufen hat, der kann nicht so bleiben, wie er ist. Er soll einen *Lebenswandel* führen, der des ihn rufenden Gottes würdig ist (1. Thess. 2, 12). Die Annahme des Evangeliums, die von der Sünde (Röm. 6, 18 ff.; 8, 2), vom Fluch des Gesetzes (Gal. 3, 13), von der Furcht (Röm. 8, 15), vom Zorn Gottes (Röm. 5, 9; 1. Thess. 1, 10) befreit und das Heil (Röm. 1, 16), die Gerechtigkeit (Röm. 1, 17) und die Sohnschaft (Gal. 4, 7; Röm. 8, 15) schenkt, hat Konsequenzen. Sie schafft einen radikalen Bruch mit der heidnischen Vergangenheit (1. Kor. 12, 2; Gal. 4, 8; 1. Thess. 1, 9 f.) und führt zu einer anderen Gestaltung des Lebens in dieser Welt. Heiden, die Gott nicht kennen, leben sexuell zügellos, sind egozentrisch auf Genuß und Gewinn aus. Eine solche Einstellung ist für den Christen nicht mehr möglich. „Solche Leute waren einige von euch. Aber ihr seid nun abgewaschen, geheiligt, gerechtfertigt worden durch den Namen unseres Herrn Jesus Christus und den Geist unseres Gottes" (1. Kor. 6, 11). Der wahre Gott

ist ein Gott der Heiligung (1.Thess. 4, 3 ff.). Offenbare Sünder können an der Gottesherrschaft nicht teilnehmen (1.Kor. 6, 9 ff.; Gal. 5, 19 ff.). Weil man als Christ nicht
mehr von bösen Mächten beherrscht ist (Röm. 6, 12 ff.; 7, 18 ff.; 1.Kor. 12, 2; Gal.
4, 8 f.) und nicht mehr sich selbst gehört (1.Kor. 6, 19), sondern von Christus als
Eigentum erworben ist (1.Kor. 7, 22 f.), muß man fortan ihm ganz gehören (Röm.
14, 7; 2.Kor. 5, 15). Darum können Christen sich nicht mehr der Ungerechtigkeit,
Unreinheit, Gesetzlosigkeit und Sünde zur Verfügung stellen, sondern sie dienen
der Gerechtigkeit und Heiligung (Röm. 6, 12 ff.). Sie sollen nicht mehr auf das
eigene Wohl bedacht sein, sondern jeder auf das des andern schauen und den andern
höher schätzen als sich selbst (Phil. 2, 4. 3).

Wie Paulus seine Briefe nach Aufbau, Inhalt und Terminologie verschieden gestaltet hat, so wird er auch seine Missionspredigten nicht nach einem bestimmten
Schema gehalten haben. 1.Thess. 1, 9 setzt mit der Predigt von dem einen Gott ein
und endet mit der vom Gericht, während Röm. 1, 18 umgekehrt mit der Verkündigung von dem Gericht Gottes beginnt und dann erst auf den falschen Gottesdienst
eingeht. 1.Thess. 1, 10 erwähnt Auferweckung und Parusie Christi, nicht aber sein
Sterben, Röm. 1, 3 gehören zum Evangelium irdische Herkunft, Auferweckung und
Erhöhung Christi, aber auch hier nicht sein Tod am Kreuz. Dagegen werden 1.Kor.
15, 3 neben Auferweckung und Erscheinungen der Tod und das Begräbnis Jesu
stark herausgestellt. Wenn Paulus an diesen Stellen nicht frei formuliert, sondern
Traditionen zitiert, so hat er dieses Traditionsgut nicht durch Zusätze harmonisiert,
sondern so stehen lassen, wie er es empfangen hat. Paulus hat nicht nach einer fest-
stehenden Grundstruktur gepredigt, sondern er hat der Zusammensetzung seiner
Hörer entsprechend die gleichbleibende Botschaft von Jesus Christus verschieden
dargeboten. Immer steht im Mittelpunkt seiner Verkündigung Jesus Christus.

Da Paulus seine Briefe diktiert, also gesprochen hat, wird man annehmen dürfen,
daß er formal ganz ähnlich auch gepredigt hat. Während er inhaltlich gewisse
Berührungspunkte mit der jüdischen Missionspropaganda zeigt, kommt er in der
Form der Darstellungsweise den stoisch-kynischen Rednern sehr nahe. Sophisten
und Rhetoren hatten gewisse Grundsätze und Regeln aufgestellt, durch die sie mit
den Dichtern in der Eleganz des Ausdrucks in Wettstreit zu treten suchten. Durch
verschiedene Arten von Parallelismen und Antithesen, durch Gleichklang und Wort-
spiele wollten sie aus ihren Reden eine Kunstprosa machen. In den paulinischen
Briefen finden sich manche Klangfiguren der *Rhetorik*. Obwohl Paulus der griechischen Philosophie gegenüber eine ablehnende Stellung einnimmt, hat er in der
Art der Gesprächsführung manches, was der stoischen Redeweise entspricht. Paulus
hat ganz sicher nicht eine griechische Rhetorenschule besucht, griechische Schrift-
steller gelesen, um sich an ihnen zu schulen, oder bewußt den Tugendlehrern der
kynisch-stoischen Philosophie die Art ihrer Argumentation abgelauscht. Er wird sie
aber häufig gehört haben. In seiner Heimatstadt Tarsus gab es sehr viele Stoiker,
und die Bewohner von Tarsus waren bekannt dafür, daß sie auf allgemeine Bildung
großen Wert legten. So wird auch Paulus als junger Mensch mit der Stoa in Berührung gekommen sein und sich eine gewisse hellenistische Bildung angeeignet haben.
Diese Art zu reden und zu diskutieren ist ihm so in Fleisch und Blut übergegangen,
daß er sie ohne große Vorbereitung gebrauchte. So kommt es, daß er gewisse Rede-

figuren oft unbewußt, an manchen Stellen auch mit Absicht verwendet. Wenn das schon in seinen Briefen festzustellen ist, in welch starkem Maße wird das bei der mündlichen Rede der Fall gewesen sein. Seine Briefe zeigen einen stark dialogischen Charakter der Darlegung. Paulus wirft Fragen auf und beantwortet sie, er diskutiert mit einem fingierten oder wirklichen Gegner und weist erhobene Einwände zurück. Diese dialogische Redeweise wird in der mündlichen Ansprache noch sehr viel deutlicher hervorgetreten sein als in der schriftlichen Erörterung. Paulus lehnt die Rhetorik grundsätzlich ab (1.Kor. 2, 1 ff.). Er sagt von sich, er sei ein Stümper in der Rede (2.Kor. 11, 6). In gewisser Weise stimmt das. Die Korinther sind der Meinung, er könne zwar kraftvolle Briefe schreiben, aber sein persönliches Auftreten sei schwach, und von seiner Rede halten sie nicht viel (2.Kor. 10, 10). An vielen Stellen merkt man auch, wie Paulus mit dem Ausdruck ringt. Aber im großen und ganzen gewinnt man trotz mancher Schwächen den Eindruck, daß er ein Meister der Sprache gewesen ist. Er redet nicht geziert und gekünstelt. Was er sagt, ist wahr und echt. An seinen Worten merkt man etwas von der Glut, die in ihm ist. Er spricht selbst von der göttlichen Leidenschaft, mit der er um die Menschen eifert (2.Kor. 11, 2). Er besitzt die Gabe plastischer Formulierung, wobei er sich auch nicht scheut, anstößige Worte zu gebrauchen (Phil. 3, 8) und scharfe Wendungen zu formulieren (Gal. 1, 8; 2.Kor. 11, 13 f.). Er kann zwischen Zorn und Zärtlichkeit wechseln, lieb und freundlich sein wie Vater und Mutter zu Kindern (1.Kor. 4, 14-21; 2.Kor. 6, 11-13; 1.Thess. 2, 7-14), bitten und beschwören (Gal. 4, 12-20; Phil. 2, 1ff.), aber auch ironisch sein (1.Kor. 4, 8; Phil. 3, 2f.), poltern und schelten (Gal. 3, 1; 5, 4-9). Auf jeden Fall ist Paulus ein erfolgreicher Missionar gewesen.

b) Die Lauterkeit und Selbstlosigkeit des Apostels bei der Missionsverkündigung in Thessalonich 2, 1-12

1 Ihr wißt ja selbst, Geschwister, daß unser Auftreten bei euch nicht erfolglos gewesen ist, 2 sondern obwohl wir, wie ihr wißt, in Philippi Leiden und Mißhandlungen erduldet hatten, gewannen wir durch unseren Gott die freudige Zuversicht, bei euch, wenn auch unter harten Kämpfen, das Evangelium zu predigen. 3 Unsere Verkündigung kommt nicht aus Irrtum, auch nicht aus Unlauterkeit oder Arglist, 4 sondern wie wir von Gott als tauglich befunden worden sind, mit dem Evangelium betraut zu werden, so reden wir, nicht um Menschen zu gefallen, sondern Gott, der unsere Herzen prüft. 5 Denn wir traten weder mit Schmeichelrede auf, wie ihr wißt, noch mit versteckter Habgier – Gott ist Zeuge –, 6 auch suchten wir nicht Ruhm von Menschen, weder von euch noch von andern, 7 obwohl wir als Apostel Christi hätten gewichtig auftreten können, sondern wir waren liebevoll in eurer Mitte, wie eine stillende Mutter ihre Kinder hegt. 8 So waren wir in freundlicher Gesinnung zu euch bedacht, euch nicht nur am Evangelium Gottes Anteil zu geben, sondern auch an unserem eigenen Leben; denn ihr wart uns lieb geworden. 9 Erinnert euch doch, Geschwister, an unsere Mühe und Beschwerden! Nacht und Tag haben wir gearbeitet, um keinem von euch zur Last zu fallen. So haben wir euch das Evangelium Gottes verkündet. 10 Ihr seid Zeugen und Gott, wie gottwohlgefällig, gerecht und untadelig wir uns euch, den Glaubenden, gegenüber verhalten haben. 11 Ihr wißt, daß wir jeden einzelnen von euch wie ein Vater seine

Kinder 12 ermahnt, ermuntert und beschworen haben, würdig des Gottes zu wandeln, der euch zu seiner Herrschaft und seiner Herrlichkeit berufen hat.

V. 4: *Jer. 11, 20*

1   Nachdem Paulus 1,5 und 9 bereits andeutungsweise von sich während seiner Missionstätigkeit in Thessalonich gesprochen hat, behandelt er nun diese Zeit ausführlich. Der Abschnitt ist so aufgebaut, daß er fast nur aus „Nicht-Sondern"-Sätzen besteht (V. 1-2. 3-4. 5-9), in denen sich Paulus mit möglichen Vorwürfen und Verleumdungen auseinandersetzt. In beschwörender Weise appelliert er an die Thessalonicher und wirbt um die Erhaltung ihrer Zuneigung (V. 1.7. 8. 9). Ganz klar stellt er seine apostolische Vollmacht und Würde (V. 1. 2. 4. 7), seine Lauterkeit (V. 3. 4. 5. 6. 9. 10) und Liebe (V. 7. 8. 9. 11) heraus. Um die Eindringlichkeit seiner Worte zu erhöhen, bevorzugt er Doppelungen der Begriffe (V. 2. 6. 9. 10. 12) und triadische Ausdrücke (V. 3. 5. 10. 12). Im übrigen will Paulus in diesem Abschnitt den Thessalonichern nichts grundsätzlich Neues sagen, sondern er erinnert sie an das, was sie bereits wissen (V. 1. 2. 5. 9. 10. 11). Aus diesem Grunde braucht er die Ereignisse der Vergangenheit nicht ausführlich zu beschreiben, sondern er spielt
2   nur kurz auf die Verfolgung in Philippi (Apg. 16, 20ff.) und auf die Widerstände in Thessalonich an (Apg. 17, 5ff.), die sich bei der Missionsverkündigung einstellten, die aber die Wirkungsmacht des Evangeliums nicht beeinträchtigen konnten (1,5 u. 2, 1). Wenn er trotz der schmerzvollen Erfahrungen in Philippi nicht mutlos war und nicht resignierte, sondern es in Thessalonich erneut wagte, das Evangelium zu verkündigen, so kam es nicht daher, daß er ein Fanatiker war oder ein besonders heroischer Mensch, der sich nicht kleinkriegen ließ, sondern seine Zuversicht, sein Vertrauen und seine Kraft kamen von Gott (1. Kor. 15, 10; 2. Kor. 12, 9). Verfolgungen und Folter konnten die von Gott gewirkte Freudigkeit nicht brechen. Gott gab ihm den Mut und die Freiheit, ohne Furcht vor Menschen und ohne Rücksicht auf sich selbst den ihm aufgetragenen apostolischen Dienst auszuüben und das Evangelium in Thessalonich zu verkünden, auch wenn es zu heftigen Auseinandersetzungen aus den Reihen der Juden und der Griechen kam.
3   Die mißgünstigen Anschuldigungen und die persönlichen Verdächtigungen, durch die die Lauterkeit seines Handelns nicht nur in Thessalonich, sondern später auch in Korinth (2. Kor. 2, 17; 4, 2) in Frage gestellt wurden, treffen nicht zu. Äußerlich unterschied sich Paulus nicht allzu sehr von den philosophischen Wanderpredigern (vgl. S. 203), die als Beauftragte Gottes und Prediger rechter Lebensführung auf den Straßen und Gassen der Städte auftraten. Neben Idealisten und überzeugten Weltverbesserern gab es auch Betrüger, die durch vorgetäuschte Wundertaten und Schmeichelreden Ehre und Geld bei den Zuhörern zu gewinnen suchten. Die Ähnlichkeit des Paulus mit diesen kynischen oder epikureischen Predigern war offensichtlich so groß, daß Paulus fürchtete, mit ihnen verwechselt zu werden. Vielleicht hat man ihn tatsächlich auch mit ihnen verglichen und gegen ihn dieselben Vorwürfe erhoben, die man gegen sie zu äußern pflegte. Darum verteidigt Paulus Ursprung und Art seiner Verkündigung. Sie beruht nicht auf einer irrigen Ansicht, die in die Irre führt, sondern sie kommt aus der Wahrheit. Ihn treiben nicht unsaubere, dem Willen Gottes widerstrebende, unlautere Motive. Ebenso ist ihm schlau

berechnender, den andern betrügender Eigennutz fremd (2,5). Seine apostolische
Existenz hat ein anderes Fundament und eine andere Zielrichtung. Er hat sich weder
selbst zum Apostel gemacht, noch hat er sich eine Lehre ausgedacht, sondern seine
Wortverkündigung beruht auf göttlichem Ursprung und Eingriff (Gal. 1, 1. 11 f.   4
15 f.). Nicht jeder ist ohne weiteres berufen und berechtigt, Prediger der Botschaft
von Christus zu sein. Erst nachdem Gott ihn geprüft und als tauglich befunden hat,
ist ihm das Evangelium Gottes als ein wertvolles Gut zur Weitergabe anvertraut
worden (1.Kor. 9, 17; vgl. 4, 1). Bei seiner Verkündigung ist er nicht darauf bedacht,
den Menschen zu gefallen (Gal. 1, 10). Er sagt den Menschen nicht das, was sie gern
hören möchten, sondern bei seiner Missionsarbeit hat er stets Gott vor Augen, der
Herz und Nieren prüft (Jer. 11, 20), um vor ihm zu bestehen (2.Kor. 2, 17).

In einem zweiten Gesprächsgang setzt sich Paulus von den Wanderpredigern   5
seiner Zeit ab. Nun spricht er nicht von Irrtum, Unlauterkeit und Arglist (V.3),
sondern er nennt eine neue Dreizahl: Schmeichelrede, Habgier und Ruhm. Lob-
hudelei ist für Redner stets eine Gefahr, weil sie sich dadurch Anerkennung verschaffen können. Da für Paulus nicht Menschen Richtschnur seines Handelns sind,
hat er es nicht nötig, sie durch Schmeicheleien zu gewinnen. Wer Gottes Wort verkündigt, darf den Menschen nicht nach dem Munde reden, sondern er muß sagen,
was ihm Gott aufgetragen hat, sei es gelegen oder ungelegen (vgl. 2.Tim. 4, 2). Paulus hat sich zwar um die Thessalonicher bemüht, aber nicht wie ein Schmeichler,
sondern wie es Eltern, die Mutter (2, 7) oder der Vater (2, 11) tun. Die Thessalonicher sollten es ihm ohne weiteres bescheinigen können, daß er aus der Verkündigung des Evangeliums keine materiellen Vorteile bezogen und sich persönlich nicht
bereichert hat. In den Abschiedsreden an die Ältesten von Ephesus in Milet betont
Paulus, daß er weder Silber noch Geld noch Kleider von der Gemeinde gefordert
habe, sondern daß er mit seiner Hände Arbeit den Unterhalt für sich und seine
Begleiter verdient hat (Apg. 20, 33). So hat er auch in Thessalonich gehandelt
(1.Thess. 2, 9). Trotzdem befürchtet er, es könnten einige verleumderisch behaupten, er benutze die Verkündigung des Evangeliums geschickt als Vorwand, um sich
materiell zu bereichern. Die philosophischen Wanderprediger waren auf die Mild-
tätigkeit ihrer Zuhörer angewiesen und darum, obwohl sie sich gegen den Reichtum und das Prassen wandten, zum Teil auf persönlichen Gewinn bedacht. In Korinth sind die Vorwürfe gegen Paulus noch viel schärfer und kompakter geäußert
worden. Da Paulus auf dem Apostelkonvent versprochen hatte, sich für die mittel-
losen Christen der Urgemeinde einzusetzen (Gal. 2, 10), und er bei den von ihm
gegründeten Gemeinden für die Armen in Jerusalem gesammelt hat (Röm. 15, 25 ff.;
1.Kor. 16, 1; 2.Kor. 8, 1-4; 9, 1 ff.), hat man ihn verdächtigt, er unterschlage das Geld
und befriedige damit seine persönliche Habsucht (2.Kor. 7, 2; 12, 16 ff.). Solche
Beschuldigungen konnten entstehen, wenn man bedenkt, daß in Rom z.B. vier
Juden Purpur- und Geldgeschenke einer reichen Proselytin für den Tempel in Jerusalem unterschlagen und für eigene Zwecke verbraucht hatten (Jos., Ant. 18, 81 ff.).
Paulus ruft, wie es auch die Männer des Alten Testament getan haben (1.Sam. 12,
15; Hiob 16, 19), Gott zum Zeugen seiner Uneigennützigkeit an. Wenn Außenstehende es nicht glauben wollen oder auch nicht kontrollieren können, so kann Gott,
der die Herzen der Menschen kennt (1.Thess. 2, 4), die Wahrheit seiner Worte und

die Richtigkeit seines Verhaltens bezeugen (vgl. Röm. 1,9; 2.Kor. 1,23; Phil. 1,8).

6 Der dritte Vorwurf, den Paulus abwehrt, ist der der Ruhm- und Ehrsucht. Die Philosophen suchten Anerkennung, Beifall, Ehre und Ruhm. Paulus lehnt Ruhm nicht grundsätzlich ab. Aber er begehrt ihn nicht von Menschen, sondern von Gott
7 (2,20). Da er Gesandter Christi ist – wenn Paulus hier von Aposteln Christi im Plural spricht, redet er weder von sich im Plural noch von den Mitabsendern des Briefes, sondern er wendet das, was allen Aposteln Christi zukommt, auf seine Person an –, konnte er durchaus seine apostolische Autorität zur Geltung bringen. Aber er hat auf alle Entfaltung seines Ansehens verzichtet. Wie er Philemon nicht befiehlt, sondern bittet (Phlm. 8 f.), wie er der Aufforderung an die Philipper die Form gibt, sie sollten ihm seine Freude vollkommen machen (Phil. 2,2), wie er die Korinther durch seine Ausführungen nicht beschämen, sondern wie geliebte Kinder ermahnen will (1.Kor. 4,14), so ist er auch bei den Thessalonichern nicht herrisch aufgetreten, sondern er hat sie in Liebe und Fürsorge, in Milde und Freundlichkeit umhegt und gepflegt, wie eine Mutter es tut, die anspruchslos an das Wohl der Kinder denkt und darum keine Mühe und Arbeit scheut. In dieser liebevollen Gesinnung hat er den Thessalonichern nicht nur das Evangelium, das ihm anvertraut war, mitgeteilt, sondern er hat sich selbst der Gemeinde hingegeben. Das Wohl der Gemeinde war ihm wichtiger als das eigene Wohlergehen.

8   Wie die nächsten Verse zeigen, ist er aus Liebe zu den Thessalonichern in seinen körperlichen Anstrengungen und Entbehrungen bis an die Grenze seiner physischen Kräfte gegangen. Aus Liebe hat er ihnen seine ganze Kraft, seine Zeit und seine
9 Gesundheit geopfert. Paulus erinnert die Thessalonicher an seine *Arbeit*, die er, um niemand zur Last zu fallen (1.Kor. 4,12; 2.Kor. 11,7; 12,13), wahrscheinlich als Zeltmacher, bei ihnen neben der Wortverkündigung des Evangeliums geleistet hat. Es ist das Prinzip des Paulus gewesen, von den Gemeinden finanziell unabhängig zu bleiben (1.Kor. 9,15), obwohl der Prediger grundsätzlich das Recht hat, sich von der Gemeinde unterhalten zu lassen (1.Kor. 9,7ff.; Gal. 6,6). Nur bei der verhältnismäßig reichen Gemeinde in Philippi hat Paulus eine Ausnahme gemacht. Diese hat ihm, abgesehen von der späteren Unterstützung im Gefängnis (Phil. 4,10), gerade auch nach Thessalonich mehrmals Gaben zu seinem Unterhalt geschickt (Phil. 4,16, vgl. 2.Kor. 11,9). Aber diese reichten nicht aus. Paulus ruft in Erinnerung, daß er bei Nacht und bei Tag seiner Arbeit nachgegangen ist. Weil für den Juden der nächste Tag immer schon mit der Nacht beginnt, redet Paulus zuerst von der Nacht und dann von dem Tag. Er deutet nur ganz kurz an, welche immensen Anstrengungen körperlicher und geistiger Art er aufwenden muß, wenn er mit den Feinden des Christentums diskutiert, die Gemeinde in seelsorgerlichem Gespräch weiterführt (V. 11 f.) und er dann neben Verfolgungen und Entbehrungen, Anfechtungen und Krankheit (2.Kor. 12,7) noch die Last schwerer
10 Handwerksarbeit auf sich nimmt. Abschließend ruft er noch einmal die Thessalonicher und Gott zum Zeugen dafür auf, daß er in keiner Weise etwas getan hat, was ihm zum Vorwurf gemacht werden könnte. Wenn er schreibt, Gott und Menschen müßten ihm bestätigen, daß er fromm und unanstößig gelebt und gehandelt hat, so kommt das nicht aus Überheblichkeit, sondern aus der Lauterkeit seiner
11 Gesinnung. Während er V. 7 das Bild von der fürsorgenden Mutter gebraucht hat,

vergleicht er sich nun bei der Ermahnung mit dem Vater, nicht um die Strenge herauszustellen (1.Kor.4,14f.), sondern gerade die liebende Verbundenheit. Er hat die Menschen nicht angepredigt und allgemeine Wahrheiten verkündet, sondern er hat sich in hingebender seelsorgerlicher Ermahnung sehr konkret um jeden einzelnen (Apg.20,31) in der neu entstehenden Familie Gottes gekümmert, wie sich ein Vater um jedes seiner Kinder bemüht. In der letzten Trias (vgl. V.3.5.10) 12 „ermahnen, ermuntern, beschwören" faßt Paulus seine ganze seelsorgerliche Arbeit mit den verschiedenen Nuancen des eindringlichen Zuspruchs von der energischen Aufforderung bis zur helfenden Aufmunterung zusammen. Die Thessalonicher sollen stets dessen eingedenk sein, daß der an sie ergangene Ruf Gottes (vgl. 4,7; Gal.1,6) sie verpflichtet. Während ihrer Existenz in dieser Zeit auf der Erde sollen sie nicht vergessen, daß sie zu der Teilnahme an der Gottesherrschaft der Endzeit (1.Kor.6,9f.; 15,24.50; Gal.5,21) und an der Lichtherrlichkeit Gottes (Röm.5,2; 8,18; 1.Kor.15,23; 2.Kor.3,18) berufen sind. Diese Tatsache hat Konsequenzen für die Gestaltung des Lebens. Die Eschatologie hebt die Ethik nicht auf, sondern ist Antrieb und Ansporn zu einem rechten Verhalten (vgl. Röm.13,11ff.; 1.Kor.6,10). Wie der erste Abschnitt (1,10) so schließt auch dieser mit einem Ausblick auf das Ende.

c) Aufnahme des Evangeliums unter Verfolgung 2,13-16

13 Darum danken wir auch Gott unaufhörlich dafür, daß ihr, als ihr das von uns verkündete Wort Gottes annahmt, es nicht als Menschenwort aufgenommen habt, sondern als das, was es in Wahrheit ist – als Gotteswort, das sich an euch, die ihr glaubt, wirksam erweist. 14 Denn ihr, Geschwister, seid Nachahmer der Gemeinden Gottes in Judäa in Jesus Christus geworden, da ihr von euern eigenen Landsleuten dasselbe erlebt habt wie sie von den Juden, 15 die den Herrn Jesus und die Propheten getötet und uns heftig verfolgt haben, die Gott nicht zu gefallen suchen und allen Menschen feindlich sind 16 und uns hindern, den Heiden zu predigen, damit sie gerettet werden. So machen sie immerfort das Maß ihrer Sünden voll. Auf sie ist der Zorn völlig gekommen.

V.16: 1.Mose 15,16.

Nachdem Paulus sich gegen die Verdächtigungen verteidigt hat, kommt er, das 13 Thema von 1,6 aufnehmend, auf das Verhalten der Gemeinde zu sprechen. Von ihr sind die Verleumdungen nicht ausgegangen (3,6f.). Paulus dankt Gott, in der Form ähnlich wie 1,2, daß die Einstellung der Gemeinde zu seiner Verkündigung eine ganz andere war. Weil die Wendung „Wir danken Gott unaufhörlich" sonst bei Paulus in Briefeingängen vorkommt, hat man vermutet, mit 2,13 beginne ein neuer Brief des Apostels Paulus. Diese Annahme ist nicht nötig. Auch 1.Kor.1,14 schreibt Paulus ein zweites Mal „Ich danke", und 1.Kor.14,18 wiederholt Paulus „Ich danke Gott", ohne daß damit ein Briefeingang signalisiert wird. Inhaltlich gehört 2,13 mit dem vorherigen Abschnitt eng zusammen. Nachdem Paulus 1.Thess.2,3-12 von seinem Verhalten den Thessalonichern gegenüber gehandelt hat, spricht er nun von der Reaktion der Thessalonicher ihm gegenüber. Es ist verständlich, daß er mit einem Dank zu Gott beginnt, daß sie seine Predigten nicht als Irrtum und schmutziges Geschäft angesehen haben. Die Ausführungen 2,13 fügen

sich gut in den Zusammenhang des Vorhergehenden. Während Paulus 2,2 ff. auf
seine Verfolgungen hingewiesen hatte, kommt er jetzt auf die Situation der Thessalonicher zu sprechen. Was 2,4 „Evangelium", 1,5 „unser Evangelium", 2,2.8.9
„Evangelium Gottes", 1,6 „Wort", 1,8 „Wort des Herrn" und 2,3 „unsere Verkündigung" hieß, nennt Paulus jetzt „Gottes Wort". Während er 1,5 die Wirkungsmacht des Evangeliums betont hatte, geht er nun auf die Stellungnahme der Thessalonicher dazu ein. Als er bei ihnen predigte, achteten sie nicht auf ihn, den Menschen. Sie nahmen nicht Anstoß an Äußerlichkeiten, wie es später in Korinth der
Fall war (1.Kor. 10,10; 2.Kor. 11,6). Sie maßen seine Predigten nicht mit sonst üblichen Normen, daß er klug, geschickt, packend, überzeugend geredet hat. Sie spür-
ten aus den menschlichen Worten des Predigers, daß Gott selbst zu ihnen redet
(Röm. 10,14.17; 1.Kor. 14,36; 2.Kor. 2,17; 4,2; 5,20; 13,3). Glaubende hören,
im Menschenwort verborgen, Gottes Stimme. Dieses Wort gibt ihnen Kraft, den
14 Weg der Christengemeinde durch die Welt zu gehen. Wo durch die Verkündigung
des Evangeliums neue Menschen entstehen, da bleibt es der Umwelt nicht verborgen. Wo das Wort sich wirksam erweist, stellen sich für den Glaubenden Leiden
ein. Das Wort vom Kreuz führt den Glaubenden zum Kreuz. Die Kirche Jesu Christi
ist ihrem Wesen nach eine Kirche der Verfolgten. Die Thessalonicher sind nicht nur
Nachahmer des Apostels (1,6), sondern auch der christlichen Gemeinden in Judäa.
Sie sind nicht die ersten und einzigen, die wegen der Annahme des Gotteswortes
(vgl. Mt. 10,17) verfolgt werden; genauso geht es den Gemeinden in Palästina, weil
Leiden einfach zum Dasein des Christen gehören (1.Thess. 3,3). „Die Gemeinde der
Thessalonicher in Gott dem Vater und dem Herrn Jesus Christus" (1,1) macht
dasselbe durch wie „die Gemeinden Gottes, die sich in Judäa befinden, in Christus
Jesus" (vgl. Gal. 1,22). Beides sind Gemeinden Gottes, nur die geographische Loka-
lisierung ist eine andere; beide, ob sie juden- oder heidenchristlich sind, unterscheiden sich dadurch von der jüdischen Synagogengemeinde, daß sie ihre Existenz,
ihren Ursprung und ihren Bestand Jesus Christus verdanken. Beide sind nicht nur
im Glauben an Jesus Christus, sondern auch im Leiden durch ihre Volksgenossen
miteinander vereint. Obwohl Paulus als Apostel immer wieder seine Unabhängigkeit von Jerusalem herausstellt (Gal. 1,1.15 ff.), legt er doch den größten Wert auf
den Zusammenhang mit der Urgemeinde (Röm. 15,25 ff.; 1.Kor. 16,1; 2.Kor. 8,4.
14; 9,1.12 ff.; Gal. 1,22; 2,1 ff.). Paulus, der mit Dank gegen Gott seine Ausfüh-
15 f. rungen über die Gemeinde angefangen hatte, wendet sich nun mit ungeheurer
Schärfe gegen sein eigenes Volk, ähnlich wie es vorher die Propheten des Alten
Testaments getan hatten. Aber es ergeht nicht wie bei diesen ein Bußruf an Israel,
sondern die scharfen Worte an die Juden stehen in einem Brief an eine heidenchristliche Gemeinde. Paulus formuliert nicht frei, sondern verwendet Anschauungen und Begriffe, die damals verbreitet waren. Es sind drei Vorwürfe, die er gegen
die *Juden* aus der Tradition übernimmt. Zuerst klagt er sie an, daß sie Jesus ermor-
det haben. Eine solche Beschuldigung findet sich bei ihm sonst nicht. Wenn er vom
Tod Jesu spricht, braucht er gewöhnlich das Wort kreuzigen (1.Kor. 1,23; 2,2.8;
2.Kor. 13,4; Gal. 3,1; Phil. 2,8) oder hingeben (Röm. 4,25; 8,32; Gal. 2,20). Die
Anklagen, die er Röm. 2-3 und 9-11 gegen die Juden erhebt, sind ganz anderer Art.
Es handelt sich also nicht um eine typisch paulinische Aussage, sondern was Paulus

sagt, ist ein feststehender Bestandteil urchristlicher Polemik: Die Juden haben Jesus getötet (Mk. 14, 1; Joh. 5, 18; 7, 1. 19 f. 25; 8, 37. 40; 11, 53; Apg. 2, 23. 36; 3, 15; 4, 10; 5, 30; 7, 52; 10, 39). Der zweite Vorwurf, daß die Juden Mörder der Propheten sind, findet sich schon im Alten Testament (1. Kön. 19, 10. 14; 22, 27; 2. Chron. 24, 20 f.; Neh. 9, 26; Jer. 2, 30; 11, 18-21; 26, 8. 20 ff.). Er verstummt in den jüdischen Schriften nicht und wird vom Neuen Testament übernommen (Mt. 22, 6 f.; 23, 29-37; Mk. 12, 2 ff.; Lk. 6, 23; Apg. 7, 52). Auch diese Anklage erhebt Paulus, abgesehen von Röm. 11, 3, sonst nicht gegen die Juden. Der dritte Vorwurf lautet, daß die Juden die Boten Jesu verfolgen und nicht zulassen, daß das Evangelium zu den Heiden dringt und diese vom Verderben errettet werden. Es ist zu beachten, daß dieses eine Feststellung ist, die in der Apostelgeschichte immer wieder gemacht wird (Apg. 9, 29; 13, 50; 14, 2. 19; 17, 5. 13; 18, 12; 22, 22 ff.; 23, 12 ff.), und daß diese Anklage von einem Mann erhoben wird, der selbst ein Verfolger der Christen gewesen ist (1. Kor. 15, 9; Gal. 1, 13. 23; Phil. 3, 6).

Die Terminologie wie die inhaltlichen Aussagen weisen darauf hin, daß Paulus Gedanken und Formulierungen wiedergibt, die damals weit verbreitet waren. Paulus verwendet Worte, die er sonst nicht gebraucht oder bei ihm einen andern Sinn haben. Die Juden sind, wie es ihr Verhalten gegen die Boten Gottes von alter Zeit bis zur Gegenwart zeigt (Mk. 12, 1 ff.), nicht darauf bedacht, Gott zu gefallen. Die Behauptung, sie seien allen Menschen feind, ist wieder keine spezielle Anklage des Apostels Paulus – er gebraucht sonst das Wort „Feind" überhaupt nicht –, es ist aber eine in der hellenistisch-römischen Welt weit verbreitete Beschuldigung der Juden (vgl. Tacitus, Historia V 5, 1). Die Vorwürfe, die Paulus gegen die Juden erhebt, haben nicht ökonomische oder politische Gründe, sondern sind ausschließlich theologisch missionarischer Art. Dadurch, daß die Juden die Heidenmission behindern und die Heiden damit vom Heil ausschließen, erweisen sie sich als Feinde gegen Gott wie gegen Menschen und laden Schuld auf sich. Nach 2. Makk. 6, 12 ff. kommen auf die Juden schwere Strafen, nachdem sie mit ihren Sünden bis zum Äußersten gekommen sind. Durch ihr Verhalten von den Tagen der Väter bis zur Gegenwart machen sie das Maß ihrer Sünden voll, so daß sie für das die Sünden der Menschen strafende Zornesgericht Gottes reif sind. Der Zorn Gottes trifft sie nicht für immer, nicht in die Ewigkeit hinein, so daß sie endgültig verworfen sind (vgl. Mt. 8, 12), auch nicht bis zum Ende, das würde heißen, er trifft sie wohl jetzt, aber dann beim Endgericht nicht mehr. Diese Aussage hätten die Thessalonicher, die die Gedanken von Paulus in Röm. 11 nicht kennen, aus diesen kurzen Andeutungen nicht entnehmen können. Paulus will hier sagen, Gott wendet sich mit der ganzen Schwere göttlichen Strafgerichts ganz und gar gegen die Juden. Sie sind von dem Zorn Gottes nicht verschont. Diese Worte darf man nicht isoliert betrachten und ihnen eine absolute Bedeutung zumessen. Auch hier sagt Paulus wieder nichts absolut Neues. 2. Chron. 36, 16 finden sich ganz ähnliche Worte: „Sie verspotteten die Boten Gottes und verachteten seine Worte und verhöhnten seine Propheten, bis daß der Zorn des Herrn wider sein Volk entbrannte, daß keine Heilung mehr möglich war". Auch die Wendung „auf sie ist der Zorn völlig gekommen" ist im Judentum anscheinend geläufig. Test. Levi 6, 11 wird sie im Blick auf die Nichtjuden gebraucht. Will man Paulus verstehen, muß man hinzunehmen, was er Röm. 1, 18 ff. vom Zorn Gottes über die Heiden und was er Röm. 9-11 über Gericht und Gnade den Juden gegenüber ausführt. Paulus spricht nicht von einem endgültigen Verwerfungsurteil Gottes über das jüdische Volk, sondern vom Zornesgericht Gottes, das „sich vom Himmel über alle Gottlosigkeit und Ungerechtigkeit der Menschen" entlädt (Röm. 1, 18, vgl. 2, 5. 8; 5, 9; 12, 19) und das vor den Juden nicht Halt macht, vor dem aber die durch Jesus gerettet werden, die ihm vertrauen (1. Thess. 1, 10). Dieses Gericht erfolgt nicht erst am Ende der Zeit, sondern bereits jetzt vollziehen sich endgeschichtliche Ereignisse (vgl. 1. Kor. 1, 18; 2. Kor. 2, 15; 4, 3). Wie bei den beiden vorhergehenden Abschnitten (1, 10; 2, 12), so enden auch hier die Ausführungen mit einem eschatologischen Klang.

Paulus und die Juden. Wenn man die scharfen Worte des Apostels Paulus gegen die Juden 1. Thess. 2, 15 f. liest und die geschichtlichen Verhältnisse nicht kennt, könnte man meinen, er sei ein fanatischer Judenhasser und vielleicht sogar der Initiator des Antisemitismus gewesen. Beides entspricht nicht den historischen Tatsachen. Der Antisemitismus ist nicht eine Frucht des Christentums, sondern er ist älter als das Christentum. Die Juden erschienen durch ihre rigorose Betonung des Monotheismus im Gegensatz zu den Mysterienreligionen intolerant. Sie grenzten sich durch die Beachtung der Reinheits- und Speisevorschriften gegen die andern Bewohner des Landes ab und erweckten so den Eindruck der Inhumanität. Wegen des strengen Einhaltens der Sabbatruhe machte man ihnen den Vorwurf der Faulheit. Durch ihr ökonomisches Geschick überflügelten sie oft andere. In vielen Städten räumte man ihnen Privilegien ein, was nicht nur den Neid der Mitbürger erregte, sondern zu Verleumdungen, ja sogar zu Haßausbrüchen bösester Art führte. So hatten die Juden – gerade auch wegen der Verweigerung der Tisch-, Ehe- und Kultgemeinschaft mit anderen mehr Feinde als Freunde. Man empfand sie wegen ihrer Abgeschlossenheit, Reserviertheit und Starrheit als einen Fremdkörper, und Fremdkörper sucht man zu beseitigen.

Bezeichnend sind die Worte, die der Judenfeind Haman im Estherbuch zum König spricht: „Es ist da ein Volk, das wohnt zerstreut und abgesondert unter den Völkern in allen Provinzen deines Reichs; ihre Gesetze sind anders als die aller übrigen Völker, und die Gesetze des Königs halten sie nicht, so daß es sich für den König nicht ziemt, sie gewähren zu lassen" (Esth. 3, 8; vgl. 3. Makk. 3, 4. 7). Aus der Absonderung gegen die anderen erwachte der Vorwurf, die Juden hätten einen unüberwindlichen Haß gegen alle andern (Tacitus, Historia V 5, 1).

Besonders viele Juden befanden sich seit alter Zeit in Ägypten. Darum ist es auch dort am häufigsten zu Konflikten gekommen. Bereits im Jahre 410 v. Chr. überfielen Ägypter, wahrscheinlich aus politischen Gründen, die Juden in Elephantine und zerstörten den Tempel, den sie dort errichtet hatten. Der ägyptische Oberpriester Manetho berichtet um das Jahr 260 v. Chr. in seiner Geschichte Ägyptens, die Juden stammten von Aussätzigen und anderen negativen Elementen ab. Die Verhältnisse zwischen Juden und Nichtjuden spitzten sich wegen des starken Anwachsens der Diaspora immer mehr zu. In Orten, an denen die Juden durch ihre große Zahl eine gewisse Macht besaßen, entwickelte sich der Haß gegen sie immer stärker, so daß es in Ägypten wiederholt zu Übergriffen kam. Am bekanntesten sind die Pogrome in Alexandrien unter Caligula im Jahre 38 n. Chr. Die Häuser der Juden wurden geplündert, die Juden selbst aus den vier Stadtteilen vertrieben und in wenige Häuserblocks zusammengepfercht. Viele mußten am Strande, auf den Müllplätzen und an den Grabstellen Unterschlupf suchen. Als bei den von aller Lebensmittelversorgung Abgeschnittenen Hungersnot ausbrach und Kleinkinder zu sterben begannen, begaben sich einige heimlich in die Stadt. Sie wurden entdeckt, aufgegriffen und ihre Körper furchtbar verstümmelt. Als Titus nach der Zerstörung Jerusalems 70 n. Chr. von den Bewohnern des syrischen Antiochines herzlich begrüßt wurde, baten sie ihn, die Juden aus der Stadt zu vertreiben (Jos., Bell. VII 5,2 § 100-104), nachdem es schon vorher aus Haß gegen jüdische Bräuche Ausschreitungen gegeben hatte (Jos., Bel.. VII 3,3 § 46ff.).

1.Thess.2,15f. darf man keineswegs als Äußerung eines haßerfüllten Konvertiten ansehen, der voll zorniger Erbitterung alles negiert, was ihm früher hoch und heilig war (Phil.3,4-8). Auch als Apostel Jesu Christi bejaht Paulus die alttestamentliche Grundlage, die ihn mit dem Judentum verbindet (Röm.1,2; 3,2; 2.Kor.3,7ff.). Er stellt klar und deutlich heraus, daß die Juden mit den andern Völkern nicht gleichzusetzen sind, sondern daß sie ihnen gegenüber manches voraus haben (Röm.3,1ff.). Sie sind von Gott in besonderer Weise als Söhne Gottes eingesetzt (Röm.9,4). Gott hat sie geliebt (Röm.11,28; 9,25) und erwählt (Röm.9,11; 11,28f.). Mit Israel hat Gott besondere Bundesschlüsse getroffen (Röm.9,4), ihm das Gesetz der Wahrheit und der Erkenntnis gegeben, wodurch es sich imstande fühlte, Führer der Blinden, Licht der in Finsternis Wohnenden, Erzieher der Unverständigen und Lehrer der Unmündigen zu sein (Röm.9,4; 2,19f.). Weil Israel die Worte Gottes anvertraut (Röm.3,2) und die Verheißungen gegeben sind (Röm.9,4; Gal.3,16), gibt es bei ihm rechte Gottesverehrung und rechten Gottesdienst (Röm.9,4).

So sehr Paulus sich mit seinem Volk verbunden weiß, ist er doch nicht blind gegen seine Sünden. An der Stellung zu Christus scheiden sich die Wege. Paulus ist nicht nur ein Angehöriger seines Volkes, mit dem er durch Blutsbande und heilsgeschichtliche Fakten verbunden ist. Er ist auch und vor allem „Sklave Jesu Christi und berufener Apostel, ausgesondert das Evangelium zu verkündigen" (Röm.1,1). Er sieht, wie sein Volk einen falschen Weg geht und in fanatischem Eifer um das Gesetz auf eigene Gerechtigkeit pocht (Röm.9,31ff.). Es erkennt den Sinn und die Bedeutung Christi nicht, verwirft ihn und verfolgt die Boten Gottes (2.Kor.11,24). Dadurch verliert es seine Vorzugsstellung, das auserwählte Volk zu sein (vgl. Mt.8, 12), so daß Paulus es gelegentlich mit den Heiden auf eine Stufe stellen kann (Röm. 3,9). An die Stelle des Israel nach dem Fleisch tritt nun das wahre Israel nach dem Geist, an die Stelle der Beschneidung des Fleisches die des Herzens, an die Stelle der Synagoge die Kirche Gottes in Jesus Christus (Röm.2,25ff.; Gal.4,21ff.).

Trotz klarer Stellungnahme und scharfer Worte gegen sein Volk gibt Paulus es nicht verloren. Er selbst beruft sich mit einem gewissen Stolz auf seine jüdische Herkunft (Röm.4,1; 9,1f.; 11,1; 2.Kor.11,22; Gal.1,13; Phil.3,5). Er vernachlässigt durchaus nicht sein Volk. Bei seiner missionarischen Tätigkeit fühlt er sich verpflichtet, zuerst einmal den Juden das Evangelium zu sagen, ehe er sich zu den Heiden wendet (Röm.1,16). Er leidet so stark unter den gegenwärtigen Verhältnissen bei den Juden, daß er ähnlich wie seinerzeit Mose (2.Mose32,32) auf seine eigene

Errettung verzichten und sich stellvertretend opfern möchte, wenn Israel dadurch gerettet werden könnte (Röm.9,2f.). Er haßt die Juden nicht, sondern er nennt sie seine Brüder (Röm.9,3) und ringt um sie und betet für sie (Röm.10,1). Sie sind nicht gestrauchelt, um endgültig zu Fall zu kommen (Röm.11,11), vielmehr bleibt die Erwählung bestehen (Röm.11,28f.). Die Untreue Israels kann die Treue Gottes nicht aufheben (Röm.3,3). Die einmal erfolgte Berufung ist unauflösbar (Röm. 11,29), und die von Gott seinem Volk gegebenen Verheißungen werden nicht hinfällig (Röm.9,6). Die Gnadengaben, die er Israel hat zuteil werden lassen, nimmt er nicht zurück (Röm.11,29). Die Verstockung Israels ist nicht endgültig, sondern zeitlich begrenzt, bis die Fülle der Heiden das Heil erlangt. Paulus setzt sich mit aller Kraft dafür ein, daß dieses Ziel möglichst bald erreicht wird. Seine ganze Tätigkeit als Heidenmissionar steht unter dem Aspekt, die Juden eifersüchtig zu machen und sie dadurch für Christus zu gewinnen (Röm.11,13ff.). Darum wird er, der frei von der Praktizierung gesetzlicher Reinheitsvorschriften ist, den Juden ein Jude, um ihnen Christus nahe zu bringen (1.Kor.9,20). Am Ende der Geschichte wird auch Israel zur Einsicht kommen und angenommen werden (Röm.11,25f.). „Wenn ihr Fehltritt die Welt reich gemacht und ihre Niederlage den Heiden Gewinn gebracht hat, welchen Segen wird dann erst ihre völlige Heimkehr der Welt bringen ... Wenn schon ihre Verwerfung zur Sühnung der Welt führte, was kann mit ihrer Annahme andres kommen als Leben aus den Toten" (Röm.11,12.15). Paulus wünscht nicht die Vernichtung, sondern die Errettung Israels.

2. Das Verhältnis des Apostels zur Gemeinde nach der Trennung 2,17-3,13

a) Der verhinderte Besuch 2,17-20

17 Wir aber, Geschwister, eine Zeitlang durch Trennung von euch verwaist, allerdings nur äußerlich, nicht dem Herzen nach, haben uns in großer Sehnsucht Mühe gegeben, euch von Angesicht zu Angesicht zu sehen. 18 Deshalb hatten wir uns vorgenommen, zu euch zu kommen, ich Paulus, ein, zweimal, aber der Satan hinderte uns. 19 Denn wer ist unsere Hoffnung, unsere Freude, unser Ruhmeskranz vor unserem Herrn Jesus Christus bei seiner Ankunft, wenn nicht auch ihr? 20 Denn ihr seid unser Ruhm und unsere Freude.

17   Paulus ist mit der Gemeinde in Thessalonich aufs engste verbunden. Darum fühlt er die durch den Haß der Juden erzwungene Trennung sehr schmerzhaft. Eigentlich erwartet man, daß durch den Weggang des Apostels die Gemeinde verwaist ist, da sie ja die Mutter (V.7f.) und den Vater (V.11) verloren hat, und daß nun Paulus in der Zeit der Not und Verfolgung, der Anfechtung und der Bedrängnis, die über sie hereingebrochen ist, um sie besorgt ist, weil niemand da ist, der sie tröstet und mahnt (V.12) und ihr auf die Fragen der Ungewißheit und des Zweifels Antwort gibt. Paulus spricht aber nicht von den verwaisten Kindern, sondern von dem der Kinder beraubten Vater, der sich in Sorge und Sehnsucht um ihr Schicksal verzehrt. Er wird nicht für immer von ihnen getrennt sein, sondern nur vorübergehend. Die räumliche Entfernung behindert nicht die innere Verbundenheit, so daß keine Entfremdung eingetreten ist. Im Geist ist er bei ihnen. Aber diese innere Verbundenheit genügt ihm nicht, sie drängt zur realen Gemeinschaft (Röm.1,11). Menschen, die vor Gott verbunden sind, gehören auch äußerlich zusammen. Darum

ist Paulus eifrig bemüht, die Thessalonicher wiederzusehen. All sein Denken und Planen ging dahin, sie aufzusuchen (vgl. 3,10) und nicht nur jemand zu ihnen zu senden, sondern selbst, sobald es möglich wäre, zu ihnen zu kommen. Mehrmals, ein- bis zweimal, hat Paulus dazu angesetzt, aber immer hat der Satan es verstanden, dies zu verhindern. Wie bei der Ausbreitung des Evangeliums Gott am Werk ist (Röm. 1,10), so geht die Behinderung auf Machenschaften des Teufels zurück. Aus dem Text läßt sich nicht entnehmen, was die Reise nach Thessalonich unmöglich gemacht hat, ob es Krankheit war (2.Kor. 12,7; Gal. 4,13) oder ob es die Verhältnisse in Thessalonich oder in Korinth nicht zuließen. Wahrscheinlich hat die politische Situation in Thessalonich eine Rückkehr nicht erlaubt. Der Satan hat es fertig gebracht, daß die Gemeinde nicht durch den Apostel gestärkt und getröstet werden konnte. Seine unlösbare Verbundenheit mit den Thessalonichern unterstreicht Paulus dadurch, daß er hervorhebt, was die Gemeinde für ihn bedeutet, nicht nur damals, als er ihr predigte, oder jetzt, wo er von ihr getrennt ist, sondern gerade auch bei dem bevorstehenden entscheidenden Moment des Weltgerichtes. Er kann sie nicht im Stich lassen; denn wenn Christus bei der Parusie als Richter erscheinen wird, dann werden die Thessalonicher – nicht sie allein, aber neben andern gerade auch sie – seine Hoffnung, seine Freude, sein Ehrenkranz und sein Ruhm sein. Es sind starke, fast könnte man sagen, anstößige Worte, die Paulus hier gebraucht, wenn man bedenkt, daß 1,3 Christus, 5,8 die Errettung, Gal. 5,5 die Gerechtigkeit Inhalt der Hoffnung sind, die Freude sonst christozentrisch begründet ist (Phil. 4,4) und Rühmen (Röm. 3,27; 4,2; 1.Kor. 1,29) wie auch Ruhm (1.Thess. 2,6) sich für den Christen nicht schicken. Aber Paulus spricht nicht nur hier, sondern auch an anderen Stellen ganz ähnlich von seinem Verhalten zur Gemeinde (vgl. 2.Kor. 1,14 u. Phil. 2,16). Es geht gar nicht um das individuelle Schicksal des Apostels, sondern um das Ergehen der Gemeinde. Das Rühmen, von dem Paulus hier redet, ist ein anderes als das Rühmen des Gesetzestäters, der auf seine Leistung hinweist. Es ist ein Ruhm „in Gott" (Röm. 5,11), „im Herrn" (1.Kor. 1,31; 2.Kor. 10,17), „in Christus Jesus" (Phil. 3,3). Das Werk, das Paulus bei der Ankunft Christi diesem präsentieren will, ist die glaubende, untadelige Gemeinde (1.Thess. 1,3.6ff.; 2,12), die zwar durch seine Arbeit entstanden ist, die aber nicht sein Verdienst, sondern ein Geschenk der Gnade ist (1.Kor. 15,10f.), so daß es nicht sein Ruhm, sondern der Ruhm durch Christus ist (Röm. 15,17). Paulus braucht sich vor dem jüngsten Tag nicht zu fürchten (1.Kor. 4,5), er wird nicht mit leeren Händen vor Christus stehen, sondern er darf sich freuen, für Christus etwas getan zu haben und den Auftrag und die Gaben genutzt zu haben, die ihm anvertraut waren (vgl. Mt. 25,14ff.). Auch diesen Abschnitt schließt er mit dem Blick auf das Ende (vgl. 1,10; 2,12; 2,16).

b) Die Sendung des Timotheus 3,1-13

1 Deshalb, als wir es nicht mehr aushielten, beschlossen wir, in Athen allein zu bleiben, 2 und sandten Timotheus, unseren Bruder und Mitarbeiter Gottes beim Evangelium Christi, euch zu stärken und in eurem Glauben zu ermuntern, 3 damit niemand in diesen Trübsalen wankend werde; denn ihr wißt ja selbst, daß wir dazu bestimmt sind. 4 Als wir bei euch waren, haben wir euch im voraus schon darauf hingewiesen, daß wir Trübsale leiden müssen, wie es auch eintraf

und ihr es wißt. 5 Darum sandte ich zu euch, als ich es nicht mehr aushielt, um zu erfahren, wie es mit eurem Glauben steht, ob der Versucher euch nicht etwa versucht habe und unsere Arbeit zu nichts würde. 6 Nun ist aber soeben Timotheus von euch zu uns zurückgekehrt und hat uns gute Nachricht von eurem Glauben und eurer Liebe gebracht und daß ihr uns allezeit in guter Erinnerung habt und ihr euch danach sehnt, uns zu sehen, wie auch wir euch. 7 So sind wir, Geschwister, euretwegen in aller unserer Not und Bedrängnis durch euren Glauben getröstet; denn nun leben wir wieder, wenn ihr im Herrn fest steht. 9 Wie können wir Gott euretwegen genug danken für all die Freude, die wir euretwegen von unserem Gott haben? 10 Nacht und Tag bitten wir inständig darum, eure Gesichter zu sehen und das, was eurem Glauben noch fehlt, zu ergänzen. 11 Er selbst aber, unser Gott und Vater, und unser Herr Jesus Christus, bahne uns den Weg zu euch. 12 Euch aber lasse der Herr wachsen und reicher werden in der Liebe zueinander und zu allen, wie auch wir sie zu euch haben, 13 um eure Herzen zu festigen, daß sie untadelig seien in Heiligkeit vor Gott, unserem Vater, bei der Ankunft unseres Herrn Jesus mit allen seinen Heiligen.

V. 13: *Sach. 14, 5.*

1   Nachdem der Satan einen Besuch des Apostels in der Gemeinde vereitelt hat (2, 18), ist Paulus in großer Sorge, die Leiden, denen die Thessalonicher ausgesetzt sind (2, 14), und die Verleumdungen, die man über Paulus verbreitet (2, 3 ff.), könnten das Vertrauensverhältnis beeinträchtigen. Der Teufel läßt keine Situation ungenützt, um das begonnene Werk zu zerstören (3, 5). Da Paulus selbst nicht kom-
2   men konnte, hat er ihnen Timotheus, sein geistiges Kind (1. Kor. 4, 17), geschickt, dem er immer wieder das beste Zeugnis ausstellt, daß er zuverlässig und uneigennützig ist und in derselben Weise das Evangelium verkündet wie Paulus selbst (1. Kor. 4, 17; Phil. 2, 20-22). Den Thessalonichern gegenüber nennt er ihn nicht nur seinen Bruder, sondern auch den *Mitarbeiter Gottes* am Evangelium Christi. Dieser Ausdruck erschien den Abschreibern der alten Bibelhandschriften so ungeheuerlich, daß sie nur vom Mitarbeiter sprachen oder zur Abschwächung noch „Diener Gottes" hinzugefügt haben. Paulus weiß sehr wohl, daß es nicht auf menschliches Wollen und Tun ankommt, sondern auf das Wirken der göttlichen Gnade (2, 13; vgl. Phil. 1, 6; 2, 12 f.; 1. Kor. 15, 10). Trotzdem scheut er sich nicht zu sagen, daß Gott Menschen würdigt, sein Werk auszuführen. So nennt Paulus sich selbst einen Mitarbeiter Gottes (1. Kor. 3, 9; vgl. 2. Kor. 6, 1). Der Mensch ist nicht ein gleichberechtigter Kompagnon Gottes, sondern Gott bedient sich des Menschen zur Verwirklichung seines Planes. Durch die Trennung von der Gemeinde in Thessalonich verwaist (2, 17) entschließt Paulus sich, auf die Gemeinschaft mit seinem geliebten Kind (1. Kor. 4, 17), Bruder (1. Thess. 3, 2) und Mitarbeiter (Röm. 16, 21) zu verzichten und allein in dem ihm mit seinem Treiben fremden Athen zurückzubleiben. Es ist nicht zufällig, daß Paulus die Ortsangabe macht. Die Worte „in Athen allein" bringen die Stimmung des Apostels und die Größe seines Opfers zum Ausdruck. Apg. 17, 16 ff. versucht zu schildern, wie es dem Apostel in der Stadt der Künstler, Philosophen und Dichter ergangen ist. Offensichtlich ist Paulus das Alleinsein schwer gefallen, aber das Heil der Gemeinde lag ihm mehr am Herzen als sein persönliches Wohlergehen. Weil er ohne Nachricht von Thessalonich es nicht mehr aushalten konnte (3, 5), hat er sich zu dem Ent-

schluß durchgerungen, Timotheus zu entsenden. Da dieser nicht nur sein Freund, sondern auch Mitarbeiter Gottes am Evangelium ist, kann er die Thessalonicher stärken, so daß sie allen Anfechtungen und Versuchungen gewachsen sind. Die Thessalonicher sollen sich durch die Bedrängnisse, die über sie kommen, nicht 3 erschüttern lassen. Aus dem Wechsel von der zweiten zur ersten Person „Ihr wißt, daß wir dazu bestimmt sind", könnte man schließen, daß Paulus nur von seinen *Leiden* spricht, denen er als Apostel ausgesetzt ist. In der Tat muß er mancherlei Verleumdungen, Verfolgungen und Bedrängnisse ertragen (Röm.5,3ff.; 8,18ff.; 1.Kor.4,9ff.; 15,32; 2.Kor.1,8; 4,1ff.8ff.; 6,4ff.; 7,5; 10.1.10; 11,23ff.32f.; 12,7.10.15; Phil.1,12ff.; 2,17; 4,14), weil ihm in besonderer Weise die Leiden Christi zuteil werden (2.Kor.1,5; 4,10; Phil.3,10). Aber die Thessalonicher sind auch selbst Verfolgte (1.Thess.1,6; 2,14). Paulus erklärt nicht, warum Christen Leiden ausgesetzt sind, er betont vielmehr immer wieder, daß das Leid nicht etwas Zufälliges oder Ungewöhnliches im Leben des Christen ist, sondern daß es als etwas Normales zur Existenz des Christen gehört und darum nicht hinterfragt und nur negativ angesehen werden darf (Röm.5,3; 8,17f.35; 2.Kor.1,4-7; Phil.1,29). So faßt Paulus sich in dem „Wir" mit den Thessalonichern zusammen. Christen sind von Gott dazu bestimmt, leiden zu müssen. Diese Leiden sind nicht Vorwegnahme eschatologischer Bestrafung (1.Kor.11,32), sondern eher Prüfung, in der sich der Glaube bewähren muß. Sie sind dem Christen nichts Fremdes und Ungewöhnliches (1.Petr.4,12), sondern sie sind das Tor, durch das man zur göttlichen Herrlichkeit durchdringt (2.Kor.4,17), zu der sie in gar keinem vergleichbaren Verhältnis stehen. Darum kann Paulus im Zusammenhang mit den Leiden und Verfolgungen von der Freude (Phil.2,18; 1.Thess.1,6; 2.Kor.7,4) und von der Gnade (Phil.1,29) sprechen. Nichts ist so stark, daß es imstande wäre, von der Liebe Gottes zu trennen (Röm.8,35-39). Als Paulus bei den Thessalonichern war, hat er sie nicht dadurch 4 für Christus gewonnen, daß er ihnen irdisches Wohlergehen versprochen hat. Paulus hat ihnen nichts Falsches vorgegaukelt (1.Thess.2,3), sondern er hat ihnen im voraus gesagt, was ihrer wartet, damit sie nicht überrascht und betroffen sind, wenn Verfolgungen und Anfechtungen über sie kommen, wie es jetzt geschieht.

V.5 nimmt die Gedanken von V.1 wieder auf. Weil Paulus weiß, daß äußere Not 5 leicht zur inneren Anfechtung wird, ist er in großer Sorge um die Thessalonicher, dem Teufel könne ein Einbruch gelingen und das Missionswerk des Apostels Paulus zerstören. Paulus schickt den Timotheus nicht nur nach Thessalonich, um sie zu stärken (3,2) – das ist natürlich das Hauptmotiv –, sondern wegen der persönlichen Verbundenheit von Apostel und Gemeinde möchte er auch erfahren, wie es um ihren Glauben bestellt ist. Nach der Rückkehr von Timotheus aus Thessalonich 6 zu Paulus kann er alle Bedenken und Besorgnisse zerstreuen. Er bringt erfreuliche Nachricht sowohl über den Christenstand der Thessalonicher als auch über ihre Einstellung zum Apostel. Die charakteristischen Zeichen christlichen Lebens, Glaube und Liebe (vgl. 1,3), sind bei den Thessalonichern da, und wo Glaube und Liebe vorhanden sind, ist auch das Verhältnis zum Apostel in Ordnung. Alle Besorgnisse des Apostels Paulus, die Thessalonicher könnten Verleumdungen zugänglich sein, sind unbegründet. Im Blick auf die Vergangenheit kann Timotheus berichten, daß die Thessalonicher Paulus in guter Erinnerung haben, und im Blick auf die Zu-

kunft ist festzustellen, daß sie darauf drängen, ihn so bald wie möglich wiederzu-
7 sehen. Timotheus, dessen Sendung den Zweck hatte, die Thessalonicher zu ermuntern, hat bei seiner Rückkehr durch seinen Bericht über die Gemeinde auch bei Paulus erreicht, daß er getröstet wurde. So sehr der Apostel auch ein Apostel Jesu Christi
und nicht ein Mann der Gemeinde ist (Gal. 1,1; 1.Kor. 9,1; 12,28), so ist er doch
von der Gemeinde nicht unabhängig, sondern auf ihre Mitarbeit angewiesen. Als
Verkündiger ist er nicht nur Geber, so daß die Gemeinde durch ihn gestärkt wird,
sondern er bedarf selbst des Trostes, des Zuspruchs und des Gebets durch die
Gemeinde (Röm. 1,11; 15,30; 2.Kor. 1,11; Phil. 1,19; 1.Thess. 5,25). Das ist
besonders dann von größter Wichtigkeit, wenn der Apostel sich in einer Situation
der äußeren Not und Bedrängnis befindet. Die Nachricht, daß die Gemeinde im
Glauben fest gegründet ist, beseitigt nicht die Not, sie läßt Paulus aber die Schwere
8 seiner Situation vergessen. Wie eng Apostel und Gemeinde zusammengehören, zeigt
der Satz, daß Paulus erst lebt, wenn die Gemeinde im Herrn steht. Statt im Herrn
(Phil. 4,1) kann Paulus auch sagen: im Glauben (Röm. 11,20; 1.Kor. 16,13; 2.Kor.
1,24), in der Gnade (Röm. 5,2) oder im Evangelium (1.Kor. 15,1) stehen. Wer im
Herrn steht, ist von seiner Macht umschlossen und folgt seiner Stimme, so daß der
Verführer keinen Einfluß hat. Hätten die Thessalonicher sich in ihrem Glauben
erschüttern lassen, dann wäre das für den Apostel der Ruin seiner Arbeit gewesen.
9 Der Teufel hätte gesiegt (3,5). Wie Paulus für die Aufnahme der Predigt dankt
(2,13), so auch jetzt hier für die Bewährung der Thessalonicher. Nach dem „in
aller unserer Not und Bedrängnis" (3,7) folgt nun „für all die Freude". Er dankt
nicht den Thessalonichern, sondern Gott, er spricht nicht hier wie Phil. 3,1; 4,4
von der „Freude im Herrn", sondern von der „Freude von Gott".
10   Mit dem Dank verbindet Paulus wie auch sonst sogleich die Bitte (Röm. 1.8.10;
Phil. 1,3). So überströmend sein Dank zu Gott ist, so inständig und unablässig seine
Bitte. Nacht und Tag erfleht er von Gott die Erfüllung des Wunsches, daß ihm möglichst bald ein Besuch bei den Thessalonichern geschenkt werden möchte (vgl.
2,17). Aber er faßt seine Entschlüsse nicht selbständig, sondern legt alles in Gottes
11 Hand, damit dieser ihm die Wege ebne (Röm. 1,10f.; 2.Kor. 1,15ff.). Die V. 11-13
sind eine Zusammenfassung des vorher Gesagten und eine Überleitung zum Folgenden. Er selbst, Gott unser Vater, der der Gütige und Allmächtige ist, und unser
Herr Jesus Christus, der den Apostel mit der Verkündigung beauftragt hat, werden
alle Hindernisse beseitigen und den Thessalonichern geben, was sie brauchen.
12 Timotheus hatte zwar von ihrem Glauben und ihrer *Liebe* berichtet (3,6). Trotzdem bedarf es der Ergänzung und Vervollständigung; denn der Christ ist nie ein
Fertiger. Darum wünscht Paulus, der Herr selbst möge den Thessalonichern die
Fülle und den Überfluß der Liebe schenken. Zur Mehrung des Glaubens (3,10) muß
das Wachsen der Liebe kommen. Auch sie ist nichts Statisches, Habituelles, sondern bedarf des Zunehmens. Ein bißchen Liebe genügt nicht, sie soll überströmend,
verschwenderisch da sein. Da sie keine theoretische Fernstenliebe ist, erweist sie
sich zunächst an den Menschen, die einem am nächsten stehen. Das sind die Christen in der Gemeinde. Aber darauf darf und kann sie sich nicht beschränken, sie
springt über die Grenzen der internen Gemeinschaft und beschenkt auch die, die
nicht Christen sind (1.Thess. 5,15; Gal. 6,10). Paulus stellt sich wieder als Vorbild

hin (vgl. 1.Thess. 1,6). Wie er die Thessalonicher liebt, so sollen sie auch lieben. Wird die Liebe gemehrt (3.10.12), dann wird die Gemeinde gefestigt und gestärkt 13 (3,2), so daß sie, wenn Christus erscheint, vor Gottes Gericht untadelig und heilig ist (1.Kor. 1,8; Phil. 1,10; 2,15). Mit Heiligkeit wird schon auf den nächsten Abschnitt, der von der Heiligung handelt, hingewiesen (4,3.4.7). Mögen manche an den Christen einiges mit Recht auszusetzen haben, andere vielleicht an ihnen nichts Tadelnswertes finden: Weder auf das eine noch auf das andere kommt es an, sondern allein auf die Heiligkeit vor Gott, wenn er Gericht hält und vor ihm alles offenbar wird. Die Heiligkeit, die vor Gott Bestand hat, zeigt sich in der Liebe (3,12). Mit 3,13 endet der erste Hauptteil des ersten Thessalonicherbriefes. Was Paulus 2,19 gesagt hat, wird hier wiederholt und verstärkt. Ist mit dem Ausdruck „vor Gott" bereits auf das Endgericht hingewiesen, so wird mit der Bemerkung „bei der Ankunft unseres Herrn Jesus" der eschatologische Charakter der Schlußbemerkung klar herausgestellt. Umstritten ist, wer die Heiligen sind, die Christus begleiten werden, die Engel oder die verstorbenen Gläubigen. Der Vers klingt fast wie ein Zitat aus Sach. 14,5: „Gott der Herr wird kommen und alle Heiligen mit ihm." Im Alten Testament werden die Engel oft als Heilige bezeichnet (Ps. 89,6.8; Hiob 5,1; 15,15; Dan. 8,13). Nach den Evangelien wird der Menschensohn bei seinem Erscheinen von den Engeln begleitet (Mk. 8,38; Mt. 25,31; vgl. 2.Thess. 1,7). Gegen die Deutung der Heiligen auf Engel spricht, daß Paulus die Engel sonst nie als Heilige bezeichnet und daß man in späterer Zeit zwischen Engel und Heiligen bei der Parusie unterscheidet und Did. 16,7 die Stelle Sach. 14,5 auf die Gerechten bei Christus bezogen wird. Nimmt man die Aussagen 1.Thess. 3,13 u. 4,14ff. zusammen, so wird man unter „alle seine Heiligen" die Gesamtheit der Gerechten verstehen müssen, mit denen er zur Auferweckung der Toten und zum Gericht erscheint. Wie bei den vorhergehenden Unterabschnitten (1,10; 2,12.16 u. 19) schließt Paulus auch seinen ersten Hauptteil mit einem Ausblick auf das Ende.

II. Ermahnungen 4,1-5,24

Mit 4,1 beginnt ein neuer Abschnitt, der nicht ohne Verbindung mit dem vorhergehenden steht. Paulus hält im Folgenden nicht mehr Rückschau auf die Vergangenheit, er entfaltet auch nicht Pläne, sondern er nimmt zu konkreten Fragen der Gemeinde Stellung. Da trotz des guten Standes der Gemeinde (3,6; 4,1) noch Mängel da sind (vgl. 3,10f.), die Timotheus in seinem Bericht nicht verschwiegen hat, Paulus selbst noch nicht nach Thessalonich reisen kann (2,18), die Thessalonicher aber so leben sollen, daß sie untadelig sind (3,13) und Gott an ihnen seine Freude hat (4,1), darum geht Paulus in seinem Brief auf einige aktuelle Probleme der Gemeinde ein und behandelt diese.

1. Heiligung in der Ehe 4,1-8

1 Im übrigen nun, Brüder, bitten und ermahnen wir euch in dem Herrn Jesus, so, wie ihr es von uns empfangen habt, daß man wandeln und Gott gefallen muß, wie ihr ja auch wandelt, damit ihr darin immer weitere Fortschritte macht.

2 Ihr wißt ja, welche Anordnungen wir euch durch den Herrn Jesus gegeben
haben; 3 denn das ist Gottes Wille: eure Heiligung, daß ihr euch von der
Unzucht fernhaltet, 4 daß ein jeder von euch seine Frau in Heiligung und Ehre
zu gewinnen wisse, 5 nicht in leidenschaftlicher Gier, wie es die Heiden tun,
die Gott nicht kennen, 6 daß keiner sich Übergriffe erlaubt und seinen Bruder
in dieser Sache übervorteilt; denn ein Rächer ist der Herr über alle solche Dinge,
wie wir es euch vorher gesagt und bezeugt haben; 7 denn Gott hat uns nicht
zu einem Leben in Unreinheit, sondern in Heiligung berufen. 8 Wer daher uns
ablehnt, lehnt nicht einen Menschen ab, sondern Gott, der euch seinen Heiligen
Geist gegeben hat.

V. 5: Jer. 10, 25; Ps. 79, 6; V. 6: Ps. 94, 2; V. 8: Hes. 36, 27.

1   Bevor Paulus auf die in der Gemeinde vorhandenen Mängel zu sprechen kommt,
redet er die Thessalonicher als Brüder an. Während an bisherigen Stellen das griechische Wort in umfassenderem Sinn mit Geschwister übersetzt worden ist (1, 4;
2, 1. 9. 14. 17; 3, 7), wird man es hier in der eigentlichen Bedeutung „Bruder" wiedergeben müssen, weil Paulus sich in den folgenden Versen speziell an die Männer
in der Gemeinde wendet. Paulus gebraucht diese Anrede hier nicht nur, weil ein
neuer Abschnitt beginnt und man sich dann gerne direkt an die Angesprochenen
wendet. Wahrscheinlich will er gerade, wenn er von den Mißständen in der Gemeinde redet, seine Verbundenheit mit ihren Gliedern ganz deutlich zum Ausdruck
bringen, um zu sagen, daß er, wenn er auf Gefahren aufmerksam macht, nicht
kritisieren und nörgeln, sondern als Bruder den Brüdern helfen will. Es ist erstaunlich, mit welcher Zartheit und Zurückhaltung, gleichzeitig aber auch mit welcher
Offenheit und Deutlichkeit, Energie und Autorität er die intimen Fragen der Sexual-
ethik vor der gesamten Gemeinde behandelt. Zunächst beginnt er mit Bitten und
Mahnen, wie es sich unter Brüdern geziemt. Das griechische Wort für Bitten kommt
bei Paulus, abgesehen von 1.Thess. 4, 1; 5, 12 (vgl. 2.Thess. 2, 1), nur noch in dem
sehr persönlich gehaltenen Philipperbrief vor (Phil. 4, 3). Dagegen liebt Paulus das
Verbum *ermahnen*, das aber bei ihm nicht den Sinn hat, jemandem die Leviten
lesen. Es ist vielmehr ein hilfreiches Bemühen um den andern. Das Wort ermahnen
findet sich in allen paulinischen Briefen, nur nicht in der scharfen Auseinandersetzung mit den Galatern. Wenn Paulus bittet und ermahnt, so bringt er nicht seine
persönliche Meinung über gewisse ethische Fragen zum Ausdruck. Er ermahnt aus
der Gemeinschaft mit dem Herrn Jesus, so daß nicht Paulus, sondern Christus selbst
durch den Apostel der Redende ist (1.Thess. 2, 13). „Im Herrn Jesus" (4, 1) wie
„durch den Herrn Jesus" (1.Thess. 4, 2, vgl. Röm. 15, 30; 1.Kor. 1, 10; 2.Kor. 10, 1)
besagen dasselbe wie „an Christi Statt" (2.Kor. 5, 20). Weil Paulus mit der Autorität
Christi seine Anweisungen gibt, ist das, was er fordert, bindend und verpflichtend.
Der Christ kann nicht tun und lassen, was er will, er steht, wie Paulus hier sagt,
unter dem göttlichen Muß. Paulus ermahnt die Thessalonicher erneut, obwohl er
es bei seiner Anwesenheit bereits getan hat (4, 1. 6. 11) und obwohl er ihnen bestätigt, daß sie seinen Worten gefolgt sind und ein Leben führen, an dem Gott Wohlgefallen hat. Warum ist dann noch eine weitere Ermahnung nötig? Paulus kennt
die Versuchbarkeit des Menschen (1.Thess. 3, 5). Weil der Christ immer wieder
der Gefahr ausgesetzt ist, von der Sünde beherrscht zu werden (Röm. 6, 12ff.),

darum muß ihm immer wieder zugerufen werden, wie er sich verhalten soll (1.Kor. 10, 8-12). Von der Art, wie man sein Leben gestaltet, hängt es ab, ob man Gott gefällt. Es gilt aber, nicht nur Versuchungen abzuwehren, sondern auch in der besseren Gestaltung des Lebens fortzuschreiten (1.Kor. 15, 58; 2.Kor. 9, 8. 10). Wie Paulus 3, 10. 12 geschrieben hatte, daß Glaube und Liebe wachsen sollen, so wiederholt er auch hier seine Bitte, bei dem Erreichten nicht stehen zu bleiben. Der Christ ist immer ein Werdender, einer, der fortschreitet. Wer nicht Fortschritte macht, wer im Erkennen und im Lieben nicht reicher wird, verkümmert. Statt von „ermah- 2 nen im Herrn Jesus" spricht Paulus nun von „Anordnungen durch den Herrn Jesus". Mit dieser Wendung kommt stärker die Autorität und Dringlichkeit der apostolischen Verkündigung zur Geltung. Was Paulus sagt, ist nicht ein Wort, das man nicht zu befolgen braucht, sondern ein Befehl, der befolgt werden muß. Er hat den Thessalonichern bei seinem Besuch nicht nur die Botschaft von dem einen Gott und dem Kommen des Herrn Jesus verkündigt (1, 9), sondern sie auch belehrt, wie sie als Christen in dieser Welt leben sollen. Paulus hat nicht in Form der Kasuistik alles genau geregelt, aber er hat ihnen doch einige konkrete Hinweise gegeben. Auf Grund der Nachricht aus Thessalonich ergänzt er die früheren Anweisungen.

Was Gott von den Thessalonichern will, lautet ganz allgemein und doch umfas- 3 send: ihre *Heiligung*, oder wie Paulus es 4, 1 gesagt hat, daß sie Gott gefallen. Heiligung ist das Thema des ganzen Abschnittes (4, 3. 4 u. 6). Sie wird hier für ein bestimmtes Gebiet konkretisiert. Gottes Wille erwirkt nicht nur die Errettung des Menschen aus der gegenwärtigen bösen Welt (Gal. 1, 4), Gottes Wille stellt auch Forderungen (1.Thess. 5, 18; Röm. 2, 18; 12, 2). Gott will, daß die Menschen ihm ganz gehören und dementsprechend leben (Röm. 6, 19ff.; 1.Thess. 3, 13). Wenn Paulus im Namen Gottes die Heiligung fordert, so gibt er nicht Anweisungen für das Leben in der andern Welt, sondern zur Bewältigung der Fragen in dieser Welt. Heiligung ist aber auch nicht Selbstverwirklichung, sie ist nicht Entwicklung der Persönlichkeit von Stufe zu Stufe bis zur Erreichung eines möglichst hohen Grades der sittlichen Vollkommenheit, sondern sie ist ein Wirken Gottes bei den Menschen, die in der Gemeinschaft mit Christus leben (1.Thess. 5, 23; 4, 7, vgl. 3, 12 f.; 1.Kor. 1, 2. 30). Wer zur Heiligung berufen ist (vgl. 4, 7), soll den Zustand der Heiligung in seiner Lebensführung realisieren. In dem Satz „Gott will eure Heiligung" sind Gabe und Forderung enthalten (Phil. 2, 12 f.). Wer geheiligt, von Gott mit Beschlag belegt ist, lebt nicht sich selbst, seinen Neigungen und Bestrebungen, sondern tut, was Gott will, und verwirklicht, was er ihm gegeben hat. Darum sagt der Geheiligte sein Nein zu bestimmten Lebensformen und Gewohnheiten, wenn diese sich mit der Heiligkeit Gottes und der Gemeinschaft mit Christus nicht vereinigen lassen. Ob ein Mensch ein von Gott zur Heiligkeit Berufener ist, zeigt sich gerade auch in seiner Einstellung zu den sexualethischen Fragen. Übersetzung und Auslegung der Verse 4-6 sind umstritten. Es kann hier nicht das Für und Wider der verschiedenen An- 4 schauungen erörtert werden. Eindeutig ist, daß Paulus in aller konkreten Offenheit und doch in großer Zurückhaltung auf die *sexuellen Probleme* eingeht. Man muß bedenken, daß Thessalonich eine Hafenstadt war, moralisch nicht so verrufen wie Korinth, aber doch mit allen sexuellen Verführungen ausgerüstet, die eine Großstadt mit Seeleuten, Händlern und Soldaten mit sich bringt. Dazu kamen sexuelle

Freiheiten in einigen Kulten, in denen es religiöse Prostitution gab, um einen Mythos nachzuvollziehen oder die Göttin der Fruchtbarkeit zu ehren. Das Verhältnis des Ehemanns mit einer Hetäre sah die griechische Frau nicht als ein Vergehen des Mannes an, das sie ihm zum Vorwurf machte. In Thessalonich ist es noch nicht zu solchen Exzessen wie später in Korinth gekommen (1.Kor.5-6). Aber abgesehen von der sexuellen Einstellung der damaligen Zeit konnte die Freiheitslehre des Apostels Paulus leicht zu einem schwärmerischen Libertinismus führen. Vielleicht waren in Thessalonich einige Glieder der Gemeinde derselben Ansicht wie die Christen in Korinth, die meinten, daß der Leib mit Christus nichts zu tun habe (1.Kor.6,13) und von der Heiligung nicht betroffen werde (vgl. 1.Thess.5,23). Als erste Forderung eines geheiligten Lebens nennt Paulus die Enthaltung von der Hurerei (1.Kor.6,18). Darunter versteht er nicht nur den Verkehr des Mannes mit einer Hure, sondern jeden ungebundenen außerehelichen Geschlechtsverkehr. Dieser war für den Heiden weithin etwas so Selbstverständliches, daß Paulus immer wieder in seinen Briefen davor warnen muß (1.Kor.5,1ff.9ff.; 6,13.18; 2.Kor. 12,21; Gal.5,19). Der unbeherrschte Trieb, der den Mann zur Hure führt, ist mit dem, was Gott will, nicht vereinbar. Hurerei schließt von der Teilnahme am Reiche Gottes aus (1.Kor.6,9 u. Gal.5,21). Auch das Eheleben steht unter Gottes Gebot der Heiligung. Diese soll sich im Zusammenleben von Verheirateten verwirklichen (vgl. Hebr.13,4). Bei der Wendung „seine Frau gewinnen" ist nicht an die Eheschließung gedacht, da dazu der Nachsatz „nicht in leidenschaftlicher Gier" schlecht paßt, sondern Paulus spricht vom intimen Zusammenleben von Mann und Frau in der Ehe. Heiligung besteht nicht in Askese und Abstinenz. Mann und Frau sollen keine Scheinehe führen, sich darum auch nicht gegenseitig versagen (1.Kor. 7,3ff.). Heilige sind nicht Menschen, die alles Menschliche ablegen und wie Engel leben (Mk.12,25), sondern Menschen, die in ihrer Menschlichkeit Gott ganz gehören. Darum schließen sich Heiligung und Sexualität nicht aus. Aber in der Art, wie man in der Ehe das Zusammenleben gestaltet, zeigt sich, ob man ein Heiliger oder ein Heide ist. Für den Christen gibt es kein Gebiet, das dem Herrschaftsbereich Christi entzogen werden darf. So soll auch das Leben in der Ehe unter der göttlichen Forderung der Heiligung stehen und der Intimverkehr in Heiligung und Ehre geschehen. Der Christ soll nie vergessen, daß er Gott ganz gehört, und er soll daran denken, daß die Frau, mit der er verkehrt, nicht ein willenloses Objekt zur Befriedigung seiner zügellosen Leidenschaft ist, so daß sie ihm jederzeit zur Verfügung stehen muß, wo und wann er es haben will, sondern daß sie eine Person ist, die ihre Ehre hat und der er Ehre erweisen soll. Darum soll er sie, wie es sich für Christen geziemt, in Heiligkeit und Ehre zu gewinnen suchen. Im Gegensatz zu dieser Einstellung haben die Rabbinen ausdrücklich festgelegt: „Ein Mensch darf alles machen, was er mit seiner Frau machen will, gleich dem Fleisch, das aus dem Schlächterladen kommt: will er es mit Salz essen, so darf er es; gebraten, so darf er es; gekocht, so darf er es; gesotten, so darf er es" (Nedarim 20b; vgl. Strack-Billerbeck III S.68). Paulus dagegen verlangt vom Mann Verantwortung vor Gott und Takt gegen die Frau. Er sagt etwas Ähnliches wie 1.Petr.3,7: „Ihr Männer, lebt in einsichtiger Weise mit euren Frauen als dem schwächeren Gefäß zusammen. Erweist ihnen Ehre als den Miterben der Gnade des Lebens, damit eure Gebete nicht ver-

5 geblich bleiben." Wer dagegen von der Leidenschaft der Begierde getrieben wird, ist nicht ein Geheiligter, sondern lebt sich selbst, wie man es bei den Heiden sehen kann, die Gott nicht kennen (Gal. 4, 8, vgl. 1. Kor. 12, 2) und darum ihren Trieben wehrlos ausgeliefert sind. Die Thessalonicher haben den lebendigen und wahren Gott kennengelernt und sind bereit, ihm zu dienen (1, 9). Daraus müssen sie die Konsequenzen ziehen. Nicht eindeutig ist, was unter der „Sache" (4, 6) zu verstehen 6 ist. Viele Ausleger sehen in den Worten des Apostels Paulus eine Warnung vor Habgier, die bei Geschäftsleuten in der Hafenstadt durchaus am Platze sein konnte. Grundsätzlich kann das griechische Wort ein Handelsgeschäft oder auch einen Prozeß meinen. Aber Paulus schreibt nicht, daß man den Bruder nicht in irgendeiner Angelegenheit übervorteilen darf, wie man die Stelle im griechischen Text verbessert und dementsprechend ausgelegt hat, sondern er sagt ganz direkt, doch wohl auf die zur Debatte stehende Frage eingehend, „in dieser Sache", von der die Rede ist. Dem Zusammenhang nach sowohl mit dem Vorhergehenden wie mit dem Folgenden handelt der Vers vom sexuellen Verhalten. War V. 3 vom außerehelichen Geschlechtsverkehr, V. 4 f. vom Verhalten des Mannes zu seiner Frau in der Ehe die Rede, so spricht Paulus in V. 6 vom Ehebruch. V. 7 spielt mit dem Wort Unreinheit auf die erwähnten sexuellen Verfehlungen an (2. Kor. 12, 21; Gal. 5, 19; Kol. 3, 5; Röm. 1, 28). Paulus nimmt das Thema der Heiligung von V. 3 wieder auf. Mit V. 9 dagegen beginnt ein neuer Gedankengang. Die Verse 1-8 bilden ein geschlossenes Ganzes. Da Christen im engsten Kontakt miteinander lebten, bei den häufigen Zusammenkünften zu Aussprachen, Gebet und Herrenmahl Männer und Frauen nicht getrennt saßen wie im Judentum, sondern sich so oft wie möglich als eine große Familie in einem Raum versammelten und sich vor dem Mahl mit dem heiligen Kuß grüßten (5, 26), konnten sich leicht erotische Versuchungen einstellen, so daß man die Grenzen des Erlaubten überschritt und an seinem Bruder schuldig wurde. Je inniger und offener der Verkehr untereinander war, desto stärker war darauf zu achten, daß man die ehelichen Rechte des Bruders nicht verletzte. Darum mahnt Paulus, daß niemand den Bruder rücksichtslos übervorteilen und sich an der Ehe des Bruders vergreifen soll. Der Gott, der die Heiligung des Geschlechtslebens verlangt, ist ein gerechter Richter, vor dem sich die Christen mit allem, was sie getan haben, verantworten müssen (1. Thess. 3, 13; 2. Kor. 5, 10; Röm. 14, 10). Wie die Ermahnung, so ist auch die Gerichtsandrohung für die Thessalonicher nichts Neues. Schon bei der Missionsverkündigung hatte Paulus darüber zu ihnen gesprochen. Gott fordert von den Christen nichts Unmögliches.

Er, der die Heiligung von ihnen will (4, 3), hat sie ihnen ja bereits geschenkt; denn 7 er hat sie in Heiligung berufen oder, wie Paulus es auch ausdrücken kann: Christen sind Heilige, weil sie durch Jesus Christus geheiligt sind (1. Kor. 1, 2) und Gott sie ständig heiligt (5, 23). Sie sollen in Anspruch nehmen, was Gott ihnen geschenkt hat. Darum sollen und brauchen sie nicht in sexueller Unreinheit zu leben. In sozialer Hinsicht ändert sich durch den Ruf Gottes zunächst nichts, der Sklave bleibt Sklave, auch wenn er ein Freigelassener des Herrn ist, und ein Freier bleibt Freier, auch wenn er ein Sklave Christi ist (1. Kor. 7, 17 ff.). In ethischer Hinsicht dagegen kann der Mensch nicht so weiter leben wie bisher. Ein Unreiner kann nicht unrein bleiben und weiter sexuell zügellos leben. Gott hat seinem Leben eine neue Richtung gegeben.

Am Anfang des Christenstandes steht der eine neue Situation schaffende Ruf Gottes, die Gegenwart ist geleitet von dem fordernden Heilswillen Gottes (4,3), und am
8 Ende des Weges steht Gottes Gericht (4,6). Wie der Apostel den Abschnitt mit dem Hinweis begonnen hatte, daß er seine ermahnenden Worte im Auftrag Christi ausspricht, so schließt er ihn mit der Bemerkung: Wer seine Worte verachtet und sich über sie leichtfertig hinwegsetzt – es geht nicht um Grundwahrheiten der Dogmatik, sondern um ethische Anweisungen –, stellt sich nicht gegen ihn, den Apostel, sondern gegen Gott selbst (vgl. 1.Sam. 8,7; Jes. 7,13; Lk. 10,16), der den Christen den Heiligen Geist gibt. Er hat sie nicht nur durch die Berufung geheiligt (4,7) und ihnen die Möglichkeit eines neuen Lebens gegeben, er hat ihnen den Heiligen Geist verliehen, so daß dieser in ihnen Wohnung nimmt (Röm. 8,9; 1.Kor. 6,19) und Liebe, Treue und Enthaltsamkeit im Umgang mit den Menschen als vom Geist gewirkte Früchte erwachsen (Gal. 5,22). Heiligung der Ehe ist nicht eine unmenschliche, widernatürliche Forderung, sondern die dem Christen durch den Ruf Gottes und den Heiligen Geist ermöglichte Lebensweise. Vielleicht machen sich in Thessalonich die ersten Anzeichen der pneumatischen Libertinisten bemerkbar, die sich für ihr sexual-ethisches Verhalten auf die Offenbarung und die Leitung des Geistes beriefen. Ihnen sagt Paulus, daß der von Ezechiel (36,27; 37,14) verheißene Geist da ist, daß sie sich aber gegen Gott, den Spender des Heiligen Geistes, versündigen, wenn sie die Ermahnung des Apostels ablehnen.

2. Von der Bruderliebe 4, 9 f.

9 Über die Bruderliebe brauche ich euch nicht zu schreiben; denn ihr seid selbst von Gott gelehrt einander zu lieben. 10 Ihr verhaltet euch auch dementsprechend gegen alle Geschwister in ganz Mazedonien.

9   Im Hinblick auf die erotische Liebe hatte Paulus manches bei den Thessalonichern auszusetzen. Darum bedurfte es in dieser Hinsicht eingehender Ermahnung. Nicht nötig haben sie, zur Liebe gegen die Brüder aufgefordert zu werden, da sie von Gott belehrt sind. Wenn Menschen lehren, so wird das oft nicht angenommen und verwirklicht. Da Gott selbst es ihnen zur Gewißheit gemacht hat, daß man den Bruder lieben muß, ist es nicht beim Wort und beim guten Willen geblieben. Die
10 Thessalonicher praktizieren die Bruderliebe, nicht nur im engsten Kreise der Gemeindeglieder, sondern diese Liebe wirksamer Hilfe strahlt weit in das Land hinaus. Wie das konkret aussah, läßt sich schwer sagen. Vielleicht haben sie Brüder, die aus der Provinz in die Stadt kamen, gastfrei aufgenommen (Röm. 12,13; 1.Petr. 4,9; Hebr. 13,2), vielleicht haben sie auch Gemeinden in kleineren Dörfern zur Zeit der Entstehung finanziell unterstützt, wie die Philipper dem Apostel Paulus Geld nach Thessalonich geschickt haben (Phil. 4,16). Paulus erkennt das an. Trotzdem sollen sie sich damit nicht zufrieden geben, sondern sollen in ihrem Leben der Liebe immer reicher werden. Lieben kann man nie zu viel, höchstens zu wenig. Wenn die Liebe nicht wächst, erkaltet sie. Das Betätigungsfeld für die Liebe ist unübersehbar groß. Der Strom der Liebe ist unversiegbar; denn er kommt aus Gott, der die Liebe ist.

3. Ermahnung zur Arbeit 4,10-12

10 Wir ermahnen euch aber, Brüder, noch weitere Fortschritte zu machen und 11 eure Ehre darein zu setzen, Ruhe zu bewahren, die eigenen Angelegenheiten zu besorgen und mit euren Händen zu arbeiten, wie wir euch geboten haben, 12 damit ihr gegen die da draußen anständig lebt und auf niemandes Unterstützung angewiesen seid.

Bei der Mahnung zur Arbeit erinnert Paulus an seine mündliche Anweisung. Es 10 ist wohl kaum anzunehmen, daß sich Arbeitsscheue in besonderer Weise zur Gemeinde gedrängt haben, so daß Paulus sie zu einer rechten Einstellung zur Arbeit anleiten mußte. Die der Aufforderung zur Arbeit vorausgehende Forderung, Ruhe 11 zu bewahren, ist wahrscheinlich verursacht durch die angespannte endgeschichtliche Erwartung. Anstatt der Arbeit nachzugehen, entwickelte man einen hektischen Betrieb. Man erging sich in erregten Debatten über die bevorstehenden Ereignisse, was nicht auf den engen Kreis der Gemeinde beschränkt blieb, sondern Auswirkungen auf Außenstehende hatte (4,12). Paulus legt Wert darauf, daß man die Aufgaben des Berufes nicht vernachlässigt und sich nicht auf die unterstützende Liebe des Bruders verläßt. Als Christ hat man eine Verantwortung gegen die nichtchrist- 12 lichen Mitbürger (1.Kor.5,12). Durch ein schlechtes Beispiel im Berufs- und Familienleben gefährdet man nicht nur seinen eigenen Ruf, sondern auch die Sache des Evangeliums. Christen sollen sich so verhalten, daß ein Nichtchrist keinen Grund hat, an ihrer Lebensführung Kritik zu üben (1.Kor.10,32; 2.Kor.6,3). Sie sollen vielmehr wie Sterne im Weltenraum strahlen, makellos, ohne Tadel und Fehl dastehen, auch wenn die Mitmenschen ganz anders leben (Phil.2,15; 1.Thess.3,13). Zu einer dem Christen entsprechenden anständigen Lebensweise gehört auch, daß man sich nicht auf andere verläßt und die Wohltätigkeit des anderen in ungebührlicher Weise in Anspruch nimmt. Der Christ soll zwar für den andern da sein und ihm helfen, er soll aber nicht so leben, daß er die Bruderliebe des andern als etwas Selbstverständliches über die Maßen beansprucht. Er soll vielmehr seiner Arbeit nachgehen und diese nicht vernachlässigen.

4. Trost für Verstorbene 4,13-18

13 Wir wollen euch, Geschwister, über die Entschlafenen nicht in Unkenntnis lassen, damit ihr nicht traurig seid wie die übrigen, die keine Hoffnung haben. 14 Denn wenn wir glauben: Jesus ist gestorben und auferstanden – so auch: Gott wird die Entschlafenen durch Jesus mit ihm führen. 15 Dies nämlich sagen wir euch in einem Wort des Herrn, daß wir, die Lebenden, die wir bis zur Parusie des Herrn übrig bleiben, den Entschlafenen gegenüber nichts voraus haben. 16 Denn er selbst, der Herr, wird beim Befehlsruf, bei der Stimme des Erzengels und der Posaune Gottes vom Himmel herabsteigen, und zuerst werden die Toten in Christus auferstehen. 17 Dann werden wir, die Lebenden, die übrig bleiben, mit ihnen zusammen hinweggerafft werden in Wolken zur Begegnung des Herrn in der Luft. Und so werden wir immerdar beim Herrn sein. 18 So tröstet euch einander mit diesen Worten.

13 · In der kurzen Zeit nach dem Weggang des Apostels Paulus sind in Thessalonich einige Glieder der Gemeinde gestorben. Ob diese bei den Verfolgungen ums Leben gekommen oder infolge von Krankheiten gestorben sind, ist aus dem Text nicht zu entnehmen. Jedenfalls haben diese Todesfälle nicht nur Trauer, sondern auch Hoffnungslosigkeit ausgelöst. Zweifel entstanden offensichtlich nicht am Auferstehungsglauben; denn Paulus argumentiert 1.Thess. 4, 14 ff. anders als 1.Kor. 15. Da nach weitverbreiteter Erwartung die Auferstehung erst nach der Wiederkunft erfolgen sollte, diese aber das sehnlich erwartete große Ereignis war (1, 10), glaubten die Thessalonicher, daß die verstorbenen Angehörigen den Lebenden gegenüber im Nachteil seien. Ob die Thessalonicher wegen des Schicksals der Verstorbenen bei Paulus in einem Brief direkt angefragt haben, wie später die Korinther an Paulus gewisse Fragen gerichtet haben (1.Kor. 7, 1. 25; 8, 1; 12, 1), oder ob Timotheus dem Paulus von den in Thessalonich diskutierten Problemen berichtet hat, läßt sich nicht entscheiden. Auf jeden Fall nimmt Paulus ihre Fragen und Sorgen ernst und geht auf sie ausführlich ein. Die Verkündigung der endgeschichtlichen Ereignisse gehörte wohl zur grundlegenden Missionspredigt des Apostels (1, 2. 10). Aber während des kurzen Aufenthaltes in der Stadt konnte er nicht auf alle Fragen eingehen. Es entspricht trotz seiner apokalyptischen Erwartung nicht seiner endgeschichtlichen Anschauung, ein abgerundetes, vollständiges Bild der zukünftigen Ereignisse zu geben, wie es die jüdischen Apokalyptiker tun. Wenn Paulus im folgenden sehr konkret von dem Geschehen am Ende der Zeit spricht, dann will er nicht endzeitliche Neugier befriedigen, sondern Glieder der Gemeinde in ihrer Sorge und Not trösten. „Schlafen" ist eine geläufige euphemistische Ausdrucksweise für gestorben sein (Joh. 11, 11; 1.Kor. 15, 6). Wenn Paulus den Thessalonichern schreibt, sie sollen angesichts der Todesfälle nicht betrübt sein, so meint er nicht, daß Christus die Glaubenden gegen den Schmerz gefühllos macht. Christen bleiben nicht wie stoische Philosophen von aller menschlichen Lust und allem menschlichen Leid unberührt. Sie sollen sich vielmehr mit den Fröhlichen freuen und mit den Weinenden weinen (Röm. 12, 15). Wovor Christus allerdings die Seinen bewahrt, ist eine Trauer ohne Trost, als ob mit dem Tode alle Hoffnungen begraben werden. Die „übrigen", die keine Hoffnung haben, sind dieselben, die Paulus 4, 12 „die draußen" nennt; es sind die Heiden, von denen er 4, 5 gesagt hat, daß sie Gott nicht kennen. Der Glaube an ein Fortleben der Seele nach dem Tode war zwar in der griechischen Philosophie und in den Mysterienreligionen verbreitet. Aber den Thessalonichern und Paulus geht es bei der Hoffnung gar nicht um die Existenz des einzelnen nach dem Tode, sondern ganz speziell um die Teilnahme der Verstorbenen an dem Ereignis des endgeschichtlichen Erscheinens Christi und um die Vereinigung mit ihm. Davon wußten die Heiden allerdings nichts. Christen haben keinen Grund, sich einer traurigen Skepsis hinzugeben. Sie haben eine lebendige Hoffnung

14 (1.Petr. 1, 3), die nicht zuschanden wird (Röm. 5, 5). Bevor Paulus von dem spricht, was Gott noch tun wird, verweist er sie auf das, was er schon getan hat. Er tröstet die Traurigen und gibt ihnen Mut zum Hoffen, indem er auf die zentralen bereits realisierten Heilsereignisse des Todes und der Auferstehung Jesu hinweist, die im Mittelpunkt des urchristlichen Credos stehen (1.Kor. 15, 3 f., vgl. Röm. 4, 25). Die Hoffnung besteht nicht in spekulativen Erwartungen, sondern basiert auf Gescheh-

nissen, die die Gewißheit der erhofften Zukunft garantieren. Daß Paulus eine Formel der Tradition heranzieht, sieht man daran, daß er von der „Auferstehung" Jesu spricht. Er selbst gebraucht sonst die Wendung „auferwecken". Das „wenn", mit dem V. 14 beginnt, gibt nicht die Bedingung an, unter der etwas geschieht, sondern beschreibt den Tatbestand (vgl. Röm. 11,24; 1.Kor. 6,2; 9,11; 15,12; Gal. 5,25): Die Thessalonicher glauben an den gestorbenen und auferstandenen Jesus. Das „so", mit dem der Hauptsatz eingeleitet wird, zieht nicht aus der Einstellung der Thessalonicher die Konsequenz, sondern aus den Heilsfakten von Tod und Auferweckung Jesu. Dem Parallelismus des Bekenntnissatzes entsprechend müßte Paulus etwas über die Auferstehung der Christen sagen, wie er es häufig tut (Röm. 8,11; 1.Kor. 6,14; 2.Kor. 4,14). Weil es den Thessalonichern aber nicht wie den Christen in Korinth (1.Kor. 15,1 ff.) um das Problem der Auferweckung, sondern um die Beteiligung der Entschlafenen bei dem Erscheinen Christi ging, darum sagt Paulus, daß Gott sie mit Christus führen wird. Christen sind mit dem gestorbenen und auferstandenen Jesus in einer so engen Gemeinschaft, daß der physische Tod ihnen keine Nachteile bringen kann. Paulus deutet das, was er im folgenden ausführt, zu Beginn des Abschnitts nur thematisch an, so daß es in dieser Kürze kaum verständlich ist. „Durch Jesus ..." ist eine bei Paulus formelhafte Wendung, um das Heilshandeln Gottes im Christusgeschehen auszudrücken. Mit dieser Wendung werden die Heilsaussagen des Glaubenssatzes zusammengefaßt. Weil Jesus – es wird nicht von Christus, sondern in beiden Sätzen von Jesus gesprochen – gestorben und auferstanden ist, wird Gott die Verstorbenen aufgrund der dadurch geschaffenen Heilssituation mit Christus zur Herrlichkeit führen.

Jesus Christus ist bei den Endereignissen Mittler wie Ziel der endgültigen Vereinigung mit ihm. Paulus zerstreut alle Bedenken der Thessalonicher, indem er zeigt, daß diejenigen, die die Ankunft Christ erleben – und er hat keinen Zweifel, daß er selbst zu diesem Personenkreis gehört (vgl. Röm. 13,11; 1.Kor. 7,29; 15,51; Phil. 4,5) –, den Verstorbenen gegenüber in keiner Weise im Vorteil sind. Um seinen Aussagen Gewicht zu verleihen, beruft er sich, wie V. 13 auf ein Bekenntniswort, so hier auf ein Wort des Herrn (V. 16-17 a). Damit meint er weder ein Wort des irdischen Jesus (wie z.B. 1.Kor. 7,10; 9,14) noch eine ihm persönlich zuteil gewordene Offenbarung (wie z.B. Gal. 2,2; 1.Kor. 15,51), sondern den Spruch eines judenchristlichen Propheten, den dieser im Namen des erhöhten Herrn verkündet hat. Paulus zitiert, wie er es häufig zu tun pflegt, den Spruch nicht wörtlich, sondern er interpretiert ihn durch kleine Abänderungen und Zusätze, damit die Thessalonicher verstehen, was er ihnen zu ihrer Problematik sagen will. Wahrscheinlich hat der judenchristliche Prophet vom Kommen des Menschensohnes gesprochen, wie es in der jüdischen Apokalyptik üblich ist. Paulus ersetzt Menschensohn durch Kyrios, weil dieser Hoheitstitel den Thessalonichern mehr sagt. Dann fügt er im Blick auf die Fragestellung der Thessalonicher ein „zuerst – dann", zuerst die Auferweckung, dann erst die Entrückung aller ein. Zur Verdeutlichung setzt er hinzu „wir, die Lebenden". Ebenfalls von Paulus stammt die für ihn typische Wendung „in Christus". Das Endgeschehen vollzieht sich folgendermaßen: Wenn Christus vom Himmel her erscheint, dann erschallt durch die Stimme des Erzengels – ob es Michael ist (Jud. 9; Offb. 12,7), wird nicht gesagt – und durch die Gottestrompete, die bei Theophanien Gottes ertönt

15-17

(2.Mos. 19, 16 ff.) und beim eschatologischen Geschehen den Beginn der Gerichts- und der Heilszeit ankündigt (Jes. 27, 13; Joel 2, 1; Zeph. 1, 16; Sach. 9, 14), das Befehlswort, das durch alle Weltenräume schallt und bis in die Gräber der Toten dringt, so daß die Toten, die im Leben wie im Tode zu Christus gehören, sich erheben. Über das Schicksal der Nichtchristen wird nichts gesagt, weil Paulus keine vollständige Darstellung geben, sondern die sorgenvollen Fragen der Thessalonicher beantworten will. Im Hinblick auf ihre Problematik setzt er betont „zuerst" an den Anfang des ganzen Satzes. Die Thessalonicher können ganz getrost sein: Bevor mit den Lebenden etwas geschieht, werden erst einmal die Toten auferstehen, so daß Lebende und Tote in Christus sich in derselben Situation befinden. Es kommt nicht darauf an, ob man bei der Wiederkunft Christi lebt oder schon gestorben ist, sondern darauf, daß man in Christus ist. Nach 1. Kor. 15, 51 f. werden die bei der Parusie Lebenden in einem Augenblick verwandelt werden. Davon sagt Paulus hier nichts, weil die Thessalonicher nicht wissen wollten, was mit den Lebenden geschieht, sondern wie es mit den Verstorbenen bestellt ist. Diese – so lautet die Auskunft – werden mit den Lebenden zusammen entrückt. Die Wolken sind das Gefährt, das sie der Erde entführt. Die Begegnung mit dem erscheinenden Christus erfolgt in der Luft. Damit bricht die Schilderung des apokalyptischen Geschehens ab. Mit-Christus-Sein ist die volle Erfüllung der christlichen Zukunftshoffnung (Röm. 6, 8; 8, 32; Phil. 1, 23). Was nach der Vereinigung mit Christus geschieht, wo die Entrückten bleiben, ob sie zur Erde zurückkehren oder nicht, wann das große Endgericht erfolgt, wie der selige Zustand der Entrückten aussieht, das ist alles ohne Interesse. Es kommt allein auf die Vereinigung mit Christus an. Das von Paulus Gesagte genügt,

18   um die Sorgen und Bedenken zu zerstreuen. Damit sollen die Thessalonicher sich gegenseitig trösten, wenn Fragen des Zweifels auftauchen. Gerade die letzten Worte dieses Abschnittes zeigen, daß Paulus den Thessalonichern nicht eine dogmatische Belehrung über apokalyptische Ereignisse geben, sondern ihnen seelsorgerlich in ihren Nöten und Anfechtungen Hilfe leisten will. Die dieses gehört und verstanden haben, sollen es weiter sagen. Jedes Glied der Gemeinde ist zum Trösten des andern berufen.

5. Mahnung zur Wachsamkeit 5, 1-11

1 Über Zeiten und Stunden, Geschwister, braucht man euch nicht zu schreiben. 2 Ihr wißt ja selbst genau, daß der Tag des Herrn wie ein Dieb in der Nacht kommt. 3 Wenn man sagt: Friede und Sicherheit, dann überfallen sie plötzliches Verderben wie die Wehen die Schwangere, und sie werden nicht entfliehen. 4 Ihr aber, Geschwister, seid nicht in der Finsternis, daß der Tag euch wie ein Dieb überfalle. 5 Ihr seid ja alle Söhne des Lichts und Söhne des Tages. Wir gehören nicht der Nacht und der Finsternis an. 6 So laßt uns nicht schlafen wie die andern, sondern wachen und nüchtern sein; 7 denn die schlafen, schlafen des Nachts, und die betrunken sind, sind des Nachts betrunken. 8 Wir aber, die wir dem Tag angehören, wollen nüchtern sein, angetan mit dem Panzer des Glaubens und der Liebe und mit dem Helm der Hoffnung und des Heils; 9 denn Gott hat uns nicht zum Zorn bestimmt, sondern zur Erlangung des Heils durch

unseren Herrn Jesus Christus, 10 der für uns gestorben ist, damit wir – mögen wir wachen oder entschlafen sein – zusammen mit ihm leben. 11 So ermahnt euch untereinander und erbaut einer den andern, wie ihr es ja schon tut.

V.2: Amos 5, 8; Weish. 18, 14; Jer. 6, 14; V. 8: Jes. 59, 17; Weish. 5, 18 f.

Nach 1.Thess.4,13 ff. herrscht in Thessalonich eine gespannte Erwartung des 1 Endes. Man ist überzeugt, daß die gegenwärtige Generation die Ankunft des erhöhten Herrn noch erleben wird. In 5,1 ff. wird nicht wie 4,11 vor Schwärmerei und falscher Hoffnung gewarnt, sondern im Gegenteil, es wird zur Wachsamkeit aufgerufen. Vielleicht ist es ein späterer Einschub (s. S.206 f.), der Paulus vor dem Vorwurf des Irrtums von 4,15 ff. bewahren möchte, daß er die Ankunft Christi noch selbst erleben werde. Wenn von Zeit und Stunde gesprochen wird, so soll nicht ein Unterschied zwischen Zeitablauf und Zeitpunkt gemacht werden, sondern es handelt sich bei dieser Wendung um einen gebräuchlichen pleonastischen Ausdruck (Dan. 2, 21; 7, 12; Weish. 8, 8; Apg. 1, 7). Bei der Behandlung der Zeiten und Stunden stellt Paulus keine Berechnungen an, wann das Ereignis eintreten wird. Da das Wann unsicher ist, mahnt er zu steter Bereitschaft. Der Tag des Herrn ist im Alten 2 Testament der Gerichtstag Jahwes (Amos 5, 18. 20; Joel 2, 1; Zeph. 1, 14), bei Paulus ist es der Tag der Ankunft Christi (1.Kor. 1, 8; 2.Kor. 1, 14; Phil. 1, 6. 10; 2, 16), an dem wohl auch Gericht gehalten wird (1.Kor. 5, 5), den die Christen aber freudig erwarten (1.Thess. 4, 15), weil er für sie ein Tag der Errettung und des Heils ist (1.Thess. 1, 10). Wie V.3 zeigt, ist in der Aussage 1.Thess. 5, 2 der Gedanke des Gerichts mit enthalten. Der Tag des Herrn wird plötzlich, unangemeldet und unberechenbar da sein, wie ein Dieb unerwartet kommt. Das Bild vom Dieb, das außerhalb des Neuen Testaments nicht gebräuchlich ist, kommt in den urchristlichen Schriften sehr häufig vor (Mt.24,43; Lk.12,39; 2.Petr.3,10; Offb.3,3; 16,15). In der christlichen Gemeinde gibt es Leute, die sich gegen die Naherwar- 3 tung wenden und die andern in Sicherheit wiegen, so daß sie unbekümmert als Schlafende, nicht als Wachende in den Tag hineinleben. Die angesichts der urchristlichen Verkündigung vom bevorstehenden Kommen Christi Sicherheit und Frieden propagieren, sind weder Juden noch Heiden. Die Juden warteten sehnsüchtig auf den Tag Jahwes, der die Erlösung bringen wird, und die Heiden wußten nichts vom Tag des Herrn; darum werden sie in den ersten Wochen der Existenz der christlichen Gemeinde von Thessalonich kaum mit der Parole „Sicherheit und Frieden" gegen die christliche Eschatologie polemisiert haben. Es sind irregeleitete Glieder der Gemeinde, die der Naherwartung zweifelnd gegenüberstehen (Mk. 13, 6. 21; Lk. 12, 42 ff.; Mt. 25, 1 ff.; 2.Tim. 2, 18; 1.Joh. 2, 4. 6. 9; 2.Petr. 3, 4). Sie irren sich. Wenn die Zeit gekommen ist, dann bricht der Tag des Herrn herein wie die Wehen über die schwangere Frau. Mit diesem Bild, das im Alten Testament Angst und Schrecken, Bedrängnis und Not veranschaulicht (Ps.48,7; Jes.21,3; 26,17; Jer. 4,31; 6,24; 13,21; 22,23; Micha 4,9), die durch Strafgerichte Gottes kommen (Jer. 13, 8 f.; 30, 5-7; 48, 41; 49, 20 ff.), wird hier die Unentrinnbarkeit des Verderbens (4.Esra 4, 20-42) zum Ausdruck gebracht. V.4 knüpft an V.2 an. Der Dieb 4 kommt in der Dunkelheit der Nacht. Weil Christen nicht zur Finsternis gehören, kann der Tag des Herrn sie nicht überraschen, wie der Dieb unerwartet seinen Ein-

5 bruch macht. Die Wendung „Söhne des Lichts" bzw. „Söhne der Finsternis" fehlt
im Alten Testament, in den Apokryphen und Pseudepigraphen, ist aber aus den
Schriften von Qumran bekannt und wird auch gelegentlich im Neuen Testament
gebraucht (Lk. 16,8; Joh. 12,36; Eph. 5,8). „Söhne des Tages" ist wohl auf Grund
der Diskussion über den „Tag" gebildet. Finsternis ist eine Charakterisierung der
jetzigen Welt. „Sohn" drückt im Semitischen die Zugehörigkeit zu einem Bereich,
in einer größeren Einheit aus. Wer ein Kind des Lichts ist – und alle Angesprochenen
gehören dazu – gehört dem Licht an, er ist herausgerettet aus dem gegenwärtigen
6 bösen Äon (Gal. 1,4), so daß er mit der Finsternis nichts zu tun hat. Die antithetischen Aussagen von Wachen und Schlafen, Nüchtern- und Trunkensein gehören
zu den damals weit verbreiteten moralischen Mahnungen. Wie 1.Petr. 5,8 zeigt,
berühren sich die Aufforderungen zur Wachsamkeit und zur Nüchternheit mitein-
7 ander. Genauso gehören Schlafen und Trunkenheit zueinander. Trunkenheit und
Schlafen sind Dinge der Nacht und der Finsternis. Wer dagegen ein Kind des Lichts
und des Tages ist, soll wachen und nüchtern sein. Nüchtern sein heißt nicht, aller
Schwärmerei gegenüber einen klaren Kopf behalten. Da die Schlafenden sich in
Ruhe und Sicherheit vor dem Gerichtstag Gottes wiegen, sind die Nüchternen und
Wachenden solche, die an der Hoffnung festhalten. Während die Trunkenen und
Schlafenden nicht damit rechnen, daß der Tag des Herrn bald kommt, sind die
Kinder des Lichts bereit.
8 Zur Nüchternheit gehört die volle Einsatzbereitschaft, das Ausgestattetsein mit
der Waffenrüstung (Jes. 59,17; Eph. 6,10ff.). Glaube, Liebe und Hoffnung
(1.Thess. 1,3) beschreiben umfassend das Verhalten des Christen in der Welt. Der
Glaube ist christologisch bestimmt. Die Liebe ist auf den Nächsten ausgerichtet.
Wer nüchtern und wachsam ist, vergißt nicht, daß der Mitmensch ihn braucht.
Trotz seines innerweltlichen Engagements ist sein Blick auf die endgültige Errettung
gerichtet. Die Hoffnung auf Errettung ist nicht ein vager Wunsch, sondern hat eine
9 fundierte Grundlage. Gott, der das Gericht hält (5,2f.), hat die Kinder des Lichts
nicht zur Vernichtung durch seinen Zorn am jüngsten Tag, sondern zur Erlangung
des Heils bestimmt. Dieses fällt ihnen nicht blindlings in den Schoß, weil sie dazu
prädestiniert sind, sondern sie sollen die Möglichkeit zur Erlangung des Heils auskaufen. Wenn sie als Nüchterne und Wachende errettet werden, so ist das nicht
10 ihr Verdienst, sie verdanken es vielmehr ihrem Herrn Jesus Christus, der bereits
durch seinen Tod (Röm. 5,6.8; 14,15; 1.Kor. 8,11; 15,3; 2.Kor. 5,14) die grundlegende Heilstat vollbracht hat. V. 10 wird noch einmal vom Wachen und Schlafen
gesprochen. Während die Worte vom Schlaf in V. 7 vom Ruhen in der Nacht
gemeint waren, waren sie in V. 6 auf das Verhalten der sich der Sicherheit Hin-
gebenden gebraucht. V. 10 sind die Schlafenden im Gegensatz dazu die Verstorbenen. Während Paulus sich 4,17 zu denen zählt, die das Kommen Christi noch erleben werden, wird 5,10 durchaus mit der Möglichkeit des Sterbens gerechnet. Aber
ob man lebt oder sterben muß, Christi Tod hat das eschatologische Heil bewirkt,
so daß man mit ihm in einer Lebensgemeinschaft stehen darf, die schon jetzt beginnt
11 und dann ihre Vollendung findet. Im griechischen Wortlaut endet dieser Abschnitt
ganz ähnlich wie der vorhergehende. Aber während 4,18 die Leser aufgefordert
werden, sich gegenseitig zu trösten, sollen sie sich 5,11 dem Zusammenhang nach

ermahnen. Zu ermahnen wird hinzugefügt: erbauen. Eine Ermahnung hat nicht das Ziel zu zerstören, sondern eine positive Aufgabe: Jeder soll dazu beitragen, daß der andere in der Gemeinde in seinem geistigen Wachstum gefördert, der Glaube gestärkt und die eschatologische Bereitschaft wachgehalten wird. Dieses zu tun ist nicht ausschließlich Aufgabe von irgendwelchen bestellten Amtsträgern, sondern jedes Glied der Gemeinde ist dazu aufgerufen.

6. *Mahnungen für das Gemeindeleben 5, 12-24*

12 Wir bitten euch aber, Geschwister, die anzuerkennen, die sich um euch mühen und sich euer annehmen in dem Herrn und euch zurechtweisen. 13 Haltet sie um ihrer Arbeit willen ganz besonders hoch in Liebe. Haltet Frieden untereinander. 14 Wir ermahnen euch aber, Brüder, weist die Unordentlichen zurecht, ermuntert die Kleinmütigen, nehmt euch der Schwachen an, habt mit allen Geduld. 15 Sehet zu, daß keiner einem andern Böses mit Bösem vergelte, sondern erstrebt allezeit das Gute füreinander und für alle. 16 Freut euch allezeit, 17 betet unablässig. 18 Dankt in jeder Situation; denn das will Gott in Christus Jesus von euch. 19 Den Geist unterdrückt nicht, 20 prophetische Rede verachtet nicht. 21 Prüfet alles, das Gute behaltet. 22 Haltet euch von jeder Art Schlechtem fern. 23 Er selbst aber, der Gott des Friedens, heilige euch durch und durch und bewahre euch Geist, Seele und Leib vollkommen, daß sie untadelig seien bei der Ankunft unseres Herrn Jesu Christi. 24 Getreu ist der, der euch berufen hat; er wirds auch vollenden.

V. 22: *Hiob, 1, 1. 8; 2, 2.*

Nachdem die schwerwiegenden theologischen Probleme behandelt sind, kommt 12 Paulus noch auf spezielle Fragen des Gemeindelebens zu sprechen. Der erste Thessalonicherbrief ist das älteste Dokument des Neuen Testaments; er ist einige Wochen nach der Gründung der Gemeinde in Thessalonich geschrieben. Durch ihn erhält man einen kleinen Einblick in die Anfänge der organisatorischen Gliederung der christlichen Gemeinde. Eine instituierte *Ämterhierarchie* gibt es noch nicht. Wir hören nichts von Bischöfen, Lehrern und Diakonen. Aber es gibt Menschen in der Gemeinde, die sich für andere Gemeindeglieder verantwortlich fühlen. Ihre Tätigkeit charakterisiert Paulus mit drei Worten: sie mühen sich um die Gemeindeglieder, sie nehmen sich ihrer an in dem Herrn, und sie erteilen ihnen Weisungen. Das Wort „sich abmühen" kann Paulus von seiner schweren Handarbeit gebrauchen, mit der er sich seinen Unterhalt verdiente (1. Kor. 4, 12). Meist meint er damit seine apostolische Tätigkeit (1. Kor. 15, 10; Gal. 4, 11; Phil. 2, 16) wie auch die Arbeit anderer in der Gemeinde (1. Kor. 16, 16; Röm. 16, 12). So wird das Wort auch 1. Thess. 5, 12 nicht von irgendwelcher äußeren Betätigung zu verstehen sein, sondern vom geistlichen Dienst an der Gemeinde. Wenn sich diese Menschen der Gemeindeglieder annehmen, wenn sie sich um sie kümmern und sie ermahnen, so üben sie damit gewisse leitende Funktionen aus. Das geschieht nicht in eigener Verantwortung, sondern im Auftrag und im Geist des Herrn, dem sie dienen. Paulus spricht hier nicht wie 1. Kor. 12, 14 von Charismen, aber sicher denkt er, wie es auch Röm. 12 zeigt, an Charismatiker, die diesen Dienst an der Gemeinde ausüben. Die 13 Mahnung, Frieden zu halten, findet sich bei Paulus immer wieder (Röm. 12, 18; 2. Kor. 13, 11, vgl. Röm. 14, 19; 1. Kor. 1, 10; Phil. 2, 2; 4, 2). Wenn Paulus sie hier in dem ersten Brief, der uns von ihm erhalten ist, verwendet, so heißt es im Blick auf die angeführten Stellen nicht, daß es sich um eine allgemeine Formulierung handelt, die keinen konkreten Bezug auf die Situation in der Gemeinde hat. Aus mehreren Andeutungen in diesem Brief kann man mit einem gewissen Recht annehmen, daß es bereits in den ersten Wochen nach dem Entstehen der Gemeinde zu kleinen Verstimmungen zwischen Gemeindegliedern gekommen ist. Wer läßt sich schon gern ermahnen! Paulus fordert nicht Gehorsam gegen Übergeordnete, erst recht nicht Unterwerfung unter eine Amtsgewalt. Er bittet aber, Gemeindeglieder, die sich um die Gemeinde abmühen und in der Autorität des Herrn handeln, zu respektieren und ihnen, auch wenn sie ermahnen müssen, in Liebe Hochachtung zu erweisen. Liebe ist immer für den andern, nicht gegen den andern. Es läßt sich nicht entscheiden, ob Paulus zum Frieden untereinander oder zum Frieden mit den leitenden Männern der Gemeinde auffordert. Auf jeden Fall ist es wichtig, daß in einer Gemeinde, die Frieden mit Gott hat (Röm. 5, 1, vgl. 8, 6; 14, 17; 15, 13; 1.Kor. 7, 15) und dem Gott des Friedens dient (Röm. 15, 33; 16, 20; 2.Kor. 13, 11; 1.Thess. 5, 23), nicht Uneinigkeit und Streit herrschen darf (vgl. 1.Thess. 5, 27), sondern Friede walten soll.

14   V. 14 beginnt ganz ähnlich wie V. 12. Die Worte „Wir ermahnen euch, Brüder" zeigen, daß Paulus neu einsetzt. Während er sich V. 12 f. an die ganze Gemeinde gerichtet hat, wendet er sich in V. 14 an die führenden Männer, die sich für das Leben in der Gemeinde verantwortlich fühlen. Sie sollen in ihrer Tätigkeit nicht ablassen, sich um die Gemeinde zu bemühen und um sie besorgt zu sein. Paulus hat zwar in seinem Brief einige konkrete Fragen behandelt, aber eine einmalige Ermahnung genügt nicht (vgl. 4, 1). Man muß sich immer wieder um jeden einzelnen in der Gemeinde kümmern. Bei den Unordentlichen, die man zurechtweisen soll, ist vielleicht an die Unruhigen von 4, 11 f. gedacht, die durch ihr Verhalten keinen Anstoß erregen sollen. Auf sie soll man einwirken, damit sie ihre Lebensweise ändern. Kleinmütige sind Menschen, die mutlos geworden sind und sich Sorgen machen. Das könnten die Gemeindeglieder sein, die wegen der Verstorbenen betrübt waren und getröstet werden sollen (4, 13. 18). Wer die Schwachen sind, ist aus dem Text nicht zu entnehmen. Wahrscheinlich sind damit ganz allgemein die im Glauben Schwachen gemeint, die Paulus auch der Gemeinde in Rom ans Herz legt, damit sie sie in ihre Gemeinschaft aufnimmt. (Röm. 14, 1.) Vielleicht sind sie bei den Verfolgungen schwankend geworden (1.Thess. 3, 2 ff.), so daß ihr Glaube gestärkt werden muß (1.Thess. 3, 2. 5. 10. 13). Diese Schwachen darf man nicht aufgeben und nicht sich selbst überlassen, sondern man soll sie festhalten, damit sie von der Gemeinschaft getragen werden. Bei diesem Bemühen um einzelne Gemeindeglieder, beim Ermahnen, Trösten und Festhalten soll man nicht die Geduld verlieren, wie auch Gott gegen die Menschen langmütig ist (Röm. 2, 4; 9, 22). Langmut hat der Mensch nicht von sich aus, sie ist eine Frucht, die der Heilige Geist wachsen läßt (Gal. 5, 22). Wo sie bei einem Menschen da ist, kann er den andern in rechter Weise lieben (1.Kor. 13, 4). Gemeinschaft entsteht nur da und Gemeinschaft ist nur da von Dauer, wo man den großen Mut aufbringt, den andern trotz seiner Fehler und

15   Schwächen zu bejahen. Die Mahnung, nicht Böses mit Bösem zu vergelten, findet sich schon im Alten Testament (Spr. 20, 22). Sie ist für jedes Glied der Gemeinde

wichtig (Röm. 12,17), sie könnte aber auch noch zu den Worten gehören, die sich direkt an die Vorsteher der Gemeinde richten. Die natürliche Reaktion des Menschen, wenn ihm Böses widerfährt, ist es, Gleiches mit Gleichem heimzuzahlen, so wie es auch im Alten Testament gesagt ist: „Auge um Auge, Zahn um Zahn" (2.Mose 21,21). Für den Christen ist nicht ein irgendwie gerechtes Verhalten oberstes Gesetz, sondern die Liebe, die dem andern helfen will und sein Bestes erstrebt (Mt. 22,39; Röm. 13,9). Jesus (Mt. 5,39 ff. 44 ff.; Lk. 6,27 ff.) wie Paulus (Röm. 12,19 f.; 1.Kor. 4,12 f.; 6,6) mahnen, sich nicht zu rächen, sondern Gutes zu tun, auch dann, wenn einem Böses angetan ist. So soll man sich nicht nur Brüdern in der Gemeinde, sondern auch Außenstehenden gegenüber verhalten.

Nach den Ermahnungen zur rechten Einstellung Gemeindegliedern gegenüber **16** (V. 12-15) wie auch gegen die Welt (V. 15) folgen drei jeden Christen ganz speziell angehende Forderungen. Man sagt oft, daß die paulinischen Mahnungen lose aneinandergereiht sind, so daß sie in keiner inneren Berührung miteinander stehen und daß bei ihnen eine Anspielung auf eine konkrete Situation in der Gemeinde nicht vorliegt. Das ist in dieser Form nicht richtig. Paulus hat keine allgemein gehaltene Epistel verfaßt, in der er Ausführungen macht, die für alle Menschen zu allen Zeiten beachtenswert sind, sondern er hat einen konkreten Brief an eine bestimmte Gemeinde geschrieben, in dem er über ihre Situation mit ihr Zwiesprache hält. V. 15 u. 16 sind formal wie inhaltlich miteinander verbunden. V. 16 nimmt das „allezeit" aus V. 15 auf. Nach der Aufforderung zur Liebe in V. 15 – das ist dort gemeint, wenn das Wort selbst auch nicht gebraucht wird – folgt die zur Freude. Beide gehören innerlich zusammen (vgl. Phil. 4,4 f.), wie Paulus sie in dieser Reihenfolge auch als Früchte des Geistes nennt (Gal. 5,22). Weil Liebe und Freude nicht aus der Veranlagung der Menschen kommen, sondern im neuen Sein begründet sind (Röm. 14,17), weil der Geist sie wachsen läßt, darum kann Paulus von den Thessalonichern, die Verfolgungen ausgesetzt sind (1,6; 2,14) und denen er gesagt hat, daß Leiden zum Leben des Christen gehört (3,3), die sonst schwer verständliche Aufforderung zurufen: Seid allezeit fröhlich (2.Kor. 6,10; 4,4, vgl. Röm. 12, 12; 2.Kor. 13,11; Phil. 2,17 f. 28; 3,1). Christen kennen die „Freude des Glaubens" (Phil. 1,25). Darum geht die Freude nicht unter, auch wenn Verfolgungen über sie hereinbrechen (1.Thess. 1,6; 2.Kor. 7,4; 8,2). V. 17 nimmt mit „unablässig" das **17** „allezeit" von V. 16 auf. Wie Liebe und Freude so gehören auch Freude und Gebet zusammen (Röm. 12,12; Phil. 4,4.6). Mit „unablässig" soll nicht gesagt werden, daß Christen ununterbrochen Gebetsworte murmeln, wohl aber, daß sie stets im Gespräch mit Gott stehen und aus dieser inneren Bereitschaft und diesem unmittelbaren Verkehr heraus Gott mit den Lippen oder im Herzen konkret das sagen, was sie bewegt. Wie Paulus von sich bekennt, daß er im Gebet unablässig der Gemeinde gedenkt (1.Thess. 1,2 f.; Röm. 1,9, vgl. 1.Thess. 3,10) und er allezeit (1.Thess. 1,2; 1.Kor. 1,4; Phlm. 4) und unablässig (1.Thess. 2,13) dankt, so soll es auch die Gemeinde tun. Das Danken ist eine bestimmte Form des Betens. Es ist ein Kriterium, **18** ob das Beten ein rechtes Beten zu Gott ist. Das Danken soll nicht dann und wann einmal geschehen, sondern in jeder Situation (Phil. 4,6, vgl. 2.Kor. 1,11; 4,15). Die Geschichte von dem Aufenthalt des Paulus und Silas im Gefängnis von Philippi (Apg. 16,25) ist ein Beispiel, daß man auch in Notsituationen Gott im Gebet loben kann. Gott will von Menschen, die zu ihm gehören, daß sie sich freuen, beten und danken. Weil dieses „der Wille Gottes in Christus Jesus" ist, enthält dieser Wille nicht nur die Forderung, sondern auch die Möglichkeit der Verwirklichung des Geforderten. Christen sollen, dürfen und können allezeit sich freuen, beten und danken. Die ihnen erwiesene Gnade läßt das Danken überströmen zur Ehre Gottes

19 (2.Kor. 4, 15). Es folgen in V. 19 ff. einige kurze Mahnungen zum geistlichen Leben in der Gemeinde. Mit dem „Geist", der nicht unterdrückt werden soll, ist nicht die Geistigkeit des Menschen gemeint, sondern der Geist Gottes, den jeder Christ (Röm. 8, 9) mit der Taufe erhalten hat (1.Kor. 12, 13), der sich aber im Leben der Gemeinde verschieden auswirken kann. Vielleicht war es wie in Korinth bei einigen Gliedern zu einer falschen Einschätzung gewisser Geistesgaben gekommen, was zu unliebsamen Reaktionen bei andern geführt hat. Paulus warnt die Gemeinde davor, außerordentliche Erscheinungen des Geistes rigoros zurückzudrängen. Er fürchtet sich nicht vor Schwärmerei, die entstehen könnte. Zu den besonderen Geistesgaben

20 gehört auch die Prophetie (1.Kor. 14, 1). Prophezeien heißt bei Paulus nicht zukünftige Ereignisse voraussagen. Propheten sind in der urchristlichen Gemeinde Menschen, die vom Geist Gottes getrieben in verständlicher Sprache Gottes Wort verkündigen, das das im Herzen der Menschen Verborgene aufdeckt und sie zu Gott finden läßt (1.Kor. 14, 24). Hauptziel der prophetischen Rede ist das Mahnen und Trösten, wodurch die Gemeinde aufgebaut wird (1.Kor. 14, 3). Es kann beim prophetischen Reden aber auch zu einem großen Durcheinander kommen, wenn die vom Geist erfaßten Propheten sich nicht beherrschen und sich nicht einordnen (1.Kor. 14, 29 ff.). Paulus mahnt, diese Geistesgabe der Prophetie nicht zu verachten. Er fordert die Korinther sogar dazu auf, nach ihr zu streben (1.Kor. 14, 1-5. 39). Der Prophet soll in der Gemeinde zu Wort kommen, und was er sagt, soll beachtet werden. Wenn Paulus sich für die Entfaltung der Geistesgaben einsetzt, so bedeutet

21 das nicht, daß nach seiner Meinung die Gemeinde alles unkontrolliert übernehmen soll. Auch der Pneumatiker hat sich die Prüfung durch die Gemeinde gefallen zu lassen. Nicht jedes Wort eines Propheten ist richtig und muß bedingungslos befolgt werden. Nicht alles ist Geist Gottes, was sich als Geist ausgibt. Es treten auch falsche Propheten auf, die nicht aus Gott sind. Darum gilt es, die Geister auf ihre

22 Echtheit zu prüfen (1.Kor. 12, 10; 14, 29; 1.Joh. 4, 1). Weil die Gemeinde durch falsche Prophetie in die Irre geleitet werden kann, soll sie sich von jeder Gestalt des Bösen, auch wenn dieses im frommen Gewand auftritt, radikal trennen.

23f. Wie Paulus den ersten Teil seines Briefes mit einem Gebet abgeschlossen hat (3, 11-13), so tut er es auch nach der Beendigung der Ermahnung. Wie 3, 11 so wird auch 5, 23 „er selbst aber" angerufen. Um Heiligung ging es 4, 3. 4. 7. Paulus faßt kurz zusammen, was er in Kapitel 4 ausgeführt hat. Die Christen sollen sich nicht selbst heiligen, sondern „er" (3, 11; 4, 16), „der Gott des Friedens" (Röm. 15, 33; 16, 20; 2.Kor. 13, 11; Phil. 4, 9; Hebr. 13, 20), wird es tun. Was Gott tut, ist kein Stückwerk: Er soll sie ganz, „durch und durch" heiligen. Mit der dreifachen Bestimmung „Geist, Seele und Leib" will Paulus nicht eine definitive Beschreibung des Menschen geben. Er vertritt nicht die Dreiteilung der hellenistischen Anthropologie, sondern in plerophorischer Weise wird die Ganzheit des Menschen zum Ausdruck gebracht, zu der auch der Leib gehört. Was Gott angefangen hat, führt er zu Ende

(1.Kor. 1,9; 10,13; 2.Kor. 1,18, vgl. 2.Thess. 3,3). Er vermag die Thessalonicher, nachdem er sie zu Heiligen berufen hat (4,7; vgl. Gal. 1,6), zu bewahren, so daß sie untadelig dastehen und das Gericht nicht zu fürchten brauchen (1,10), sondern Herrschaft und Herrlichkeit erlangen (2,12). Wie bei den einzelnen Abschnitten des Briefes, so lenkt Paulus auch hier am Ende des ganzen Briefes den Blick auf die bevorstehende Wiederkunft Christi.

Briefschluß 5,25-28

25 Geschwister, betet für uns. 26 Grüßt alle Geschwister mit dem heiligen Kuß. 27 Ich beschwöre euch bei dem Herrn, den Brief allen Geschwistern vorzulesen. 28 Die Gnade unseres Herrn Jesus Christus sei mit euch.

Paulus beschließt seinen Brief mit der persönlichen Bitte an die Thessalonicher, 25 sie möchten seiner fürbittend gedenken (Röm. 15,30; 2.Kor. 1,11). Der Apostel ist nicht nur der Gebende, er ist auf die Hilfe der Gemeinde angewiesen (Röm. 1,12). Timotheus hatte berichtet, daß die Thessalonicher ihn nicht vergessen haben (1.Thess. 3,6). Sie gedenken seiner in rechter Weise, wenn sie für ihn beten. Die Aufforderung: Grüßt alle Geschwister mit dem heiligen Kuß, leitet zur Feier des Herren- 26 mahls über. In den urchristlichen Gemeinden hatte sich der Brauch des liturgischen Kusses (1.Kor. 16,20; 2.Kor. 13,12; Röm. 16,16) vor Beginn der Mahlfeier entwickelt. Man nannte ihn den heiligen Kuß, weil er ein Ausdruck der rechten Gemeinschaft der Heiligen war. Wenn Paulus nach der Verlesung des Briefes vor dem Mahl die Gemeinde auffordert, sich einander mit dem heiligen Kuß zu grüßen, so möchte er über Raum und Zeit hinweg ein sichtbares Zeichen der Gemeinschaft des Apostels mit der Gemeinde und ihrer Glieder untereinander geben (vgl. 1.Petr. 5,14). Es sind nicht Freunde, die zusammen kommen, sondern Geschwister, die zu einer Familie gehören. Was im Vergleich mit ähnlichen Grußformeln (Röm. 16,16; 1.Kor. 16,20; 2.Kor. 13,12) auffällt, ist, daß Paulus in 1.Thess. 5,26 besonders betont, daß der Gruß allen gilt. Die beschwörende Ermahnung, den Inhalt des 27 Briefes keinem vorzuenthalten, sondern ihn der ganzen Gemeinde bekannt zu geben, zeigt unmißverständlich, daß es Meinungsverschiedenheiten und Gruppenbildungen gegeben hat und daß die vorhergehenden Mahnungen nicht allgemeiner Art sind, sondern ganz konkrete Verhältnisse in der Gemeinde im Auge haben. Paulus hat keinen Privatbrief an einen auserlesenen Kreis in der Gemeinde verfaßt. Was er geschrieben hat, sollen alle erfahren. Es bestehen gewisse Spannungen in der Gemeinde, aber keine Irrlehre, gegen die Paulus sich abgrenzt. Darum grüßt er alle ohne Unterschied (5,26), und darum soll der Brief allen zur Kenntnis gebracht werden. Mit dem Wunsch um Gnade und Frieden hatte Paulus den Brief begonnen. 28 Um Frieden ging es ihm in den letzten Mahnungen (5,13.15.23). Mit der Bitte um Gnade beendet er sein Schreiben. Was Christen sind und was aus ihnen wird, ist Gnade.

DER ZWEITE BRIEF AN DIE THESSALONICHER

Gerhard Friedrich

Einleitung

1. Vergleich der beiden Thessalonicherbriefe miteinander. Es herrscht allgemeine Übereinstimmung, daß die beiden Thessalonicherbriefe im Aufbau, in der Thematik und in der Terminologie eine so starke Ähnlichkeit miteinander haben, wie das bei keinem der anderen paulinischen Briefe sonst der Fall ist. Das ist um so merkwürdiger, als beide Briefe an dieselbe Gemeinde gerichtet sind. Abgesehen von 2.Thess. 2,1-12 mutet der zweite Thessalonicherbrief fast wie eine Paraphrasierung einiger Abschnitte aus dem ersten Thessalonicherbrief an.

Beide Briefe haben ein im Verhältnis zu den anderen paulinischen Briefen sehr kurzes Briefpräskript. Der Briefeingang 2.Thess. 1,3-5.11ff. entspricht dem von 1.Thess. 1,2-8. Nach dem eschatologischen Einschub 2.Thess. 2,1-12 folgt 2,13 eine Danksagung, wie sie sich auch 1.Thess. 2,13 findet. 2.Thess. 2,16 nimmt die auffällige Formulierung von 1.Thess. 3,11 auf: „Er selbst aber der Herr, bzw. Gott", die am Schluß beider Briefe wiederkehrt (2.Thess. 3,16 u. 1.Thess. 5,23). Der erste Teil der Schreiben wird in beiden Briefen mit dem Gebetswunsch abgeschlossen, daß Gott die Herzen der Thessalonicher festige (1.Thess. 3,13) bzw. die Herzen trösten und festigen möge (2.Thess. 2,17). In beiden Briefeingängen beginnt der ermahnende Abschnitt mit „im übrigen" (2.Thess. 3,1; 1.Thess. 4,1). Die Einleitung der Ermahnung 2.Thess. 3,6 entspricht der von 1.Thess. 4,1f.: anordnen, wandeln, empfangen. 2.Thess. 3,8 spricht Paulus wie 1.Thess. 2,9 davon, daß er Nacht und Tag gearbeitet hat, um niemand zur Last zu fallen. Die Ermahnung an die Unordentlichen 2.Thess. 3,11-12 erinnert an die Ausführungen 1.Thess. 4,11; 5,14. Auch in der Terminologie lassen sich viele Berührungen feststellen. Von den 245 Wörtern des zweiten Thessalonicherbriefes hat dieser 145, also mehr als die Hälfte mit dem ersten Thessalonicherbrief gemeinsam.

Das Auffallendste am zweiten Thessalonicherbrief ist, daß er trotz vieler Gemeinsamkeiten in dem Hauptanliegen, der Stellungnahme zur Eschatologie, zu den letzten Dingen, vom ersten Thessalonicherbrief abweicht. Nach den Aussagen 1.Thess. 4,15 steht die Parusie (d.h. das letzte Kommen Christi) unmittelbar bevor, so daß Paulus sie noch selbst zu erleben hofft. Im zweiten Thessalonicherbrief ist die Parusie dagegen in die Ferne gerückt. Der Schreiber wendet sich gegen Leute, die behaupten, der Tag des Herrn stehe unmittelbar bevor (2.Thess. 2,2).

2. Erklärungsversuche für Gemeinsamkeiten und Unterschiede. Um das Verhältnis der beiden Briefe zueinander verständlich zu machen, hat man verschiedene Versuche unternommen. Man hat vorgeschlagen, die Reihenfolge der beiden Briefe zu ändern. Da die paulinischen Briefe nicht chronologisch, sondern nach ihrer Länge geordnet sind, könnte es gut möglich sein, daß der zweite Thessalonicherbrief vor dem ersten abgefaßt ist. Dadurch erkläre sich der Hinweis, daß Paulus im zweiten Brief betont, er unterschreibe den Gruß am Ende des Briefes mit eigener Hand (3,17). Weil Paulus die Frage der Unordentlichen 2.Thess.3,6ff. ausführlich behandelt hat, brauche er im ersten Thessalonicherbrief auf dieses Problem nur kurz hinzuweisen (1.Thess.5,14; 4,11). Während nach 2.Thess.1,4ff. die Gemeinde durch Leiden geht, scheinen diese im ersten Thessalonicherbrief schon der Vergangenheit anzugehören (1.Thess.1,6; 2,14 und 3,2f.). Wenn 1.Thess.5,1 von Paulus stammen sollte, dann könnte er damit auf die Ausführung von 2.Thess.2 anspielen.

Durch eine Umstellung werden zwar einige Fragen gelöst, aber es entstehen neue Probleme. 2.Thess.2,15 sollen die Thessalonicher die Überlieferungen halten, die sie durch den Brief des Paulus erhalten haben. Nach dieser Stelle kann der zweite Thessalonicherbrief nicht der erste Brief an die Thessalonicher sein, wenn man nicht annimmt, daß Briefe verloren gegangen sind. Außerdem erwähnt Paulus, als er 1.Thess.3,1ff. seine Beziehungen zu den Thessalonichern schildert, mit keinem Wort, daß er an sie schon einmal geschrieben hat. Unerklärlich bleibt, warum er in einem zweiten Brief auf die Gründung der Gemeinde und seine Tätigkeit zu sprechen kommt, wie dieses 1.Thess. 1-2 der Fall ist.

Harnack versuchte zu zeigen, daß der erste Thessalonicherbrief sich an die ganze Gemeinde richte, der zweite dagegen an die judenchristliche Minorität in der Gemeinde. Um die judenchristlichen Freunde, die sich in Thessalonich zuerst bekehrt und Paulus so hilfreich zur Seite gestanden hatten, nicht zu verstimmen, verfasse er schnell ein kürzeres Separatschreiben an sie. Daher erkläre sich, daß die Stellen, die sich mit dem ersten Thessalonicherbrief nicht berühren, eine starke alttestamentliche, jüdische Ausprägung haben (2.Thess.1,8-10; 2,4-8). Wenn der zweite Thessalonicherbrief sich an eine judenchristliche Gemeinde innerhalb der Gesamtgemeinde richten sollte, dann müßte das im Briefpräskript zum Ausdruck gebracht werden. Außerdem wäre es seltsam, daß Paulus es nicht moniert, sondern in gewisser Weise geradezu akzeptiert, daß es in der Gesamtgemeinde eine Minoritätsgemeinde gibt. 1.Thess.5,27 hat er anscheinend doch sehr großen Wert darauf gelegt, daß das, was er schreibt, alle angeht. Schließlich paßt die Mahnung zur Kirchenzucht schlecht in einen Brief an eine Gruppe in der Gemeinde.

E.Schweizer hat eine ältere These erneuert, nach der der zweite Thessalonicherbrief gar nicht an die Thessalonicher, sondern ursprünglich an die Philipper gerichtet gewesen ist. Polykarp erwähnt in seinem Brief an die Philipper (3,2), Paulus habe ihnen Briefe geschrieben. 11,4 zitiert er anscheinend 2.Thess.3,15, und 11,3 spielt er vielleicht auf 2.Thess.1,4 an. Da die beiden Gemeinden Thessalonich und Philippi ihre Briefe ausgetauscht haben, sei der Philipperbrief irrtümlich als Thessalonicherbrief bekannt geworden. Es läßt sich aber nicht leugnen, daß das Briefpräskript von 2.Thess.1,1 nicht die Philipper, sondern die Thessalonicher als Empfänger des Briefes nennt. Ein so offizielles, unpersönliches und autoritatives Schreiben, wie es der zweite Thessalonicherbrief ist, kann man sich kaum an die Philipper gerichtet vorstellen, mit denen Paulus ein besonders inniges Band verknüpfte.

3. Der unpaulinische Charakter des zweiten Thessalonicherbriefes. Trotz der vielen Übereinstimmungen zwischen beiden Briefen enthält der zweite Brief an die Thessalonicher einige Eigenarten, die von der Ausdrucksweise und der Theologie des Apostels Paulus abweichen. So wird z.B. 2.Thess.2,8 das Wort „Epiphanie" vom Erscheinen Christi gebraucht, das nicht zum Sprachschatz des Apostels gehört, das sich aber in den späteren Schriften des Neuen Testaments findet. Worte, die Paulus durchaus kennt und verwendet, erhalten im zweiten Thessalonicherbrief einen anderen Klang. Das Evangelium wird zur „Wahrheit" (2.Thess. 2,10-12), und die Wahrheit hat den Charakter einer neuen Lehre wie 1.Tim.2,4; 3,15; 6,5.

Nicht nur einzelne Worte werden im zweiten Thessalonicherbrief anders gebraucht, die ganze Diktion ist eine andere, als man sie sonst bei Paulus gewohnt ist. Im zweiten Thessalonicherbrief findet man eine Anhäufung von Substantiven und volltönenden Wortkompositionen. Man liest dort von „jedem Wohlgefallen des Guten und Werk des Glaubens in Kraft" (1,11), vom „Erscheinen seiner Ankunft" (2,8), von der „Ankunft in der Kraft Satans mit jeder Macht und Zeichen und Wundern der Lüge und mit jeder Verführung der Ungerechtigkeit" (2,9f.), von dem „Anbeginn zur Rettung in Heiligung des Geistes und Glauben der Wahrheit" (2,13). Diese Art zu schreiben erinnert stärker an den Epheserbrief und die Pastoralbriefe, aber nicht an die Schreiben des Paulus an seine Gemeinden.

Es fällt ferner auf, wie trocken und unpersönlich der zweite Thessalonicherbrief verfaßt ist. Im Gegensatz zum ersten Thessalonicherbrief hat er einen amtlichen Charakter. In autoritativem Stil gibt er lehrhafte Anweisungen für die Gemeinde. Während Paulus im ersten Thessalonicherbrief in großer Sorge und Liebe sich um die Thessalonicher bemüht, werden im zweiten offizielle Instruktionen erteilt, die Beachtung und Gehorsam verlangen. Der zweite Thessalonicherbrief erweckt nicht den Eindruck eines persönlichen Schreibens des Apostels an eine Gemeinde, mit der er aufs engste verbunden ist, nach der er sich sehnt und um die er bangt, sondern er ist eine Gemeindeinstruktion, in der vieles formelhaft und belehrend ausgedrückt ist. Schon der Briefeingang unterscheidet sich von den übrigen Briefen des Apostels. Er beginnt nicht wie sonst mit „wir danken", sondern es heißt „wir müssen danken, wie es würdig ist". Während in den meisten Briefeingängen Paulus versichert, daß er der Empfänger in seinen Gebeten gedenkt (1.Thess.1,2f.; Phil.1,3; Röm.1,9; Phlm.4), fehlt dieses im zweiten Thessalonicherbrief. Statt der persönlichen Verbundenheit wird ohne sichtbaren Grund die apostolische Autorität sehr stark hervorgehoben. Paulus erwähnt auch sonst Traditionen, von denen er sagt, daß er sie empfangen und weitergeleitet hat. Im Gegensatz dazu sind 2.Thess.2,15 und 3,6 seine eigenen, früher gegebenen Ermahnungen bereits überlieferte Lehre. Paulus erinnert auch 1.Kor.11,2 und 1.Thess.4,1f. an früher Gesagtes. Aber beide Male handelt es sich um ganz konkrete Einzelanweisungen. Im zweiten Thessalonicherbrief dagegen werden die Briefempfänger ohne speziellen Anlaß eindringlich gemahnt, die gesamte, vom Apostel herkommende Überlieferung von Anordnungen festzuhalten. In allen paulinischen Briefen zusammen wird das Wort „befehlen, Anweisungen geben" nicht so häufig gebraucht wie im zweiten Thessalonicherbrief (3,4.6.10.12). Weil es auf Festhalten am Überlieferten und Durchhalten bei Verfolgungen ankommt, ist, abgesehen von 2.Thess.3,1, von der missionarischen Aufgabe und der Kraft des Evangeliums wenig zu spüren.

Zu den formalen Unterschieden kommen inhaltliche. Da es nicht auf die Verkündigung des Evangeliums, sondern auf Bewahren der Lehre ankommt, ist die Einstellung zu den Nichtchristen eine andere als sonst bei Paulus. In den meisten Briefen lenkt der Apostel immer wieder den Blick auf die Verpflichtung, die die Christen den Heiden gegenüber haben, daß ihnen das Evangelium gepredigt werden muß (Röm.1,14f.; 15,13ff.; 1.Kor.9,19ff.; 2.Kor.2,14; Gal.1,16; 2,7; Phil.1,12ff.). Die Glieder der Gemeinde haben denen gegenüber, die nicht an Christus glauben, eine Aufgabe. Sie sollen sich nicht auf ihren kleinen Kreis zurückziehen, sondern an die andern denken und ihnen Gutes erweisen (1.Thess.5,15; Gal.6,10). Bei allem, was sie tun, sollen sie nicht außer acht lassen, daß sie den Heiden gegenüber eine Aufgabe haben (1.Thess.4,12; 1.Kor.10,32; 2.Kor.6,3f.). Im Gegensatz dazu wird 2.Thess.1,6ff. besonders kraß der Gerichtsgedanke herausgestellt mit Worten, die ganz alttestamentlich geprägt sind. Zwar spricht Paulus auch sonst von Rache. Aber Röm.12,19 wird nicht das Vergeltungsdogma mit Lohn und Strafe proklamiert, sondern es wird mit Hinweis auf Gottes Gericht zur Feindesliebe aufgefordert.

Die für die paulinische Theologie wichtigen Themen fehlen im zweiten Thessalonicherbrief völlig. Hinweise auf das Kreuz oder auf die Auferstehung Jesu sucht man vergebens. Jesus Christus ist nicht der Gekreuzigte und Auferstandene, sondern der Herr. Während Paulus gewöhnlich die Wendung „Evangelium Christi" (z.B. 1.Thess.3,2) gebraucht oder „Evangelium Gottes" (1.Thess.2,2.8f.), gelegentlich auch „unser Evangelium" (1.Thess.1,5) oder „mein Evangelium" (Röm. 2,16), wird 2.Thess.1,8 und nur hier vom „Evangelium unseres Herrn Jesus" gesprochen. Während Paulus sonst schreibt „Gott ist treu" (1.Kor.1,9; 10,13; 2.Kor.1,18), heißt es 2.Thess.3,3 „der Herr ist treu". 1.Thess.1,4 sagt Paulus „von Gott geliebte Geschwister". 2.Thess.2,13 heißt es „vom Herrn geliebte Geschwister". Aus der in den paulinischen Briefschlüssen bekannten Formulierung „der Gott des Friedens" (Röm.15,33; 16,20; 2.Kor.13,11; Phil.4,9; 1.Thess. 5,23) wird 2.Thess.3,16 „der Herr des Friedens". Jesus wird im zweiten Thessalonicherbrief direkt „unser Gott und Herr" genannt (2.Thess.1,12), zu dem man betet (2.Thess.3,16). Wenn im zweiten Thessalonicherbrief vom „Herrn" gesprochen wird, so ist nicht so sehr an den erhöhten oder an den im Kult gegenwärtigen Herrn gedacht, sondern weithin an den alttestamentlichen Gott. 2.Thess.1,9 werden durch die Bezeichnung „Herr" alttestamentliche Aussagen von dem richtenden und strafenden Gott auf Jesus übertragen. Dadurch erhalten die Ermahnungen einen anderen Charakter, als sie ihn sonst bei Paulus haben. Dem zweiten Thessalonicherbrief fehlt der Ton der Freude. Es ist nichts von der die Welt erobernden Kraft des Evangeliums zu spüren. Die Anweisungen zur Gestaltung des christlichen Lebens erinnern stärker an die ethischen Anweisungen des Alten Testaments oder an die moralischen Vorschriften der populären Philosophie als an die sonstigen Imperative bei Paulus, die aus dem Indikativ der Ermöglichung hervorgehen und deshalb eine andere Form des Evangeliums sind.

Hinzu kommen einige weitere inhaltliche Schwierigkeiten, wenn man den zweiten Thessalonicherbrief mit den anderen paulinischen Briefen vergleicht. Im Briefeingang pflegt Paulus von der Gemeinde und seinem Verhältnis zur Gemeinde zu sprechen. 2.Thess.1,5-10 ist eine kleine Apokalypse eingeschaltet, was ungewöhnlich ist. Der Verfasser spricht die Thessalonicher auf ihre Situation als Verfolgte an. Verfolgung und Leiden gehören für Paulus zum Normalzustand des Christen (1.Thess.3,3). Während Paulus 2.Kor.4,17 den Blick von den augenblicklichen Leiden auf das überschwengliche Maß der ewigen Herrlichkeit hinlenkt und er auch Röm.8,18 betont, daß die Leiden der gegenwärtigen Zeit nichts bedeuten gegenüber der zukünftigen Herrlichkeit, die an den Christen offenbar werden soll (vgl. auch Röm.8,17), wird 2.Thess.1,5ff. mit den Farben der jüdischen Apokalyptik das gerechte Gericht geschildert, das über die Feinde der Gemeinde ergehen wird.

2.Thess.2,2 wird darauf angespielt, daß die Irrlehrer Propaganda machen mit einem Brief, der angeblich von dem Apostel stammen soll. Ist Paulus der Verfasser des zweiten Thessalonicherbriefes, dann ist man erstaunt, daß er dieses mit so großer Gelassenheit hinnimmt. Obwohl es sich um wichtige Fragen der Eschatologie handelt, wehrt er sich nicht mit erregten Worten gegen die Fälscher und die Fälschungen. Das einzige, was er, abgesehen von der Richtigstellung der eschatologischen Erwartung, unternimmt, ist der Hinweis, daß er seine Briefe stets zu signieren pflege. Bei der Wichtigkeit der Frage und bei dem Temperament des Paulus ist es schwer denkbar, daß er aus dogmatischen und ethischen Gründen nicht gegen die Fälscher polemisiert, sondern sich mit einer Schutzmaßnahme zur Verhinderung ähnlicher Irreführungen in der Zukunft begnügt: Nur Briefe, die von ihm unterschrieben sind, soll die Gemeinde als authentisch von ihm stammende akzeptieren (2.Thess.3,17). Eine solche Einstellung ist mit dem sonstigen Verhalten des Apostels kaum vereinbar.

Seltsam ist, daß die Ankündigung des Kommens Christi die Gemeinde in Furcht versetzt (2.Thess.2,1f.). Sie hatte sich doch bekehrt, zu warten auf den Sohn Gottes, der sie von dem kommenden Zorn erretten würde (1.Thess.1,9f.). Nach 1.Thess. 4,13ff. lebten die Christen in Thessalonich in angespannter Naherwartung und waren betrübt, daß einige Angehörige durch ihren frühzeitigen Tod nicht die Freuden der Erscheinung Christi auf Erden erleben sollten. Nun·sollen dieselben Glaubenden mit einem Mal Angst haben vor dem, was sie eben noch sehnsüchtig erwartet haben?

2.Thess.2,5 weist der Schreiber darauf hin, daß er die Thessalonicher über die Fragen der Endereignisse genau belehrt habe, so daß sie darüber eigentlich Bescheid wissen müßten. Mit einem baldigen Eintreten der Ankunft Christi sei nicht zu rechnen. Es werde vielmehr, bis der das Kommen des Antichristen Hemmende beseitigt sei, eine geraume Zeit vergehen. Dann folge erst noch die Periode des Antichristen, den Christus bei seiner Ankunft vernichten werde. Solche Ansichten stehen im Gegensatz zu den Aussagen, die Paulus sonst über das Kommen Christi macht. Nirgendwo deutet er an, daß er mit einer Verzögerung der Parusie rechnet, weil der Antichrist noch nicht in Erscheinung getreten ist. Immer wieder weist er auf die Nähe der mit dem Kommen Jesu verbundenen Ereignisse hin (Röm.13,11ff.; 1.Kor.7,29; 1.Kor.15,51; Phil.4,5; 1.Thess.1,10; 4,15ff.).

Sollte der zweite Thessalonicherbrief von Paulus stammen, dann müßte er wegen der starken Übereinstimmung mit dem ersten Thessalonicherbrief bald nach diesem verfaßt sein. Dagegen sprechen aber die zeitlichen Hinweise im 2.Thess. 2. Während der erste Thessalonicherbrief bald nach der Gründung der Gemeinde geschrieben ist, liegt nach der Andeutung in 2.Thess. 2, 5 f. zwischen der missionarischen Tätigkeit des Apostels in Thessalonich und dem Zeitpunkt des Briefschreibens eine beachtliche chronologische Distanz. Das sind Hinweise, die dem Leser die Annahme schwer machen, der zweite Thessalonicherbrief sei von Paulus verfaßt.

4. Der Verfasser. Wahrscheinlich stammt der zweite Thessalonicherbrief nicht von Paulus. Wer den zweiten Thessalonicherbrief geschrieben hat, wann der Verfasser gelebt und wo er sich aufgehalten hat, ist aus dem Brief nicht zu entnehmen. Wohl aber lassen sich Motive erkennen, die zur Abfassung des Briefes geführt haben. Die Frage der letzten Dinge hat in der Gemeinde, für die der Autor sich verantwortlich fühlt, offensichtlich Unruhe verursacht. Eschatologische Pneumatiker beriefen sich auf Offenbarungen des Geistes, auf das mündliche Wort und auf den Brief des Paulus an die Thessalonicher für die Richtigkeit ihrer Ansicht, daß das Ende unmittelbar bevorsteht (2.Thess. 2, 2). Die einen in der Gemeinde erschraken und wurden ihres Heils unsicher, die anderen vernachlässigten die alltäglichen Pflichten. Weil man sich auf Paulus berief, mußte das richtig gestellt werden. Um die paulinischen Aussagen von der Eschatologie zu korrigieren, hat ein Apostelschüler im Namen des Paulus den zweiten Thessalonicherbrief verfaßt. Um die paulinische Herkunft erkenntlich zu machen, schloß er sich sehr eng an den ersten Thessalonicherbrief an. Die Ausführungen über das Erscheinen Christi am Ende der Zeit im ersten Thessalonicherbrief ersetzte er durch die Schilderung des Antichristen, der der Ankunft Christi vorausgeht. Damit hat er eine Erklärung für die eingetretene Verzögerung der Endereignisse gegeben.

Kommentare: Siehe die Angaben zum ersten Thessalonicherbrief. Außerdem: W. Trilling, Der zweite Brief an die Thessalonicher, Evangelisch-katholischer Kommentar zum NT XIV 1980.

Abhandlungen: W.Wrede, Die Echtheit des zweiten Thessalonicherbriefes (Texte und Untersuchungen NF IX 2), 1903; A.v.Harnack, Das Problem des zweiten Thessalonicherbriefs, in: Sitzungsberichte der Preußischen Akademie der Wissenschaften zu Berlin, 1910, S.560-578; E.Schweizer, Der 2.Thessalonicherbrief ein Philipperbrief? ThZ 1 (1945) 90-105. 286-289; W.Trilling, Untersuchungen zum zweiten Thessalonicherbrief (Erfurter Theologische Studien 27), 1972.

Der Eingangsgruß 1, 1-2

1 **Paulus und Silvanus und Timotheus der Gemeinde der Thessalonicher in Gott, unserem Vater, und dem Herrn Jesus Christus. 2 Gnade sei mit euch und Friede von Gott, dem Vater, und dem Herrn Jesus Christus.**

Der Briefanfang (Präskript) stimmt mit dem von 1.Thess. 1, 1 fast Wort für Wort 1 überein. Das ist insofern auffällig, als Paulus den Anfang seiner Briefe der Situation der Leser und dem Inhalt des Briefes entsprechend zu variieren pflegt. Besonders zu beachten ist, daß 2.Thess. 1, 1 f. die Eigenarten von 1.Thess. 1, 1 beibehält, die sich sonst bei Paulus nicht finden. So werden die Absender nur mit Namen genannt, während Paulus sonst zu seinem Namen noch den Titel Apostel hinzufügt oder, wenn es sich um mehrere Absender handelt, er sie als „Knechte Jesu Christi" zusammenfaßt (Phil. 1, 1). Ferner werden die Empfänger des Briefes nicht mit dem Städte- (vgl. Röm. 1, 7; 1.Kor. 1, 2; Phil. 1, 1) oder Landesnamen (2.Kor. 1, 1; Gal. 1, 2) angeredet, sondern wie 1.Thess. 1, 1 mit „Gemeinde der Thessalonicher". 2.Thess. 1, 1 bietet im Vergleich mit 1.Thess. 1, 1 einige Erweiterungen, die aus anderen paulinischen Briefeingängen bekannt sind. So wird zu „Vater" das Possessivpronomen „unser" hinzugefügt (Röm. 1, 7; 1.Kor. 1, 3; 2.Kor. 1, 2; Gal. 1, 3; 2 Phil. 1, 2; 1.Thess. 1, 3) und der Segenswunsch entsprechend der sonst bei Paulus gebräuchlichen Form um die Wendung „von Gott unserm Vater und dem Herrn Jesus Christus" ergänzt, wobei das „unser" möglicherweise ursprünglich gefehlt hat. Durch das doppelte „von Gott dem Vater und dem Herrn Jesus Christus" macht das Präskript einen überladenen, schwerfälligen Eindruck.

Dank, Zuspruch und Fürbitte 1, 3-12

3 Wir müssen Gott allezeit für euch danken, Geschwister, wie es würdig ist, daß euer Glaube kräftig wächst und die Liebe zueinander bei jedem einzelnen von euch zunimmt, 4 so daß wir selbst uns euer in den Gemeinden Gottes rühmen wegen eures Ausharrens und Glaubens in allen euern Verfolgungen und Bedrängnissen, die ihr ertragt, 5 ein Anzeichen des gerechten Gerichtes Gottes, auf daß ihr des Reiches Gottes gewürdigt werdet, für das ihr auch leidet, 6 da es gerecht ist bei Gott, euren Bedrängern mit Bedrängnis zu vergelten 7 und euch, den Bedrängten, Erquickung zusammen mit uns, bei der Offenbarung des Herrn Jesu vom Himmel mit den Engeln seiner Macht 8 in Flammenfeuer, wenn er Strafe vollzieht an denen, die Gott nicht kennen und dem Evangelium unseres Herrn Jesus nicht gehorchen, 9 die als Strafe ewiges Verderben erleiden vom Angesicht des Herrn und von der Herrlichkeit seiner Stärke, 10 wenn er kommt, um verherrlicht zu werden unter seinen Heiligen und bewundert unter allen Gläubigen – denn Glauben fand unser Zeugnis bei euch – an jenem Tage. 11 Wozu wir auch allezeit für euch beten, daß unser Gott euch der Berufung würdig mache und zur Vollendung bringe jeden Entschluß zum Guten und das Werk des Glaubens in Kraft, 12 damit der Name unseres Herrn Jesu unter euch verherrlicht werde und ihr in ihm, nach der Gnade unseres Gottes und Herrn Jesu Christi.

V. 8: *Jes. 66, 15; Jer. 10, 25; Ps. 79, 6;* V. 9: *Jes. 2, 10. 19. 21;* V. 10: *Jes. 49, 3; 2, 11. 17; Ps. 68, 36; 89, 8;* V. 12: *Jes. 24, 15; 66, 5; Mal. 1, 11.*

3   Der Briefeingang weicht trotz mancher Berührungspunkte von der sonst üblichen Art des paulinischen Briefstils ab. Die Verse 3-12 sind ein Satzungeheuer, dessen Länge und Schwerfälligkeit mit den Satzperioden von Phil. 1, 3-11 und 1.Kor. 1, 4-8 nicht zu vergleichen sind. Statt des einfachen „wir danken" wird die Wendung gebraucht „wir müssen Gott danken" (vgl. 2, 13), wie sie in den Schriften der apostolischen Väter zu finden ist (Barn. 5, 3; 7, 1; 1.Clem. 38, 4). Hinzugefügt wird noch „wie es sich geziemt". Die Verpflichtung hat der Schreiber Gottes nicht etwa der Gemeinde gegenüber. Auf diese zurückhaltende, unpersönliche Erklärung der Dankespflicht folgt die persönliche Anrede „Geschwister" (siehe zu 1.Thess. 1, 4), die mit Ausnahme von 1.Thess. 1, 4 in den paulinischen Briefeingängen nicht fest-

zustellen ist. Mit der Anrede „Geschwister" leitet Paulus sonst einen neuen Abschnitt ein, besonders wenn es sich um Ermahnungen handelt. Grund des Dankes sind in beiden Briefen der Glaube und die Liebe. Trotz der Not und der Verfolgungen halten die Thessalonicher am Glauben fest, ja, der Glaube erstarkt sogar noch. Nach dieser Aussage über ihre Einstellung zu Christus folgt eine solche über ihr Verhalten zueinander. Die Bedrückung von außen schließt sie enger zusammen, so daß sich niemand einsam fühlt, sondern jeder von der Liebe der Gemeinschaft getragen wird. Während 1.Thess. 3,12 und 5,15 die Liebe „allen" zuteil werden soll, ist sie hier auf die Gemeindeglieder beschränkt. Das dritte Glied von 1.Thess. 1,3, die Hoffnung, wird weggelassen, weil dieses der problematische Punkt in der Gemeinde ist (2.Thess. 2,2). Dagegen wird der Gedanke der Geduld (2.Thess. 1,4) 4 aufgenommen, allerdings in anderer Weise als 1.Thess. 1,3. Während der Briefeingang im ersten Thessalonicherbrief von der nicht nachlassenden Hoffnung handelt, geht es 2.Thess. 1,4 um die Bewährung in Verfolgungen. Es wird hier Geduld und Glauben zusammen genannt wie Offb. 13,10 (vgl. auch Hebr. 6,12; 1.Petr. 1,7). Entsprechend 1.Thess. 1,7f. wird 2.Thess. 1,4 die Vorbildlichkeit der Gemeinde herausgestellt. Aber während Paulus im ersten Thessalonicherbrief von dem Faktum spricht, daß die Thessalonicher ein Vorbild sind, prahlt der Schreiber im zweiten Thessalonicherbrief mit den Thessalonichern in fast peinlicher Weise vor den anderen Gemeinden, was zu der Art des Paulus nicht recht paßt. In beiden Briefen wird von den Bedrängnissen gesprochen, die die Gemeinde durchzumachen hat; aber auch da liegen wieder Unterschiede vor. Während 1.Thess. 1,6 und 2,14 die Verfolgungen der Vergangenheit angehören, macht nach 2.Thess. 1,4 die Gemeinde in der Gegenwart eine Notzeit durch. Wer die Verfolger sind, wird nicht gesagt. Durch ihre Geduld und durch das Festhalten am Glauben bewährt sich die Gemeinde im Leiden (Röm. 5,3; 12,12; Phil. 1,29).

In V.5 finden sich mehrere Worte, die Paulus sonst nicht verwendet oder in 5 anderm Zusammenhang gebraucht. Was V.5ff. steht, hat weder im ersten Thessalonicherbrief noch in einem anderen paulinischen Briefeingang eine Parallele. Es wird nicht vom Christenstand der Gemeinde und dem Verhältnis des Apostels zu ihr gesprochen, sondern vom gerechten *Gericht* Gottes und von dem zum Gericht erscheinenden Kyrios. Mit „Danksagung" hat der Abschnitt 1,5-10 nichts zu tun. Zum besseren Verständnis von 2.Thess. 1,5f. ist 2.Makk. 6,12ff. heranzuziehen. Dort wird den Juden gesagt, daß die gegenwärtigen Notzeiten zu ihrer Erziehung dienen. Die Bestrafung der Gottlosen wird aufgeschoben, bis sie das Maß ihrer Sünden vollgemacht haben. Ähnliches wird auch den Thessalonichern zum Trost geschrieben. Gott hält Gericht. Dieses Gericht ist gerecht, weil Gott der Richter ist und Gott gerecht ist. Wenn die Thessalonicher in der Gegenwart leiden müssen, so heißt das nicht, daß Gott die Übeltaten der Gottlosen nicht sieht (Sir. 12,6). Sie sollen die Verfolgungen als eschatologische Ereignisse ansehen (Mk. 13,19.24; Offb. 7,14), als Vorwegnahme des künftigen Gerichts (vgl. 1.Kor. 11,32). Durch sie wird die Gemeinde geläutert. Die Verfolgten werden dadurch gewürdigt, Teilhaber des Reiches Gottes zu sein (Röm. 8,17). Wenn Christus erscheinen wird, brauchen sie keine Furcht zu haben (vgl. 2.Thess. 2,2), sie werden ihn verherrlichen und bewundern (2.Thess. 1,10). V.6 nimmt den Gedanken des gerechten 6

Gerichts von V.5 auf. Der ganze Abschnitt V.6-12 ist durch einen synonymen Parallelismus geprägt, so daß das Ganze wie ein Gedicht anmutet. Nachdem von dem Heilshandeln des gerechten Gottes gesprochen war, wird jetzt das Strafhandeln Gottes beim Endgericht zunächst nur ganz kurz angedeutet. Mit Zitaten aus prophetisch-apokalyptischen Stellen des Alten Testaments wird gezeigt, daß die Verfolger beim Endgericht die gerechte Bestrafung erhalten werden. Wenn Paulus sonst vom Leiden der Christen spricht, verweist er darauf, daß sie zeitlich begrenzt sind und man sie mit der zukünftigen Herrlichkeit nicht vergleichen kann (Röm. 8,18; 5,2f.; 2.Kor.4,17). Eigenartig mutet es an – aus den anderen Briefen des Paulus lassen sich ähnliche Trostgedanken nicht belegen –, daß die Gemeinde durch den Hinweis auf das bevorstehende Strafgericht getröstet wird. Das entspricht Aussagen der jüdischen Apokalyptik: „Darum, meine Brüder, sollte ich euch schreiben, damit ihr euch trösten solltet wegen eurer vielen Trübsale. Wissen sollt ihr aber, daß unser Schöpfer sicherlich rächt an all unsern Feinden, entsprechend dem allem, was sie uns getan haben, und auch dies, daß sehr nahe das Ende ist, das der Höchste herbeiführen wird" (syr.Bar.82,1f.). Ähnliche Gedanken werden 2.Thess.1,6 ausgeführt: Gott wird die Feinde der Christenheit nicht ungestraft lassen, sondern ihnen die Strafe zuerkennen, die ihrem Verhalten entspricht (1.Petr.4,16f.). Beim Endgericht erfolgt die große Umkehrung der Verhältnisse. Wie die Machthaber gestürzt und die Unterdrückten erhöht, die Hungrigen gesättigt werden und die Reichen leer ausgehen (Lk.1,52f.), so werden die Bedränger zu Bedrängten, und

7 die Bedrängten erhalten Ruhe. Das Erscheinen Jesu Christi wird als Offenbarung bezeichnet (1.Kor.1,7). Von Jesus Christus wird dreierlei gesagt: Er kommt vom Himmel (1.Thess.1,10; 4,16), er ist begleitet von den Engeln, die seine Macht demonstrieren (s. z. 1.Thess.3,13), und er erscheint von Feuerflammen umgeben. Ganz ähnlich wird in der jüdischen Apokalyptik die Epiphanie Gottes zum Weltgericht geschildert: „Der Gott der Welt wird ... mit seinen Heerscharen sichtbar

8 werden und in der Stärke seiner Macht vom Himmel her erscheinen" (äth.Hen.1,4). Das Feuer gehört zur Erscheinungsweise Gottes (2.Mose3,2). Es vernichtet alles Widergöttliche. „Feuer geht vor ihm her und sengt rings seine Feinde hinweg. Seine Blitze erhellen den Erdkreis" (Ps.97,3f.; vgl. Jes.66,15f.). „Unser Gott kommt und kann nicht schweigen, verheerend Feuer geht vor ihm her" (Ps.50,3). Was im Alten Testament von Gott ausgesagt wird, ist hier auf Jesus Christus angewendet. Die feurigen Flammen des vom Himmel kommenden Christus zeigen seine Herrlichkeit wie seine furchtbare Macht an. Die Wendung „die Gott nicht kennen" wird oft zur Charakterisierung der Heiden gebraucht (Jer.10,25; Ps.79,6; Gal.4,8; 1.Thess. 4,5). Von den Juden wird häufig in verschiedenen Wendungen gesagt, daß sie ungehorsam sind (Röm.10,3.16-21; 11,30ff.). Wenn das Strafgericht Christi über die ergeht, die Gott nicht kennen und dem Evangelium nicht gehorchen, so soll damit kaum auf Heiden und Juden angespielt werden. Gelegentlich wird auch von Juden gesagt, daß sie Gott nicht kennen (Jer.9,6; Joh.8,55), und Heiden werden ebenfalls ungehorsam genannt. Die Doppelaussage will dem für diesen Abschnitt charakteristischen Parallelismus entsprechend mit vollklingenden Worten zum Ausdruck bringen, daß das Gericht unausweichlich über alle Nichtglaubenden ergeht. Wer nicht glaubt, ganz gleich ob er Jude oder Heide ist, kennt Gott nicht und ist dem

Evangelium nicht gehorsam. Merkwürdig ist das Wort „Evangelium unseres Herrn Jesus". Paulus spricht in verschiedener Weise vom Evangelium, aber der Ausdruck „Evangelium unseres Herrn Jesus" ist im Neuen Testament einmalig (S. 255). An dieser Stelle wird die vollklingende feierliche Formel „Evangelium unseres Herrn Jesus" mit der als Zitat aus dem Alten Testament entnommenen Wendung „Kenntnis Gottes" in Parallele gesetzt. Daraus ergibt sich, daß Evangelium hier eine andere Bedeutung hat als sonst in den paulinischen Briefen. Das Evangelium ist nicht mehr eine Kraft zur Errettung (Röm. 1, 16), durch das neue Wirklichkeiten geschaffen werden, sondern von ihm wird ähnlich gesprochen, wie die hellenistischen Juden von der Erkenntnis Gottes bei den Heiden redeten. Das Evangelium hat seinen dynamischen Charakter verloren. Es ist zu einer formelhaften Zusammenfassung der christlichen Lehre geworden und kommt den im zweiten Thessalonicherbrief mehrfach gebrauchten Begriffen „Wahrheit" (2, 10. 12 f.) und „Überlieferung" (2, 15; 3, 6) gleich. V. 9 beschreibt die Art der Strafe. Jede Ausmalung wird vermieden. 9 Paulus weiß, daß Gott Gericht hält und die Gottlosen bestraft (Röm. 2, 8-11), aber er spricht sonst nie vom ewigen Verderben, wohl aber vom ewigen Leben. Die Bestrafung besteht nicht darin, daß die Ungehorsamen vom Angesicht Christi und der Herrlichkeit seiner Stärke getrennt werden, während die Christen mit ihm allezeit vereint sein dürfen (1. Thess. 4, 17), sondern das ewige Verderben geht von dem Angesichte Christi und seiner machtvollen Herrlichkeit aus (vgl. Ps. 34, 17; Jes. 2, 10. 19-21). Christus wird hier mit den alttestamentlichen Farben Gottes gezeichnet, sein Erscheinen hat vernichtende Wirkung. Er ist Richter und Strafender in einer Person. Nachdem von der Bestrafung der Gottlosen durch die Herrlichkeit Jesu Christi gesprochen ist, wird in V. 10 von der Verherrlichung und Be- 10 wunderung durch die Christen geredet (vgl. auch 1, 12). Auch dabei werden alttestamentliche Aussagen über Gott auf Christus angewendet (Ps. 89, 8; 68, 36). Während Ps. 89, 8 mit den Heiligen die Engel der geistlichen Ratsversammlung gemeint sind, ist im Thessalonicherbrief an die Heiligen der christlichen Gemeinde gedacht. Sie brauchen die Wiederkunft Christi nicht zu fürchten; denn Christus kommt nicht nur zum strafenden Gericht. Wie in V. 8 nicht zwei Gruppen von Menschen beschrieben werden, so sind auch hier die Heiligen des Herrn nicht die bekehrten Juden und die Gläubiggewordenen nicht ehemalige Heiden, sondern es ist durch die Betonung „alle Gläubigen", die sich so im Alten Testament nicht findet, zum Ausdruck gebracht, daß die Gesamtheit der Christenheit gemeint ist, wozu – wie die Parenthese es noch besonders hervorhebt – auch die Thessalonicher gehören.

Auf den Dank von V. 3 folgt – unterbrochen von den Gerichtsworten V. 4-10 – 11 nun die Bitte (vgl. Röm. 1, 8 u. 10; Phil. 1, 3 f. 9). Die V. 11 u. 12 greifen mit „allezeit", „würdig sein", „wachsen" und „Glaube" auf V. 3 u. 5 zurück. Wenn gebetet wird, Gott möge die Thessalonicher der Berufung würdig machen, so ist mit Berufung nicht der an die Thessalonicher ergangene Ruf bei der Bekehrung gemeint (vgl. 1. Thess. 4, 7; 5, 24; Röm. 9, 24; 1. Kor. 1, 9. 26; 7, 15. 17 ff.; Gal. 1, 6; 5, 13), sondern entsprechend V. 5 der Eingang in das endzeitliche Reich Gottes. Der Bekehrte kann sich nicht würdig machen, Gott muß es tun. Die Bitte enthält ferner den Wunsch, Gott möge bei den Thessalonichern die Willigkeit zum Guten und damit auch das Tun, das zum Glauben gehört (1. Thess. 1, 3), völlig machen. Noch

sind die Glaubenden nicht am Ziel, sondern unterwegs, und das heißt, sie sind den Anfechtungen ausgesetzt. Darum muß man um die Vollendung in Kraft beten, damit man nicht das verliert, was man hat. Vom Leben der Christen durch Gott in
12 dieser Welt wird dann wieder der Blick auf Christus selbst gerichtet. Wenn Christen sich als Christen erweisen, der Glaube sich im Wirken des Guten realisiert, dann ist das nicht nur eine innermenschliche und innerweltliche Angelegenheit, sondern Christus wird dadurch in der Gemeinde verherrlicht und die Christen in ihm. Die Christen haben teil an seiner Herrlichkeit. Noch einmal wird betont: das alles ist nicht ihr Verdienst, sondern Gnade von „unserem Gott und Herrn Jesus Christus". Daß Christus Gott und Herr genannt wird, ist trotz Röm. 9, 5 für Paulus singulär. Es ist aber die Ausdrucksweise der späteren Zeit (Tit. 2, 13; Joh. 20, 28; 2.Petr. 1, 1).

Die Vorzeichen der Parusie 2, 1-12

1 Wir bitten euch aber, Geschwister, im Blick auf das Kommen unseres Herrn Jesus Christus und unserer Vereinigung mit ihm: 2 lasset euch nicht schnell aus der Fassung bringen und in Schrecken versetzen, weder durch Geist noch durch Wort noch durch einen Brief, angeblich von uns, als ob der Tag des Herrn unmittelbar bevorsteht. 3 Laßt euch von niemandem in irgendwelcher Weise täuschen; denn erst kommt der Abfall, und der Mensch der Gesetzlosigkeit wird offenbart, der Sohn des Verderbens, 4 der sich empört und sich erhebt wider alles, was Gott oder Heiligtum heißt, so daß er sich in den Tempel Gottes setzt und sich selbst zum Gott macht. 5 Erinnert ihr euch nicht, daß ich euch dieses gesagt habe, als ich noch bei euch war? 6 Und jetzt wißt ihr, was aufhält, damit er zu seiner Zeit offenbar werde; 7 denn das Geheimnis der Gesetzlosigkeit ist schon am Werke; nur muß der, der noch aufhält, erst beseitigt werden. 8 Und dann wird der Gesetzlose offenbart werden, den der Herr Jesus mit dem Hauch seines Mundes beseitigen und mit der Erscheinung seiner Ankunft vernichten wird, 9 dessen Ankunft in der Kraft Satans erfolgt mit allen möglichen trügerischen Machterweisen, Zeichen und Wundern 10 und mit jeder Art von Verführung der Ungerechtigkeit für die, die verloren gehen, zur Strafe dafür, daß sie die Liebe zur Wahrheit nicht angenommen haben, auf daß sie gerettet werden. 11 Und deswegen sendet Gott ihnen die Macht der Verführung, daß sie der Lüge glauben, 12 damit alle, die der Wahrheit nicht geglaubt, sondern an der Ungerechtigkeit Gefallen gefunden haben, dem Gericht verfallen.
V. 4: Dan. 11, 36; Hes. 28, 2; V. 8: Jes. 11, 4; Hiob 4, 9.

1   Nach dem Dankgebet von Kapitel 1, das aber in Wirklichkeit eine Belehrung über das Gericht Gottes enthält, folgt in Kapitel 2 die Ermahnung, eingeleitet wie 1.Thess. 5, 12 mit „wir bitten", die ebenfalls eine Belehrung ist. Während die Kapitel 1 und 3 viele Parallelen zu den Ausführungen im ersten Thessalonicherbrief enthalten, finden sich solche Kapitel 2, 1-12 nicht. Darum ist in diesem Abschnitt das Hauptanliegen des Briefschreibers zu sehen. Wie er andeutet, geht es ihm um das Kommen Christi und um die Vereinigung der Christen mit ihm, wovon Paulus bereits 1.Thess. 4, 15-17 gesprochen hatte. Aber im Folgenden geht der Schreiber darauf gar nicht ein, sondern es liegt ihm daran zu zeigen, daß diesem Geschehen bestimmte Ereignisse vorausgehen müssen. Darin unterscheidet er sich von den eschatologischen Ausführungen des Apostels Paulus, dem es nicht um den Ablauf apokalyptischer Ereignisse vor der Parusie, sondern um die Auferstehung und die

Vereinigung mit Christus geht (1.Thess. 1, 16 f.; 1.Kor. 15, 22 ff.). Die Ausdrücke „auferstehen" und „auferwecken" kommen im 2. Thessalonicherbrief überhaupt nicht vor. Der Verfasser hat ein anderes Anliegen. In der Gemeinde von Thessalo- 2 nich hatten einige Glieder die Ansicht verbreitet, die Zeit für den Tag des Herrn sei da, dieser stehe nun unmittelbar bevor. Vertreter dieser Anschauung sind nicht Gnostiker, die in Korinth behauptet hatten, die Endereignisse seien bereits eingetreten (vgl. z.B. auch 2.Tim. 2, 18). Einige Andeutungen im zweiten Thessalonicherbrief weisen darauf hin, daß die endzeitlichen Vorstellungen in Thessalonich andere waren als in Korinth. Wenn die Erfüllung der Erwartung bereits realisiert ist, dann kann die Gemeinde nicht mehr den Nöten und Gefahren der Verfolgung ausgesetzt sein, wie das nach 2.Thess. 1, 4 ff. der Fall ist, dann braucht sie sich auch durch die Botschaft von der eschatologischen Präsenz nicht in Angst versetzen zu lassen. In Thessalonich scheint sich etwas Ähnliches ereignet zu haben wie später in Pontus. Wie Hippolyt (Daniel-Kommentar 4, 19) berichtet, hat dort ein Vorsteher der Gemeinde wie ein Prophet das Eintreten des Gerichts in Jahresfrist verkündet. Als die Gemeindeglieder hörten, daß der Tag des Herrn unmittelbar bevorsteht, erfaßte sie Furcht vor dem Gericht und Verzagtheit. Sie fingen an zu weinen und zu klagen, gaben das Arbeiten auf, ließen ihre Äcker unbestellt liegen und verkauften ihr Eigentum. In Thessalonich haben die Schwärmer alle ihnen in der Gemeinde zur Verfügung stehenden Mittel zur wirksamen Propaganda ihrer Anschauung eingesetzt. Wie Mk. 9, 1 wahrscheinlich ein urchristlicher Prophet gesagt hatte, daß die jetzt lebende Generation das Kommen Christi noch erleben werde, so haben zur Zeit des zweiten Thessalonicherbriefes Propheten in Frontstellung gegen die nachlassende eschatologische Erwartung (Mt. 25, 1 ff.; Lk. 21, 34; 1.Thess. 5, 1 ff.; 2.Petr. 3, 4 ff.) das unmittelbar bevorstehende Ende mit allem Nachdruck verkündigt. Man berief sich auf Paulus. Dieser hatte in seiner Predigt wie auch in einem angeblich von ihm stammenden Brief von der Nähe der Ankunft Christi gesprochen. Mit 2.Thess. 2, 1 ff. soll genauso wie mit 1.Thess. 5, 1 ff. die Naherwartung des Paulus korrigiert werden. Während 1.Thess. 5 die Enderwartung gegen die erschlaffte Erwartung mit dem Hinweis auf die Plötzlichkeit und Unberechenbarkeit des Kommens Christi aufrecht erhalten wird, tritt der Schreiber des zweiten Thessalonicherbriefes Schwärmern entgegen, die in falscher Weise die urchristliche Hoffnung aktualisieren wollen. Diesen wird gesagt, daß der letzten Zeit die vorletzte Zeit vorausgeht, die noch nicht eingetreten ist. Die Haltung des Christen ist weder eschatologisches Desinteresse noch fanatischer Endzeitglaube.

Darum rät der Schreiber dieses Briefes den Thessalonichern, sie sollten sich durch 3 überspannte Agitation nicht verwirren lassen, sondern wissen, daß dem Ende zwei Ereignisse vorausgehen, an denen man erkennen kann, was die Weltenuhr geschlagen hat: Der große Abfall und das Erscheinen des mächtigen Verführers. Dieses letzte Stadium vor dem Ende ist noch nicht erreicht, weil beides noch nicht eingetreten ist. Seit unter Antiochus Epiphanes IV., der die seinem Reich einverleibten Untertanen nicht nur politisch, sondern auch religiös gleichschalten wollte, bei vielen Juden eine starke Abwendung vom strengen Jahwe-Glauben erfolgt war (Dan. 11, 32), gehört der Abfall zum Themenkreis der Apokalyptik (äth. Hen. 93, 9). Auch Mt. 24, 11 berichtet von der Verführung durch Pseudopropheten, dem

Umsichgreifen der Gesetzlosigkeit und dem Erkalten der Liebe. Bei dem Abfall vor dem Ende ist aber nicht an den allgemeinen sittlichen Verfall der innermenschlichen Beziehungen gedacht, der dann auch eintreten wird (4.Esr. 5,10; Mk. 13,12), sondern speziell an den Abfall der Christen vom rechten Glauben. Wie Antiochus Epiphanes IV. die Juden zum Abfall verleitete, so wird es unmittelbar vor dem Ende ein übermächtiger Mensch tun, den man später den Antichristen genannt hat, der aber 2.Thess. 2 diesen Titel nicht trägt. Er wird durch zwei Substantive und mehrere Verben charakterisiert. Diese große Gestalt, die vor dem Kommen Christi nach dem Willen Gottes erscheinen wird, – es wird nicht gesagt: sie kommt, als ob es in ihrem Willen und Ermessen liegt, auch nicht: sie erscheint, sondern es wird im Passivum divinum gesagt: sie wird offenbart – wird der *Mensch der Gesetzlosigkeit* genannt. Er heißt nicht deshalb so, weil er das Gesetz nicht kennt, er trägt auch nicht deshalb diesen Namen, weil er diese oder jene Tat vollbringt, die gegen das Gesetz verstößt, sondern er ist der Mensch der Gesetzlosigkeit, weil die Gesetzlosigkeit sein Wesenselement ist. Er ist die bewußte willentliche Mißachtung des Gebotes Gottes, er macht die Gesetzlosigkeit zum Gesetz, so daß er die personifizierte, Leib gewordene Abwendung vom Tun des göttlichen Willens ist. Die zweite Bezeichnung lautet „Sohn des Verderbens". Der Ausdruck erinnert an die Ausführungen in Jes. 57,4. Wie bei dem Menschen der Gesetzlosigkeit nicht primär seine Ausstrahlungskraft auf die Menschen ausgedrückt war, so auch nicht bei „Sohn des Verderbens". Er ist nicht der Sohn des Verderbens, weil sein Wirken den Menschen das Verderben bringt, sondern weil er selbst dem Verderben preisgegeben ist. Mag er sich noch so eigenwillig gebärden, er ist doch ein Sohn des Todes. Damit ist schon in den ersten Worten über den anscheinend großen Gegenspieler Gottes das Todesurteil gefällt. Ehe seine Macht und Gefährlichkeit beschrieben wird, erfahren die Glaubenden, daß er trotz allen protzigen Gebarens ohnmächtig ist. Am Ende seiner triumphalen Laufbahn steht sein Verderben. Zunächst erweckt sein äußeres Erscheinungsbild und sein Auftreten einen ganz anderen Eindruck. Er gibt sich bewußt als Konkurrent Gottes, der sich gegen alles Göttliche setzt. Hes. 28, 2.5.9 wird der Herrscher von Tyros gewarnt, sich selbstherrlich als Gott zu erheben (vgl. Jes. 14,13), obwohl er nur ein Mensch ist, und Dan. 11,36 heißt es von Antiochus Epiphanes: „Er wird sich überheben und großtun wider jeden Gott, und wider den höchsten Gott wird er unerhörte Reden führen, und er wird Erfolg haben, bis das Ende des Zornes gekommen ist." Wenn von dem Menschen der Gesetzlosigkeit und dem Sohn des Verderbens, dem Widersacher Gottes, gesagt wird, daß er sich in den Tempel Gottes setzt, so ist mit Tempel Gottes weder an das Heiligtum in Jerusalem noch an eine heidnische Kultstätte, weder an einen Platz im Himmel noch an die christliche Gemeinde gedacht, die gelegentlich Tempel Gottes genannt wird (1.Kor. 3, 16f.; 2.Kor. 6,16), sondern mit traditionellen Bildern und Formulierungen wird ausgedrückt, daß der große Frevler vor aller Welt demonstriert, er verdränge Gott und setze sich selbst an die Stelle Gottes als der neue wahre Gott. Er entweiht nicht nur den Tempel, wie es Antiochus Epiphanes IV. getan hatte, sondern er will selbst als Gott verehrt werden. Er läßt nicht ein Bild von sich im Tempel aufstellen, wie es Caligula im Jahre 41 versucht hatte, sondern er setzt sich selbst in den Tempel und nimmt den Platz Gottes ein.

Nachdem die Ereignisse vor dem Erscheinen Christi beschrieben sind, werden die 5
Thessalonicher daran erinnert, daß der Apostel sie darüber bereits bei seinem
Besuch belehrt hat. Aus den anderen Briefen ist allerdings nicht zu entnehmen, daß
die Aussagen über den Abfall und den Antichristen den Grundbestand der paulinischen Verkündigung gebildet haben. Hier wird es so dargestellt, als ob sie zum
Traditionsbestand der Gemeinde gehören. Jetzt – damals war das noch nicht der 6 f.
Fall, als der Apostel bei ihnen war – wissen sie, was den Frevler hindert aufzutreten,
um dann in seiner ihm festgesetzten Zeit seine trügerische Macht zu entfalten. So
groß und mächtig der Antichrist sich auch gebärdet, er ist in seiner Entscheidung
doch nicht autonom und frei, sondern er kann erst offenbar werden, wenn Gott es
will. Was V.3 nur angedeutet war, wird V.6 bestimmter gesagt. Es steht nicht in
seiner Macht zu kommen, wann er will, die Stunde seines Offenbarwerdens wird
ihm von Gott gesetzt. Trotz der angespannten endgeschichtlichen Erwartung in
Thessalonich wird die Ankunft Christi nicht negiert oder auf einen Nimmermehr-
tag verschoben. Der Tag des Herrn ist zwar noch nicht da, es machen sich aber
seine Vorzeichen bemerkbar. Auch ist der Mensch der Gesetzlosigkeit noch nicht
in Erscheinung getreten, aber die Gottlosigkeit ist bereits erfolgreich am Werk, ohne
daß dieses von den meisten erkannt wird. Darum wird von dem Geheimnis der
Gottlosigkeit gesprochen. Daß der Frevler sich noch nicht voll entfalten kann, rührt
daher, daß er daran gehindert wird. Während die Aussagen über den Abfall und
den Antichristen aus der Tradition genommen sind, ist der „Hemmende" eine
Größe, die wahrscheinlich der Verfasser des zweiten Thessalonicherbriefes im Anschluß an jüdisch-apokalyptische Vorstellungen neu eingeführt hat. Im Judentum
sprach man davon, daß die Sünden und die ungenügende Buße den Anbruch der
Heilszeit verzögere. Der Gedanke, daß jemand das Auftreten der widergöttlichen
Macht verhindern könne, war unbekannt. Gerade aber das ist das Anliegen von
dem Verfasser des zweiten Thessalonicherbriefes, weil er zeigen will, daß die Wiederkunft Christi noch nicht sogleich erfolgen kann. Wie der Antichrist „Mensch
der Gesetzlosigkeit" und dann unbestimmt „Geheimnis der Gesetzlosigkeit"
genannt wird, so wird auch von dem „Hemmenden" zuerst in V.6 unpersönlich
im Neutrum und dann V.7 personifiziert im Masculinum gesprochen. Über diesen
Hemmenden und das Hemmnis hat man viele Spekulationen angestellt. Aus der
unterschiedlichen Formulierung hat man schon in der alten Kirche geschlossen, daß
damit der römische Imperator und das römische Imperium gemeint seien. Bei der
Darstellung des Prozesses Jesu und bei der Missionsschilderung der Apostelgeschichte (18,12ff.; 21,32) spricht Lukas sehr positiv vom römischen Staat. Man
hat sogar an ganz konkrete Personen der römischen Geschichte gedacht und mit
dem Ausdruck „Hemmender" eine Anspielung auf den Kaiser Claudius gesehen,
weil das lateinische Verb claudere „begrenzen", „versperren" bedeutet. Aber in
den apokalyptischen Schriften spielt Rom nie eine positive Rolle, sondern erscheint
immer als Feind Gottes. Andere Exegeten wie z.B. Calvin denken bei den neu-
trischen und masculinischen Wendungen an „Evangelium" und „Evangelist", weil
nach Mk.13,10 das Ende erst kommen wird, wenn das Evangelium in aller Welt
verkündet ist (Apg.1,6ff.; Mt.28,20; Röm.11,25). Man hat auch auf Gott und
seinen Heilsplan hingewiesen, aber das ist unmöglich; denn Gott kann nicht als

Hemmnis beseitigt werden. Die exegetischen Versuche, diesen Passus umzudeuten, befriedigen nicht. Wahrscheinlich sind gar keine bestimmten Personen und Mächte gemeint. Es ist nicht einzusehen, warum diese in ihrer positiven Bedeutung in einem Gemeindebrief nicht allen genannt werden sollten. Warum wird vom Mysterium gesprochen, wenn man ganz bestimmte Menschen und Mächte im Auge hat? Es ist verkehrt, die Aussagen historisch konkretisieren zu wollen. Dem Stil der Apokalyptik entsprechend wird hier wie auch bei den anderen Aussagen dieses Abschnitts wohl anschaulich, aber unkonkret gesagt, daß vorläufig noch etwas da ist, was das Erscheinen des Menschen der Gottlosigkeit unmöglich macht. Bis das Hemmnis aus der Welt geräumt ist, wird noch eine Weile vergehen. Zu den Dunkelheiten der Stelle gehört auch, daß nicht ausgeführt wird, wer den Hemmenden beseitigt und wodurch er beseitigt wird. Anscheinend wird dieses gewaltsam geschehen.

8 Wie V.3 zuerst von dem Untergang des Widersachers gesprochen wird, ehe seine unerhörte Arroganz geschildert wird, so wird auch V.8 zuerst von seiner Vernichtung berichtet, ehe seine Macht und sein Einfluß auf die Menschen beschrieben wird. Man soll sich nicht täuschen lassen, sondern wissen, mit wem man es zu tun hat. Wie der Zeitpunkt des Auftretens bestimmt ist, so ist für den großen Frevler auch die Zeitdauer seines Wirkens festgelegt. Die Art seines Auftretens entspricht in keiner Weise seiner wirklichen Stärke. Zu seiner Vernichtung bedarf es keiner großen Aufbietung von Macht. Wenn Christus erscheint, braucht er, um ihn zu vernichten, weder ein großes Kriegsheer noch starke Engelscharen einzusetzen. Ein Hauch seines Mundes genügt, um den ganzen Spuk zu beseitigen. Eigenartig ist die Doppelung „Erscheinung seiner Ankunft". Das ist ein Pleonasmus; denn jeder Ausdruck sagt dasselbe. Paulus spricht sonst von der Parusie, der Ankunft des Herrn (vgl. 1.Thess.2,19; 3,13; 4,15; 5,23). In den Pastoralbriefen gebraucht man lieber den Terminus Epiphanie („Erscheinung": 1.Tim.6,14; 2.Tim.1,10; Tit.2,13). In 2.Thess.2,8 sind beide Ausdrücke vereinigt. Die Vernichtung wird mit alttestamentlichen (Jes.11,4), apokalyptischen Farben geschildert: „Ich sah nur, wie er von seinem Munde etwas wie einen feurigen Strom ausließ, von seinen Lippen einen flammenden Hauch und von seiner Zunge ließ er hervorgehen stürmende Funken: Alle diese aber vermischten sich ineinander: der feurige Strom, der flammende

9 Hauch und der gewaltige Sturm" (4.Esra 13,9f.). Trotz der eigentlichen Machtlosigkeit des Menschen der Gottlosigkeit gelingt ihm die Täuschung der Menschen vollkommen. Der Name Antichrist wird nicht verwendet. Die Schilderung seines Auftretens erfolgt aber so, daß er als Gegenspieler Christi erscheint. Wie V.8 von seinem Offenbarwerden gesprochen wurde, so hier von seiner Parusie. Er erscheint in der Kraftwirkung Satans, der der Vater der Lüge ist (Joh.8,44). Wie Christus Machttaten, Zeichen und Wunder vollbracht hat, so ahmt ihm der Antichrist dieses nach (vgl. Mk.13,22; Offb.13,13). Aber in Wirklichkeit ist alles Lug und Trug. Die Wundertaten kommen aus der Lüge, sie dienen der Lüge und verbreiten die

10 Lüge. Ihr Zweck ist die Verführung der Menschen. Alle sehen die Wundertaten, aber nicht alle lassen sich verführen. Wer an der christlichen Lehre festhält, braucht die antichristliche Macht nicht zu fürchten. Ihr sind Grenzen gesetzt. Die Glaubenden werden gerettet werden. Wer dagegen die Liebe zur Wahrheit nicht annimmt,

verfällt zur Strafe für seinen Unglauben der Täuschung durch die lügnerischen Wunder, und das Ende seines Weges ist der Untergang. Obwohl der Antichrist sich als Widersacher Gottes aufspielt, ist er doch ein Werkzeug in der Hand Gottes, durch das Gott die Verächter des Evangeliums bestraft. Was hier „annehmen die Liebe zur Wahrheit" (2,10) oder „Glauben der Wahrheit" (2,12) genannt wird, ist dasselbe, was 1,8 mit „dem Evangelium unseres Herrn Jesus glauben" bezeichnet wurde. Das Evangelium ist die Glaubenswahrheit der reinen, grundlegenden Lehre, wie „Wahrheit" auch in den Pastoralbriefen verstanden wird (1.Tim.2,7; 3,15). Auch in der letzten gottlosen Zeit entgleiten Gott die Zügel der Weltregierung nicht. 11 Hinter der Preisgabe der Ungehorsamen an die Lüge steht der Wille Gottes. Gott selbst sendet die Macht der Verführung (1.Kön.22,20-22). Was der Welt als imponierendes Wirken gegen Gott und die Seinen erscheint, ist in Wirklichkeit ein Handeln Gottes. Es ist durchaus nicht so, daß die Christen mit ihrem Glauben an Gott Phantasten und die Anhänger des Antichristen aber die Rationalisten und Realisten sind, sondern auch und gerade die Gottlosen sind Glaubende, die aber nicht an die Realität der Wahrheit, sondern an den Betrug der Lüge glauben. Ihr Konstatieren der Realität und ihre Sachlichkeit ist in Wirklichkeit Aberglaube. Der Weg, den sie 12 zu gehen haben, ist ihnen vorgeschrieben: sie verfallen dem Gericht Gottes, weil sie der Wahrheit nicht glauben und am Unrecht Gefallen finden.

Der Antichrist. Die antigöttliche Macht, die vor dem Ende auf Erden erscheinen und die Menschen verwirren wird, begegnet uns im Neuen Testament an vier Stellen: in den Evangelien, im zweiten Thessalonicherbrief, in den Johannesbriefen und in der Offenbarung des Johannes. In der synoptischen Apokalypse (Mk.13,14) ist das Wort vom „Greuel der Verwüstung" aus Daniel (9,27; 11,31 u. 12,11) aufgenommen. Wenn es von ihm in maskulinischer Form heißt: „einer, der steht, wo er nicht darf", dann ist damit nicht nur von einem Gegenstand, einem Standbild gesprochen, sondern von einer Person. Mk.13,22 werden in der Mehrzahl Pseudomessiasse und Pseudopropheten angekündigt, die die Christen durch Zeichen und Wunder zum Abfall verleiten wollen. 2.Thess.2 heißt der Widerpartner Christi „Mensch der Gesetzlosigkeit" und „Sohn des Verderbens" (2.Thess.2,3), der sich empört und erhebt gegen alles, was Gott und Heiligtum heißt, der sich in den Tempel setzt, sich als Gott ausgibt (2.Thess.2,4) und durch seine trügerischen Zeichen und Wunder die Menschen verführt (2.Thess.2,9f.). Die Bezeichnung Antichrist findet sich erst 1.Joh.2,18.22; 4,3 u. 2.Joh.7. Dort werden Irrlehrer so bezeichnet, die in der letzten Zeit auftreten. Sie lehnen das Bekenntnis ab, daß Jesus Christus in das wirkliche Menschsein gekommen ist, daß er der Messias ist. Offb.13 treten mythische Wesen auf. Ein Tier mit zehn Hörnern und sieben Köpfen taucht aus dem Wasser hervor, führt lästerliche Reden gegen Gott (13,5f., vgl. Dan.7,25) und bringt die Menschen auf der Erde dazu, daß sie ihm huldigen (13,8). Ein anderes Tier, das vom Lande kommt, hat zwei Hörner wie ein Lamm, redet aber wie ein Drache (13,11). Dieses Tier vollbringt große Zeichen. Wer dem Bild des Tieres nicht huldigt, wird getötet. Hinzugefügt werden soll die Schilderung, die Did.16,4f. gegeben wird: „Wenn die Gesetzlosigkeit überhand nehmen wird, werden sie einander hassen und verfolgen und verraten, und dann wird der Weltverführer wie Gottes Sohn erscheinen und Zeichen und Wunder tun, und die Erde wird in seine Hände überantwortet werden, und er wird Freveltaten begehen, wie es von Ewigkeit her noch niemals der Fall gewesen ist. Dann wird die Menschenwelt in das Feuer der Bewährung kommen und viele werden zu Fall kommen und zu Grunde gehen; aber die aushalten in ihrem Glauben, werden von dem Verfluchten selber gerettet werden."

Da diese verschiedenen Zeugnisse in den Grundaussagen übereinstimmen, aber trotz vieler Gemeinsamkeiten auch Unterschiede aufweisen, wird man annehmen müssen, daß sie nicht voneinander abhängig sind, sondern verschiedene Linien einer gemeinsamen Tradition aufgreifen und auswerten. Die Entstehung der Vorstellung vom Antichristen ist nicht eindeutig zu klären. Die Anschauung, daß sich feindliche Mächte vor dem Ende der Welt gegen Gott und seinen eschatologischen Gesandten erheben werden, hat sich aus verschiedenen Motiven gebildet. In fast allen Schöpfungsmythen wird davon berichtet, daß dem Schöpfergott eine Chaosmacht entgegentritt. Diese gottfeindliche Macht ist beim Kampf um die Entstehung der Welt wohl überwunden, aber nicht getötet, sondern nur gefesselt. In der Endzeit erhebt sie sich wieder, wird dann aber endgültig vernichtet (Jes. 27, 1; syr. Bar. 29, 4). Diese mythischen Gedanken erhielten durch gewisse historische Ereignisse konkrete Gestalt. Antiochus IV. von Syrien, der sich durch den Beinamen „Epiphanes" zum offenbarenden Gott erklärte, hatte einen Altar für heidnische Opfer im Tempel von Jerusalem aufgestellt (Dan. 8, 11 f.; 11, 31; 12, 11; 1. Makk. 1, 54) und das Bild des olympischen Zeus errichten lassen, was als ein „Greuel der Verwüstung" galt. Weil er es gewagt hatte, das Heiligtum durch den Götzendienst zu verunreinigen, galt er als Verkörperung des Bösen. Durch ihn wurden viele in Jerusalem veranlaßt, vom Judentum abzufallen und sich den heidnischen Sitten des Hellenismus anzuschließen (Dan. 11, 32). Pompejus hatte es gewagt, das Allerheiligste zu betreten. Pilatus hatte einen Adler über dem Tempeltor anbringen lassen, was die Juden aufs heftigste erregte. Caligula (37-41 n. Chr.) hatte den Auftrag gegeben, sein eigenes Standbild im Tempel aufstellen zu lassen, was aber durch seinen Tod nicht mehr durchgeführt werden konnte. Diese historischen Fakten lieferten Material für die Vorstellung einer konkreten, gottfeindlichen Person. 4 Q Test 22-30 berichtet von einem Verfluchten, der im Dienste Belials steht. „Beide werden zu Werkzeugen der Gewalt, und sie werden abermals bauen ..., um ein Bollwerk der Gottlosigkeit zu schaffen ... und sie werden Blut vergießen wie Wasser ..." Im Neuen Testament wird der Widersacher Gottes der Endzeit zum Gegenspieler Christi. Er feiert eine Parusie wie Christus, vollführt Zeichen und Wunder wie Christus, aber diese geschehen nicht aus der Verbundenheit mit Gott, sondern aus der Kraft Satans. Diese Zeichen und Wunder dienen nicht zur Errettung, sondern zum Verderben der Menschen.

Die Gewißheit der Errettung 2, 13-17

13 Wir aber müssen Gott stets euretwegen danken, vom Herrn geliebte Geschwister, daß euch Gott von Anbeginn an zur Rettung erwählt hat in Heiligung durch den Geist und im Glauben an die Wahrheit. 14 Dazu hat er euch

auch durch unser Evangelium berufen, die Herrlichkeit unseres Herrn Jesus Christus zu erlangen. 15 So steht fest, Geschwister, und bewahrt die Überlieferungen, die ihr mündlich oder schriftlich von uns gelehrt worden seid. 16 Er selbst aber, unser Herr Jesus Christus und Gott, unser Vater, der uns geliebt und ewigen Trost und gute Hoffnung in Gnade geschenkt hat, 17 tröste eure Herzen und stärke sie in jedem guten Werk und Wort.

In V. 13 wird entsprechend 1. Thess. 2, 13 die Danksagung aus 1, 3 fast wörtlich 13 wiederholt. Statt des einfachen „Geschwister" (1, 3) findet sich 2, 13 der vollere Ausdruck „vom Herrn geliebte Geschwister" (vgl. 1. Thess. 1, 4). Mit „Herr" ist nicht Gott, von dem im Hauptsatz wie im folgenden Nebensatz gesprochen wird, sondern wie 2, 13; 3, 3.16 Christus gemeint. Weil eine Wiederholung, abgesehen von 1. Thess. 2, 13, bei Paulus sonst nicht üblich ist, hat man angenommen, 2, 13 sei der Anfang eines neuen Briefes. Dies wird kaum zutreffen; denn die Ausführungen des Abschnitts 2, 13 ff. sind im bewußten wörtlichen Anklang und inhaltlichen Gegensatz zu 2, 10 ff formuliert, und 2, 10-17 entspricht den Aussagen von 1, 5-12. Die Kapitel 1 und 2 dürfen nicht voneinander getrennt werden. Wie in Kapitel 1 Bestrafung der Gottlosen und Annahme der Glaubenden geschildert wird, so berichtet Kapitel 2 von der Verwerfung der Ungehorsamen und der Erwählung der Gemeindeglieder. V. 13 nimmt das Wort „Wahrheit" aus V. 10 und 12 auf. Im Gegensatz zu denen, die nicht der Wahrheit, sondern der Lüge geglaubt haben, die Gott verblendet hat und die darum nicht gerettet werden (2, 10-12), heißt es von den Glaubenden 2, 13, daß Gott sie zur Erlangung des Heils erwählt (vgl. 1. Thess. 1, 4). Das geschieht so, daß der Heilige Geist die Erwählten heiligt (1. Thess. 4, 7) und diese der Wahrheit glauben und nicht dem Trug der Verführung verfallen (2, 11). Das Wort, das hier für „Erwählen" gebraucht wird, findet sich in dieser Bedeutung bei Paulus sonst nicht. Wenn er von der Erwählung spricht (z. B. 1. Kor. 1, 27 f.; Röm. 8, 29; 11, 2), drückt er sich anders aus. Mit Hinweis auf die Erwählung von Anbeginn soll nicht auf die missionarische Tätigkeit beim ersten Besuch des Apostels Paulus in Thessalonich hingewiesen werden, als ob die später Bekehrten nicht so stark an der Gewißheit des Heils Anteil haben, sondern wie Eph. 1, 4 ist hier an das gnädige Handeln Gottes vor Grundlegung der Welt gedacht (vgl. Jes. 63, 16; Sir. 24, 9). Was Gott von Anbeginn beschlossen hat, können zeitliche Ereignisse und Mächte nicht aufheben. Die Leser werden auf die Erwählung aufmerksam gemacht, um ihnen die Angst vor der bevorstehenden Verführung durch den Menschen der Gesetzlosigkeit zu nehmen und sie vor der Einschüchterung der Propheten mit der Androhung des Gerichts am jüngsten Tage zu schützen. V. 14 verdeutlicht, wie die Verwirklichung der Erwäh- 14 lung erfolgt. Der Handelnde ist nicht der Mensch, weder der Prediger noch der Glaubende, sondern Gott, der beruft (1. Thess. 2, 12; 4, 7; 5, 24). Das Mittel, durch das die Berufung erfolgt, ist die Verkündigung des Evangeliums, und das Ziel ist, daß die Erwählten dieselbe Herrlichkeit erhalten, wie der erhöhte Kyrios sie hat (Röm. 8, 17. 29; 1. Kor. 15, 43; 2. Kor. 3, 18; Phil. 3, 21). Die beiden V. 13.14 bieten eine kurze Darstellung der Heilssituation der Christen.

V. 15 nimmt die Mahnungen von 2, 2 f. auf und wendet sie ins Positive. Hieß es 15 vorher, die Thessalonicher sollen sich durch Predigt und Brief nicht verwirren und

in Schrecken versetzen lassen, so wird jetzt, nachdem die falsche Interpretation eschatologischer Aussagen zurechtgerückt ist, gemahnt festzustehen. Das geschieht, wenn sie an dem festhalten, worüber sie mündlich oder schriftlich belehrt worden sind. Während Paulus sonst die Wendungen „stehen im Herrn" (1.Thess. 3,8) oder „stehen im Glauben" (1.Kor. 16,13) gebraucht (s. S. 234). Die apostolische Tradition bleibt, nachdem sie von Mißdeutungen befreit ist, in voller Geltung. Während Paulus, wenn er sonst von Tradition spricht, meist an ganz konkrete Einzelüberlieferungen denkt, die er empfangen hat und weitergibt (1.Kor. 11,23; 15,3), ist hier mit Tradition die christliche Lehre gemeint, wie sie in der apostolischen Verkündigung und Briefliteratur ihren Niederschlag gefunden hat (vgl. 3,6). Über-
16 lieferung ist identisch mit Evangelium (1,8) und Wahrheit (2,13). Ähnlich wie 1.Thess. 3,11 folgt auf Dank und Ermahnung der Gebetswunsch. Er unterscheidet sich von dem in 1.Thess. 3,11 einmal dadurch, daß zuerst der Kyrios Jesus Christus und dann erst Gott, der Vater genannt werden. Dieselbe Reihenfolge Jesus Christus/Gott findet sich aber auch sonst gelegentlich bei Paulus (vgl. Gal. 1,1 u. 2.Kor. 13,13). Ferner werden im Gegensatz zu 1.Thess. 3,11 einige Aussagen über das hilfreiche Handeln Gottes gemacht. Formal erinnern sie an Gebetsformulierungen im Judentum (Sir. 2,12; Ps. 72,18; vgl. Eph. 1,3; 1.Petr. 1,3). Es wird ganz kurz zusammengefaßt, was im Dankgebet (2,13f.) bereits ausgesprochen war. Wie 2,13 die Thessalonicher als vom Herrn Geliebte angesprochen waren, so wird hier gesagt, daß Gott sie geliebt und ihnen einen ewigen Trost gegeben hat. Paulus sagt von Gott, er sei der „Gott allen Trostes, der uns in all unserer Bedrängnis tröstet" (2.Kor. 1,3f.). Die Quelle seines Trostes versiegt nicht. Der Trost Gottes bleibt immerwährend, beständig. Mit Absicht wird als weitere Gabe nicht nur allgemein von der Hoffnung, sondern bewußt von der „guten Hoffnung" gesprochen, eine Formulierung, die sich sonst bei Paulus nicht findet. Damit ist wohl kaum dem Sprachgebrauch der Mysterien entsprechend an ein Leben nach dem Tode gedacht. Das entspricht nicht dem Zusammenhang. Bei den Thessalonichern gibt es eine schlechte Hoffnung, die falsche Erwartung im Blick auf den Tag des Herrn (2,2). Nach der guten Hoffnung werden die Thessalonicher des Reiches Gottes gewürdigt (1,5), mit Christus vereinigt (2,1) und mit der Herrlichkeit des Erhöhten beschenkt (2,14). Das alles ist nicht Verdienst, sondern Gnade. Diesen Trost und diese Hoff-
17 nung hat Gott den Glaubenden bereits geschenkt. Er, so lautet der Gebetswunsch, soll sie auch weiter trösten und stärken. In umgekehrter Reihenfolge hat Paulus davon auch 1.Thess. 3,2 geschrieben. „Stärken" ist ein Ausdruck, der sich, abgesehen von Röm. 1,11 und 16,25, nur im Thessalonicherbrief findet (1.Thess. 3,2; 3,13; 2.Thess. 2,17; 3,3). Paulus meint dasselbe, wenn er in den Korintherbriefen von „festigen" spricht (1.Kor. 1,8; 2.Kor. 1,21). Angesichts der Verfolgungen, denen die Christen ausgesetzt sind (1,4), und der sie erschreckenden endzeitlichen Verkündigung, mit der die schwärmerischen Propheten sie verwirren (2,2), brauchen sie Trost und Stärkung, damit sie sich in allen Lebensäußerungen, in ihren Worten wie in ihrem Tun, als Christen erweisen.

Bitte um Fürbitte 3,1-5

1 Im übrigen betet für uns, Geschwister, daß das Wort des Herrn laufe und verherrlicht werde wie bei euch, 2 und wir errettet werden von den verkehrten

und bösen Menschen; denn der Glaube ist nicht jedermanns Sache. 3 Treu aber ist Gott, der euch stärken und vor dem Bösen bewahren wird. 4 Wir haben aber im Herrn Vertrauen zu euch, daß ihr das, was wir anordnen, tut und tun werdet. 5 Der Herr aber lenke eure Herzen zu der Liebe Gottes und zur Geduld Christi.

Wie 1.Thess. 4,1 so beginnt auch 2.Thess. 3,1 die konkrete Ermahnung mit „im 1 übrigen". Doch bevor der Schreiber seine Anweisung erteilt, wendet er sich an die Thessalonicher mit dem Wunsch um Fürbitte. Wie er für die Gemeinde betet (2.Thess. 1,11; 2,16f.), so soll die Gemeinde für ihn im Gebet eintreten (1.Thess. 5,25). Er ist auf ihre Hilfe angewiesen (Röm. 1,12; 15,30). Da sein Schicksal unauflöslich mit der missionarischen Verkündigung verbunden ist, wird seine Fürbitte sogleich zu einer Bitte für das Wort, das er verkündigt: Es soll von einem Mann zum andern, von einer Stadt zur andern laufen und so zu allen Völkern dringen, damit die ganze Welt für Christus gewonnen wird (Ps. 19,5; 147,5; 1.Thess. 1,8; Kol. 4,3). Gewöhnlich spricht Paulus vom Wort Gottes (1.Kor. 14,36; 2.Kor. 2,17; 4,2), er gebraucht aber auch die Wendung „Wort des Herrn" (1.Thess. 1,8). Was in Thessalonich geschehen ist, soll sich überall ereignen. Das Wort des Herrn soll wie der Name des Herrn verherrlicht und gepriesen werden. Da die Botschaft von Chri- 2 stus und der Verkündiger der Botschaft zusammengehören, bittet der Briefschreiber – nicht um seiner selbst, sondern um der Sache willen –, die Thessalonicher sollen durch ihr Gebet dazu beitragen, daß er durch die dem Evangelium feindlichen Menschen nicht behindert wird (vgl. Ps. 140,2ff.; Röm. 15,31; 2.Kor. 1,11). Christus und sein Wort sind für alle da, aber nicht alle sind für Christus und sein Wort offen. Darum gelangen viele nicht zum Glauben, wenn das Wort gepredigt wird (Jes. 53,1; Röm. 10,16), wie es auch im Gleichnis vom Säemann zum Ausdruck kommt (Mk. 4,3ff.). Mit einem Wortspiel, das im Deutschen nicht nachzuvollziehen 3 ist, wird vom Glauben der Menschen zur Treue Gottes (1.Kor. 1,9; 10,13; 2.Kor. 1,18; 1.Thess. 5,24) übergeleitet. Während das Evangelium oft auf den Unglauben der Menschen stößt (Röm. 10,16), haben die Thessalonicher dem Wort geglaubt, und Christus, der Herr, wird sie nicht verlassen, sondern stärken und vor dem Teufel beschützen, daß sie nicht zugrunde gehen (1.Thess. 3,2.13; 2.Thess. 2,17). Wie das Dankgebet mit dem Wunsch um Trost und Stärkung geschlossen hatte (2,17), so endet hier die Aufforderung zur Fürbitte mit der Verheißung von Stärkung und Bewahrung. Wie der Apostel von den bösen Menschen errettet werden will (3,2), so soll die Gemeinde vor dem Bösen behütet bleiben. Weil Paulus auf Christus vertraut, 4 hat er auch Vertrauen zu den Christen (Röm. 14,14; Gal. 5,10), daß sie seine Weisungen sowohl in der Gegenwart wie in der Zukunft beachten. Damit werden die folgenden Ermahnungen vorbereitet.

Mit dem Hinweis auf die Treue des Herrn hatte der Briefschreiber Fürbitte und 5 Ermahnung begonnen (3,3). Mit der Bitte an den Herrn beendet er den Abschnitt. Die Stelle erinnert an 1.Thess. 3,11. Aber während 1.Thess. 3,11 und 2.Thess. 2,16 von Gott und dem Herrn die Rede war, ist 2.Thess. 3,5 (vgl. 3,16) nur der Herr und 1.Thess. 5,23 nur Gott genannt. Es liegt nicht in des Menschen Hand, ob jemand durchhält. Wie der Briefschreiber 2,17 um Tröstung der Herzen und Festigung in

jedem guten Werk und Wort gebeten hat, so hier um Ausrichten der Herzen zur
Liebe Gottes und zur Geduld Christi. Die Wendung „die Herzen lenken" ist ein
Ausdruck, der aus dem Alten Testament bekannt ist (1.Chron.29,18; 2.Chron.19,
3; 20,33). Die Genitive Liebe Gottes und Geduld Christi lassen sich verschieden verstehen. Gemeint ist wohl sicher die Liebe zu Gott, von der Paulus sonst meist nicht
in substantivischer, sondern in verbaler Weise spricht. Ungewöhnlich ist die Formulierung „Geduld Christi". Es ist kaum an die Geduld gedacht, die Christus bewiesen
hat – Paulus spricht in dieser Weise nie von dem Leiden Christi –, sondern an die
Geduld, die Christen bei ihrem Warten auf die Erscheinung Christi zeigen sollen.
1.Thess.1,4 dankt Paulus für die Geduld der Thessalonicher. Die Situation der
Briefempfänger des zweiten Thessalonicherbriefes ist aber eine völlig andere. Auf-
geschreckt durch geisterfüllte Propheten, durch Hinweis auf die Verkündigung des
Paulus und seinen Brief (2,2) erbittet der Schreiber, der Herr möge den Briefemp-
fängern ein geduldiges, nicht schwärmerisches, überhitztes Erwarten der Ankunft
Christi schenken. Wenn es sich bei diesen und den folgenden Sätzen nicht um nur
lose aneinander gereihte Worte handelt, sondern wenn ein Sinnzusammenhang mit
dem Folgenden besteht, dann geben uns die Ausführungen über die Liebe und die
Geduld auch einen Hinweis, wie die Maßnahmen der Kirchenzucht zu verstehen
sind: Es geht nicht um Durchführung von Gesetzesmaßnahmen. Wer etwas gegen
irrende Brüder unternimmt, dessen Herz muß von der Liebe zu Gott erfüllt sein.
Wenn der Ausdruck Geduld im Hinblick auf das Kommen Jesu eine Beziehung zum
Folgenden hat, dann handelt es sich bei den Unordentlichen um Menschen, die diese
Geduld nicht aufbringen.

Kirchenzucht 3,6-16

6 Wir befehlen euch, Geschwister, im Namen des Herrn Jesus Christus, daß
ihr euch von jedem Bruder zurückzieht, der unordentlich wandelt und nicht
nach der Überlieferung, die ihr von uns empfangen habt. 7 Ihr selber wißt ja,
wie ihr uns nachahmen sollt, wir haben bei euch nicht gefaulenzt, 8 uns auch
von keinem unser Brot schenken lassen, sondern haben in Mühe und Beschwer-
de Nacht und Tag gearbeitet, um keinem von euch zur Last zu fallen. 9 Nicht,
daß wir nicht dazu das Recht gehabt hätten, aber wir wollten euch an uns ein
Beispiel geben, daß ihr uns nachahmt. 10 Als wir bei euch waren, haben wir
euch befohlen: Wer nicht arbeiten will, der soll auch nicht essen. 11 Nun hören
wir, daß einige von euch ein unordentliches Leben führen, nicht arbeiten, sondern Betrieb machen. 12 Diesen befehlen wir und ermahnen sie im Herrn
Jesus Christus, daß sie in Ruhe ihre Arbeit tun, und ihr selbstverdientes Brot
essen. 13 Ihr aber, Geschwister, werdet nicht müde, Gutes zu tun. 14 Wenn
aber jemand unserer Weisung durch diesen Brief nicht gehorcht, den merkt
euch, daß ihr nicht mit ihm verkehrt, damit er beschämt werde. 15 Betrachtet
ihn nicht als Feind, sondern weist ihn als Bruder zurecht. 16 Er selbst aber,
der Herr des Friedens, gebe euch den Frieden allezeit auf alle Weise. Der Herr
sei mit euch allen.

6   Der Abschnitt beginnt mit dem starken Ausdruck „ich befehle, ich ordne an",
der in staatlichen Erlassen und in der militärischen Sprache üblich ist, nicht aber

recht zu den Ermahnungen paßt, wie Paulus sie erteilt. Während Paulus dieses Wort sonst nur noch dreimal (1.Kor. 7,10; 11,17 und 1.Thess. 4,11, vgl. 4,2) gebraucht – 1.Kor. 7,10 von der Anweisung Jesu –, begegnet es in diesem kurzen Abschnitt nicht weniger als dreimal (3,6.10.12). Die autoritative apostolische Instruktion wird durch die Hinzufügung „im Namen des Herrn" (vgl. 3,12) noch verstärkt. Die Getadelten werden noch mit „Brüder" bezeichnet und damit als zur Gemeinde gehörend angesehen. Aber es wird jeder Verkehr mit Gemeindegliedern, die einen unordentlichen Lebenswandel führen (vgl. 3,14), untersagt. Vielleicht verteidigen die angegriffenen Brüder ihre Haltung mit dem Hinweis auf die paulinische Predigt von der nahen Ankunft Christi. Die Antwort lautet: Wer seinen alltäglichen Verpflichtungen nicht nachkommt, handelt nicht nach den Anweisungen, die die Gemeinde bei ihrer Entstehung von Paulus empfangen hat. Diese Ausführungen sind in zweifacher Weise interessant. Wenn Paulus sonst von Überlieferungen spricht, bezieht er sich auf Traditionen, die er selbst erhalten hat und nun weitergibt. Hier ist seine eigene Predigt bereits zur Tradition geworden (vgl. 2,15). In den sonst angeführten Überlieferungen handelt es sich um dogmatische Sätze über Abendmahl (1.Kor. 11,23) und Christologie (1.Kor. 15,3), in 2.Thess. 3,6 aber um ethische Verhaltensweisen. Was Paulus früher einmal gesagt hat, hat normative Bedeutung. Die Gemeinde ist gehalten, das zu beachten und ihm Folge zu leisten. Was Paulus ihnen 7 gepredigt hat, hat er selbst bei ihnen praktiziert. Die Thessalonicher wissen genau, daß es eine gottgewollte Notwendigkeit ist, seinem Beispiel zu folgen. Im Folgenden wird dann zunächst auf die vorbildliche Tätigkeit des Apostels hingewiesen. Paulus spricht auch sonst davon, daß man ihm nachahmen soll (1.Thess. 1,6; 1.Kor. 4,16; 11,1; Phil. 3,17; 4,9), aber nirgendwo wird so autoritativ zur apostolischen Nachfolge aufgefordert, wie es hier der Fall ist. 2.Thess. 3,8 entspricht fast wörtlich 1.Thess. 2,9. Während es 1.Thess. 2,9 um den uneigennützigen Einsatz des Apostels 8 für das Evangelium geht (vgl. 1.Kor. 9,12.15; 2.Kor. 11,7ff.), wird Paulus hier in ungewohnter Breite als ein gutes Beispiel für ein arbeitsames, ordentliches Leben hingestellt. Wenn er die Belastung beruflicher Arbeit neben der Verkündigung des Evangeliums auf sich genommen hat, so geschah es zu dem Zweck, den Thessalonichern ein Vorbild zu sein. Er hat sich von niemandem in der Gemeinde etwas für den Lebensunterhalt schenken lassen. Um keinem zur Last zu fallen, hat er in jeder freien Stunde bei Nacht und Tag sein Handwerk ausgeübt. Obwohl er durchaus den 9 Rechtsanspruch auf freien Unterhalt hat (1.Thess. 2,7; 1.Kor. 9,4ff.; Lk. 10,7f.), hat er darauf verzichtet, um durch sein arbeitsames Verhalten der Gemeinde ein leuchtendes Vorbild zu sein (vgl. 1.Kor. 11,1; Phil. 3,17). Nachdem die Thessalo- 10 nicher darauf hingewiesen sind, werden sie noch einmal (vgl. 2,5.15; 3,6) an die mündlichen Weisungen erinnert, die Paulus ihnen bei der Gründung der Gemeinde gegeben hat. Während er 1.Thess. 4,11 die Mahnung zur Arbeit damit motiviert, daß man daran denken soll, welcher Eindruck durch das Vernachlässigen der alltäglichen Pflichten bei den Nichtchristen hervorgerufen wird, wird 2.Thess. 3,10 die Forderung mit einer sprichwortartigen Alltagsmoral begründet. Bei den Griechen war körperliche Arbeit weithin verachtet. In der Spruchweisheit des Alten Testaments dagegen wird der Segen der Arbeit gepriesen (Ps. 128,2; Spr. 6,6-11; 10,4; 12,24.27; 19,15; 20,4; 28,19). Wenn gesagt wird, daß jeder sich seinen Unterhalt verdienen soll, so wird damit nicht die Unterstützung von Kranken, Notleidenden und Alten unterbunden (vgl. 3, 13). Der Ton liegt auf dem Wort „will". Wer arbeiten kann, es aber nicht will, soll die Konsequenzen seiner Einstellung auf sich nehmen. Die Gemeinde ist nicht dazu da, durch ihre Spenden die Faulheit von Gemeindegliedern zu fördern. Wenn mit großem Nachdruck die Pflicht zur Arbeit betont wird, so wird damit weder einem Arbeitsfetischismus das Wort geredet noch die Arbeit

11 als Gottesdienst verherrlicht. Obwohl Paulus im ersten Brief sich schon gegen die unordentlich lebenden Gemeindeglieder gewandt hat (4, 11 f.; 5, 14), geht der Verfasser in diesem Brief auf die dort schon ergangenen Ermahnungen gar nicht ein, sondern die Worte erwecken den Eindruck, als ob er eben erst von den Zuständen in Thessalonich gehört hat. Einige Gemeindeglieder vernachlässigen ihre Arbeit. Sie gehen nicht einer geordneten Beschäftigung in ihrem Beruf nach, entwickeln aber eine eigenartige Betriebsamkeit. Worin diese konkret besteht, wird nicht gesagt. Die Empfänger des. Briefes wissen es, so daß es nicht geschildert zu werden braucht. Jedenfalls verhalten sie sich passiv, wo sie Aktivität entfalten sollten, und sie sind

12 aktiv, wo eine gewisse Inaktivität am Platze wäre. Mit unmißverständlicher Schärfe und Eindeutigkeit wird ihnen gesagt, daß sie sich ihren Lebensunterhalt selbst verdienen (vgl. Spr. 5, 15) und Ruhe halten sollen. Wahrscheinlich sind es eschatologische Schwärmer, die in Anbetracht der bevorstehenden Ankunft Christi das Arbeiten aufgegeben haben, wie auch die Bürger von Pontus auf Grund eines Prophetenspruches ihre Äcker nicht mehr bestellten (s. zu 2, 2). Sie nehmen die Wohltätigkeit der Brüder in Anspruch. Das darf nicht geduldet werden. Arbeiten gehört zur Ordnung des Gemeindelebens. Wer nicht arbeitet, verstößt gegen die in der Kirche Christi geltende Ordnung. Ganz ähnliche Anschauungen vertritt auch die „Lehre der Zwölf Apostel": Die Gemeindeglieder sollen sich durch Arbeit ihren Lebensunterhalt verdienen. Wer ein faules Leben führt und sich von der Gemeinde unterstützen läßt, versucht, mit Christus Geschäfte zu machen (Did. 12, 3-5).

13 In V. 12 hatte sich der Schreiber direkt an die Unordentlichen gewandt, in V. 13 redet er mit „Geschwister" (s. S. 212) die ganze Gemeinde an. Wenn man merkt, daß man von den andern ausgenutzt wird, daß man durch seinen Fleiß und seine Sparsamkeit das unordentliche Wesen anderer unterstützt, dann kann es leicht geschehen, daß man hartherzig wird und sich der wirklichen Not anderer nicht mehr annimmt. Die Gemeinde soll nicht nachlassen, Gutes zu tun (Gal. 6, 9), auch wenn man gelegentlich mißbraucht wird und sogar Undankbarkeit und Frechheit erfahren

14 muß. Wie Mt. 18, 15 ff. wird ein Stufenplan für das Verhalten bei *Kirchenzucht* aufgestellt. Der erste Schritt, den unordentlich lebenden Gemeindegliedern zu helfen, ist die Ermahnung (V. 10.12). Fruchtet diese nicht, dann muß die Gemeinde in einem zweiten Akt ihnen unmißverständlich deutlich machen, daß ihre Lebensweise nicht der Lebensordnung der christlichen Gemeinschaft entspricht. Man soll sich solche Gemeindeglieder merken und sie nicht mehr unterstützen, sondern den Verkehr mit ihnen abbrechen (3, 6). Die Gemeinde hat nicht die Aufgabe, sich für Leute einzusetzen, die ohne Not die Hilfe anderer in Anspruch nehmen. Ihnen soll ganz klar zum Bewußtsein gebracht werden, daß sie verkehrt handeln und ihren Lebenswandel ändern müssen. Eine Mahlgemeinschaft mit ihnen zu halten, ist nicht möglich. Die gemeinschaftlichen Mahle sind nicht dazu da, Faulheit zu unterstützen. Die Ge-

meinde hat eine Verantwortung für ihre Glieder bis in die Sphäre der privaten Berufsauffassung hinein. Nachgiebigkeit ist falsches Mitleid. Wenn die Gemeinde zur Trennung von unordentlich lebenden Gemeindegliedern aufgefordert wird, so geschieht das nicht um der Heiligkeit der Gemeinde (vgl. 1.Kor. 5,10), sondern um der Besserung des Bruders willen. Die geforderten Maßnahmen sind in keiner Weise 15 eine feindliche Aktion voll Ablehnung oder sogar Haß gegen die Betreffenden. Sie sollen dazu dienen, daß die irrenden Brüder in sich gehen und wieder zur Gemeinde zurückfinden. Es handelt sich darum auch nicht um einen endgültigen Ausschluß (Mt. 18,17; 1.Kor. 5,9-13), sondern um eine vorübergehende Trennung. Diese ist nicht eine Bestrafung, sondern ein Mittel, um den Bruder zurückzugewinnen. Strenge allein hilft nicht weiter. Der andere muß es spüren, daß die Strenge aus der Liebe kommt. In der „Lehre der zwölf Apostel" wird die Anweisung erteilt: „Weiset einander zurecht, nicht im Zorn, sondern in Frieden, wie ihr es im Evangelium habt" (Did. 15,3). Wie andere Briefe (Röm. 15,33; 2.Kor. 13,11; Gal. 6,16; Phil. 16 4,7.9; 1.Thess. 5,23) schließt auch dieses Schreiben mit dem Friedensgruß. Friede ist im Neuen Testament mehr als die Beseitigung von innermenschlichen Konflikten. Er ist der Ausdruck für das Heil, das Gott schafft, so daß es zwischen Gott und den Menschen wie zwischen den Menschen untereinander keinen Zwiespalt gibt. Unbeholfen wirkt die doppelte Erwähnung von Friede in diesem Satz: Der Herr (Kyrios) des Friedens gebe euch Frieden. Wie beim Gebetswunsch Phil. 1,3 f. wird das „alle" herausgestellt: allezeit, auf alle Weise, allen. Auffällig ist, daß nicht wie sonst bei Paulus vom „Gott des Friedens" (Röm. 15,33; Phil. 4,9; 1.Thess. 5,23), sondern vom „Kyrios des Friedens" gesprochen wird. Die Wendung „Der Herr sei mit euch allen", die in unsere Liturgie eingegangen ist, läßt sich bei Paulus sonst nicht belegen. Er gebraucht die Formulierung „der Gott des Friedens sei mit euch allen" (Röm. 15,33; Phil. 4,9). Das absolute Kyrios erinnert an den uns ebenfalls aus der Liturgie geläufigen Segenswunsch aus dem Briefschluß 2.Tim. 4,22: „Der Herr sei mit deinem Geist."

Eigenhändige Unterschrift 3,17-18

17 Der Gruß ist von meiner, des Paulus Hand. Das ist das Zeichen in jedem Brief; so schreibe ich. 18 Die Gnade unseres Herrn Jesus Christus sei mit euch allen.

Paulus hat seine Briefe nicht selber geschrieben, sondern diktiert (Röm. 16,22). 17 Wie 1.Kor. 16,21; Gal. 6,11; Phlm. 19 (vgl. Kol. 4,18) wird auch 2.Thess. 3,17 vermerkt, daß der Schlußgruß eigenhändig geschrieben ist. Die Bemerkung 2.Thess. 3,17 unterscheidet sich von den erwähnten Briefschlüssen dadurch, daß sie ganz unpersönlich, amtlich formal ist. 1.Kor. 16,21 setzt Paulus, nachdem er die verschiedenen Grüße bestellt hat, den eigenen Gruß in persönlicher Handschrift dazu, um die Verbundenheit mit der Gemeinde zum Ausdruck zu bringen. Nach der scharfen und leidenschaftlichen Auseinandersetzung mit den Anschauungen der Galater vermerkt er: „Sehet mit welchen Buchstaben ich mit eigener Hand schreibe"

(Gal.6,11). Damit bringt er in rührender Weise zum Ausdruck, daß, wenn er auch nicht persönlich zu ihnen sprechen kann, sie spüren sollen, wie sehr er um sie bemüht ist. Phlm.19 verpflichtet er sich durch die Unterschrift, für den durch Onesimus entstandenen Schaden aufzukommen. 2.Thess.3,17 ist von diesem persönlichen Charakter der Verbundenheit mit den Empfängern des Briefes nichts zu spüren. Die Bemerkung „in jedem Brief" ist eigenartig. Sie erweckt den Eindruck, daß Paulus eine zahlreiche Korrespondenz führt und die Unterschrift wie ein amtliches Siegel zur Beglaubigung des Geschriebenen dient. Der zweite Thessalonicherbrief hält bis zu seinen letzten Zeilen den unpersönlichen, amtlichen Charakter durch. Es fehlt jede persönliche Mitteilung an die Empfänger des Briefes. Der Gebetswunsch, daß die Gnade Jesu Christi mit allen sein möge (vgl. 1.Kor.16,24;

18 2.Kor.13,13), ist im Blick auf die Gefährdung der Gemeindeglieder und der Kirchenzuchtanordnung wohl mit Absicht so formuliert.

DER BRIEF AN PHILEMON

Gerhard Friedrich

Einleitung

1. Ort und Zeit der Abfassung sind aus dem Brief nicht zu entnehmen. Einen gewissen Anhaltspunkt bietet die Notiz, daß Paulus sich im Gefängnis befindet (V. 1. 9. 10. 13. 23). Ob der Gefangenschaftsort Rom, Cäsarea, Ephesus (siehe Einleitung zum Philipperbrief) oder ein anderer Ort gewesen ist, wird nicht gesagt. Die Lösung dieser Frage wäre leichter möglich, wenn man etwas Genaueres über den Empfänger des Briefes und seinen Wohnort wüßte.

Philemon wird, abgesehen von dem Brief an ihn, im Neuen Testament nicht erwähnt. Nach Kol. 4, 9 gehört der ihm entlaufene Sklave Onesimus der Gemeinde in Kolossä an. Der Phlm. 2 erwähnte Archippus hat in der Gemeinde zu Kolossä ein Amt (Kol. 4, 17), und Epaphras, der Mitgefangene des Paulus, der an Philemon einen Gruß ausrichtet (Phlm. 23), ist wahrscheinlich der Gründer der kolossischen Gemeinde gewesen (Kol. 1, 7 f.; 4, 12 f.). Falls der Brief an die Kolosser von Paulus stammen sollte (siehe Einleitung zum Kolosserbrief), so würde durch diese Hinweise ziemlich eindeutig feststehen, daß Philemon in Kolossä gewohnt hat. Ist der Kolosserbrief nicht von Paulus verfaßt, so könnten ihm doch richtige Nachrichten zugrunde liegen. Was ergibt sich daraus für den Gefangenschaftsort des Paulus?

Philemon, einem wohlhabenden Manne, der wahrscheinlich durch die Predigt des Apostels Paulus für Christus gewonnen ist (Phlm. 19), in dessen Hause eine kleine Gemeinde zusammenkommt (V. 2) und der sich hilfreich der Gemeindeglieder angenommen hat (Phlm. 5. 7), ist der Sklave Onesimus entlaufen, und dieser ist mit dem gefangenen Paulus zusammengetroffen. Auf welche Weise das geschehen ist, wird nicht erwähnt. War ein Sklave geflohen, so suchte man ihn mit Hilfe von Steckbriefen, in denen Alter, Größe, körperliche Merkmale und Bekleidung angegeben wurden. Wer zweckdienliche Angaben zur Ergreifung des Entlaufenen machte oder ihn dem Eigentümer zurückbrachte, erhielt eine Belohnung. Oft nimmt man an, Onesimus sei von der Polizei aufgegriffen und in dasselbe Gefängnis gebracht worden, in dem Paulus sich befand. Das wird nicht der Fall gewesen sein; denn dann hätte nicht Paulus (Phlm. 12), sondern die Polizei den entlaufenen Sklaven dem Eigentümer zurückgesandt. Möglicherweise hat Onesimus, nachdem das gestohlene Geld vertan war (Phlm. 11. 18) und er keine Unterkunft und keine Beschäftigung gefunden hatte, Paulus, von dem er durch Philemon gehört hatte, freiwillig aufgesucht, um bei ihm Zuflucht und einen Fürsprecher zu finden. Sklaven, die entlaufen waren und wieder zurückgebracht wurden, konnten von dem Herrn, der absolute Verfügungsgewalt über seine Sklaven hatte, sehr schwer bestraft werden. Einige Jahre später ist ein freigelassener Sklave des Sabinianus mit der gleichen Bitte an Plinius Secundus herangetreten. Er hat, nachdem er sich etwas hatte zuschulden kommen lassen, Plinius, den Freund seines Herrn, aufgesucht, ist ihm zu Füßen gefallen und hat sein Vergehen bereut. Daraufhin schreibt Plinius einen ähnlichen Brief wie Paulus an den Herrn und bittet diesen, zu vergeben und Liebe statt Zorn walten zu lassen (C. Plinius Caecilius Secundus, Epist. IX 21). Wo ist ein Zusammentreffen zwischen Paulus und Onesimus am ehesten möglich? Kaum denkbar sind die beiden Gefangenschaftsorte Rom und Cäsarea. Gegen Cäsarea spricht die Absicht des Paulus, Philemon bald zu besuchen (V. 22). In Cäsarea sind die Gedanken des Apostels auf Rom und Spanien gerichtet. Rom ist wegen der starken Polizeikontrollen kein geeigneter Unterschlupfort für einen entlaufenen Sklaven. Wegen der vielen Sklaven, die sich in Rom befanden, gab es dort besondere Polizeiorgane, die nach geflohenen Sklaven fahndeten. Das Nächstliegende ist es, daß der Flüchtling sich in das Gewühl der nächsten Großstadt begibt, um im Hafentrubel unterzutauchen. Solche Überlegungen führen dazu, Ephesus als Gefangenschaftsort anzunehmen. Wie im Philipperbrief, so sprechen auch im Brief an Philemon die Reiseverhältnisse für Ephesus als Ort der paulinischen Gefangenschaft.

2. Der Philemonbrief ist das kleinste Schreiben des Apostels Paulus, das uns erhalten ist. Er unterscheidet sich, wenn man von den Pastoralbriefen absieht, dadurch von den andern Briefen, daß er sich nicht primär an eine Gemeinde, sondern obwohl in der Adresse des Philemonbriefes auch die Hausgemeinde genannt ist, speziell an eine Einzelperson richtet. Da der Inhalt der Briefes rein privater Natur zu sein scheint, ist man erstaunt, daß er in die Sammlung des Neuen Testaments gelangt ist. Schon in der alten Kirche haben einige Leute ihn für überflüssig gehalten, da es sich in ihm nur um das Schicksal eines einzigen Menschen handele. Auch heute spielt er in Predigt und Unterricht kaum eine Rolle. Der Philemonbrief ist weder die Urzelle eines christlichen Romans aus der nachapostolischen Zeit noch eine grundsätzliche Stellungnahme der späteren Kirche zur Sklavenfrage unter Berufung auf den Namen und die Autorität des Apostels, sondern er ist ein wirkliches Schreiben des Paulus in einem ganz konkreten Fall, das für die alte Kirche von grundsätzlicher Wichtigkeit war. Daß der Brief kanonisch geworden ist, läßt sich, abgesehen von der Bedeutung und Autorität des Apostels Paulus, dadurch erklären, daß er von beispielhafter Bedeutung für die seelsorgerliche Behandlung einer im Urchristentum sehr wichtigen und nicht leicht zu lösenden Frage gewesen ist. Mit großem Ernst und viel Liebe, mit bewundernswertem Geschick und vollem Einsatz seiner eigenen Person setzt Paulus sich für den entlaufenen Sklaven bei seinem rechtmäßigen Besitzer ein und zwingt diesen, auf sein Recht zu verzichten und Liebe walten zu lassen. „Wie es Christus für uns getan hat gegenüber Gott dem Vater, so macht es auch St. Paulus für Onesimus gegenüber Philemon" (Luther).

Die Sklavenfrage war in den ersten Jahrhunderten für die urchristlichen Gemeinden ein aktuelles Problem. Viele Christen in Korinth und in den andern großen Städten waren Sklaven. Die Stellung der damaligen Menschen zu den Sklaven war sehr verschieden. Die Stoa setzte sich zwar für die Gleichheit aller Menschen ein. Dementsprechend hatte z. B. Cicero zu seinem Sekretär Tiro ein durchaus freundschaftliches Verhältnis. Aber grundsätzlich und rechtlich war der Sklave nicht eine

Person, sondern eine Sache, über die der Eigentümer nach freiem Ermessen verfügen konnte. Das Schicksal des Sklaven wie das seiner Familie lag in der Hand des Herrn. Plautus läßt in einem Lustspiel einen Sklaven sagen: „Schenke dir dein Drohen, ich weiß, daß das künftige Kreuz mein Grab ist. Dort liegen meine Vorfahren, mein Vater, mein Großvater, mein Urgroßvater und Ahne "(Miles gloriosus 372f.). Da der Sklave dem Vieh und dem Ackergerät gleichgestellt war, stand er außerhalb des menschlichen Rechtes. Läßt sich die durch Christus gewonnene Freiheit, die Berufung zur Gottessohnschaft und zur Teilnahme am Weltgericht mit der sozialen Stellung, die die christlichen Sklaven einnehmen, vereinigen? Heidnische Sklaven hatten die Möglichkeit, durch sakralen Loskauf zur Freiheit zu gelangen. Wie stellt sich die Kirche Jesu Christi zu diesen wichtigen Fragen?

Die Art und Weise, wie Paulus sich für den entlaufenen Sklaven einsetzt, ohne sozialrevolutionär zu werden, ist typisch und von großer Bedeutung für die Lösung sozialethischer Fragen des Urchristentums. Paulus setzt geltende Bestimmungen nicht außer Kraft, sondern er veranlaßt Onesimus, zu seinem Herrn zurückzukehren. Aus dem neuen Verhältnis zu Gott kann man nicht den Anspruch auf Verbesserung seiner eigenen äußeren Lage ableiten. Aber durch die Annahme des Evangeliums und durch die Taufe ist der Sklave auch nicht mehr nur Sklave, nicht mehr ein rechtloser Gegenstand des Besitzers, so daß der Herr mit ihm machen kann, was er will, sondern er ist ein Freigelassener des Herrn (1.Kor.7,22), ein Bruder in Christus (Phlm.16). So ist das Verhältnis des Besitzers zum Sklaven ein anderes geworden. Weil es vielen Freigelassenen sozial schlechter ging als manchen Sklaven, war für den Sklaven nicht die entscheidende Frage Freilassung oder weitere Abhängigkeit, sondern es kam vor allem darauf an, wie sich der Herr zu seinem Sklaven verhielt. Im Christentum werden die Standesunterschiede nicht aufgehoben, sie verlieren aber ihre Bedeutung (Gal.3,28). Äußerlich braucht sich nicht sofort alles zu ändern, und doch ist alles anders geworden. Der Ruf Christi bringt eine Umkehrung der Verhältnisse: der Sklave wird zum Freien Christi und der Freie zum Sklaven Christi. Diese Freiheit durch Christus und die Knechtschaft unter Christus, die Bruderschaft im Herrn ist die urchristliche Lösung der Sklavenfrage. Paulus stellt nicht allgemeinverbindliche Forderungen sozialrevolutionärer Art auf, die eine plötzliche radikale Umwandlung der wirtschaftlichen Verhältnisse zur Folge haben, sondern durch das Evangelium entsteht ein neues Verhältnis des Menschen zu Gott, und dieses neue Verhältnis zu Gott schafft ein neues Verhältnis zu den Mitmenschen, das durch die Liebe bestimmt ist (Phlm.5.7.9.16).

Wissenschaftliche Kommentare: P.Ewald, Die Briefe des Paulus an die Epheser, Kolosser und Philemon (Komm. zum NT, hrsg. von Th. Zahn, 10), ²1910; E.Lohmeyer, Die Briefe an die Philipper, an die Kolosser und an Philemon (Kritisch-exegetischer Kommentar über das NT 9), ¹³1964; E.Lohse (ebenda 9,2), ¹⁴1968; M.Dibelius. An die Kolosser, Epheser, an Philemon, neubearb. von H.Greeven (Handbuch zum NT 12), ³1953; P.Stuhlmacher, Der Brief an Philemon, Ev-Katholischer Kommentar zum NT, 1975.

Allgemeinverständliche Auslegungen: A.Schlatter, Die Briefe an die Galater, Epheser, Kolosser und Philemon (Erläuterungen zum NT 7), 1963; W.Bieder, Brief an Philemon (Prophezei), 1944; J.Ernst, Die Briefe an die Philipper, an Philemon, an die Kolosser, an die Epheser (Regensburger NT), 1974.

Der Gruß 1-3
   1 **Paulus, Gefangener Christi Jesu, und der Bruder Timotheus an Philemon, unsern Geliebten und Mitarbeiter, 2 und an die Schwester Apphia und Archippus, unsern Mitstreiter, und an die Gemeinde in deinem Hause. 3 Gnade sei mit euch und Friede von Gott unserm Vater und dem Herrn Jesus Christus.**

1   Der griechischen Briefsitte gemäß steht auch in diesem Paulusbrief der Absender im Nominativ am Anfang des Schreibens. Da Paulus sich an einen kleinen Personenkreis wendet, der mit ihm eng verbunden ist, nennt er sich nicht wie Röm. 1,1; 1.Kor. 1,1; 2.Kor. 1,1 und Gal. 1,1 autoritätsbetont Apostel, sondern Gefangener Christi Jesu (vgl. Eph. 3,1; 4,1; 2.Tim. 1,8). Das geschieht nicht ohne Absicht. In diesem Ausdruck kommt ähnlich – aber doch noch anders – wie bei Knecht Christi Jesu (Röm. 1,1; Phil. 1,1) Hoheit und Niedrigkeit, Gebundenheit und Freiheit, Freude und Not des Apostels zum Ausdruck. Er ist ein Gefangener Jesu Christi, weil er von Gott bzw. Jesus Christus besiegt ist und an den Siegeswagen Gottes gebunden durch die Welt geführt wird (2.Kor. 2,14). Diese Gefangenschaft ist für ihn Anlaß zu Jubel und Dank, sie ist Grund der innigsten Christusgemeinschaft. Dann aber ist er auch Gefangener Jesu Christi, weil er um Christi willen im Gefängnis sitzt (V. 9.10.13.23; vgl. Phil. 1,13). Verfolgung und den Gerichtsbehörden Ausgeliefertsein gehören für ihn zur apostolischen Existenz (1.Kor. 4,11 f.; 2.Kor. 6,5; 11,23; vgl. Mt. 10,17). Weil er nicht um krimineller Dinge, sondern um des Evangeliums willen im Gefängnis sitzt, schämt er sich seiner Gefangenschaft nicht, sondern er nennt sich Gefangener Christi Jesu. Das ist seine Vollmacht, die er Philemon gegenüber hat, aber auch seine Schwachheit, die Philemon um der Liebe willen berücksichtigen soll. Obwohl der Philemonbrief seinem Inhalt nach ein sehr privates Schreiben zu sein scheint, hat er doch einen offiziellen Charakter. Das kommt schon rein formal dadurch zum Ausdruck, daß Paulus sich nicht allein als Absender nennt. Wie in seinen andern Briefen, mit Ausnahme des Römerbriefes (vgl. Epheser), führt er einen seiner Mitarbeiter als Mitabsender an, um kundzutun, daß es sich nicht um seine persönliche Angelegenheit handelt, sondern um eine Botschaft innerhalb der christlichen Gemeinde. Wie 2.Kor. 1,1; 1.Thess. 1,1; 2.Thess. 1,1; Phil. 1,1; vgl. Kol. 1,1 ist es auch hier Timotheus, sein treuester und bewährtester Mitarbeiter (Phil. 2,19 ff.; 1.Kor. 4,17), der nach Apg. 16,1 aus Lystra stammte und der Sohn eines heidnischen Vaters und einer judenchristlichen Mutter war. Paulus nennt ihn wie 2.Kor. 1,1 ganz schlicht ‚Bruder‘. Der Brief selbst zeigt deutlich, daß Paulus der eigentliche und einzige Verfasser des Schreibens ist. Von V. 4 an spricht er im Singular und in V. 9 und 19 nennt er sich direkt mit Namen. Empfänger des Briefes ist Philemon. Die Anrede „Geliebter" ist ganz sicher ein Ausdruck der persönlichen herzlichen Beziehung von Verfasser und Empfänger des Briefes zueinander. Aber sie besagt doch mehr, als wenn man heute jemand in einem Brief mit „lieber Freund" anredet. Es ist nicht eine auf Sympathie beruhende Liebe zweier Menschen zueinander, wie sie sich in einem freundschaftlichen Verhältnis kundtut, sondern es ist die von Gott geschenkte und gewirkte Liebe, die man weitergeben soll. Die Verwirklichung der Liebe im Christenleben ist ein wichtiger Grundgedanke des Philemonbriefes (V. 5.7.9.16). Vielleicht klingt schon in der Anrede die Erwartung an, daß Philemon, der gezeigt hatte, daß Liebe für ihn mehr ist als ein christlicher Terminus

(V. 5), seine Liebe dem entlaufenen Sklaven, der ein „geliebter Bruder" geworden ist (V. 16), nicht versagen wird. Wenn Paulus Philemon ferner einen Mitarbeiter nennt (Röm. 16, 3. 9. 21; 2. Kor. 8, 23; Phil. 2, 25; 4, 3; 1. Thess. 3, 2), so bringt er damit zum Ausdruck, daß er nicht nur Herr des Hauses, sondern das führende Haupt der kleinen Hausgemeinde ist. Apphia wird, wie bereits die alte Kirche annahm, die Frau 2 des Philemon gewesen sein. Da die Frauen die Geschäfte im Hause regelten, geht es auch sie an, was Paulus über den Sklaven Onesimus zu berichten hat. Aber Paulus wendet sich nicht in privater Angelegenheit an die Familie Philemon, sondern da es sich um ein Gemeindeschreiben handelt, wird sie nicht nach ihrer Stellung im Hause und in der Familie, sondern nach ihrer Zugehörigkeit zur Gemeinde eingeschätzt und darum als Schwester angeredet. Archippus (vgl. Kol. 4, 17) ist nach Vermutungen der Kirchenväter der Sohn der beiden Eheleute gewesen. Paulus bezeichnet ihn wie Epaphroditus Phil. 2, 25 als seinen Mitstreiter, was wohl bedeuten muß, daß er sich bei der Arbeit für Christus besonders hervorgetan und bewährt hat. Schließlich wird noch die ganze Gemeinde im Hause genannt. Wie bei Cornelius in Cäsarea (Apg. 11, 14), der Lydia (Apg. 16, 15) und dem Kerkermeister in Philippi (Apg. 16, 31. 34), bei Krispus (Apg. 18, 8) und Stephanas in Korinth (1. Kor. 1, 16), bei Aquila und Priscilla in Ephesus (1. Kor. 16, 19; Röm. 16, 5), bei Nymphas (Kol. 4, 15), so sind auch bei Philemon abgesehen von der Frau noch weitere Angehörige des Hauses, Familienglieder und Sklaven, Christen, die als Gemeinde Gottes zusammengehören und die von Paulus in dem Brief an Philemon mit angesprochen werden. Auch dadurch verliert, selbst wenn Philemon der Hauptempfänger ist, der Brief seine rein private Prägung und wird zu einem apostolischen Schreiben an die christliche Gemeinde. Privatrechtliche Dinge haben in der christlichen Gemeinde nicht mehr einen nur privaten Charakter, wenn es sich um die Angelegenheit von zwei Gliedern dieser Gemeinschaft miteinander handelt. Die Christen im Hause des Philemon sollen von der Bekehrung, der Heimkehr des Onesimus und von der Fürbitte des Apostels für ihn etwas erfahren. Es kommt sehr darauf an, wie sie sich zu dem zurückkehrenden Flüchtling stellen, ob sie ihn als Bruder aufnehmen oder ob sie sich verhalten wie der ältere Bruder im Gleichnis vom verlorenen Sohn (Lk. 15, 25 ff).

Der Briefgruß entspricht den sonst von Paulus verwendeten Formeln in den Briefen an die Gemeinden von Rom, Korinth und Philippi. Ist er mehr als eine bloße Formel, dann hat er gerade im Brief an Philemon eine ungemein konkrete Bedeutung. Ohne die Gnade, die Gott als Vater den Menschen in Christus zuteil werden läßt, können diese vor ihm nicht bestehen. Wo die Gnade Gottes Wirklichkeit ist, ist auch der Friede Gottes da. Sind diese beiden Gaben und Mächte im Hause des Philemon wirksam, dann sind die Fragen gelöst, um die es in diesem Brief geht; dann herrscht die Liebe, die zur Aufnahme eines Schuldigen in die Gemeinschaft bereit ist.

Der Dank 4-7

4 Ich danke meinem Gott allezeit, wenn ich deiner in meinen Gebeten gedenke, 5 höre ich doch von deiner Liebe und dem Glauben, den du an den Herrn Jesus Christus und gegen alle Heiligen hast. 6 So möge die Gemeinschaft deines

Glaubens wirksam werden in Erkenntnis alles Guten, das in uns ist, auf Christus hin. 7 Ich hatte ja viel Freude und Trost an deiner Liebe, weil die Herzen der Heiligen durch dich, Bruder, erquickt worden sind.

4 Wie in den großen Gemeindebriefen folgt auch hier auf den Briefeingang der Dank an Gott, der an 1.Thess.1,2 erinnert. Paulus spricht wie die Dichter der Psalmen (vgl. zu Phil.1,3) von „meinem" Gott. Ursache und Gegenstand des Dankes ist der Christenstand des Philemon. Da dieser nicht sein Werk und Verdienst, sondern Gabe Gottes ist, richtet sich der Dank nicht an Philemon, sondern an Gott.

5 Obwohl Paulus ein Gefangener ist, ist er nicht völlig isoliert und von der Umwelt abgeschlossen, sondern er steht mit den Gemeinden in Verbindung, so daß er von der Liebe des Philemon zu den Brüdern und seinem Glauben an Jesus Christus gehört hat. Diese Gedanken führt Paulus im Chiasmus aus. Zuerst spricht er von der Liebe und vom Glauben, dann vom Objekt des Glaubens und dem der Liebe. Deutlich erhalten die Aussagen von der Liebe ein besonderes Gewicht. Auf sie, die natürlich vom Glauben nicht zu trennen ist, kommt es ihm vor allem an (V.7 und 9). Darum kehrt er die sonst übliche Reihenfolge um (Eph.1,15). Das dritte Glied der urchristlichen Dreiheit, die Hoffnung, die 1.Thess.1,3; 5,8; 1.Kor.13,13; vgl. Kol.1,4f. noch genannt ist, fehlt, weil es im Philemonbrief nicht um endgeschichtliche Fragen geht. Die Liebe des Philemon ist echte Liebe, die aus dem Glauben an Jesus Christus entspringt, so daß sie sich nicht auf einige bevorzugte Glieder der Gemeinde richtet, sondern auf alle Heiligen. Der Geliebte (V.1) ist selbst ein Liebender. Wenn Paulus des Philemon im Gebet gedenkt, so ist sein Herz nicht

6 nur von Dank gegen Gott erfüllt, sondern mit dem Dankgebet verbindet sich die Bitte (vgl. Phil.1,9; Kol.1,9), die bereits erlangte Teilhabe am Glauben möge sich wirksam erweisen (Gal.5,6). Das Gute in uns ist nicht die moralische Qualität, die der Mensch hat und derer er sich bewußt werden muß, sondern das Gute ist ein Geschenk Gottes, das im Zusammenleben mit dem Menschen realisiert werden soll (1.Thess.5,15). Die Teilhabe am Glauben drängt zur Tat in der Welt, zur Liebe gegen die Mitmenschen, insbesondere aber gegen die, mit denen man im Glauben an Christus verbunden ist (Gal.6,10). Darum geht es nicht um diese oder jene gute Tat, die man gelegentlich vollbringt, sondern die Erkenntnis alles Guten spricht von der Totalität und Radikalität, der man nicht ausweichen kann. Das Leben des Christen hat eine Zielrichtung auf Christus hin (vgl. 2.Kor.1,21; 11,3). Alles, was

7 man tut, soll zur Ehre Christi geschehen (vgl. Kol.3,17). Bevor Paulus seine konkrete Bitte ausspricht, erwähnt er, daß Philemon für die Gemeinde eine große Hilfe gewesen ist. Worin diese bestanden hat, wird nicht gesagt. Aber sie ist für die Glieder der Gemeinde eine rechte Stärkung gewesen, und für Paulus selbst hat die Nachricht davon Freude und Trost gebracht.

Die Bitte 8-20

8 Deshalb, obwohl ich durch Christus die volle Berechtigung hätte, dir zu gebieten, was sich gebührt, 9 will ich dich doch um der Liebe willen bitten, so wie ich eben bin: Paulus, ein alter Mann, jetzt aber auch ein Gefangener Christi Jesu. 10 Ich bitte dich für mein Kind, das ich in Fesseln gezeugt habe, Onesimus,

11 der dir früher unnütz war, jetzt aber dir und mir wirklich nützlich ist,
12 den ich dir schicke, ihn, das ist mein Herz, 13 den ich bei mir behalten wollte,
damit er mir an deiner Statt in den Fesseln des Evangeliums diente. 14 Aber
ohne dein Einverständnis wollte ich nichts tun, damit deine gute Tat nicht
gezwungen, sondern freiwillig geschehe. 15 Denn vielleicht ist er deshalb eine
Weile von dir getrennt worden, damit du ihn ewig wieder hättest, 16 nicht mehr
als einen Sklaven, sondern als einen, der mehr ist als ein Sklave: ein geliebter
Bruder, besonders für mich, wieviel mehr aber für dich, sowohl im Fleisch als
im Herrn. 17 Wenn du mich für einen Freund hältst, so nimm ihn auf wie mich.
18 Wenn er dir einen Schaden zugefügt hat oder er dir etwas schuldet, das setze
mir auf die Rechnung. 19 Ich, Paulus, schreibe es mit eigener Hand. Ich werde
es bezahlen – um dir nicht zu sagen, daß du auch dich selbst mir schuldig bist.
20 Ja, Bruder, ich möchte deiner froh werden im Herrn. Verschaffe meinem Herzen Freude in Christus.

Paulus kommt zum eigentlichen Anliegen seines Briefes. Er nennt es selbst noch 8
nicht, sondern er spricht erst von seinem Recht und seiner Stellung Philemon gegenüber. Als Apostel Jesu Christi hätte er durchaus die Vollmacht, Philemon Weisungen zu geben, das zu tun, was sich für einen Christen geziemt. Aber wegen der Liebe, 9
die Philemon bereits geübt hat und weiterhin üben wird, möchte Paulus ihn lieber
bitten. Paulus nimmt nicht seine apostolische Autorität in Anspruch, sondern er
weist darauf hin, daß er ein alter Mann ist, der um Christi willen außerdem noch im
Gefängnis schmachtet. Da er als Bittender und nicht als Befehlender auftritt, betont
er im folgenden nicht seine Macht, sondern seine Niedrigkeit. In den V. 9-13 spielt
er immer wieder auf seine Situation als Gefangener an. Nach diesen einleitenden
Worten kommt Paulus dann auf die Sache selbst zu sprechen. Er bittet nicht um 10
etwas für sich selbst, sondern für einen andern, der ihm sehr nahesteht. Er nennt
noch nicht seinen Namen, sondern berichtet, daß er ihn im Gefängnis für Christus
gewonnen hat, so daß er ein neuer Mensch geworden ist. Paulus bezeichnet ihn,
wie z.B. auch Timotheus (1.Kor.4,17) als sein Kind; denn durch den Apostel ist
ihm das neue Leben geschenkt. Erst nach diesen einleitenden Worten sagt Paulus,
für wen er sich so nachdrücklich und warm einsetzt: es ist Onesimus, der Philemon
wohlbekannt ist, sein entlaufener Sklave. Paulus beschönigt nichts. Er räumt durch- 11
aus ein, daß Onesimus früher ein Nichtsnutz gewesen ist, der Philemon manchen
Schaden verursacht hat. Aber das gehört der Vergangenheit an. Jetzt ist er ein
brauchbarer Mensch geworden, der sich Philemon wie auch Paulus nützlich erweist.
Paulus hält sich an das geltende Recht. Darum schickt er Onesimus mit dem Brief 12
an Philemon zurück, obwohl es dem Apostel schwerfällt, sich von ihm zu trennen.
Er ist ihm ans Herz gewachsen, so daß er ein Stück von ihm selbst ist. Anscheinend
hat sich Onesimus sehr anstellig gezeigt und dem Apostel manchen wertvollen
Dienst geleistet. Darum hätte Paulus ihn gern als Gehilfen in der Gefangenschaft, 13
die er um des Evangeliums willen erleidet, behalten, damit er das tue, wozu Philemon selbst verpflichtet ist. Um des Evangeliums willen hat der Apostel das Recht,
Gehilfen um sich zu haben. Von jedem Christen kann man erwarten, daß er sich
für diese Arbeit zur Verfügung stellt. Onesimus würde dann stellvertretend für
Philemon diesen Dienst bei Paulus ausführen, wie Epaphroditus die Philipper bei

14 Paulus vertreten hatte (Phil. 2, 30). Paulus erklärt nun, warum er Onesimus doch
zurückschickt: er will nicht über den Kopf von Philemon hinweg Anordnungen
treffen. Philemon soll Gelegenheit haben, in rechter Weise Gutes zu tun, worum
Paulus Gott fürbittend angerufen hat (V. 6). Philemon soll von sich aus entscheiden.
Wenn er nur nachträglich seine Zustimmung gibt, daß Onesimus bei Paulus bleibt,
so ist er zu dieser Guttat gewissermaßen gezwungen. Gutes vollbringt man aber nur,
15 wenn man es freiwillig tut. Paulus versucht, der von ihm grundsätzlich nicht gebil-
ligten Flucht des Onesimus – sonst würde er den entlaufenen Sklaven nicht zurück-
schicken – eine positive Bedeutung zu geben. Er spricht nicht von Flucht, sondern
von Getrenntsein, als ob Gott selbst es so gefügt hat, damit Onesimus Christ wird
und nun zwischen Philemon und Onesimus ein ganz neues Verhältnis entsteht.
16 Onesimus entfloh als Sklave seinem Herrn, als ein anderer Mensch kehrt er zu ihm
zurück. Er ist ein geliebter Bruder geworden, der Paulus sehr nahesteht. Dieses
innige Verhältnis sollte erst recht zwischen Philemon und Onesimus sich ent-
17 wickeln: der entlaufene Sklave kann ihm ein treuer Freund und Bruder in Christus
werden. Ist jemand ein Bruder geworden, so hat das nicht nur für die kirchliche
Gemeinschaft, sondern auch für den Bereich des natürlichen Zusammenlebens Konsequenzen. Paulus fordert mit keinem Wort die Freilassung des Sklaven. Philemon
soll aber wissen, daß sie beide denselben Herrn haben. Erst jetzt, nachdem Paulus
von seiner Stellung zu Onesimus gesprochen hat, konkretisiert er seine Bitte von
V. 10. Paulus setzt voraus, daß Philemon sich mit dem Apostel eng verbunden fühlt.
Würde Paulus ihn besuchen, so würde er ihn mit großer Herzlichkeit und Freude
als Gast, Freund und Bruder begrüßen. Genau so soll er sich Onesimus gegenüber
verhalten. Das ist eine große Bitte. Man bedenke, was das heißt. Der Sklave war
nach geltendem Recht kein vollgültiger Mensch, keine rechtsfähige Person, sondern
ein „belebter Gegenstand", mit dem der Herr machen durfte, was er wollte. Da
Philemon wahrscheinlich nicht Jude, sondern Hellenist ist, kommen für ihn die
humanen jüdischen Bestimmungen für das Verhalten Sklaven gegenüber nicht in
Betracht. Zwar behandelten auch die Griechen im allgemeinen die Sklaven menschlicher als die Römer, und viele griechische Anschauungen wurden im Laufe der
Zeit von den Römern übernommen. Aber gerade in juristischer Hinsicht setzten
sich die römischen Bestimmungen gegen die humanere Handhabe in Kleinasien
durch. Auch nach griechischem Recht wurde jeder bestraft, der einem entlaufenen
Sklaven Hilfe leistete. In Rom pflegte man entwichenen Sklaven mit einem glühen-
den Eisen ein Zeichen auf die Stirne zu brennen. Oft wurden sie in Eisenringe
geschmiedet, zur Abschreckung für die andern Sklaven wilden Tieren in der Arena
vorgeworfen oder auch gekreuzigt. Wenn Paulus Onesimus zurückschickt, konnte
diesem durchaus eine schwere Bestrafung drohen. Um dem vorzubeugen, richtet
Paulus dieses dringende Bittgesuch an Philemon. Onesimus ist kein Fremder, auch
kein Sklave (V. 16) und kein Nichtsnutz mehr (V. 11), er ist der Sohn des Paulus
(V. 10), der von ihm geliebte Bruder (V. 16), er ist sein Herz (V. 12). Sklaven haben
auch sonst Fürsprecher gefunden. Der Brief des Plinius an Sabinianus (s. S. 278)
ist ein schönes Zeugnis für edle Gesinnung. Trotz aller Herzlichkeit und allen Groß-
mutes findet sich dort nicht diese Verbundenheit zwischen Fürsprecher, Sklaven
und Herrn, wie sie im Philemonbrief zum Ausdruck kommt. Bei Plinius, Sabinianus

und dem Freigelassenen bleibt der Abstand stets gewahrt, wie es auf humaner Grundlage nicht anders sein kann. Paulus identifiziert sich mit Onesimus. Er will 18 nicht nur, daß seine Rechte und seine Ehre auf Onesimus übertragen werden, er erklärt sich auch bereit, für alles aufzukommen, was Onesimus verschuldet hat. Aus V. 18 kann man vielleicht schließen, daß Onesimus in die Kasse des Philemon gegriffen hat, ehe er sich auf die Flucht machte. Wie ein Vater für seinen Sohn, so tritt Paulus für allen Schaden ein, der Philemon durch Onesimus entstanden ist. Wenn Onesimus erscheint, soll zwischen dem Herrn und dem entlaufenen Sklaven alles bereinigt sein, so daß wirklich ein neuer Anfang gemacht werden kann. Um zu 19 zeigen, daß es ihm mit seinen Worten ernst ist, füllt Paulus V. 19a eine eigenhändige Schuldverschreibung aus: „ich werde es bezahlen". V. 19b ist wahrscheinlich wieder von dem Sekretär geschrieben und knüpft direkt an V. 18 an. Eigentlich ist Paulus gar nicht der Schuldner und Philemon der Gläubiger, sondern in Wirklichkeit verhält es sich umgekehrt. Philemon verdankt das, was er ist, dem Apostel. Wahrscheinlich spielt Paulus darauf an, daß Philemon durch seine Verkündigung Christ geworden ist, und jeder Christ ist verpflichtet, die Prediger mit seinem Besitz zu unterhalten (1. Kor. 9, 11 f.; Röm. 15, 27; Gal. 6, 6). Paulus redet Philemon mit 20 Bruder an, wie er V. 16 Onesimus bezeichnet hatte. Für ihn bestehen zwischen Herrn und Sklaven keine Unterschiede (Gal. 3, 28; 1. Kor. 12, 13). Er möchte des Philemon froh werden, was doch wohl dann geschieht, wenn Philemon den Onesimus als Bruder aufnimmt. Es geht ihm nicht um irgendwelche menschlichen Freuden, sondern um die Freude im Herrn.

Schlußworte 21-25

21 Im Vertrauen auf deinen Gehorsam schreibe ich dir. Ich weiß, daß du mehr tun wirst, als ich sage. 22 Zugleich bereite mir auch gastliche Aufnahme; denn ich hoffe, daß ich euch durch eure Gebete geschenkt werde.

23 Es grüßen dich Epaphras, mein Mitgefangener in Christus Jesus, 24 Markus, Aristarchos, Demas, Lukas, meine Mitarbeiter. 25 Die Gnade des Herrn Jesu Christi sei mit eurem Geist.

In V. 8 hatte Paulus darauf verzichtet, Philemon irgendwelche Befehle zu erteilen. 21 Trotzdem erwartet er in V. 21 ganz selbstverständlich von Philemon Gehorsam. Dieser anscheinende Widerspruch gibt uns Einblick in den verpflichtenden Charakter apostolischen Redens und in die Eigenart christlichen Gehorchens. Wenn Paulus V. 9 auch nur eine Bitte ausgesprochen hatte, so ist diese Bitte nicht privater, unverbindlicher Natur, sondern es geht um einen Bruder in Christus (V. 16), um die Liebe (V. 9), um das Gute (V. 6. 14), schließlich um Philemon selbst (V. 20). Es handelt sich also nicht um etwas Nebensächliches, bei dem man sich ganz verschieden verhalten kann, sondern um letzte Dinge, die nicht befohlen werden (V. 14), sondern um die man nur bitten kann (2. Kor. 5, 20). Einer solchen Bitte gegenüber kann man sich nicht neutral verhalten. Entweder man erfüllt sie, wie es einem Christen geziemt, oder man durchschneidet die Verbindung mit dem Bruder, damit aber auch mit dem Apostel und mit dem Herrn Jesus Christus selbst. Gehorsam ist weder pünktliche Erfüllung von Gesetzesvorschriften noch unkritische Unterwerfung unter den Willen eines Vorgesetzten, sondern gläubige Bejahung des Willens Gottes, wie er im Evangelium verkündigt wird (Röm. 10, 16; 2. Thess. 1, 8). Nur wenn man diese Eigenart christlichen Gehorchens erkannt hat, versteht man, daß Paulus von Glaubensgehorsam sprechen kann (Röm. 1, 5; 16, 26) und daß er die Erfüllung seiner Bitte als Gehorsam bezeichnet. Paulus ist überzeugt, daß Philemon nicht nur auf eine Bestrafung des Onesimus verzichten, sondern noch mehr als das tun werde. Was er damit konkret meint, sagt er nicht. In der Konsequenz der Aussagen von V. 14-17 und 20 liegt es, daß Philemon den Onesimus eigentlich freilassen müßte. Aber ausgesprochen war es bisher nicht. Paulus fordert es auch nicht. Er weiß, daß Philemon es von sich aus tun wird. Wahrscheinlich hat er es auch getan. Philemon hat Onesimus freigegeben, und dieser ist in den Dienst des Apostels Paulus getreten. Kol. 4, 9 wird berichtet, Paulus habe den treuen und lieben Bruder in seine Heimatgemeinde nach Kolossä geschickt. Im Philemonbrief denkt Paulus an eine sofortige Rücksendung des Onesimus zu ihm ins Gefängnis nicht. Paulus hofft, bald frei-

22 gelassen zu werden und dann Philemon zu besuchen. Wie er des Philemon in seinen Gebeten gedenkt (V. 4), so rechnet er ganz selbstverständlich mit der Fürbitte der Gemeinde für den Apostel (Röm. 15, 30; 2. Kor. 1, 11; Phil. 1, 19; 1. Thess. 5, 25; 2. Thess. 3, 1). Diese wird die Pforten des Gefängnisses sprengen, daß er wieder frei wird.

23 Wie sonst, so bestellt Paulus auch in diesem Brief von seiner Umgebung Grüße an die Empfänger. Epaphras, der mit ihm die Gefangenschaft teilt, ist wohl mit dem

24 Kol. 1, 7 f. und 4, 12 f. genannten Gründer der Gemeinde zu Kolossä identisch. Markus, der Vetter des Barnabas (Kol. 4, 10), begleitete zunächst Barnabas und Paulus auf der Missionsreise (Apg. 12, 25), trennte sich aber von ihm (Apg. 13, 13), was zum Konflikt zwischen Paulus und Barnabas führte (Apg. 15, 37 ff.). Da er sich nach Phlm. 24 wieder bei Paulus befindet, müssen sich die beiden ausgesöhnt haben. Aristarch, ein Mazedonier aus Thessalonich, der bei den Unruhen in Ephesus von der Menge ergriffen wurde (Apg. 19, 29), gehörte später zu den Reisebegleitern des Paulus von Griechenland über Jerusalem (Apg. 20, 4) nach Rom (Apg. 27, 2). Demas wird noch Kol. 4, 14 genannt. Nach 2. Tim. 4, 10 hat er aus Liebe zur Welt Paulus verlassen und ist nach Thessalonich abgereist. Lukas ist nach 2. Tim. 4, 11 f. Heidenchrist und nach Kol. 4, 14 von Beruf Arzt.

25 Der Brief schließt mit einem Segenswunsch. Hatte er sich in allen Einzelheiten speziell an Philemon gerichtet, so wendet sich der Apostel nun noch einmal der ganzen Hausgemeinde zu. Die Gnade des Herrn Jesus Christus soll nicht von ihnen weichen, sondern stets mit ihrem Geist, d. h. mit ihnen sein (Gal. 6, 18 und Phil. 4, 23).

Namen- und Sachweiser

Bearbeitet von Gotthold Holzhey und Gertrud Chappuzeau

Da die im Text der *kleinen Paulusbriefe* enthaltenen Namen und Begriffe in den zahlreich vorhandenen Nachschlagewerken, Konkordanzen u. ä. aufgesucht werden können, sind in diesen Namen- und Sachweiser nur solche *Stichworte* aufgenommen, zu denen in der *Erklärung zum Bibeltext* besondere Ausführungen vorliegen. *Die Zahlen beziehen sich demnach auf die Erklärungen zu den betreffenden Textabschnitten.* Um Wiederholungen zu vermeiden und doch die in vielerlei inneren Beziehungen zueinander stehenden Begriffe möglichst vollständig darzubieten, sind entsprechende Hinweise gegeben, wobei der vorwärts oder rückwärts gerichtete Pfeil (→ ←) stets auf das Stichwort verweist, unter dem zu suchen ist. Die bei den einzelnen Erklärungsabschnitten hinzugefügten besonderen „Thematischen Ausführungen" sind mit dem Buchstaben A gekennzeichnet, wobei die Überschrift kurz genannt ist.

A

Abendmahl Gal. 2, 11

Abfall von Gott (Christus) Gal. 1, 6 f.; 1. Thess. 1, 10 A „Die Missionspredigt des Apostels Paulus"; 2. Thess. 2, 3

Abraham Gal. 3, 6-9. 12. 14-18; 4, 22 f. 30; 5, 12 A „Zur Theologie der Judaisten" *und Christus* Gal. 3, 14. 16. 18

Amt, Ämter Eph. 4, 11; 1. Thess. 5, 12-15. 20

Ankunft → Wiederkunft

Antichrist[erwartung] 2. Thess. 2, 3-12. 12 A „Der Antichrist"

Anziehen und **ablegen** (bildl.) Gal. 3, 27; Eph. 4, 22. 23. 25

Äonen → Weltzeiten

Apostel[amt] Gal. 1, 1. 2. 15. 16-17; Einl. Eph. Nr. 2; Eph. 2, 20; 3, 2. 5. 8; 4, 11; Phil. 1, 1; 1. Thess. 2, 7; 3, 7; 2. Thess. 3. 7. 8; Phlm. 21

Arbeit Eph. 4, 28; 1. Thess. 4, 10-12; 2. Thess. 3, 8-14

Arbeitsscheu 2. Thess. 3, 10-14

Auferstehung, Auferweckung Jesu Christi Gal. 1, 1. 2; 6, 15; Eph. 1, 20; 2, 4 f.; 5, 5; Phil. 2, 5-11; 3, 10. 18; 4, 7 A [Nr. 1-2] „In Christus Jesus"; Kol. 1, 18; 2, 12. 15; 3, 5 ff.; 1. Thess. 1, 10 A „Die Missionspredigt des Apostels Paulus"; 4, 14. 15-17 *der Toten* Gal. 6, 15; Phil. 3, 10 f.; Kol. 2, 12; 3, 1. 2; 1. Thess. 3, 13; 4, 14. 15-17

B

Barnabas Gal. 1, 21; 2, 1. 8. 9. 11; Kol. 4, 7 ff.; Phlm. 24

Begierde Gal. 5, 16; Eph. 2, 3; 5, 3 ff.; Phil. 3, 19; 1. Thess. 4, 4. 5

Bekenntnis zu Christus Gal. 1, 9 A „Anáthema"; Phil. 1, 14; 3, 8; Kol. 2, 1 ff.

Berufung 1. Thess. 4, 7; 2. Thess. 1, 11; 2, 14 *himmlische* Phil. 3, 13 f. 19; 4, 7 A [Nr. 1] „In Christus Jesus"; 2. Thess. 1, 11 *des Paulus* ←

Beschneidung Gal. 2, 2-10; 5, 1 ff. 6. 11. 12 A „Zur Theologie der Judaisten"; 6. 12. 13. 15; Eph. 2, 11; Phil. 3, 2 f. 5

Blut Christi Eph. 2, 13; Kol. 1, 15-20 A „Der Aufbau des Liedes"

Böse, *das* Eph. 5, 16; 1. Thess. 5, 22 *der* → Teufel

Bruder[schaft] Gal. 5, 13; 1. Thess. 1, 4; Einl. Phlm. Nr. 2; Phlm. 16 f.

Bruderliebe (→ Liebe) 1. Thess. 4, 9. 10; Phlm. 5 f.

C

Christentum und Judentum ←

Christenverfolgung Gal. 6, 12. 14; Phil. 1, 14. 29; Einl. 1. Thess. Nr. 2; 1. Thess. 1, 6; 2. Thess. 1, 4. 5 *durch Paulus* Gal. 1, 13 f. 23; Phil. 3, 5

Christuslied[er] (→ Lobpreis) Phil. 2, 5-11. 5

D

Dank[sagung] Einl. zu Eph. 1, 3-14; Eph. 5, 4.18; Phil. 1, 3.9; Kol. 1, 3; 3, 17; 1.Thess. 1, 2;   2, 13;   3, 9;   5, 18;   2.Thess. 2, 16; Phlm. 4 f.

Dankgebet Eph. 1, 17; Phil, 4, 6

Demut Phil. 2, 3 f.; Kol. 2, 18

E

Ehe (bildl.) Eph. 5, 23 ff. 28. 31; 1.Thess. 4, 4.6.8

Einheit (→ Kirche) Eph. 4, 1 f.; Phil. 1, 27
in Christus Phil. 2, 1 ff.; 4, 2

Elemente → Weltelemente

Enderwartung [Endzeit] (→ Zukunftshoffnung) Gal. 1, 1 f.; 3, 18 A „Paulus und das Alte Testament"; 4, 26 f.; 6, 7 f. 10. 15; Eph. 6, 14 ff.; Phil. 1, 6; 4, 5 f. 7 A [Nr. 1] „In Christus Jesus"; Kol. 1, 24; Einl. 1.Thess. Nr. 5; 1.Thess. 1, 10; 4, 13. 14. 15-17; 5, 1-11; Einl. 2.Thess. Nr. 1; 2.Thess. 1, 11; 2, 1-12. 12 A „Der Antichrist"

Endgericht (→ Gericht) Phil. 1, 28; 2, 16; 1.Thess. 1, 10; 3, 13; 5, 2. 3. 9; 2.Thess. 1, 5-10

Epheserbrief Einl. Eph. Nr. 1-5; Einl. zu Eph. 1, 3-3, 21; Eph. 1, 15; 3, 2; 6, 21-24; Einl. Kol. Nr. 1.2; Kol. 3, 28-4, 1 A [Nr. 4] „Die Haustafeln"
Verfasser Einl. Eph. Nr. 1. 2. 4; Eph. 1, 1

Ephesus Einl. Eph. Nr. 1; Einl. Phil. Nr. 5; Kol. 1, 7; Einl. Phlm. Nr. 2

Erbe Gal. 4, 6 f.

Erhöhung Christi Eph. 1, 20 f.; 2, 7; 4, 8 ff.; Phil, 2, 5-11. 9 ff.; Kol. 2, 10 A „Die Irrlehrer von Kolossä"

Erkennen, Erkenntnis Gottes und Christi Gal. 4, 9; Eph. 1, 17; 3, 16. 17 ff.; 4, 14; Einl. Phil. Nr. 6; Phil. 1, 10. 25; 3, 8. 10. 12; Einl. Kol. Nr. 3; Kol. 1, 9; 2, 1 ff.; Phlm. 6

Erlösung, Erlöser (Christus) Eph. 1, 7. 22; 2, 14 ff.; 3, 11; Phil. 1, 11; 4, 7 A [Nr. 1] „In Christus Jesus"; Kol. 1, 20; 2, 12. 15; 1.Thess. 1, 10 A „Die Missionspredigt des Apostels Paulus"

Erlösungslehre, Erlösungsgedanke Eph. 1, 10; 2, 5. 15. 16 f.; 4, 9; Phil. 3, 9; Einl. Kol. Nr. 3; Kol. 1, 12 ff. 15-20; 1, 15-20 A „Der Aufbau des Liedes"; 1, 16. 20; 2, 18. 20 A „Die Irrlehrer von Kolossä"

Erniedrigung Christi Phil. 2, 5-11. 5. 7 f.

Erwählung[sgedanke] Eph. 1, 4. 11; Phil. 2, 13; 1.Thess. 1, 4. 5; 2.Thess. 2, 13

Ethik → Sittlichkeit

Evangelium Gal. 1, 6 f. 11 f. 15 f.; 2, 1-10; Phil. 1, 5; 4, 1; 1.Thess. 1, 5; 2.Thess. 1, 8; 2, 15
Verkündigung des Eph. 6, 15. 17; Phil. 1, 7. 12 ff. 18. 27; 1.Thess. 1, 5. 9. 10 A „Die Missionspredigt des Apostels Paulus"; 2, 2-4. 13. 14; 2.Thess. 3, 1. 2
und Gesetz ←
Verfälschung des Gal. 1, 6 f. 9 A „Anáthema"; Phil. 2, 15; Kol. 1, 5

F

Finsternis (→ Licht) Eph. 5, 8 ff.; 1.Thess. 5, 5

Fleisch Gal. 5, 13. 16. 19-20; 6, 12; Eph. 5, 31; Phil. 3, 3; Kol. 2, 10 f. 20
und Geist ←

Fluch (Gottes) Gal. 1, 8 f. A „Anáthema"; 1, 10; 3, 10. 12-14
des Gesetzes ←

Frau[en] Eph. 5, 2 ff.; Kol. 3, 18-4, 1 A [Nr. 1] „Die Haustafeln"; Phlm. 2

Freiheit Gal. 2, 2; 4, 23. 26. 27; 5, 1-3. 13 f. 16; Kol. 2, 20; 3, 1. 2. 18 f.; Einl. Phlm. Nr. 2
des Glaubens Kol. 2, 12. 16
vom Gesetz ←

Freude im Herrn Phil. 1, 4. 18 f.; 2, 2. 18; 3, 1; 4, 1. 4 ff.; 1.Thess. 1, 6; 5, 16. 17. 18; Phlm. 20

Friede Eph. 2, 14 ff.; 4, 1 f.; 6, 17; Phil. 4, 9; Kol. 1, 2. 20; 1.Thess. 1, 1; 5, 13; 2.Thess. 3, 16; Phlm. 3
Gottes Phil. 4, 7; 2.Thess. 3, 16

Frucht, Früchte Eph. 5, 9; Phil. 1, 11. 22; 4, 17
des Geistes (→ Geistwirkungen) Gal. 5, 22. 23; 6, 4

Fülle in Christus Eph. 1, 23 b; Kol. 1, 19; 2, 9 f. 20 A „Die Irrlehrer von Kolossä"

Fürbitte Christi Eph. 1, 17; Phil. 1, 4. 9. 18 f.; Kol. 1, 3; 1.Thess. 1, 2; 5, 25; 2.Thess. 3, 1-3; Phlm. 22

Furcht Christi Eph. 5, 21
und Zittern Phil. 2, 12 ff.

G

Galater, Galatien Einl. Gal. Nr. 2. 3. 4; Gal. 1, 1 f.

Galaterbrief Einl. Gal. Nr. 1-5; Gal. 1, 1 f.; 6, 11
Adressat Einl. Gal. Nr. 2; Gal. 1, 1 f.

Gebet Eph. 1, 17; 6, 18; Phil. 1, 3 f. 6. 9. 18 f.; 4, 6; Kol. 1, 3; 4, 2 ff.; 1. Thess. 1, 2; 5, 17. 18

Geheimnis (Gottes) Eph. 3, 3. 5. 18; 5, 32; Kol. 1, 27 f.; 2, 1 ff.

Gehorsam Phil. 2, 12 ff.; 4, 2; Kol. 2, 20 A „Die Irrlehrer von Kolossä"; 3, 23 ff.; Phlm. 21
  Jesu Christi Phil. 2, 5. 8. 10 f. 12

Geist Eph. 2, 18; 4, 2 ff.; 5, 18; 6, 17; Phil. 1, 18 f. 27
  Gottes Gal. 3, 5; 4, 6 f.; Phil. 1, 18 f.; 1. Thess. 5, 19. 20
  Jesu Christi Gal. 3, 16; 5, 5; Phil. 1, 18 f.
  heiliger Eph. 1, 3; Phil. 1, 18 f.; 2, 1; 1. Thess. 1, 5. 6; 2. Thess. 2, 13
  und Fleisch Gal. 3, 3; 5, 16. 17. 24; 6, 8
  Frucht des ←
  Wandel im ←

Geisterfahrung, Geistempfang Gal. 3, 2. 3. 5. 14. 16; 4, 6 f.; 5, 5. 16; Eph. 4, 31. 32

Geistesgaben 1. Thess. 5, 19-21

Geistwirkungen (→ Frucht) Gal. 6, 7. 8 f.

Gemeinde Gal. 2, 7. 8 f.; 6, 10; 1. Thess. 1, 1. 2; 3, 7. 8; 5, 11. 12-22
  Ausschluß aus der 2. Thess. 3, 14. 15

Gemeindeleitung, Gemeindeorganisation 1. Thess. 5, 12-15; 2. Thess. 3, 12-15

Gemeinschaft mit Gott, Christus (im Glauben) Phil. 1, 1. 21. 26; 2, 2. 5; 3, 1. 9; 4, 7 A [Nr. 2. 3. 4] „In Christus Jesus"; Phlm. 1. 6

Gerechtigkeit (pharisäische) Eph. 4, 24; 6, 14 ff.; Phil. 3, 9

Gericht Gottes (→ Endgericht) Gal. 6, 5. 7; Eph. 1, 4; 2, 3; 4, 31. 32; 5, 6; Phil. 1, 10. 28; 3, 11; 1. Thess. 1, 10 A „Die Missionspredigt des Apostels Paulus"; 2, 15 f. 19 f.

Gesetz, *mosaisches – jüdisches* Einl. Gal. Nr. 3; Gal. 1, 6 f.; 2, 18. 19. 21; 3, 10. 12. 17-19. 22-26. 28; 4, 3 A „Weltelemente"; 4, 10. 21. 25; 5, 3. 12 A „Zur Theologie der Judaisten"; 5, 14; Eph. 4, 9; Phil. 3, 2. 6. 9; Kol. 2, 14
  Erfüllung durch Christus Gal. 5, 18; Phil. 3, 9
  Fluch des Gal. 3, 10. 13; 5, 3
  Freiheit vom Gal. 1, 10. 13 ff. 15. 16; 2, 2-9. 16; 3, 14. 19; 4, 12. 26. 27. 29; 5, 1. 3. 13. 14. 16. 18; 6, 12
  und Evangelium Gal. 2, 14; 3, 2. 3; 5, 1. 3. 11
  und Glaube Gal. 3, 10. 11. 23. 24; 5, 5. 6
  und Offenbarung Gal. 3, 19

  und Sünde Gal. 3, 19. 22
  und Verheißung ←

Gestirn[mächte] Kol. 2, 8

Glaube (an Gott) Gal. 3, 2. 6-9. 11. 12. 14; 5, 5. 13; Eph. 2, 5 ff.; 3, 5. 16. 17. 18; 4, 1; 6, 16; Phil. 1, 25 f. 27 ff.; 3, 9; 4, 1; Kol. 1, 2. 3; 2, 1 ff. 7. 15. 20 A „Die Irrlehrer von Kolossä"; 1. Thess. 1, 3; 5, 8; 2. Thess. 1, 3. 4; 2, 10; 3, 2. 3
  an Jesus Christus Gal. 2, 16; 3, 23. 24. 25. 26; Phil. 3, 9. 13 f.; Kol. 1, 4. 27; 1. Thess. 1, 6; Phlm. 5 f.
  und Gerechtigkeit Gal. 3, 11
  und Gesetz ←
  und Werke Gal. 3, 12; 1. Thess. 1, 3; 2. Thess. 1, 12

Glaubensbekenntnis [Credo] Gal. 1, 1 f. 6 f.; Eph. 1, 20; 2, 4 ff. 13; 3, 12; 4, 6; 5, 25-27; Kol. 1, 10. 12; 2, 1 ff. 12. 20 A „Die Irrlehrer von Kolossä"

Gnade Gal. 1, 6 f.; Eph. 2, 4. 5 f. 11 f.; Phil. 1, 2; 4, 1. 23; 1. Thess. 1, 1; Phlm. 3
  Gottes Eph. 1, 4 ff.; 2, 4 f.; 3, 7 f.; Phil. 1, 7; 2, 13; Kol. 1, 2. 22
  Jesu Christi Phil. 4, 22; Phlm. 25

Gnosis, Gnostiker (→ Irrlehrer) Einl. Gal. Nr. 3; Einl. Eph. Nr. 3; Eph. 1, 10. 14. 21 ff.; 2, 2. 5 f. 14. ff.; 3, 5. 10. 18 f.; 4, 9. 12. 13 A „Die Kirche als der Leib Christi"; 4, 14. 16. 22. 23. 24; 5, 14. 28; Einl. Kol. Nr. 1. 2. 3; Kol. 1, 13. 14. 20. 27 f.; 2, 1 ff. 8 ff. 20 A „Die Irrlehren von Kolossä"; 3, 3. 4

Gottesanschauung, Gottesbegriff Gal. 4, 8. 9; Eph. 1, 4 ff. 10. 17; 4, 6; 5, 1; Kol. 1, 9. 15 f.; 2, 18

Gottesdienst (im Geist) Phil. 3, 3; Kol. 2, 20 A „Die Irrlehrer von Kolossä"; 3, 16 f.

Gotteskindschaft (Sohnschaft) Gal. 3, 12. 26. 27. 29; 4, 4 f. 6 f.; 5, 14; Eph. 1, 8 f.

Gottesvolk [Christen] (→ Juden) Phil. 3, 2; 1. Thess. 2, 15 f. A „Paulus und die Juden"

Götzendienst Gal. 4, 3. 8; 5, 19-20; Eph. 5, 5; 1. Thess. 9. 10 A „Die Missionspredigt des Apostels Paulus"; 2. Thess. 2, 12 A „Der Antichrist"

H

Habgier, Habsucht Eph. 4, 19; 5, 3; Kol. 3, 5 ff.; 1. Thess. 2, 5

Hagar Gal. 4, 23-25

Haupt (= Christus) Eph. 1, 22. 23 a; 2, 20; 4, 12. 13 A „Die Kirche als der Leib

Kirche[nbegriff] Gal. 4, 26. 27. 29; Einl.
Eph. Nr. 2. 3; Eph. 1, 22 f.; 2, 11. 14 ff.
19 ff.; 3, 5. 10. 21; 4, 9. 11 ff.; 4, 12. 13 A
„Die Kirche als der Leib Christi"; 5, 5.
23 ff. 31; 6, 10 ff.; Phil. 1, 27; Einl. Kol.
Nr. 2; Kol. 1, 4; 1, 15-20 A „Der Aufbau
des Liedes"; 1, 17. 20. 24; 2, 18. 20 A „Die
Irrlehrer von Kolossä"; 3, 10. 11. 13 f.
18 f.; 4, 5
= Leib Christi (→ Leib) Eph. 1, 22. 23;
2, 20; 3, 6-10; 4, 4. 6. 12. 13; 4, 12. 13 A
„Die Kirche als der Leib Christi"; 4, 15 f.;
5, 23 ff.; 6, 10 ff.; Phil. 4, 7 A [Nr. 3] „In
Christus Jesus"; Kol. 1, 4. 20; 2, 18; 3, 10.
11. 14
Einheit in Christus (→ Einheit) Gal. 2,
2-10. 12. 13. 14. 28; Eph. 2, 11. 15. 16. 21;
4, 16. 25; Phil. 4, 2
und Welt Eph. 1, 23
Knecht Phil. 2, 7
Gottes Phil. 1, 1
Jesu Christi Phil. 1, 1; Kol. 1, 7
Knechtschaft Gal. 4, 3 A „Weltelemente";
4, 23. 24. 25; 5, 1
Kollekten, Spenden (für Jerusalem) Einl.
Gal. Nr. 4; Gal. 2, 10; Kol. 4, 7 ff.; 1. Thess.
2, 5
Kolossä Einl. Kol. Nr. 1
Gemeinde in Einl. Kol. Nr. 1; Kol. 1, 7;
Einl. Phlm. Nr. 1
Kolosserbrief Einl. Eph. Nr. 2; Eph. 1, 22 f.;
2, 5; Einl. Kol. Nr. 1-4; Einl. Phlm. Nr. 1
Verfasser Einl. Kol. Nr. 2; Kol. 1, 1
Kosmos (→ Welt) Gal. 6, 15; Einl. Kol.
Nr. 2; Kol. 1, 17 f.; 2, 8. 16. 20 A „Die Irr-
lehrer von Kolossä"
Kreuz[igung] Jesu Christi Gal. 3, 1. 13. 14;
5, 11. 12 A „Zur Theologie der Juda-
isten"; 6, 14. 15. 17; Eph. 2, 17; Einl. Phil.
Nr. 6; Phil. 2, 8. 10 f.; 3, 18; 4, 7 A [Nr. 1. 2]
„In Christus Jesus"; Kol. 1, 15-20 A „Der
Aufbau des Liedes"; 1, 20. 22; 2, 1 ff. 14;
1. Thess. 1, 10 A „Die Missionspredigt
des Apostels Paulus"

L

Laster Gal. 5, 26; Eph. 4, 18; 5, 3 ff.
Lasterkatalog Gal. 5, 19-20; Eph. 4, 31. 32;
Kol. 3, 5 ff.
Leben Phil. 1, 20 ff.
der Gemeinde Gal. 2, 7. 8 f.
neues (mit Christus) Eph. 2, 5 f.; Kol. 3, 3.
4. 5 ff. 12 ff.

Leib und Glieder Eph. 4, 25; Kol. 3, 10. 11
Christi (→ Kirche) Gal. 3, 28; Einl. Eph.
Nr. 3; Kol. 1, 15-20 A „Der Aufbau des
Liedes"; 1, 17; 2, 20 A „Die Irrlehrer von
Kolossä"
Leiden *der Christen (um Christi willen)*
Phil. 1, 27 ff.; 3, 10. 11; Kol. 1, 24; 4, 5;
1. Thess. 1, 6; 2, 14; 3, 3 f.; 2. Thess. 1, 4 f.;
Phlm. 1
des Apostels Phil. 1, 7; Kol. 1, 24
Jesu Christi Phil. 3, 10. 18; Kol. 1, 24
Licht Eph. 5, 8 ff. 14; Phil. 2, 15; Kol. 1, 12 ff.
und Finsternis Eph. 5, 8 ff.; 6, 14 ff.; Einl.
Kol. Nr. 3; Kol. 1, 13. 14. 18. 20
Liebe[sgebot] Gal. 5, 13. 14. 15. 18. 23; Eph.
3, 16. 17; 4, 1 f. 15; Phil. 1, 8 ff. 25; 2, 1;
Kol. 1, 3 f.; 3, 14; 1. Thess. 1, 3; 3, 12. 13;
5, 8. 13-16; 2. Thess. 3, 5; Phlm. 1
Gottes Eph. 2, 3 f.; Phil. 2, 1; 1. Thess. 1, 4
Christi Eph. 3, 19; Phil. 1, 8
zum Nächsten (→ Bruderliebe) Gal. 5,
13 ff. 16. 22. 23; 6, 2; Eph. 4, 28. 30; Phil.
2, 1 ff.; Einl. Phlm
und Wahrheit Eph. 4, 15
Lobpreis [Doxologie, Hymnus] (→ Chri-
stuslied) Gal. 1, 5; Einl. zu Eph. 1, 3-3, 21;
Eph. 3, 20; Phil. 1, 11; 2, 5; Kol. 1, 3; 3, 16
Lohngedanke [Vergeltungsgedanke] Kol. 3,
23 ff.; 2. Thess. 1, 8. 9
Lüge 2. Thess. 2, 9. 10. 11
Luther Eph. 5, 2; 1. Thess. 1, 3

M

Macht, Mächte, kosmische (→ Weltele-
mente) Einl. Eph. Nr. 3; Eph. 1, 4. 10. 21;
2, 2. 14; 3, 9 f.; 4, 9; 6, 10 ff.; Phil. 2, 10 f.;
Kol. 1, 20; 2, 10. 15
Mann Eph. 5, 22 f.
und Frau Eph. 5, 22 ff. 28
Martyrium → Christenverfolgung
Mensch, der neue Kol. 2, 10. 11 ff.
Menschwerdung Jesu Phil. 2, 7 f.
Messias[erwartung] Gal. 3, 18 A „Paulus
und das Alte Testament"; 2. Thess. 2, 12 A
„Der Antichrist"
Mission[sdienst], Missionspredigt Gal.
2, 7. 8 f.; Einl. 1. Thess. Nr. 1; 1. Thess. 1, 9.
10 A „Die Missionspredigt des Apostels
Paulus"; 2, 3. 5
Mittler Gal. 3, 19. 20; Kol. 1, 15 f.
Mose (→ Gesetz) Gal. 3, 19. 20; Eph. 4, 9
Mysterien[weihen] Kol. 2, 8 ff. 18. 20 A „Die
Irrlehrer von Kolossä"

DAS NEUE TESTAMENT DEUTSCH

Herausgegeben von Gerhard Friedrich und Peter Stuhlmacher

Das Werk ist auch in vier Leinenbänden erhältlich.

Vandenhoeck & Ruprecht in Göttingen und Zürich